Die Bonus-Seite

Ihr Vorteil als Käufer dieses Buches

Auf der Bonus-Webseite zu diesem Buch finden Sie zusätzliche Informationen und Services. Dazu gehört auch ein kostenloser **Testzugang** zur Online-Fassung Ihres Buches. Und der besondere Vorteil: Wenn Sie Ihr **Online-Buch** auch weiterhin nutzen wollen, erhalten Sie den vollen Zugang zum **Vorzugspreis**.

So nutzen Sie Ihren Vorteil

Halten Sie den unten abgedruckten Zugangscode bereit und gehen Sie auf **www.sap-press.de**. Dort finden Sie den Kasten **Die Bonus-Seite für Buchkäufer**. Klicken Sie auf **Zur Bonus-Seite/ Buch registrieren**, und geben Sie Ihren **Zugangscode** ein. Schon stehen Ihnen die Bonus-Angebote zur Verfügung.

Ihr persönlicher **Zugangscode**: m6j2-fahc-nbg8-9eq7

SAP® Business ByDesign™

CAMELOT
Management Consultants

Camelot Management Consultants AG
Theodor-Heuss-Anlage 12 · 68165 Mannheim
Deutschland
Tel. +49 621 86298-0 · Fax +49 621 86298-250

SAP> PRESS

SAP PRESS ist eine gemeinschaftliche Initiative von SAP und Galileo Press. Ziel ist es, Anwendern qualifiziertes SAP-Wissen zur Verfügung zu stellen. SAP PRESS vereint das fachliche Know-how der SAP und die verlegerische Kompetenz von Galileo Press. Die Bücher bieten Expertenwissen zu technischen wie auch zu betriebswirtschaftlichen SAP-Themen.

Andreas Hufgard
ROI von SAP-Lösungen verbessern
336 S., 2010, geb.
ISBN 978-3-8362-1605-0

Olaf Schulz
Der SAP-Grundkurs für Einsteiger und Anwender
398 S., 2011, brosch.
ISBN 978-3-8362-1682-1

Christos Konstantinidis et al.
SAP Business ByDesign
Anpassung und Integration
ca. 470 S., 2012, geb.
ISBN 978-3-8362-1817-7

Thomas Schneider
SAP Business ByDesign Studio –
Application Development
ca. 350 S., 2012, geb.
ISBN 978-1-59229-367-4

Aktuelle Angaben zum gesamten SAP PRESS-Programm finden Sie unter *www.sap-press.de*.

Andreas Hufgard, Stefanie Krüger

SAP® Business ByDesign™

Geschäftsprozesse, Technologie und Implementierung anschaulich erklärt

Galileo Press

Bonn • Boston

Liebe Leserin, lieber Leser,

vielen Dank, dass Sie sich für ein Buch von SAP PRESS entschieden haben.

Treibende Kraft für Innovation und Wachstum, Jobmotor oder Zugmaschine für die Wirtschaft – der Mittelstand wird häufig mit Beinamen versehen, die allesamt deutlich machen, welche Bedeutung diesen Unternehmen zukommt. SAP hat es sich mit ihrer neuen Lösung SAP Business ByDesign zur Aufgabe gemacht, mittelständische Unternehmen mit einer passgenauen und auf ihre Anforderungen abgestimmten Software zu unterstützen.

Ich freue mich sehr, Ihnen nun ein Buch vorstellen zu können, das sich dieser neuen Software detailliert widmet. Unsere Autoren Dr. Andreas Hufgard und Stefanie Krüger zeigen Ihnen, wodurch sich SAP Business ByDesign auszeichnet, wie Sie die Software einführen und welche Funktionen sie zu bieten hat. Dabei werden sie von Dr. Rüdiger Eichin, Peter Lorenz, Prof. Dr. Rainer Thome und Prof. Dr. Peter Zencke unterstützt, die Sie von ihrem Wissen aus der Entwicklung von SAP Business ByDesign profitieren lassen. Ich bin sicher, dass Ihnen dieses Buch wertvolle Dienste leistet, um sich selbst ein Bild von SAP Business ByDesign zu machen und z.B. festzustellen, ob diese Software zu Ihrem Unternehmen passt.

Wir freuen uns stets über Lob, aber auch über kritische Anmerkungen, die uns helfen, unsere Bücher zu verbessern. Am Ende dieses Buches finden Sie daher eine Postkarte, mit der Sie uns Ihre Meinung mitteilen können. Als Dankeschön verlosen wir unter den Einsendern regelmäßig Gutscheine für SAP PRESS-Bücher.

Ihre Patricia Kremer
Lektorat SAP PRESS

Galileo Press
Rheinwerkallee 4
53227 Bonn

patricia.kremer@galileo-press.de
www.sap-press.de

Auf einen Blick

TEIL I Innovationen – Was ist neu in SAP Business ByDesign?
1 Eine neue Geschäftsplattform für mittelgroße Firmen 19
2 Mittelstand als Herausforderung 33
3 Technologische Innovationen 49
4 Betriebswirtschaftliche Innovationen 67

TEIL II Implementierung – Wie kann SAP Business ByDesign schnell und einfach eingeführt werden?
5 Entscheidungskriterien 89
6 Einführungsprojekt 133
7 Erweiterungen und Änderungen 199

TEIL III Geschäftsprozesse – Welche betriebswirtschaftlichen Anforderungen deckt SAP Business ByDesign ab?
8 Darstellung der Geschäftsprozesse 229
9 Organisations- und Personalmanagement 243
10 Supplier Relationship Management 295
11 Customer Relationship Management 349
12 Dienstleistungs- und Projektgeschäft 407
13 Logistik und Produktion 455
14 Finanzwesen 525

Anhang
A Literatur- und Quellenverzeichnis 569
B Die Autoren 573
C Danksagung 577

Der Name Galileo Press geht auf den italienischen Mathematiker und Philosophen Galileo Galilei (1564–1642) zurück. Er gilt als Gründungsfigur der neuzeitlichen Wissenschaft und wurde berühmt als Verfechter des modernen, heliozentrischen Weltbilds. Legendär ist sein Ausspruch *Eppur si muove* (Und sie bewegt sich doch). Das Emblem von Galileo Press ist der Jupiter, umkreist von den vier Galileischen Monden. Galilei entdeckte die nach ihm benannten Monde 1610.

Lektorat Patricia Kremer, Eva Tripp
Korrektorat Yvonne Pioch, Frankfurt
Einbandgestaltung Silke Braun
Titelbild Fotolia/5164264/ArchMen
Typografie und Layout Vera Brauner
Herstellung Lissy Hamann
Satz SatzPro, Krefeld
Druck und Bindung Kösel, Altusried-Krugzell

Gerne stehen wir Ihnen mit Rat und Tat zur Seite:
patricia.kremer@galileo-press.de bei Fragen und Anmerkungen zum Inhalt des Buches
service@galileo-press.de für versandkostenfreie Bestellungen und Reklamationen
thomas.losch@galileo-press.de für Rezensionsexemplare

Bibliografische Information der Deutschen Nationalbibliothek
Die Deutsche Nationalbibliothek verzeichnet diese Publikation in der Deutschen Nationalbibliografie; detaillierte bibliografische Daten sind im Internet über *http://dnb.d-nb.de* abrufbar.

ISBN 978-3-8362-1746-0

© Galileo Press, Bonn 2012
1. Auflage 2012

Das vorliegende Werk ist in all seinen Teilen urheberrechtlich geschützt. Alle Rechte vorbehalten, insbesondere das Recht der Übersetzung, des Vortrags, der Reproduktion, der Vervielfältigung auf fotomechanischen oder anderen Wegen und der Speicherung in elektronischen Medien. Ungeachtet der Sorgfalt, die auf die Erstellung von Text, Abbildungen und Programmen verwendet wurde, können weder Verlag noch Autor, Herausgeber oder Übersetzer für mögliche Fehler und deren Folgen eine juristische Verantwortung oder irgendeine Haftung übernehmen.

Die in diesem Werk wiedergegebenen Gebrauchsnamen, Handelsnamen, Warenbezeichnungen usw. können auch ohne besondere Kennzeichnung Marken sein und als solche den gesetzlichen Bestimmungen unterliegen.

Sämtliche in diesem Werk abgedruckten Bildschirmabzüge unterliegen dem Urheberrecht © der SAP AG, Dietmar-Hopp-Allee 16, D-69190 Walldorf.

SAP, das SAP-Logo, mySAP, mySAP.com, mySAP Business Suite, SAP NetWeaver, SAP R/3, SAP R/2, SAP B2B, SAPtronic, SAPscript, SAP BW, SAP CRM, SAP EarlyWatch, SAP ArchiveLink, SAP GUI, SAP Business Workflow, SAP Business Engineer, SAP Business Navigator, SAP Business Framework, SAP Business Information Warehouse, SAP interenterprise solutions, SAP APO, AcceleratedSAP, InterSAP, SAPoffice, SAPfind, SAPfile, SAPtime, SAPmail, SAPaccess, SAP-EDI, R/3 Retail, Accelerated HR, Accelerated HiTech, Accelerated Consumer Products, ABAP, ABAP/4, ALE/WEB, Alloy, BAPI, Business Framework, BW Explorer, Duet, Enjoy-SAP, mySAP.com e-business platform, mySAP Enterprise Portals, RIVA, SAPPHIRE, TeamSAP, Webflow und SAP PRESS sind Marken oder eingetragene Marken der SAP AG, Walldorf.

Inhalt

Einleitung 13

TEIL I Innovationen – Was ist neu in SAP Business ByDesign?

1 Eine neue Geschäftsplattform für mittelgroße Firmen 19

1.1	Standardsoftware und betriebswirtschaftliche Integration	20
1.2	Eine moderne Geschäftsplattform für die Zukunft	22
1.3	Eine adaptive Geschäftsplattform in modularer Struktur	25
1.4	IT-Services und Cloud Computing	28
1.5	Adaptions-Tools und Open Innovation	30

2 Mittelstand als Herausforderung 33

2.1	Was ist das Besondere an der Zielgruppe Mittelstand?		33
	2.1.1	Welche Eigenschaften sollte Mittelstandssoftware haben?	35
	2.1.2	Welchen Funktionsumfang sollte Mittelstandssoftware haben?	36
	2.1.3	Bedeutung der Integration für den Mittelstand	37
2.2	Was bietet SAP Business ByDesign für den Mittelstand?		37
	2.2.1	Wie kann eine komplexe Software einfach eingeführt werden?	39
	2.2.2	Fortschreibung eines unternehmensspezifischen Informationssystems	40
2.3	Strategische Gründe für Mittelstandslösungen		42
	2.3.1	Betriebswirtschaftliche Integration	44
	2.3.2	Statische und dynamische betriebliche Informationsstrukturen	46
	2.3.3	Das Ende des Dilemmas der mittelständischen Informationsverarbeitung	47

3 Technologische Innovationen 49

3.1	Modellgetriebener Ansatz der Entwicklungsplattform	49
3.2	Cloud Computing	52
3.3	User Interface und Mobility	57
3.4	In-Memory-Technologie	61
3.5	Adaptionsfähigkeit und Erweiterbarkeit	64

4 Betriebswirtschaftliche Innovationen ... 67

- 4.1 Komplette und globale Unternehmenssoftware ... 68
- 4.2 Innovationen der einzelnen Funktionsbereiche von SAP Business ByDesign ... 69
  - 4.2.1 Finanz- und Rechnungswesen ... 70
  - 4.2.2 Projektmanagement ... 71
  - 4.2.3 Customer Relationship Management ... 73
  - 4.2.4 Personal- und Ressourcenmanagement ... 74
  - 4.2.5 Supplier Relationship Management ... 75
  - 4.2.6 Supply Chain Management ... 77
- 4.3 Betriebswirtschaftliche Gestaltung und organisatorischer Wandel ... 77
- 4.4 Integrierte Geschäftsprozesse mit rollen- und prozessbezogener Geschäftsanalytik ... 80
- 4.5 Aufgaben- und Ausnahmensteuerung ... 82
- 4.6 Nachrichtenaustausch und Zusammenarbeit mit Geschäftspartnern ... 84

TEIL II Implementierung – Wie kann SAP Business ByDesign schnell und einfach eingeführt werden?

5 Entscheidungskriterien ... 89

- 5.1 Situationsanalyse ... 90
  - 5.1.1 Strategiegespräch ... 93
  - 5.1.2 Anforderungsabgleich ... 96
  - 5.1.3 Prozessevaluierung ... 101
- 5.2 Kosten und Nutzen ... 105
  - 5.2.1 Pro und Contra »Software as a Service« ... 106
  - 5.2.2 Kosten der SaaS-Lösungen im Vergleich ... 110
  - 5.2.3 Kostenvergleichsanalyse für SAP Business ByDesign ... 112
- 5.3 Einführungsplanung ... 115
  - 5.3.1 Einführungsphasen ... 116
  - 5.3.2 Einführungsaufwand ... 126
- 5.4 Kaufentscheidung ... 130

6 Einführungsprojekt ... 133

- 6.1 Erstimplementierung ... 134
  - 6.1.1 Vorgehensmodell ... 134
  - 6.1.2 Projektdimensionen ... 139

		6.1.3	Projektzeitplanung	146
		6.1.4	Systembereitstellung	150
		6.1.5	Projekt-Kick-off	152
	6.2	Betriebswirtschaftliche Konfiguration		154
		6.2.1	Scoping	156
		6.2.2	Aufgabenliste	168
		6.2.3	Datenübernahme	178
		6.2.4	Integrationstest	185
	6.3	Produktivbetrieb		189
		6.3.1	Produktivstart	190
		6.3.2	Einarbeitung der Anwendungsexperten	192
		6.3.3	Nachsteuern im frühen Produktivbetrieb	194
	6.4	Kritische Projektierungsfaktoren		197

7 Erweiterungen und Änderungen — 199

	7.1	Anforderungen an die IT		199
	7.2	Erweiterbarkeit		202
		7.2.1	Adaptionswerkzeuge im Projekt	203
		7.2.2	Apps im SAP Store	210
	7.3	Upgrade		214
	7.4	Änderungen		216
		7.4.1	Klassifizierung	217
		7.4.2	Änderungsprojekte	222

TEIL III Geschäftsprozesse – Welche betriebswirtschaftlichen Anforderungen deckt SAP Business ByDesign ab?

8 Darstellung der Geschäftsprozesse — 229

	8.1	Geschäftsszenarien		229
		8.1.1	Der Geschäftsprozessgedanke	230
		8.1.2	Auswahl der Geschäftsszenarien	231
	8.2	Struktur und Zusammenhang		234
		8.2.1	Aufbau der Szenarien	234
		8.2.2	Integration	236
	8.3	Einsatzzweck der Ablaufbeschreibungen		239

9 Organisations- und Personalmanagement — 243

	9.1	Vom Organisations- zum Personalmanagement	243
	9.2	Aufbauorganisation	246

9.3 Szenario »Organisationsstruktur und Mitarbeiteraufgaben« 248
    9.3.1 Anforderungen 248
    9.3.2 Prozessablauf 250
9.4 Szenario »Personalverwaltung« 267
    9.4.1 Anforderungen 267
    9.4.2 Prozessablauf 269
9.5 Szenario »Personalgespräch« 285
    9.5.1 Anforderungen 285
    9.5.2 Prozessablauf 286

10 Supplier Relationship Management 295

10.1 Von der Bezugsquellenfindung zur Beschaffungsanalyse 295
10.2 Aufbauorganisation des strategischen und operativen Einkaufs 298
10.3 Szenario »Bezugsquellenfindung« 300
    10.3.1 Anforderungen 300
    10.3.2 Prozessablauf 301
10.4 Szenario »Beschaffungsplanung und -abwicklung« 318
    10.4.1 Anforderungen 318
    10.4.2 Prozessablauf 320
10.5 Szenario »Lieferanten- und Beschaffungsanalyse« 331
    10.5.1 Anforderungen 331
    10.5.2 Prozessablauf 332

11 Customer Relationship Management 349

11.1 Vom Marketing zum Kundenservice 350
11.2 Aufbauorganisation des Kunden- und Auftragsmanagements ... 353
11.3 Szenario »Kundenmanagement« 354
    11.3.1 Anforderungen 354
    11.3.2 Prozessablauf 356
11.4 Szenario »Auslieferung und Fakturierung« 370
    11.4.1 Anforderungen 370
    11.4.2 Prozessablauf 372
11.5 Szenario »Streckengeschäft« 381
    11.5.1 Anforderungen 381
    11.5.2 Prozessablauf 381
11.6 Szenario »Produktbezogener Kundenservice« 390
    11.6.1 Anforderungen 390
    11.6.2 Prozessablauf 391

12 Dienstleistungs- und Projektgeschäft ... 407

12.1 Von Dienstleistungsprodukten zu Kundenprojekten ... 407
12.2 Aufbauorganisation des Dienstleistungs- und
Projektmanagements ... 410
12.3 Szenario »Dienstleistungsprodukte« ... 412
    12.3.1 Anforderungen ... 412
    12.3.2 Prozessablauf ... 413
12.4 Szenario »Serviceverkauf zum Festpreis« ... 423
    12.4.1 Anforderungen ... 424
    12.4.2 Prozessablauf ... 425
12.5 Szenario »Kundenprojektplanung« ... 432
    12.5.1 Anforderungen ... 433
    12.5.2 Prozessablauf ... 434
12.6 Szenario »Kundenprojektdurchführung« ... 446
    12.6.1 Anforderungen ... 447
    12.6.2 Prozessablauf ... 448

13 Logistik und Produktion ... 455

13.1 Vom internen Lager zur Produktion ... 455
13.2 Aufbauorganisation der internen Logistik und Produktion ... 459
13.3 Szenario »Interne Lagerprozesse« ... 461
    13.3.1 Anforderungen ... 461
    13.3.2 Prozessablauf ... 462
13.4 Szenario »Automatisierte Logistikprozesse« ... 473
    13.4.1 Anforderungen ... 473
    13.4.2 Prozessablauf ... 474
13.5 Szenario »Planung Make-to-Stock« ... 487
    13.5.1 Anforderungen ... 488
    13.5.2 Prozessablauf ... 489
13.6 Szenario »Ausführung Make-to-Stock« ... 505
    13.6.1 Anforderungen ... 505
    13.6.2 Prozessablauf ... 506
13.7 Szenario »Make-to-Order« ... 514
    13.7.1 Anforderungen ... 514
    13.7.2 Prozessablauf ... 515

14 Finanzwesen ... 525

14.1 Vom Zahlungsmanagement zur Bilanz und GuV ... 525
14.2 Aufbauorganisation des Finanzwesens ... 528

14.3 Szenario »Zahlungsmanagement« 529
   14.3.1 Anforderungen 530
   14.3.2 Prozessablauf 531
14.4 Szenario »Finanzanalyse« 546
   14.4.1 Anforderungen 546
   14.4.2 Prozessablauf 547
14.5 Szenario »Bilanz und GuV« 556
   14.5.1 Anforderungen 556
   14.5.2 Prozessablauf 557

Anhang 569

A   Literatur- und Quellenverzeichnis 569
B   Die Autoren 573
C   Danksagung 577

Index 579

Einleitung

SAP Business ByDesign ist die neue Generation betriebswirtschaftlicher Standardanwendungssoftware für den Mittelstand. Es handelt sich hierbei um eine komplette Unternehmenssoftware in der Cloud, die viele technologische und konzeptionelle Innovationen bietet.

Ziel dieses Buches ist es, Ihnen einen umfassenden Einblick in SAP Business ByDesign zu ermöglichen. Dabei stehen die integrativen Zusammenhänge im Mittelpunkt. Technologische Grundlagen, Implementierung und Geschäftsprozesse von SAP Business ByDesign hängen voneinander ab:

- Geschäftsprozesse und Implementierung basieren auf den neuen technologischen Möglichkeiten.
- Die Implementierung beeinflusst, wie die Geschäftsprozesse gestaltet sind.
- Die Geschäftsprozesse sind untereinander durch Beziehungen verknüpft (betriebswirtschaftliche Integration).

Wir richten uns mit diesem Buch vor allem an die folgenden Zielgruppen:

- Entscheider und Projektleiter in mittelständischen Unternehmen
  Sie sollen in diesem Buch Entscheidungshilfen erhalten, ob und in welcher Form SAP Business ByDesign für den Einsatz in Ihrem Unternehmen geeignet ist.
- Berater und SAP-Partner
- Hochschulen, die eine moderne betriebswirtschaftliche Standardanwendungssoftware in der Lehre verwenden möchten

Die Darstellung ist in drei Teile gegliedert; jeder Teil orientiert sich jeweils an der Beantwortung einer Kernfrage.

Teil I beschäftigt sich mit den Innovationen in SAP Business ByDesign und beantwortet die Frage, was diese Mittelstandssoftware Neues zu bieten hat.

Hinter jeder neuen Entwicklung stehen Gründe, Einflussfaktoren und Auslöser, die den Innovationssprung dieser Entwicklung und die getätigten Investitionen erklären. Diese Aspekte zu kennen und zu verstehen ist der richtige Einstieg, sich mit einer neuen Unternehmenssoftware zu beschäftigen und sich möglicherweise für sie zu entschließen.

- **Kapitel 1, »Eine neue Geschäftsplattform für mittelgroße Firmen«**, zeigt die Motivation und die Hintergründe, die zur Entwicklung dieser neuen Software bei SAP geführt haben.
- **Kapitel 2, »Der Mittelstand als Herausforderung«**, erklärt, welche Anforderungen an eine Software für den Mittelstand gestellt werden und welche völlig neuen Ansätze notwendig sind, um diese Anforderungen zu erfüllen.
- In **Kapitel 3, »Technologische Innovationen«**, zeigen wir Ihnen die wichtigsten softwaretechnologischen Fortschritte von SAP Business ByDesign.
- **Kapitel 4, »Betriebswirtschaftliche Innovationen«**, fasst die wichtigsten Eigenschaften, die die generellen betriebswirtschaftlichen Neuerungen ausmachen, zusammen.

In *Teil II* thematisieren wir die Implementierung von SAP Business ByDesign und stellen uns der Frage, wie SAP Business ByDesign schnell und einfach eingeführt werden kann.

SAP Business ByDesign ist nicht nur eine cloudbasierte Lösung, sondern bietet auch neuartige Konfigurations- und Gestaltungsmöglichkeiten, z.B. den SAP Store. Dadurch ergeben sich zum einen schon in der Entscheidungsphase für die Software völlig neuartige Vorgehensweisen, und zum anderen verkürzen sich die Zyklen für Implementierung, Erweiterung und Änderung drastisch.

- In **Kapitel 5, »Entscheidungskriterien«**, lernen Sie, wie Anwenderunternehmen schon in der Entscheidungsphase gezielt vorgehen können, um die Potenziale der Software für sich zu entdecken und die Einführung zu planen.
- **Kapitel 6, »Einführungsprojekt«**, macht Sie mit der Implementierungsmethodik auf Basis der betriebswirtschaftlichen Konfiguration vertraut, die ein integraler Bestandteil der Software ist.
- In **Kapitel 7, »Erweiterungen und Änderungen«**, erfahren Sie, wie mit den Adaptionswerkzeugen der Softwarelösung Erweiterungen und Änderungen möglich sind, die sich nicht störend auf den Upgrade der Software auswirken.

Schließlich wenden wir uns in *Teil III* der wichtigsten Frage überhaupt zu: Welche betriebswirtschaftlichen Anforderungen deckt SAP Business ByDesign ab?

Anhand von Beispielszenarien werden in diesem Teil die Geschäftsprozesse aus den Bereichen »Organisations- und Personalmanagement«, »Supplier Relationship Management«, »Customer Relationship Management«, »Dienstleistungs- und Projektgeschäft«, »Logistik und Produktion« sowie »Finanzwesen« in SAP Business ByDesign vorgestellt.

- **Kapitel 8, »Darstellung der Geschäftsprozesse«**, gibt einen Überblick über die in Teil III vorgestellten Geschäftsszenarien, die Struktur der Kapitel sowie über Zusammenhänge zwischen den Kapiteln.
- **Kapitel 9, »Organisations- und Personalmanagement«**, zeigt Ihnen, wie die Organisationsstruktur in SAP Business ByDesign abgebildet wird und wie Mitarbeiteraufgaben und Prozesse der Personalverwaltung abgewickelt werden.
- **Kapitel 10, »Supplier Relationship Management«**, erläutert Ihnen, wie Sie SAP Business ByDesign unterstützt, angefangen bei der Bezugsquellenfindung bis hin zur integrierten Beschaffung. Zudem werden in diesem Kapitel anhand der Lieferanten- und Beschaffungsanalyse die analytischen Möglichkeiten von SAP Business ByDesign vorgestellt.
- In **Kapitel 11, »Customer Relationship Management«**, lernen Sie, wie Sie ein umfassendes Kundenbeziehungsmanagement – von Presales über den Verkauf bis zum Aftersales – mit SAP Business ByDesign unterstützen können.
- **Kapitel 12, »Dienstleistungs- und Projektgeschäft«**, ist dem Thema »Professional Services« gewidmet. In diesem Kapitel wird aufgezeigt, wie Dienstleistungen verkauft und Kundenprojekte abgewickelt werden können.
- **Kapitel 13, »Logistik und Produktion«**, betrifft die Geschäftsprozesse eines Handels- und Produktionsunternehmens. Hier werden Lager- und Produktionsprozesse mit SAP Business ByDesign vorgestellt.
- In **Kapitel 14, »Finanzwesen«**, werden die offenen Posten aus den vorherigen Kapiteln ausgeglichen. Zudem gehen wir auf Finanzanalysen sowie Bilanz und GuV ein.

Wichtige Hinweise zur im Buch verwendeten sowie zu weiterführender Literatur finden Sie im Anhang.

In der gesamten Darstellung arbeiten wir mit mehreren Orientierungshilfen, die Ihnen die Arbeit mit diesem Buch erleichtern sollen. In grauen *Informationskästen* sind Inhalte zu finden, die wissenswert und hilfreich sind, aber etwas abseits der eigentlichen Erläuterung stehen. Damit Sie diese Informationen besser einordnen können, haben wir die Kästen mit Symbolen gekennzeichnet:

Die mit diesem Symbol gekennzeichneten *Tipps* und *Hinweise* geben Ihnen wichtige Empfehlungen. Sie finden in diesen Kästen z. B. auch Querverweise auf verwandte Themen. [+]

[!] Das Symbol *Achtung* macht Sie auf Themen oder Bereiche aufmerksam, bei denen Sie besonders vorsichtig sein sollten.

[zB] *Beispiele*, durch dieses Symbol kenntlich gemacht, sollen Ihnen helfen, die Erläuterungen auf die Praxis zu beziehen. Verweise auf die AI AG, unser Fallbeispiel aus dem Implementierungsteil, finden Sie etwa in Beispielkästen.

[»] Im dritten Teil des Buches wird Ihnen häufig dieses Symbol begegnen. Mit dem Doppelpfeil werden *Handlungsvarianten* in den Geschäftsszenarien gekennzeichnet. Wenn in unserem Szenario Weg A erläutert wird, es aber auch die Möglichkeit gibt, Weg B einzuschlagen, soll Sie dieses Symbol auf diesen Sachverhalt hinweisen.

[✿] Auch das letzte Symbol wird Ihnen nur in Teil III auffallen. Das Zahnrad weist Sie an den passenden Stellen darauf hin, dass Sie die Möglichkeit haben, die *Konfiguration* abzuändern – in diesem Fall gibt es also Rädchen und Stellschrauben, an denen Sie drehen können.

TEIL I
Innovationen – Was ist neu in SAP Business ByDesign?

In diesem Teil werden die wichtigsten Innovationen, die SAP Business ByDesign von anderen ERP-Lösungen unterscheiden, sowie der Nutzen, den speziell der Mittelstand aus diesen Neuerungen ziehen kann, vorgestellt.

Wir beginnen in Kapitel 1 mit der Entwicklung von SAP Business ByDesign und zeigen, welche besonderen Design-Ziele hier bereits berücksichtigt wurden. Zudem werden die wesentlichen Komponenten und die Architektur der Geschäftsplattform dargestellt.

Anschließend liegt in Kapitel 2 der Fokus auf dem Mittelstand. Wir stellen hier die Fragen, ob der Mittelstand eine integrierte Informationsverarbeitung überhaupt benötigt und über welche Eigenschaften und Funktionen diese verfügen muss. Anschließend prüfen wir, was eine integrierte Informationsverarbeitung für den Mittelstand bieten kann.

Es folgt eine Erläuterung der wichtigsten Innovationen, die SAP Business ByDesign im Vergleich zu anderen Mittelstandslösungen besonders hervorheben. Hierbei stehen in Kapitel 3 technologische Aspekte und in Kapitel 4 betriebswirtschaftliche Neuerungen im Vordergrund.

In diesem Kapitel beleuchten wir die Entstehung von SAP Business ByDesign. Dabei erfahren Sie, welche Beweggründe SAP für die Entwicklung einer neuen Mittelstandssoftware gehabt hat.

1 Eine neue Geschäftsplattform für mittelgroße Firmen

*Von Prof. Dr. Peter Zencke,
Lehrstuhl für BWL und Wirtschaftsinformatik, Universität Würzburg,
Entwicklungsvorstand der SAP AG 1993–2008,
verantwortlich für Konzeption und Entwicklung von
SAP Business ByDesign bis zum Markteintritt 2008.*

> »Konzepte und Instrumente, das lehrt die Geschichte immer wieder, sind voneinander abhängig und beeinflussen sich gegenseitig. Das eine verändert das andere. Derzeit geschieht das mit dem Konzept, das wir Unternehmen nennen, und mit den Werkzeugen, die wir Information nennen. Die neuen Werkzeuge ermöglichen uns – ja, zwingen uns vielleicht sogar –, unsere Organisation mit anderen Augen zu sehen. Von einigen Werkzeugen, die in der Zukunft wichtig zu werden versprechen, existieren bisher nur allerkürzeste Beschreibungen. Die Instrumente selbst müssen erst noch entwickelt werden.«[1]

SAP ist der marktführende Anbieter von Unternehmenslösungen. SAP-Lösungen werden von über 100.000 Firmen aller Größen und Industriezweige rund um die Welt bei der Steuerung und operativen Abwicklung geschäftskritischer Bereiche eingesetzt. Ob in der Verwaltung oder im Vorstand, im Lager oder hinter der Ladentheke, mit Desktop oder mobilen Geräten – SAP verhilft Unternehmen zu einer effizienteren Zusammenarbeit und einer besseren Nutzung von Informationen. Es ist nicht übertrieben, zu sagen, dass SAP einen volkswirtschaftlich relevanten Beitrag zur Produktivität in der Wirtschaft leistet.

---

1 Peter F. Drucker: Management, Band 2, Kapitel 33, 2009, Campus Verlag GmbH, Frankfurt am Main.

1 Eine neue Geschäftsplattform für mittelgroße Firmen

Seit der Gründung 1972 hat SAP ihren Fokus auf Unternehmensanwendungen behalten und diese kontinuierlich ausgebaut. Dabei wurde SAP durch die rasante Entwicklung der Informationstechnologie mehrfach vor die Herausforderung gestellt, den Wechsel von Softwaregenerationen zu meistern und mit neuer Technologie weitere betriebswirtschaftliche Felder und neue Anwendergruppen zu erschließen.

Das heutige Bild von SAP in der Öffentlichkeit ist geprägt von den großen Unternehmen als SAP-Anwender: Auf jedem Flughafen der Welt sehen Sie beispielsweise Anzeigen von SAP mit bekannten Markenführern.

Weniger bekannt ist, dass SAP auch einer der führenden Anbieter für betriebswirtschaftliche Lösungen im Mittelstand ist. Allerdings nutzen mittelgroße Firmen auch sehr oft eine Mischung von Altsystemen, Insellösungen und Eigenentwicklungen. Es gibt bislang kaum speziell auf mittelgroße Firmen zugeschnittene Lösungen, und wenn, sind diese funktional abgespeckte Versionen von ERP-Systemen. Mit gewissem Recht kann man also sagen, dass mittelständische Firmen mit passenden Unternehmenslösungen unterversorgt sind, und dass sie bislang weit weniger Nutzen aus den Möglichkeiten der Informationsverarbeitung haben ziehen können als große Unternehmen.

SAP Business ByDesign will diese Lücke schließen. SAP Business ByDesign ist eine neue Geschäftsplattform, speziell entwickelt für mittelgroße Firmen. Diese Software repräsentiert eine neue Generation von Unternehmensanwendungen mit moderner Betriebswirtschaft, zukunftsweisender, internetorientierter Architektur und ist verbunden mit einem neuartigen Serviceangebot als Plattform in der Cloud, das die traditionellen IT-Services für Unternehmenssoftware neu definiert.

1.1 Standardsoftware und betriebswirtschaftliche Integration

Standardsoftware als Kernprodukt und als Geschäftsmodell eines Softwarehauses ist eine Schöpfung von SAP, lange bevor mit dem PC eine neue Klasse von Software für den Privatbenutzer in die Regale der Händler einzog – von Textverarbeitung und Tabellenkalkulation bis hin zu PC-Spielen.

Software ist extrem teuer in der Entwicklung, kann aber leicht für viele Kunden vervielfältigt werden. Daher ist die Idee bestechend, Unternehmenssoftware für viele Unternehmen als fertige Lösung, eben als Standardsoftware, auch unabhängig von der Hardware anzubieten. Heute ist dies das vorherrschende Modell für die Entwicklung und den Vertrieb von Unternehmenslösungen geworden, aber noch bis vor zehn oder fünfzehn Jahren haben viele große Unternehmen ihre Kernanwendungen selbst entwickelt. Die meisten Softwarehäuser waren ursprünglich auch nur auf eine spezifische Fachanwendung wie Finanzen, Produktion, Vertrieb oder Personal spezialisiert.

Anders SAP, die von der ersten Stunde an eine integrierte Lösung für alle wesentlichen betrieblichen Funktionen und Abläufe zum Ziel gehabt hat. Dies ist außergewöhnlich, und selbst heute sind die Angebote anderer Softwarehäuser oft nur Bündelungen separater, teilweise zugekaufter Anwendungen zu einer Suite.

Das Konzept einer integrierten betriebswirtschaftlichen Gesamtlösung, nachträglich auch ERP genannt, ist nicht zufällig in Deutschland entstanden. Das Lebenswerk »Grundlagen der Betriebswirtschaftslehre« von Erich Gutenberg (Gutenberg 1983) mit den Bänden »Die Finanzen«, »Die Produktion« und »Der Absatz« liest sich noch heute wie ein »betriebswirtschaftliches Hintergrundbild« zum ersten Großrechnersystem von SAP, dem R/2-System mit seinen Hauptmodulen RF (Finanzen), RM und PPS (Materialwirtschaft sowie Produktionsplanung und -steuerung) und RV (Vertrieb).

Für die ersten Kunden von SAP – es waren mittelgroße deutsche Kunden, noch nicht internationale Konzerne mit weltweiter Nutzung – war die integrale betriebswirtschaftliche Sicht auf die Zusammenhänge und Abläufe in der Gesamtfirma natürlich gegeben, ebenso wie die Überzeugung, dass sich bei aller Vielfalt und Verschiedenartigkeit von Unternehmen die wesentlichen Abläufe mit einem betriebswirtschaftlichen Standard abbilden lassen.

Mit dem auf moderner Client-Server-Technologie beruhenden Nachfolgersystem R/3 ist es SAP gelungen, den integrierten ERP-Ansatz in die Welt zu tragen. Ursprünglich als Mittelstandslösung für das IBM-System AS/400 gestartet, wurde R/3 eine skalierende Lösung für Firmen mit 100 bis zu 100.000 Mitarbeitern.

Das *Internet* brachte einen zentralen Einschnitt für Unternehmenslösungen und leitete eine Transformation ein, die bis heute anhält. Zunächst war das Internet ein Hype, das heißt, ein medial vermitteltes Wunschbild mit großer Suggestivwirkung: Plötzlich sollte sich die Welt ganz anders drehen; wer nicht ganz schnell im E-Business ankäme, wäre über Nacht Out of Business. ERP wäre tot, und die Zukunft gehöre neuen Anwendungen für Außenbeziehungen von Unternehmen und für elektronische Marktplätze, den zukünftigen Orten der Geschäftsanbahnung.

1 | Eine neue Geschäftsplattform für mittelgroße Firmen

Unternehmen haben Unsummen für neue E-Business-Anwendungen und deren Integration in vorhandene IT-Landschaften ausgegeben, um nicht im Wettlauf um die Startbedingungen im Internetzeitalter abgehängt zu werden.

Heute ist das Internet in der Realität angekommen. Customer Relationship Management, Supplier Relationship Management und Supply Chain Management ergänzen gleichberechtigt das Portfolio der klassischen Unternehmensanwendungen wie Finanzen und Controlling, Personalmanagement sowie interne Logistik und Produktion. Alle diese Komponenten müssen zudem mit einem gemeinsamen Informationsmanagement in einem Data Warehouse verbunden werden.

SAP hat diesen Wettkampf um neue Anwendungen hervorragend bestanden und bietet mit der Business Suite wiederum eine integrierte Lösung auf wesentlich höherem Leistungsniveau, als es ein klassisches ERP-System bietet.

Allerdings ist die Komplexität dieser Lösungen stark gewachsen, und mit der Komplexität sind auch die Betriebskosten der Lösungslandschaft für die Unternehmen gestiegen. Dies bringt ein Problem für mittelgroße Firmen mit sich. Auch für sie sind die neuen internetorientierten Anwendungen so unverzichtbar wie effiziente interne Abwicklungsprozesse. Aber die Integrations- und Betriebsführungskosten übersteigen oftmals deutlich ihre finanziellen und auch personellen Ressourcen.

1.2 Eine moderne Geschäftsplattform für die Zukunft

Mit diesem Problem war auch die Aufgabe definiert, die bei SAP ein Konzeptprojekt namens *Vienna* prototypisch lösen sollte: Ein Anwendungssystem aus einem Guss zu entwerfen, das allen wesentlichen Aspekten moderner Betriebswirtschaft im Internetzeitalter gerecht wird, auf die Bedürfnisse mittelgroßer Kunden durch einfache Beherrschbarkeit und flexible Anpassbarkeit zugeschnitten ist und das auf neuer, preisgünstiger Hardware, wie z. B. Blade-Computern, kostengünstig betrieben werden kann.

Als Teil dieses Systems sollte eine moderne CRM-Komponente den Kundenprozess von der Akquise bis zur Auftragssteuerung übernehmen. Eine flexible Logistikkomponente sollte den Materialfluss in Produktion und Ein-/Auslieferung unterstützen. Eine adaptive Planungskomponente sollte die Langfristplanung mit der operationalen Feinplanung verbinden. Das strategische und operationale Informationsmanagement sollte Teil jedes Nutzerarbeitsplatzes werden. Schließlich sollte eine moderne Finanzkomponente die nahtlose

Abbildung der Wertschöpfungsprozesse in der Controlling-Sicht des Unternehmens gewährleisten. Bei all diesen Abwicklungen sollten die internen Wertschöpfungsprozesse mit den externen, internetbasierten Kollaborationsprozessen Hand in Hand gehen.

Mit der Reife der Konzepte und dem Fortschritt einer modellbasierten Entwicklungsplattform wurde aus dem Projekt *Vienna* ein anspruchsvolles Entwicklungsprojekt, das schließlich zum System SAP Business ByDesign geführt hat. Dieses System bezeichnen wir auch als Geschäftsplattform, weil es die Basis für alle wesentlichen Geschäftsabwicklungen für mittelgroße Unternehmen bildet.

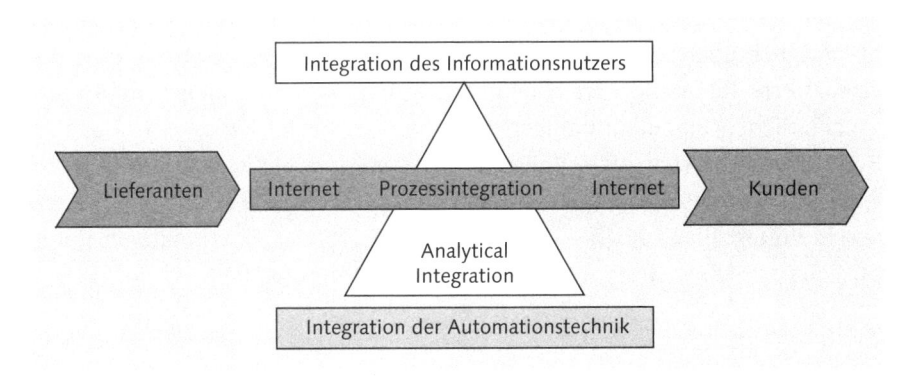

Abbildung 1.1 Geschäftsplattform

Abbildung 1.1 zeigt die wesentlichen Komponenten einer Geschäftsplattform. Eine Geschäftsplattform kann nicht simpel sein. Sie besitzt eine innere Komplexität, die wesentlich höher ist als die des frühen R/3-Systems, ähnlich wie heute ein VW Golf komplexer ist als ein VW Käfer es war. Aber der Autofahrer heute steigt in ein modernes Auto ein und fährt los, ohne die Betriebsanleitung zu studieren und den Umgang mit dem Bordwerkzeug zu trainieren. Die Nutzung einer neuen Geschäftsplattform soll sich entsprechend für alle Nutzer, Endnutzer und IT-Spezialisten einfach, bequem und produktiv gestalten. Dazu gehört auch, dass das User Interface, die Benutzeroberfläche, freundlich und leicht eingängig sowie intuitiv bedienbar ist und dem Interaktionsparadigma neuer Internetplattformen genügt.

Über die Systemarchitektur dieser Geschäftsplattform ist intern bei SAP lange gerungen worden. Es sollte eine serviceorientierte Architektur sein, die flexibel und anpassbar ist. Zugleich sollte sie auf einer modellbasierten Entwicklungsumgebung mit hoher Produktivität und Qualität umgesetzt werden.

1 | Eine neue Geschäftsplattform für mittelgroße Firmen

Architekturdesign und Entwicklung der Produktionsumgebung sind schrittweise durch Versuch und Irrtum entstanden, nicht nach einer Top-down-Vorgabe. Das war auch nicht möglich, denn mit der SOA ist Neuland beschritten worden. Vor SAP Business ByDesign gab es kein vergleichbares Produkt, das nach diesem Prinzip grundsätzlich neu gestaltet wurde.

Auch die in Unmengen produzierten Fachbücher über SOA waren keine wirkliche Hilfe, denn sie haben fast alle ein großes Manko: Sie stammen aus dem akademischen Bereich oder aus der Consulting-Praxis von IT-Modernisierungsprojekten ohne reale Entwicklungserfahrung großer Lösungen.

Mit SOA werden oft auch falsche Versprechen und irrige Hoffnungen verbunden, es könnten beliebige, separat entstandene Softwarekomponenten nachträglich über SOA-Plug & Play miteinander integriert werden. Eine servicebasierte Integration ist aber nur möglich, wenn sie Gegenstand eines ganzheitlichen ingenieurmäßigen Designs war. In der Tat ist SAP Business ByDesign intern sehr diszipliniert und ingenieurmäßig konstruiert worden. Dabei ist Komplexitätsbeherrschung – durch Modularisierung und exakte Beschreibung aller Integrationsdienste als Services in einem aktiven Enterprise Services Repository – das wesentliche Architekturziel.

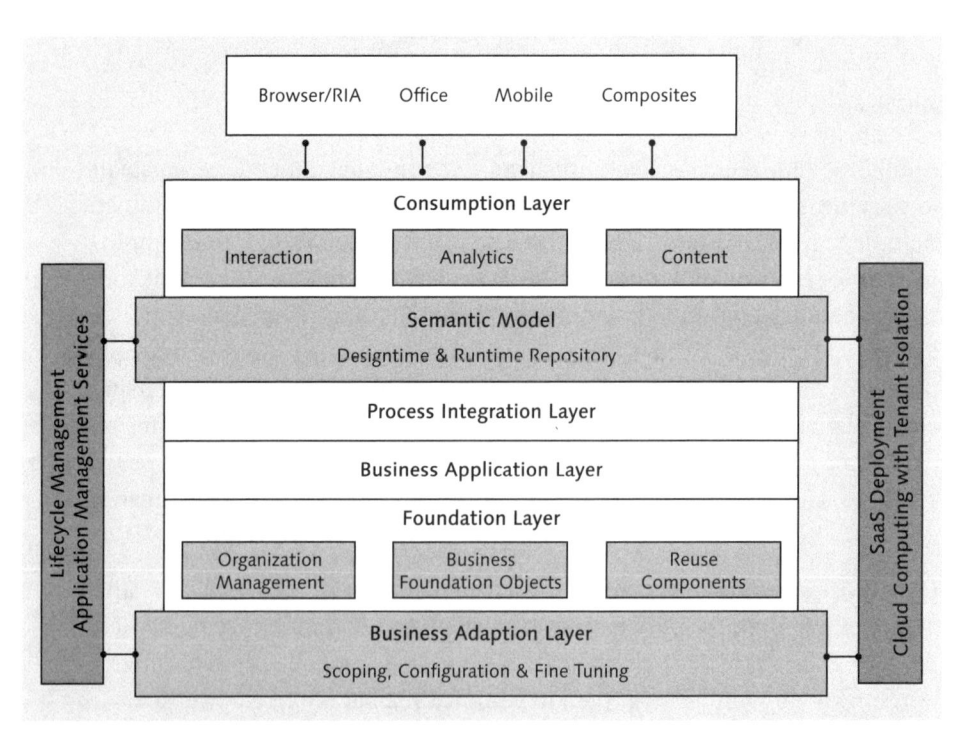

Abbildung 1.2 SAP Business ByDesign-Architektur im Überblick

Abbildung 1.2 stellt die Architektur von SAP Business ByDesign im Überblick dar. Das Enterprise Services Repository befindet sich in der Schicht des Semantic Model.

Kunden interessieren sich in der Regel weniger für die interne Konstruktion von SAP Business ByDesign. Wichtig sind für den Kunden passende Funktionalität mit den klassischen Qualitätsmerkmalen von Software wie Stabilität, Robustheit und Performance. Zusätzlich wird immer wichtiger, wie einfach sich die Lösung anpassen und erweitern lässt.

Es gibt einen weiteren Aspekt, der heute anders zu bewerten ist, als zum Zeitpunkt der Entstehung von ERP. Wir müssen heute davon ausgehen, dass sich die Informationstechnologie in den nächsten zehn Jahren mindestens so rasant weiterentwickelt, wie sie es in den vergangenen zehn Jahren getan hat. Eine Architektur muss also flexibel genug angelegt sein, dass sie schnellen Technikveränderungen folgen kann. Drei solcher Veränderungen sind allein schon in der Entwicklungszeit von SAP Business ByDesign eingetreten: Cloud Computing, neue Personal Devices mit neuen Frontends und hauptspeicherbasierte Datenbanken. Alle diese Techniken sind heute zu Technologiemerkmalen von SAP Business ByDesign geworden.

Aber nicht nur die Technik verändert sich rapide. Auch die Geschäftsmodelle von Unternehmen ändern sich häufiger und erfordern dann oftmals eine grundsätzliche Anpassung der zu Grunde liegenden Geschäftsplattform. Es kann auch notwendig werden, dass SAP Business ByDesign in einigen Jahren Abwicklungsformen unterstützt, die zum Zeitpunkt des ursprünglichen Designs noch gar nicht absehbar waren. Ein wesentliches Architekturmerkmal einer modernen Geschäftsplattform ist daher die Fähigkeit, schnell in neue Nutzungsformen hineinzuwachsen und diese neuen Formen bestehenden Kunden leicht zugänglich zu machen.

In diesem Sinn ist eine Geschäftsplattform für die Zukunft eine Plattform, die mittelgroßen Kunden Wachstumsmöglichkeiten eröffnet: Wachstum ihres Geschäfts, Wachstum ihrer Plattformnutzung und Wachstum hinein in innovative Abwicklungsformen, die sich erst noch herausbilden.

1.3 Eine adaptive Geschäftsplattform in modularer Struktur

Mittelgroße Firmen sind gekennzeichnet durch ihre große Vielfalt. Eine Geschäftsplattform für dieses Marktsegment muss dieser Vielfalt gerecht werden und eine Lösung für den jeweils konkreten Bedarf mit seinen Spezifika anbieten.

Eine Plattform für schlanke Arbeitsformen und Kollaboration	Eine Plattform für alle Aspekte des Geschäfts, nicht viele Teillösungen	Eine Plattform für Effizienz und Effektivität der Kernprozesse
Eine Plattform, die die Chancen des Internets erschließt	Lieferanten → Internet → Prozessintegration → Internet → Kunden (Integration des Informationsnutzers / Analytical Integration / Integration der Automationstechnik)	Eine Plattform für Transparenz und Compliance im Geschäft
Eine Plattform für nachhaltige Innovation	Eine erschwingliche Plattform	Eine Plattform, die sich leicht mit dem Geschäft anpassen lässt

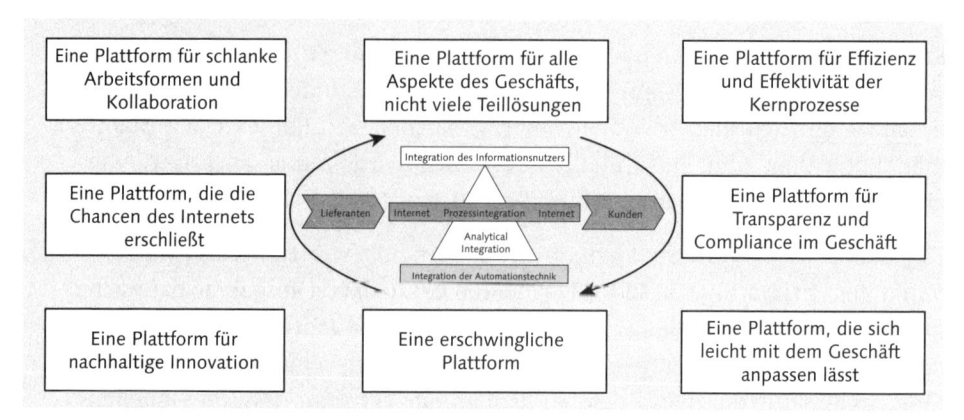

Abbildung 1.3 Anforderung des Mittelstands an Geschäftsplattformen

Abbildung 1.3 gibt einen Überblick, welche Anforderungen der Mittelstand an eine Geschäftsplattform hat. Vor die Frage gestellt, welche spezifischen Funktionen im mittleren Segment – anders als in großen Firmen – prinzipiell nicht benötigt werden, kommt man zu wenig ergiebigen Schlüssen. Manche Verfahren verbieten sich durch ihre Komplexität, und generell sollte alles möglichst einfacher sein. Aber in betriebswirtschaftlicher Hinsicht gibt es wenig, das nicht für einige Kunden auch im mittleren Segment unverzichtbar ist. Umgekehrt aber braucht ein einzelner Kunde praktisch nie die Gesamtfunktionalität der Geschäftsplattform. Eine Nutzung von 30 % der Funktionalität der Geschäftsplattform durch einen einzelnen Kunden ist eine gute Nutzungsrate.

Es ist in anderen, reiferen Industrien als der Softwareindustrie ein bekanntes Phänomen, dass das Funktions- und Variantenangebot eines Produktes weit über die Bedürfnisse eines einzelnen Kunden hinausgeht. Durch Mass Customization versuchen hier die Hersteller, individuellen Kundenwünschen durch flexiblere Produktionsprozesse gerecht zu werden. Die führenden Hightech-Industrien haben die überkommene Produktionsform der Massenfertigung überwunden, durch hohe Variantenproduktion mit kleinen Losgrößen bis hin zur kundenindividuellen Fertigung. Möglich wurde dies durch ausgefeilte Techniken des modularen Produktdesigns mit einer angepassten differenzierten Fertigungsautomatisierung.

Software ist ein digitales Produkt und folgt anderen Gesetzmäßigkeiten als mechanische Produkte. Bei Software ist möglich, was bei traditionellen Produkten, die Sie anfassen können, technisch unmöglich und ökonomisch unsinnig wäre: Es ist möglich, alle denkbaren Varianten einem Kunden physisch auszuliefern. Software hat, anders als jedes mechanische Produkt, kein physikalisches Gewicht, ihre Lieferung kann heute elektronisch über das Netz erfolgen, und für die Speicherung von Software-Code reicht schon ein USB-Stick. Das Gewicht von Software liegt in ihrer Komplexität.

Hierbei zählt aber nur die für den Kunden sichtbare Komplexität. Was unter der Haube sonst noch steckt, braucht einen Kunden nicht zu interessieren. Im Gegenteil, wenn nicht benutzte Funktionalität leicht nachträglich aktiviert werden kann, ist das wie eine Versicherung bezüglich des zukünftigen Wandels im Geschäft. Eine adaptive Geschäftsplattform löst das Variantenproblem nicht bei der erstmaligen Implementierung der Lösung, sondern im Sinne eines Continuous Business System Engineering nach Bedarf und auf Basis der Lernkurve im produktiven Einsatz der Plattform.

Mit diesem Ansatz müssen sich auch Einführungsprozesse und die Beratungspraxis für Geschäftslösungen tiefgreifend ändern. Einführungsprojekte haben in der Vergangenheit oft Beratungskosten erfordert, die die eigentlichen Softwarekosten um ein Vielfaches überstiegen. War das Beratungsprojekt abgeschlossen, galt die Devise, das nun endlich laufende System möglichst nie mehr zu ändern. Der Kunde selbst war nach der Ersteinführung meist nicht mehr in der Lage, die Möglichkeit von weiteren Anpassungen im System zu evaluieren und deren Folgekosten abzuschätzen. In einem sich ständig wandelnden Geschäftsumfeld ist eine solche Praxis aber nicht mehr zeitgemäß.

In SAP Business ByDesign ist die kostengünstige, kontinuierliche Adaption hinsichtlich sich ändernder Kundenbedarfe ein zentrales Designziel des Software-Engineerings. Wie bei der mechanischen Variantenfertigung das Produktdesign und der Fertigungsprozess einem gemeinsamen Entwurf folgen, muss auch beim variantenreichen Softwareeinsatz die Adaptionsfähigkeit im Softwareentwurf selbst berücksichtigt sein. Die Ausprägung des Kundensystems ist nicht mehr das Resultat einer individuellen Projektarbeit (mit Tabelleneinstellungen, allgemeinen Anpassungen und individueller Codierung), die auf einer monolithischen Lösung aufsetzt.

Vielmehr dient die feingranulare Modularisierung der Anwendungskomponenten in der Geschäftsplattform dem Ziel, flexible Konfigurationsmöglichkeiten beim Kunden zu ermöglichen. Dafür beschreibt das Enterprise Services Repository nicht nur exakt und detailliert alle Objekte, Komponenten, betriebswirtschaftlichen Services und zu integrierenden Prozesse der Plattform. Es registriert auch die individuelle Aktivierung und Adaption aller dieser Elemente beim Kunden und steuert damit aktiv das spezifisch ausgeprägte Kundensystem zur Laufzeit.

Die betriebswirtschaftliche Konfiguration beim Kunden nimmt eine Konfigurations-Engine vor, die zugleich für eine betriebswirtschaftlich konsistente Konfiguration des Repository sorgt. Die Konfigurations-Engine wird auch *Business-Konfigurator* genannt. Neben der aktuellen Konfigurationsbeschreibung zeigt der Business-Konfigurator auch die Möglichkeit weiterer zukünftiger Aktivierungen, Verfeinerungen und Anpassungen für den Kunden auf.

Der Business-Konfigurator ist eine Wissenskomponente, die ausschließlich die Sprache der Betriebswirtschaft und die der betriebswirtschaftlichen Nutzer spricht – und nicht die des technischen Software-Engineerings. Die Konfigurations-Engine übersetzt von der externen betriebswirtschaftlichen Sprache in die interne Sprache des Repositorys. Sie erscheint in Form eines betriebswirtschaftlichen Fragenkatalogs, ganz ähnlich wie der Konfigurator, mit dem Automobilhersteller ihren Kunden ihr Wunschauto beschreiben. Anders aber als im Automobilbau gehört der Business-Konfigurator von SAP Business ByDesign zum Produkt und begleitet die Nutzung der Geschäftsplattform von der ersten Nutzungsaktivierung über alle Geschäftsveränderungen hinweg bis hin zum aktuellen Nutzungsstand.

Motivation und Ziel dieses Vorgehens ist es, die Sprachbarriere zwischen Geschäftswelt und IT-Welt zu überwinden. Denn Sprachbarrieren erzeugen Ineffizienzen, Missverständnisse und Fehler, die teuer zu stehen kommen können. Seit Jahren wird das Thema »Business-IT-Alignment« diskutiert, meist im Zusammenhang mit Software-Modellierungs-Tools.

Für den Einsatz einer Geschäftsplattform bei mittelgroßen Unternehmen ist das aber der falsche Ansatz. Wenn der Berg nicht zum Propheten kommt, weil die Fachsprache des Software-Engineerings für Menschen im normalen Geschäft zu fremd und unverständlich ist, muss der Prophet zum Berg kommen. Dann müssen Einführungs- und Anpassungs-Tools eben die Sprache des Kunden sprechen lernen.

1.4 IT-Services und Cloud Computing

Die Komplexität von IT betrifft mehr als nur die Einführung und kontinuierliche Adaption. Auch die reine Betriebsführung und Administration von Unternehmensanwendungen ist über die Jahre immer komplizierter geworden und verlangt oftmals teures Spezialwissen. Die Fixkosten der Betriebsführung übersteigen gerade im Mittelstand oft die Grenzen dessen, was auf den einzelnen Anwendungsnutzer umgerechnet tragbar ist.

Dies war beim Entwicklungsstart von SAP Business ByDesign als eine weitere Barriere bekannt, deren Überwindung erfolgskritisch ist. So sind alle Technologieschichten der Geschäftsplattform mit neuen Monitoren und Services ausgerüstet worden, so dass sie auch wahlweise von außen durch SAP oder andere Betreiber administriert und gewartet werden können. Insbesondere galt es, den Upgrade von Software zu automatisieren und sicherzustellen, dass Kunden automatisch auf den besten Softwarestand Zugriff haben.

Eine Voraussetzung ist dafür allerdings strikt einzuhalten: Die Anwendungssoftware darf nicht mehr per Programmeingriff modifiziert werden. Alle Veränderungen des Kunden müssen so erfolgen, dass sie mit den Innovations- und Update-Zyklen der Geschäftsplattform nicht in Konflikt kommen können.

Die radikalste Form der Aufwandsreduzierung beim Kunden ist die, dass der Betrieb der Lösung von Servicedienstleistern übernommen wird. Das Modell des Anwendungsbetriebs als Service (ASP) ist lange bekannt, war allerdings in der Vergangenheit nur mäßig erfolgreich und für den Bezieher der Dienstleistungen schwer kalkulierbar.

Erst mit dem Cloud Computing hat sich das dramatisch geändert. Dabei war der Begriff *Cloud Computing* zu Beginn der Entwicklung von SAP Business ByDesign noch nicht geprägt, und die ersten Ansätze von *Software as a Service* (SaaS) waren für Unternehmenslösungen zu limitiert.

Die Services von Cloud Computing sind so ausgelegt, dass sie gleichförmig für viele Kunden gemeinsam erbracht werden, indem deren Anwendungen z. B. auf gleichen Datenbanken und auf virtualisierten, gemeinsamen Server-Infrastrukturen laufen. Was für Office-Lösungen oder einfache Anwendungen wie Salesforce-Automation kein Problem darstellt, da diese von allen Kunden praktisch identisch genutzt werden, muss aber bei Unternehmenslösungen genau bedacht werden. Dort ist ja gerade die Vielfalt der Geschäftsgestaltung durch die verschiedenen Kunden die Grundgegebenheit. Zwar war die Business-Konfiguration in SAP Business ByDesign von Beginn an so entworfen, dass sie die Virtualisierung unterstützt, wie sie heute im Cloud Computing gebräuchlich ist.

Für den Betrieb in der Cloud ist dies allein aber noch nicht ausreichend. Denn die Anpassungsanforderungen für Unternehmensanwendungen gehen über die Business-Konfiguration weit hinaus. Individuell anpassen möchte ein

Kunde sein Reporting, die interne Arbeitsplatzgestaltung, seine Interaktion und Kollaboration mit Kunden, und natürlich möchte er auch Funktionalität ergänzen können, wenn sie für ihn geschäftskritisch ist und wenn sie die Geschäftsplattform nicht liefert. All dies sind Anpassungswünsche, die zunächst dem Wunsch des gleichförmigen Betriebs über alle Kunden in der Cloud entgegenstehen. Zudem ist ein Rückfall in das alte ASP-Modell (Application Services Provider), bei dem jedes Kundensystem individuell betreut wird, ökonomisch nicht durchzuhalten.

Die Lösung dieses Problems erfordert wiederum eine grundsätzliche Unterstützung durch die zugrundeliegende Softwarearchitektur. Es ist nicht nur notwendig, dass die Daten der vielen Kunden sauber und logisch getrennt werden, obwohl sie in der gleichen Datenbank liegen (dieses Multitenant-Problem hatte SAP immer schon gelöst). Notwendig ist jetzt auch, dass im Plattform-Repository – unter gemeinsamer Nutzung des nicht veränderten Repository-Teils, der naturgemäß dominiert – kundenindividuelle Bereiche logisch abgetrennt werden können.

Erweiterungen des Plattform-Repositorys greifen nicht mehr direkt in den Code der Plattform ein. Die Services der Plattform, genauer das Public Service Model, stellen die einzige öffentliche Zugangsschicht zur Funktionalität der Plattform dar, und wird von SAP entsprechend stabil gehalten. Unter dem Public Service Model liegende Softwareschichten sind nicht zugänglich und unterliegen in der weiteren Evolution ausschließlich den Veränderungen durch den Plattformhersteller SAP.

1.5 Adaptions-Tools und Open Innovation

Mit dem *Public Service Model* arbeiten spezielle Adaptions-Tools: modellgestützte Adaptions-Tools zur Anpassung des User Interfaces und der Arbeitsbereiche (Work Center); modellgestützte Tools zur Anpassung und Modellierung von Reports und der Prozesssteuerung sowie Werkzeuge zur Modellierung neuer und zur Erweiterung bestehender Business-Objekte. Die modellgestützten Adaptions-Tools ermöglichen hohe Entwicklungsproduktivität, indem Software-Code über weite Strecken automatisch erzeugt wird. Faktisch wirken die Adaptions-Tools auf die Plattformfunktionalität ein und verändern sie in einer kontrollierten Form, die nicht mit der Standardentwicklung der Plattform in Konflikt geraten kann.

Dadurch wird ein grundlegendes Dilemma bisheriger Standardsoftware gelöst. Bisher hatte man zwei schlechte Alternativen: Entweder konnte man den Standard als unveränderbar akzeptieren, um dann seine Vorteile uneingeschränkt zu nutzen. Oder man nahm Modifikationen am Standard vor, mit dem Preis der Entkopplung von automatischen Upgrades des Standards und hoher Folgekosten bei der permanenten Nachpflege dieser Modifikationen.

Aus diesem Grund mussten in der Vergangenheit auch Partner, die sinnvolle Ergänzungen zum Standard anzubieten hatten, für jeden ihrer Kunden die Verantwortung für die weitere Wartung der Ergänzungen im Kundensystem übernehmen. Mit der modellgestützten Adaptierbarkeit der Geschäftsplattform in der Cloud ändert sich das Partnermodell von einem zwiespältigen Verhältnis zu einem synergetischen Kooperationsmodell.

Die Geschäftsplattform in der Cloud liefert den Kunden nicht nur die gesamte eigene betriebswirtschaftliche Funktionalität als Service, sie wird zugleich zu einer Distributionsplattform für offene Innovation aus einem reichen Partnernetzwerk. Partner können ihre Erweiterungen als digitale Ergänzungsprodukte der Plattform über die Cloud verkaufen und distribuieren. Die Softwarelogistik der Geschäftsplattform fügt diese Erweiterungen nahtlos in den bestehenden Betrieb der Kundenplattform ein und betreibt sie wie eine Komponente der Standardplattform. Die modellbasierten Adaptions-Tools stellen auch sicher, dass sich für den Nutzer das Erscheinungsbild der Erweiterungsprodukte von dem der Geschäftsplattform nicht unterscheidet.

Für den Kunden bedeutet der Zugriff auf ein breites Partnerportfolio von Erweiterungsofferten beschleunigte Innovation und die Chance, auch für sehr spezifische Bedürfnisse Lösungen zu finden. Die Partner erhalten einen breiten Marktzugang mit geringen Vertriebskosten. Für den Plattformanbieter steigt der Wert der Geschäftsplattform als Ganzes.

Mit einem solchen offenen Modell für Partnerinnovation im Netzwerk wird ein neues Kapitel in der Entwicklung der Standardsoftware aufgeschlagen. So besitzt die Geschäftsplattform in der Cloud ein wirklich transformatorisches Potenzial für die IT-Industrie insgesamt.

Der Erfolg dieses Partnermodells ist, wie der Erfolg von anderen Formen kollaborativer Wertschöpfung in der modernen Wirtschaft, abhängig von der Fähigkeit, vertrauensvolle Partnerschaften mit fairen Geschäftsmodellen aufzubauen und langfristig zu pflegen. Ein solches Modell ist eine große Chance für die Zukunft – für mittelgroße Unternehmen als Kunden von Unternehmenslösungen, aber auch für die Softwareindustrie auf der Anbieterseite.

In diesem Kapitel richten wir den Fokus auf die Zielgruppe von SAP Business ByDesign: den Mittelstand. Das Kapitel nimmt zum einen die Anforderungen, die mittelständische Unternehmen an ihre IT stellen, in den Blick und zeigt zum anderen, welche Eigenschaften und Funktionen eine passende IT-Lösung bieten muss.

2 Mittelstand als Herausforderung

Von Prof. Dr. Rainer Thome,
Lehrstuhl für BWL und Wirtschaftsinformatik, Universität Würzburg.

Was ist das Besondere an der Zielgruppe »Mittelstand«? Welche Eigenschaften einer Software sollten für dieses Einsatzfeld besonders ausgeprägt werden? Braucht der Mittelstand genauso komplizierte Software wie die Konzerne? Wie kann eine komplexe Software einfach eingeführt werden? Wie kann ein eng mit dem Unternehmen verzahntes und angepasstes Informationssystem fortgeschrieben werden? Ist eine integrierte Informationsverarbeitung für den Mittelstand überhaupt sinnvoll?

Diese letzte Frage kann sofort ganz klar mit »Ja!« beantwortet werden. Für die anderen hier gestellten Fragen werden wir auch eindeutige Antworten liefern. Ihre Beantwortung ist nur etwas komplizierter, darum behandeln wir sie schrittweise.

2.1 Was ist das Besondere an der Zielgruppe Mittelstand?

Zur Beantwortung der Frage, was das Besondere an der Zielgruppe »Mittelstand« ist, ist es nicht hilfreich, die dem »Mittelstand« zuzurechnenden Firmen hier gegenüber Kleinbetrieben und Großkonzernen zum wiederholten Mal abzugrenzen. Dies wäre zum einen mühsam und zum anderen nicht zielführend, um etwas Neues über den Mittelstand zu erfahren. Es genügt zu wissen, dass eine große Zahl von Unternehmen, mit unterschiedlichen Rechtsformen, aus nahezu allen Branchen, mit wenigen oder vielen Mitarbeitern, geführt von den Eigentümern oder Geschäftsführern, zum Mittelstand gezählt werden. Das unterstreicht die Vielfalt dieser Gruppe von Unternehmen und lässt bereits erkennen, dass sich durch diese heterogenen Anforderungen bei der Definition einer Software sowie bei ihrer Entwicklung und Bereitstellung Schwierigkeiten ergeben können. Es würde Ihnen, den Lesern dieses Buches, auch nicht helfen, einen Anforderungskatalog an eine Mittelstandssoftware in stringenter Abgrenzung zu anderen Einsatzbereichen zu erstellen und Bedingungen aufzustellen, die in diesem Umfeld unbedingt erfüllt werden sollten.

Dieser Beitrag versucht daher, sich darauf zu konzentrieren, Lösungen für die besonderen Herausforderungen und Problemstellungen des Mittelstands zu beschreiben.

Dazu gehört an erster Stelle das lapidare Faktum, dass mittelständische Unternehmen kleiner sind als große Unternehmen. Man sieht sich also dem Problem gegenüber, dass die mit dem Aufbau und der Einführung einer integrierten Informationsverarbeitung verbundenen Fixkosten umso schwieriger aufgebracht werden können, je kleiner ein Unternehmen ist. Zwar sind die mit der Analyse, Einführung und Schulung verbundenen »fixen« Kosten nicht in ihrer Höhe festgelegt, aber genau wie die Service- und Wartungskosten wirken sie mit abnehmender Unternehmensgröße umso belastender.

Eine weitere besondere Anforderung des Mittelstands liegt in der Tatsache, dass die verschiedenen Aufgaben hier in mindestens genauso vielfältigen Varianten ausgeführt werden, wie das in Konzernen der Fall ist. Zusätzlich lassen sich aber Mängel in der nötigen Exaktheit und Korrektheit der jeweiligen Ausführungen weit schwerer durch die Expertise der Mitarbeiter auffangen als in großen Unternehmen. Das bedeutet wiederum, dass in kleineren Unternehmen keine Abstriche von den Anforderungen an die Software – die ja die Ausführung der verschiedenen Aufgaben in den verschiedenen Varianten unterstützen soll – möglich sind.

In der Informationsverarbeitung hat sich der Begriff *Skalierung* eingebürgert, um darauf hinzuweisen, dass ein System nach oben offen schrittweise erweitert werden kann. Für die Einbindung kleinerer Unternehmen in den Kreis der Anwender integrierter Informationsverarbeitungslösungen muss jedoch ein neuer Gedanke beziehungsweise Begriff eingeführt werden, der umgekehrt ausdrückt, dass eine sehr große Softwarelösung, die auf einer extrem leistungsfähigen Hardware läuft, auch kleinen Anwendern zur Verfügung gestellt werden kann.

In diesem Beitrag wird dieser Gedanke als *Repartition* bezeichnet. Dies bedeutet, dass der Nutzen, den nur ein sehr leistungsfähiges System stiften kann, künftig so verteilt werden sollte, dass er auch denjenigen zu Gute kommt, die nur einen kleinen Anteil dieses Systems beanspruchen. Möglich wird dies durch die vielfache Nutzung einer über das Internet bereitgestellten Lösung in Form von *Software as a Service* (SaaS).

2.1.1 Welche Eigenschaften sollte Mittelstandssoftware haben?

Die korrekte Abarbeitung der gestellten Aufgaben ist für alle betrieblichen Informationssysteme eine selbstverständliche Anforderung; auch der Wunsch nach einer intuitiven Benutzungsoberfläche ist offensichtlich.

In diesem Abschnitt soll dagegen auf die vielfältigen Anforderungen eingegangen werden, die im Lauf der Zeit auch in mittelständischen Unternehmen als selbstverständlich angesehen werden. Hier sind etwa die Interaktion der betrieblichen Aufgaben mit den Anforderungen und Möglichkeiten des Internets zu nennen, die Fakturierung in verschiedenen Währungen, die sofortige Recherche in den Kundenbeziehungen während eines Telefonats oder die Bereitstellung von Angaben zur aktuellen Warenverfügbarkeit über ein mobiles Endgerät mit Sicherheitsüberprüfung.

Dazu gehören aber auch Entscheidungsprozesse über die Belieferungsform mit dem geringsten CO^2-Ausstoß – oder künftig die Frage, ob das Auslieferungsfahrzeug in Form eines eLKW die geplante Route beim gegebenen Ladezustand der Batterie noch schaffen wird. Diese Themen waren vor wenigen Jahren noch Utopie, sie sollten aber künftig von einem Unternehmen jedweder Größe beherrscht werden. Der technische Anspruch, der sich aus solchen Anforderungen ergibt, liegt in der Weiterentwicklung der Lösungen über die Zeit, um den Nutzern jeweils die neuesten Verfahren zur Verfügung stellen zu können. Dies wird hier zwar nicht weiter problematisiert, ist aber für die strategische Entscheidung einer Softwareauswahl von grundsätzlicher Bedeutung, weil damit über die Zukunftsfähigkeit eines Unternehmens bestimmt wird.

Berücksichtigt werden muss auch die personelle Seite dieser Entwicklungen. Es wird von den Mitarbeitern eine laufend steigende Vielseitigkeit erwartet, und es werden Entscheidungen im Rahmen gänzlich neuer Anforderungen verlangt. Gerade in kleineren Unternehmen sind auf die einzelnen Mitarbeiter mehr verschiedene Tätigkeiten (Rollen) verteilt als in Großbetrieben. Das hat zur Folge, dass sich die Mitarbeiter laufend und kurzfristig auf andere Arbeiten umstellen müssen. Dies ist für die Beteiligten strapaziös und birgt Risiken für Fehlentscheidungen. Eine gute Mittelstandssoftware sollte dieser

Situation Rechnung tragen, indem sie den Arbeitsablauf veranschaulicht und darüber hinaus Hilfestellung bei Entscheidungen und zur weiteren Vorgehensweise anbietet. Diese Entscheidungsunterstützung ist bei einer Mittelstandssoftware noch wichtiger als bei Produkten für große Betriebe, in denen sich die Mitarbeiter eher auf einzelne Aufgaben beschränken können.

In Bezug auf die Interaktion zwischen Mensch und Maschine sollte Software für kleinere Unternehmen folglich mehr bieten und verlässlicher funktionieren als Systeme für Konzerne. Dort gibt es natürlicherweise mehr Personen, mit denen man sich im Zweifel beraten kann; auch Spezialisten für viele Fragestellungen sind meistens greifbar.

2.1.2 Welchen Funktionsumfang sollte Mittelstandssoftware haben?

Es kann wohl kaum sein, dass ein Mittelständler mehr oder kompliziertere betriebswirtschaftliche Problemstellungen zu bewältigen hat als ein Großbetrieb. Das erscheint auch einleuchtend; und doch gibt es Herausforderungen, denen sich insbesondere die ganz großen Unternehmen nicht stellen müssen.

Ausgehend von der zunehmend geforderten Kommunikationsfähigkeit der technischen Systeme haben kleine Betriebe einen schwierigen Stand. Sie müssen den Forderungen ihrer Klientel folgen können und Daten in der von ihren Kunden und sogar auch Lieferanten geforderten Formen bereitstellen sowie verarbeiten können. Es ist wichtig zu betonen, dass die Anpassungsfähigkeit der kleinen Unternehmen, die sich bisher oft genug in der Flexibilität der Mitarbeiter manifestiert hat, künftig allein nicht mehr weiterhilft. Ein bestimmtes Datenformat muss von der Software generiert werden und kann auch vom vielseitigsten Mitarbeiter nicht erzeugt werden.

Große Gesellschaften verlangen von allen ihren Geschäftspartnern unbedingte EDI-Fähigkeit. Das bedeutet nicht nur Electronic Data Interchange (EDI) im Sinne der Möglichkeit, Daten elektronisch auszutauschen, sondern auch die sinnvolle, also semantisch korrekte Verarbeitung der Daten und die passende Reaktion im Sinne von Bestätigungen und Korrekturhinweisen – vielleicht sogar in Echtzeit.

Während die ganz großen Unternehmen in ihren Versorgungsnetzen (Supply Chains) sogar diktieren, wie die Nachrichtenströme zu formatieren sind, wann sie verarbeitet werden müssen und welche Reaktionen erwartet werden, müssen sich die kleinen Unternehmen parallel auf verschiedene Wünsche ihrer Geschäftspartner einstellen.

Möchten mittelständische Unternehmen die Datenaustauschprogramme nicht mühsam mit händisch einzugebenden Informationen befüttern, die jeweils mit Sachverstand und in Eile an die Bedingungen angepasst werden müssen, benötigen sie ein Informationssystem, das in der Lage ist, auf Anfragen adäquat zu reagieren. Damit sind die Anforderungen an die mittelständische Informationsverarbeitung auch in diesem Bereich eher höher.

2.1.3 Bedeutung der Integration für den Mittelstand

Laut Definition bedeutet Integration für ein System der betrieblichen Informationsverarbeitung Folgendes:

- die einmalige Erfassung und dauerhafte Speicherung aller Informationen bei ihrer Entstehung
- die Ableitung neuer Informationen durch semantische Verknüpfung und Darstellung
- die jederzeitige und ubiquitäre Bereitstellung von Informationen für alle berechtigten, aufgabenbezogenen Verwendungen

Was hier so klar und einfach klingt, ist für alle Unternehmen eine große organisatorische Herausforderung, denn genau so konnte der Prozessablauf in Unternehmen bisher nicht gestaltet werden. Unternehmen ohne digitale Informationsverarbeitung fehlt jede Basis für eine schnelle Nutzung neuer Informationen an verschiedenen Arbeitsplätzen. Unternehmen mit einem System zur Informationsverarbeitung haben zwar eine technische Infrastruktur für die gezielte, korrekte und sofortige Informationsweitergabe, ihnen fehlt aber fast immer die zur Technik passende Aufbau- und Ablauforganisation, so dass die Integration nicht gelebt werden kann.

Alle Unternehmen müssen sich daher anstrengen, je nach bereits getätigten Bemühungen ihre inner- und zwischenbetriebliche Denkweise umzustellen, damit sie die Vorteile der Integration im Hinblick auf Kostenreduktion, Beschleunigung der Lieferzeiten, Anpassungsfähigkeit an Kundenwünsche und feste Einbindung in Liefernetzwerke auch nutzen können.

2.2 Was bietet SAP Business ByDesign für den Mittelstand?

Die meisten mittelständischen Unternehmen konnten Systeme zur Datenverarbeitung erst ab Anfang der 70er Jahre einsetzen, weil vorher kein für sie akzeptables Preis-Leistungs-Verhältnis gegeben war. Neben dem in der Geschichte der modernen Informationsverarbeitung immer wirkenden Mooreschen Gesetz, nach dem sich die Computerleistung innerhalb von zwei Jahren bei gleichen Preisen verdoppelt, kamen in jener Zeit zwei weitere Effekte zur Hilfe.

Einerseits wurden die etablierten Anbieter von Datenverarbeitungsanlagen (allen voran IBM) mit ihren General Purpose Computern durch das Angebot von Prozessrechnersystemen (insbesondere Digital Equipment) im Preis herausgefordert.

Andererseits begannen mehrere Unternehmen der Feinmechanik bzw. Elektronik in Deutschland mit einer eigenen Fertigung, was sich beim damaligen Dollarkurs durchaus lohnte. Hohner, Nixdorf, Philips, Siemag und Triumph Adler bildeten einen Verbund von Herstellern der mittleren Datentechnik, der genau auf diesen Markt abzielte. Für einige Jahre waren diese Computerbauer auch erfolgreich, bis sich mit der steigenden Leistungsfähigkeit auch die Wünsche nach umfassenden betriebswirtschaftlichen Anwendungslösungen durchsetzten. Mit Hardware war kein Geschäft mehr zu machen, und die Entwicklung von konkurrierenden Programmen war zu kostspielig. Die Branche gab auf, und der Umsatz fiel hauptsächlich an die Personal-Computer-Anbieter und die internationalen Hersteller von Rechnersystemen, die für den Mittelstand noch finanzierbar waren.

Viele kleine Softwarehäuser kümmern sich seitdem um die große Zahl von Betrieben, die nicht nur Einzellösungen auf Basis von Word und Excel suchen, sondern eine betriebswirtschaftlich durchgängige Prozessunterstützung wollen.

Die Forschung zur Wirtschaftsinformatik an der Universität Würzburg hat 1986 begonnen, die in Projekten bereits seit 1976 gesammelten Erfahrungen zu kombinieren und Lösungen zu entwickeln, die eine radikale Vereinfachung der Einführung, Pflege und Wartung erlaubten. Alle Kunden sollten den gleichen Entwicklungsstand (Release) der betriebswirtschaftlichen Software nutzen und ihre Erfahrungen gegenseitig bereitstellen, um zu weiter verbesserten Versionen zu kommen.

Aber die kostenrechnerische Prüfung dieses Ansatzes, der für die Kunden keinen Anpassungsaufwand verursacht hätte, machte deutlich, dass so keine wirtschaftlich sinnvolle Geschäftsgrundlage für die Bereitstellung von betriebswirtschaftlichen Programmen gefunden werden konnte. Während einige Softwarehäuser, wie SAP, mit ihrem Angebot an große Unternehmen erfolgreich waren, konnten die Entwickler von Lösungen für kleinere Betriebe nur durch Branchenorientierung in Verbindung mit teuren, individuellen Zusatzentwicklungen bestehen.

Gegen diese aus wissenschaftlicher Sicht höchst unbefriedigende Situation wurde in Würzburg ein neues Konzept positioniert, das die eigentliche betriebswirtschaftliche Standardanwendungssoftware um leistungsfähige Methoden und Werkzeuge zur Einführung in mittelständische Betriebe erweitern sollte. Der Abgleich zwischen den Anforderungen eines Unternehmens und den Potenzialen der Software sollte über ein betriebswirtschaftliches Regelwerk erfolgen, das im gleichen Ablauf auch eine empfehlenswerte Anpassung (Customizing) für die Softwareeinstellungen vorschlagen könnte.

Die Idee war klar daran orientiert, die damals wie heute sehr aufwendige Einführung von integrierenden betriebswirtschaftlichen Softwarelösungen radikal zu vereinfachen, zu verkürzen und für Mittelständler finanzierbar zu machen.

2.2.1 Wie kann eine komplexe Software einfach eingeführt werden?

Die Antwort auf die unlösbar erscheinende Frage, wie eine komplexe Software einfach eingeführt werden kann, ist ganz einfach: mit Hilfe der Automatisierung; so, wie die schwierigsten Aufgaben sonst auch gelöst werden – die Landung eines Großraumflugzeugs im Nebel, die frist- und mengengerechte Bereitstellung tausender Einzelteile für die Automobilproduktion, die Auswertung elektrokardiographischer Daten in Echtzeit, die Lohn- und Gehaltsabrechnung tausender Mitarbeiter unter korrekter Berücksichtigung des Steuerrechts und der Sozialgesetze usw.

Auch die betriebswirtschaftliche Gestaltung und Nutzung einer Software folgt festgelegten Regeln. Exemplarisch werden hier nur die Grundsätze der ordnungsmäßigen Buchhaltung genannt. Insgesamt sind es viele Vorschriften, aber ein Automat – ein Konfigurator – kann problemlos tausende gleichzeitig berücksichtigen. Ein versierter Berater hätte da trotz seiner Erfahrung einige Schwierigkeiten.

Nachdem in den 90er Jahren in Würzburg in Zusammenarbeit mit Siemens ein solches Verfahren unter dem Namen *LIVE KIT Structure* für R/3 entwickelt und vielfach eingesetzt wurde, hat sich SAP 2004 entschlossen, eine solche Einführungslösung für SAP Business ByDesign als betriebswirtschaftliche Konfiguration direkt in das System einzubauen. Das hat zwar einen enormen Aufwand verursacht, bot aber auch entscheidende Vorteile. Für Mittelständler rückt eine Software – egal, wie gut sie ist – erst in den Bereich möglicher Alternativen, wenn sie die Ressourcen des Unternehmens bei der Einführung nicht über Gebühr beansprucht.

Die betriebswirtschaftliche Konfiguration (siehe Abschnitt 6.2) wurde zu einem eigenständigen Arbeitsbereich des neuen Produkts SAP Business ByDesign. Das dafür eingesetzte, zentrale Werkzeug heißt Scoping (Festlegung des Lösungsumfangs) und basiert auf den Würzburger Erfahrungen mit dem LIVE KIT Structure. Durch seine Verankerung in der Software wurde das Scoping ein entscheidender Bestandteil der Einführungsstrategie von SAP Business ByDesign und hilft, die große Zahl künftiger Anwendungslösungen nicht nur technisch richtig einzuführen, sondern eben auch betriebswirtschaftlich richtig zu implementieren (Best Practise).

Künftig, wenn die heute eingeführten SAP Business ByDesign-Anwendungen von den Kunden voll genutzt werden, kann das Scoping eine noch viel wichtigere Leistung erbringen als nur die Unterstützung bei der Erstinstallation. Eine Software und die damit einhergehende Unternehmensorganisation müssen immer wieder an neu entstehende Anforderungen angepasst werden, die vom Markt, vom Gesetzgeber oder durch die technologische Weiterentwicklung an die Mitarbeiter gestellt werden. Während heute viele Betriebe ihre Abläufe um ihr Informationssystem herum organisieren – weil der Änderungsaufwand horrend erscheint –, können künftig mit dem Scoping neue Anforderungen in Bezug auf die organisatorische Gestaltung der Unternehmensabläufe erfüllt werden – ohne Programmierung, ohne Probleme mit der Datenhaltung und ohne Verstrickung in die Abhängigkeit von Programmentwicklern.

2.2.2 Fortschreibung eines unternehmensspezifischen Informationssystems

Im vorigen Abschnitt wurde deutlich, dass der Einführungsaufwand für eine betriebswirtschaftliche Software erschreckend hoch sein kann. Weil man vor der Entscheidung für eine bestimmte Lösung aus den Alternativen wählen muss, wird das Thema »Einführung betriebswirtschaftlicher Software« in der Literatur immer wieder neu problematisiert. Nach dieser Entscheidung und nach der ersten Implementierung entstehen im Lauf der Zeit jedoch noch viel höhere Kosten, zu denen dann keine Alternativen mehr bestehen und denen jedes Unternehmen, das betriebliche Standardsoftware einsetzt, unentrinnbar ausgeliefert zu sein scheint. Denn während der Nutzungsdauer (etwa 15 – 20 Jahre) entsteht immer wieder Änderungsbedarf durch die neue Ausrichtung des eigenen Produkt- und/oder Vertriebsspektrums, durch geänderte gesetzliche Vorgaben sowie durch Aktionen der Wettbewerber. Entweder werden bei jeder anstehenden Änderung immer wieder Berater bzw. eigene

Programmierer beauftragt, oder man müsste auf die Weiterentwicklung verzichten und sich organisatorisch mit immer schlechter werdenden Abläufen begnügen. Beide Wege sind sehr kostenintensiv – die Arbeit mit Beratern und Entwicklern, die mitunter im Lauf der Zeit zu einem zunehmend unüberschaubaren Wust von Modifikationen führt, verursacht genauso Kosten wie die Arbeit mit organisatorisch zunehmend schlechter werdenden Abläufen.

Es ist zu beobachten, dass die ihrem Namen nach scheinbar leicht änderbare »Software« zum Betonklotz für die Ablauforganisation vieler Unternehmen wird. Häufig werden weder die Anpassungswünsche der Anwender umgesetzt noch kommen die neuesten Versionen des Softwarepakets zum Einsatz. Der Grund dafür liegt im zunehmend höher werdenden Änderungsaufwand. Die über die Jahre selbst verursachten Eingriffe in die Software machen deren Funktionsweise immer intransparenter, und der Umstellungsaufwand steigt.

Ganz anders ist jedoch die Situation bei SAP Business ByDesign. Das System wird vom Anbieter und Betreiber SAP für alle Kunden ohne Mehrkosten immer auf dem neuesten Entwicklungsstand gehalten. Damit stehen alle mittlerweile durch die Technik ermöglichten und von der Gesetzgebung verlangten Fortschritte zur Verfügung, ohne dass der Anwender eine eigene Entwicklung anstoßen muss.

Die Spezifikation der Software wird vor ihrem Einsatz nicht durch ergänzende Programmentwicklungen oder Modifikationen vorgenommen, sondern durch die Auswahl der betriebswirtschaftlich adäquaten Vorgehensweisen aus den Alternativen des Softwarepakets im Rahmen des Scopings.

Um darüber hinaus die im laufenden Betrieb entstehenden Änderungswünsche (Change Requests) zu erfüllen, verfügt SAP Business ByDesign über drei sich ergänzende Anpassungsmodi:

- Für größere Umstellungen kann ein *Änderungsprojekt* angelegt werden, das wie bei der Erstinstallation unter Kontrolle des Scopings abläuft und damit auf Basis der implementierten betriebswirtschaftlichen Regeln verhindert, dass falsche bzw. nicht funktionsfähige Lösungen festgelegt werden (siehe Abschnitt 7.4).
- Für kleinere Anpassungen werden so genannte *laufende Änderungen* vorgenommen, die vom System auch auf korrekte Ablauffähigkeit geprüft werden.
- Für die bloße Umgestaltung der Bildschirmdarstellungen gibt es noch den *Anpassungsmodus*, der jederzeit aktiviert und sofort umgesetzt werden kann (siehe Abschnitt 7.2.1).

Es ist ein großer Durchbruch, den die betriebliche Informationsverarbeitung mit diesem SaaS-orientierten (Software as a Service) Vorgehen bei SAP Business ByDesign erreicht hat. Der Lethargie der Anwender, die in den meisten Fällen jede Hoffnung auf rasche Erfüllung ihrer Änderungswünsche aufgeben mussten, kann jetzt mit frischem Mut begegnet werden, da sich viele Änderungen in Stundenfrist durchführen lassen, ohne die Konsistenz des Gesamtsystems im Mindesten zu gefährden. Sowohl für die großen Mittelständler, die sich an die Einführung einer weltweit etablierten Standardsoftware gewagt hatten, als auch für die kleineren Unternehmen, die Branchensoftware eingeführt hatten, kann gleichermaßen der Kerker aufgebrochen werden, in den die organisatorischen Abläufe dieser Unternehmen langfristig eingesperrt waren, weil der Anpassungsaufwand ihrer Software zu hoch war.

2.3   Strategische Gründe für Mittelstandslösungen

Es gab bisher ganz verschiedene Strategien für die Entwicklung spezieller Software für mittlere und kleinere Unternehmen. Dazu gehören folgende Schlagworte: preiswert, einfach, individuell, branchenorientiert, standardisiert, funktionsreduziert. Alle diese Vorgehensweisen können auf jeweils spezielle Weise als besonders »mittelstandsfähig« proklamiert werden. Fraglich ist aber, ob diese Begründungen wirklich für die speziellen Situationen dieser Unternehmen argumentieren oder nur die Einschränkungen der Lösungen mit einem positiv erscheinenden Etikett versehen sollen.

In diesem Abschnitt wird versucht zu erklären, was der Mittelstand zur Abdeckung seines Informationsverarbeitungsbedarfs aus betriebswirtschaftlicher Sicht wirklich braucht.

Es ist falsch – wie eingangs schon festgestellt – anzunehmen, dass ein kleineres Unternehmen neben weniger Grundfläche, Kapital, Mitarbeitern und Managern eben auch weniger Informationsverarbeitung braucht. Die Annahme stimmt nur in Bezug auf die reine Durchsatzleistung und das Speichervolumen der Informationsverarbeitung. Weniger Aufträge, weniger Stücklisten und Material, weniger Lohnzahlungen und weniger Buchungen verursachen auch weniger Last für die IT. Das spart zwar Rechnerleistung und damit Hardware, diese hat aber mittlerweile nur noch untergeordnete Bedeutung für die Gesamtkosten der Informationsverarbeitung.

Die an das jeweilige Unternehmen angepasste Software, die organisatorische Umstellung und die Implementierung der Lösung im Unternehmen sind teuer. Auch wenn in einem mittelständischen Unternehmen für die Schulung der wenigen Mitarbeiter auch geringere Kosten anfallen, bleibt der Aufwand für die Bereitstellung der Anwendungssoftware mit all ihren benötigten Funktionen faktisch so hoch wie bei einem Großbetrieb. Relativ zum Umsatz ist die Software aber für die kleineren Unternehmen viel teurer.

Wie konnten kleinere Betriebe dann bisher überhaupt den Einsatz einer betrieblichen Softwarelösung finanzieren? Die Antwort lautet Sparsamkeit, Vermeidung jeglichen Zusatzaufwands, Beschränkung auf die wesentlichsten Komponenten eines IT-Systems und Verzicht auf Integration. Diese Strategie erweist sich aber letztlich als sehr ineffektiv für den Mittelstand. Es sind zwar nicht die monetären IT-Ausgaben, die typische Mittelstandslösungen heute sehr teuer machen, aber es sind die Opportunitätskosten, die hier für den entgangenen Nutzen stehen, der nicht erreicht wurde, weil die verwirklichten Lösungen die Arbeitsabläufe bei weitem nicht so gut unterstützen, wie es möglich wäre.

Die Integration der betrieblichen Teilbereiche verursacht hohen Organisations- und Implementierungsaufwand bei der Einführung und der Weiterentwicklung des Unternehmens, spart aber über die Zeit erhebliche Kosten im laufenden Betrieb.

Für ein modernes Unternehmen ist die Integration die Basis für den »dispositiven Faktor« (Gutenberg 1983), der heute allgemein unter dem Begriff *Management* zusammengefasst wird. Er hat die Aufgabe, alle Produktionsfaktoren so zu kombinieren, dass die angestrebte Wertschöpfung möglichst effizient und gleichzeitig effektiv verläuft. Das heißt konkret Folgendes: Mit den geeigneten Mitteln das Richtige tun. Für die klassischen operativen Tätigkeiten müssen dazu Arbeitsanalysen durchgeführt und die Prozessschritte im Sinne durchgängiger Abläufe organisiert werden. Für die digitale, künftige Unterstützung dieser Tätigkeiten hat man bisher in großen Unternehmen auch endlose Analysen angesetzt und viel Geld für die »Optimierung von Geschäftsprozessen« ausgegeben. Oft stellte man hinterher fest, dass Ablaufbeschreibungen, die von Beratern und eigenen Organisatoren entwickelt wurden, zwar in Diagrammen als optimierte Prozesse dargestellt werden können, dafür aber keine passende Software zur maschinellen Unterstützung vorhanden ist.

Richtiger ist die bestmögliche Komposition der betrieblichen Gegebenheiten mit den ausgereiften und sofort verfügbaren Prozessalternativen der Standardsoftware. Das geht viel schneller und bleibt, weil nichts dazu programmiert wird, viel günstiger. Denn entscheidend ist – das ist vielfach aber nicht bewusst –, dass eine solche Lösung im »Standard« bleibt, auch wenn sie aus vielen Modulen und Alternativen der Bibliothek von Objekten der Standardsoftware komponiert wird. Das bedeutet für die Zukunft, dass die Lösung problemlos auf neue Versionen (Releases) der Software umgestellt werden kann und damit den so ausgestatteten Unternehmen die Chance eröffnet, auch neue, weiterentwickelte Möglichkeiten (Features) der Software zu nutzen.

2.3.1 Betriebswirtschaftliche Integration

»Energie bewegt die Welt« ist eine offensichtliche, in vielen Büchern und Aufsätzen wiederholte Erkenntnis (Moshage 1960). Im Rahmen der Thermodynamik werden in so genannten Hauptsätzen die Phänomene der unterschiedlichen Erscheinungsformen von Energie beschrieben.

In Anlehnung daran könnte man auch den Hauptsatz »Information bestimmt, wohin sich die Welt bewegt« aufstellen. Die Funktion und Wirkung von Information soll nach diesem Muster hier auch in wenigen Hauptsätzen skizziert werden, um daraus abzuleiten, wie Informationssysteme für mittelständische Unternehmen gestaltet und eingesetzt werden sollten.

Die Hauptsätze zur Thermodynamik (Labuhn 2011) besagen Folgendes:

- dass mehrere Systeme in einem Temperaturgleichgewicht stehen können
- dass Energie nur umgewandelt wird, aber nicht verloren geht
- dass aus der Zusammenführung gleicher Temperaturen keine höheren entstehen
- dass kein System auf den absoluten Nullpunkt abgekühlt werden kann

Mit diesen Sätzen wird die Funktionsweise eines großen Teils der Welt beschrieben. In diesem Abschnitt wird analog versucht, grundsätzliche Aussagen für den wirtschaftlich wichtigen Bereich der betrieblichen Integration in nur vier Hauptsätzen zu formulieren. Aus der Beobachtung von Superorganismen (z. B. Bienen und Ameisen) hätte man auch Prinzipien zur Informationsweitergabe, -speicherung und -verarbeitung ableiten können. Allerdings sind die Erkenntnisse dazu bei Weitem noch nicht so stringent, und wir wissen nicht, ob die Evolution nicht noch bessere Lösungen hervorbringt. Diese Gefahren bestehen beim Vorbild Thermodynamik nicht.

1. Eine erhöhte Intensität der Informationsverarbeitung in einzelnen Teilbereichen eines Unternehmens hat auf Dauer keinen Sinn. Die maschinelle Unterstützung der Arbeitsabläufe sollte vielmehr im Gleichklang erfolgen.
2. Ein Informationssystem ist immer nur so gut wie seine Teile. Wird die Qualität der Informationsverarbeitung in einem Bereich erhöht, verbes-

sert sich die Informationsverarbeitung nur, soweit keine Abzüge durch vernachlässigte Bereiche vorgenommen werden müssen.

3. Eine Abteilung mit niedriger Informationsqualität kann bessere Bereiche nicht wirkungsvoll unterstützen.
4. Ein System ohne Information ist keines mehr und kann nicht als solches funktionieren.

Auch die Wirkung dieser Hauptsätze erschließt sich – wie bei den Hauptsätzen der Thermodynamik – erst durch ihre logische Kombination und die Betrachtung der Konsequenzen, die sich aus ihrer Vernachlässigung zwangsläufig ergeben.

Unmittelbar ersichtlich ist, dass die Forderungen darauf abzielen, auf Unternehmensebene ein integriertes Informationssystem zu entwickeln, das die Daten für alle Bereiche des Unternehmens bereithält und sie jeder berechtigten Person bzw. Funktion zur Aufgabenerfüllung bereitstellt. Implizit ergibt sich aber als Forderung, dass die Verarbeitung von Informationen nach gleichen Rahmenbedingungen erfolgen muss, unabhängig vom betrieblichen Aufgabenbereich. Nur wenn die Daten für alle betrieblichen Bereiche nach den gleichen semantischen Regeln erfasst, bearbeitet und gespeichert werden, ist auch von den jeweils anderen Aufgabenfeldern eine richtige Interpretation der Informationen möglich – und damit eine weitere operative Verarbeitung.

Während für die Ausführung von operativen Aufgaben die semantische Integration langsam als Grundlage akzeptiert wird (siehe EDIFACT und Abrufe), ist dies im Rahmen der strategischen Aufgaben noch längst nicht der Fall. In vielen Unternehmen müssen häufig noch zahlreiche Excel-Auswertungen entwickelt, gepflegt und immer wieder zur Ausführung gebracht werden, um dem Management eine Übersicht des betrieblichen Geschehens zu liefern. Das ist widersinnig. Ein integriertes Informationsverarbeitungssystem kann und muss so angelegt sein, dass alle betrieblich wichtigen Informationen von ihm auf Abruf bereitgestellt werden. Jeder Zwischenschritt über ein Handling der Daten in einer Tabellenkalkulation ist fehleranfällig, aufwendig und zeitraubend.

Die in den vier Hauptsätzen zur betrieblichen Informationsintegration aufgestellte Forderung nach einer einheitlichen Verarbeitung und Bereitstellung von Daten wird durch die heute in großen Unternehmen verbreitete Etablierung von Data Warehouses unterlaufen. Diese sehr kostspieligen Datensammlungen zur Informationsintegration kompensieren im Wesentlichen nur die im operativen Bereich sträflich unterlassenen Vereinheitlichungsbemühungen. Sie werden künftig durch vollständige Integration und moderne

In-Memory-Technologie ersetzt und sogar übertroffen. Dass man so auf den Einsatz eines Data Warehouses verzichten kann, ist gerade für mittelständische Unternehmen wichtig zu wissen, da sie die durch Data Warehouses verursachten Kosten mitunter nur schwer aufbringen und dauerhaft tragen können.

2.3.2 Statische und dynamische betriebliche Informationsstrukturen

In Betrieben werden Personen zur koordinierten Erbringung marktfähiger Leistungen arbeitsteilig eingesetzt. Die bisherige Entwicklung der Industrialisierung ist von der Erstarrung der Arbeitsabläufe gekennzeichnet. Das heißt, die Ablauforganisation wurde in die Anordnung der Arbeitsplätze und in die Anlage der Transportwege hineingeplant. Insbesondere das Fließband zeigt diese Entwicklung ganz deutlich. Alle für die laufende Abstimmung der Fertigungsprozesse notwendigen Informationen, Daten bzw. Auslöser sind so fest in das Fertigungssystem eingebaut, dass die Mitarbeiter allein über den visuellen Kontakt zum nächsten Werkstück gesteuert werden. Keine Signalisierung, keine akustischen Hinweise und keinerlei schriftliche Unterlagen (Analphabeten) wurden früher dafür benötigt. Erreicht wurde eine hohe Produktionsleistung, die allerdings ausschließlich einheitliche Massenfertigung zulässt (Rifkin 2007).

Flexibilität für den Wechsel in der Produktion (Stückgüter wie Dienstleistungen), zur Erzeugung verschiedener Produkte oder zu deren kundenspezifischer Ausgestaltung, ist nur durch gezielte Informationsbereitstellung möglich, die den Ablauf beeinflusst und somit unterschiedliche Resultate erlaubt. Darin liegt genau die Chance für den Mittelstand, der sich durch Flexibilität gegenüber den Kunden auszeichnet (Thome 1976).

Daraus ergibt sich ein massives Dilemma. Entweder bleibt ein auf wechselnde Kundenwünsche eingestelltes Unternehmen bei konventionellen, durch erfahrene und teure Mitarbeiter ausgeführten Prozessabläufen ohne die Hilfe von Informationstechnik oder es benötigt ein wirklich integriertes Informationsverarbeitungssystem, um auf die wechselnden Anforderungen reagieren zu können. Ein solches war aber bisher kaum im Rahmen des für einen Mittelständler finanzierbaren Volumens realisierbar.

Ein Großbetrieb hat für seine vielen Funktionen jeweils einen oder auch mehrere Mitarbeiter, die diese Funktionen dauerhaft ausführen. Damit geht eine gewisse Spezialisierung einher, die den Unternehmen allein schon durch die zunehmende Erfahrung der Beteiligten Vorteile verschafft. Eine maschinelle Unterstützung dieser Mitarbeiter ist im Grunde nur durch die große Zahl der Bearbeitungsfälle im Sinne einer teilweisen Automatisierung von simplen, wiederkehrenden Arbeitsschritten gerechtfertigt. Dazu passt die klassische Vorstellung des Computereinsatzes als Werkzeug zur Unterstützung von Wiederholungstätigkeiten.

Anders ist die Situation in kleineren Unternehmen, die mehr oder weniger die gleiche Fülle von Funktionen auszuführen haben, wobei das jeweilige Volumen aber nicht ausreicht, um einen Spezialisten zu beschäftigen. Folglich müssen die Mitarbeiter im Mittelstand in Personalunion verschiedene anspruchsvolle Tätigkeiten in rascher Folge ausführen, wofür die Unterstützung durch ein IT-System sehr hilfreich wäre. Allerdings muss die maschinelle Informationsverarbeitung hier inhaltliche Hilfe im Sinne der vollständigen Bereitstellung der benötigten Daten und der Prüfung der Resultate auf Vereinbarkeit mit den sonstigen betrieblichen Abläufen bieten. Das hat sie bisher nicht geleistet.

2.3.3 Das Ende des Dilemmas der mittelständischen Informationsverarbeitung

»Was man nicht weiß, das eben brauchte man und was man weiß, kann man nicht brauchen« (Faust, Osterspaziergang). Dieses Zitat beschreibt die in den vorherigen Abschnitten skizzierte Situation der Anforderungen an und der Einsatzmöglichkeiten der Informationsverarbeitung im Mittelstand. Ein Großbetrieb kann sich die IT leisten, braucht sie aber eher zur Unterstützung bei der Abarbeitung von vergleichsweise simplen Aufgaben durch gut trainierte Mitarbeiter. Ein Mittelständler ist kaum in der Lage, ein ausgefeiltes Informationssystem zu etablieren und kontinuierlich fortzuschreiben; er bräuchte es aber dringend, um die mehrfach von verschiedenen Aufgaben belasteten Mitarbeiter inhaltlich zu unterstützen.

Die konzeptionelle Weiterentwicklung der betrieblichen Standardanwendungssoftware auf Basis der technischen Fortschritte bezüglich der Hardware weist den Weg, wie das genannte Dilemma zwischen dem Einsatz erfahrener Mitarbeiter und einem integrierten Informationssystem zur Bearbeitung besonderer Kundenwünsche überwunden werden kann. Das alle Details kennende Informationssystem wird die erfahrenen und die unerfahrenen Mitarbeiter bei der Bewältigung der kundenspezifischen Anforderungen unterstützen.

Die vielschichtigen Herausforderungen an mittelständische Unternehmen lassen es nicht zu, dass man sich dort im Management bei Entscheidungen ausschließlich auf die wesentlichen Unternehmenskennzahlen bezieht. Der klassische Mittelständler und seine, in die Aufgaben eingebundenen, Mitarbeiter haben einen unmittelbaren Kontakt zu den betrieblichen Prozessen. Sie kennen »ihren Laden«, womit gemeint ist, dass sie im Unterbewusstsein sehr viele Informationen vorhalten, die sie aus der direkten Verbindung ihrer Arbeit mit den Aufgaben anderer Personen gewinnen. Einer solchen Leitungsmannschaft darf man nicht nur statistische Ergebnisse in Form von Key Performance Indicators (KPI) an die Hand geben.

Sie benötigen einen vielschichtigen Zugang zu den Informationen, die den aktuellen Unternehmensablauf kennzeichnen und das frühere Geschehen vergegenwärtigen helfen. Das kann nur von einem voll integrierten betrieblichen Informationssystem geleistet werden.

Um ein solches betriebliches Informationssystem einzuführen, zu etablieren und insbesondere laufend zu aktualisieren, sollte man unbedingt von veralteten und erfolgsschwachen Vorgehensweisen Abstand nehmen. Richtig ist eine systemunterstützte Einführung (Scoping) von bewährten Funktionen (Best Practices) mit einem System, um das sich das Unternehmen selbst nicht kümmern muss (Software as a Service). Dann können die betriebliche Organisation und das sie unterstützende Informationssystem laufend miteinander weiterentwickelt werden.

SAP Business ByDesign bietet dafür die besten Voraussetzungen, wenn man bei seinem Einsatz die hier beschriebenen vier Hauptsätze zur betriebswirtschaftlichen Informationsintegration beachtet und die besonderen Leistungsmerkmale Scoping, Integration, laufende Aktualisierung und Serviceorientierung nutzt.

Mittelständische Unternehmen müssen oftmals ohne hoch spezialisierte IT-Abteilungen auskommen. Es ist für diese Unternehmen daher wichtig, technologische Innovationen mit dem geringstmöglichen Aufwand zur Verfügung gestellt zu bekommen, um von aktuellen Entwicklungen maximal zu profitieren.

3 Technologische Innovationen

Von Peter Lorenz, Head of OnDemand Solutions, SAP AG, und Dr. Rüdiger Eichin, OnDemand Solutions, SAP AG.

Mit SAP Business ByDesign hat SAP eine integrierte Lösung für den Mittelstand entwickelt, die sich durch die Anwendung und Bereitstellung innovativer technologischer Konzepte auszeichnet. Beispiele dafür sind die Art und Weise, wie die Software entwickelt wird, das damit verbundene umfassende Cloud-Computing-Konzept und die Verwendung von neuester In-Memory-Technologie. Im Folgenden werden die wichtigsten technologischen Konzepte und die damit verbundenen Vorteile erläutert.

3.1 Modellgetriebener Ansatz der Entwicklungsplattform

Die Systemarchitektur von SAP Business ByDesign ist eine *serviceorientierte Architektur* (SOA). Diese Systemgestaltung basiert auf serviceorientierten, zumeist lose gekoppelten Systemkomponenten, die Schnittstellen bieten, um auf die bereitgestellten Funktionalitäten zuzugreifen. Das Konzept der SOA wurde von SAP jedoch erweitert, um die Anforderungen an eine betriebswirtschaftlich reichhaltige Entwicklungsplattform zu erfüllen. Als Ergebnis dieser Bemühungen sind die Funktionen der SAP Business ByDesign zu Grunde liegenden Plattform über Serviceschnittstellen leicht zugänglich. Diese Schnittstellen wurden nach offenen Standards gestaltet.

Die erfolgreiche Gestaltung einer SOA bedingt die Modellierung des gesamten Systems, um die Anforderungen an Schnittstellen und an das Verhalten der Systemkomponenten semantisch bzw. betriebswirtschaftlich vollständig zu beschreiben. Varianten und mögliche zukünftige Änderungen in den Prozessen müssen dabei bis zu einem bestimmten Grad bereits zu Beginn in der Modellierung antizipiert werden, um die mit einer SOA angestrebte Flexibilität auch tatsächlich erreichen zu können.

SAP hat daher bei SAP Business ByDesign von Beginn der Entwicklung an konsequent eine modellgetriebene Vorgehensweise angewandt. Als Ergebnis basiert SAP Business ByDesign und die zu Grunde liegende SAP Business ByDesign-Plattform auf weitgehend eigenständigen, nach betriebswirtschaftlichen Bereichen strukturierten Kernkomponenten. Wichtig ist, dass die betriebswirtschaftliche Plattform durchgängige, über die Komponenten hinweg gestaltete Prozesse beinhaltet. Es werden dabei nicht nur Prozesse und Schnittstellen, sondern vielmehr auch Business-Objekte mit ihren Strukturen und Datentypen vollständig beschrieben. Somit kann während der Entwicklung von der Ebene der Applikationsbereiche über die Prozesse bis in die Business-Objekte und ihre Implementierung navigiert werden. Dies führt zu einer umfassenden Transparenz. Die Redundanz betrieblicher Logik – z. B. im Fall von Währungsumrechnungen oder Steuerberechnungen – wird bei einer modellgetriebenen Entwicklung verringert und kann mit Hilfe einer konsequenten Governance fast vollständig vermieden werden.

Eine übergreifende betriebliche Standardsoftware besitzt auf Grund der Breite, in der die Prozesse abgebildet werden, und der Abhängigkeiten zwischen den betrieblichen Bereichen eine gewisse Komplexität, der bei der Entwicklung Rechnung getragen werden muss. Die bei einer Modellierung erreichte durchgängige Transparenz der im System abgebildeten Daten und Abläufe führt dazu, dass Schwachstellen früh erkannt werden können. Die Transparenz der Systemabhängigkeiten führt zusätzlich zu mehr Flexibilität bei der Anpassung und Weiterentwicklung des Systems sowie zu einer vermehrten Wiederverwendung von Systemkomponenten und bereitgestellten Services.

Neben entwicklungsseitigen Vorteilen ermöglichen die im System hinterlegten und zur Laufzeit genutzten Modelle die Bereitstellung neuer innovativer Systemfähigkeiten. Dem Anwender kann z. B. eine in die Transaktion integrierte Prozessnavigation und damit verbunden Transparenz in Bezug auf den Status vor- und nachgelagerter Prozessschritte ermöglicht werden. Dies ist nur realisierbar, da die im System integrierten Modelle nicht nur durchgängig den Systemaufbau wie auch das Systemverhalten beschreiben, sondern Modelle und Implementierung auch verbunden sind.

Die Modellierung als Basis der Softwareentwicklung ermöglicht es, dass die Kunden das System deutlich einfacher als in der Vergangenheit konfigurieren können. Da die Abhängigkeiten zwischen den Systemeinstellungen bzw. -parametern in einem Modell komplett abgebildet sind, können diese Abhängigkeiten bei einer vom Kunden gewählten Einstellung aufgelöst werden. Die daraus resultierenden Anpassungen im System werden automatisch vollzogen. Dies verringert die Zahl der Konfigurationsschritte signifikant gegenüber dem bisher üblichen Aufwand. Zusätzlich kann das System bei der Einstellung direkt Hinweise auf mögliche Implikationen und Konflikte geben (siehe auch den Abschnitt zur betriebswirtschaftlichen Konfiguration in Abschnitt 4.3).

Auch umfassend gestaltete ERP-Systeme wie SAP Business ByDesign müssen teilweise auf Grund spezifischer Kundenanforderungen mit anderen Systemen integriert werden. Dies ist dank der Modellierung und der semantisch vollständig definierten Schnittstellen in SAP Business ByDesign leicht möglich. Die Erfahrung mit SAP-Partnern zeigt, dass man bei der Integration von Diensten und Inhalten maßgeblich von der verbesserten Transparenz der Systemabläufe profitiert.

SAP-Partner profitieren bei der Entwicklung ihrer Erweiterungen ebenfalls vom modellgetriebenen Ansatz in SAP Business ByDesign, da ein vermehrter Re-Use der vorhandenen oder neu implementierten Objekte möglich wird bzw. die Transparenz der zu Grunde liegenden Modelle auch partnerseitig zu mehr Entwicklungseffizienz führt. Die in den Modellen beschriebenen Ankerpunkte für Partnererweiterungen führen zusätzlich zu einer leichteren Integration der Partnerlösungen in Kundensysteme. Dies gilt umso mehr für den Fall, dass mehrere Partnerlösungen von einem Kunden in seinem System gemeinsam genutzt werden.

Die Modellierung gewinnt auch hinsichtlich der Compliance betrieblicher Abläufe weiter an Bedeutung, egal, ob es sich um legale oder organisatorisch bedingte Anforderungen handelt. SAP Business ByDesign ermöglicht es, die Prozesse und Belegflüsse im System lückenlos nachzuvollziehen, z. B. anhand des durchgängig in allen Systembelegen zugänglichen Dokumentenflusses (siehe Abbildung 3.1). Der Anwender kann dadurch auf einen Blick sehen, welche Belege vor bzw. nach dem aktuell betrachteten Transaktionsschritt erzeugt bzw. bearbeitet wurden, und er kann direkt die entsprechenden Belege aufrufen bzw. einsehen.

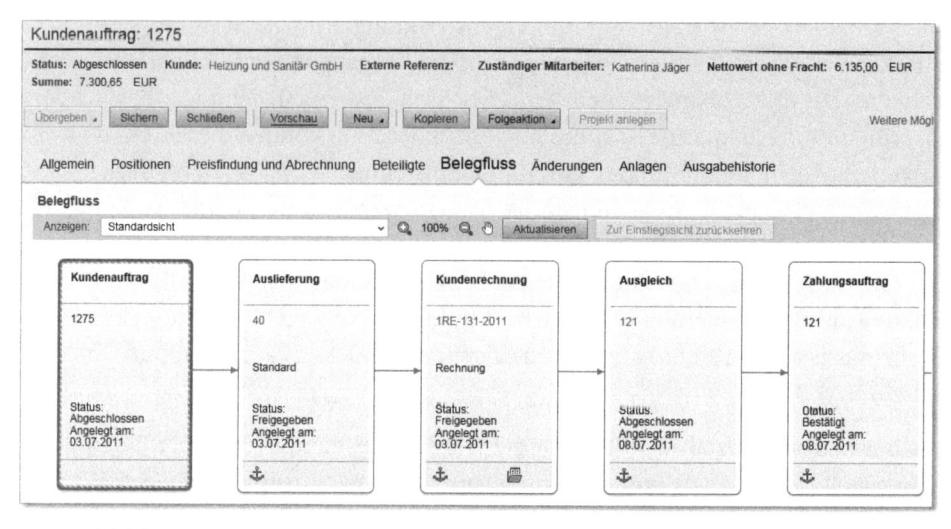

Abbildung 3.1 Belegfluss in SAP Business ByDesign

3.2 Cloud Computing

Cloud Computing stellt eine wichtige Entwicklung für die Nutzung von Informationssystemen in Unternehmen dar. Der vermehrte Ausbau von Netzbandbreiten, neuen Internettechnologien und Kommunikationsstandards verändert fundamental die Art und Weise, wie Hard- und Software gestaltet, betrieben und konsumiert wird.

Da die Nutzung von IT beim Cloud Computing durch den Kunden nach Bedarf erfolgt, wird häufig der Begriff *OnDemand* oder der Zusatz *as a Service* benutzt, um die in der Cloud angebotenen Dienste zu kennzeichnen. SAP Business ByDesign gehört somit in die Klasse dieser OnDemand-Lösungen (auch »Software as a Service«, SaaS), da der Betrieb durch SAP in einer eigenen SAP-Cloud erfolgt und das System Kunden via Internet zur Nutzung bereitgestellt wird.

Zusätzlich bietet SAP mit den Erweiterungswerkzeugen für SAP Business ByDesign auch eine »Business-Platform-as-a-Service« an, auf deren Basis Kunden und Partner Erweiterungen bauen, nutzen und auch für andere Kunden bereitstellen können.

Cloudbasierte Lösungen bieten Kunden, unabhängig von der Unternehmensgröße, eine Reihe von Vorteilen. Beispiele hierfür sind die schnelle Verfügbarkeit der in der Cloud angebotenen Lösungen, nachdem sich ein Unternehmen für deren Nutzung entschieden hat. Der Zugriff auf die Lösung kann auch flexibel außerhalb des Firmennetzwerks ermöglicht werden, da Zugriff über das Internet und Standard-Browsertechnologien möglich ist.

Zusätzlich bietet die Cloud eine Reihe für den Mittelstand interessanter Vorteile, insbesondere können mittelständische Unternehmen durch das Cloud-Modell erstmals Systeme nutzen, die sonst nur für Großunternehmen interessant wären:

- Geringere initiale Investitionsaufwände im Vergleich zu einer klassischen Installation, bei der die benötigte Hard- und Software vor Ort beim Kunden oder dem Hosting-Partner installiert wird. Eine cloudbasierte Anwendung zeichnet sich hinsichtlich des Lizenzmodells dahingehend aus, dass ein Mietmodell mit regelmäßigen Zahlungen zu Grunde liegt.
- Geringere Anforderungen hinsichtlich der vor Ort beim Kunden benötigten IT-Kenntnisse für den Betrieb der Lösung.
- Hohe Flexibilität und Skalierbarkeit auf Grund der einfach und dynamisch anpassbaren Kapazitäten und Lizenzbedingungen bei einer OnDemand-Lösung.

SAP Business ByDesign nimmt eine zentrale Rolle in *SAPs Cloud-Strategie* ein, in der vier Bereiche zusammenspielen (siehe auch Abbildung 3.2):

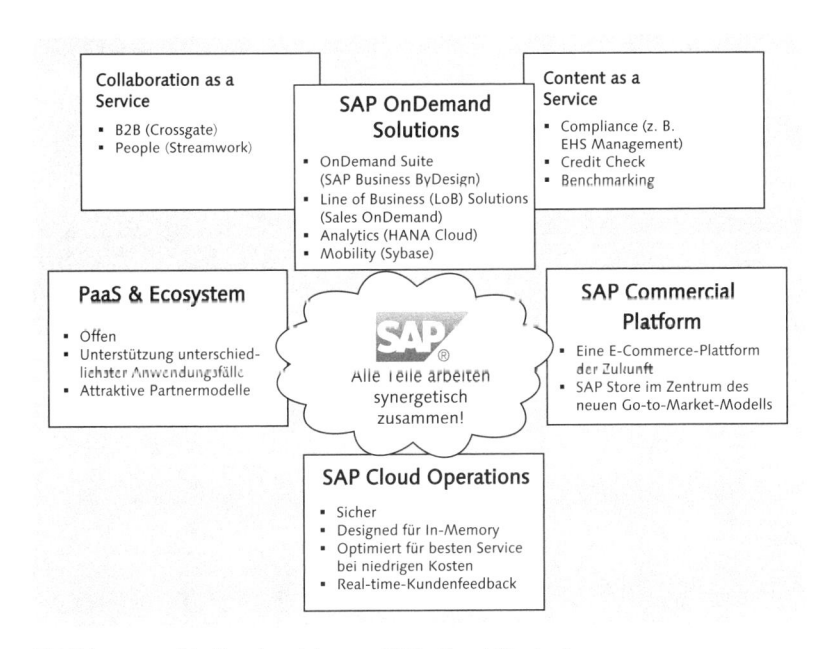

Abbildung 3.2 Die Kernbereiche von SAPs Cloud-Strategie

1. **Moderne Lösungen**
Neuartige Lösungen aus der Cloud für Unternehmen jeder Größe, insbesondere auch für den Mittelstand. Dabei spielt SAP Business ByDesign die zentrale Rolle als OnDemand-Suite für das Volumengeschäft von SAP. Daneben bietet SAP auch Anwendungen für Kollaboration (Collaboration as a Service) und Business Analytics in der Cloud an.

2. **Co-Innovation mit Kunden und Partnern**
Co-Innovation mit Kunden und Partnern mit Hilfe einer auf SAP Business ByDesign basierenden Entwicklungsumgebung und entsprechenden Dienstleistungen von SAP für die Ausbildung, Zertifizierung und Qualitätssicherung.

3. **Neue Ansätze für den Vertrieb bzw. Kauf**
Neue Ansätze für den Vertrieb bzw. Kauf cloudbasierter Lösungen und Dienstleistungen. So ist z. B. ein Application Store Teil der neuen kommerziellen Plattform von SAP, die eine zentrale Bedeutung für das neue Vermarktungsmodell im OnDemand-Bereich besitzt. Wie bei Apple iTunes eröffnet sich durch diese Plattform für Partner eine einfache Möglichkeit, Zusatzlösungen auf Basis oder im Umfeld von SAP Business ByDesign für die Kunden anzubieten (siehe Abbildung 3.3).

Abbildung 3.3 SAP Business Store

4. **Sicherer Betrieb in der SAP-Cloud**
   Die cloudbasierten Lösungen von SAP werden in mehreren auf der Welt verteilten Hochsicherheitsrechenzentren betrieben. Die Rechenzentren von SAP erfüllen sämtliche im Unternehmensumfeld wichtigen Sicherheitsstandards (etwa BS7799). Zusätzliche Mechanismen schützen die Systeme und Daten:
   - Nur berechtigte SAP-Mitarbeiter können auf die Systeme zugreifen.
   - Die Kundendaten sind durch modernste Zugriffskontrollen und Sicherheitsmechanismen geschützt.
   - Permanent laufende Sicherungen der Systeme erlauben ein Point-in-Time-Recovery.
   - Es werden Onsite- und Offsite-Sicherungen der Kundensysteme durchgeführt.

SAP hat mit SAP Business ByDesign Innovationen realisiert, die auf die Möglichkeiten der Cloud hin ausgerichtet sind. So beinhaltet das System auf Grund der Verzahnung mit dem SAP-Cloud-Betrieb *automatisierte Systemprüfungen*, die proaktiv mögliche Probleme identifizieren und je nach Konfiguration der Systeme auch Maßnahmen zur Problemvermeidung veranlassen. Im Fall, dass Probleme auftreten, bietet das System neben Selbsthilfefunktionen für den Anwender auch eine automatische Vorfallgenerierung, die eine vollständige Dokumentation bzw. Kontextinformation des Systems bereitstellt. Durch diese integrierte Vorfallverwaltung ist das SAP Support Center optimal informiert und kann eine effiziente Problemlösung erreichen.

Die SAP-Cloud bietet auch im Bereich der Softwareaktualisierung Vorteile gegenüber einem »klassischen« Betreibermodell. Als Softwarehersteller kann SAP proaktive Update-Empfehlungen auf Basis des Systemzustands geben, wobei die zur Aktualisierung notwendigen Aufwände durch SAP geleistet werden.

Exkurs zur kommerziellen Infrastruktur

Mit der zunehmenden Bedeutung von cloudbasierten Lösungen und den damit verbundenen neuen Geschäftsmodellen sind IT-Anbieter in vielfacher Hinsicht mit disruptiven Veränderungen der Wertschöpfungsstrukturen konfrontiert. Kundeninteraktion löst die »Ein-Weg-Kommunikation« ab, das heißt, die Softwarehersteller gewinnen wesentlich leichter Informationen über Systemnutzung und Kundenanforderungen. Veränderte Lizenzmodelle führen bei Softwarehändlern und Systemintegratoren zudem zu massiven

3 | Technologische Innovationen

Veränderungen der Erlösstrukturen. Mit SAP Business ByDesign bietet SAP ihren Partnern und Kunden eine Grundlage für die attraktive und nachhaltige Gestaltung der Geschäftsbeziehungen in der Cloud. Wesentliche Bedeutung hat dabei das Zusammenspiel der vier in Abbildung 3.4 dargestellten Bereiche.

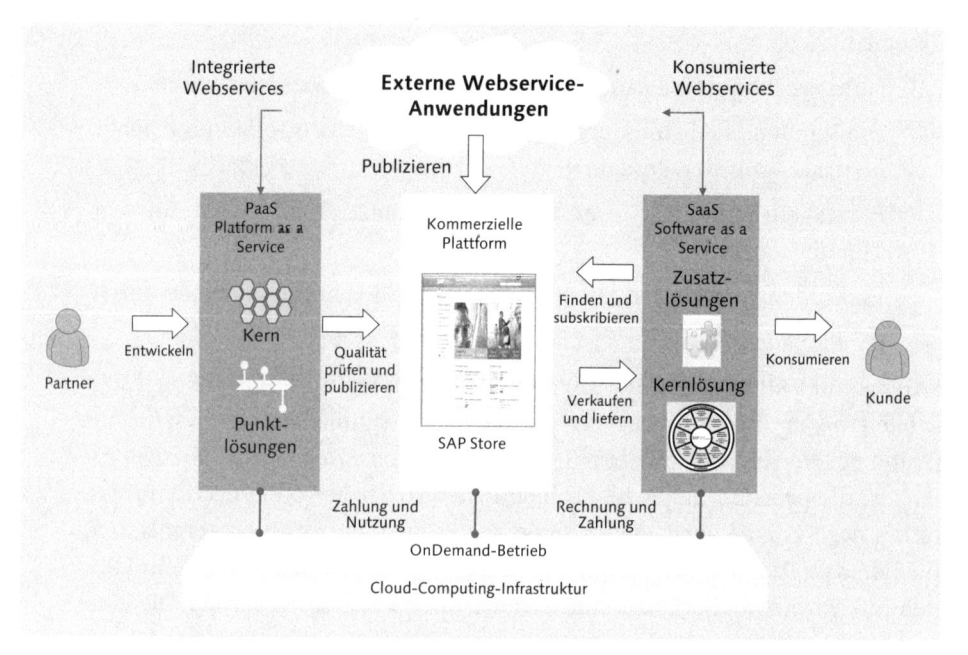

Abbildung 3.4 Kommerzielle Plattform im Kontext von SAP Business ByDesign

Eine Schlüsselrolle kommt der so genannten *kommerziellen Plattform* zu. Abbildung 3.4 zeigt die Kernelemente der Plattform, bei der Partner über einen Application Store ihre Erweiterungen für SAP Business ByDesign anbieten können. Kunden wie auch Partner profitieren dabei von den durch SAP bereitgestellten Services:

▸ Kunden können ihre individuellen Bedürfnisse auf einfache Weise durch geeignete Partnererweiterungen aus dem Application Store abdecken. Dabei wird die Software nach einer Nutzungsentscheidung direkt im Kundensystem verfügbar gemacht. Aktualisierungen durch den Partner sind ebenso schnell verfügbar.

▸ Partner finden leichter neue Kunden für ihre Erweiterungen und werden hinsichtlich Rechnungsstellung, Zahlungseinzug oder Mahnwesen durch Services der kommerziellen Plattform unterstützt. Die Erweiterungen werden durch SAP vor der Bereitstellung im Application Store auf ihre Qualität überprüft.

Eine zunehmende Zahl von Partnerlösungen fördert den Verkauf der Kernlösung SAP Business ByDesign. Die sich dadurch vergrößernde Kundenbasis ist wiederum attraktiv für Partner und die weitere Entwicklung von Zusatzlösungen, so dass über diese positive Rückkopplung ein Netzwerkeffekt entsteht und alle Teilnehmer des Cloud-Ökosystems von mehr Funktionalitäten und nachhaltigen Geschäftsmöglichkeiten profitieren.

Die kommerzielle Plattform wird zunächst im Kontext von SAP Business ByDesign genutzt. Es wird jedoch bereits deutlich, dass sie darüber hinaus auch für viele weitere Produkte von SAP genutzt werden wird.

3.3 User Interface und Mobility

Der erfolgreiche Einsatz einer betriebswirtschaftlichen Software wie SAP Business ByDesign ist von verschiedenen Faktoren abhängig, u. a. von der Abdeckung der Anforderungen, der korrekten Konfiguration und der Abbildung betrieblicher Prozesse und Daten.

Einen maßgeblichen Einfluss auf den Erfolg hat auch die Akzeptanz durch den Anwender, der bei einer erfolgreichen Nutzung die Lösung nicht als Hürde, sondern als vorteilhaftes Werkzeug und Mehrwert für die Erfüllung seiner Aufgaben wahrnimmt. In SAP Business ByDesign wurden daher zu Beginn der Entwicklung in verschiedenen Ländern zahlreiche Interviews und Analysen mit den Mitarbeitern mittelständischer Unternehmen durchgeführt. Die Ergebnisse dieser Analysen führten zu einer neuartigen Gestaltung der Benutzerinteraktion. In diesem Abschnitt konzentrieren wir uns auf die technischen Innovationen mit Schwerpunkt auf dem User Interface (UI). Weitere Neuerungen bei der User Experience von SAP Business ByDesign sind in Kapitel 4 dargestellt.

Wesentliche Innovationen im Kontext des UI sind die Nutzung von Microsoft-Technologien für das webbasierte Frontend, die Entscheidung für eine patternbasierte Gestaltung der Oberflächen und die, dank der modellgetriebenen Entwicklung mögliche, flexible Bereitstellung des UIs auf mobilen Endgeräten.

Da SAP Business ByDesign als OnDemand-Lösung über das Internet bereitgestellt bzw. genutzt wird, hat SAP sich für ein browserbasiertes Frontend entschieden. Ein wesentlicher Aspekt für dessen Gestaltung ist der mit zunehmender Verbreitung des so genannten Web 2.0 zu beobachtende Trend, dass webbasierte Anwendungen im Frontend zunehmend ähnliche Interaktionsmöglichkeiten aufweisen wie klassische Desktop-Applikationen. In diesem Zusammenhang wird auch von Rich Internet Applications (RIA) gesprochen.

Nach intensiver Analyse verschiedener Technologien hat SAP sich entschieden, in SAP Business ByDesign die von Microsoft entwickelte Silverlight-Technologie einzusetzen. Diese bietet bei der Verwendung des Frontends unter Microsoft Windows verschiedene Vorteile, z. B. vielfältige Interaktionsmöglichkeiten oder innovative Möglichkeiten zur Anbindung der Lösung an Microsoft Office bzw. Groupware. SAP hat als Grundlage des UIs in SAP Business ByDesign ein neues Oberflächenmodell entwickelt, das die Abstraktion von einer konkreten Frontend-Technologie ermöglicht. Zudem stellt dieses Modell auch in Zukunft, das heißt, im Kontext der dynamischen Entwicklung von Internettechnologien, die Aktualität der Benutzeroberfläche im Hinblick auf Benutzbarkeit und Anpassungsfähigkeit sicher (Stichwort HTML5).

Die Oberfläche von SAP Business ByDesign wurde mit dem Ziel der leichten Erlernbarkeit gestaltet. Dies umfasst nicht nur eine leichte, das heißt, mit geringem Aufwand verbundene, initiale Einarbeitung in das System und seine Funktionen, sondern auch einen geringen Lernaufwand bei Release-Wechseln oder wenn sich die Rolle bzw. die Aufgabe des Endanwenders ändert. Wichtigstes Paradigma der Oberflächenentwicklung war die Verwendung so genannter Patterns (Muster), die im gesamten System zum Einsatz kommen und es dem Anwender auch bei erstmaliger Bedienung erleichtern, sich zurechtzufinden. Neben wiederverwendbaren Bauteilen des UI, wie z. B. Aufgabenlisten, umfassen Patterns auch die Anordnung dieser Bauteile auf dem Bildschirm (ein so genannter Floorplan).

Abbildung 3.5 zeigt als Beispiel einen solchen Floorplan aus dem Bereich »Finanzen«, der im oberen Bereich Listen mit offenen Aufgaben und Arbeitsvorräten enthält. Diese Listen werden im System an unterschiedlichen Stellen in gleicher Weise genutzt bzw. dargestellt. Um diese durchgängige Einheitlichkeit des UIs zu gewährleisten, wurden die UI-Patterns und dazugehörigen Design-Guidelines in die Entwicklungsumgebung von SAP Business ByDesign integriert.

Mobile Endgeräte spielen eine zunehmend wichtige Rolle für die Gestaltung von IT-Systemen, insbesondere auch für Unternehmen. Der Einsatz mobiler Technologien ermöglicht es Mitarbeitern, schneller und auch außerhalb des Büros auf geschäftliche Anfragen zu reagieren.

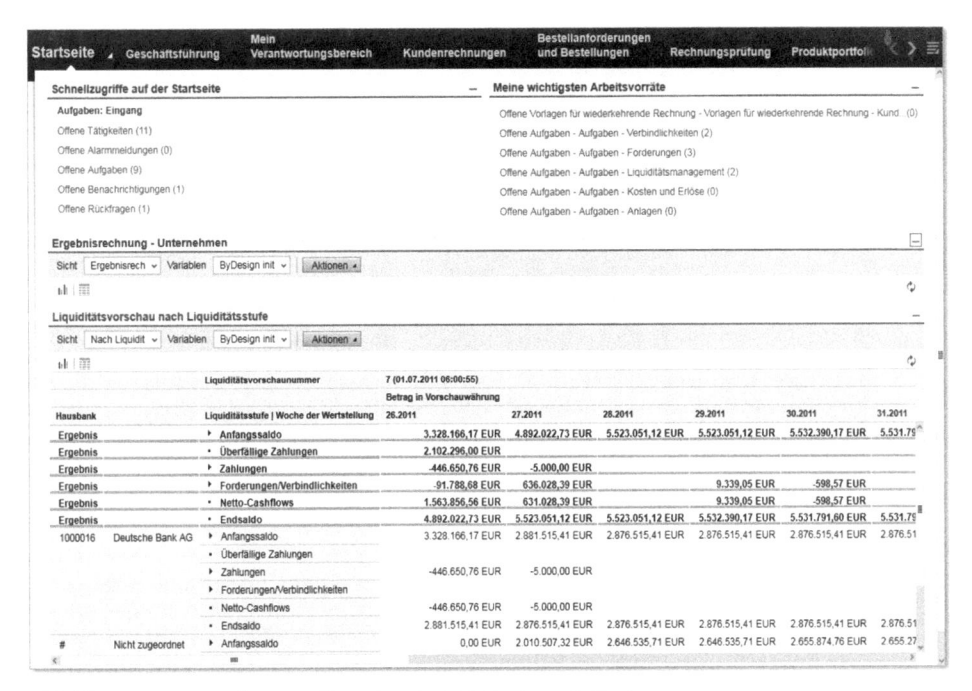

Abbildung 3.5 Beispiele eines Floorplans in SAP Business ByDesign

Ein Ziel bei der Entwicklung von SAP Business ByDesign war die flexible Unterstützung einer hohen Bandbreite von mobilen Endgeräten – inklusive zukünftiger Formate und Oberflächen. Als wesentlicher Vorteil stellte sich dabei die modellgestützte Gestaltung der Oberflächen bzw. die im Kontext der Rich Internet Application erläuterte Abstraktion von UI-Modell und Frontend-Technologie heraus. Dies erlaubt es, für SAP Business ByDesign auf der jeweiligen mobilen Plattform bzw. dem jeweiligen Endgerät ein natives Frontend zur Verfügung zu stellen, in dem die Funktionalitäten von SAP Business ByDesign durchgängig zur Verfügung stehen. Es ist in diesem Fall nicht notwendig, das komplette UI für die jeweilige Plattform neu zu implementieren, sondern es können die vorhandenen UI-Modelle interpretiert und in der nativen Umgebung des Endgeräts dargestellt werden. Mit Feature Pack 3.0 unterstützt SAP Business ByDesign die drei wichtigen Plattformen Apple iOS, Windows Mobile und Blackberry (siehe Abbildung 3.6). Die Unterstützung für Android wird Teil der kommenden Auslieferung sein.

Zusätzlich zu den mobilen UIs des Standardsystems bietet SAP spezifische Zusatzanwendungen für Tablet-PCs an, um die Vorteile dieser neuartigen Geräte, wie z. B. die Arbeit mit Multi-Touch-Gesten, im Kontext analytischer und kollaborativer Funktionen von SAP Business ByDesign optimal nutzen zu können.

Abbildung 3.6 SAP Business ByDesign auf mobilen Endgeräten

Abbildung 3.7 zeigt ein analytisches Dashboard auf dem Apple iPad, bei dem der Benutzer die angezeigten Reports leicht mittels Fingergesten in der Größe verändern bzw. in die Details »hineinzoomen« kann. Ebenso kann die darunter angezeigte Zeitleiste mittels Gesten verändert werden, etwa, um in die Vergangenheit oder in ein zeitlich detaillierteres Raster zu wechseln.

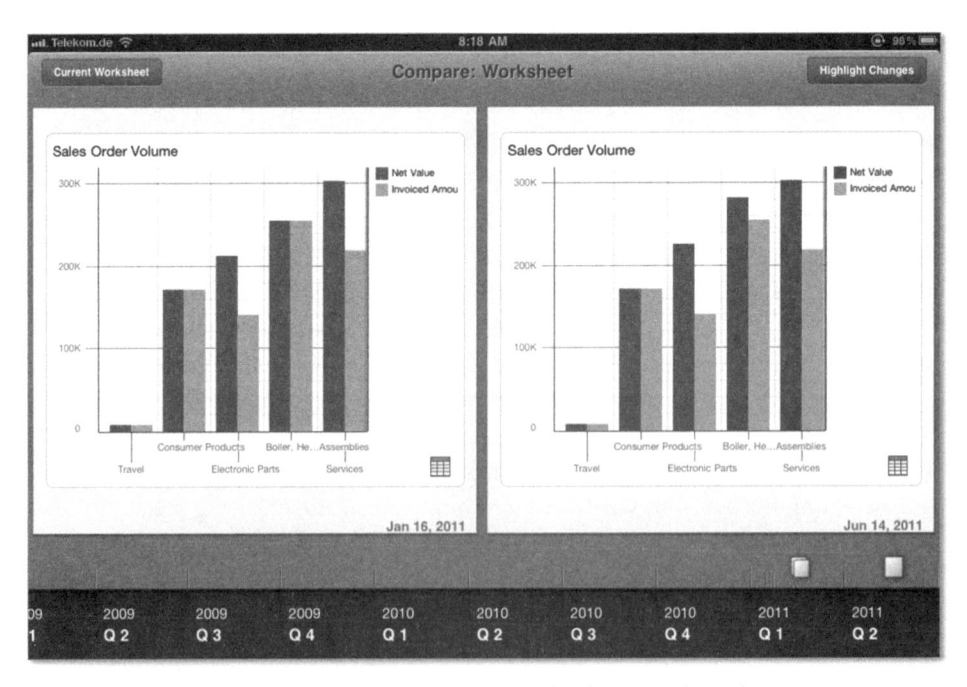

Abbildung 3.7 SAP Business ByDesign-Dashboard auf dem Apple iPad

3.4 In-Memory-Technologie

Die aktuelle Prozessortechnologie entwickelt sich rapide in Richtung mehrerer Rechenkerne, die parallel in einen Prozessor integriert sind (Multi-Core-Prozessoren), und größerer Memory-Bereiche, die in den Prozessor integriert bzw. sehr schnell zugreifbar sind. Beide Entwicklungen führen bei Datenbanken und Datenanalysen zu neuartigen Möglichkeiten, die unter dem Begriff *In-Memory-Technologie* im Kontext von SAP Business ByDesign bereits genutzt werden.

Um die Vorteile zu erkennen, muss man zunächst im Kontext einer betriebswirtschaftlichen Software wie SAP Business ByDesign genauer analysieren, wie die Struktur der gespeicherten Daten aussieht bzw. in welcher Weise auf Daten zugegriffen wird und Analysen mit diesen Daten durchgeführt werden. Dabei wird deutlich, dass klassische relationale Datenbanksysteme nicht die perfekten Eigenschaften als Grundlage solcher Systeme besitzen. Dies wurde in den letzten Jahren teils durch ausgefeilte Indizierungsstrukturen und durch den massiven Einsatz redundanter Zwischenspeicher (Caches und Datamarts) kompensiert, z. B. für systemweite Suchmöglichkeiten und umfassende Analysen. Mit dem Einsatz solcher Zwischenspeicher sind jedoch signifikante Nachteile verbunden:

- In der Realität ergeben sich immer wieder Abweichungen der durchsuchten oder analysierten Daten von der aktuellen (realen) Datenbasis. Insbesondere im Kontext betrieblicher Fragestellungen führen diese Abweichungen zu fehlerhaften Informationslagen und stellen somit den Mehrwert von IT-Systemen für die Entscheidungsfindung grundsätzlich in Frage.
- Betriebliche Entscheidungen werden häufig im Rahmen kollaborativer Prozesse bzw. in Arbeitstreffen und basierend auf unterschiedlichen Szenarien oder Annahmen getroffen. Dies wird durch IT-Systeme, die auf einer klassischen (relational gestalteten) Datenspeicherung basieren, nur begrenzt unterstützt. Häufig sind die bereitgestellten Informationen aggregiert oder redundant gehalten, gegebenenfalls in so genannten Data Warehouses. Ein direkter Absprung auf die zu Grunde liegenden und aktuellen Daten und Systembelege ist in der Regel nicht möglich.

Die Konsequenzen der diskutierten Entscheidungsalternativen können daher nicht direkt betrachtet werden, sondern es wird auf vereinfachte Heuristiken oder Expertenwissen zurückgegriffen. Bei wichtigen Entscheidungen wird häufig auch ein iterativer Prozess mit mehreren Abstimmungen aufgesetzt. Zwischen den Abstimmungen werden die Auswirkungen der zuletzt diskutierten Entscheidungsalternativen berechnet und dienen als Ausgangsbasis für weitere Überlegungen. Diese sequenzielle Vorgehensweise stellt jedoch hinsichtlich einer effizienten und wirklich kollaborativen Entscheidungsfindung keine befriedigende Lösung dar.

SAP Business ByDesign setzt konsequent auf die durchgehende Verwendung von In-Memory-Technologie, um die Anwender in die Lage zu versetzen, schnellere und bessere Entscheidungen zu treffen. Die technologischen Grundlagen können dabei in zwei Kategorien eingeteilt werden: Die Verwendung einer spaltenbasierten In-Memory-Datenbank und die durchgängige Einbettung der In-Memory-basierten Such- und Analysemöglichkeiten in allen Bestandteilen des Systems.

Im Zeitalter datenbasierter Internetdienste wie z. B. Google ist das Verhalten des Systems bei Suchanfragen von zentraler Bedeutung für die Akzeptanz des Systems durch die Anwender. In-Memory-Technologie erlaubt es z. B. in SAP Business ByDesign – analog zu einer Suche im Internet –, dass bereits während der Eingabe des Suchbegriffs Vorschläge für mögliche Suchergebnisse auf dem Bildschirm angezeigt werden. Dieses Beispiel steht stellvertretend für die vielfältigen Bereiche, in denen das Systemverhalten vom Einsatz der In-Memory-Technologie profitiert. So sind neben der Suche auch alle Listen und internen Datenabfragen für die Bereitstellung von aggregierten Informationen mit In-Memory-Technologie ausgestattet.

Neben der reinen Geschwindigkeit besteht ein wesentlicher Vorteil von SAP Business ByDesign darin, dass *analytische Auswertungen in den transaktionalen Kontext* integriert werden. Die Trennung zwischen OLAP und OLTP wird aufgehoben, und somit werden Redundanzen vermieden. Analysen basieren auf den aktuellen und detaillierten Daten; in der Analyse selbst kann man von der Aggregation bis auf den transaktionalen Kontext oder den einzelnen Beleg sehen und diesen analysieren (siehe Abbildung 3.8).

In SAP Business ByDesign sind Teile der Planungsfunktionen bereits auf Grundlage der In-Memory-Technologie so gestaltet worden, dass die Anpassungen einzelner Planungsparameter unmittelbar, das heißt, ohne zeitliche Verzögerung, im gesamten System sichtbar sind bzw. die Auswirkungen in der realen Datenbasis betrachtet werden können.

Neben diesen Bereichen hat SAP mit der Entscheidung für In-Memory in SAP Business ByDesign die Grundlage für weitere neue, innovative Funktionalitäten geschaffen, die in den kommenden Releases für Kunden bereitgestellt werden. Beispiele hierfür sind erweiterte Simulations- und Planungsmöglichkeiten, die Integration einer prozessbasierten Navigation und – auf Basis erweiterter analytischer Auswertungen – bessere Möglichkeiten für den Anwender, die Ursache-Wirkungs-Zusammenhänge im Unternehmen und darüber hinaus besser zu verstehen.

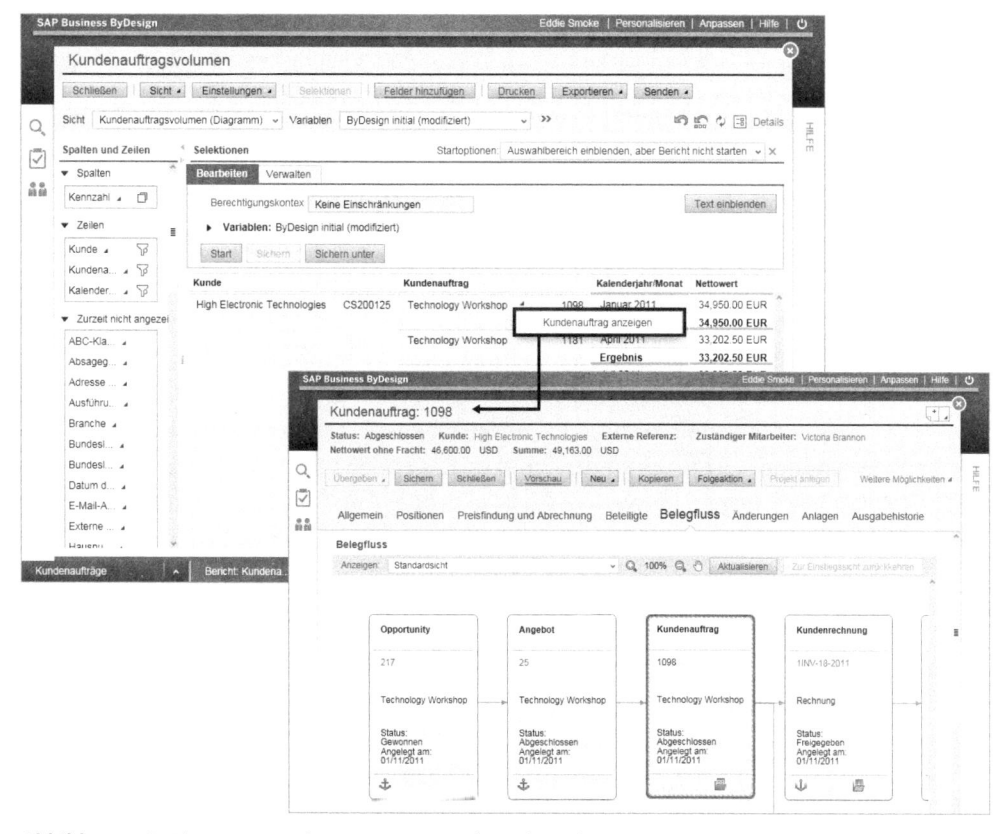

Abbildung 3.8 Absprung aus dem Reporting in die Belegsicht

Zuletzt soll nicht unerwähnt bleiben, dass in SAP Business ByDesign auf die Integration mit Microsoft Excel besonderer Wert gelegt wurde. Die beschriebenen positiven Effekte der In-Memory-Technologie sind somit auch in Excel nutzbar – sei es bei einem lesenden oder schreibenden Zugriff. Mittels einer einfach zu installierenden Erweiterung kann der Excel-Anwender auf seine Daten in SAP Business ByDesign zugreifen und Auswertungen auf der gesamten Datenbasis durchführen. Es ist anschließend möglich, die in Excel durch den Anwender gestalteten Arbeitsbücher im System zu hinterlegen und anderen Anwendern zur Verfügung zu stellen. Die aus einer Berechnung in Excel resultierenden Ergebnisse können im Kontext von Planungsfunktionen auch direkt in SAP Business ByDesign zurück geschrieben werden.

3.5 Adaptionsfähigkeit und Erweiterbarkeit

Eine der Stärken der SAP-Systeme ist die Anpassungsfähigkeit durch weitreichende Konfigurationsmöglichkeiten und die flexible Erweiterbarkeit durch Kunden und Partner. Die Erfahrung mit den Produkten SAP Business Suite und SAP Business All-in-One bei unterschiedlichsten Kunden und in verschiedenen Branchen hat SAP für die Gestaltung von SAP Business ByDesign genutzt.

Die Anpassungs- und Erweiterungsmöglichkeiten sind auf verschiedenen Ebenen angesiedelt. Wir konzentrieren uns in diesem Abschnitt auf die technologischen Aspekte der Anpassungen und Erweiterungen, die ein Anwender oder Partner von SAP an den Prozessabläufen und Benutzeroberflächen durchführen kann.

Kleine und mittlere Unternehmen weisen eine hohe Dynamik bei der Gestaltung ihrer Arbeitsprozesse und ihrer Informationsbedarfe auf. Zentrale Vorgaben sind zu unflexibel, um ausreichend schnell reagieren zu können. Daher muss der einzelne Mitarbeiter seine Arbeitsumgebung auf einfache Weise an wechselnde Anforderungen anpassen können. In SAP Business ByDesign werden folgende innovative Ansätze für die Anpassung des Systems bereitgestellt – sei es an individuelle Anforderungen der Anwender oder an spezifische Unternehmensanforderungen:

- Anpassungen in Feldern und UI-Bereichen sind – wenn es auf Grund von Prozesslogik und Datenmodellen möglich ist – im System konsistent an allen relevanten Stellen sichtbar. Dies verringert den Aufwand bei komplexeren und prozessweit benötigten Anpassungen. So sind z. B. kundenindividuelle Felder nach dem Hinzufügen in einem Auftragsbeleg auch in zugehörigen Reports und anderen damit zusammenhängenden Belegen des Systems automatisch verfügbar.

- Als Systemnutzer ist Ihnen das Erstellen eigener Berichte, das Hinterlegen dieser Reports im System und die Bereitstellung dieser Anpassungen im System (das heißt, unter Nutzung der Berechtigungskonzepte von SAP Business ByDesign) in einfachen Arbeitsschritten möglich. Dies gilt auch für Berichte, die mit Hilfe externer Werkzeuge wie Microsoft Excel erstellt werden.

- Externe Informationsquellen, die über offene und standardisierte Webservices im Internet verfügbar sind, können durch den Anwender selbst leicht eingebunden werden. Ein Beispiel hierfür ist, neben Nachrichtendiensten und kartografischen Informationen (z. B. Google Maps), auch die Einbindung von elektronischen Marktplätzen zur Suche nach Lieferanten oder Produktinformationen.

Die Anpassungsmöglichkeiten sind mittels *Key User Tools* für die berechtigten Benutzer des Systems nutzbar und umfassen folgende Möglichkeiten:

- UI-Änderungen, z. B. das Anzeigen/Ausblenden von Feldern oder kompletten Feldsektionen oder eingebetteten Mashups
- Key User Analytics, z. B. das Anlegen formatierter Reports
- Anlage eigener Datenstrukturen
- Formularpflege, z. B. Erstellung und Anpassung von kundenspezifischen Formularen mit einem einfach bedienbaren Formular-Editor
- Mashup-Einstellungen, z. B. das Konsumieren von RSS-basierten News oder SOAP-basierten Services

In SAP Business ByDesign werden zwei Formen der Erweiterbarkeit unterschieden:

- **Strukturerweiterungen**
  Unter Strukturerweiterungen versteht man das Hinzufügen von neuen Feldern und Business-Objekten. Während es dem Kunden bereits unter dem Aspekt der Adaptionsfähigkeit möglich ist, Felder hinzuzufügen, sind Partner von SAP Business ByDesign in der Lage, Business-Objekte mit spezifischer Geschäftslogik selbst im System anzulegen.

- **Logikerweiterungen**
  Partner haben darüber hinaus auch die Möglichkeit, Logikerweiterungen durchzuführen. Im Unterschied zur Implementierung eigener Objekte können Partner in diesem Fall Code an vordefinierten Stellen im Systemablauf hinzufügen, um z. B. Prozessabläufe auf Grundlage bestimmter Kriterien zu beeinflussen, die sich aus dem Prozessstatus und den Daten ableiten lassen.

In SAP Business ByDesign wurde ein im Kontext der OnDemand-Lösung besonders wichtiges neues Konzept hinsichtlich Erweiterungen umgesetzt: Das so genannte *Public-Solution-Modell* bietet Partnern nicht nur Transparenz der verfügbaren Schnittstellen für Erweiterungen und Datenstrukturen, sondern zusätzlich Informationen über die Stabilität dieser Schnittstellen und Datenmodelle bei zukünftigen Versionen von SAP Business ByDesign. Partner können sich daher besser an der Planung und an zukünftigen Entwicklungen von SAP Business ByDesign orientieren und releasefähige Erweiterungen bereitstellen.

Für die Anpassungen und Erweiterungen des Systems werden durch SAP Werkzeuge bereitgestellt, die neben den oben erwähnten Key User Tools (Teil des SAP Business ByDesign-Systems) auch als Software Development Kit (SDK) das *SAP Business ByDesign Studio* umfassen. Letzteres ist in die weit verbreitete Entwicklungsumgebung Microsoft Visual Studio integriert.

SAP Business ByDesign Studio setzt direkt auf dem erwähnten Public-Solution-Anwendungsmodell auf. Dieses Modell beschreibt die Schnittstellen auch hinsichtlich ihrer Stabilität über mehrere Releases von SAP Business ByDesign hinweg. Als Programmiersprache steht mit SAP Business ByDesign Scripting eine einfach zu erlernende Programmiersprache zur Verfügung. Das Konzept der modellgetriebenen Entwicklung, insbesondere für die Entwicklung der Benutzeroberflächen (mittels des Werkzeugs UI Designer), wird in SAP Business ByDesign Studio ebenfalls konsequent umgesetzt. Die mit dem SDK erstellten Partnerlösungen sind mehrmandantenfähig, releaseunabhängig und skalierbar. Da die oben beschriebenen Konzepte hinsichtlich mobiler Endgeräte in gleicher Weise bei Partnerlösungen genutzt werden, sind diese im gleichen Umfang wie SAP Business ByDesign »Multi-Device«-fähig.

Mithilfe der dargestellten Möglichkeiten zur modifikationsfreien und modellgestützten Erweiterung können Kunden und Partner von SAP Business ByDesign differenzierende Funktionalitäten und damit verbundene Wettbewerbsvorteile auf einfache Weise realisieren. Zusätzlich können die durch Partner oder Kunden selbst entwickelten innovativen Erweiterungen über den SAP Store für andere Nutzer (oder auch Partner) von SAP Business ByDesign verfügbar gemacht werden.

Diese Möglichkeiten zur Anpassung und Erweiterung von SAP Business ByDesign und deren Zusammenspiel mit der kommerziellen Plattform bilden den Ausgangspunkt für eine Community rund um SAP Business ByDesign, in der Unternehmen, Hochschulen und Experten gemeinsam an Innovationen arbeiten. SAP sieht die aus dieser Community resultierenden Innovationen als wichtigen Vorteil an und wird ihre partnerbezogenen Aktivitäten weiter verstärken.

Neben den technologischen Innovationen enthält SAP Business ByDesign eine Vielzahl neuer betriebswirtschaftlicher Fähigkeiten. Berücksichtigt wurden hierbei sowohl die fortschreitende Globalisierung und Internationalisierung mittelständischer Unternehmen als auch die zunehmende Serviceorientierung in der Wertschöpfung. Hinzu kommt der Umstand, dass komplexe Abläufe durch den einzelnen Mitarbeiter beherrscht werden müssen.

4 Betriebswirtschaftliche Innovationen

Von Peter Lorenz, Head of OnDemand Solutions, SAP AG, und Dr. Rüdiger Eichin, OnDemand Solutions, SAP AG.

SAP Business ByDesign stellt eine betriebswirtschaftlich umfassende Lösung für den Mittelstand dar. SAP hat jedoch von Beginn der Entwicklung an das Ziel verfolgt, dass diese Lösung mit möglichst geringem Aufwand bei Kunden eingeführt, genutzt und weiterentwickelt werden kann. Daher enthält SAP Business ByDesign neben den umfassenden betriebswirtschaftlichen Funktionalitäten auch Innovationen, die den Nutzer sowohl bei der Einführung in seinem Unternehmen als auch bei der Anpassung im laufenden Betrieb unterstützen.

Bei der Gestaltung der betriebswirtschaftlichen Innovationen griff SAP auf die Erfahrung mit über 100.000 Kunden zurück – von denen mehr als 75 % mittelständisch geprägt sind. Zusätzlich wurden detaillierte Marktstudien durchgeführt, um relevante Trends zu identifizieren und diese in der betriebswirtschaftlichen Gestaltung zu berücksichtigen.

Im Folgenden geben wir zunächst einen Überblick über die betriebswirtschaftlichen Funktionsbereiche und die darin enthaltenen Innovationen, bevor wir im Anschluss Aspekte wie die Prozessgestaltung, Aufgabensteuerung und die Zusammenarbeit über Unternehmensgrenzen hinweg detaillierter darstellen werden.

4.1 Komplette und globale Unternehmenssoftware

SAP Business ByDesign deckt als Suite die gesamten betriebswirtschaftlichen Anforderungen eines mittelständischen Unternehmens ab, wobei neben den produzierenden Unternehmen auch ein besonderes Augenmerk auf die Unterstützung von Dienstleistungsunternehmen gelegt wurde. Dies wird an der über alle Bereiche hinweg integrierten Unterstützung des Projektgeschäfts inklusive eines integrierten Projektmanagements deutlich – von Einkauf bis Vertrieb. Darüber hinaus sind die Vertriebsprozesse im Hinblick auf Dienstleistungsunternehmen symmetrisch und funktional in gleichem Maße gestaltet, wie es für den Produktvertrieb gilt. Die verschiedenen Funktionsbereiche von SAP Business ByDesign sind in Abbildung 4.1 im Überblick dargestellt.

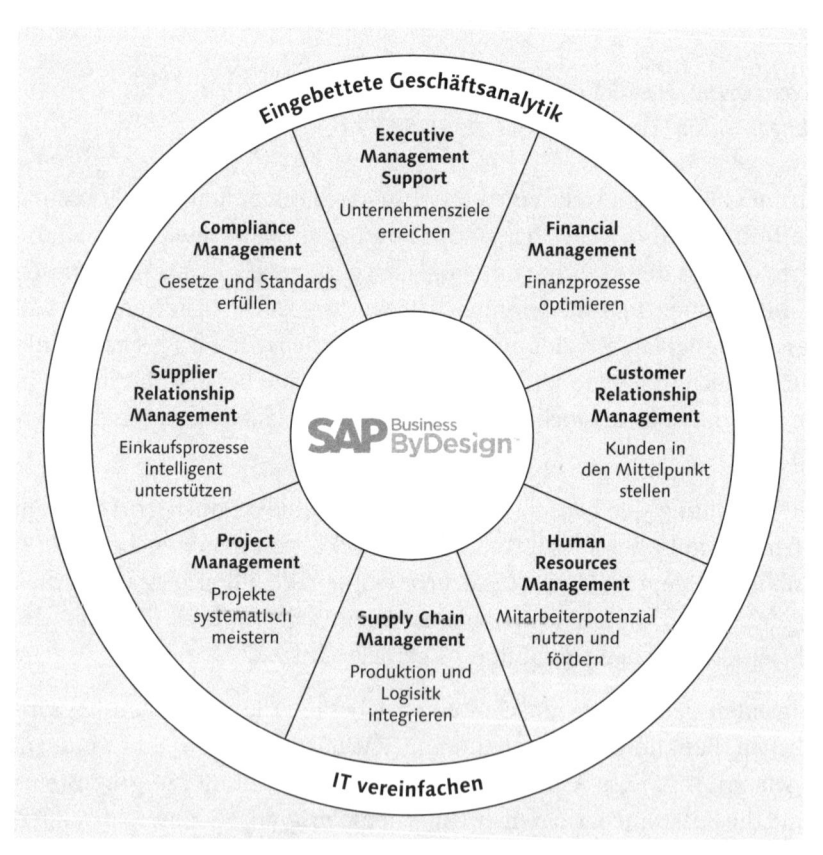

Abbildung 4.1 Funktionsbereiche von SAP Business ByDesign

Unter dem Aspekt, dass mittelständische Unternehmen im Rahmen ihres Wachstums ihre Prozesse straffen und effizienter gestalten müssen, sind in

SAP Business ByDesign die Funktionen Finanz- und Personalmanagement von zentraler Bedeutung. Die Finanzbuchhaltung ist in SAP Business ByDesign nach internationalen Anforderungen gestaltet und umfassend zertifiziert. Als Innovation sei die Gestaltung als Ein-Kreis-System hervorgehoben. Dies stellt einerseits die Konsistenz von internem und externem Rechnungswesen sicher, andererseits wird auf Grund der zusammenhängenden Gestaltung der Nebenbücher die parallele Rechnungslegung nach verschiedenen internationalen Anforderungen sehr vereinfacht, z. B. nach IFRS oder HGB.

Ein besonderes Augenmerk wird in SAP Business ByDesign auf die Unterstützung der Geschäftsleitung gelegt, für die spezifisch gestaltete Analyse- und Aktionsbereiche bereitgestellt werden. So stellt das System beispielsweise bereits von Beginn an eine Auswahl von Auswertungen und Berichten bereit, die es mittelständischen Unternehmen erleichtert, Banken und Anteilseignern relevante Informationen aktuell und zeitnah zur Verfügung zu stellen.

Kleinere und mittlere Unternehmen verfolgen im Hinblick auf ihre Kunden und Lieferanten häufig das primäre Ziel, die Beziehungen zu diesen Partnern zu stärken. Daher bietet SAP Business ByDesign dedizierte Funktionen für das Customer und Supplier Relationship Management. So können Nutzer z. B. bei einem Anruf schnell die wichtigsten aktuellen Informationen zu einem Lieferanten oder Kunden als Übersicht in einem so genannten Factsheet dargestellt bekommen. Bei entsprechend konfigurierter Einbindung in die vorhandene Telekommunikationsinfrastruktur ist das sogar automatisiert möglich.

Da mittelständische Unternehmen in Wertschöpfungsnetzwerke und komplexe Logistikketten eingebunden sind, ist die fortlaufende Verbesserung von Betriebsabläufen auch hinsichtlich übergreifender Prozesse im Service- und Produktionsbereich notwendig (von Einkauf bis Vertrieb). Dies wird durch das in SAP Business ByDesign bereitgestellte Projekt- und Supply Chain Management ermöglicht.

4.2 Innovationen der einzelnen Funktionsbereiche von SAP Business ByDesign

Durch die halbjährliche Taktung der Releases von SAP Business ByDesign werden die Kunden einerseits kontinuierlich mit Innovationen versorgt, andererseits erlaubt es diese Taktung auch, schneller auf Kundenanforderungen zu reagieren.

Aktuell ist SAP Business ByDesign in sechs Ländern verfügbar. Die nächsten Releases werden entlang einer klar definierten Roadmap in weiteren Ländern zum Einsatz bereit stehen. Mit SAP Business ByDesign werden darüber hinaus auch Integrationsmöglichkeiten ausgeliefert, die speziell für Geschäftsszenarien von Mutter- und Tochterunternehmen relevant sind (z. B. Finanzkonsolidierung). Im Folgenden werden die betriebswirtschaftlichen Innovationen nach den Funktionsbereichen »Finanz- und Rechnungswesen«, »Projektmanagement«, »Customer Relationship Management«, »Personal- und Ressourcenmanagemen«, »Supplier Relationship Management« und »Supply Chain Management« von SAP Business ByDesign aufgezeigt.

4.2.1 Finanz- und Rechnungswesen

Ausreichende Liquidität ist für Unternehmen überlebenswichtig. Ein Unternehmen muss zahlungsfähig sein und deshalb sicherstellen, dass jederzeit ausreichend liquide Mittel verfügbar sind. Dies gilt insbesondere bei einem schnellen Geschäftswachstum. Das Finanz- und Rechnungswesen von SAP Business ByDesign stellt effektive, operative Finanzprozesse bereit. Diese erhöhen das Umlaufvermögen von Unternehmen, indem Risiken auf Grund von Zahlungsausfall minimiert und die Dauer für Ausstände von Forderungen verringert werden. Damit werden Zahlungen schneller und zugleich transparenter abgewickelt. Eine genaue Überwachung des Liquiditätsstatus sowie der Liquiditätsvorschau trägt darüber hinaus dazu bei, die Liquidität von Unternehmen sicherzustellen und kritische Situationen zu vermeiden.

Neben der Notwendigkeit, Liquidität sicherzustellen, ist es für Unternehmen geschäftskritisch, Rechnungslegungsvorschriften zu erfüllen.

Die internationalen Auflagen für buchhalterische Daten wurden erheblich verschärft, außerdem müssen Unternehmen meist viele verschiedene Rechnungslegungsvorschriften erfüllen. Im Finanz- und Rechnungswesen von SAP Business ByDesign sind operative Funktionen und Buchhaltungsfunktionen klar voneinander getrennt, um die parallele Rechnungslegung zu unterstützen.

Das Finanz- und Rechnungswesen in SAP Business ByDesign unterstützt weiter die Trennung der betrieblichen Finanzprozesse von der Bewertung der Buchungsbelege in der Finanzbuchhaltung. Dies hat erhebliche Vorteile, da die operativen Systeme keinerlei Rechnungslegungsvorschriften oder Bewertungsstandards berücksichtigen müssen: Wenn im Finanzwesen ein Problem auftritt, wird der betriebliche Ablauf nicht automatisch beeinträchtigt.

Betriebliche Prozesse haben höchste Priorität, anschließend erfolgt die entsprechende Buchung im Finanz- und Rechnungswesen. Beispielsweise führt ein offener Posten stets nur zu einer einzigen Zahlung, auch wenn er auf verschiedene Arten bewertet wurde, um unterschiedlichen Rechnungslegungsvorschriften gerecht zu werden. Die unterschiedlichen Bewertungen haben keinerlei Auswirkungen auf den betrieblichen Prozess.

Im Finanz- und Rechnungswesen von SAP Business ByDesign werden alle Geschäftsvorfälle gemäß dem so genannten Einzelbelegprinzip erfasst: Jede buchhaltungsrelevante Buchung führt zu genau einem Buchhaltungsbeleg, aus dem das Hauptbuch und alle relevanten Nebenbücher Daten beziehen. So werden alle Daten (auch im Controlling) stets automatisch abgestimmt.

SAP Business ByDesign liefert auf Basis des Einzelbelegprinzips einen lückenlosen und direkten Audit-Trail – von den Finanzberichten bis hin zu den einzelnen Belegen. Ferner sind aufgrund konsistenter und bindender Strukturen für Konten, Perioden und Währungen keine speziellen Nebenbücher mehr erforderlich.

SAP Business ByDesign bietet deshalb eine einheitliche und klar definierte Schnittstelle zum Finanz- und Rechnungswesen. Das gesamte Finanz- und Rechnungswesen von SAP Business ByDesign greift auf eine zentrale und standardisierte Buchhaltungslogik zu: Die Geschäftslogik (wie Kontenfindung, Periodensperren oder Währungsumrechnung) wird zentral verwaltet und konfiguriert.

Alle Systemkomponenten von SAP Business ByDesign sind nahtlos integriert. Damit stehen dem Finanz- und Rechnungswesen jederzeit abgestimmte Echtzeitdaten aus den betrieblichen Komponenten zur Verfügung. Zudem können Abschlüsse schneller durchgeführt werden, da alle abschlussrelevanten Aufgaben über eine zentrale Sicht für den Periodenabschluss bereitgestellt werden, in der auch der Status der Aufgaben angezeigt wird. Zudem bietet das Finanz- und Rechnungswesen von SAP Business ByDesign automatisierte Prozesse und unterstützt die Zusammenarbeit der Mitarbeiter, so dass relevante Aktivitäten geplant und überwacht werden können.

4.2.2 Projektmanagement

Das Projektmanagement von SAP Business ByDesign deckt den gesamten Lebenszyklus von Projekten jeder Art und Größe ab. Projekte werden z. B. einerseits eingesetzt, um die Gemeinkosten für detaillierte Kostenberichte zu erfassen, andererseits aber auch, um spezifische Marktsegmente abzudecken.

Dabei können Projekte für einzelne Kunden oder für den Verkauf von Services an mehrere Kunden verwaltet werden. Mehrere Projekte können wiederum in Programmen zusammengefasst werden, um aggregierte Berichte zu erstellen.

Das Projektmanagement von SAP Business ByDesign bietet zahlreiche grafische Planungssichten, in denen Projektmanager Projekte jeder beliebigen Größe planen können. Balkendiagramme, Projektstrukturpläne und Netzplandiagramme sind mit intuitiven Drag-und-Drop-Funktionen ausgestattet. Anwender können damit leicht Projektphasen, Meilensteine oder Aufgaben anlegen und bearbeiten, den Projektablauf durch das Hinzufügen von Abhängigkeiten planen oder mit Hilfe der Vorwärts- bzw. Rückwärtsterminierung sicherstellen, dass die Projekttermine innerhalb der Zeitvorgaben eingehalten werden.

Das Projektmanagement von SAP Business ByDesign ist vollständig in das Personalmanagement und das Supplier Relationship Management integriert. Dadurch erhält der Projektmanager die Möglichkeit, nach den Mitarbeitern mit den am besten passenden Kompetenzen zu suchen – sei es unter den Mitarbeitern seines eigenen Unternehmens, unter den Kollegen eines Partnerunternehmens oder sogar unter den externen Dienstleistern. Der Projektmanager kann vor der Leistungsnachfrage bei einem Mitarbeiter den integrierten Verfügbarkeitskalender zu Rate ziehen oder die Services eines externen Dienstleisters direkt aus dem Projekt heraus bestellen.

SAP Business ByDesign unterstützt das Projektmanagement mit einem eigenen Arbeitsbereich, der speziell zur Unterstützung des Projektteams ausgestattet ist und in dem alle Informationen und Self-Services angeboten werden, die das Team zur Erfüllung seiner Aufgaben benötigt. Jedes Projektteammitglied findet alle ihm zugeordneten Aufgaben oder Zuständigkeiten an einem Ort vor, von dem Zugriff auf Detailinformationen, Checklisten und einen gemeinsam nutzbaren Dokumentbereich besteht. So kann die Teamarbeit im Projekt gefördert werden. In diesem Arbeitsbereich PROJEKTTEAM besitzt der Mitarbeiter sowohl Zugriff auf das Arbeitszeitblatt, um die im Rahmen des Projekts geleistete Arbeitszeit zurückzumelden, als auch auf die Reisekostenerfassung, um die bei Geschäftsreisen entstandenen Spesen einzugeben.

Das Projektmanagement von SAP Business ByDesign ist auch nahtlos in das Customer Relationship Management eingebunden und unterstützt somit insbesondere Dienstleistungsunternehmen entlang der gesamten Wertschöpfungskette. Diese Unterstützung erstreckt sich über das Marketing und Opportunity-Management bis zum direkten Anlegen von Projekten in Kundenaufträgen und zur Projektfakturierung. Finanzabschlussvorgänge werden durch die automatische Erlösabgrenzung erleichtert, mit der zahlreiche Abgrenzungsmethoden angeboten werden – sowohl für Projekte mit Festpreis als auch für Projekte mit zeit- und aufwandbezogener Abrechnung.

Im Projektmanagement von SAP Business ByDesign sind die Projektplanung und -ausführung vollständig in das externe und interne Rechnungswesen von SAP Business ByDesign integriert. Auf diese Weise sind Projektfortschritte und die -rentabilität transparenter für Projektmanager und Finanzanalysten. Der Projektmanager erhält z. B. bei der Planung eines Projekts automatisch Projektkalkulationen, so dass das Berechnen der Kostensätze für Ressourcen oder Personal von Hand entfällt. Auf Grund der engen Anbindung an die Zeitverwaltung, die Spesenabrechnung und die Kundenfakturierung sind alle Kosten und Erlöse direkt in den Projektberichten verfügbar.

4.2.3 Customer Relationship Management

Eine zentrale Aufgabe mittelständischer Unternehmen ist es, das Geschäftswachstum zu fördern, indem das Kundenpotenzial ausgeschöpft und Geschäftsmöglichkeiten maximiert werden. Es gilt, Kunden zu gewinnen und zu binden, besser kennenzulernen und Kundentreue in Einnahmen zu verwandeln. Folgende innovativen Funktionen hierfür bietet SAP Business ByDesign:

- **One Office**
  Unterstützt den gesamten Kundenlebenszyklus von der ersten Kontaktaufnahme bis zur Lieferung und Kundenrechnung bzw. Kundenretoure mittels transparenter Geschäftsprozessabläufe.

- **Marketing und Neugeschäft**
  Diese Funktion ermöglicht das Finden, Kontaktieren, Gewinnen und Binden von Kunden.

- **Kundenauftragsverwaltung**
  Bietet Vertriebs-, Service- und flexible Fakturierungsmöglichkeiten für das gesamte Geschäft.

Zugleich müssen kleine und mittelständische Unternehmen darauf achten, dass die Rentabilität beim Wachstum erhalten bleibt. Der auf Grund des verschärften Wettbewerbs stetige Druck auf die Margen zwingt sie, Vertriebs- und Servicestrukturen effektiver einzusetzen. Für kleine und mittelständische Unternehmen ist es von entscheidender Bedeutung, über die Kundensegmentierung Potenziale zu erschließen und die Zeit bis zur Zahlung (Time to Cash) zu verkürzen. Letzteres wird durch die Integration in Logistik sowie

Finanz- und Rechnungswesen erreicht. Eingebettete Analysen schaffen Transparenz und beschleunigen die Entscheidungsfindung: angefangen bei Marketing, Vertrieb und Service bis hin zur Logistik sowie zum Finanz- und Rechnungswesen. Innovative Aspekte sind dabei die folgenden:

- **Nahtlose Integration**
  Vollkommene Transparenz bei Preisfindung, Rentabilität und Aufwand in Marketing, Vertrieb und Service sowie in allen übrigen durchgängigen Prozessen.

- **Kundenservice**
  Erweitertes Serviceangebot mit Kundenpflege, integriertem Service und Reparatur.

- **Managementstrategie**
  Eingebettete Analysen und das Vertriebszielmanagement erleichtern das Erkennen und Meistern geschäftlicher Veränderungen.

Trotz Konzentration auf eine bessere Integration von Vertriebs- und Serviceprozessen müssen die Unternehmen ihre Kundenorientiertheit bewahren und auch an zukünftige Entwicklungen anpassen. Eine entscheidende Kernanforderung besteht daher darin, die richtigen Informationen zur richtigen Zeit und am richtigen Ort zu erhalten, die Kontaktaufnahme mit dem Kunden über verschiedene Wege vorzunehmen und dabei seine Erwartungen zu erkennen, zu erfassen und zu berücksichtigen. Dies wird über innovative Funktionen unterstützt:

- **Kundeninformationsblätter**
  Rundum konsistente und vollständige Sicht auf alle Kundenaktivitäten und Geschäftsbelege, mit Bezug auf den spezifischen Kunden, und die Kontakte einschließlich der Finanzdaten.

- **Eingebettete Kommunikation**
  Multichannel-Kommunikation (über Internet, elektronischen Datenaustausch, Groupware-Integration und Telefon) als integraler Bestandteil, um die Produktivität zu steigern.

- **Kundenpotenzial ermitteln**
  Optimierte Entscheidungshilfe mit Hilfe eingebetteter Analysen aus verschiedenen Quellen.

4.2.4 Personal- und Ressourcenmanagement

Zeitwirtschaft, Personalverwaltung, Vergütung und Personalabrechnung bilden separate Komponenten mit klar definierten Aufgaben und Zuständigkeiten. Der Zusammenschluss dieser Komponenten ist gänzlich nachrichtenbasiert (»lose Kopplung«) und ermöglicht eine flexible Nutzung. Komplexe Vorgänge wie die Einstellung von Mitarbeitern können von nun an in Phasen unterteilt werden, die in verschiedene Bereiche fallen (z.B. in die Bereiche »Verwaltungsdaten«, »Zeitwirtschaftsdaten« und »Vergütungsdaten«).

Einheitliche Konzepte in der Datenverarbeitung und im Customizing verkürzen die Implementierungszeit und verringern den Wartungsaufwand. Benutzer- und Berechtigungsverwaltung sind gut in die Funktionen des Personalmanagements und des Organisationsmanagements integriert; mit der Zuordnung eines Mitarbeiters zu einer organisatorischen Gruppe im Unternehmen werden im Wesentlichen die Daten bestimmt, auf die der Mitarbeiter in SAP Business ByDesign zugreifen darf.

Die Personalabrechnung in SAP Business ByDesign wird im Rahmen eines Geschäftsprozess-Outsourcing-Modells mit einer vordefinierten Benutzungsoberfläche, einem Zertifizierungsprozess für Outsourcing-Dienstleister und einem Kommunikations-Control-Center angeboten, um Unternehmen die Auslagerung von Personalabrechnungskompetenzen zu erleichtern.

Innerhalb des Personalmanagements werden Mitarbeiterdaten für unterschiedliche Zwecke gesammelt und gespeichert. Um diese Daten in verschiedenen Geschäftsprozessen wieder verwenden zu können, besteht eine klare Trennung zwischen mitarbeiterbezogenen Daten (z.B. Name, Anschrift usw.), beschäftigungsbezogenen Daten (z.B. derzeitige Anstellung, Organisationseinheit) und arbeitsvertragsbezogenen Daten. Während beschäftigungs- und arbeitsvertragsbezogene Daten nur innerhalb des Personalmanagements genutzt werden, können die mitarbeiterbezogenen Daten zur Person außerhalb des Personalmanagements in verschiedenen Prozessen (CRM, SCM usw.) wiederverwendet werden.

4.2.5 Supplier Relationship Management

Geführte, automatisierte Prozesse wie die Zuweisung der besten Bezugsquelle, das Anlegen von Bestellungen oder das Buchen von Warenaus- und Wareneingängen im Streckengeschäftssystem können die Beschaffungseffizienz steigern und dem Einkäufer in mittelständischen Unternehmen die Konzentration auf strategische Aufgaben wie Lieferantengespräche oder Vertragsverhandlungen erleichtern.

Darüber hinaus erhält jeder Mitarbeiter der Einkaufsabteilung durch das System eine ausnahmebasierte Entscheidungsunterstützung, mit der im System akute Probleme angezeigt und somit schnell behoben werden können.

Die von Hand zu erledigende Arbeit in der Kreditorenabteilung reduziert sich durch den Einsatz einer Scanning-Lösung, die eingehende Lieferantenrechnungen automatisch prüft und bucht. Zudem wird mit dem Gutschriftverfahren der zeitaufwendige, manuelle Rechnungsprüfungsprozess durch einen systemgesteuerten Prozess ersetzt.

Mit dem Supplier Relationship Management von SAP Business ByDesign wird die Teamarbeit zwischen internen und externen Mitarbeitern durch modernste Kommunikationstechnologien gefördert. Beispiele hierfür sind die interaktiven Bestellformulare, die der Lieferant für sofortige Bestellbestätigungen nutzen kann, oder die XML-Kommunikation, mit der Einkaufsbelege sofort an Bieter oder Lieferanten übermittelt werden.

Außerdem profitieren SAP Business ByDesign-Kunden von einem gestrafften Prozess der Lieferantenrechnungsprüfung, unterstützt durch ein unternehmensübergreifendes Ausnahmebehandlungskonzept. Sofort nach der Aktivierung des unternehmensübergreifenden Ausschreibungsszenarios ist es möglich, die Einkaufspreise zu senken. In der Self-Service-Beschaffung wird durch Verwendung von Lieferantenkatalogen die Arbeit im Einkauf effizienter gestaltet, da die Kataloge vom Lieferanten bereitgestellt und aktualisiert werden, wodurch der interne Wartungsaufwand entfällt.

Das Supplier Relationship Management von SAP Business ByDesign steigert die Performance im Einkauf und dessen Transparenz, indem neue Analysefunktionen für den operativen und strategischen Einkauf integriert werden. Mit Manager-Dashboards und einer systemgestützten Kennzahlenüberwachung können leitende Mitarbeiter die Beschaffung leichter im Auge behalten. Darüber hinaus verfügen strategische Einkäufer über die Möglichkeit, mit einem einzigen Mausklick das Beschaffungsvolumen, das nicht in der Einkaufsabteilung generiert wurde, zu ermitteln und die Vertragsausschöpfung zu über-wachen. Zudem überwacht das System automatisch das Ablaufdatum von Verträgen und löst Neuverhandlungen rechtzeitig im Voraus aus.

Die individuelle Produktivität wird dadurch erhöht, dass Self-Services für alle Mitarbeiter angeboten werden, zum Beispiel die Self-Service-Beschaffung einschließlich der katalogübergreifenden Suche und der Verwendung von internen und externen Katalogen. So wird der Einkäufer von routinemäßigen und zeitaufwendigen operativen Einkaufsaufgaben befreit.

4.2.6 Supply Chain Management

Das Supply Chain Management von SAP Business ByDesign bietet eine nahtlose Integration von Supply-Chain-Planung und Supply Chain Execution. Dadurch wird die Planung und Ausführung eng verknüpft, was eine verbesserte Gesamttransparenz, eine unmittelbare Reaktion auf Probleme innerhalb der Supply Chain und leistungsstarke Echtzeitanalysen ermöglicht.

SAP Business ByDesign verfügt über umfangreiche Optionen zur Aufteilung durchgängiger Geschäftsvorgänge in Einzelschritte für alle beteiligten Geschäftspartner. Ein Beispiel stellt die ausgelagerte Logistik dar, in deren Rahmen die physische Lagerung der Waren einem Dienstleister übergeben wird, während die Prozesssteuerung und die Informationen über die Prozesse vollständig im Unternehmen verbleiben, das SAP Business ByDesign einsetzt. Die neue Rolle des Supply-Chain-Koordinators bietet sowohl eine ganzheitliche Sicht auf Zugangs- und Bedarfsreservierung als auch einen größeren Einblick in die gesamte Supply Chain.

Optimierte Planungsfunktionen gewährleisten, dass Unternehmens- und Vertriebsplanung die Basis für die strategische Bedarfsplanung und -prognose bilden. Diese fließt nahtlos in die Beschaffungsplanung ein und ermöglicht so eine Abstimmung aller Unternehmensziele. Eine geschäftsprozessorientierte Ausnahmebehandlung verschafft den Mitarbeitern Zeit, ihr Augenmerk auf Engpässe und geschäftskritische Angelegenheiten zu richten, ohne dass Zeit für Routineaufgaben verschwendet wird, die von den zahlreichen SCM-Prozess-Automatisierungsfunktionen in SAP Business ByDesign erledigt werden können.

In puncto Lagerverwaltung und Produktion steigert ein einheitliches Aufgabenkonzept für alle relevanten Vorgänge die Flexibilität und die Prozesseffizienz. Die Unterstützung mobiler Endgeräte und die Funktionen zur automatischen Identifikation runden das SAP Business ByDesign-Lösungsangebot ab.

4.3 Betriebswirtschaftliche Gestaltung und organisatorischer Wandel

Um die betriebswirtschaftliche Gestaltung und den organisatorischen Wandel von Unternehmen zu unterstützen, gibt es in SAP Business ByDesign verschiedene Werkzeuge, die Hilfestellung bieten. Hierzu gehören die betriebswirtschaftliche Konfiguration, flexible Organisationsstrukturen und die integrierte Lernumgebung.

Betriebswirtschaftliche Konfiguration

Eine OnDemand-Software wie SAP Business ByDesign soll mit möglichst geringem Aufwand schnell genutzt werden können. SAP hat mit der so genannten betriebswirtschaftlichen Konfiguration (auch Business Configuration genannt) eine Möglichkeit geschaffen, dass der Kunde die Lösung bei der initialen Einführung und bei der fortlaufenden Anpassung größtenteils selbst anpassen kann. Die Verwendung der betriebswirtschaftlichen Konfiguration im Einführungsprojekt wird in Kapitel 6 aufgezeigt.

Anhand einer einfachen Checkliste definiert der Kunde zunächst den Bedarf und Lösungsumfang. Dies dient der initialen Auswahl relevanter Bereiche und Prozesse, die anschließend in einem zweiten Schritt durch den Kunden weiter konfiguriert werden. Auf Grund einer stark reduzierten Komplexität gegenüber anderen ERP-Systemen kann dies der Kunde, inklusive der Migration bestehender Daten, selbst durchführen. Optional kann SAP oder ein Partner von SAP Business ByDesign hinzugezogen werden.

Die wesentlichen Bereiche der betriebswirtschaftlichen Konfiguration sind:

- Konfiguration der Branchenspezifika und Finanzkontenpläne
- Definition der Unternehmensstruktur und Geschäftsprozesse
- Layout der Benutzeroberflächen, Arbeitsabläufe, Formulare und Berichte

Werkzeuge optimieren dabei die Migration, die Zuordnung und die Tests von Stammdaten. Datenquellen und Anwendungen Dritter lassen sich leicht einbinden; als weit verbreitetes Werkzeug kann z. B. auch Microsoft Excel für den Datenimport genutzt werden. Die in SAP Business ByDesign integrierte Hilfe bzw. der Support unterstützt dabei die Anwender, um eventuell auftretende Fragen schnell zu beantworten.

Die betriebswirtschaftliche Konfiguration dient nicht nur der initialen Gestaltung, sondern ermöglicht es den Kunden, jede der Einstellungen bei Bedarf an sich ändernde Anforderungen anzupassen. Der regelbasierte Konfigurationskatalog von SAP Business ByDesign verringert den Beratungs- und Zeitaufwand für die Implementierung erheblich. Die Konfiguration erfolgt in betriebswirtschaftlicher, nicht technischer Geschäftssprache und kann von den Anwendern selbst durchgeführt werden. Somit können standardisierte Geschäftsprozesse, die auf bewährten Verfahren beruhen, in kürzester Zeit implementiert werden.

Flexible Organisationsstrukturen

Kleine und mittelständische Unternehmen haben oft relativ kleine Geschäftseinheiten. Diese Geschäftseinheiten können auf verschiedene Länder verteilt sein und eigenständige Betriebsabläufe und standortspezifische Funktionsanforderungen, insbesondere für Bericht- und Analysezwecke, aufweisen.

SAP Business ByDesign unterstützt eine einheitliche Sicht auf die Organisation. Diese Sicht berücksichtigt sämtliche Einheiten und Aspekte des Unternehmens. Rechtliche Einheiten, Finanzaspekte, Berichtstrukturen und funktionale Hierarchie können somit in ein einheitliches Organisationsmodell integriert werden. Mit diesem leistungsstarken Modell werden sämtliche komplexen Organisationsaspekte, die für SAP Business ByDesign relevant sind, erfasst – wie Dotted Lines, Mehrfachzuständigkeiten und unternehmensübergreifendes Reporting.

Beispielsweise kann ein Unternehmen seine Niederlassungen in Österreich, Deutschland und der Schweiz in einem zentralen Hierarchiemodell erfassen, das sowohl die Berichtstrukturen als auch alle finanzwirtschaftlichen und rechtlichen Vorgaben berücksichtigt. Dies hat erhebliche Vorteile:

- Es können Umstrukturierungen zum großen Teil ohne spürbare Beeinträchtigungen vorgenommen werden.
- Es genügt eine einzige Wartungsaufgabe, um Änderungen an der Berichtstruktur einer Verkaufsniederlassung vorzunehmen, die nicht nur das Management, sondern auch die Personalabteilung betreffen.
- Das Organisationsmanagement bietet anwendungsübergreifend Transparenz und konsistente Daten, da die redundante Datenverteilung der Vergangenheit angehört.

Integrierte Lernumgebung

Als eine weitere Innovation bietet SAP Business ByDesign integrierte Werkzeuge für kontextbezogenes Lernen an. Dies bedeutet, dass die Lerninhalte in den Arbeitsablauf integriert sind, um das Lernen zum Zeitpunkt und im Kontext der konkreten Aufgabenstellung zu ermöglichen. Die integrierten Schulungen können durch den Anwender in eigener Regie durchgeführt werden, das heißt, im eigenen Tempo und abhängig vom benötigten Kontext. Dies sowie die interaktiv gestalteten Inhalte sorgen für eine höhere Benutzerakzeptanz. Da SAP Business ByDesign als OnDemand-Lösung bereitgestellt wird, sind die Lerninhalte immer auf dem neuesten Stand.

Zusätzlich erstreckt sich die Anpassbarkeit des Systems auch auf die integrierten Lerninhalte und Hilfefunktionen. Kunden können daher Lerninhalte und Hilfefunktionen bei Bedarf an ihre spezifischen Anforderungen einerseits anpassen, um die unternehmensspezifische Situation besser abzubilden, es können aber auch eigene Schulungsmaterialien und -pläne erstellt und hinzugefügt werden. Die Lernfortschritte der Anwender lassen sich auswerten, um eventuell auftretende zusätzliche Schulungsbedarfe frühzeitig erkennen zu können.

4.4 Integrierte Geschäftsprozesse mit rollen- und prozessbezogener Geschäftsanalytik

Häufig sind mittelständische Unternehmen mit der Herausforderung konfrontiert, dass eine heterogene IT-Landschaft mit verschiedenen Insellösungen die Geschäftsprozesse nicht durchgängig unterstützt. Ebenso fehlt die Transparenz und Übersicht auf wichtige Prozesskennzahlen. Bei der Gestaltung von SAP Business ByDesign wurde daher besonders auf die lückenlose Integration der Unternehmensbereiche, z. B. von Projekten, Einkauf und Finanzen geachtet. Diese integrierte Sicht wird besonders an den Prozessen deutlich, die im System als so genannte End-to-End-Prozesse implementiert sind.

SAP Business ByDesign wird mit 34 vordefinierten, integrierten und durchgängigen Geschäftsszenarien ausgeliefert, aus denen die Kunden während und auch nach der Implementierung die für sie relevanten Szenarien und Varianten von Geschäftprozessen auswählen. Mit diesen Szenarien können sie dann durchgängige und bewährte Prozesse implementieren, um sofort Effizienz- und Produktivitätssteigerungen zu erzielen.

In Abbildung 4.2 wird der Prozess »Marketing to Opportunity« als Beispiel eines End-to-End-Prozesses aufgezeigt. Dieser Prozess reicht von der Marktentwicklung, über die Leadgenerierung und -qualifizierung bis hin zur Umwandlung in eine Verkaufschance.

Eine integrierte Lösung wie SAP Business ByDesign ermöglicht es Unternehmen, durch die Nutzung dieser Prozessbibliothek die eigenen Prozesse zu modernisieren und bestmöglich aufeinander abzustimmen. Die möglicherweise zwischen Abteilungen oder Bereichen bestehenden Grenzen und Brüche in Prozessen werden so aufgehoben, und ein Denken und Handeln über die Abteilungsgrenzen hinweg wird ermöglicht.

Planen	Sammeln	Qualifizieren	Umwandeln
Marketing	Marketing	Marketing	Vertrieb
Markt analysieren und Potenzial identifizieren	Kampagne durchführen	Leads qualifizieren	Umwandlung in Verkaufschance
Kampagne planen	Rückläufer sammeln und Leads anlegen	Leadübergabe an Vertrieb	Erfolg messen

Abbildung 4.2 Beispiel für einen End-to-End-Prozess

Um allen Mitarbeitern volle Transparenz über die Geschäftsabläufe zu ermöglichen, bietet SAP Business ByDesign weitreichende Analysefunktionen bzw. Möglichkeiten zur Regelüberwachung. Diese Regelüberwachung erleichtert es Anwendern, auch im Fall einer hohen Arbeitsbelastung die Übersicht über kritische Vorgänge zu behalten, da das System aktiv auf die Notwendigkeit für ein Eingreifen durch den Anwender hinweist.

Wettbewerbsvorteile werden dann erzielt, wenn Kontextinformationen bestmöglich ausgenutzt werden und alle relevanten Informationen optimal in die Entscheidungsfindung einfließen. SAP Business ByDesign enthält aus diesem Grund integrierte Analysefunktionen, die jedem Benutzer zur Verfügung stehen. Dadurch ist SAP Business ByDesign nicht nur eine rein betriebliche Anwendung, sondern ein wirkliches Informationssystem.

Zudem harmonisiert und integriert SAP Business ByDesign analytische und operative Aspekte. Analyseinformationen sind daher ein wesentlicher Bestandteil der Geschäftsszenarien, wobei diese Szenarien auf dem umfassenden Wissen von SAP über Unternehmensprozesse aufbauen.

Anwender können die Analyseinformationen, die in SAP Business ByDesign entsprechend ihrer Rolle und ihrem Arbeitsstil angezeigt werden, schnell und einfach personalisieren und dadurch bessere Entscheidungen treffen. Die Bereitstellung der Informationen kann proaktiv erfolgen oder aber über Ausnahmen gesteuert werden, die bestimmte Aktionen auslösen.

Der Informationseingang kann ebenfalls einfach personalisiert werden. Browserbasierte Berichte eignen sich optimal für Anwender, die Informationen zu den von ihnen verwendeten Geschäftsprozessen benötigen. Die mobilen Berichtsfunktionen sind auf Führungskräfte sowie andere Mitarbeiter zugeschnitten, die auf ihren mobilen Geräten Berichte und Informationen in Echtzeit abrufen möchten.

Für Controller und andere Mitarbeiter, die Daten mit Microsoft Excel analysieren möchten, ermöglicht SAP Business ByDesign den Datenexport in Microsoft-Excel-Arbeitsmappen.

Dashboards, die unter bestimmten Bedingungen Warnmeldungen auslösen, können ebenfalls schnell erstellt werden. Führungskräfte können somit Kennzahlen in Echtzeit überwachen und rechtzeitig erforderliche Maßnahmen ergreifen. Eine beispielhafte Verwendung von Berichten und Kennzahlen wird in Kapitel 10 dargestellt.

4.5 Aufgaben- und Ausnahmensteuerung

Die Aufgabensteuerung von SAP Business ByDesign ist ein innovatives Verfahren, mit dem die Arbeitsverteilung und entsprechende Workflows automatisiert werden können. Dies ermöglicht es den Mitarbeitern, sich auf wertschöpfende und wichtige Tätigkeiten zu konzentrieren.

Es wird sichergestellt, dass jede Geschäftsaufgabe an die zuständige Person weitergeleitet und verfolgt wird, bis sie abgeschlossen ist (siehe auch Abbildung 4.3). Die Softwarelösung unterstützt Sie dabei, dringende Aufgaben zu erkennen und zu priorisieren. So beugen Sie beispielsweise Produktionsausfällen oder Lieferengpässen wirksam vor.

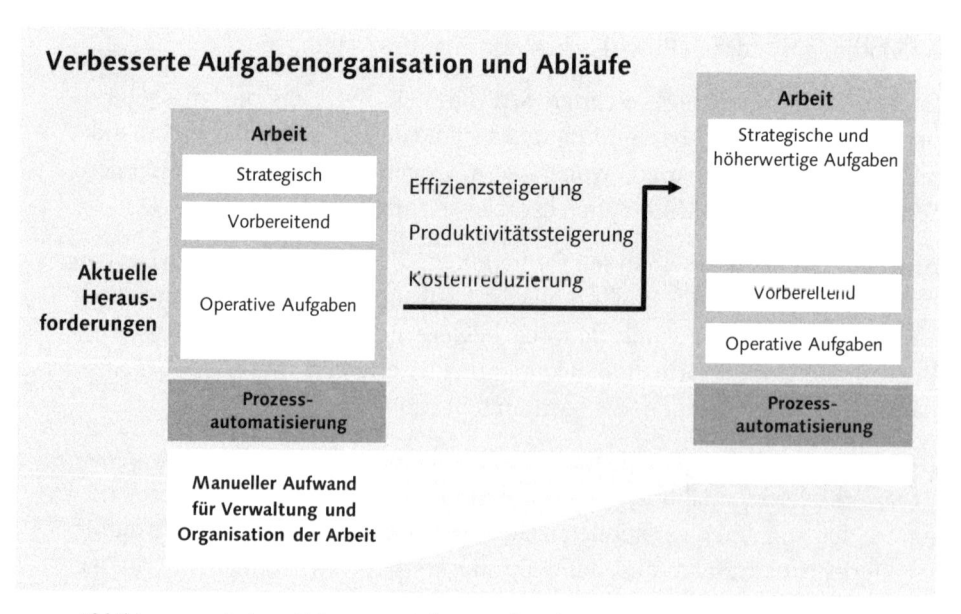

Abbildung 4.3 Automatisierung und damit verbundene Vorteile

Eine der wesentlichen Innovationen im Bereich der Prozessunterstützung ist die mitarbeiterzentrierte Gestaltung der Benutzerinteraktion und -prozesse (siehe Abbildung 4.4). Dabei spielt das Konzept der so genannten *Work Center* als Arbeitsbereiche eine wesentliche Rolle. Einem Work Center sind in SAP Business ByDesign präzise die relevanten Funktionen zugeordnet, die ein Mitarbeiter mit der jeweiligen Rolle und Aufgabe im Rahmen seiner Prozesse benötigt. Dabei sind den Work Centern Berechtigungen zugeordnet, die mit dem Organisationsmodell des Unternehmens verknüpft und jederzeit konsistent sind.

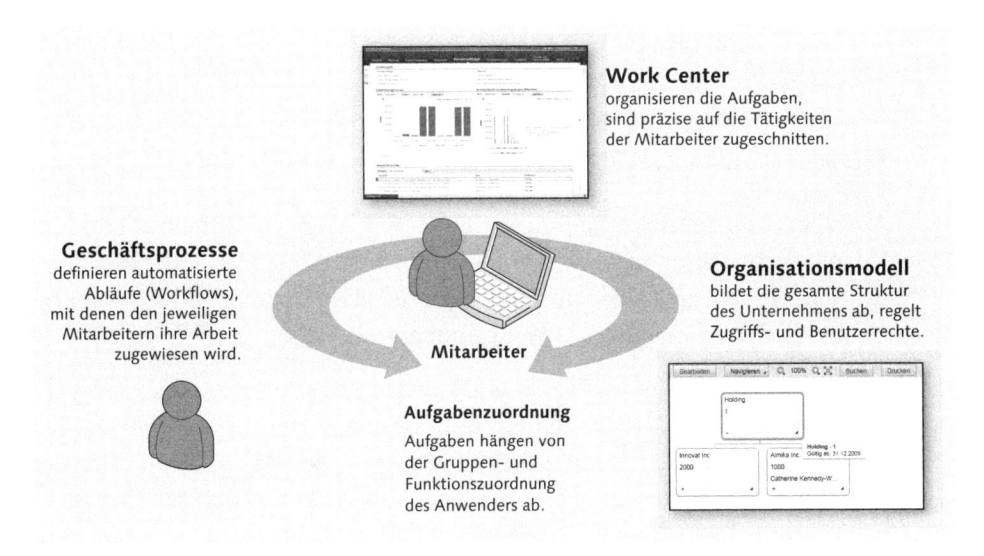

Abbildung 4.4 Zusammenhang von Prozess, Organisation und Work Center

Im Rahmen des so genannten *Push-Prinzips* werden anstehende Aufgaben dem entsprechenden Work Center in SAP Business ByDesign zugeordnet (siehe Abbildung 4.5). Dringende Aufgaben oder Ausnahmen werden dabei deutlich hervorgehoben. Sobald ein Mitarbeiter die Aufgabe bearbeitet, wird diese nicht mehr im Arbeitsvorrat angezeigt. Darüber hinaus bietet die Aufgabensteuerung von SAP Business ByDesign weitere Vorteile, nämlich die Priorisierung von Aufgaben (zur effizienten Arbeitsverteilung) und die Überwachung des Aufgabenstatus (um den termingerechten Abschluss der Aufgaben sicherzustellen). Wenn Termine gefährdet sind, warnt ein Eskalationsverfahren zunächst den zuständigen Anwender und dann den zuständigen Vorgesetzten.

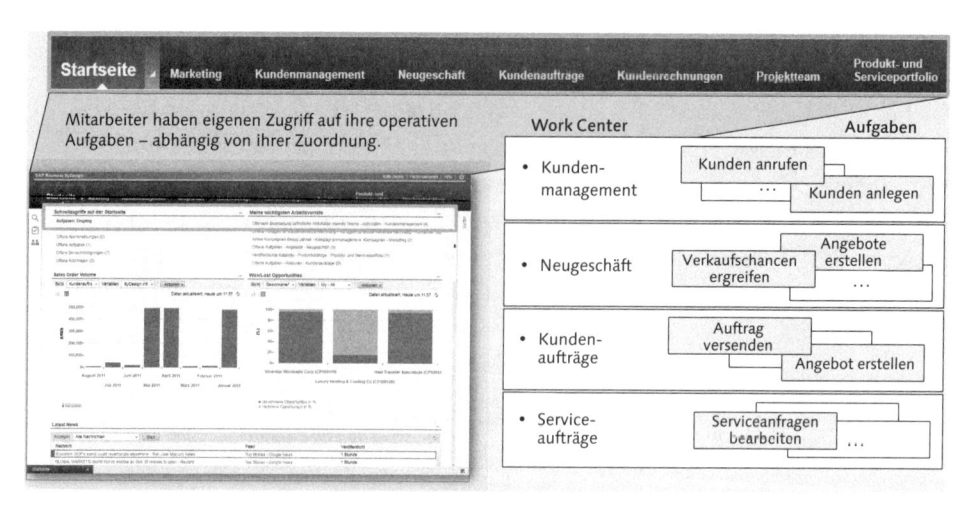

Abbildung 4.5 Strukturierte Aufgaben in Work Centern ausführen

Aufgaben, die spezielle Kenntnisse erfordern, oder Genehmigungen (zum Beispiel bei Urlaubsanträgen) können einer bestimmten Person zugeordnet werden. Diese Aufgabensteuerung verbessert die Zusammenarbeit und Effizienz – und das abteilungs- sowie teamübergreifend.

SAP Business ByDesign stellt zudem Daten zur Analyse von Aufgaben bereit, so dass die Leistung überwacht und Verbesserungspotenzial ermittelt werden kann. Dazu gehören z. B. die durchschnittliche Bearbeitungsdauer oder der prozentuale Anteil der Aufgaben, die nicht innerhalb der vorgegebenen Bearbeitungszeit abgeschlossen wurden.

4.6 Nachrichtenaustausch und Zusammenarbeit mit Geschäftspartnern

Jedes Unternehmen ist in ein Geschäftsumfeld eingebunden, das Kunden, Lieferanten, Partner, Finanzinstitute und Behörden umfasst. Somit ist eine effiziente Interaktion und Zusammenarbeit mit allen Beteiligten für das Erreichen der Geschäftsziele entscheidend.

SAP Business ByDesign bietet eine flexible Infrastruktur für die Zusammenarbeit. Dazu gehören unter anderem der Kommunikationsassistent sowie eine Integration in Groupware-Umgebungen. Auf diese Weise können Aufgaben, Kontakte und Termine zwischen SAP Business ByDesign und der Groupware-Software, z. B. Microsoft Outlook, repliziert werden (siehe Abbildung 4.6).

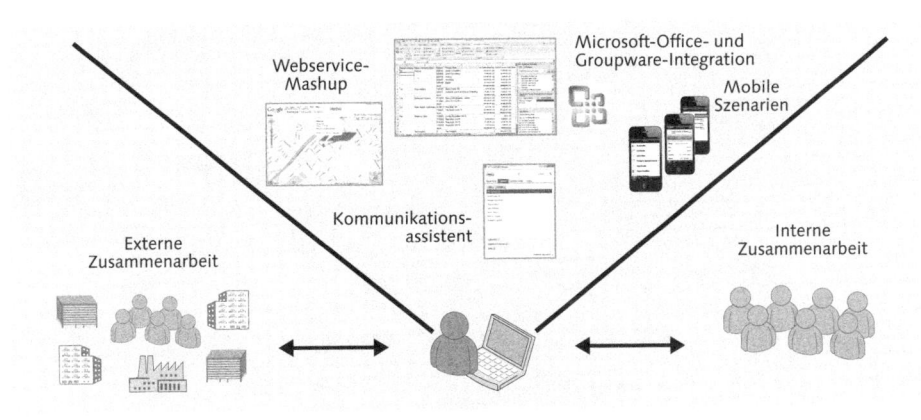

Abbildung 4.6 Interne und externe Kooperationsmöglichkeiten

Diese Funktion ist insbesondere für Vertriebs- oder Servicemitarbeiter, die oft außer Haus arbeiten, sehr nützlich. Zum Beispiel können Kontaktdaten von Geschäftspartnern mit Kontakten der Groupware synchronisiert werden; auf relevante Informationen, wie Berichte oder Infoblätter, kann leicht zugegriffen werden. SAP Business ByDesign ermöglicht zusätzlich die Integration von Telefonie und SMS in mobilen Geräten. Damit genügt ein Mausklick, um eine effiziente Zusammenarbeit inner- und außerhalb des Unternehmens sicherzustellen.

Mit SAP Business ByDesign können mittelständische Unternehmen die Zusammenarbeit mit ihren Geschäftspartnern und Tochtergesellschaften verbessern. Mit Hilfe leistungsstarker Kollaborationsmöglichkeiten können Einkäufer und Lieferanten z.B. einkaufsbezogene Belege wie Angebote, Bestellungen, Auftragsbestätigungen, Lieferavise und Rechnungen elektronisch austauschen (siehe Abbildung 4.6). Dies geschieht über interaktive Formulare, elektronischen Datenaustausch oder XML-Nachrichten (Extensible Markup Language). Ein wesentlicher Vorteil des elektronischen Datenaustauschs ist die Minimierung von Fehlern bei der Datenerfassung und -übertragung. Die Verwendung von interaktiven Formularen wird in Abschnitt 10.4 dargestellt.

Zudem verkürzt sich die Lieferzeit, da die Belege direkt in den E-Mail-Eingang oder das Work Center des zuständigen Bearbeiters gesandt werden.

SAP Business ByDesign unterstützt ferner über im System bereitgestellte Schnittstellen die Zusammenarbeit zwischen Unternehmen und Behörden bzw. Finanzinstituten, um eine reibungslose Abwicklung der Finanzvorgänge und die Einhaltung der Vorschriften in der gesamten Wertschöpfungskette sicherzustellen.

TEIL II
Implementierung – Wie kann SAP Business ByDesign schnell und einfach eingeführt werden?

Dieser zweite Teil des Buches befasst sich mit der Einführung von SAP Business ByDesign. Wir betrachten hierbei zunächst die Entscheidungsfindung für die Software, dann die Einführung, und schließlich erfahren Sie, wie Erweiterungen und Änderungen vorgenommen werden können.

Um zu beschreiben, wie Kunden zu einer Entscheidung für SAP Business ByDesign kommen, können wir auf praktische Erfahrungen zurückgreifen. Wir stellen hier u.a. dar, wie anhand verschiedener Kriterien geprüft wird, ob SAP Business ByDesign für ein Unternehmen geeignet ist und wie Sie zu einer sinnvollen Kosten-Nutzen-Analyse kommen.

Den neuen Einführungsmethoden und -werkzeugen, denen sich SAP Business ByDesign bedient und die eine schnelle, anforderungsgerechte Einführung sowie eine kontinuierliche Nutzung ermöglichen, widmen wir das zweite Kapitel dieses Teils. Die in SAP Business ByDesign eingebaute betriebswirtschaftliche Konfiguration als Implementierungs- und Gestaltungsumgebung betrachten wir hierbei ausführlich.

Da möglicherweise nicht alle Anforderungen eines Unternehmens im Standardlösungsumfang enthalten sind, gehen wir zudem auf die Erweiterungsmöglichkeiten ein.

Die folgenden Vorgehensweisen und Empfehlungen basieren auf Erkenntnissen aus der Zusammenarbeit mit SAP und auf Einführungsprojekten durch die IBIS Prof. Thome AG bei mehreren mittelständischen Unternehmen wie der Administration Intelligence AG, der hsp AG und Kübrich Ingenieure.

Die Entscheidung für eine neue, integrierte Unternehmenssoftware hat eine große strategische Bedeutung für Ihr Unternehmen, da Sie ihr wertvolle und wettbewerbsrelevante Organisationsgestaltungen und Daten anvertrauen. Deswegen sollte diese Entscheidung fundiert getroffen werden.

5 Entscheidungskriterien

Bei der Darstellung der folgenden Entscheidungsfindung für SAP Business ByDesign orientieren wir uns in Bezug auf Fragestellungen, Terminierung und Herausforderungen an einem realen Fall aus dem Jahr 2010. Wo es sinnvoll ist, beziehen wir uns auch auf neuere Einführungsprojekte aus dem Jahr 2011, insbesondere wenn es deutliche Verbesserungen und wichtige Weiterentwicklungen aktueller Werkzeuge und Softwarestände gibt.

Fallbeispiel eines Anwenderunternehmens als roter Faden [+]

Für die Vorstellung eines Einführungsprojekts konnten wir die in Würzburg ansässige Administration Intelligence AG (AI AG) gewinnen, die sich und ihre Anforderungen im Rahmen ihres Projektes für die Evaluierung zur Verfügung stellte. Die AI AG hat 56 Mitarbeiter und entwickelt E-Vergabesoftware für die öffentliche Verwaltung. Mit Hilfe einer Vergabesoftware können öffentliche Ausschreibungen regelkonform und effizient abgewickelt werden. Neben dem Lizenzgeschäft bietet das Softwareunternehmen um seine Produktfamilien herum zahlreiche Dienstleistungen an.

Seit Juni 2010 arbeitet die AI AG mit SAP Business ByDesign im Produktivbetrieb; aktuell wird Release 2.6 genutzt.[1]

Ausgehend von unserem Fallbeispiel stellen wir das Vorgehen im Rahmen einer *Situationsanalyse* dar (siehe Abschnitt 5.1). Dabei erhalten Sie als Entscheider die ersten Hinweise für die eigene Entscheidungsfindung, und Sie erfahren, welcher Aufwand und Nutzen mit einer Einführung verbunden ist. Zudem geben wir Anhaltspunkte für die Inhalte eines Strategiegesprächs und Empfehlungen zur Agenda eines Fachworkshops bezüglich eines Anforde-

---

[1] Mehr Informationen im YouTube-Video »Administration Intelligence: Sicher kalkulieren im Projektgeschäft mit SAP Business ByDesign«.

rungsabgleich. Außerdem werden Argumente für eine kundenspezifische Systemdemonstration zur Prozessevaluierung vorgestellt, die mit SAP Business ByDesign umfassender möglich ist als mit anderen Softwarelösungen.

Zum Thema »Kosten und Nutzen« erhalten Sie einen Kriterienkatalog, den Sie für Ihre eigene Lagebewertung heranziehen können. Was spricht für die Innovation »Software as a Service« (Cloud Computing, siehe Abschnitt 3.2) und wie sind andere vergleichbare Lösungen zu bewerten? Diese Fragen werden in Abschnitt 5.2 geklärt.

Schließlich steht das Thema »Einführungsplanung« in Abschnitt 5.3 im Mittelpunkt. Hier geht es in der ersten Phase darum, den Einführungsumfang zu bestimmen sowie die Aufwände abzuschätzen, die auf das Unternehmen zu kommen.

Der Meilenstein der Entscheidungsphase ist die Kaufentscheidung, die wir in Abschnitt 5.4 betrachten. Auch hier gilt es, einige Punkte zu beachten, um den Prozess zu beschleunigen und die Risiken zu minimieren.

Was wirklich hilft, ist vor der Kaufentscheidung eine möglichst realistische Einschätzung der Möglichkeiten und der Grenzen zu gewinnen. Detaillierte Pflichtenhefte sind der falsche Weg. Auch der beste Vertrag liefert keine Erfolgsgarantie. Zur Lösung dieser Herausforderung bietet SAP Business ByDesign einen neuen Ansatz, schon vor der Kaufentscheidung faktisch mit der Implementierung zu beginnen.

[+] **In 4 Wochen zu einer fundierten Entscheidungsfindung**

Für Abstimmungsprozesse bis zu einer Kaufentscheidung können Sie von folgenden Zeitspannen ausgehen:
- 1–6 Wochen für eine Situationsanalyse
- 1–2 Wochen für eine Kostenanalyse
- 1–4 Wochen für die Einführungsplanung
- 1–3 Wochen für die vertraglichen Verhandlungen

Die Ausführungen in den folgenden Abschnitten zeigen Ihnen, wie Sie in vier Wochen hinlänglich fundiert zu einer Investitionsentscheidung gelangen können.

5.1 Situationsanalyse

Bevor Sie in Ihrem Unternehmen die Entscheidung darüber fällen, ob und wie Sie SAP Business ByDesign am besten einführen, gilt es, eine Situationsanalyse durchzuführen. Während der Situationsanalyse stellen Sie fest, welche Voraussetzungen Ihr Unternehmen mitbringt und inwiefern Ihre Unternehmensabläufe in der Software abgebildet werden können.

Die Gegebenheiten und die strategischen Ziele Ihres Unternehmens werden durch den Entscheider in Ihrem Unternehmen im Strategiegespräch formuliert und von einem erfahrenen Berater in Bezug zur Softwarelösung gesetzt (siehe Abschnitt 5.1.1).

Anhand folgender Kriterien sollten Sie eine erste Einschätzung treffen können, ob und wie SAP Business ByDesign eingeführt werden kann (Hufgard 2005). Diese Kriterien spielen in der Situationsanalyse eine große Rolle:

- Wie ist es um die strategische Situation – z. B. Marktsituation – des Unternehmens bestellt? Gibt es Wachstumspläne oder andere Planungen mit Auswirkungen auf die Organisation?
- Welche Mengengerüste prägen den operativen und organisatorischen Rahmen – z. B. Geschäftspartner, Standorte und Produkte?
- Welche IT-Systeme sind im Einsatz? Welche Systeme verwenden Kunden und Lieferanten?
- Welche Kenntnisse und Fertigkeiten haben die Mitarbeiter?
- Was sind die kritischen Anforderungen und wichtigsten Prozesse des Unternehmens?
- Wo liegen aktuell Defizite, und wo besteht Leidensdruck?

Diese Lagekriterien helfen bei der zügigen Situationsanalyse und letztlich auch bei der Kaufentscheidung für eine Unternehmenssoftware: Für das konkrete Unternehmen muss in der Situationsanalyse geprüft werden, ob die neue Software den versprochenen Nutzen und die erhofften Verbesserungen bringt. Umgekehrt können Eignungsgrad und Potenzial der Software anhand wichtiger Schlüssel- und Ausschlusskriterien schon frühzeitig identifiziert werden, noch bevor die Anforderungen im Detail durchgegangen werden. Überholt sind Pflichtenhefte, die alle Seiten nur unnötig Zeit und Geld kosten.

> **Schlüssel- und Ausschlusskriterien** [«]
> SAP Business ByDesign ist im Jahr 2011 für Prozessfertiger noch nicht geeignet; ein Branchen-Add-on ist angekündigt. Für jeden international tätigen Mittelständler mit Wachstumsabsichten lohnt es sich jedoch, die Lösung näher zu betrachten.

SAP bietet unterstützend ein Informationsportal, das so genannte Business Center, an. Dieses finden Sie unter *www.sme.sap.com*. Je nach Rolle, z. B. Kunde oder Partner, unterscheiden sich die Inhalte, die angezeigt werden.

5 | Entscheidungskriterien

[+] **Buying Center für SAP Business ByDesign**

Im Informationsportal BUYING CENTER sind aktuelle Produktinformationen sowie weitergehende Analyse- und Dokumentationsmöglichkeiten für SAP, Kunden und Partner enthalten. Das Buying Center ist Bestandteil des Business Centers. Die Freigabe des Buying Centers ist für Ende 2011 geplant.

Erste individuelle Erkenntnisse vermitteln die interaktiven Informationsquellen wie die Auswahl des Lösungsumfangs und der Investitionsüberblick (siehe die Abbildungen 5.1, 5.3, 5.15 und 5.16). Das Buying Center ist auch (zunehmend) mit dem SAP Store und seinen ergänzenden Partner-Apps integriert (siehe Abschnitt 7.2.2).

Buying Center SAP Amerika
Referenznummer: 300887594

Unternehmensinformationen	**Unternehmensinformationen**
Pinkberry Inc.	Hier können Sie Informationen zu Ihrem Unternehmen, wie die Anzahl der Mitarbeiter, angeben. Die hier angegebenen Daten haben Auswirkung auf die Preisberechnung und den Vorschlag für den Lösungsumfang.
Branche: **Dienstleistungsbranche**	Ihre Unternehmensinformationen anzeigen und bearbeiten
Lösungsumfang	**Lösungsumfang: Lösungsumfang "Best Practices"**
Lösungsumfang "Best Practices"	Ein typischer Lösungsumfang für Ihre Branche, der für Sie bei Bedarf angepasst werden kann.
Enthält	Vorgeschlagenen Lösungsumfang anzeigen und anpassen
Fachthemen: 34	
Partnerlösungen:	
Implementierungsansatz	**Implementierungsansatz: Unterstützung des Einführungsprojekts**
Unterstützung des Einführungspr...	In eigener Regie an den Start - den Erfolg sichern mit Hilfe erfahrener SAP-Experten.
Typische Projektdauer:	Aktuellen Implementierungsansatz anzeigen und ändern
16 Wochen	
Investitionsüberblick	**Investitionsüberblick**
Monatliche Gebühr: 10.977,98 USD	Hier erhalten Sie Ihren Investitionsüberblick. Sie erhalten eine Übersicht über die ausgewählten Benutzer, den ausgewählten Implementierungsansatz, zusätzliche Services und Add-Ons.
+	
Einmalgebühr: 83.200,00 USD	Ihren Investitionsüberblick anzeigen und anpassen

Abbildung 5.1 Buying Center (Quelle: Faisst 2011)

Alle Materialien, die Sie im Buying Center finden, haben einen hohen Informationsgehalt und können für Sie hilfreich sein. Die Materialien setzen aber voraus, dass sich ein Mitarbeiter mindestens zwei Tage Zeit nimmt und sie konsequent durcharbeitet. Auf Grundlage dieser Vorarbeit können dann im zweiten oder dritten Schritt der Situationsanalyse – im Anforderungsabgleich (siehe Abschnitt 5.1.2) oder mit Hilfe von Systemdemos zur kundenspezifischen Prozessevaluierung (siehe Abschnitt 5.1.3) – Inhalte gezielter vorbereitet werden.

Alle drei Aktivitäten bei der Situationsanalyse liefern die Grundlage, um zu entscheiden, ob SAP Business ByDesign im Unternehmen gewinnbringend eingesetzt werden kann. Für das Strategiegespräch, den ersten Workshop von Kunde und Berater, kommt es weniger auf Produktwissen an als auf die genaue Kenntnis der Ausgangslage des Unternehmens. Das zeigen wir auch im nächsten Abschnitt.

5.1.1 Strategiegespräch

Ziel eines Strategiegespräches zwischen dem Entscheider und einem erfahrenen Berater ist es, zu einer gemeinsamen Einschätzung zu gelangen, ob sich eine weitere Betrachtung von SAP Business ByDesign für das Unternehmen lohnt und ob beide Seiten die Zeit in eine weitergehende Situationsanalyse investieren wollen.

> **Fallbeispiel AI AG: Strategiegespräch** [zB]
>
> Im Rahmen der Vorbereitungen auf die SAP-IBIS-Tagung trafen sich Herr Dr. Schinzer, Vorstand der AI AG, und Herr Dr. Andreas Hufgard, Leiter der IBIS Labs, am 22.12.2009 zu einem Strategiegespräch.
>
> Innerhalb von zwei Stunden wurden die wichtigsten Gegebenheiten und Anforderungen der AI AG, des potenziellen Kunden, zusammengefasst. Es wurden die aktuelle IT-Situation und bereits geplante IT-Vorhaben betrachtet. Zudem wurden die Mengengerüste des Unternehmens identifiziert, die für SAP Business ByDesign relevant sein können, wie z. B. die Anzahl der Kundenkontakte als Indikator für die Nutzung des CRM-Bereichs.

Die Ausgangslage hinsichtlich der IT ist bedeutsam, um zu prüfen, welche bestehenden Systeme durch SAP Business ByDesign abgelöst werden können und welche durch Schnittstellen angebunden werden müssen. In vielen mittelständischen Unternehmen besteht die IT-Landschaft in erster Linie aus Office- und Einzellösungen für Buchhaltung, Projektmanagement etc. Microsoft Outlook wird meist zur Verwaltung der Kundendaten und Kontakte genutzt.

> **Fallbeispiel AI AG: IT-Situation** [zB]
>
> Bei der AI AG gab es darüber hinaus Eigenentwicklungen, wie ein Ticketsystem für die Problemmeldungen der Kunden.

Bei den Nutzern von IT-Systemen tritt Unzufriedenheit mit den Beschränkungen der bisherigen Lösungen und ein damit verbundener Leidensdruck häufig auf Grund eines Unternehmenswachstums auf.

Für die erste Einschätzung der operativen Ebenen sind charakteristische Stammdaten sehr hilfreich. Organisationsstruktur sowie Produkt- und Preisliste des Unternehmens haben einen hohen Aussagegehalt und sind für einen späteren Einführungsprozess ebenfalls ein unbedingt notwendiger Input.

Aus dem Bereich der Organisation werden Informationen über die Aufbauorganisation, Mitarbeiter und die Rechtsform benötigt. Über das Organisationsmodell werden in SAP Business ByDesign neben Standorten auch Anforderungen an Profit-Center und Kostenstellen definiert. Diese Gestaltung hat wiederum Einfluss auf die Struktur und den Umfang der Berichte und Analysen für die jeweils zugeordneten Manager (siehe Abschnitt 6.2.2).

> [zB] **Fallbeispiel AI AG: Organisationsmodell**
>
> Die AI AG hat neben dem Schwerpunkt Deutschland, drei Standorte und rund 60 Mitarbeiter, noch einen europäischen Standort, an dem sie Software und Dienstleistungen vor allem im Projektgeschäft anbietet. Zudem wurden die Produkte und Dienstleistungen der AI AG zur »vergaberechtskonformen Abwicklung von öffentlichen Ausschreibungen« aufgenommen, um die daraus resultierende Komplexität der Stammdaten in SAP Business ByDesign abschätzen zu können.

Weiteren Klärungsbedarf gibt es in einem Strategiegespräch bezüglich möglicher Risiken, die auf Anwenderseite gesehen werden. In einer Befragung der IBIS Labs von 30 Anwenderunternehmen in der Region Würzburg, kam es – wie in Abbildung 5.6 ersichtlich ist – zu folgender Einschätzung bezüglich der Risiken einer Mietsoftware:

- Besonders kritisch sehen die Anwender den Abbruch der Kommunikationsverbindung.
- An zweiter Stelle stehen die Bedenken, dass die Daten nicht mehr im Unternehmen liegen, ob die Sicherheit der Internetverbindung gewährleistet ist und dass daraus erhöhte Abhängigkeit vom Dienstleister resultiert.

Für alle genannten Bedenken gibt es eine Reihe technischer Informationen, wie die Zertifizierungen des Hochsicherheitsrechenzentrums von SAP in St. Leon-Rot und entsprechende vertragliche Verpflichtungen von SAP, die für einen Entscheider schon im Strategiegespräch von großem Interesse sind (siehe ausführlich in Abschnitt 5.2.1).

> **Fallbeispiel AI AG: Risiken von Software in der Cloud** [zB]
>
> Herr Dr. Schinzer von der AI AG sah nach der Diskussion keine übermäßigen Risiken bezüglich einer Software in der Cloud, da sich das Rechenzentrum bei SAP in St. Leon-Rot befindet. Lediglich die Stabilität und Bandbreite der Kommunikationsverbindung wollte er überprüfen und bei der Gelegenheit erhöhen.

Der wesentliche Aspekt einer Strategieabstimmung ist es, die wichtigsten Erwartungen an eine Lösung wie SAP Business ByDesign zu formulieren.

> **Fallbeispiel AI AG: Erwartungen an SAP Business ByDesign** [zB]
>
> Die AI AG hatte die folgenden drei Erwartungen:
> - Einfache Erweiterbarkeit und Internationalität
> - Kosten- und Erlösrechnung
> - Verkaufsplanung auf Produktebene

Daran anknüpfend ist es die Aufgabe des Experten (Solution Advisors), weitere Nutzenpotenziale herauszuarbeiten.

> **Fallbeispiel AI AG: Nutzen durch SAP Business ByDesign** [zB]
>
> Die IBIS Labs konnten für eine Einführung von SAP Business ByDesign bei der AI AG konkret folgende weiteren Vorteile identifizieren:
> - Integration der Inlands- und Auslandsniederlassungen
> - Durchgehendes CRM-System mit zeitnahen Analysemöglichkeiten
> - Integrierte Projektzeiterfassung und Projektabrechnung
> - Erhöhte Transparenz durch Kosten- und Erlösrechnung auf Produktebene
> - Aktuelleres Rechnungswesen und Ad-hoc-Analysen
> - Konsolidierung vieler Infobasen und Einzellösungen
> - Geringerer interner administrativer Aufwand

Um diese Nutzenpotenziale zu erschließen, werden im nächsten Schritt die entsprechenden Prozesse vorgestellt, die kritisch für das Anwenderunternehmen sind.

> **Fallbeispiel AI AG: Kritische Prozesse** [zB]
>
> Bei der AI AG mussten folgende Prozesse unbedingt in SAP Business ByDesign abgebildet werden:
> - Der gesamte Ablauf von der Verkaufsplanung über das Opportunity-Management bis zur Verarbeitung des Kundenauftrags musste möglich sein.

- Eine Projektplanung, -durchführung und -fakturierung musste durchgängig möglich sein.
- Der Kosten- und Ressourcenverbrauch für komplexe Entwicklungs- und Kundenprojekte musste gesteuert werden können.

In Tabelle 5.1 sind zusammenfassend die wichtigsten Vorteile einer Strategierunde zwischen einem Entscheider und einem Experten dargestellt. In der Tabelle sind ebenfalls die Kompetenzen aufgeführt, die nötig sind, damit das Strategiegespräch ein Erfolg wird.

Pro Strategiegespräch	Erfolgsfaktoren
Problematische Punkte werden frühzeitig aufgedeckt.	Vertreter des Unternehmens: Zwei Tage Zeitaufwand in die Vorbereitung investieren
Mögliche Schnittstellen zu IT-Systemen werden identifiziert.	Berater: Die Kompetenz des Beraters ist wichtig.
Die Eignung von SAP Business ByDesign für den Kunden wird grundsätzlich und zügig festgestellt.	Berater: Eine gewisse Neutralität oder langfristiges Interesse des Beraters ist die Voraussetzung für die Objektivität des Ergebnisses.
Der Berater bekommt erste Informationen vom Unternehmen, die auch für den Einführungsprozess wichtig sind.	Vertreter des Unternehmens: Informationssammlung aufgrund einer Checkliste

Tabelle 5.1 Strategiegespräch

Die Entscheidungsfrage, die auf Basis der gesammelten und ausgetauschten Informationen eines Strategiegespräches gestellt wird, lautet, ob die Potenziale und aktuellen Gegebenheiten vielversprechend genug sind, um in die nächsten Schritte zu investieren?

5.1.2 Anforderungsabgleich

Nach einer positiven Bewertung der Softwarelösung und ihrer Potenziale für das Anwenderunternehmen als Ergebnis des Strategiegesprächs, sollte ein SAP Business ByDesign-System mit den kritischen kundenspezifischen Prozessen konfiguriert und ausgestaltet werden. So kann dem Anwenderunternehmen die Entscheidungsfindung erleichtert werden. Der Anforderungsabgleich in Abbildung 5.2 ist dabei ein notwendiger und effektiver Schritt, um Anforderungen des Kunden und Potenziale der Software, also Features und Konfigurationsmöglichkeiten, zusammenzubringen.

Das Ziel des fokussierten Anforderungsabgleichs ist es, für den Kunden den groben Lösungsumfang abzustecken und für die kritischen Prozesse etwas weiter in die Tiefe zu gehen, um dort weitere Erkenntnisse für die kundenspezifische Konfiguration zu sammeln. Auf diese Weise kann dem Kunden frühzeitig eine Entscheidungssicherheit dahingehend gegeben werden, ob und wie SAP Business ByDesign seinen zentralen Anforderungen gerecht wird.

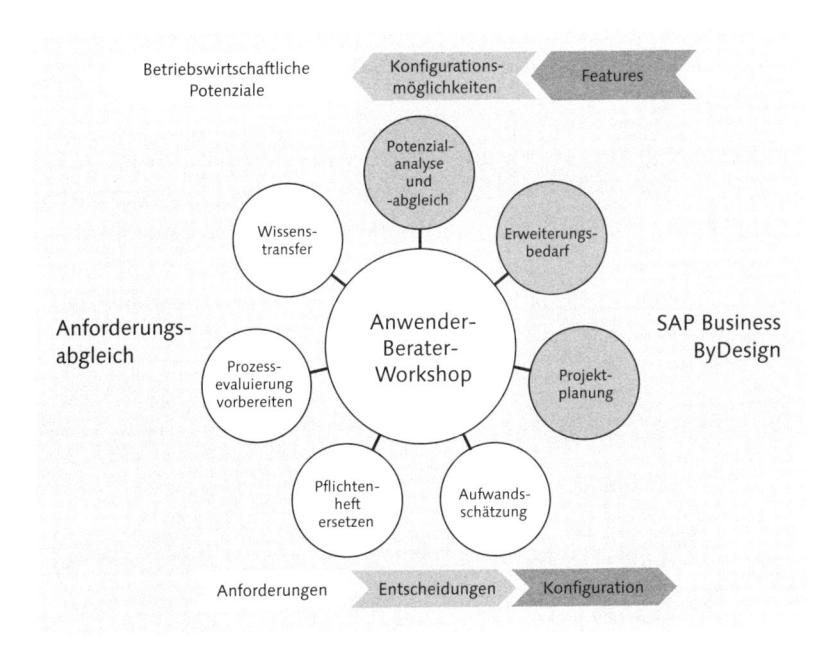

Abbildung 5.2 Ziele des Anforderungsabgleichs

Insgesamt liefert die schnellere Abstimmung der Anforderungen einen ersten Zeit- und Qualitätsgewinn. Die neuen technischen Möglichkeiten einer betriebswirtschaftlichen Konfiguration (siehe Abschnitt 6.2) und damit die frühe Systemverfügbarkeit erlauben es, dass sich die Evaluierung und die Implementierung der Lösung überlagern. Die erzielten Effizienzgewinne sind dabei sowohl für Dienstleister als auch für Kunden vorteilhaft.

Fallbeispiel AI AG: Anforderungsabgleich [zB]

Am 26. Januar wurde zusammen mit dem Kunden, der das System und die Prozesse vorher nicht gesehen hatte, ein Anforderungsabgleich durchgeführt. Zu diesem Zeitpunkt hatte sich die AI AG noch nicht für oder gegen SAP Business ByDesign entschieden.

Der Workshop wurde mit einer ersten Bestimmung des Lösungsumfangs (siehe Abschnitt 6.2.1) begonnen, um zu klären, inwiefern weitere Themengebiete für die AI AG als Unternehmen interessant sein könnten.

5 | Entscheidungskriterien

In Abbildung 5.3 sehen Sie den im Buying Center und in SAP Business ByDesign enthaltenen betriebswirtschaftlichen Katalog (siehe auch Abschnitt 6.2.1), der für den Anforderungsabgleich verwendet werden kann. Es ist somit erstmalig möglich, bereits in der Entscheidungsphase ein in die Unternehmenssoftware integriertes Werkzeug zu nutzen.

Obwohl für diese Analyse und für die Entscheidungsfindung nur wenige Stunden angesetzt werden müssen, kann es mit dem werkzeugbasierten und strukturierten Ansatz gelingen, die wichtigsten betriebswirtschaftlichen Themen herauszuarbeiten.

Schwerpunkte sollte der Fachworkshop bei den kritischen Kernprozessen setzen. In den anderen Bereichen reicht es aus, den Vorschlägen des Experten bzw. der vom System vorgeschlagenen Minimalkonfiguration und den Empfehlungen (Best Practises, Defaults) des Scopings zu vertrauen. Im Implementierungsprozess werden die Entscheidungen noch eingehender validiert (ausführlich siehe Abschnitt 6.2.1).

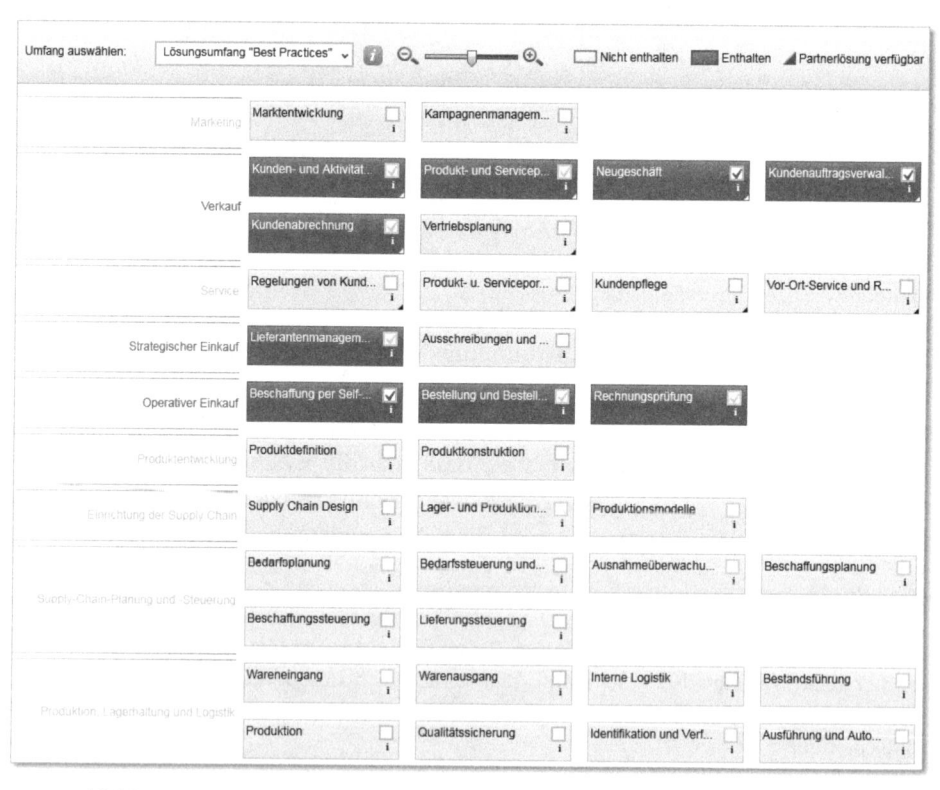

Abbildung 5.3 Anforderungsabgleich im Buying Center – Lösungsumfang erkunden

Abbildung 5.3 zeigt die Geschäftsbereiche »Marketing« bis »Produktion, Lagerhaltung und Logistik« mit ihren Fachthemen. Die hier getroffene Auswahl kann bei Bedarf in ein Testsystem übernommen werden.

Das Scoping – die Festlegung des Lösungsumfangs in der betriebswirtschaftlichen Konfiguration – muss in der frühen Entscheidungsphase nicht vollständig bearbeitet werden. Es nimmt jede Entscheidung auf und ersetzt noch fehlende Entscheidungen durch plausible Annahmen. Bei einer folgenden Implementierung können die Konfigurationsentscheidungen mit zunehmenden Erkenntnissen und Erfahrungen im Umgang mit dem System immer weiter verfeinert werden.

Folgende Hinweise helfen, den Anforderungsabgleich effizient und erfolgreich zu gestalten:

- Pflichten- oder Lastenhefte im Vorfeld selbst zu erstellen, ist nicht mehr notwendig. Das Scoping erlaubt einem systematischeren und effizienteren Anforderungsabgleich.
- Den Workshop muss ein erfahrener Solution Advisor moderieren. Insgesamt sollten je nach Projekttyp zwei bis sechs Stunden dafür reserviert werden.
- Kritische und relevante Prozesse werden mit Hilfe des Scopings identifiziert. Die Prozessgestaltung ist Thema der Prozessevaluierung am System.
- Zusätzliche Anforderungen können im Workshop gesammelt, dokumentiert und priorisiert werden.

> **Fallbeispiel AI AG: Anforderungsabgleich mittels Scoping** [zB]
>
> Das Ziel wurde erreicht: Dem Entscheider, Herrn Dr. Heiko Schinzer, Vorstand der AI AG, war am Ende des Workshop-Tages klar, was SAP Business ByDesign für sein Unternehmen leisten kann und welche offenen Punkte noch geklärt werden mussten. Er zeigte sich überrascht von der betriebswirtschaftlichen Verständlichkeit der Business-Konfiguration, die ihm einen breiten Einblick in die funktionalen und prozessorientierten Möglichkeiten der Unternehmenssoftware erlaubte. Er gewann, wie er auch mehrfach bestätigte, den Eindruck, dass sich die Features, die im Standard liegen, sehr schnell produktiv nutzen lassen. Außerdem fiel ihm positiv auf, dass eine Beeinflussungsmöglichkeit besteht, die Nutzungsbreite des Systems beliebig hoch zu skalieren.

Insgesamt wurden im Anforderungsabgleich 42 Fachthemen selektiert, in denen 171 Funktionen und Prozesse den Bedarf des Unternehmens repräsentieren. Die Systemintegration des Anforderungsabgleichs liefert sowohl dem

Kunden als auch dem Dienstleister einen erheblichen Produktivitätsgewinn sowie Sicherheit im Entscheidungsprozess.

Nebenbei wird auch ein *Solution Proposal* als Dokument erstellt, das an Qualität und Tiefe jedem aufwendig erstellen Pflichtenheft überlegen ist. Diese Dokumentation kann als Projektierungsgrundlage dienen und bei Bedarf erweitert werden.

Es lassen sich folgende Argumente für einen Anforderungsabgleich zusammenfassen:

- Der Kunde bekommt einen Eindruck von den Möglichkeiten in SAP Business ByDesign.
- Es handelt sich um eine betriebswirtschaftlich gut verständliche Darstellung.
- Für die Implementierung steht bereits eine Grundkonfiguration zur Verfügung, die anschließend noch überarbeitet werden kann.
- Abhängigkeiten werden aufgezeigt.
- Eine Vorauswahl und Empfehlungen sind bereits vorhanden.
- Das im System hinterlegte Regelwerk stellt die technische und betriebswirtschaftliche Korrektheit sicher.
- Der Anforderungsabgleich wird als Solution Proposal dokumentiert.

Im nächsten Schritt bietet es sich an, die Basisstammdaten- und Organisationsstruktur voreinzustellen und abzustimmen, die auf Grundlage des Strategiegespräches ermittelt wurden. Auch dies sind schon Implementierungsschritte, die auf Grund ihrer produktiven Werkzeuge in den Anforderungsabgleich vorgezogen werden können. Folgende Fragen sollten hier geklärt werden:

- Wie sieht die Organisationsstruktur des Unternehmens aus?
- Welche Bedeutung und welchen Charakter haben die Stammdaten?

Eine gewisse Herausforderung ist hierbei die Organisationsmodellierung in SAP Business ByDesign, die sehr viele Möglichkeiten bietet, deren Auswirkungen auf das operative System man aber nur mit einer gewissen Erfahrung abschätzen kann. Die Voreinstellung der Basisstammdaten vorwegzunehmen, kann helfen, die Möglichkeiten zu bewerten und zu einem gemeinsamen Ausgangspunkt für die folgende Prozessevaluierung zu gelangen. Mehr zu diesem Thema finden Sie in Abschnitt 6.2.2.

Expertenkenntnisse im Hinblick auf die richtige Reihenfolge und Vollständigkeit bei der Stammdatenanlage sind ebenfalls notwendig, da dies Voraussetzungen für die Ablauffähigkeit von Prozessen sind. Wichtig ist auch, dass sich die erstmalige Anlage eines bestimmten Stammdatenobjektes vom Zeitaufwand her von den nachfolgenden Objekten unterscheidet. Dies liegt daran, dass konzeptionelle Fragen natürlich im Rahmen der Erstanlage und vor der Migration geklärt werden müssen. Für die frühe Einbringung dieses Themas spricht insbesondere die Bedeutung für die Datenmigration und die Demonstration der Potenziale der Software mit kundenspezifischen Stammdaten durchzuführen. Mehr zur Rolle der Datenmigration im Projekt in Abschnitt 6.2.3.

Die letzten beiden Aktivitätenblöcke wird das Projektteam auch später im Rahmen der Implementierung angehen. Die Vorteile davon, diese Punkte schon jetzt zu betrachten, sind eine weitere Absicherung des Anforderungsabgleichs und die erhöhte Kundenorientierung der folgenden Systemdemos.

5.1.3 Prozessevaluierung

Auf Basis der im Strategiegespräch gesammelten Grundinformationen kann anschließend eine Demonstration der kundenindividuellen Prozesse auf Basis des Referenzsystems durchgeführt werden. Ein *Referenzsystem* ist ein SAP Business ByDesign-System, das als Modellunternehmen ausgeprägt wurde und von der SAP Partnern und Kunden zur Verfügung gestellt wird. Es verfügt über einen großen Lösungsumfang in der betriebswirtschaftlichen Konfiguration, das heißt, die Modellfirma ist für alle wichtigen Fachbereiche wie Einkauf, Verkauf, Produktion, Finanzwesen etc. ausgeprägt. Zudem verfügt jedes Referenzsystem bereits über Stamm- und Bewegungsdaten.

Für die Prozessevaluierung kann die Beispielfirma im Referenzsystem um kundenspezifische Stamm- und Bewegungsdaten ergänzt werden, um dem Kunden seine Kernprozesse aufzuzeigen. Im Gegensatz zum Anforderungsabgleich, der in einem »leeren« SAP Business ByDesign-System durchgeführt wird, werden die Kernprozesse bei der Evaluierung im Referenzsystem abgebildet, um die Zeit zu sparen, die notwendig wäre, ein komplett neues System aufzubauen.

Fallbeispiel AI AG: Kernprozesse abbilden [zB]

Am 7. Januar begann die Bestimmung des Lösungsumfangs durch ein Team der IBIS Labs auf einem bereitgestellten Referenzsystem. Auf Grundlage der ersten groben Konfigurationsstruktur konnten in der Woche zwischen dem 12. und dem 15. Januar die wichtigsten Stammdaten der AI AG als Beispiele angelegt werden.

> In der darauffolgenden Woche waren die, für die AI AG als wichtig erachteten, Kernprozesse in SAP Business ByDesign vorbereitet. Insgesamt handelte es sich bei dem konfigurierten und vorbereiteten Bereich um praktisch alle CRM-Funktionalitäten, vom Lead über die Opportunity und den Kundenauftrag bis hin zur Fakturierung (siehe Abschnitt 11.3). Der Umfang für eine Kundendemo wurde noch um das Projektmanagement inklusive Kosten- und Ressourcensicht sowie um die Fakturierung auf Projektbasis erweitert. Diese beiden großen Bereiche wurden mit allen für die AI AG relevanten Stammdaten bestückt und auf die AI AG-spezifischen Anforderungen bezogen konfiguriert.

Alles in allem beträgt der Nettoaufwand für den Aufbau von vergleichbaren kundenspezifischen Demofällen auf Basis des Strategiegesprächs und des Anforderungsabgleichs inzwischen nur noch zwei Personentage.

[zB] **Fallbeispiel AI AG: Kernfragen aus dem Anforderungsabgleich**

Im Rahmen des Fachworkshops zum Anforderungsabgleich wurden einige wichtige Fragen aufgeworfen:

- Nummer eins war, ob es für die AI AG sinnvoll wäre, das eigene *Ticketsystem* für das Bearbeiten von Kundenanfragen und -problemen durch SAP Business ByDesign abzulösen oder es über eine Schnittstelle weiter zu nutzen.
- Die zweite Frage war, wie die AI AG ihr *Lizenzgeschäft* abbilden soll, das meist in Zusammenhang mit Projekten steht, aber auch eigenständig sein kann. In letzterem Fall führt das, wie bei jedem Softwareunternehmen, zu Lizenz- und Wartungszahlungen in den Folgejahren.

Auf derartige Fragen, die sich bereits beim Strategiegespräch ergeben haben, sollte ein Experte Auskunft geben. Seine Aufgabe ist es jetzt in der Prozessevaluierung außerdem, die Software vorzuführen, um es dem Entscheider zu ermöglichen, einen direkten Eindruck von den Fähigkeiten des Systems zu gewinnen.

Eine Veranschaulichung der genannten Punkte findet während der Prozessevaluierung zunächst in einem Referenzsystem statt. Mit Hilfe der Inhalte des Referenzsystems kann ein Experte zeigen, welche Ansatzpunkte es z. B. für das Lizenzgeschäft im System gibt. Lizenzen können, je nach Ausprägung, für die Kunden unterschiedliche Wartungsleistungen nach sich ziehen. Deshalb müssen diese im System als Produkt registriert werden. Im Falle einer Serviceanfrage durch den Kunden kann individuell auf das betroffene Produkt reagiert werden (siehe Kapitel 11).

| Fallbeispiel AI AG: Lizenzgeschäft | [zB] |

Diese Demo hat gezeigt, dass es durchaus möglich ist, das Lizenzgeschäft der AI AG in der derzeitigen Form und mit dem aktuellen Volumen abzubilden. Mit den im Jahr 2011 im Feature Pack 3.0 verfügbaren Kundenverträgen ist dieser Bereich weiter ausgebaut worden, um zusätzlich komplexe Softwareverträge und spezielle Lizenzsituationen zu verfolgen.

Tabelle 5.2 zeigt die Vorteile und den Aufwand/die Grenzen von Demonstrationen auf Basis eines standardisierten Referenzsystems.

Demo im Referenzsystem: Vorteile	Aufwand/Grenzen
Gewünschte Fachbereiche und Szenarien können ohne großen Aufwand in einem Referenzsystem gezeigt werden.	Das System ist (noch) nicht kundenspezifisch ausgeprägt.
Spontanes Wechseln des Fachbereichs ist bei Kundeninteresse möglich, da die Fachbereiche im Referenzsystem ausgeprägt sind.	Es bedeutet Aufwand, ein Referenzsystem über einen längeren Zeitraum in allen Fachbereichen zu pflegen.
Analysemöglichkeiten lassen sich gut zeigen, da Datenbestände aus einem längeren Zeitraum vorhanden sind.	Genaue Kenntnisse über das Referenzsystem sind notwendig, um die Demonstration kundenorientiert zu gestalten.
Der Kunde bekommt einen ersten Eindruck von den Möglichkeiten des Systems.	Vorbereitungs- und Demonstrationsaufwand für Berater
Ein Experte ist vor Ort, der sich bezüglich der Abbildbarkeit von Kundenanforderungen äußern kann.	
Der Kunde kann sich kritische Prozesse zeigen lassen und sie beurteilen.	Der Eindruck, alles ist vorhanden und sofort einsetzbar, täuscht etwas über die Realitäten hinweg: Eine echte Implementierung muss in einem »leeren« System beginnen.
Nach der Systemdemo kann der Lösungsumfang für die (eigene) betriebswirtschaftliche Konfiguration überarbeitet werden.	

Tabelle 5.2 Demo im Referenzsystem

Als Höhepunkt eines Fachworkshops zur Prozessevaluierung können die Experten schließlich die vorbereiteten kritischen Kernprozesse vorstellen. Als Berater sollten Sie einerseits anhand der im System befindlichen Stammdaten sehr deutlich machen, wie Kundenstammdaten und Produkte in den

5 | Entscheidungskriterien

entsprechenden Belegflüssen wiederzufinden sind. Andererseits können Sie dabei auch die Möglichkeiten der Aufgabensteuerung, z. B. bei Genehmigungen, aufzeigen.

> **[zB] Fallbeispiel AI AG: Prozess »Lead to Cash«**
>
> Der AI AG wurde der Geschäftsprozess mit unterschiedlichen Abwicklungsmöglichkeiten dargestellt. Hierbei wurde, ausgehend von einem bereits generierten Kundenauftrag, der Belegfluss im System hervorgehoben. So ließ sich ohne Weiteres nachvollziehen, zu welchen Belegen der Kundenauftrag in Beziehung steht. In Abbildung 5.4 werden unter anderem die Work Center (siehe Abschnitt 4.3) angezeigt, in denen die Belege erstellt wurden, sowie die Mitarbeiter, die für die Erfassung der Belegdaten zuständig waren.
>
> Ausgehend vom Lead konnte anschließend der Geschäftsprozess bis hin zum Kundenauftrag nachvollzogen werden. Der Berater, der die Systemdemo begleitet, kann die einfache Handhabung des Systems anhand spezieller Funktionen demonstrieren. So wurde beispielsweise aufgezeigt, wie Folgeaktivitäten, etwa ein Angebot, aus den Einzelbelegen – in unserem Fall die Opportunity – mittels einer dafür angelegten Funktion erstellt werden können. Nach Rückmeldung der erbrachten Services und dem damit verbundenen Auftragsabschluss wurden diese im Fakturavorrat zur Abarbeitung aufgelistet.

Der Kunde war im weiteren Workshop-Verlauf insbesondere überrascht von den Möglichkeiten des Projektmanagements und der Integration zur Kostenrechnung und Fakturierung. Auch, dass es ihm dadurch möglich wird, weitere alte Einzellösungen auszumustern, die zurzeit auf Microsoft Projects basieren und zu denen es nun Import- und Exportmöglichkeiten gibt, erstaunte ihn.

Die Prozessevaluierung im System bietet für den weiteren Projektverlauf folgende Vorteile:

- Mehr Verständnis über die Verlinkung der betriebswirtschaftlichen Objekte innerhalb des Systems
- Kennenlernen der Innovationen anhand eigener Organisations- und Stammdaten
- Vorwegnahme des Lösungsdurchlaufs für die kritischen Prozesse

> **[zB] Fallbeispiel AI AG: Ergebnis der Prozessevaluierung**
>
> Am Ende der Veranstaltung war schließlich das Ziel erreicht: SAP Business ByDesign passte weitgehend zu den Anforderungen der AI AG, da war der Entscheider nun sicher. Einer möglichen Einführung standen nur noch Kostenfragen im Weg.

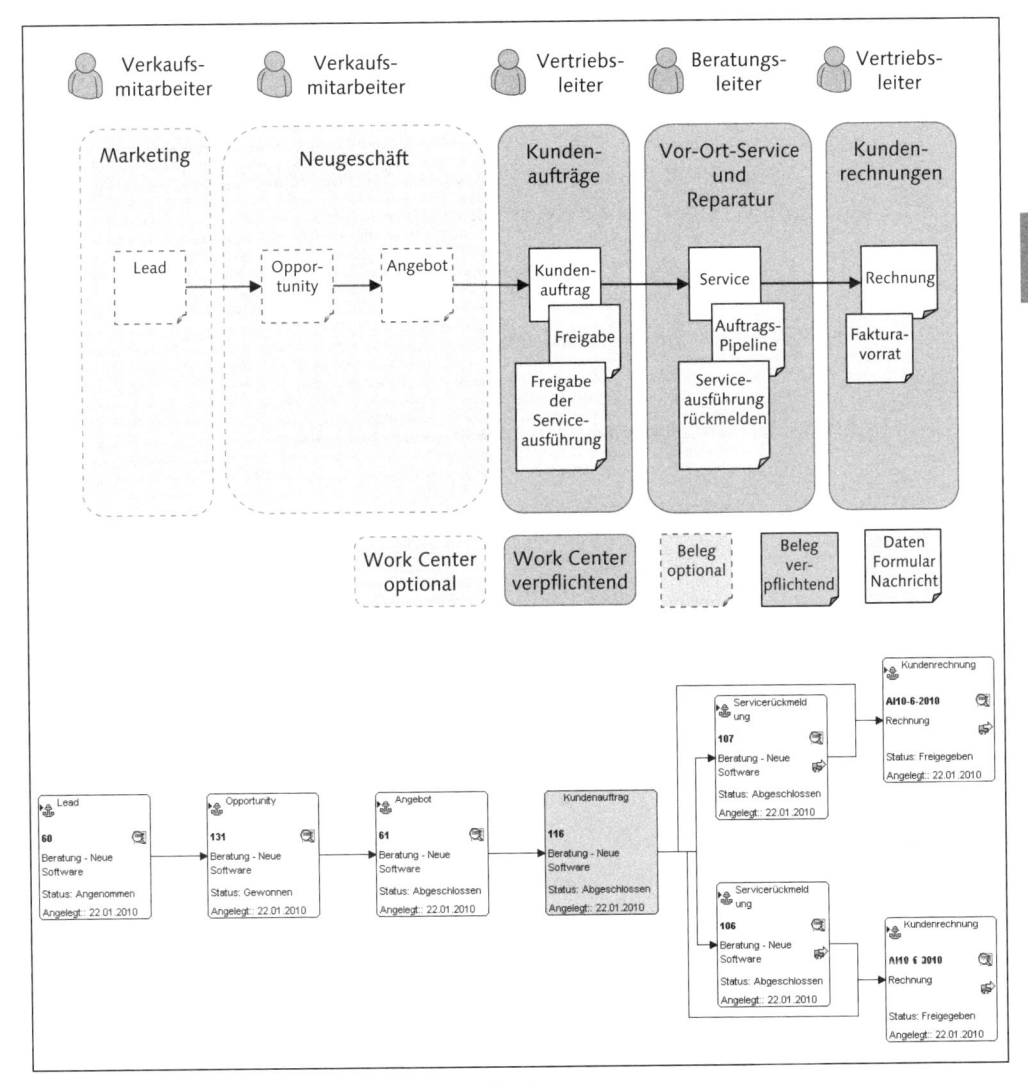

Abbildung 5.4 Lead-to-Cash-Prozess (Quelle: IBIS Labs)

5.2 Kosten und Nutzen

Nach der fachlichen Klärung stellt sich jeder Entscheider die Frage, ob sich die Investitionen, die sich für einen SAP Business ByDesign-Einsatz ergeben würden, für das Unternehmen insgesamt lohnen. In der Realität vieler Unternehmen steht nach dem Punkt, von einer Lösung fachlich überzeugt zu sein, eine Kosten-Nutzen-Kalkulation an. Dies gilt auch für die Anschaffung oder die Miete einer ERP-Lösung in der Cloud.

Verkäufer versuchen naturgemäß, diesen Prozess durch emotionale oder andere Argumente zu vereinfachen. Auch gibt es eine Reihe von Studien oder Analystenaussagen, die hier Hilfe versprechen. Beachten Sie jedoch bei letzteren, dass die Studien meist keine Störfaktoren, Messmethoden etc. offenlegen. Wenn Sie sie zu Rate ziehen, sollten Sie daher mehr auf die Argumentation und weniger auf die Zahlen achten.

Wir, die Autoren dieses Buches, empfehlen Ihnen deswegen, sich die Kriterien anzuschauen, die in dem folgenden Abschnitt beschrieben werden, und sie auf Ihr Unternehmen anzuwenden.

5.2.1 Pro und Contra »Software as a Service«

Die Fachleute sind zum Thema »Software as a Service (SaaS)« noch geteilter Meinung. Dabei haben sowohl die Befürworter als auch die Kritiker schlagkräftige Argumente:

- Die Befürworter führen ins Feld, die Softwarelizenzen würden wegfallen, es entstünden keine Wartungskosten mehr und der Aufwand für die Beratung, Einführung, Upgrades etc. nähme ab. All dies führe dazu, dass sich die Gesamtbetriebskosten für den Nutzungszeitraum deutlich reduzierten.

- Die Kritiker behaupten hingegen, dass die Unternehmen durch die Standardsoftware aus der Cloud an Flexibilität und Individualität verlieren würden. Gleichzeitig könnten sie nicht mehr so schnell auf sich ändernde Marktanforderungen reagieren.

Die IBIS Labs haben die Argumente der beiden Lager aufgegriffen. Im Rahmen der Initiative »Integrierte Unternehmenssoftware auf Mietbasis« haben die IT-Experten aus Wissenschaft und Praxis die Argumente untersucht und auf die Anforderungen mittelständischer Unternehmen hin bewertet.

Mittelständler überlegen häufig zweimal, ob die Investition in einen eigenen *Server* sinnvoll ist oder nicht. Zu Recht, denn die durchschnittliche Lebensdauer eines Servers beträgt nur drei Jahre. Nach dieser Zeit sind entweder die Komponenten veraltet oder die Performance ist nicht mehr zufriedenstellend. Es sollten aber nicht nur die Anschaffungskosten kalkuliert werden, sondern auch laufende Betriebskosten, beispielsweise für Strom und Miete. Auch an ein potenzielles Ausfallrisiko sollte gedacht werden. Denn viele Unternehmen haben nicht die geeigneten Räumlichkeiten, Klimaanlagen oder sonstigen Voraussetzungen, um einen Server professionell und sicher zu betreiben. Darüber hinaus gilt es, auch die Wartungskosten nicht außer Acht zu lassen. Für den reibungslosen Betrieb müssen regelmäßig Release-Wechsel und Updates durchgeführt sowie der Virenschutz aktualisiert werden.

Bei der Hardware liegen die Vorteile von SaaS auf der Hand. Zum einen können die Kapazitäten je nach Bedarf nach oben oder unten skaliert werden. Zum anderen sind die Daten sicher und die Software läuft reibungslos. Die Mietsoftware wird in einem zertifizierten Rechenzentrum auf aktueller Hardware betrieben. Ausfallzeiten im operativen Betrieb kommen so gut wie nicht vor. Eine Mietsoftware minimiert die Risiken und bietet deutlich mehr Qualität. All dies spricht definitiv für SaaS.

Zum Zeitpunkt einer Softwareeinführung passen die Anforderungen zu den erworbenen *Lizenzen*. Das ändert sich über die Zeit und es entstehen versteckte Lizenzkosten. Wo und wie können diese anfallen? Diese Frage ist nicht einfach zu beantworten, da die betriebswirtschaftlichen Softwarelösungen vielfältig sein können. So müssen zum Beispiel unterschiedliche Prozesse unterschiedlich lizenziert werden. Zudem fallen Lizenzen für Add-on-Lösungen, individuelle Ergänzungen und Analysesoftware an. Die Folge: Oft bezahlen Unternehmen für Lizenzen, die sie nicht mehr nutzen. Neben den Lizenzen fallen auch Wartungskosten für Upgrades und neue Releases an. Nicht zu vergessen sind auch all die Schulungen, damit Mitarbeiter die Software bedienen können.

Auch bei der Software überwiegen die Vorteile für eine SaaS-Lösung. So bezahlen sie auch wirklich nur für den tatsächlichen Gebrauch. Ihnen steht darüber hinaus immer die aktuellste Technologie zur Verfügung. Zudem entfallen technische und funktionale Upgrades, die immer wieder zu Produktivitätsausfällen geführt haben. Ein weiterer Vorteil: Während Unternehmen, die die Software selbst betreiben, meist nur einen Servicegrad von bis zu 90 % erreichen, garantieren Service-Provider ihren Kunden einen Servicegrad von 98 bis 100 %, was die Verfügbarkeit der Systeme betrifft. Eine Erhöhung auf 100 % ist möglich, erhöht allerdings die Mietkosten pro Mitarbeiter. Der Standardwert für SAP Business ByDesign ist 98,5 % garantierte zeitliche Verfügbarkeit.

Die größten Auswirkungen hat der Wechsel zu SaaS auf die *Systemadministration*. Durch das Outsourcing werden die Systemadministratoren und die Benutzerbetreuung von Aufgaben entlastet oder diese fallen sogar ganz weg. Zu diesen Aufgaben zählen u. a. die Benutzerproblembetreuung, die Installation von Systemen, die Weiterbildung und Verwaltung der Benutzer und ihrer jeweiligen Aufgaben. Auch die Integration unterschiedlicher Software-

Systeme, der Datenaustausch oder die Bereitstellung von Migrationsprogrammen gehören zu diesen Aufwänden.

Dieser Herausforderung wird eine SaaS-Lösung durch die »Administration nach Bedarf« gerecht. Durch die Spezialisierung des Service Providers sollte das Wissen auf seiner Seite immer aktuell sein und das neueste Release eingesetzt werden. Das Anwenderunternehmen muss sich somit um nichts kümmern.

Wenn Unternehmen keine integrierten Lösungen einsetzen, verlagern sie Kosten auf ihre Mitarbeiter. Denn ohne integrierte Lösungen müssen diese mit viel Zeitaufwand Daten aufbereiten, ablegen und suchen. So werden zum Beispiel Excel-Dateien erstellt, bearbeitet und weitergeleitet. Jeder Mitarbeiter muss sie eigenständig verwalten. Der Informationsbedarf wird über Anfragen in Meetings, per Telefon oder E-Mails gestellt. Und die Datenablage ist jedem Mitarbeiter selbst überlassen. Die anfallenden Suchaufwände und Datenverluste sind unnötig und kosten viel Arbeitszeit und verursachen damit Arbeitskosten.

Mit einer SaaS-Lösung können auch Mittelständler mit einer integrierten Lösung arbeiten. Die Vorteile sind einheitliche Stammdaten, durchgängige Prozesse und hohe Transparenz. So können auch mittelständische Unternehmen ihr Geschäft genauso professionell und sicher wie Großunternehmen abwickeln – ohne dabei ihre Agilität einzubüßen.

Neben all den genannten Aspekten bieten SaaS-Lösungen darüber hinaus völlig neue Möglichkeiten. So können Mittelständler u. a. die integrierte Lösung für die Koordinierung von mehreren Standorten nutzen. Auch eine umfassende Datensicherung erhalten die Anwenderunternehmen inklusive. Der zusätzliche Nutzen muss letztlich für jeden Anwender individuell bewertet werden. Im Rahmen einer Situationsanalyse könnte dies in einen Kosten-Nutzen-Vergleich einfließen. So können Unternehmen prüfen, ob die zusätzlichen Möglichkeiten die Investition rechtfertigen oder nicht.

In einer Trendumfrage unter mittelständischen Unternehmen haben die IBIS Labs 30 Anwenderunternehmen in der Region Würzburg direkt befragt. Die Abbildung 5.5 zeigt, dass sie den größten Vorteil im Wegfall des internen Administrationsaufwands für Soft- und Hardware sehen. Ein zweiter Vorteil sei, dass kein Server für kritische Unternehmensdaten mehr im eigenen Haus betrieben werden muss. Es folgt an dritter und vierter Stelle, dass weniger IT-Expertise im Unternehmen notwendig sei oder immer aktuelle Softwareversionen zur Verfügung stünden. Diese Anwender wollen sich also nicht mehr um die Administration der Server und deren Verfügbarkeit kümmern.

5.2 Kosten und Nutzen

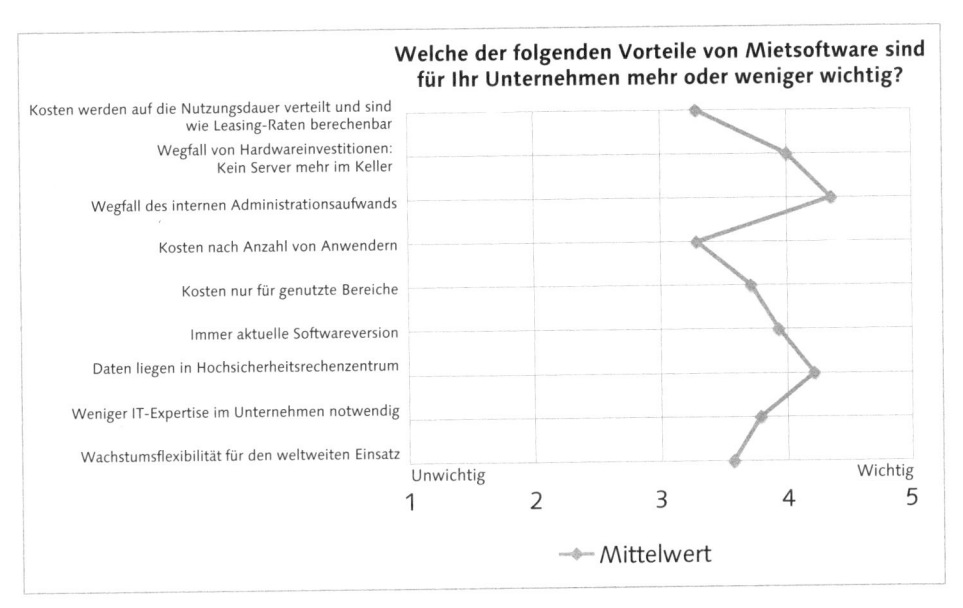

Abbildung 5.5 Umfrage: Vorteile einer Mietsoftware (Quelle: IBIS Labs 2010)

Bei den möglichen Risiken von Mietsoftware in Abbildung 5.6 nennen die Anwender an erster Stelle den Abbruch der Kommunikationsverbindung. Dies sei der neuralgische Punkt für die Nutzung einer SaaS-Lösung. Insofern sind die Service Provider gut beraten, hier noch bessere Lösungen zu schaffen und existierende Vorurteile abzubauen.

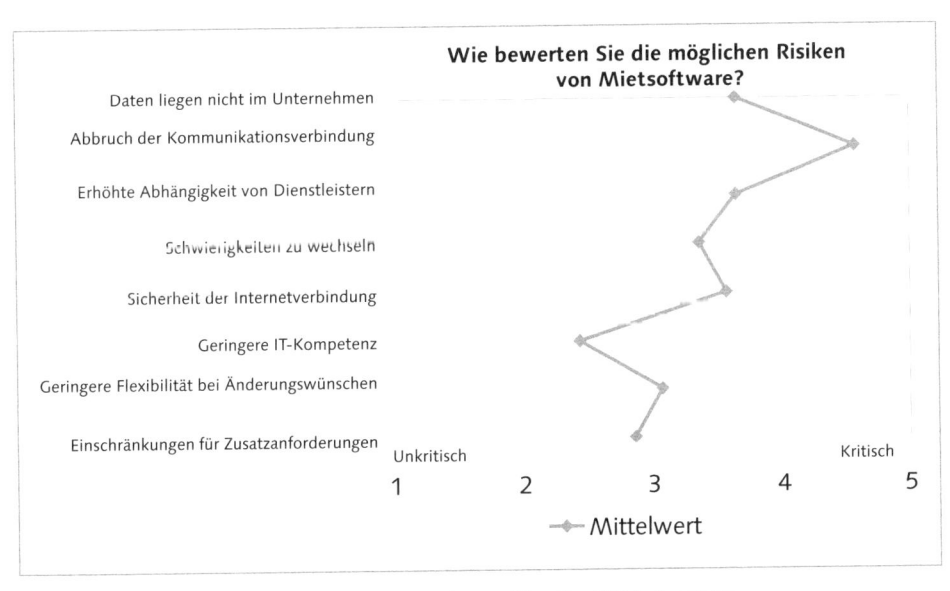

Abbildung 5.6 Umfrage: Risiken einer Mietsoftware (Quelle: IBIS Labs 2010)

> **[+] Verfügbarkeit der Kommunikationsverbindung**
> Die Verfügbarkeit von Kommunikationsverbindungen kann durch doppelte Verbindungswege auf Basis unterschiedlicher Technologien wie Standleitung plus DSL auf nahezu 100 % hochgeschraubt werden.

Hingegen haben die Anwender vor dem Verlust an internem IT-Know-how keine Angst. Vor dem Hintergrund des schnellen technologischen Wandels, mit dem die Mittelständler nur bedingt Schritt halten können, relativiert sich dieser Kompetenzmangel ohnehin.

Ein mittleres Risiko sehen die Befragten darin, dass die Mietsoftware nicht flexibel geändert und nicht individuell an die Anforderungen der Anwender angepasst werden kann. Diese Gefahr existiert auch nicht, denn SAP Business ByDesign lässt sich sehr wohl anpassen. In der Software ist dazu ein Business-Konfigurator integriert (siehe Abschnitt 6.2). Seit dem Feature Pack 2.6 lassen sich außerdem auch Add-on-Lösungen von Partnern einbinden (siehe Kapitel 7). Somit kann SAP Business ByDesign flexibel gestaltet und individuell zugeschnitten werden. Zwar existieren weniger Anpassungsmöglichkeiten als bei der SAP Business Suite für Großunternehmen, doch es lohnt sich ein Vergleich mit in den Unternehmen aktuell vorhandenen Lösungen und zwischen den SaaS-Lösungen untereinander.

5.2.2 Kosten der SaaS-Lösungen im Vergleich

Noch ist das Angebot an SaaS-Lösungen für ERP oder CRM überschaubar. Dies erleichtert den direkten Vergleich, auch wenn die Preismodelle alle unterschiedlich aufgebaut sind. So können beispielsweise Zusatzkosten für erhöhte Speicherkapazität, Anpassungen, Testsysteme und Support-Leistungen entstehen. Neben den Kosten für Voll-User, die pro Monat anfallen, sind auch die Preise für Info-User für die Durchdringung (Nutzung durch möglichst alle Mitarbeiter) im Unternehmen sehr wichtig. Diese günstigeren Lizenzen sind für Mitarbeiter (Info-User), die lediglich Zeiten erfassen, Tätigkeiten rückmelden oder Spesen abrechnen müssen.

Tabelle 5.3 zeigt vier völlig unterschiedliche Produkte, die sich wie Sales Cloud 2 des amerikanischen Anbieters Salesforce.com oder Microsoft Dynamics nur auf die punktuelle Unterstützung eines Vertriebsmitarbeiters konzentrieren. Die aus Deutschland stammende Lösung myfactory liefert ein Reihe von weiteren integrierten Modulen, während SAP Business ByDesign als »vollintegriert« bezeichnet werden kann. Im funktionalen Vergleich ist SAP Business ByDesign für die vollständige betriebswirtschaftliche Abwicklung mit integrierten Prozessen ausgelegt.

Mietsoftware	Sales-force.com	myfactory	SAP Business ByDesign	Microsoft Dynamics CRM Online
Mietsoftware-typ	Einzellösungen	Teilintegrierte Branchenlösungen	Vollintegriert	Einzellösung
Voll-User pro Monat	70–270 EUR	89 EUR	79–179 EUR	40,25 EUR
Info-User	4–27 EUR	69 EUR	10–22 EUR	Nicht verfügbar

Tabelle 5.3 Preisvergleich von Mietsoftware (Stand: Juli 2011)

Die Untergrenze für die Nutzung von SAP Business ByDesign ist mit zehn Voll-Usern definiert, was auch im Allgemeinen die Untergrenze für integrierte Prozesse ist. Die CRM-Einzellösungen versuchen, Freiberufler bzw. den *einzelnen Mitarbeiter* anzusprechen, damit dieser wiederum seinen Chef überzeugt, die Cloud-Lösung zu erwerben. Hier stoßen völlig unterschiedliche Philosophien aufeinander, was den Nutzen und die Bedeutung einer integrierten Lösung ausmacht. Diese Diskussion gab es in ähnlicher Form schon vor zehn Jahren zu Zeiten des E-Commerce-Hypes. Auch damals versuchten die neuen Anbieter von nicht integrierten Online-Shop-Lösungen, die Vorteile der Integration in Frage zu stellen, um ihre neuen Online-Shops und Einkaufsportale zu forcieren.

Außergewöhnlich ist die sehr hohe Preisspanne für eine CRM-Lösung von Salesforce.com. Das Spektrum reicht von 70 bis 270 EUR pro Voll-User im Monat. Dabei wird der Preis von mehreren Aspekten bestimmt – über die Funktionen, den Support und das Customizing. Die Anwender müssen also bei diesem Anbieter die Flexibilität und Individualität der CRM-Lösung extra bezahlen. Hingegen hat der deutsche Anbieter myfactory ein einfaches Preismodell. Die ERP-Lösung kostet je nach Funktionsumfang 69 oder 89 EUR.

Relativ neu und überarbeitet ist das Angebot von Microsoft, das sich ähnlich wie eine Office-Lösung darstellt. Mit dem Preis von gut 40 EUR steigt der Anbieter im unteren Preissegment ein und setzt mehr auf Outlook-Integration und weniger auf die betriebswirtschaftliche Folgeabwicklung.

Wie myfactory bietet auch SAP seine OnDemand-Lösung inklusive aller Support-, Anpassungs- und Konfigurationsmöglichkeiten an. Allerdings hat sich SAP mit SAP Business ByDesign hinsichtlich des Preises eher im oberen Marktsegment positioniert. Die Lösung kostet zwischen 79 und 179 EUR pro Voll-User und Monat.

Neben dem Funktionsumfang sind auch Technologie, Servicequalität und Zertifizierungen Faktoren, die den Preis beeinflussen. Die Unterschiede liegen auch in den Risikoaspekten, wie der Einhaltung von Compliance-Richtlinien. Weitere Informationen zu SAP Business ByDesign-Zertifizierungen (DüKr10, S. 51) und zu anderen Softwarelösungen für mittlere Unternehmen finden Sie in den Studien des Netzwerks »Elektronischer Geschäftsverkehr«.

[+] **Integrierte versus Einzellösungen aus der Cloud**
Prüfen Sie per Testzugang auch einmal eine CRM-Einzellösung. Doch machen Sie sich klar, dass die Vorteile einer integrierten Lösung erst dann deutlich werden, wenn Sie auch alle ihre wichtigen Abläufe in Betracht ziehen. Vor allem die nachgelagerten Prozessbeteiligten und die Geschäftsführung profitieren von anforderungsgerecht gestalteten, integrierten Abläufen, denn Effizienzgewinne durch Standardisierung senken die Kosten.

Der Kostenvergleich im folgenden Abschnitt geht deswegen von einer integrierten Lösung aus der Cloud aus und vergleicht diese mit einem »Bauchladen« von Einzellösungen.

5.2.3 Kostenvergleichsanalyse für SAP Business ByDesign

Ob sich eine neue Softwaregeneration für ein Unternehmen rechnet, ist eine Frage, die sich auch für SAP Business ByDesign stellt. Hier wird versucht, die Kosteneinsparungen, die in dem neuen SaaS-Modell stecken, zunächst systematisch offenzulegen und für den Kunden zur internen Kalkulation leichter identifizierbar zu machen.

Bei einem betriebswirtschaftlichen und methodischen Vorgehen sollte ein Entscheider zunächst das Einsparungspotenzial den Kosten der neuen Lösung gegenüberstellen, um auch bei einem negativen Zwischenergebnis klar eine richtige und fundierte Entscheidung zu treffen.

Es kann durchaus sein, dass die neue Lösung teurer ist, als ein Sammelsurium an abgeschriebenen Altlösungen. Es muss deswegen klar werden, für welche verbesserten Leistungen und Zusatznutzen der Kunde welchen Preis zu tragen hat; nach der Devise: Was sind mir die zusätzlichen Fähigkeiten wert? Genau dieser Analyse-Ansatz wurde in einem Workshop von den IBIS Labs zusammen mit Kunden verfolgt.

Die Abbildung 5.7 zeigt das Ergebnis einer solchen Kalkulation im Überblick. Im aufgeführten Beispiel stehen 78.000 EUR pro Jahr für die versteckten Kosten der Vorgängerlösung den 58.000 EUR Miet- und internen Kosten für SAP Business ByDesign gegenüber. Als Zusatznutzen könnten weitere 14.000 EUR pro identifiziert werden. Diese Zahlen basieren auf einer konkreten Situationsanalyse eines Kunden.

| Kostenanalyse SAP Business ByDesign der IBIS Prof. Thome AG ||||
Direkte Kosten p.a.	Individuallösung und Einzellösungen	Mit SAP Business ByDesign	Beschreibung
Hardware:			
Server/PCs (laufende Kosten, z.B. Strom)/Jahr	12.000,00 €		Jährlich wiederkehrende Kosten für Hardwareinfrastruktur (Mietkosten, Stromkosten, Wartungskosten, Versicherungen, etc.).
Software:			
Betriebswirtschaftl. Softwarelösung	10.000,00 €	55.998,00 €	Alle betriebswirtschaftlichen Softwarelösungen, die im Unternehmensbetrieb eingesetzt werden (Finanzbuchhaltung, Kundenverwaltung, Projektmanagement, etc.).
Indiv. Software	8.333,33 €		
Systemadministrator:			
Weiterbildung Admin	6.000,00 €		Anzahl der Mitarbeiter, die für den Support zuständig sind.
Anzahl Systemadmins	2,00		
Update-/Release-Management	8.400,00 €		
Benutzer-Problem-Management	8.400,00 €		
Benutzerverwaltung	4.800,00 €	2.400,00 €	
Zwischensumme IT-Kosten pro Monat	4.827,78 €	4.866,50 €	
Mitarbeiter:			
Eigen-Administration	20.000,00 €		Anzahl der Mitarbeiter, die die Software nutzen.
Mitarbeiter:	50,00		
Tage im Jahr	2,00		
TCO pro Monat	6.494,44 €	4.866,50 €	
TCO auf 1 Jahr	77.933,33 €	58.398,00 €	
TCO auf 5 Jahre	389.666,67 €	291.990,00 €	

Abbildung 5.7 Kostenanalyse der IBIS Labs für SAP Business ByDesign (Ausschnitt aus der Gesamtkalkulation, Zahlen sind Beispielwerte)

Wie kommen die 6.494 EUR an versteckten Kosten für Individual- und Einzellösungen in Abbildung 5.7 zustande? Neben den wegfallenden Kosten für die alte Soft- und Hardware oder für entsprechende administrative Tätigkeiten wurden insbesondere Themengebiete beleuchtet, die versteckte Kosten in der aktuellen IT zur Folge haben. Die Kosten für Eigenadministration durch 50 Mitarbeiter können z. B. schnell den dargestellten Wert erreichen.

Auch Medienbrüche oder Doppelerfassungen in Teilsystemen, die im Laufe der Jahre gewachsen waren, kosteten Zeit und Geld. Nach Würdigung und Gegenüberstellung dieser Kosten zeigte sich meist eine positive Tendenz für die Bewertung von Cloud-Lösungen wie SAP Business ByDesign.

Richtig interessant wird es für Unternehmen, wenn sie sich außerdem die Frage stellen, was sie bereit sind, für zusätzliche Möglichkeiten und für den Zeitgewinn zu zahlen, beispielsweise bei rechnungsrelevanten Informationen. Oder wenn die Frage beantwortet wird, welche Versicherungsprämie es wert ist, dass sich die Daten in einem Hochsicherheitsrechenzentrum befinden oder die Informationsverfügbarkeit an verschiedenen Standorten völlig gleichwertig zur Zentrale ist. Diese Kosten-Nutzen-Analysen wurden aus verschiedenen Perspektiven beleuchtet, um auch dem Vorstand Argumente zu liefern, mit denen er sich vor seinem Aufsichtsrat oder vor seinen Gesellschaftern rechtfertigen kann.

Folgende Vorteile einer Kostenanalyse lassen sich zusammenfassen:

- Wirkliche Kostensituation der bisherigen Einzellösungen wird transparent.
- Zusatznutzen wird bewertet.
- Die Kostenanalyse ist die interne Argumentationsbasis für Aufsichtsrat oder Gesellschafter.
- Sie ist der Maßstab für die Ziele der Einführung.

Am Ende der Bewertung kann die Entscheidung fundierter getroffen werden. Weitere Nebeneffekte der Kostenanalyse sind folgende:

- Klarheit über die abzulösenden Alt- und Einzellösungen
- Eindeutige Informationen über die Anzahl der Mitarbeiter, die mit Informationsbeschaffung, -analyse und -aufbereitung beschäftigt sind
- Definition der Einführungziele auf Basis des formulierten Zusatznutzens

[+] **Kostenvergleichsanalyse der IBIS Labs**

Nutzen Sie die Möglichkeit, in Ihrer eigenen Situation die versteckten Kosten zu erkennen. Damit können Sie gleichzeitig die Vorteile einer cloudbasierten und integrierten Unternehmenssoftware wie SAP Business ByDesign für Ihr Unternehmen besser einschätzen.

Die Möglichkeit zur Kostenanalyse (siehe Abbildung 5.8) haben Sie unter: *www.ibis-thome.de/kostenanalyse*. Die Analyse ist nach einer Registrierung kostenfrei.

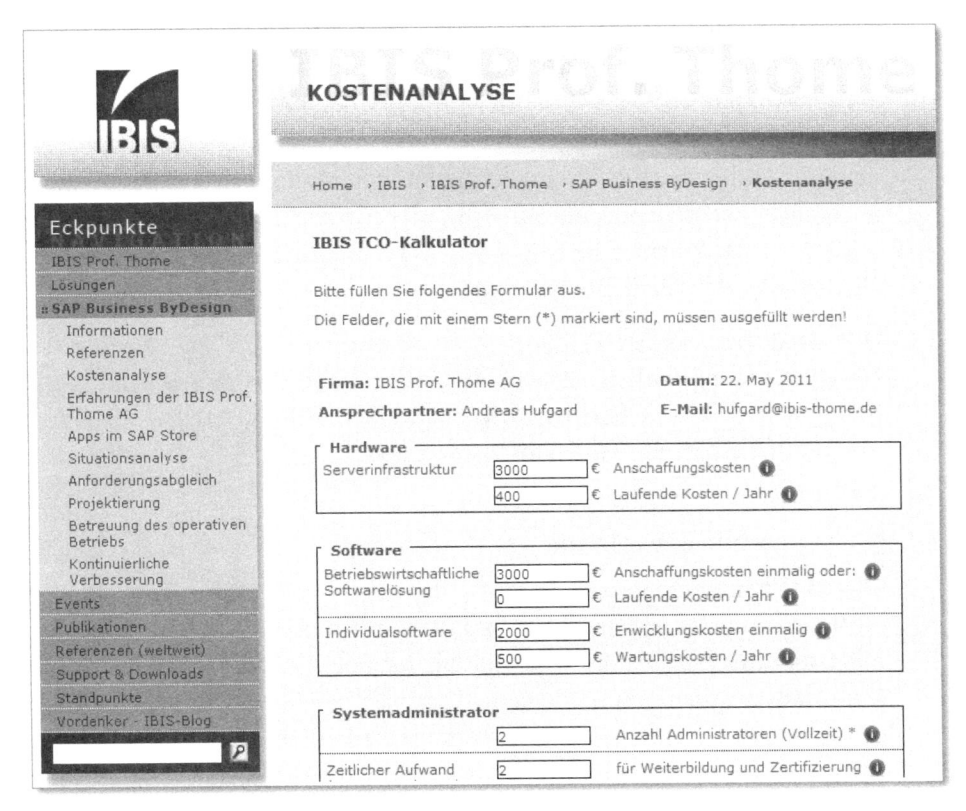

Abbildung 5.8 Kostenanalyse für bestehende Einzellösungen
(Quelle: *www.ibis-thome.de/kostenanalyse*)

5.3 Einführungsplanung

Integrierte Unternehmenssoftware besitzt die Eigenschaft einer Software-Bibliothek (siehe Hufgard, 1994), da sie sehr viel mehr Funktionalität bietet, als in einem Unternehmen und einer Einführungsphase implementiert werden kann. Das Anwenderunternehmen muss sich die Pakete und Themen heraussuchen, die in der ersten Einführungsphase von besonderem Nutzen und besonderer Relevanz für das Unternehmen sind.

Es ist sinnvoll, anfänglich möglichst integrierte und lange Prozessketten einzuführen und dabei möglichst viele Altsysteme abzulösen. Nach der Implementierungsrunde sollten dann nur noch wenige Schnittstellen zu anderen Systemen vorhanden sein.

Als Erstes müssen nun die gewonnen Erkenntnisse der Situationsanalyse in eine Einführungsplanung umgesetzt werden. Kunde und Experte sollten auf

Basis des insgesamt angestrebten Lösungsumfangs umsetzbare Teilprojekte identifizieren und projektorientiert planen. Eine Restriktion für den Umfang der ersten Einführungsphase kann beispielsweise die Verfügbarkeit von Anwendungsexperten im Unternehmen sein. Eine andere Idee wäre, zunächst den Aufwand und das Risiko zu verringern, indem alle Bereiche und Prozesse angegangen werden, bei denen im Anforderungsabgleich »Standardnähe« ermittelt wurde. Weitere, im folgenden Abschnitt aufgeführte Kriterien können hier ebenfalls Bedeutung erlangen.

Der zweite Aspekt der Planung ist der Einführungsaufwand. Sowohl der gewählte Lösungsumfang als auch die Art und Komplexität der Einführung bestimmen den tatsächlichen Aufwand. Hierzu werden in den folgenden Abschnitten einige Einflussfaktoren dargestellt.

5.3.1 Einführungsphasen

Für ein konkretes erstes Implementierungsprojekt muss der Umfang bestimmt sein. Dieser kann zwar im Projekt noch leicht variiert werden, das muss allerdings nicht sein, wenn die Planung auf Grund der bereits durchgeführten Analysen sehr implementierungsnah möglich ist. Oder anders ausgedrückt: Wenn Sie sich Voraussetzungen für eine schnelle Einführung geschaffen haben, sollten Sie diese nicht verschenken.

Zunächst einmal müssen die Projektziele verbindlich und klar formuliert sein. Sie beeinflussen letztendlich auch den Aufwand, um das Ziel in möglichst wenigen Schritten zu erreichen:

- Sollen Altsysteme möglichst schnell abgelöst werden, da sie nicht mehr tragbar sind oder die Anforderungen nicht mehr abdecken? Geht es um Wachstum, ist Expansion das Ziel? In diesem Fall wird ein neues System benötigt.
- Geht es um bessere Abrechnungsmöglichkeiten, soll der Informationsfluss transparenter gestaltet werden? Hier wird z. B. Zugriff auf alle managementrelevanten Informationen benötigt.
- Geht es um Integration? In diesem Fall muss der komplette Integrationsfluss eingeführt werden, vorzugsweise in einem Schritt oder in möglichst kurzen Schrittabständen.
- Liegt der Fokus auf den Betriebskosten, weil bestimmte Altsysteme abgelöst werden sollen? So müssen diese gezielt ersetzt werden, ohne dabei aber eine 1:1-Ablösung durchzuführen.

- Wird eine insgesamt höhere Effizienz angestrebt? In diesem Fall kann eine Konzentration zunächst auf bestimmte Bereiche erfolgen, in denen die Effizienz momentan sehr gering ist, weil ein hoher Grad an manueller Arbeit vorliegt.

Insgesamt ist auch die Intensivierung der Nutzung bzw. eine zunehmende Abdeckung durch das SAP Business ByDesign-System nur in mehreren Schritten zu erreichen. Dies kann daran liegen, dass zunächst mehrere Einführungsphasen inhaltlich gestaltet werden und damit die Intensität der Nutzung erhöht wird (siehe Abbildung 5.9).

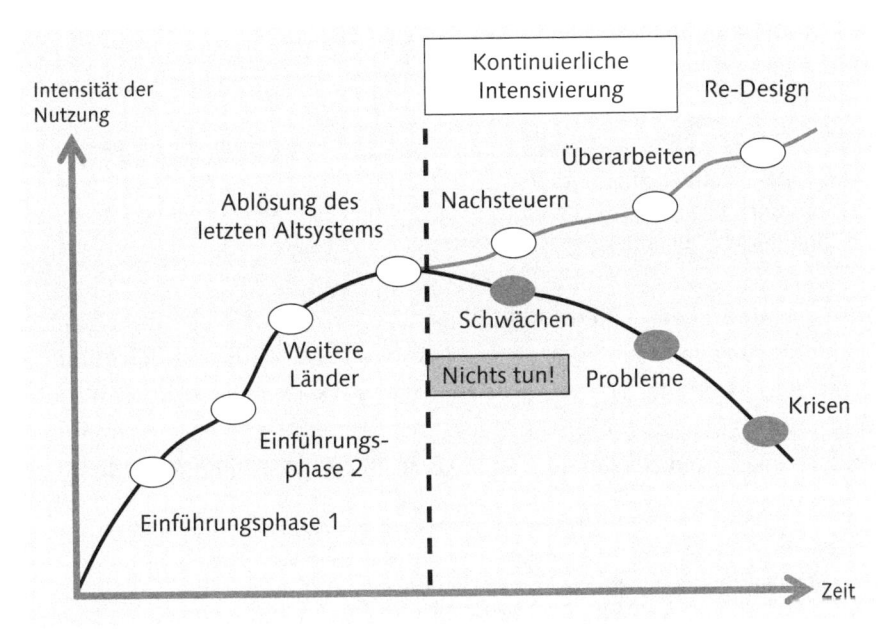

Abbildung 5.9 Lösungsumfang erweitern und Intensivierung der Nutzung erhöhen

Unter Umständen werden auch weitere Länder oder Standorte nur schrittweise hinzugenommen, und vielleicht wird letztlich erst durch eine Zusatzentwicklung auch das letzte Altsystem abgelöst. Dies erfordert eine stärkere Auseinandersetzung mit der Materie. Außerdem ist von entscheidender Bedeutung, das System kontinuierlich weiter anzupassen, um Schwächen, Probleme und Risiken abzuwenden. Die kritische Phase jedes implementierten Schritts erstreckt sich meist von drei Monaten auf bis zu ein Jahr. Wichtig ist dabei eine anschließende Weiterverfolgung der Konfiguration, um mögliche Probleme zu erkennen:

- Ist die Lösung anforderungsgerecht oder muss an gewissen Stellen noch nachgebessert werden?
- Muss die eingeführte Lösung überarbeitet werden, weil zu starke Abweichungen vom gewünschten Zielzustand vorhanden sind, oder noch große Lücken existieren?
- Oder muss die Lösung gänzlich neu aufgesetzt werden, da neue Anforderungen aufgetreten sind und entsprechende Schwierigkeiten vorlagen?

Einführungsplanung AI AG

Wir kommen zunächst wieder auf das Fallbeispiel der AI AG zurück. Das Unternehmen hat sich entschieden, SAP Business ByDesign einzusetzen.

> [zB] **Fallbeispiel AI AG: Die Einführungsplanung**
>
> Die AI AG hat drei Einführungsphasen für sich identifiziert. Sie basieren auf der Einführungsplanung, die sie zusammen mit der IBIS in einem Workshop kurz vor Beginn der Implementierung erstellt hatte.

In der ersten Phase – siehe Abbildung 5.10 – war das Ziel, eine effiziente Durchführung eines integrierten Prozesses vom Lead bis hin zur Rechnung zu erreichen, wobei der Fokus auf BESTANDSKUNDEN und NEUKUNDEN mit Einführungsprojekten lag. Ziel war es also, den gesamten kundenseitigen Ablauf, inklusive Rechnungserstellung, auf SAP Business ByDesign umzustellen.

Ziel Phase 1:
Effiziente Durchführung – vom Lead bis zur Rechnung

Bestandskunden: Beauftragen › Zuordnen › Lösen › Abrechnen

Neukunden: Beauftragen › Einplanen › Erfüllen › Abrechnen

CRM: Planen › Erfassen › Qualifizieren › Umsetzen

Cash- und Liquiditätsmanagement: Kassieren, Konsolidieren, Analysieren, Verwalten

Vorbereiten in SAP Business ByDesign — Einzelabschluss: Vorbereiten, Durchführen, File, Dokumentieren
Lexware als führendes System

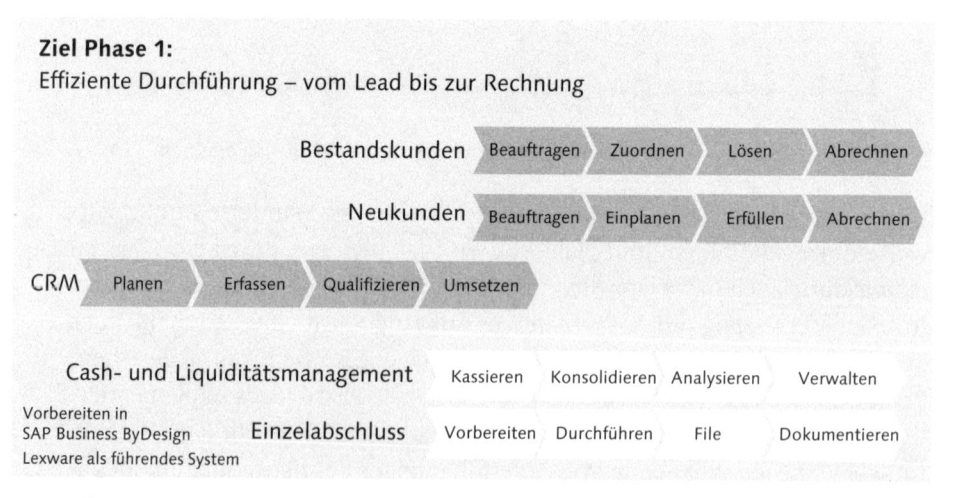

Abbildung 5.10 Erste Einführungsphase – 8 Wochen

Einführungsplanung | 5.3

Fallbeispiel AI AG: Erste Phase [zB]

Bei der AI AG kam es zur Neueinführung des Customer Relationship Managements, das vorher auf Basis von Outlook erfolgte, und zu dessen integrierter Abwicklung über das System. Dies beinhaltete unter anderem die Zeitrückmeldung, Leistungserbringung und Abrechnung.

Vorbereitend wurde in dieser Einführungsphase 1, die nur zwei Monate dauerte, auch die Implementierung von Teilen des Liquiditätsmanagements bzw. des Finanzwesens durchgeführt, jedoch noch nicht produktiv geschaltet.

Fallbeispiel AI AG: Übergang zur zweiten Phase [zB]

Dies hatte bei der AI AG zur Folge, dass im Zeitraum zwischen dem 01.06. und dem 30.06. zwar Rechnungen gebucht werden konnten, eine Weiterverarbeitung im Finanzwesen jedoch noch nicht möglich war.

Die Finanzbuchhaltung wurde schließlich in Phase 2 – siehe Abbildung 5.11 – nach Feststellung des Jahresabschluss (2009) aktiviert, da erst ab diesem Zeitpunkt die Eröffnungsbuchungen auf den Konten zur Verfügung gestellt werden konnten. Eröffnungssalden wurden per Datenmigration eingelesen.

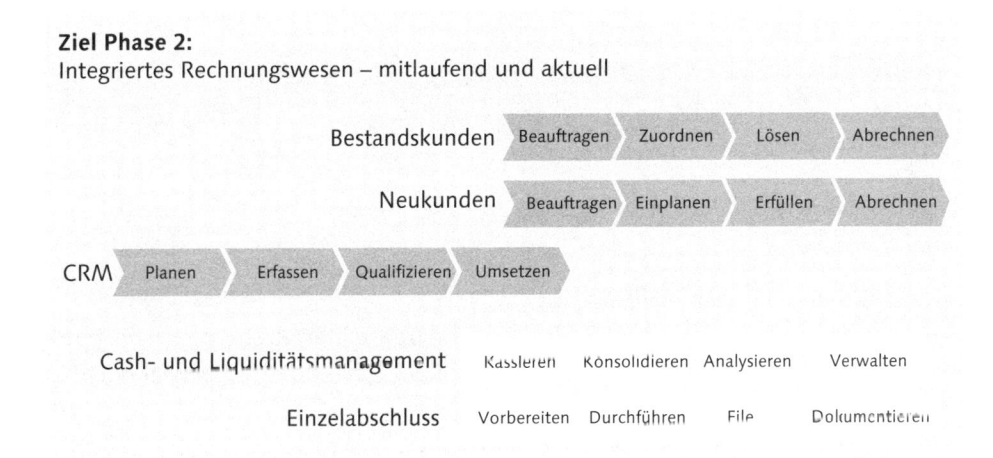

Ziel Phase 2:
Integriertes Rechnungswesen – mitlaufend und aktuell

Bestandskunden	Beauftragen	Zuordnen	Lösen	Abrechnen
Neukunden	Beauftragen	Einplanen	Erfüllen	Abrechnen

CRM	Planen	Erfassen	Qualifizieren	Umsetzen

Cash- und Liquiditätsmanagement	Kassieren	Konsolidieren	Analysieren	Verwalten
Einzelabschluss	Vorbereiten	Durchführen	File	Dokumentieren

Abbildung 5.11 Zweite Einführungsphase – 4 Wochen

Die AI AG hat also in Zusammenarbeit mit der IBIS in diesem Monat sowohl weiter implementiert als auch parallel dazu in den Bereichen »CRM« und »Projektabwicklung« bereits produktiv gearbeitet.

Nach dem Einbuchen der Eröffnungssalden wurden schließlich auch die offenen Rechnungen nachverbucht, um kurz nach dem Produktivgehen des Rechnungswesens die Umsatzsteuervoranmeldung beim Finanzamt einzureichen.

In einer dritten Phase (in Abbildung 5.12), die erst mit einem neuen Release durchgeführt werden kann, sollte der durchgängige Kunden-Support ein Ziel sein. Hierfür notwendig war die Einbindung eines existierenden Ticketsystems aus dem Kundenportal der AI AG. Es musste sichergestellt werden, dass die dort anfallenden Serviceanfragen in SAP Business ByDesign angelangen.

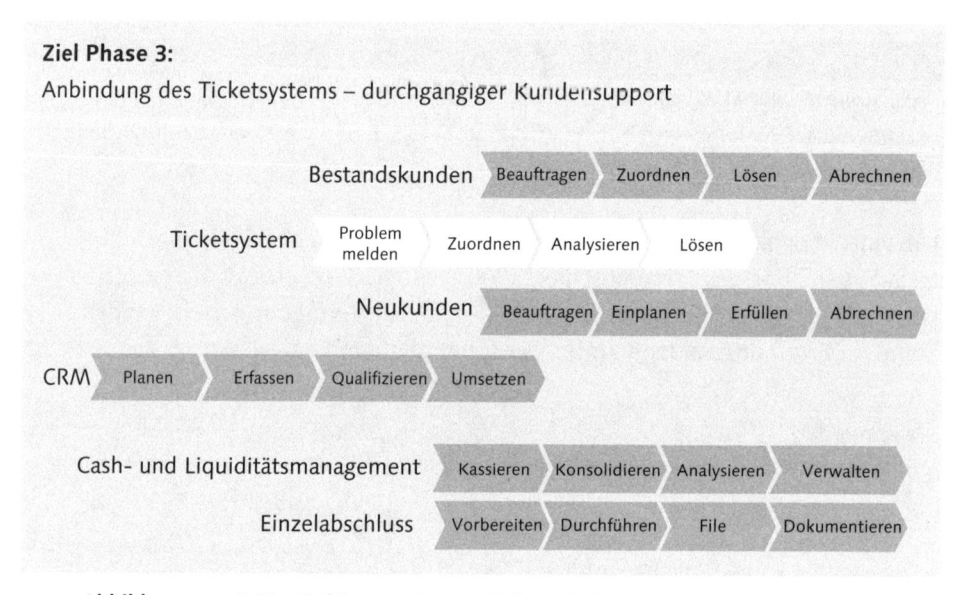

Ziel Phase 3:
Anbindung des Ticketsystems – durchgängiger Kundensupport

Bestandskunden	Beauftragen	Zuordnen	Lösen	Abrechnen
Ticketsystem	Problem melden	Zuordnen	Analysieren	Lösen
Neukunden	Beauftragen	Einplanen	Erfüllen	Abrechnen
CRM Planen	Erfassen	Qualifizieren	Umsetzen	
Cash- und Liquiditätsmanagement	Kassieren	Konsolidieren	Analysieren	Verwalten
Einzelabschluss	Vorbereiten	Durchführen	File	Dokumentieren

Abbildung 5.12 Dritte Einführungsphase – nächstes Release

Typische Einführungspfade

Generell gibt es die in Abbildung 5.13 dargestellten drei typischen Einführungspfade, die ein Unternehmen in Abhängigkeit vom Projektziel einschlagen kann:

- **Managementfokus**
    Den ersten kann man als *Managementfokus* bezeichnen. Dabei geht es darum, Projekte und Zeiten zu verwalten, Rückmeldungen von Aufwänden zu beschleunigen, um Rechnungsstellung und Finanzen bis hin zur Bilanz rundum integriert zu gestalten. Dies bietet sich insbesondere für Dienstleistungsunternehmen an, die daraufhin ihre Standorte hinzufügen und den Lösungsumfang sukzessive erweitern können.

Dies war auch das Einführungsvorgehen der IBIS, die als einer der ersten SAP Business ByDesign-Kunden zunächst einmal ihre Aktivitäten in Deutschland abgebildet und dann auf die IBIS America LLC ausgedehnt hatte.

▶ **Kundenfokus**
Hat man den *Kunden* im Fokus, beginnt man mit den Aktivitäten im Bereich »Neugeschäft«. In einer Variante kann das Projekt auch das Thema »Einkaufen« als Ausgangspunkt verwenden, also stärker auf Lieferanten fokussieren. Eine weitere Ausgestaltung von Kundenauftrag bis Rechnung ist ebenso möglich, wie die Aufnahme von Serviceprozessen. Hier können ebenfalls Field-Services, also Aktivitäten durch Techniker vor Ort oder Reparaturmaßnahmen, relevant werden.

▶ **Logistische Transparenz**
Die *logistische Transparenz* ist die dritte Form der möglichen Einführungspfade. Sie beginnt im Lager, geht über die Planung in die Produktion und kennzeichnet sich durch einen zunehmenden Grad an Integration.

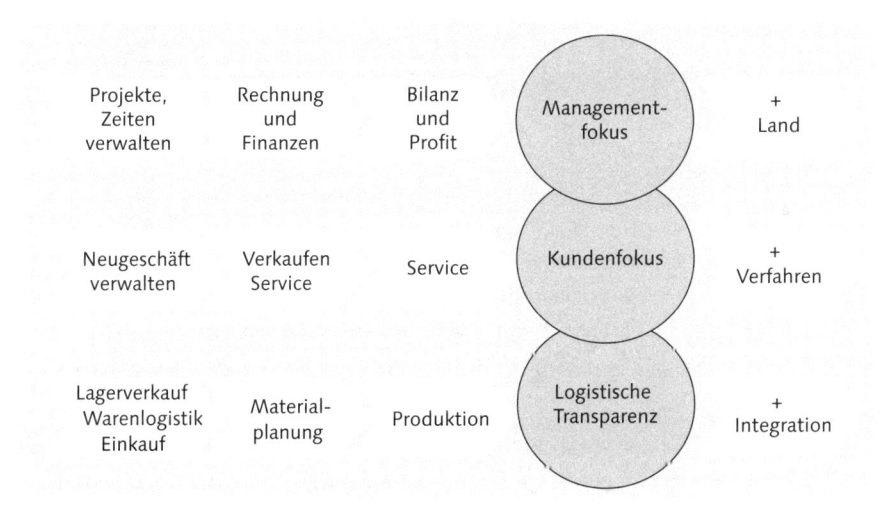

Projekte, Zeiten verwalten	Rechnung und Finanzen	Bilanz und Profit	Managementfokus	+ Land
Neugeschäft verwalten	Verkaufen Service	Service	Kundenfokus	+ Verfahren
Lagerverkauf Warenlogistik Einkauf	Materialplanung	Produktion	Logistische Transparenz	+ Integration

Abbildung 5.13 Typische Einführungspfade

Die Einführungspfade in Abbildung 5.13 können kombiniert oder nacheinander angegangen werden. Die AI AG hat den Kunden- und den Managementfokus in zwei Phasen kombiniert. Die Priorisierung der Ziele durch die Unternehmensleitung ist hierbei der entscheidende Faktor.

Teilintegrierte Einführungsphasen

In Abbildung 5.14 sehen Sie eine andere Perspektive, eine nur teilweise integrierte Einführung eines Systems oder den ersten Implementierungsschritt, und wie er sich aus Integrationssicht innerhalb des Systems darstellt.

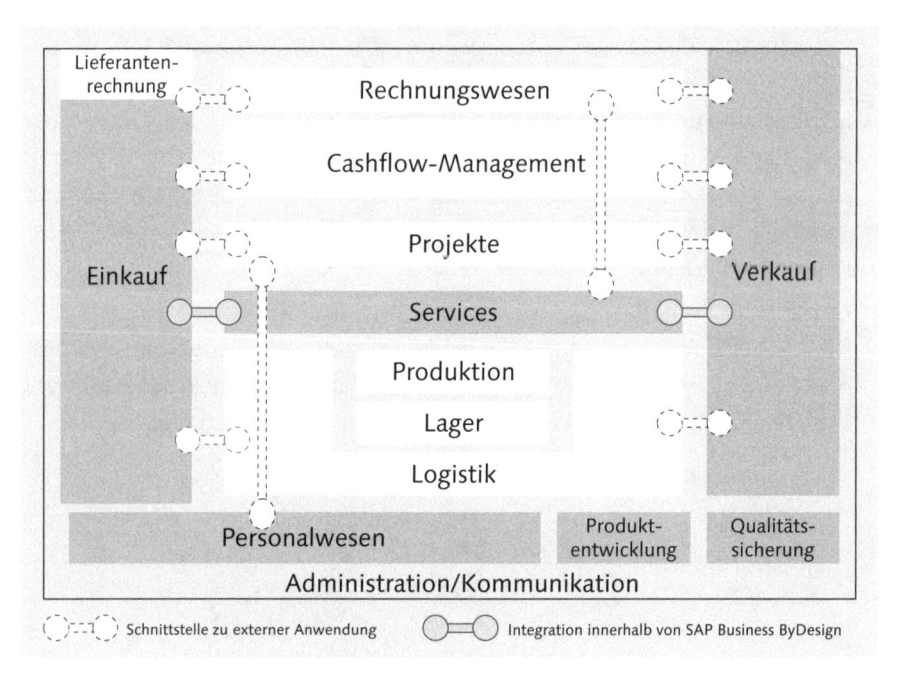

Abbildung 5.14 Integrationssicht auf eine Einführungsphase

Der in Abbildung 5.14 dargestellte Einführungsumfang nennt sich Buy-Sell-Administrate und ist als so genannter *Implementierungsschwerpunkt* in der betriebswirtschaftlichen Konfiguration (siehe Abschnitt 6.2) auswählbar.

[+] **Implementierungsschwerpunkt**

Ein Unternehmen will im ersten Einführungsschritt lediglich das Einkaufen und Verkaufen abwickeln und seine Anforderungen im Personalwesen, in der Produktentwicklung oder Qualitätssicherung umsetzen, ohne dass eine Integration ins Finanzwesen oder in die Projektabwicklung stattfinden sollte. Wie in Abbildung 5.14 ersichtlich ist, folgen daraus nur teilweise integrierte Prozesse, beginnend bei »Buy« über den Servicebereich bis hin zu »Sell«. Konkret bedeutet dies, die Fähigkeit einzukaufen und anschließend eine serviceorientierte Abwicklung bis zum Verkauf sicherzustellen. Fortsetzungen in die Logistik und das Finanzwesen fehlen (noch).

Durch diese zu kurz implementierten Prozessketten muss es eine Übergabeinformation auf Basis der Bestellung an ein externes System geben, oder die

Bestellung muss manuell ausgedruckt werden, um dann dort im externen Finanzbuchhaltungssystem eingebucht oder geprüft zu werden. Auf der Sell-Seite ist der Prozess auch unterbrochen. Die erstellten Kundenrechnungen müssen manuell an eine Offene-Posten-Buchhaltung gegeben werden.

Auch Informationen zum Projekt fehlen, was bedeutet, dass keine projektbasierten Services abgewickelt werden können. Überall an diesen Stellen sind Integrationsprozesse unterbrochen und das Unternehmen muss so lange für eine manuelle Weiterverarbeitung sorgen, bis die fehlenden Bereiche wie die Finanzbuchhaltung oder das Cashflow-Management aktiviert worden sind.

| Teilintegrierte Einführungsphasen | [!] |

Prinzipiell kämpfen Anwenderunternehmen bei der teilintegrierten Einführung – wenn auch nur vorübergehend – mit den gleichen Defiziten wie bei einer Einzellösung (siehe Abschnitt 5.2.2). Der alte Begriff der *Insellösung* beschreibt das Phänomen auch sehr deutlich. Teilintegrierte Einführungsphasen sind daher nicht zu empfehlen.

Planungskriterien

Was sind die wichtigsten Kriterien, um den Umfang einer Einführungsphase zu planen und festzulegen, welche Elemente wann implementiert werden:

1. **Integrationsorientiertes Vorgehen**
   Zunächst einmal gibt es das Kriterium, *integrationsorientiert* vorzugehen, d.h., möglichst wenige Schnittstellen zu verursachen und einen Geschäftsprozess möglichst von Anfang bis Ende auf dem neuen System abzubilden.

2. **Geringe Risiken wählen**
   Ein zweites Argument kann sein, pilotweise nur einen Bereich abzubilden, was zunächst ein *geringes Risiko* darstellt. Es seien hier z.B. der Einkauf mit der Abwicklung der Lieferanten oder der Bereich des Neugeschäfts mit dem Management von Opportunities genannt. Hierbei kann der Umgang mit dem System erlernt und die betriebswirtschaftliche Materie vertieft werden.

3. **Hohen Nutzen erzielen**
   Das kann wiederum zu einem kleinen Einführungsvolumen führen, was dem dritten Ziel widerspricht, durch unmittelbare Effekte einen *möglichst hohen Nutzen* zu erzielen. Es beinhaltet beispielsweise die Ablösung der Altsysteme, die gewisse Anforderungen bezüglich Aktualität oder Geschwindigkeit nicht mehr erfüllen können. Speziell der Performance-Vorteil zeichnet die moderne Unternehmenssoftware eben gerade aus,

beispielsweise bei der Rechnungsstellung, der Zusammenarbeit mit Banken oder ähnlichen Prozessen.

4. **Kosten und Ressourcen betrachten**
Grundsätzlich müssen auch *Kosten und Ressourcen* bei der Einführung betrachtet werden. Manche Mitarbeiter sind nicht immer verfügbar, weshalb die Projektplanung sich an deren Verfügbarkeit orientieren muss. Beachtet werden müssen saisonale Engpässe und Schwankungen, wie sie beispielsweise um die Weihnachtszeit herum vorkommen. Ein Einführungsprojekt in solch einer Phase ist meist sinnlos. Steht eine höhere Kapazität beispielsweise in der Jahresmitte zur Verfügung, sollten entsprechende Pläne auf diese Zeitphase verschoben werden.

5. **Leidensdruck berücksichtigen**
Außerdem ist zu beachten, ob Probleme auf Grund von *Leidensdruck* schnell gelöst werden müssen. Oft existieren externe Anforderungen, z. B. von Banken bezüglich des Reportings, oder der Wunsch, Tochtergesellschaften im Ausland bei deren Geschäftsabwicklung zu unterstützen. In diesem Fall sollte möglichst schnell auf eine neue Unternehmenssoftware umgestellt werden.

6. **Komplexität berücksichtigen**
Betrachtet man jedoch die *Komplexität* der Einführung, ist es wiederum äußerst ratsam, zunächst nur einen überschaubaren Bereich abzulösen, um eine gewisse Beherrschbarkeit sicherzustellen und nicht in zu viele Abhängigkeiten hineinzufallen.

7. **Individualisierungen berücksichtigen**
Schließlich spielt auch die *Individualisierung* bzw. der Umgang damit eine bedeutende Rolle. Es sollte hinterfragt werden, ob zunächst eventuell die Standardlösung genügt oder von Anfang an eine Sonderanforderung vorhanden sein muss. Generell sollte die Implementierung von Sonderanforderungen, die nicht geschäftskritisch sind, auf spätere Phasen verschoben werden, um diese dann zu überprüfen und sich festzulegen.

Ein Nebeneffekt der Einführungsplanung ist, dass man, wenn schon im Vorhinein bestimmte Dinge in die Zukunft verschoben werden, im ersten Projekt schon Vorbereitungen treffen kann und mit bestimmten Zwischenlösungen arbeiten muss.

Eine Abwägung aller dieser Aspekte führt letztendlich zum jeweils konkreten Projektumfang, der in einer ersten und dann auch in den folgenden Phasen implementiert wird:

1. Bei der AI AG war der Konsens, dass alle Prozesse und Bereiche, die standardmäßig und auch anforderungsgerecht unterstützt sind, für die AI als Lösungsumfang der Phase 1 der SAP Business ByDesign-Einführung in Frage kommen. Die Bereiche, bei denen man sich noch ein etwas anderes betriebswirtschaftliches Konzept oder gar eine Integrationsschnittstelle überlegen musste, wurden auf einen späteren Zeitpunkt verschoben.
2. Für Phase 2 gab es einen besonderen Grund, denn die Eröffnungssalden der Konten sollten auf Basis des geprüften Abschlusses aus dem Jahr 2009 erfolgen. Hier wurde der Monat Juni genutzt, um bereits für Kundenaufträge und Projekte Rechnungen zu schreiben und gleichzeitig in die Finanzbuchhaltung nachzubuchen. Der Abschluss dieser Phase war das erfolgreiche Erstellen der Umsatzsteuervoranmeldung für Juni.
3. Der Bereich »Service« wurde im Rahmen der diskutierten Einführungsplanung auf die Phase 3 verschoben.

Diese erarbeitete Strategie zeigt, dass das Unternehmen AI AG hier unter maximaler Sicherheit einen möglichst breiten Lösungsumfang in einer ersten Phase aktiv schalten sollte, um dann Themen, die noch etwas Zeit benötigen, sukzessive nachschieben zu können.

Tabelle 5.4 zeigt noch einmal die Vorteile einer kompletten und einer phasenweisen Einführung auf.

Komplette Einführung	Phasenweise Einführung
Frühe Ablösung von Altlösungen und keine Schnittstellen	Standard lässt sich relativ schnell in weiteren Bereichen einführen.
Synergien, die aus einer möglichst umfassenden SAP Business ByDesign-Nutzung entstehen, werden voll genutzt.	Geringere Komplexität: Zunächst werden überschaubare Bereiche genutzt.
Es besteht kein Kostenrisiko für Zusatzentwicklung in nicht abgedeckten Bereichen.	Geringere Belastung der Mitarbeiter
Leidensdruck sinkt durch die Lösung von Problemen.	Risikominimierung durch Pilotierung: Einführung findet zunächst nur in einem Bereich statt.
Individualität: Zurückstellen von Bereichen mit Sonderanforderungen	Erfahrung aus Phase 1 kann für Phase 2 verwendet werden

Tabelle 5.4 Komplette oder phasenweise Einführung

Mitunter kann es noch gänzlich andere Kriterien für die Bestimmung des Einführungsumfangs geben, wie folgendes Beispiel zeigt.

5 | Entscheidungskriterien

[zB] **Einführungspakete zur Verkaufsförderung**
Es gibt ein CRM- und eine ERP-Einsteigerpaket mit definierten Fixpreisen für die Einführung. Solche Pakete sind preislich sehr attraktiv, sollten aber auch vom fachlichen Standpunkt einer sinnvollen Einführungsplanung entsprechen.

Nach einem Fachworkshop entschieden sich IBIS-Kunden des CRM-Einsteigerpaketes für einen deutlich erweiterten Umfang, der mehr Richtung ERP-Paket ging, um von den Vorteilen einer integrierten Lösung auch von Anfang an zu profitieren.

5.3.2 Einführungsaufwand

Zunächst sollte klargestellt werden, dass die Dauer und der Aufwand für eine Softwareeinführung nur zu einem gewissen Anteil durch den gewählten Lösungsumfang bestimmt werden. Neben einem Grundaufwand für Projektleitung und Situationsanalyse sind die Anzahl der Mitarbeiter, der Datenmigrationsaufwand und die organisatorischen und personellen Entwicklungen bestimmend. Für die Kosten eines externen Dienstleisters ist schließlich die Entscheidung, was der Kunde selbst durchführt, der abschließend bestimmende Faktor.

Abbildung 5.15 Investitionsüberblick für SAP Business ByDesign im Buying Center (Quelle: Faisst 2011)

Doch um einen gewissen Anhaltspunkt für den Einführungsaufwand zu bekommen, liefert SAP hierfür im Buying Center einen Kalkulator. Der in Abbildung 5.15 dargestellte interaktive Kalkulator liefert einen INVESTITIONS-ÜBERBLICK, der den einmaligen Einführungsaufwand und die monatliche Mietgebühr für SAP Business ByDesign berechenbar macht.

Trotzdem gibt es Faktoren wie Beteiligung und Akzeptanz der Mitarbeiter, die nach wie vor für den Einführungserfolg und -aufwand kritisch zu beurteilen sind. Weitere wichtige Einflussfaktoren für den Einführungsaufwand sind im Folgenden aufgeführt.

Systemübergang und Einführungsbereich

Der Einführungsbereich und der Systemübergang sind im Rahmen eines Implementierungsprojektes ebenfalls zu bestimmen. So kann eine Piloteinführung innerhalb einer Abteilung stattfinden oder aber einen ganzen Teilbereich ablösen. Wenn das Unternehmen die Bereitschaft zeigt, ist natürlich auch die Gesamteinführung gleichzeitig in allen Abteilungen möglich.

Die Bestimmung des Systemübergangs beeinflusst, inwieweit das Unternehmen die Altsysteme parallel neben dem neuen SAP Business ByDesign-System weiterverwenden wird. Es kann sie für einen Übergangszeitraum mitlaufen lassen oder stufenweise abschalten. Eine schlagartige Abschaltung stellt dabei den extremsten Fall dar.

Was ist empfehlenswert? Dies kann pauschal nicht gesagt werden, da dies auf die Unternehmenssituation und den Abhängigkeitsgrad des Unternehmens von bestehenden Prozessen ankommt. Grundsätzlich sollten zunächst in einem möglichst weiten, relativ unkritischen Bereich Erfahrungen gesammelt werden. Auf der anderen Seite kann ein Risiko auch dadurch abgefangen werden, dass man das Altsystem als Fallback für einen gewissen Zeitraum verfügbar hält. Grundsätzlich muss jedoch auch darauf geachtet werden, dass der Einführungsumfang nicht zu klein ausfällt, um keine zu aufwendige Implementierung mit parallel laufendem Alt- und Neusystem zu erhalten. Diese Entscheidung muss mit Hilfe von Experten diskutiert werden. Auch gilt es, den zeitlichen Schwerpunkt einer Implementierung geschickt in das Unternehmensgeschehen einzupassen.

Ist-Soll-Differenz

Der ausgelöste organisatorische Wandel durch die Realisierung einer neuen Soll-Anforderung gegenüber der aktuellen Ist-Situation (wie in Tabelle 5.5 dargestellt), ist ebenfalls ein Aufwandstreiber.

In den Fällen 1 bis 6 werden nur Elemente aus SAP Business ByDesign ausgewählt und direkt eingesetzt. Der bisherige organisatorische Ablauf wird bei 4, 5 und 6 an den Standardprozess angepasst. In den Fällen 7 bis 9 beginnt die Adaption der Software, aufwendiger zu werden.

Die Fälle 1, 4 und 7 verursachen hohen konzeptionellen Aufwand, da zum ersten Mal eine Computerunterstützung vorgesehen ist. Hier muss die Einführung die Lösungsvorschläge von SAP Business ByDesign transparent machen.

Ähnliches gilt für die Fälle 2, 5 und 8, bei denen eine Teil- oder Einzellösung vorhanden ist. Hier ist die Integration als der konzeptionell aufwendigste Faktor der Einführung zu unterstützen.

Schließlich gilt es bei der Überführung einer Altlösung bei 3, 6 und 9, die bisher vollständig softwareunterstützt war, den Datenmigrationsaspekt in die Kalkulation einzubeziehen.

Ist-Situation Soll-Anforderung	Aufgaben bisher nicht softwareunterstützt	Aufgaben bisher teilweise softwareunterstützt	Aufgaben bisher vollständig softwareunterstützt
Keine Änderung des bisherigen Ablaufs oder der Software	Computerisierung 1	Integration 2	Migration 3
Anpassung des organisatorischen Ablaufs	Computerisierung und Standardisierung 4	Integration und Standardisierung 5	Migration und Standardisierung 6
Anpassung oder Ergänzung von SAP Business ByDesign	Computerisierung und Adaption 7	Integration und Adaption 8	Migration und Adaption 9

Tabelle 5.5 Ist-Situation versus Soll-Anforderung

Im Einzelnen heißt dies für den Einführungsaufwand Folgendes:

1. Bei einer *1:1-Computerisierung* einer bisher manuellen Funktion oder eines Prozesses ohne jede Änderung des Ablaufs oder der Software,

beschränkt sich der Aufwand auf die Aktivierung des Standardablaufs in SAP Business ByDesign. Kritisch ist es dabei, die Einarbeitung der Mitarbeiter sowie eine allgemeine Akzeptanz zu schaffen. Dieser Fall ist aber selten und sollte nicht angestrebt werden, da der Ablauf normalerweise überdacht werden sollte, um Effizienzgewinne zu erzielen.

2. Üblicherweise wird bei einer bisher teilweise softwareunterstützten Funktion, die ohne Änderung in SAP Business ByDesign abgebildet wird, ein Medienbruch beseitigt und für eine höhere *Integration* gesorgt. Es ist das Gleiche wie bei 1 zu beachten. Dieser Fall dürfte für die meisten Mittelständler typisch sein, wenn versucht wird, einen höheren Abdeckungsgrad zu erreichen.

3. Im dritten Fall ändert sich an dem funktionalen Erscheinungsbild für die Mitarbeiter nichts, denn es wird lediglich die Software ausgetauscht, deren Funktionen zu den organisatorischen Anforderungen passen. Es gilt hier, die *Datenmigration* zu meistern und versteckte Potenziale zu identifizieren.

4. Indirekt beginnt sich nun der Aufwand für die Aktivitäten der Adaption zu erhöhen, wenn ein organisatorischer Ablauf dem Vorschlag der Standardlösung angepasst und *standardisiert* werden soll. Klassisch hierfür ist eine beginnende *Computerisierung*, bei der auf das Konzept des Standards zurückgegriffen wird. Kritisch ist hierbei die Akzeptanz der Mitarbeiter, die durch Qualifikation und Partizipation diesen Sprung verstehen und mitgestalten sollten. Leichte Adaptionen auf Grund von Benutzervorlieben sollten eingeplant werden.

5. Normalerweise beschleunigt sich durch die erhöhte Integration ein Ablauf oder Erfassungstätigkeiten erübrigen sich, so dass den Mitarbeitern hier ebenfalls bei der Umstellung zur Seite gestanden werden muss, damit sie Änderungen durch sinnvoll erscheinende *Standardisierung* akzeptieren.

6. Eine funktionale Verbesserung der neuen Standardlösung bildet den Ausgangspunkt für die Situation der *Migration und Standardisierung*. Auch hier stehen der »einfachen« Auswahl des Lösungsumfangs möglicherweise schwierige Personal- und Organisationsentwicklungsaufgaben gegenüber.

7. Das Bild wandelt sich jetzt: Es gilt, die Anforderungen eines wichtigen manuellen Prozesses mit den *Adaption*swerkzeugen abzudecken. Je nach Charakter kann dies mehr oder weniger aufwendig sein. Im Falle der *Computerisierung* ist ein prototypisches Vorgehen sinnvoll, da den Anwendern die Softwareunterstützung neu ist. Anpassungsfähigkeit und Fachkompetenz des Anpassenden sind für diesen Fall entscheidend, da die Anforderungen hier auch sehr vage formuliert sein können.

8. Typischerweise muss beim Fall von *Integration und Adaption* ein Fremdsystem integriert werden. Alte Softwarefunktionen oder teilweise bestehende Änderungsanforderungen, die es zu erfüllen gilt, sollen nachgebildet werden. Je nach Situation ist ein hoher Adaptionsbedarf einzuplanen. Konkrete Forderungen, die aus dem bestehenden Medienbruch hervorgehen, sind hier die kritischen Faktoren.

9. Ähnlich unterschiedlich wie bei 8 können die Gründe für den Fall *Migration und Adaption* sein, da Beibehaltung und Verbesserung der Altlösung gleichzeitig gefordert werden können. Es kommen hier aber noch Konsequenzen aus der bestehenden integrierten Lösung hinzu. So kann eine stufenweise Adaption notwendig sein, die zunächst SAP Business ByDesign an die Altlösung anpasst, um nach einer schlagartigen Datenmigration sofort produktiv werden zu können. Im zweiten Schritt werden dann weitere Anforderungen am Produktivsystem durchgeführt.

Die Fälle 8 und 9 dürften als die kritischen und aufwendigsten Fälle hinsichtlich der Einführungskosten verstanden werden. Neben der reinen Anforderungsumsetzung müssen vielerlei Wechselwirkungen beachtet und geplant werden. Das Projektmanagement in diesen Fällen ist voraussichtlich zeitkritisch und ressourcenintensiv.

5.4 Kaufentscheidung

Die funktionale Breite des Feature Pack 3.0 von SAP Business ByDesign ist für mittlere Dienstleistungsunternehmen oder -bereiche und ihre Anforderungen ausreichend. Viele Geschäftsprozesse können zwar nicht so tief und komplex ausgeprägt werden, wie es mit SAP ERP möglich wäre, dafür gibt es mit den Innovationen, wie der Aufgabensteuerung, viele Flexibilitätsreserven für Sonderprozesse und Ausnahmefälle.

Um zu unserem Anwendungsbeispiel zurückzukommen: Letztlich waren die bisher dargestellten Schritte erfolgreich und am 18. März 2010 wurde der Vertrag mit der AI AG unterschrieben. Der Vertrag bestand aus zwei Teilen: Zum einen dem Vertrag zur Miete der Software an sich und dazu der Support-Leistung, die damit verbunden war.

Hinzu kam ein Vertrag zum Thema »Beratungsleistungen«, die in diesem Falle im Vorfeld mit der IBIS als Implementierungspartner und mit SAP ausgehandelt wurden. Hier kommt es darauf an, dass Projektumfang und Einführungsmodell richtig gewählt werden.

5.4 Kaufentscheidung

Als SAP Business ByDesign-Kunde können Sie den teureren Rundum-Sorglos-Service (Go-Live-Execution) buchen oder Sie können mit der minimalen Unterstützung des Implementierungspartners auskommen und nur eine so genannte Go-Live-Assistance buchen. Die Einführung kann also vom Unternehmen selbst gesteuert und mit mehr oder weniger Unterstützung von Partnern vorangetrieben werden (siehe Abschnitt 6.1.2).

Für beide Servicepakete gibt es im Buying Center in Abbildung 5.16 ebenfalls Informationen zu typischen Rollen und dem wahrscheinlichen Projektablauf.

Abbildung 5.16 Buying Center – Projektplan (Quelle: Faisst 2011)

Die Entscheidung, welches Servicepaket gewählt werden soll, wird sicherlich auch in der Zukunft nicht einfach zu fällen sein. Einzelne Leistungskomponenten können oder sollten bei SAP und auch bei Partnern eingekauft werden, die näher am Kunden und seinen Anforderungen und Problemen sind.

Fallbeispiel AI AG: Optionale Leistungen in den Vertrag aufnehmen [zB]

Als optional wurde das Thema »Datenmigration« in die Vereinbarung mit der AI AG aufgenommen, da am Anfang des Projektes nicht klar war, ob eine aufwendige Datenmigration notwendig sein würde.

Nach der Entscheidung am 18. März 2010 startete das Implementierungsprojekt, das wir im folgenden Kapitel darstellen.

SAP Business ByDesign tritt mit dem Anspruch an, anpassungsfähiger und leichter einführbar zu sein als andere Unternehmenssoftware-Lösungen. Auch ist es eine Miet- bzw. OnDemand-Lösung, das heißt, der Betrieb und die Administration verbleiben bei SAP. Welche Auswirkungen hat dies jedoch auf den Einführungsprozess? Welche Potenziale bietet die eingebaute betriebswirtschaftliche Konfiguration im Einführungsprojekt?

6 Einführungsprojekt

Dieses Kapitel beschäftigt sich mit den Herausforderungen und neuen Möglichkeiten der Projektierung mit SAP Business ByDesign. Diese Aspekte werden am Beispiel unserer Projekte im SAP Business ByDesign-Umfeld durchgearbeitet.

Abschnitt 6.1 behandelt die Startvoraussetzungen für die Erstimplementierung. Wie ist das grundsätzliche Vorgehen? Welche Projektdimensionen müssen bedacht und geklärt sein? Diese Fragen werden hier geklärt, denn erst, wenn der Projektzeitplan steht und ein Systemzugang existiert, kann das Projekt wirklich starten.

Im zweiten Abschnitt stehen die Werkzeuge und Inhalte der betriebswirtschaftlichen Konfiguration im Mittelpunkt. Über den regelbasierten Katalog im Scoping wird das System automatisch eingerichtet und erzeugt für das Projektteam eine Aufgabenliste, die über alle Phasen hin zum Produktivstart führt. Welche Neuerungen stecken in diesem eingebauten Adaptionswerkzeug? Wie kann ein Projekt die Leistungsfähigkeit der Instrumente für sich nutzen? Mit diesen Fragen beschäftigen wir uns zuvor in Abschnitt 6.2.

Der dritte Abschnitt, »Produktivstart«, hebt den wichtigen Schritt des Übergangs zum Produktivbetrieb hervor. Was ist beim Produktivstart zu beachten? Was müssen die Anwendungsexperten des Kunden gelernt haben und beherrschen, um erfolgreich die Nutzung der Lösung voranzubringen? In Abschnitt 6.3.3 geht es also um den frühen Produktivbetrieb, der gnadenlos alle Versäumnisse in der Projektierung aufdeckt.

Zum Abschluss werden in Abschnitt 6.4 die wichtigsten Erfolgsfaktoren zusammengefasst.

6.1 Erstimplementierung

Wann spricht man von einer Implementierung? Grundsätzlich könnte auch einfach von einer schnellen Softwareeinführung oder nur einem Einführungsprojekt gesprochen werden.

[+] **Implementierung**

Implementierung bedeutet, dass ein Projektteam die Projektplanung auf dem System oder innerhalb der Organisation umsetzen will. Naturgemäß kann dies nicht gleichzeitig geschehen und für alle Bereiche des Unternehmens zu einem Zeitpunkt. Deswegen muss ein solches Projekt in Phasen und Aufgaben unterteilt werden und die Zeiten und Ressourcen hierfür müssen geplant werden.

Im folgenden Abschnitt wird das Vorgehensmodell eines Implementierungsprojekts dargestellt, um die Ziele und Ergebnisse der einzelnen Phasen zu verstehen. Abschließend werden die Projektdauer und ihre Einflussfaktoren näher betrachtet.

6.1.1 Vorgehensmodell

Das von SAP vorgeschlagene Einführungsmodell für Business SAP Business ByDesign ist klassisch »wasserfallartig« strukturiert. Abbildung 6.1 zeigt das Projekt zur Erstimplementierung und die enthaltenen Phasen, Aufgaben und Meilensteine.

In Abbildung 6.1 sind lediglich die vier Hauptphasen des Implementierungsprojektes zu sehen, was jedoch über die Realitäten hinwegtäuscht und die neuen Möglichkeiten der Systemimplementierung verschweigt. Viele Aktivitäten weisen z. B. zeitliche Überlappungen auf und finden teilweise schon in der Evaluierungsphase mit dem Kunden statt. Schon zu diesem Zeitpunkt gesammelte Erkenntnisse können in die späteren Implementierungsphasen durchgereicht werden. Informationen zur Kundenaufbauorganisation sowie eine Vielzahl an Stammdaten sollten zudem schon aus einer sehr frühen Situationsanalyse vorhanden sein. Auch die im Anforderungsabgleich gesammelten Entscheidungen über den Projektumfang (Scoping) erlauben einen schnellen Vorstoß zum *Lösungsdurchlauf*, um eine frühzeitige Abnahme des Konzeptes und der Lösung erreichen zu können.

> **Alles aus einer Hand** [+]
> Der SAP-Partner, der sowohl den Entscheidungsprozess als auch die Implementierung begleitet, kann SAP Business ByDesign schneller und effizienter einführen. Wenn die Ansprechpartner identisch sind und das Anwenderunternehmen sich zeitnah entscheiden kann, gibt es einen fließenden Übergang von der Evaluierung hin zur Implementierung. Voraussetzung ist jedoch ein frühzeitiger Einsatz der betriebswirtschaftlichen Konfiguration und eine systemnahe Entscheidungsfindung.

Auch wenn das Vorziehen von Aufgaben in die Entscheidungsphase allen Beteiligten im konkreten Projekt offensichtlich ist, sollte doch in der Darstellung an dieser Stelle ein besserer Ansatz gesucht werden.

Folgende Projektaufgaben können mit einem bestimmten Anteil, insbesondere bei standardnahen Anforderungen, schon erledigt sein:

- Bis zu 100 % der Überprüfung der Geschäftsszenarien
- Bis zu 80 % der Geschäfts- und Prozessentscheidungen und vom Organisationsmanagement
- Bis zu 50 % des Lösungsdurchlaufs und der Überprüfung der Kundeninfrastruktur
- Bis zu 30 % der Datenmigration und des Fine-Tunings
- Bis zu 20 % der Machbarkeit der kundenspezifischen Entwicklungen

Was bedeuten nun die Phasen und Aufgaben im Einzelnen? Zunächst gibt es die *Vorbereitung*, bei der es darum geht, die Ziele und Konzepte für die Geschäftsprozesse abzustimmen, im Scoping der betriebswirtschaftlichen Konfiguration oder als organisatorische Festlegung zu dokumentieren. Hier beginnen bereits erste konkrete Maßnahmen, wie die Überprüfung der *Kundeninfrastruktur* und die Abbildung der Aufbauorganisation im *Organisationsmanagement*.

Abbildung 6.1 zeigt außerdem, dass der Stream *Datenmigration* schon sehr früh beginnen muss, insbesondere um die kundenspezifischen Ausgangsdaten zu identifizieren und mit der Qualitätssicherung zu beginnen. Der Meilenstein der ersten Phase ist die Abnahme eines Konzeptes.

Eine weitere überlappende Aktivität ist das *Fine-Tuning*, das die Folgephase zusammen mit der *Datenübernahme* und *Erweiterung* bestimmt. Man könnte diese Phase auch als betriebswirtschaftliche Konfiguration und Erweiterung bezeichnen, da die Aspekte Fine-Tuning und Datenübernahme im Rahmen des Work Centers BETRIEBSWIRTSCHAFTLICHE KONFIGURATION auch im System bearbeitet werden (siehe Abschnitt 6.2). Konkret geht es um die Verabschiedung und das Einpflegen der Organisationsstruktur bis hin zu einem ersten

Lösungsdurchlauf am System. Die Arbeit basiert dabei auf dem durchgeführten Fine-Tuning und erfolgt unter Zuhilfenahme von Beispieldaten.

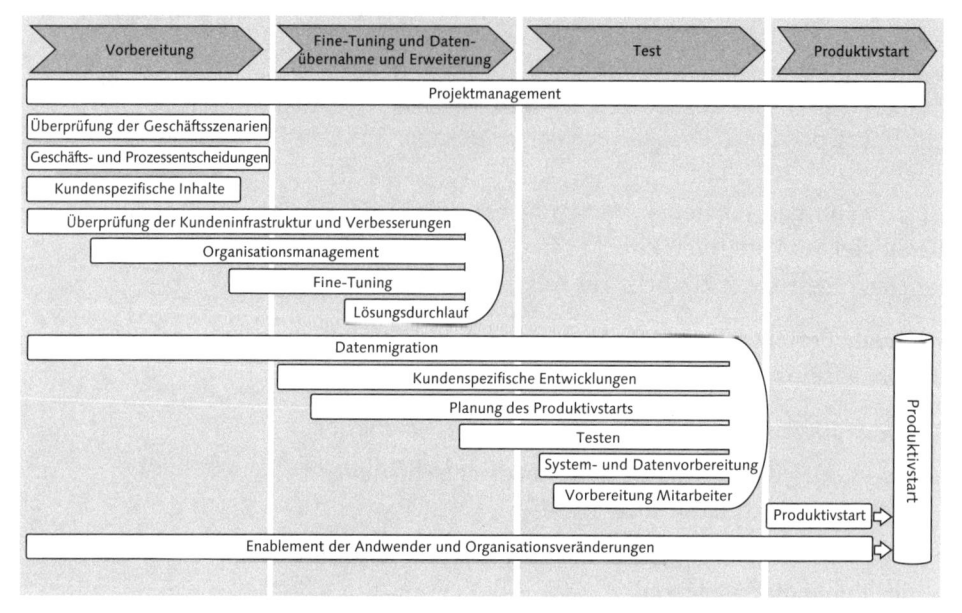

Abbildung 6.1 Implementierungsprojekt im Überblick (Quelle: SAP 2011)

Schließlich durchläuft das Projekt die Testphase, wenn die Beteiligten die Datenmigrationsaktivitäten und kundenspezifischen Entwicklungen so weit vorangetrieben haben, dass die Anwender die Prozesse mit Echtdaten und allen angepassten Elementen testen können.

Der letzte Meilenstein ist die Abnahme für den Produktivstart, was voraussetzt, dass ein Produktivsystem bereitsteht, die Datenmigration mehrfach durchgetestet worden ist und die Anwender entsprechend vorbereitet wurden. Das so genannte »Enablement« oder die Einarbeitung der Anwender und die notwendigen Organisationsveränderungen laufen parallel, sind also aus Perspektive des Implementierungsprojektes ebenfalls ein Aufgabenblock (siehe Abbildung 6.1 unten). Allerdings kann sich diese Aktivität auch noch in mehrere Phasen gliedern.

Der Produktivstart ist eine eigene Phase, bei der es letztlich darum geht, die abschließenden Aktivitäten durchzuführen und alle Mitarbeiter an das System und in die produktive Nutzung zu bringen.

Abbildung 6.2 zeigt die Workshops, um das erfolgreiche Erreichen eines Meilensteins entsprechend abzusichern. Diese Workshops sind gleichzeitig auch als Kontrollpunkte zu verstehen, ob das entsprechende Ziel zeitgerecht erreicht wurde.

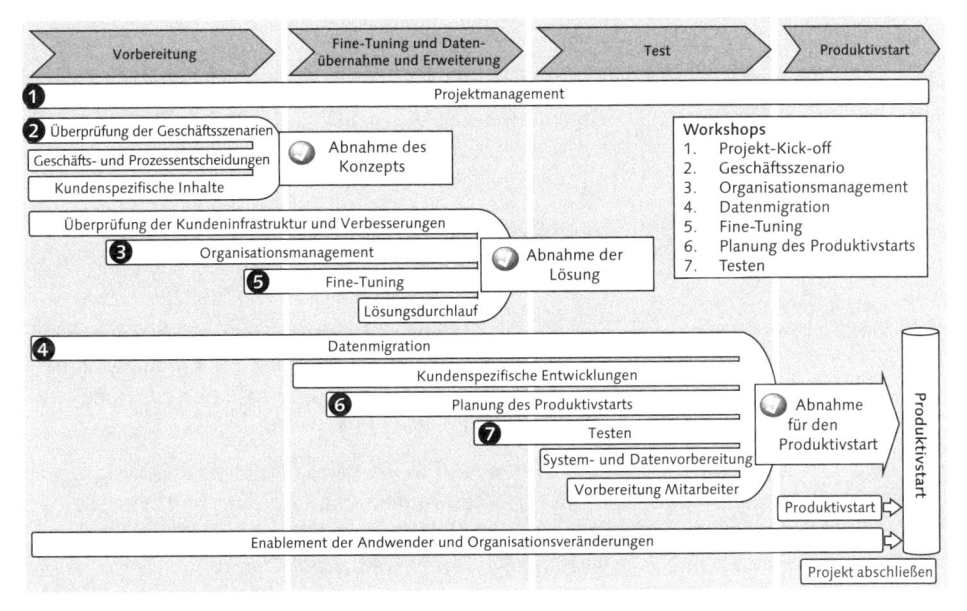

Abbildung 6.2 Workshops (Quelle: SAP 2011)

Der Projekt-Kick-off ❶ ist der Startschuss für das Projektmanagement. Der Geschäftsszenario-Workshop ❷ liefert Informationen zu den grundsätzlichen Geschäftsprozessen, und es folgt das Organisationsmanagement ❸. Die Datenmigration ❹ sollte auch sehr früh begonnen werden. Weiter geht es dann mit dem ❺ Fine-Tuning-Workshop zur Initialisierung der Konfigurationsaktivitäten im System. Darauf folgt ein Workshop zur Planung des Produktivstarts ❻ und zum Testen ❼. All diese Workshops sollten zusammen mit den verantwortlichen Kundenmitarbeitern durchgeführt werden und haben den Zweck, alle Projektbeteiligen zu informieren und bezüglich Zielen, Status und Vorgehensweise auf den gleichen Stand zu bringen (siehe Tabelle 6.1).

Nr.	Workshop	Beschreibung
1	Projekt Kickoff	Einführung für das Projektteam. Kommunizieren von Projektzielen, Umfang, Zeitplan und Einführungsansatz; Starten des Einführungsprojekts. Präsentieren der Systemlandschaft

Tabelle 6.1 Einführungs-Workshops (Quelle: SAP 2011)

Nr.	Workshop	Beschreibung
2	Geschäfts-szenario	Präsentieren und Überprüfen der kritischen Geschäftsszenarien und Vorstellen dieser Geschäftsszenarien im System.
3	Organisationsmanagement	Überprüfen des Konzepts und der Funktionalität des Organisationsmanagements (OM). Planen des OM und Starten des Aufbaus der Organisationsstruktur im SAP Business ByDesign-Testsystem.
4	Datenmigration	Überprüfen des Konzepts der Datenmigration, Durchführen und Diskutieren von datenbezogenen Entscheidungen, die früh im Projekt getroffen werden müssen.
5	Fine-Tuning	Überprüfen des Konzepts des Fine-Tunings, Verwendung der Aufgabenliste zur Vorbereitung des Produktivstarts und Prüfen, wie detaillierte Informationen zum Fine-Tuning gefunden werden können.
6	Planung des Produktivstarts	Vorbereiten des Projektteams für den Produktivstart. Überprüfen des Produktivstartzeitplans und aller Prozesse und Aktivitäten um das System, Daten und betroffene Personenkreise vorzubereiten.
7	Testen	Überprüfen des Testfortschritts und des Testplans. Lernen, wie Standardtestszenarien angepasst und ausgeführt werden. Verstehen, wie Test-Meldungen im integrierten Support angelegt und verwaltet werden.

Tabelle 6.1 Einführungs-Workshops (Quelle: SAP 2011) (Forts.)

Zusätzlich können in Präsenztagen beim Kunden vor Ort auch Abnahmekontrollpunkte miterledigt werden. Sie stellen die Meilensteine im Projekt dar und haben folgende Ziele:

- Abstimmung zwischen Projektteam und Management ermöglichen
- Entwicklungsfortschritt des gesamten Projekts beurteilen
- Probleme identifizieren, bevor der Zeitplan oder das Budget negativ beeinflusst werden

Die Kontrollpunkte zur Abnahme sind sehr wichtig für die Zusammenarbeit zwischen Implementierungspartner und Anwenderunternehmen. Insbesondere sollte hierbei die Geschäftsführung eingebunden werden:

- **Abnahme des Konzepts**
  Stellen Sie durch das Überprüfen der Geschäftsszenarien und der Kundenanforderungen sicher, dass der Projektlösungsumfang mit den Zielen übereinstimmt.

- **Abnahme der Lösung**
  Verringern Sie das Projektrisiko durch den Abgleich mit der Erwartungshaltung bzgl. der Projektziele und das Adressieren aller offenen Entscheidungen.
- **Abnahme für den Produktivstart**
  Stellen Sie sicher, dass der Anwender in der Lage ist, kritische Prozesse erfolgreich durchzuführen, und seine geschäftlichen Ziele erfüllt sind. Stellen Sie die Gesamtbereitschaft für den Produktivstart fest. Entscheiden Sie, ob die letzten Aufgaben zum Produktivstart eingeleitet werden können.

Somit wird das Konzept in einer frühen Phase abgenommen, die Abnahme der Lösung und die Abnahme für den Produktivstart folgen. Der Kontrollpunkt »Lösung« kümmert sich um letzte offene Anforderungen bzw. die Frage, ob alle Projektziele adressiert sind oder es noch Risiken gibt. Die Abnahme für den Produktivstart impliziert, dass alle gesetzten Ziele des Projektes erfolgreich erreicht wurden sowie eine gemeinsame Zuversicht aller Beteiligten, dass der Produktivstart unter annehmbarem Risiko möglich ist.

6.1.2 Projektdimensionen

Ein Implementierungsprojekt verfügt über folgende Dimensionen:

- *Aktionsbereiche*:
  System und Prozesse, Mitarbeiterakzeptanz und Datenqualität
- *Adaptionsrichtung*: Anpassung der Software oder/und der Organisation
- *Arbeitsteilung*: Implementierungsdienstleister und Anwender

Für diese drei Dimensionen müssen in jedem Projekt zu Beginn bestimmte Festlegungen getroffen und eine Bestandsaufnahme durchgeführt werden. Zwischen den Dimensionen gibt es auch Wechselwirkungen; so muss bei einer stärkeren Organisationsveränderung mehr für die Mitarbeiterakzeptanz getan werden. Bei einer schlechten Qualität der Ausgangsdaten muss der Anwender mehr Zeit mit eigenen Mitarbeitern in die Überarbeitung der Altdaten investieren.

Aktionsbereiche

Aufgaben im Rahmen der Implementierung beziehen sich nicht nur auf das System SAP Business ByDesign und die Geschäftsprozesse, sondern es gilt, noch zwei weitere Aktionsbereiche im Zusammenspiel zu beachten.

Zunächst geht es um die Mitarbeiterakzeptanz, das heißt darum, alle betroffenen Personen im Unternehmen, die einen Beitrag zur Einführung leisten müssen, in das Projekt einzubeziehen. Die Mitarbeiter müssen motiviert werden, sie müssen die neuen oder geänderten Geschäftsprozesse kennen lernen und in die Lage versetzt werden, im Tagesgeschäft mit dem System und den Daten zu arbeiten. Sie sind letztendlich die »Hauptkunden« bei einem Einführungsprojekt.

Ein weiterer kritischer Faktor sind die Daten, wie z. B. Kunden- oder Materialstammdaten. Sie müssen aus Altsystemen extrahiert und migriert werden. Dies sollte möglichst korrekt und mit der Zielsetzung erfolgen, die Daten zu bereinigen. Es gilt, die relevanten und genutzten Datensätze zu identifizieren und auf eine möglichst gute Qualität zu bringen. Datenbereitstellung und -qualitätssicherung ist eine nicht zu unterschätzende Herausforderung für ein mittelständisches Anwenderunternehmen, da Implementierungsdienstleister oder Softwarehersteller hierbei nur bedingt helfen können, nämlich bei der Migration ins Zielsystem. Sie können hier z. B. Templates zur Verfügung stellen oder auf Vollständigkeit und Konsistenz der Daten achten. Die Durchführung der inhaltlichen Qualitätssicherungsmaßnahmen liegt aber hauptsächlich in der Verantwortung des Anwenderunternehmens.

Hauptaufgabe eines Einführungsprojekts bleibt es, System und Prozesse zu implementieren. Trotzdem müssen für eine erfolgreiche Einführung auch die beiden anderen Dimensionen einbezogen werden.

Abbildung 6.3 zeigt, dass der Projektleiter in allen drei Richtungen sofort mit Maßnahmen bzw. der Bestandsaufnahme beginnen muss, um die Projektziele zu erreichen.

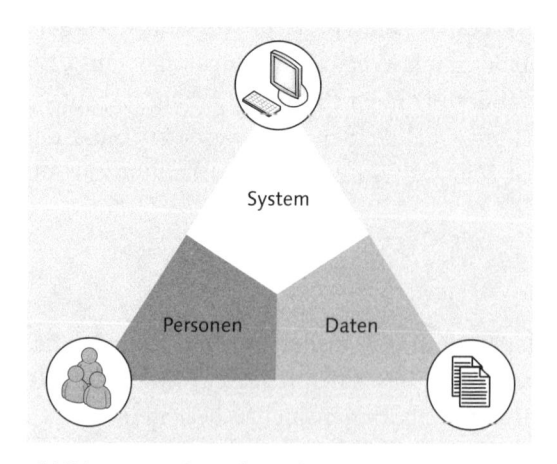

Abbildung 6.3 Aktionsbereiche

Was die jeweiligen Ziele sind, zeigt folgende Auflistung:

- **Systembereitstellung und Geschäftsprozesse**
  - Stellen Sie sicher, dass die Geschäftsprozesse auf dem System anforderungsgerecht ablaufen werden.
  - Stellen Sie sicher, dass die Systemeinstellungen und Funktionalitäten der Zielsetzung des Projekts entsprechen.
  - Stellen Sie durch das Testen aller Geschäftsprozesse sicher, dass das System richtig arbeitet.
- **Datenverfügbarkeit und -qualität**
  - Stellen Sie sicher, dass alle notwendigen Daten in das SAP Business ByDesign-System migriert werden.
  - Stellen Sie sicher, dass alle notwendigen Daten ohne Fehler korrekt migriert werden.
  - Stellen Sie sicher, dass die migrierten Daten innerhalb der Tests mit den Testszenarien getestet werden.
- **Organisation und Mitarbeiterakzeptanz**
  - Stellen Sie sicher, dass das SAP Business ByDesign-System die relevanten Geschäftsprozesse des Tagesgeschäfts abdeckt!
  - Stellen Sie sicher dass alle Anwender mit dem neuen oder geänderten Geschäftsprozess vertraut sind.
  - Stellen Sie sicher, dass alle Anwender vorbereitet sind und die für Ihren Job notwendigen Schritte im System ausführen können.

Keinen dieser Aktionsbereiche darf ein Projektleiter vernachlässigen. Für jeden Bereich müssen Status und Ziele verfolgt werden.

Adaptionsrichtung

Für die Implementierung stellt sich bei der Einführung einer Unternehmenssoftware die Frage, wo und wie die geforderten Soll-Ziele umgesetzt werden müssen. In Abbildung 6.4 sind die beiden Adaptionsrichtungen problematisiert:

- **Muss das Projektteam die Organisation anpassen?**
  Es kann notwendig sein, eine Reorganisation durchzuführen, um die Potenziale der Software auszureizen und Anforderungen umzusetzen.
- **Muss das Projektteam die Software anpassen oder ergänzen?**
  Die Softwarelösung wird mit Adaptionswerkzeugen auf die Anforderung ausgerichtet oder notfalls auch ergänzt.

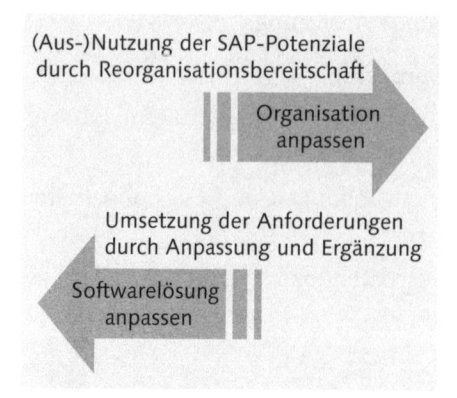

Abbildung 6.4 Adaptionsrichtungen

In vielen Situationen müssen Software und Organisation gleichzeitig adaptiert werden, um das angestrebte Ziel zu erreichen.

Häufig besteht der Vorbehalt, dass sich Organisationen verbiegen müssen, um eine Standardsoftware einzusetzen. Das muss jedoch keinesfalls zwangsläufig der Fall sein und ist darum ein Vorurteil.

Es kann und sollte angestrebt werden, dass die Mitarbeiter mit den Potenzialen der neuen Software möglichst geschickt und zielorientiert umgehen lernen. So muss in einer Aufbauorganisation festgelegt werden, wer der verantwortliche Anwendungsexperte (siehe Abbildung 6.5) ist und wie Aufgaben verteilt sind, die im Rahmen der Prozesse zu lösen sind. Es muss geregelt werden, wer z. B. die Verantwortung für Urlaubsgenehmigungen oder Eskalation trägt und wer Zugriff auf welche Auswertungen und Arbeitsbereiche haben darf.

Diese Aspekte sind vorgegeben, da die Software neue oder andersartige Prozesse mit mehr Informationen und einer formalisierten Vorgangsbearbeitung zur Verfügung stellt. *Anpassung* heißt deswegen zunächst, dass die Organisation mit den neuen Möglichkeiten umgehen lernen sollte, und alte Pfade verlassen muss. Während der Vertriebsmitarbeiter früher Excel-Angebotsdokumente verschickt hat und die Abarbeitung eher zufällig und auf Zuruf in Outlook stattfand, findet nun eine integrierte Angebotsbearbeitung im System statt. Die Ablauforganisation passt sich dahingehend an, dass sie einen integrierten Ablauf und neue Instrumente erhält, die den Prozess steuern. Ohne Frage ist dies eine Verbesserung für das Unternehmen; für die Mitarbeiter hingegen bedeutet es zunächst einmal Einarbeitungsaufwand und Reorganisation.

Zur Organisationsgestaltung wird mit SAP Business ByDesign auch ein eigenes Instrumentarium mitgeliefert, das genau solche Steuerungen ermöglicht und Aufgabenverteilung sowie Aufgabenmanagement festlegt.

Es ist also abschließend noch einmal festzustellen, dass das Unternehmen keinesfalls jedes organisatorische Konzept der Software übernehmen muss, ohne es im Einzelfall zu hinterfragen. Auch der umgekehrte Fall – eine Anpassung der Software, so dass sie 1:1 den Anforderungen des Unternehmens entspricht – ist denkbar, aber ebenfalls nicht zu empfehlen. Das Projektteam sollte immer hinterfragen, ob es sinnvoll ist, alte Strukturen zu übernehmen, oder ob es hier nicht auch eine bessere Möglichkeit gibt, das Unternehmen organisatorisch ein Stück weit zu verändern – bevor die Software über Gebühr verbogen wird.

Arbeitsteilung

Es gibt eine Reihe von Aufgaben und Verantwortlichkeiten, die beim Kunden liegen müssen oder können. Umgekehrt existiert aber auch eine Vielzahl an Aufgaben, die bei SAP als Rechenzentrumsbetreiber oder einem Implementierungspartner wie der IBIS Prof. Thome AG liegen sollten oder müssen. Diese Aufgabenteilung muss im Vorfeld definiert sein und ist insbesondere bis zum Projekt-Kick-off-Workshop zu klären. Falls es hier Wünsche des Kunden gibt, manche seiner Aufgaben durch einen Dienstleister übernehmen zu lassen, ist dies auch eine Kostenfrage und erhöht den Dienstleistungsaufwand, der extern anfällt.

In Abbildung 6.5 sind die vorgeschlagenen Rollen im Projekt dargestellt:

- Die *Projektsponsoren* sind die verantwortlichen Manager, die Budget und Projektziele im Blick haben. Sie müssen insbesondere am Anfang und bei kritischen Änderungen die Entscheidungen treffen.
- Die beiden *Projektleiter* sind gemeinsam für das Projekt verantwortlich und lenken die Anwendungsexperten bzw. die Service Advisor. Der IBIS-Projektleiter ist auch verantwortlich für die Kommunikation mit SAP.
- Die *Service Advisor* führen die Projektaufgaben und Workshops durch. Sie arbeiten die Anwendungsexperten des Kunden ein.
- Die *Anwendungsexperten* – auch Key User genannt – arbeiten im Projektteam zusammen mit den externen Service Advisorn und sind später in ihrem Arbeitsbereich für die Einarbeitung der Endbenutzer verantwortlich.

6 | Einführungsprojekt

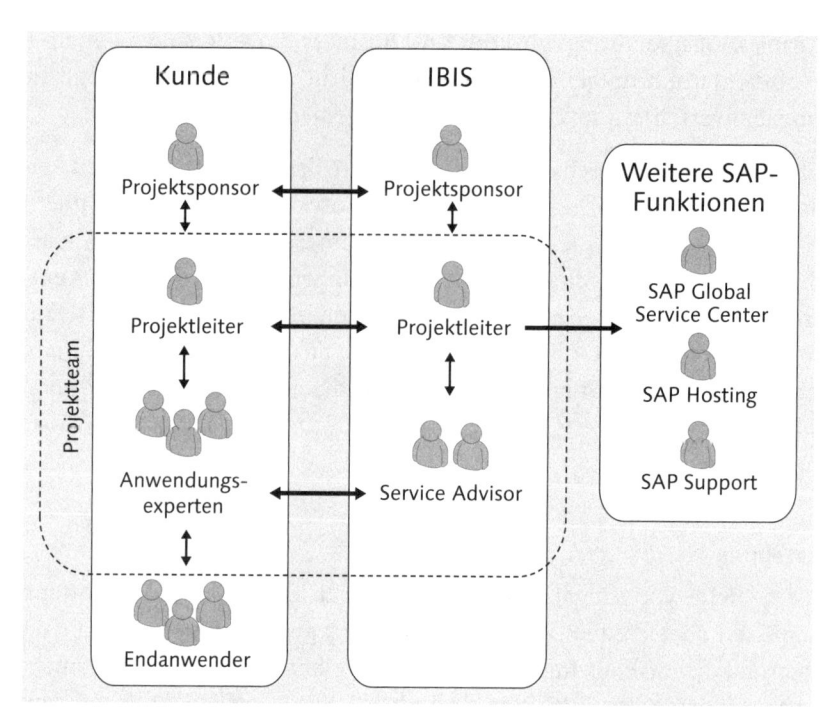

Abbildung 6.5 Rollen bei der SAP Business ByDesign-Implementierung

Je nach Arbeitsteilung können sich die Verantwortlichkeiten im Projekt verlagern. Die Datenmigration liegt im Normalfall bei den Anwendungsexperten, kann aber auch stärker durch den Service Advisor vorangetrieben werden.

Die weiteren Funktionen von SAP sind neben Support und Hosting auch die Service Center; von hier werden je nach Projektbedarf auch Spezialisten und Unterstützung zur Verfügung gestellt.

Tabelle 6.2 zeigt, welche Aktivitäten insbesondere auf Kundenseite liegen müssen. Hier sind als Beispiel für die wichtigsten Kundenaufgaben die Vorbereitung der Datenmigration oder auch das Testen zu nennen. Zum Beispiel müssen bei den Integrationstests die implementierten Prozesse von einer größeren Anzahl von Endbenutzern des Kunden überprüft werden.

In Tabelle 6.3 sind Aktivitäten aufgeführt, die entweder der Kunde oder der Implementierungspartner durchführen kann. Darunter fallen insbesondere Aufgaben des Projektmanagements – wie die Projektzeitplanung –, oder es handelt sich um Aufgaben der betriebswirtschaftlichen Konfiguration (siehe Abschnitt 6.2), die nach einem gewissen Einarbeitungsaufwand auch durch die Anwendungsexperten des Kunden übernommen werden könnten.

Erstimplementierung | **6.1**

Vorbereitung	Fine-Tuning	Datenübernahme und Erweiterung	Test	Produktivstart
▶ Zuweisung der Projektressourcen ▶ Datenbereinigung im Quellsystem ▶ Anwendungsexperten schließen alle Lerneinheiten ab ▶ Überprüfung des Scopings ▶ Festlegung der Anforderungen für zusätzliche Services	▶ Fertigstellung und Bestätigung des Testplans ▶ Ausfüllen der Vorlagen zur Datenmigration ▶ Produktivsystem beantragen ▶ Migrationssystem beantragen	▶ Validierung der Datenqualität und -integrität der migrierten Daten	▶ Endbenutzer schließen die Lerneinheiten ab ▶ Durchführung der Integrationstests ▶ Integrationstests fertigstellen und Korrekturen an migrierten Daten durchführen ▶ Entscheidungsfindung, ob der Produktivstart wie geplant stattfinden kann	▶ Datenmigration durchführen und bestätigen ▶ Prüfung und Bestätigung der Daten-, Mitarbeiter und Systembereitschaft ▶ Freigabe des Produktivsystems an die Endbenutzer ▶ Durchführung der Aktivitäten zum Produktivstart

Tabelle 6.2 Hauptaktivitäten des Kunden

Vorbereitung	Fine-Tuning	Datenübernahme und Erweiterung	Test	Produktivstart
▶ Aktualisierung des Projektzeitplans ▶ Überblick über den Prozess der Datenmigration ▶ Entwicklung einer initialen Organisationsstruktur ▶ Durchführung einer Projektrisikoeinschätzung	▶ Durchführung der Fine-Tuning-Aktivitäten ▶ Anlegen von Basisdaten im Test- und im Produktivsystem ▶ Aufbau und Aktivierung der Organisationsstruktur ▶ Fertigstellung der Formulare, Berichte, UI und Integrationsanforderungen	▶ Anlegen von Beispieldaten zum Test der Formulare, Berichte, UI und Integration ▶ Durchführung des Daten-Uploads, Validierung und Importsimulation	▶ Erstellung eines Zeitplans zum Produktivstart	▶ Fertigstellung des Zeitplans zum Produktivstart ▶ Import der Daten ins Produktivsystem

Tabelle 6.3 Aktivitäten des Kunden oder des Implementierungspartners

145

Auf Seiten des Partners oder SAP liegen wiederum weitere Aufgaben, die einmalig durchzuführen sind, und die ein gewisses Expertenwissen verlangen, z. B. die Durchführung der Datenmigration. Außerdem gehören Kontrolltermine oder das Vorbereiten des Produktivstarts – der Punkt, an dem alles zusammenlaufen muss und die einzelnen Teilströme miteinander synchronisiert werden müssen – ebenfalls zu den Aufgaben, die Expertenwissen voraussetzen.

> **[+] Einmalige Aktivitäten dem Implementierungspartner übertragen**
>
> Die Erfahrung aus den ersten Projekten zeigt, dass sich Anwender anfangs mehr Kann-Aufgaben zutrauen, als sie dann in der Lage sind, durch eigene Ressourcen zu stemmen. Die möglichst schnelle Einführung von SAP Business ByDesign verlangt auch parallel verfügbare Mitarbeiterkapazitäten. Diese Mitarbeiter zur Verfügung zu stellen, verschiedene Kann-Aufgaben abzuwickeln und gleichzeitig unter Volldampf am laufenden Tagesgeschäft mitzuwirken, funktioniert häufig nicht.
>
> Es gibt zwei Möglichkeiten, um hier zu reagieren: Entweder wird ein Projektablauf gestreckt bzw. auf die »Saure-Gurken-Zeit« gelegt, oder möglichst viele »Kann«-Aktivitäten mit einmaligem Charakter werden dem Implementierungspartner übertragen.

6.1.3 Projektzeitplanung

Eine realistische zeitliche Abfolge der Phasen und Aufgaben sehen Sie in Abbildung 6.6. Es handelt sich hierbei um einen echten Projektplan für eine sehr umfangreiche Einführung von SAP Business ByDesign in praktisch allen Unternehmensbereichen inklusive der Produktion bei dem Sondermaschinenbauer Kübrich Ingenieure.[1] Nach Abnahme des Konzepts waren in diesem Beispiel drei Monate für die Implementierungsmaßnahmen vorgesehen.

Hierbei wurde Anfang April das Konzept abgenommen, also die Vorbereitungsphase abgeschlossen. Dann waren fünf bis sechs Wochen angesetzt, um die Umsetzung am System vom Fine-Tuning bis zum Lösungsdurchlauf zu bewältigen. Die Datenmigration lief über die Gesamtperiode. Auch kundenspezifische Ergänzungen umzusetzen, dauerte bis Mitte Mai. Einen Monat nach Abnahme der Lösung, am zehnten Juni, waren Datenmigration und Testaktivitäten abgeschlossen. Für die letzten drei Wochen bis zum ersten Juli war ausreichend Zeit vorhanden, um den Produktivstart einzuleiten.

---

1 Interview mit Herrn Christian Kübrich, Geschäftsführer, siehe unter: »Der Vordenker – Newsletter der IBIS Prof. Thome AG« (03-2011).

6.1 | Erstimplementierung

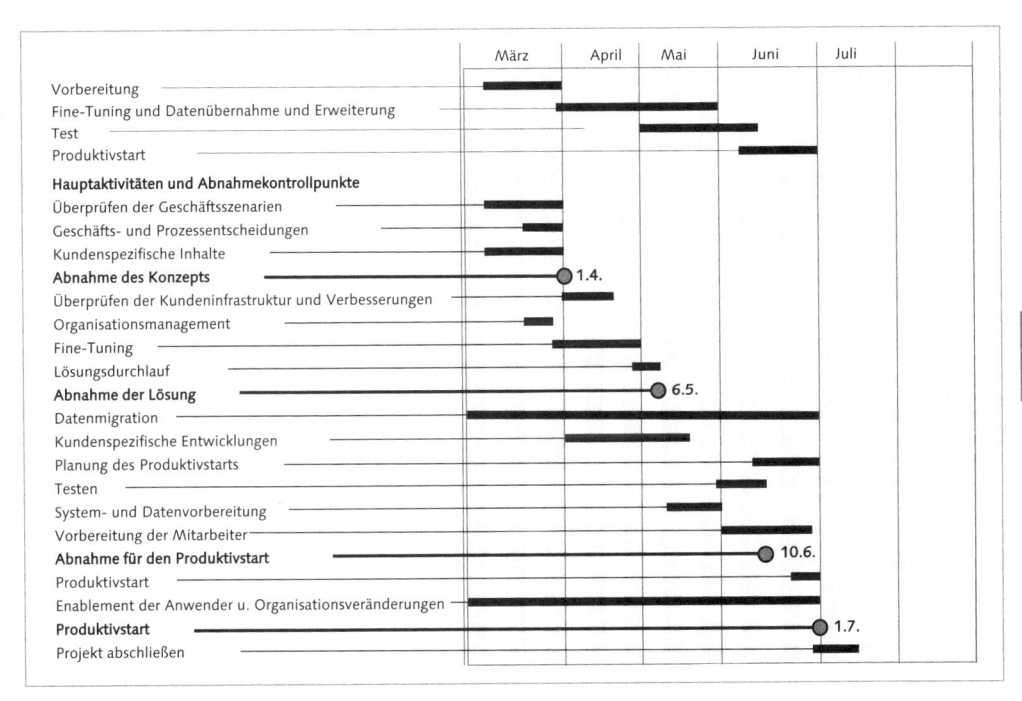

	März	April	Mai	Juni	Juli
Vorbereitung					
Fine-Tuning und Datenübernahme und Erweiterung					
Test					
Produktivstart					
Hauptaktivitäten und Abnahmekontrollpunkte					
Überprüfen der Geschäftsszenarien					
Geschäfts- und Prozessentscheidungen					
Kundenspezifische Inhalte					
Abnahme des Konzepts			1.4.		
Überprüfen der Kundeninfrastruktur und Verbesserungen					
Organisationsmanagement					
Fine-Tuning					
Lösungsdurchlauf					
Abnahme der Lösung			6.5.		
Datenmigration					
Kundenspezifische Entwicklungen					
Planung des Produktivstarts					
Testen					
System- und Datenvorbereitung					
Vorbereitung der Mitarbeiter					
Abnahme für den Produktivstart				10.6.	
Produktivstart					
Enablement der Anwender u. Organisationsveränderungen					
Produktivstart					1.7.
Projekt abschließen					

Abbildung 6.6 Projektzeitplanung des Maximalprojekts

Das Besondere an diesem Projekt waren starke Organisationsveränderungen, die Einbeziehung und Pilotierung einer CAD-Schnittstelle und der Wunsch des Kunden, alle Projektaktivitäten für ihn auf Donnerstage und Freitage zu konzentrieren, was den Projektverlauf streckte.

Projekte wie bei der hsp AG[2], die sich nur um einen Prozessbereich wie CRM (Customer Relationship Management) kümmern, können auch in vier Wochen durchgeführt werden. Die Gründe hierfür sind, dass wesentlich weniger inhaltliche Veränderungen vorzunehmen und auch wesentlich weniger Personen beteiligt sind. Hauptplanungsfaktoren eines CRM-Projekts sind Umfang bzw. Qualität der Kundenstammdaten und die Verfügbarkeit der Anwendungsexperten des Kunden.

In Tabelle 6.4 sind die einzelnen Schritte der Einführung beim Dienstleistungsunternehmen AI AG zeitlich aufgegliedert. Es fällt auf, dass zunächst zwei Wochen vergingen und die Vorbereitungsphase dann im Zeitraffer von zwei Tagen erledigt wurde (am 12. und 13. April). Dies lag an der standard-

---

[2] Interview mit Jürgen M. Gruner, kaufmännischer Leiter der hsp AG Holger Schaar & Partner, siehe unter: *www.ibis-thome.de/de/publikationen/newsletter/nachgefragt/juergen-m-gruner.html*.

nahen Einführung und den bereits im Vorfeld gesammelten Informationen und getroffenen konzeptionellen Entscheidungen. Vom 20. bis zum 30. April dauerte die zweite Phase und war auch denkbar kurz, da keine kundenspezifischen Erweiterungen vorgesehen waren. Vom 3. bis zum 12. Mai konnte getestet werden. Das Produktivsystem wurde ab dem 12. Mai aufgebaut und konnte ab 28. Mai produktiv verwendet werden. Für die Datenmigration wurde dabei von IBIS ein gestaffeltes Verfahren konzipiert und eingesetzt (siehe Abschnitt 6.2.3).

Phase	Zeitraum	Schritte	Zuständig
I Vorbereitung	22.03.–08.04.	Anfordern und Zugang zum Testsystem	SAP
	12.04.–13.04.	Vorbereiten System und Projekt Kickoff	IBIS
	14.04.–16.04.	Aufbau Organisationsmodell	IBIS/AI AG
	19.04.	Abnahme und Aktivierung Organisationsmodell	IBIS/SAP
II Fine-Tuning	20.04.–30.04.	Fine-Tuning und Workshops	IBIS/AI AG
III Test	03.05.–05.05.	Interne Tests im Testsystem	IBIS
	10.05.–12.05.	Testworkshops mit Kunden	IBIS/AI AG
IV Produktivsetzung	12.05.–17.05.	Aufbau Produktivsystem	SAP
	18.05.–19.05.	Konfigurieren Produktivsystem	IBIS
	19.05.–20.05.	Klonen Datenmigrations-System	SAP
	17.05.–20.05.	Daten bereinigen	IBIS/AI AG
	25.05.–28.05.	Produktivsetzen	IBIS/AI AG
	25.05.–27.05.	Echtdatenmigration	IBIS
	Ab 28.05.	Arbeiten im Produktivsystem	AI AG
	Ab 28.05	Anfallende Gestaltungsänderungen etc.	IBIS/AI AG

Tabelle 6.4 Projektzeiten im Fallbeispiel AI AG

Generell kann davon ausgegangen werden, dass Einführungen bei einem Dienstleister wie der AI AG bei zwei Monaten Laufzeit liegen können, wenn alle Beschleunigungsmöglichkeiten, die SAP Business ByDesign bietet, ausgereizt werden. Wenn das Datenmigrationsvolumen überschaubar ist und Geschäftsprozesse standardnah eingesetzt werden, sind das Anwenderunternehmen und die Systembereitstellung die limitierenden Faktoren bei der Einführung.

Faktoren	CRM	Dienstleister	Projektfertiger
Fachthemen	21	44	65
Anwender	10	56	30
Schnittstellen	Outlook	–	CAD
Projektlaufzeit	4 Wochen	9 Wochen	14 Wochen

Tabelle 6.5 Projektschwerpunkte und -laufzeiten

Verallgemeinert man die Erkenntnisse aus Tabelle 6.5 mit den drei extrem unterschiedlichen Projekttypen, dann verlängert eine höhere Anzahl der Geschäftsprozesse und der involvierten Mitarbeiter die meisten system- und prozessbezogenen Teilschritte eines Projektes. Der Zusammenhang ist nicht linear, sondern eher degressiv. Das bedeutet: jeder zusätzlich einbezogene Prozess und Mitarbeiter kostet weniger an weiterem Aufwand und Zeit.

Doch leider gibt es einige Sonderfaktoren, die die Projektzeitplanung darüber hinaus beeinflussen und schwieriger machen:

- Organisationskonzepte für bisher nicht abgedeckte Bereiche, z. B. Ablösung von Excel-basierten Prozessen
- Viele Prozessvarianten existieren innerhalb eines Prozesses, z. B. für Großkunden oder unterschiedliche Produktlinien
- Organisationsveränderungen treten auf, die gleichzeitig mit der Implementierung umgesetzt werden sollen
- Hohes Datenvolumen bei schlechter Datenqualität der Ausgangsdaten
- Schnittstellen zu Fremdsystemen
- Spezielle Anforderungen an Formulare und Berichte
- Anwenden neuer betriebswirtschaftlicher Konzepte der Unternehmenssoftware, die bisher den Mitarbeitern unbekannt waren, z. B. bedarfsgesteuerte Planung

Alles in allem ist eine partnerschaftliche Vorgehensweise bei der Projektplanung anzuraten. Mit der frühen Evaluierung am System sinkt das Risiko des Anwenders enorm. Die meisten Aufgaben sind durch die betriebswirtschaftliche Konfiguration (siehe Abschnitt 6.2) auf einen sicheren und werkzeugbasierten Pfad gepolt. Wie in jedem Projekt können allerdings unvorhersehbare Probleme auftreten, die Zeitreserven notwendig machen.

6.1.4 Systembereitstellung

Die erste Frage, die sich im Zusammenhang mit einem SaaS-Projekt stellt, ist, wie der Kunde Zugriff auf sein System erhält. Die ersten zwei Wochen der Vertragslaufzeit im AI AG-Projekt waren dadurch bestimmt, verantwortliche Personen festzulegen und den Zugriff auf das System herzustellen.

Leider ist es anfänglich nicht ganz einfach, zunächst einmal Kontakt zwischen dem SAP-Hosting und dem Kunden herzustellen. E-Mails können durch SPAM-Filter blockiert werden oder die falschen Ansprechpartner erhalten wichtige Informationen, ohne sich dessen bewusst zu sein. Um sicherzugehen werden mehrere E-Mails geschickt, die auf Grund mangelhafter Rückkopplung von E-Mail-Adressen oder wegen Unkenntnis auf Kundenseite mitunter verloren gehen.

Bedeutsam ist in diesem Zusammenhang auch die Frage, was der Kunde von SAP erwarten kann.

Nach der Kaufentscheidung musste die AI AG zunächst auf ein verfügbares Projekttestsystem warten, so dass einige Tage verstrichen. Bei den aktuellen Projekten der IBIS im Jahr 2011 konnte die Bereitstellungszeit verbessert werden.

Wer bereits Projekterfahrung mit »großen« SAP-Projekten hat, dem ist klar, dass Test- und Produktivsysteme getrennt sein müssen. Ebenso müssen Datenmigrations- und Integrationstests vorab erfolgreich durchgeführt werden, um ein hohes Qualitätsniveau für Stammdaten und Prozesse zu erreichen. Dieser Anspruch gilt auch für die OnDemand-Lösung SAP Business ByDesign. Daneben war es das Ziel, den Aufwand gering zu halten und die Durchgängigkeit der betriebswirtschaftlichen Konfiguration sicherzustellen.

Abbildung 6.7 zeigt die Systemausprägungen, die während einer Implementierung benötigt werden.

Wann ist welcher Systemwechsel notwendig? Anfänglich, für das Scoping ❶, gibt es noch kein vollständiges System. Vor Vertragsunterschrift kann mit einem allgemeinen System gearbeitet werden, um dort schon Informationen über den Lösungsumfang des Kunden im so genannten Konfigurationsprofil zu sammeln. Das bedeutet, schon vor Beginn und Vertragsabschluss werden Informationen gesammelt, die bis hin zum Produktivsystem durchgereicht werden.

Nach Vertragsabschluss erhält der Kunde sein Testsystem ❷. Das Projektteam kann dort das Konfigurationsprofil aktivieren und die Service Advisor die ersten Implementierungsaktivitäten durchführen.

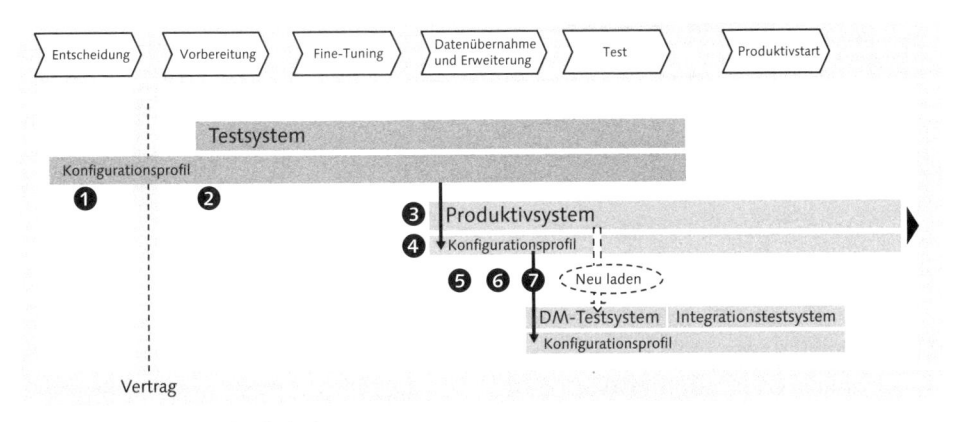

Abbildung 6.7 Systemlandschaft 2011

Nicht allzu lange nachdem ein erster Lösungsdurchlauf erfolgreich vonstatten gegangen ist, kann oder sollte ein Produktivsystem ❸ angefordert werden, das konfigurative Daten, z. B. das Konfigurationsprofil ❹, aus dem Testsystem übernimmt. Es werden keine Testdaten ins Produktivsystem übernommen, da dieses ab jetzt nur noch für die Echtdaten genutzt werden darf.

Im Produktivsystem sind nun auch die finalen Basisdaten im Organisationsmanagement und im Fine-Tuning ❺ anzulegen. Dies bezieht sich insbesondere auf Einstellungen, die im Zusammenhang mit Stammdaten stehen. Es dürfen jetzt auch die echten Stammdaten mit konfigurativem Charakter (z. B. Produkthierarchien) vollständig angelegt werden. Danach kann auf dieser Basis auch ein Migrationstestsystem ❻ (eine Kopie des Produktivsystems) angefordert werden.

Zu jedem Zeitpunkt – wie unter Punkt ❼ dargestellt – kann erneut eine Kopie des Produktivsystems gezogen werden. Der Integrationstest läuft ebenfalls in diesen kopierten Systemen ab. Bis zum Produktivstart bleibt die Kopie die Hauptumgebung, um nachzuvollziehen, ob alles für den Produktivstart ausreichend getestet ist und sich als ablauffähig darstellt.

Am Ende dieser Phase wird das Produktivsystem mit allen Daten versorgt, und die ersten Echtbuchungsaktivitäten können durchgeführt werden.

> **Möglichst früh Produktivsystem anfordern** [+]
>
> Es kann früh vom Test- auf das Produktivsystem gesprungen werden, wenn es bezüglich des Lösungsumfangs oder der Prozessgestaltung keine Unklarheiten gibt. In den Kopien des Produktivsystems kann das Projektteam dann besser und ausgiebiger die migrierten Daten testen. Ansonsten ist es sinnvoll, länger im Testsystem zu bleiben, wenn alternative (Prozess-) Konzepte validiert werden müssen.

6.1.5 Projekt-Kick-off

Parallel zur Verfügbarkeit des Testsystems sollte die Kick off-Veranstaltung geplant werden. Es ist auch in einer »SaaS-Welt« sinnvoll, sich zu diesem Zeitpunkt persönlich zu treffen. Empfehlenswert ist es, diese Kick-off-Veranstaltung auch mit inhaltlichen Workshops zu kombinieren, da der Kick-off allein nicht einen ganzen Tag dauert.

Die Vorbereitungsphase und insbesondere der erste Workshop bilden die Grundlage für eine erfolgreiche Zusammenarbeit aller Beteiligten. Große Teile der anstehenden Projektarbeit und Kommunikationen können per Telefonkonferenz oder im »Back-Office« durchgeführt werden, was eine effizientere Projektierung möglich macht. Doch bei diesem ersten Treffen ist es wichtig, dass sich alle Beteiligten persönlich kennenlernen. Der Projektleiter sollte ein gemeinsames Verständnis des Projektumfangs, der Projektziele und darüber, wie diese Ziele erreicht werden können, schaffen. Die angebotenen Workshops bilden hierbei die Meilensteine und Kontrollpunkte. Auf der Agenda sollten folgende Themen stehen:

- Vorstellung des Projektplan und des Projektteams
- Angestrebter Projektlösungsumfang
- Überblick der geplanten Geschäftsprozesse
- Eventuell: noch ausstehende wichtige Entscheidungen
- Erster Entwurf der Organisationsstruktur
- Noch ausstehende Spezifikationen für betriebswirtschaftliche Konfiguration und Stammdaten, z. B. für die Produkthierarchie
- Festlegung der Einarbeitung der Anwendungsexperten auf Basis der eingebauten Lernumgebung (siehe Abschnitt 9.3.2)
- Aktivitäten für die Datenmigration werden eingeleitet.

Im Projekt-Kick-off-Meeting sollte das Projektteam einen Status für alle Aufgaben der Vorbereitungsphase feststellen und kommunizieren; quer über die vier Bereiche, vom Projektmanagement über die Geschäftsszenarien, Organisationsmanagement und Datenmanagement. Das Projekt sollte hier nicht nur begonnen werden, sondern die zeitkritischen Aktivitäten wie Datenmigration müssen unmittelbar mit Projektbeginn eingeleitet werden. Bezogen auf das Vorgehensmodell sollten hier keine Zeit verschenkt werden, um möglichst viel Zeitreserve für Test- und Produktivstartphase zu erhalten.

In Tabelle 6.1 waren die Workshops schon aufgeführt. Folgende Workshops gehören zur Vorbereitungsphase:

- Projekt-Kick-off-Workshop
- Workshop zu Geschäftsszenarien
- Workshop zum Organisationsmanagement
- Workshop zur Datenmigration

> **Projekt-Kick-off: Workshops kombinieren** [+]
>
> Die Pragmatik in einem Projekt erfordert es, die Workshops der Vorbereitungsphase möglichst zusammenzulegen, um nach einem Tag alle zeitkritischen Aktivitäten zu starten. Es ist sinnvoll, zum Thema des Projekt-Kick-offs, das in einem kleinen und mittleren Projekt nicht sehr umfänglich ist, auch die Geschäftsszenarien und das Organisationsmanagement hinzuzufügen. Auch die Datenmigration ist aus der Erfahrung der IBIS-Projekte ein Pflichtthema.

Einige Themen auf Seiten des Kunden, wie z. B. das Starten der Selbstlernaktivitäten der Anwendungsexperten (siehe Abschnitt 6.3.2), sind nicht im eigentlichen Sinne zeitkritisch, sollten aber auch frühzeitig berücksichtigt werden, um Wissen bei den Mitarbeitern aufzubauen.

Was das Vorgehensmodell in Abbildung 6.2 verschweigt, ist der kritische Pfad in der Vorbereitungsphase, das bedeutet, man sollte möglichst schnell vom Entwurf zur Abnahme einer Organisationsstruktur gelangen! Ohne eine aktivierte Organisationsstruktur im Organisationsmanagement kann weder mit dem Fine-Tuning noch mit der Stammdatenpflege begonnen werden (siehe Abschnitt 6.2.2). Bei einer einfachen Unternehmensorganisation oder einem kleinen Implementierungsumfang ist es machbar und sinnvoll, im Rahmen des Projekt Kick-offs die Organisationsstruktur mit zu verabschieden.

Am 13.4. fand der Projekt-Kick-off im AI AG-Projekt statt. Am nächsten Tag konnte mit der Abbildung der Organisationsstruktur begonnen werden. Die Arbeit mit den Werkzeugen der betriebswirtschaftlichen Konfiguration begann. Auf diese Art und Weise wurde mit den bereits gewonnenen Informationen in der ersten Projektwoche von den IBIS-Experten sehr viel Zeit herausgearbeitet. Organisationsmodell und Gestaltung der Geschäftsprozesse wurden zwar noch einmal in Kundendiskussionen verfeinert, waren aber weitgehend in dem Format, wie sie schon in der Entscheidungsphase definiert worden waren.

6.2 Betriebswirtschaftliche Konfiguration

Mit der Systembereitstellung eines auszugestaltenden Testsystems beginnt die Arbeit an der eingebauten betriebswirtschaftlichen Konfiguration.

Einen Überblick liefert das gleichnamige Work Center in SAP Business ByDesign (siehe Abbildung 6.8). Dort finden alle in den folgenden Abschnitten dargestellten Implementierungsaufgaben statt. Der Button PROJEKTUMFANG BEARBEITEN ❶ zeigt den Einstieg zum »Scoping« des Lösungsumfangs, der sinnvollerweise schon beim Anforderungsabgleich vordefiniert wurde und nun weiter verfeinert bzw. ggf. auf den geänderten Projektumfang für die erste Implementierung festgelegt werden muss.

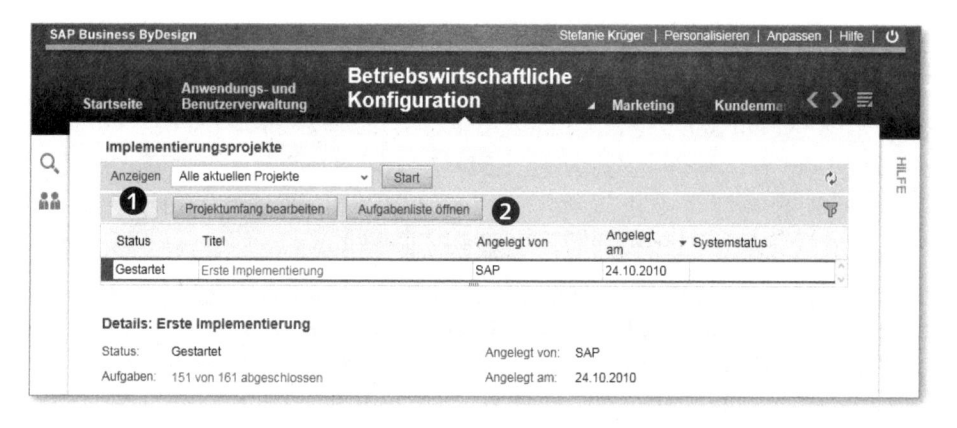

Abbildung 6.8 Work Center »Betriebswirtschaftliche Konfiguration«

Der Button AUFGABENLISTE ÖFFNEN ❷ bietet den Einstieg in die Folgephasen FINE-TUNING, DATENMIGRATION, TEST und PRODUKTIVSTART. Auch bestimmte Erweiterungsaktivitäten finden in der Umsetzungsphase am System im Zusammenspiel mit der betriebswirtschaftlichen Konfiguration statt.

Die Abarbeitung der Aufgabenliste ist der Maßstab für den Projektfortschritt. In Abbildung 6.9 sehen Sie die Projektübersicht eines Implementierungsprojektes, für das bereits das Organisationsmanagement abgeschlossen ist und die Fine-Tuning-Phase als nächstes bevor steht. In der LISTE DER MEILENSTEINE ❶ sind die abgearbeiteten Phasen ersichtlich und Kontrollworkshops dokumentiert. Bei dem Projekt handelt es sich um das in Abschnitt 6.1.3 beschriebene Maximalprojekt mit fast allen Bereichen ❷ und insgesamt 49 von 68 ausgewählten Fachthemen bzw. Einführungspaketen ❸, die SAP Business ByDesign zu bieten hat. Darüber hinaus ist unter Zusammenfassung das Land DEUTSCHLAND ausgewählt und kein Branchentyp. Als Implementierungsschwerpunkt ist die KOMPLETTLÖSUNG aktiviert. Interessant ist auch die Zahl von 188 geprüften und nur 3 ungeprüften Fragen. Die bedeutet, dass das Scoping schon sehr detailliert durchgearbeitet wurde und nur noch wenige Fragen »ungeprüft« sind, die erst im Test endgültig zu beantworten sind (z. B. Berichte und Formulare).

Die Aufgabenliste mit 161 automatisch hinzugefügten Aufgaben ❹ wurde auf Basis des Lösungsumfangs vom System automatisch generiert und stellt die noch zu pflegenden Aktivitäten dar, die nicht bereits durch die automatische Konfiguration durchgeführt worden sind. An dieser Stelle ist der integrierte Ansatz der betriebswirtschaftlichen Konfiguration ersichtlich: Sie hat im Hintergrund schon 70 bis 80 % der notwendigen Einstellungen vorgenommen.

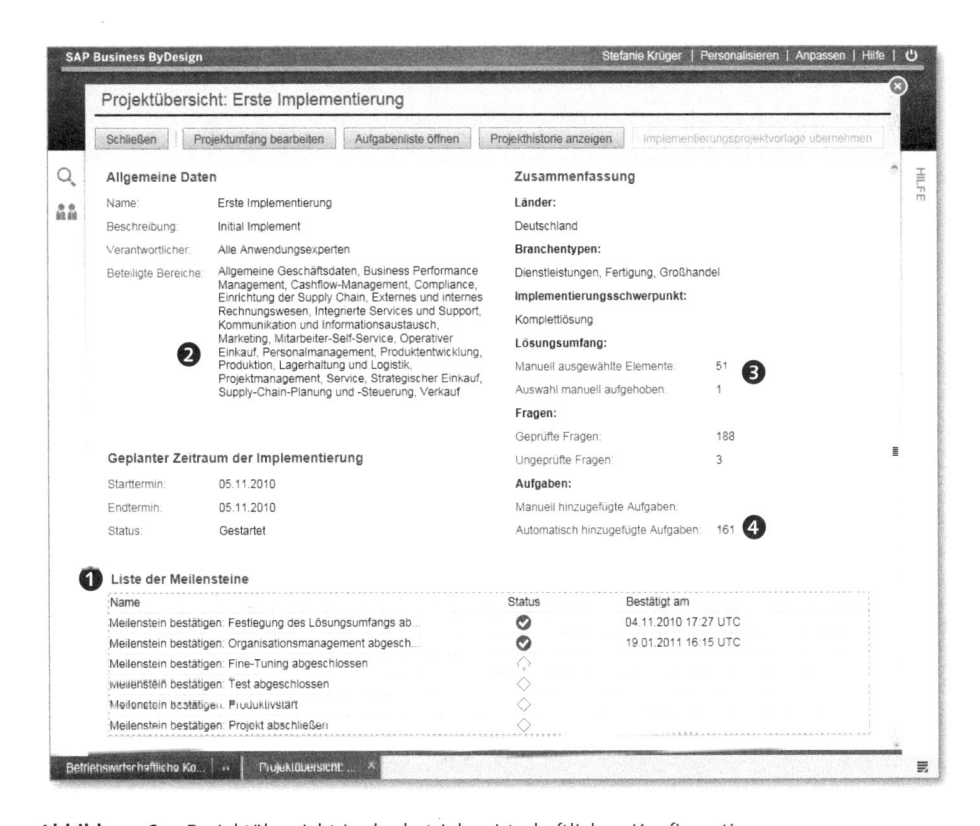

Abbildung 6.9 Projektübersicht in der betriebswirtschaftlichen Konfiguration

In den folgenden Teilabschnitten folgt die Darstellung der Projektierungsabfolge vom Scoping (siehe Abschnitt 6.2.1) bis zur Aufgabenliste (siehe Abschnitt 6.2.2). Diese beiden Aspekte sind das Herzstück der betriebswirtschaftlichen Konfiguration in SAP Business ByDesign. Der Abschluss dieser

Phasen ist ein Lösungsdurchlauf durch die Geschäftsprozesse, den das Projektteam zusammen mit den Anwendungsexperten durchführt.

Die beiden letzten Abschnitte betrachten die Phasen »Datenübernahme« und »Integrationstest«. Hier geht es um Datenverfügbarkeit und breite Prüfungen der Abläufe durch die Endbenutzer.

6.2.1 Scoping

Was bedeutet *Scoping* bzw. den Projektumfang zu bestimmen? Dahinter steht ein regelbasierter betriebswirtschaftlicher Katalog, der Entscheidungen sehr effizient und wirkungsvoll bis zu Konfigurationstabellen im System durchreicht. An der Oberfläche sieht es für das Projektteam einfach wie die Konfiguration eines Autos im Internet aus; im Hintergrund arbeiten einige Regelwerke und Automatismen, die Entscheidungen absichern und die Produktivität erhöhen. Die wichtigsten Fähigkeiten des Scopings sind:

- Auf Grundlage der Vorauswahl, z. B. einer Branche oder weniger Schlüsselentscheidungen, wird der passende Lösungsumfang empfohlen, der akzeptiert oder überarbeitet werden kann.
- Auf Basis des ausgewählten und auf Konfigurierbarkeit geprüften Lösungsumfangs können weitere betriebswirtschaftliche Optionen gewählt werden. Empfehlungen und Konfigurationsregeln beschleunigen und sichern Entscheidungen ab.
- Als Ergebnis des Scopings wird automatisch ein umfangreiches Blueprint-Dokument generiert.
- Weiterhin wird eine Aufgabenliste der relevanten Aktivitäten automatisch generiert. In den meisten Fällen müssen die bereits vorkonfigurierten Inhalte nur geprüft werden, z. B. aus rechtlichen Gründen.
- Im Hintergrund werden viele Einstellungen automatisch durchgeführt, um ein System zu aktivieren.

Im Gegensatz zu einem Fahrzeugkonfigurator ist die betriebswirtschaftliche Konfiguration, und insbesondere das Scoping, auch der Dreh- und Angelpunkt für Erweiterungen und Änderungen des Lösungsumfangs – sowohl vor, während, als auch nach der Implementierung in der produktiven Nutzung. Sie ist damit der Hauptfaktor, der langfristig die Komplexität und dynamische Weiterentwicklung der Unternehmenssoftware unter Kontrolle bringt und die Anforderungen besser umsetzbar macht.

Betriebswirtschaftliche Konfiguration | 6.2

Betriebswirtschaftlicher Katalog

Herzstück des Scopings ist der betriebswirtschaftliche Adaptionskatalog (BAC, Business Adaptation Catalog), der die Fähigkeiten von SAP Business ByDesign repräsentiert und aktiviert. Er ist auch Träger der Konfigurationsregeln, die Integration und Baubarkeit der Unternehmenslösung automatisiert absichern. Die Aufgaben des Scopings auf Grundlage des Katalogs sind folgende:

- Der Business Adaptation Catalog (BAC) strukturiert die Fähigkeiten der Lösung.
- Ein anforderungsgerechtes Kundensystem kann zeitnah und sicher konfiguriert werden.
- Umfang und Gestaltung des Kundensystems können kontinuierlich an neue Anforderungen angepasst werden.
- Ein neuer Lösungsumfang kann jederzeit erstellt und dokumentiert werden.

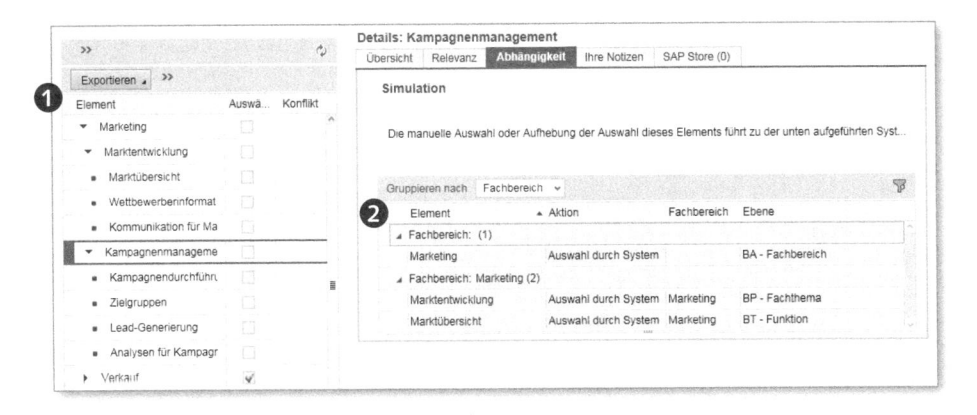

Abbildung 6.10 Auswahlsimulation eines Fachthemas

Abbildung 6.10 zeigt links die Struktur des Katalogs mit dem Fachbereich MARKETING ❶. Darunter sehen Sie die Fachthemen MARKTENTWICKLUNG und KAMPAGNENMANAGEMENT. Die dritte Ebene heißt »BT-Funktion«, wobei es sich dabei auch um Prozesse, Stammdaten, Kommunikation oder Analysen handeln kann. Im KAMPAGNENMANAGEMENT sind die Kampagnendurchführung, Zielgruppe, Lead-Generierung und Analysen für Kampagnenmanagement aufgeführt. Abbildung 6.10 zeigt auf der rechten Seite durch eine Simulation, welche Folgeeffekte die manuelle Auswahl des Fachthemas KAMPAGNENMANAGEMENT hätte ❷. Im Fachbereich MARKETING werden dadurch zwei Elemente beeinflusst:

- Auswahl durch System bedeutet, dass sich die Elemente regelbasiert aktivieren, weil sie – wie z. B. die Zielgruppen – unbedingt notwendig sind für das Kampagnenmanagement.
- Auswahl durch Benutzer bedeutet, dass die Auswahl nun möglich ist, aber durch den Benutzer bestätigt werden muss.

Durch die Konsistenz- und Integrationsregeln wird die Auswahl in Echtzeit abgesichert. Nach jeder Auswahlentscheidung werden die zusätzlich notwendigen Fachthemen und Funktionen automatisch aktiviert und sofort angezeigt. Eine Auswahl ist demnach immer »baubar«, da die softwaretechnischen Abhängigkeiten berücksichtigt werden. Grundsätzlich wird dabei nach dem »Standard-Options-Prinzip« (Hufgard 1994) vorgegangen: Bei der Auswahl eines Fachthemas werden nur solche Funktionen aktiviert, die den Standard und eine Minimalkonfiguration (Auswahl durch System) ausmachen. Alle weiteren Funktionen im Auswahlkorb sind optional und können bei Bedarf durch den Entscheider (Auswahl durch Benutzer) hinzugenommen werden.

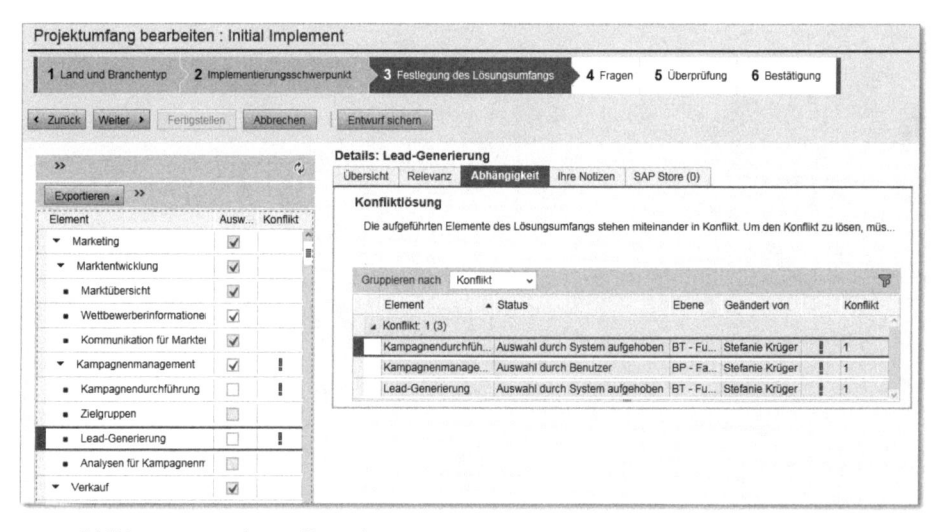

Abbildung 6.11 Sicherstellung der Konsistenz

Abbildung 6.11 demonstriert einen durch Benutzerauswahl provozierten Konflikt und die automatisch vorgeschlagene Konfliktlösung. Betriebswirtschaftlich bedeuten die Ausrufzeichen, dass im Kampagnenmanagement entweder die Kampagnendurchführung oder die Lead-Generierung verwendet werden müssen. Ansonsten sollte man das gesamte Fachthema abwählen. Eine konsistente Lösung ist in Abbildung 6.12 wiederhergestellt worden. Die Auswahl der Kampagnendurchführung hat ebenfalls die Zielgruppen wieder aktiviert.

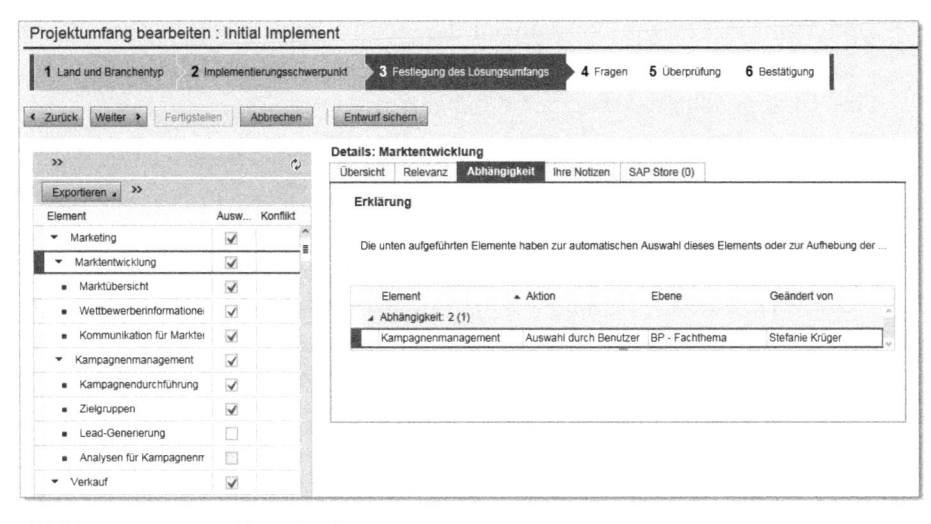

Abbildung 6.12 Auswahlentscheidung

Workshops, wie der Anforderungsabgleich in der Entscheidungsphase oder die Festlegung des Projektumfangs für die Erstimplementierung, können zeitlich einige Wochen auseinander liegen. Stellt man sich dann nach einiger Zeit die Frage, wie eine Auswahl zustande gekommen ist, hilft die Erklärungsfunktion in Abbildung 6.12. Für die Auswahl des Fachthemas MARKTENTWICKLUNG ist im Reiter ABHÄNGIGKEIT ersichtlich, dass die Entscheidung automatisch per Regel durch die AUSWAHL DURCH BENUTZER des Fachthemas KAMPAGNENMANAGEMENT erfolgt ist. Unter GEÄNDERT VON ist der Benutzer ersichtlich, der im Rahmen des Workshops die Entscheidung erfasst hat.

> **Lösungsumfang: Fachbereiche, Fachthemen und Funktionen** [zB]
>
> Die bisher dargestellten Elemente des Katalogs legen den Lösungsumfang fest:
> - Die Fachbereiche, wie Marketing und Verkauf, dienen nur zur Gliederung des Katalogs und sind vergleichbar mit Unternehmensbereichen.
> - Die Fachthemen wie Kampagnenmanagement oder Neugeschäft bestimmen den Projektumfang und sind relativ unabhängige Stammdatengruppen, Geschäftsprozesse oder Funktionsbereiche, die man deswegen auch als Einführungspakete bezeichnen kann.
> - Funktionen sind die inhaltlichen Aspekte der Fachthemen. Sie können notwendige Stammdaten, mögliche Prozessvarianten, Funktionen, Kommunikationsformen und die verfügbaren Analysen repräsentieren.
> - Integration gibt es zwischen den Fachthemen und Funktionen.

Nachdem das Projektteam in einem Workshop den Lösungsumfang festgelegt hat, kann es sich mit den Detailfragen zu den betriebswirtschaftlichen

6 | Einführungsprojekt

Optionen beschäftigen. Im Rahmen des Anforderungsabgleichs ist dies nur punktuell bei kritischen Themen sinnvoll. Spätestens bis zum Beginn des Fine-Tunings sollten alle Fragen durchgearbeitet sein.

Abbildung 6.13 zeigt drei Fragen für das Kundenmanagement. Hierbei geht es um zusätzliche Möglichkeiten bei der Ausgestaltung der Kundenstammdaten. Zur Frage der KREDITLIMITPRÜFUNG FÜR KUNDENSTAMMDATEN sind die Details anzeigt, wobei eine Integrationsbeziehung zum Fachbereich CASH-FLOW-MANAGEMENT im Reiter ABHÄNGIGKEIT aufgezeigt wird. Diese Regel bedeutet, ohne Cashflow-Management wäre die Option nicht wählbar. Die Auswahl dieser Option hier im Kundenmanagement aktiviert auch eine Option im Cashflow-Management.

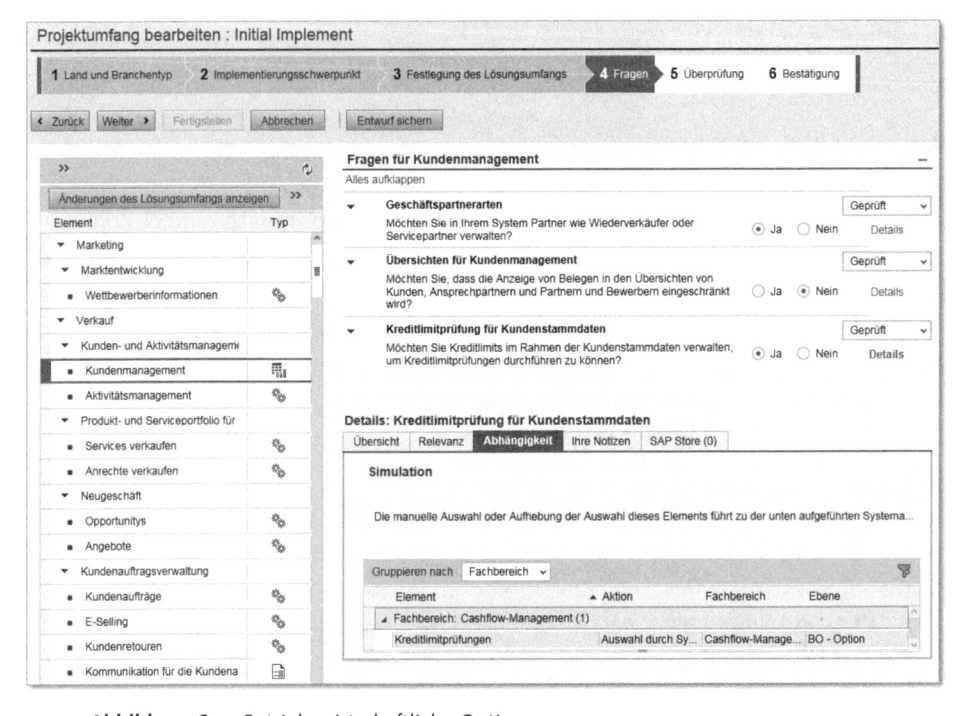

Abbildung 6.13 Betriebswirtschaftliche Optionen

Die betriebswirtschaftliche Logik lässt sich folgendermaßen übersetzen:

- *Positiv*: Im Kundenstamm werden Kreditlimits verwaltet, gegen die Außenstände des Kunden im Cashflow-Management geprüft werden sollen.
- *Negativ*: Werden keine offenen Posten des Kunden verfolgt, ist es nicht sinnvoll, ein Kreditlimit im Kundenstamm zu pflegen.

Die Anzahl der Fragen zu betriebswirtschaftlichen Optionen im Katalog beträgt drei bis vier pro Funktion. Im Gegensatz zu einer Checkliste müssen bei weitem nicht alle Fragen beantwortet werden, da sie durch die Regeln wegfallen oder schon ausgewählt sind. Im sehr umfangreichen Projekt mit 63 Fachthemen bei Kübrich Ingenieure standen nur 336 Fragen zur Prüfung an. Das sind weniger als 30 % der Gesamtmenge. Dies macht die Vorgehensweise schneller und erlaubt effizientere Workshops.

Tabelle 6.6 zeigt die Elemente des Katalogs mit ihrer Anzahl und Aufgabe. Die Inhalte des Katalogs sagen auch viel über die Potenziale und die Fähigkeiten im jeweils aktuellen Release aus.

Elemente des Katalogs (BAC)	Aufgabe	Feature Pack 3.0
Länder/Branchentypen	Vorauswahl	11/3
Fachbereiche	Strukturierung	20
Fachthema (Einführungspakete)	Erste Auswahlebene im Scoping	69
Funktionen (Inhalte der Fachthemen)	Zweite Auswahlebene im Scoping	289
Optionen (Detailfragen zu Funktionen)	Dritte Auswahlebene im Scoping	ca. 1.200

Tabelle 6.6 Elemente des Business Adaptation Catalogs (BAC), Stand 2011: Feature Pack 3.0

Trotz der Wissensbasis und der betriebswirtschaftlichen Struktur ist das Scoping zunächst als ein Kommunikationsprozess zwischen Solution Advisor und Entscheider des Kunden zu sehen. Erst im Laufe des Projektes können die Anwendungsexperten des Kunden ein tiefergehendes Verständnis des Katalogs und der Möglichkeiten des Scopings erwerben. Dann aber ist es das Instrument, um den Lebenszyklus der Unternehmenslösung zu steuern, Bereiche hinzuzunehmen oder die Möglichkeiten eines neuen Feature Packs (funktionale Erweiterungen) oder des SAP Stores zu erkunden und zu aktivieren (siehe Kapitel 7).

Projektumfang festlegen

Die Konzeptabnahme ist der Meilenstein der Vorbereitungsphase. Die Festlegung des Projektumfangs im Scoping ist dabei für die Implementierung entscheidend. Es müssen demnach die letzten wichtigen Entscheidungen vom

Tisch: Sollen bestimmte Prozesse noch mit aufgenommen oder können sie weggelassen werden?

Eine Festlegung des Lösungsumfangs ist in Abbildung 6.14 dargestellt. Das Fachthema BEDARFSPLANUNG ❶ ist nicht im Umfang enthalten. Ebenso benötigte das Anwenderunternehmen keine UMLAGERUNGEN ❷ im Rahmen der Lieferungssteuerung. Demgegenüber ist es am Prozess STRECKENGESCHÄFTE sehr interessiert, weshalb dieser aktiviert ist.

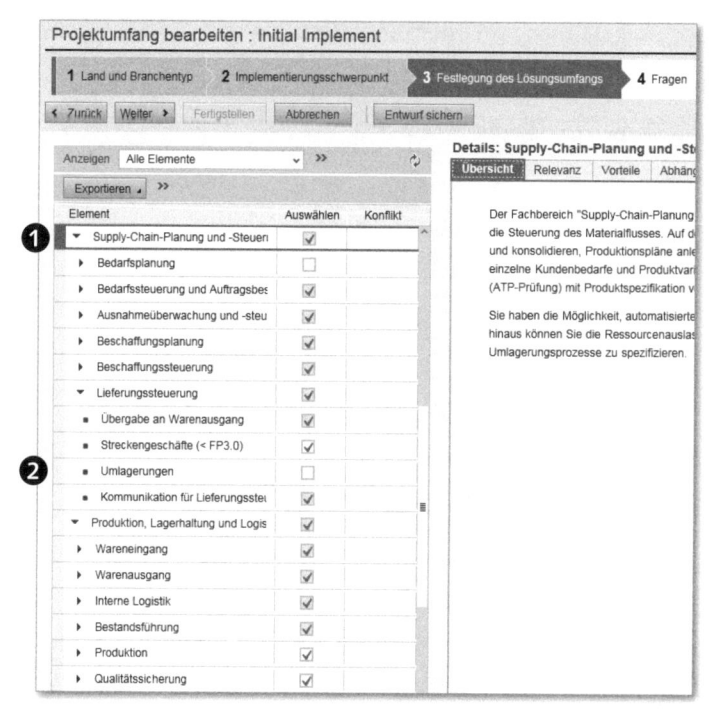

Abbildung 6.14 Festlegung des Lösungsumfangs – Scoping

Der Projektlösungsumfang ist vor dem Schritt des Fine-Tunings festzulegen, um die Aufgabenliste zu generieren. Allerdings ist die Fixierung des Lösungsumfangs für die Implementierung nicht projektgerecht, insbesondere da die betriebswirtschaftliche Konfiguration hier eine gewisse Flexibilität erlaubt. Es ist möglich, auch im Projektverlauf noch Änderungen an der Eröffnungslösung durchzuführen. Bei späten Änderungswünschen zeigen sich aber der Implementierungspartner oder SAP relativ zurückhaltend, weil der Lösungsumfang als Kalkulationsgrundlage für die Einführungskosten vertraglich festgelegt wurde.

> **Partnerschaftliches Handling von späten Änderungen** [+]
>
> Wenn eine Änderung, wie die Hinzunahme einer einzelnen Funktion im Rahmen der betriebswirtschaftlichen Konfiguration, letztlich nur einen sehr geringen Zusatzaufwand verursacht, können sich Dienstleister und Kundenunternehmen sicherlich pragmatisch zeigen.
>
> Allerdings sollte dies umgekehrt vom Kunden nicht missbraucht werden, sondern Nachträge, die einen größeren Aufwand induzieren, müssen anerkannt werden.

Bei der Implementierung des Lösungsumfangs bei der AI AG erwies sich der im Anforderungsabgleich festgelegte Lösungsumfang auf erster und zweiter Ebene als relativ stabil. Lediglich zwei Funktionen kamen noch hinzu:

- Die »externe Fakturierung« von Kundenrechnungen wurde zur Unterstützung der Datenmigration hinzugenommen.
- Der »Rechnungsplan im Einkauf« erwies sich für Mietzahlungen als geeigneter als eine Dauerbuchung.

Bestimmte Entscheidungen können auch erst in der entsprechenden Projektphase fundiert aktiviert werden. Ein Beispiel: Migrationsoptionen aktivieren Vorlagen zur Unterstützung der Migration, allerdings kann die Entscheidung, was migriert oder besser manuell erfasst wird, erst nach Sichtung der Altdaten gefällt werden.

Auch kann über bestimmte betriebswirtschaftliche Optionen erst nach Sammlung von Erfahrungen im Produktivbetrieb endgültig entschieden werden. Ein Beispiel ist hier die Auswahl der wirklich relevanten Berichte. Der Kunde entdeckt für manche seiner ausgewählten Funktionen während der Nutzung neue Aspekte oder will sie vereinfachen, z. B. wird der Umgang mit Genehmigungen und Verantwortlichkeiten nach einigen Wochen Nutzung mit Sicherheit umgestaltet werden.

Schließlich wird es Änderungen geben, typischerweise im Bereich der Kostenstellen und Erlöskontierung, weil Integrationsmöglichkeiten und -effekte erst nach Monaten nachvollzogen werden.

Eine relativ aufwandsträchtige Option für späte Änderungen ist in Abbildung 6.15 ausgewählt worden. Hierbei müssen sich Kunde und Dienstleister einigen, da zusätzlicher Implementierungs- und Testaufwand entsteht, wenn für die Kommunikation mit dem Lieferanten bei Bestellungen auf interaktive Formulare umgestellt werden soll.

6 | Einführungsprojekt

In Abbildung 6.15 sind am Beispiel der KOMMUNIKATION FÜR BESTELLUNG UND BESTELLANFORDERUNG, die sechs Fragen besitzt, auch die hilfreichen Informationen erkennbar, die die Diskussion und Endscheidungsfindung im Scoping-Workshop vereinfachen sollen. Der Reiter ÜBERSICHT erklärt möglichst kurz, worum es betriebswirtschaftlich geht. Der Reiter ABHÄNGIGKEITEN simuliert die Effekte der Auswahl oder erklärt den Auslöser für die bestehende Auswahl.

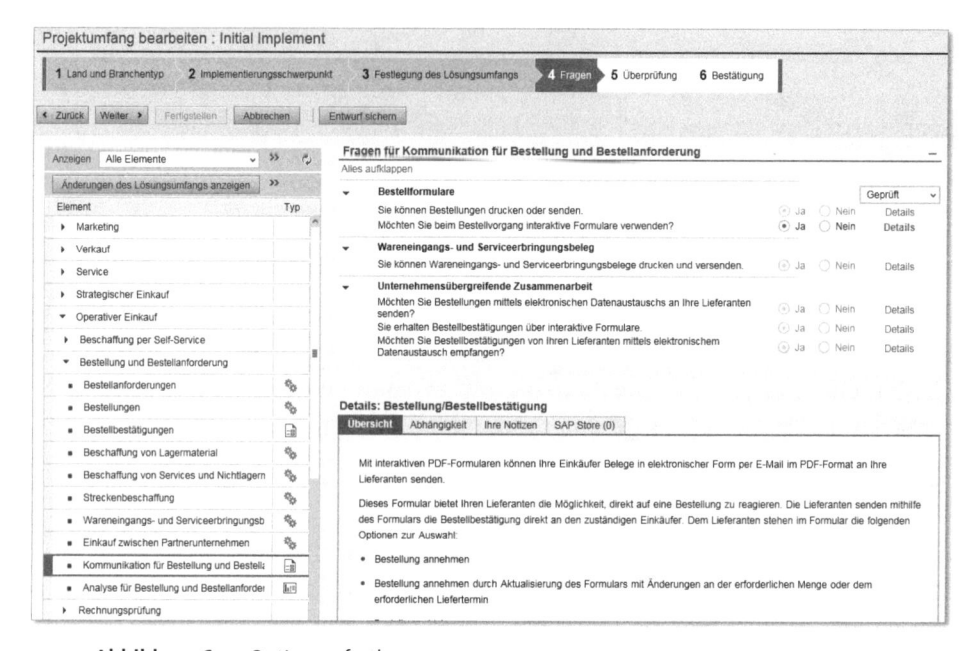

Abbildung 6.15 Optionen festlegen

Offene Punkte, Besonderheiten und zusätzliche Anforderungen können Sie auf dem Reiter IHRE NOTIZEN dokumentieren. Für den Dokumentationsreiter können Anhänge hochgeladen werden, um Festlegung oder Spezifikation abzulegen und zu detaillieren. Die Anforderungen, die Sie angeben, können Sie klassifizieren. Zusätzlich gibt es noch den Reiter SAP STORE, in welchem entwickelte Add-ons von Partnern zu finden sind (siehe Abschnitt 7.2.2).

Die Dokumentation des Projektumfangs kann im fünften Schritt erzeugt werden. Der Lösungsvorschlag wird als umfassender Bericht (Solution Documentation) und als Zusammenfassung erzeugt. Ebenso können die Notizen getrennt ausgegeben werden. In Abbildung 6.16 sind die genannten Berichte aufgeführt.

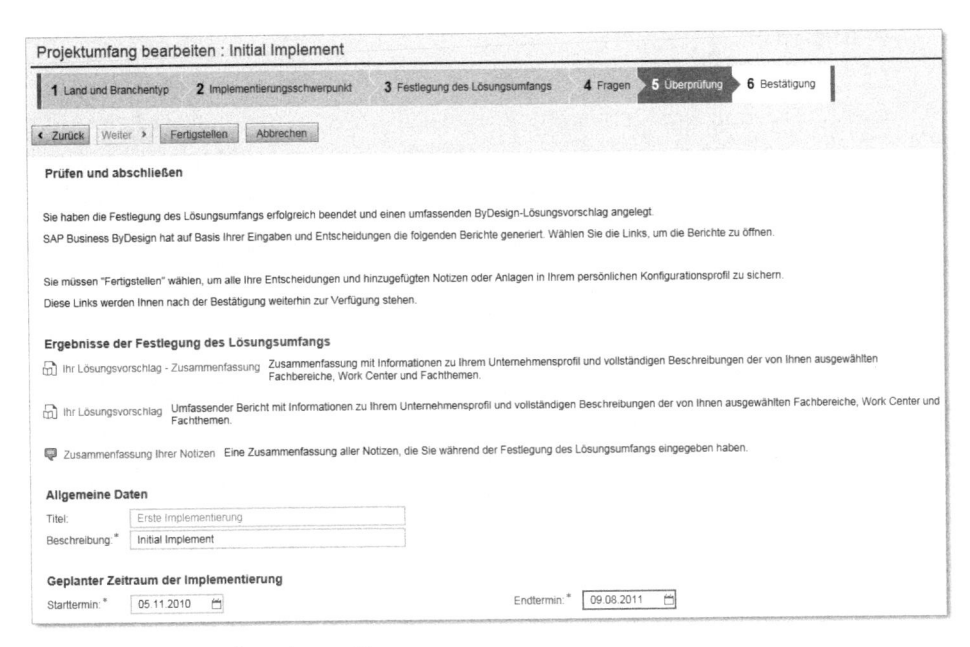

Abbildung 6.16 Projektumfang prüfen

Mit Bestätigung des Projektumfangs in Schritt 6 wird das Konfigurationsprofil (siehe Abschnitt 6.1.4) erstellt oder geändert. Dies hat Einfluss auf die Aufgabenliste und alle Folgeaufgaben.

Faktoren	CRM	Dienstleister	Projektfertiger
Fachbereiche	8	15	19
Fachthemen	21	44	65
Funktionen	61	157	247
Optionen	163	540	856
Aufgabenliste	18 %	52 %	84 %

Tabelle 6.7 Aktivierte Elemente der betriebswirtschaftlichen Konfiguration nach Katalogumfang

Für die bereits in Abschnitt 6.1.3 dargestellten Projekttypen sind in Tabelle 6.7 die Größenordnungen der aktivierten Katalogelemente aufgeführt. Ein kleines Projekt erhält so auch einen überschaubaren Projektrahmen, den die betriebswirtschaftliche Konfiguration für ihn zusammenstellt. Die Skalierbarkeit, die der Katalog erlaubt, sorgt für Übersicht und ermöglicht die Fokussierung auf relevante Aufgaben im Projekt und in den konfigurierten Geschäftsprozessen.

Prinzipien

Im letzten Punkt dieses Abschnitts sollen die wichtigsten Prinzipien zusammengefasst und erläutert werden, die bei dieser neuartigen, system- und regelbasierten Implementierung zu beachten sind, um die Möglichkeiten voll auszureizen.

Folgende Empfehlungen gelten für das Scoping im Projekt:

- Pflichten- oder Lastenhefte im Vorfeld selbst zu erstellen, ist nicht mehr notwendig. Das Scoping erlaubt eine systematischere und effizientere Anforderungsanalyse und -dokumentation.
- Der Entscheider und die Anwendungsexperten sollten in die Workshops einbezogen werden. Der Implementierungspartner darf die Auswahl des Lösungsumfangs nicht alleine im Hintergrund vornehmen.
- Das Projektteam muss den Katalog und die grundsätzlichen Fähigkeiten des Work Centers BETRIEBSWIRTSCHAFTLICHE KONFIGURATION frühzeitig kennen lernen.
- Den Entscheidungsprozess im Scoping muss ein erfahrener Solution Advisor moderieren. Insgesamt sollten je nach Projekttyp ein bis drei Tage dafür reserviert werden.
- Kritische und relevante Prozesse werden mit dem Scoping identifiziert und konfiguriert. Die Prozessgestaltung ist Thema bei der Prozessevaluierung am System.
- Zusätzliche Anforderungen sollen im Workshop gesammelt, dokumentiert und priorisiert werden.
- Die Komplexität der Kundendaten muss ebenfalls identifiziert werden, um den konkreten Aufwand für die Datenmigration einschätzen zu können.

Die zweite Gruppe von Prinzipien – hinsichtlich der Wirkungen der betriebswirtschaftlichen Konfiguration – sollte das Projektteam ebenfalls verinnerlichen, um auf Basis des Verständnisses der betriebswirtschaftlichen Konfiguration daraus einen langfristigen Nutzen zu ziehen.

- Die Komplexität der Unternehmenssoftware durch Regeln reduzieren – Unnötiges wird weggelassen, nur Relevantes wird aktiviert.
- Grundeinstellungen werden vorgeschlagen und können akzeptiert oder überarbeitet werden.
- Entscheidungseffizienz und -effektivität im Scoping bedeutet: schrittweise Ermittlung des betriebswirtschaftlichen Lösungsumfangs für das Anwenderunternehmen, mit möglichst geringen Reibungsverlusten und Redundanzen.

- Konfigurationsentscheidungen durch Berücksichtigung der Abhängigkeiten absichern; dies stellt die Baubarkeit der Lösung sicher.
- Durchgängigkeit der Entscheidungen vom Scoping bis zur Konfiguration liefert frühzeitige Klarheit über die zukünftige Gestaltung der Kundenlösung.
- Nachhaltigkeit wird erzeugt, durch die Dokumentation und Verwendung der Entscheidungen und Auswahl im Scoping für »Change« (siehe Abschnitt 7.4) oder »Upgrade«.
- Entscheidungen im Scoping werden durch die Konfiguration direkt in Systemeinstellungen umgesetzt.
- Länder- und Industrieorientierung kann über Vorauswahl und Regeln konfigurationsgerecht umgesetzt werden.
- Festlegung des Lösungsumfangs für Entscheider und Anwendungsexperten wird erleichtert, durch die betriebswirtschaftliche Sprache im Katalog und das Fokussieren auf entscheidungsrelevante Fragestellungen.
- Vollständige Betrachtung von Prozessen, Organisation, Stammdaten, Funktionen, Analysen und der Kommunikation.

Die Auswahl aus einem Katalog betriebswirtschaftlicher Fähigkeiten folgt den Zielen der *Mass Customization*. Das bedeutet, trotz Automatisierung erlaubt sie, ein kundenindividuelles System aufzubauen. Die Zusammenarbeit entlang eines werkzeugbasierten, methodischen und inhaltlichen Leitfadens kann schneller und besser zu einer anforderungsgerechten Lösung führen.

Als Vorgängerwerkzeug oder Vorbild der betriebswirtschaftlichen Konfiguration kann das LIVE KIT Structure gelten.[3] Es wurde in einer Entwicklungskooperation zwischen SIEMENS und IBIS in Ergänzung zu R/3 bzw. der SAP Business Suite realisiert. Von 1995 bis heute ist es zur Anforderungsanalyse in über 1.000 Projekten eingesetzt worden. Dieses Werkzeug kann durch das in ihm abgebildete betriebswirtschaftliche Entscheidungsgerüst helfen, innerhalb von zwei bis fünf Tagen durch die betriebswirtschaftlichen Potenziale der SAP Business Suite zu navigieren, um die Anforderungen abzugleichen. Über 15 Jahre hinweg wurde die gesamte SAP-Weiterentwicklung im LIVE KIT Structure in einen regalbasierten Katalog mit 87 Fachbereichen,

---

3 Ein Expertenteam der IBIS Prof. Thome AG unter der Leitung des Autors war mitverantwortlich für die Entwicklung der betriebswirtschaftlichen Konfiguration in SAP Business ByDesign, insbesondere für die Inhalte des Katalogs und der Regeln. Die Grundlagen dafür stammen aus der Forschung – Hufgard 1994; Thome, Hufgard 2006, 2008 – sowie aus der Praxis von über 1.000 Projekten.

508 Funktionen und 8.000 betriebswirtschaftlichen Optionen nachvollzogen. Der Anwender konnte so systematisch geführt seine Anforderungen in Entscheidungen über die zukünftige Gestaltung seines SAP-Systems umsetzen.

6.2.2 Aufgabenliste

Eine projektspezifische Aufgabenliste wird auf Basis des festgelegten Projektumfangs von der betriebswirtschaftlichen Konfiguration automatisch erzeugt. Tabelle 6.8 zeigt die fünf wichtigsten Elemente, die das Scoping aktiviert. Im Rahmen der Aufgabenliste, die für die Implementierung steuernden Charakter hat, gibt es eine Teilmenge von Konfigurationssichten, für die konkrete Einstellungen vorgenommen werden können. Die weiteren Aufgaben haben einen Link auf die Anwendung, beinhalten Vorlagen oder dienen der Projektsteuerung.

Automatisch konfigurierte Elemente der betriebswirtschaftlichen Konfiguration	Verwendung	Größenordnung
Aufgabenliste	Implementierung	50–350
Konfigurationssichten	Fine-Tuning	30–220
Einstellungen	Konfiguration	300–1.200
Work Center	Aufbauorganisation	15–70
Prozessvarianten	Ablauforganisation	30–180

Tabelle 6.8 Wirkung der automatischen Konfiguration

Inhalte mit konkreten Werten für Konfigurationstabellen sind ebenfalls Teil des Ladeprozesses nach dem Scoping. Ein Teil dieser Einstellungen sind Vorschlagswerte, die das Projektteam prüfen, übernehmen oder ändern kann. Auch die Sichtbarkeit der Work Center und die zwischen den Prozesskomponenten agierende Prozesssteuerung werden durch die Konfiguration bestimmt, um die Komplexität bedarfsgerecht zu kontrollieren. Die Größenordnungen in Tabelle 6.8 zeigen die wahrscheinliche Unter- und Obergrenze des Aktivierungsumfangs für einen kleinen bis großen Projektumfang an. Neben den aufgeführten Elementen werden noch eine Reihe weiterer Objekte, wie Formulare, Analysen oder Dokumentation, in SAP Business ByDesign konfiguriert.

Betriebswirtschaftliche Konfiguration | 6.2

Änderbarkeit der Aufgabenliste im Projekt [+]

Die automatische Konfiguration und die Generierung der Aufgabenliste wird auch *Deployment* genannt. Sie kann technisch gesehen mehrmals durchlaufen werden. Erweiterungen sind auch in späten Phasen problemlos möglich. Die Rücknahme des Lösungsumfangs kann in bestimmten Fällen und bei vorhandenen Daten durch das System blockiert sein.

Auch gibt es die Möglichkeit, über die Änderungen im Scoping die Aufgabenliste erneut automatisch zu aktivieren. Das Änderungsvolumen sollte allerdings nichts zu umfangreich sein, um die Projektplanung nicht zu sprengen.

Nachdem die Aufgabenliste erzeugt wurde, zeigt sich eine phasenorientierte Darstellung der einzelnen Einträge, wie in Abbildung 6.17. Logischerweise ist anfänglich noch keine Aufgabe zurückgemeldet. Das in Abbildung 6.17 dargestellte Projekt befindet sich schon in der Datenmigrationsphase.

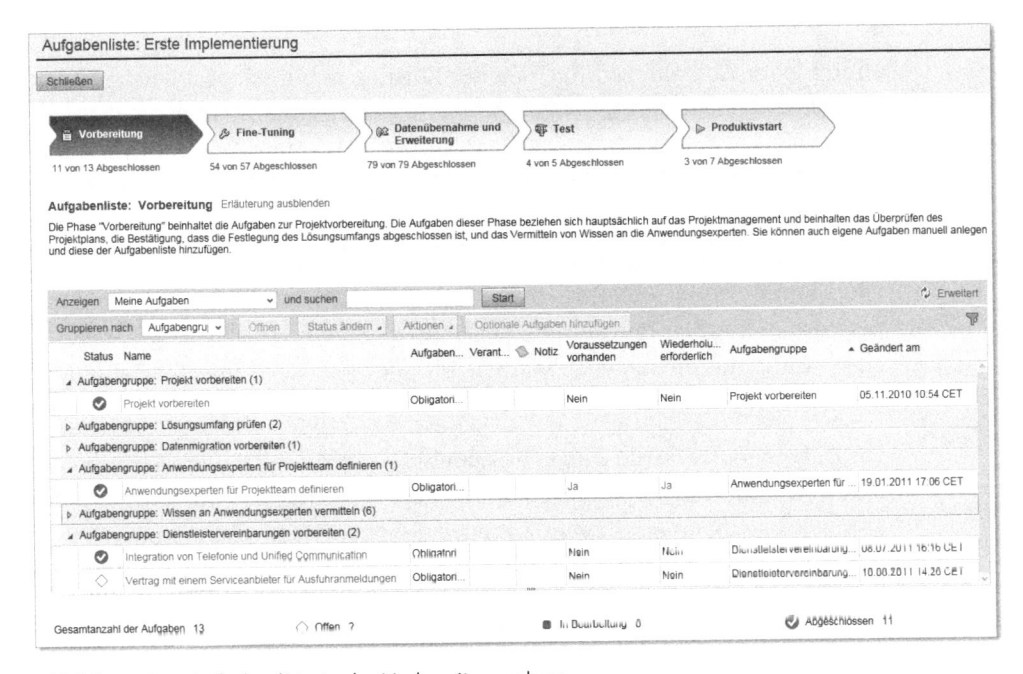

Abbildung 6.17 Aufgabenliste in der Vorbereitungsphase

Die Aufgaben unter der Rubrik VORBEREITUNG haben deswegen eher rückblickenden Charakter und sollten schon begonnen oder abgeschlossen sein. Eine Aufgabe in Abbildung 6.17 ist noch nicht beendet: VERTRAG MIT SERVICEANBIETER FÜR AUSFUHRANMELDUNGEN beim Zoll, die elektronisch abgewickelt werden sollen, muss noch abgeschlossen werden.

In der Vorbereitung ist es die wichtigste Aufgabe, Anwendungsexperten für das Projektteam zu definieren. Damit erhalten Mitarbeiter Zugang zum System und können mit ihren Projektaufgaben beginnen. Die weiteren Spalten der Tabelle geben Hinweise auf Zweck und Wechselwirkung der Aufgaben:

- Die AUFGABENGRUPPEN gliedern die Tätigkeiten.
- Die AUFGABENART zeigt die Relevanz: obligatorisch, optional oder ein Meilenstein zur Projektkontrolle.
- VORAUSSETZUNG VORHANDEN zeigt, ob und welche Aufgaben vorher erledigt sein müssen.
- WIEDERHOLUNG ERFORDERLICH weist darauf hin, dass die Aufgabe im Produktivsystem erneut durchzuführen ist, wie hier das Thema »Anwendungsexperten anlegen«.

Daneben kann der Projektleiter Verantwortliche festlegen, Notizen pflegen oder sogar eigene Aufgaben ergänzen.

Hinter jeder Aufgabe verbirgt sich der Einstieg in eine Pflegeoberfläche und eine Dokumentation; Vorgehen und Benutzerführung sind übersichtlich und einheitlich. Trotzdem ist die Aufgabenliste nicht ohne Weiteres für einen Mitarbeiter beim Kundenunternehmen nutzbar, da sie betriebswirtschaftliches Kontextwissen voraussetzt und die Erkenntnis über Auswirkungen auf Geschäftsszenarien eine gewisse Einarbeitung verlangt. Das realistische Ziel einer Implementierung ist, dass am Ende des Projektes die Anwendungsexperten des Kunden mit den wichtigsten Aufgaben der betriebswirtschaftlichen Konfiguration umgehen können, die auch für Änderungen im laufenden Betrieb notwendig sind.

Die Aufgabenliste ist die Umgebung eines Service Advisors, der sich auskennt und produktiv mit ihr umgehen kann. Erst im Laufe der Implementierung können Aufgaben verteilt werden, um zeitlich voran zu kommen.

Der Schwerpunkt der Fine-Tuning-Phase liegt in der Ausgestaltung des gewählten Lösungsumfangs, um einen Lösungsdurchlauf der Kundenprozesse am System zu erreichen. Die Organisationsstruktur muss aufgebaut sein, um das Fine-Tuning durchführen zu können. Die Erweiterung und die Aufgaben der Datenmigration können parallel vorangetrieben werden.

Organisationsstruktur

Der Festlegung des Organisationsmodells in einer frühen Projektphase haftet ein wenig das Gefühl der Nicht-Revidierbarkeit an, wenn man der Dokumentation glaubt. Aussagen wie die folgende in der Dokumentation erzeugen Nervosität: »Alle Nummern Ihrer Organisationseinheiten sind dauerhaft fixiert. Es gibt keine Möglichkeit, diese nach der Aktivierung zu ändern«.

Das Projektteam muss deshalb in die Gestaltung etwas mehr Zeit und Mühe investieren. Trotzdem ist es durchaus möglich, später im Produktivsystem eine überarbeitete Version der Organisationsstruktur einzupflegen. Man hat sozusagen zwei Versuche im Implementierungsprojekt. Wenn der erste Versuch funktioniert, kann, wie Abbildung 6.18 zeigt, die Struktur ins Produktivsystem kopiert werden. Andernfalls muss sie eben gänzlich neu angelegt werden.

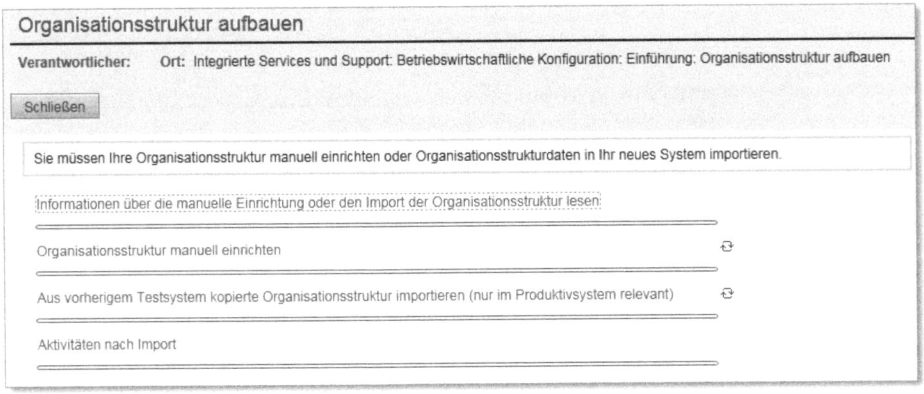

Organisationsstruktur aufbauen

Verantwortlicher: Ort: Integrierte Services und Support: Betriebswirtschaftliche Konfiguration: Einführung: Organisationsstruktur aufbauen

Schließen

Sie müssen Ihre Organisationsstruktur manuell einrichten oder Organisationsstrukturdaten in Ihr neues System importieren.

Informationen über die manuelle Einrichtung oder den Import der Organisationsstruktur lesen:

Organisationsstruktur manuell einrichten

Aus vorherigem Testsystem kopierte Organisationsstruktur importieren (nur im Produktivsystem relevant)

Aktivitäten nach Import

Abbildung 6.18 Organisationsstrukturen einrichten oder importieren

Es ist durchaus realistisch, dass im Rahmen des Lösungsdurchlaufs noch Anforderungen an eine Umgestaltung entstehen können. Man kann interessante neue Erkenntnisse gewinnen, die z. B. zu einem neuen Konzept für die Erlösverrechnung führen. In diesem Fall geht man folgendermaßen vor, um die Aktualisierungen vorzunehmen.

Durch den Sprung aus der Aufgabe ORGANISATIONSSTRUKTUR AUFBAUEN und ORGANISATIONSSTRUKTUR MANUELL EINRICHTEN in Abbildung 6.18 erreichen Sie die Modellierung der Organisationsstrukturen in Abbildung 6.19. Diese Sicht ist Bestandteil des Work Centers ORGANISATIONSMANAGEMENT, wo auch später im produktiven Betrieb Organisationsänderungen vorgenommen werden können (siehe Abschnitt 9.5). Die alte Organisationsversion bleibt historisch dokumentiert, wenn sie durch eine aktuell gültige ersetzt wird.

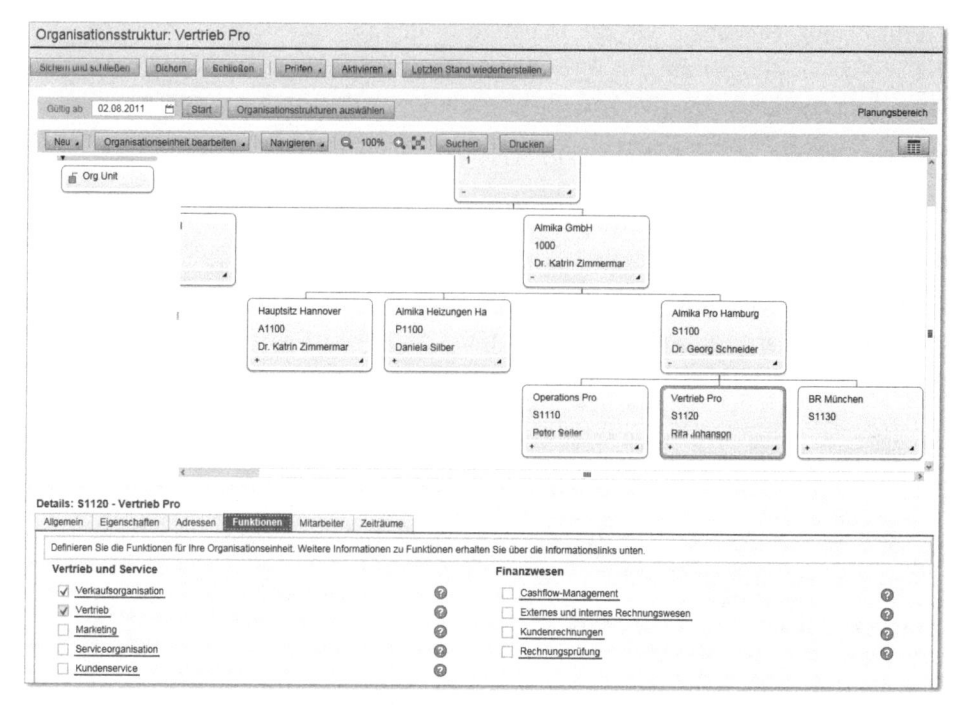

Abbildung 6.19 Organisationsmanagement mit Organisationsstrukturen

In der Abbildung 6.19 ist eine organisatorische Einheit mit der Funktion VERTRIEB markiert. Die angezeigte Hierarchie ist nicht nur ein passives Org-Chart, dem Mitarbeiter und Adressen zugeordnet sind, sondern es werden auch FUNKTIONEN und EIGENSCHAFTEN zugeordnet, die eine aktive steuernde Wirkung haben. Durch die Funktionen werden entsprechende Work Center und Berechtigungen für Arbeitsverteilung vorgeschlagen und festgelegt. Erst jetzt können sinnvollerweise Mitarbeiter eingepflegt und ihrem Manager unterstellt werden.

Eine noch wichtigere Auswirkung haben die Eigenschaften der Organisationseinheit in Abbildung 6.20. Sie legen fest, welche Bedeutung der Organisationseinheit zufällt. Der VERTRIEB PRO ist demnach bezüglich der finanzrechtlichen Eigenschaften eine Kostenstelle, die *derzeit* der Betriebsstätte S1100 ALMIKA PRO HAMBURG und dem Unternehmen 1000 ALMIKA GMBH zugeordnet ist. Die Eigenschaft ABTEILUNG triggert die Berichtstrukturen. In diesem Falle bedeutet es, dass die Managerin RITA JOHANSEN die personelle Verantwortung hat und die Genehmigungen verantwortet. Wie Prozesse durch die Organisationsstruktur gesteuert werden, zeigen die Beispielszenarien in Kapitel 9.

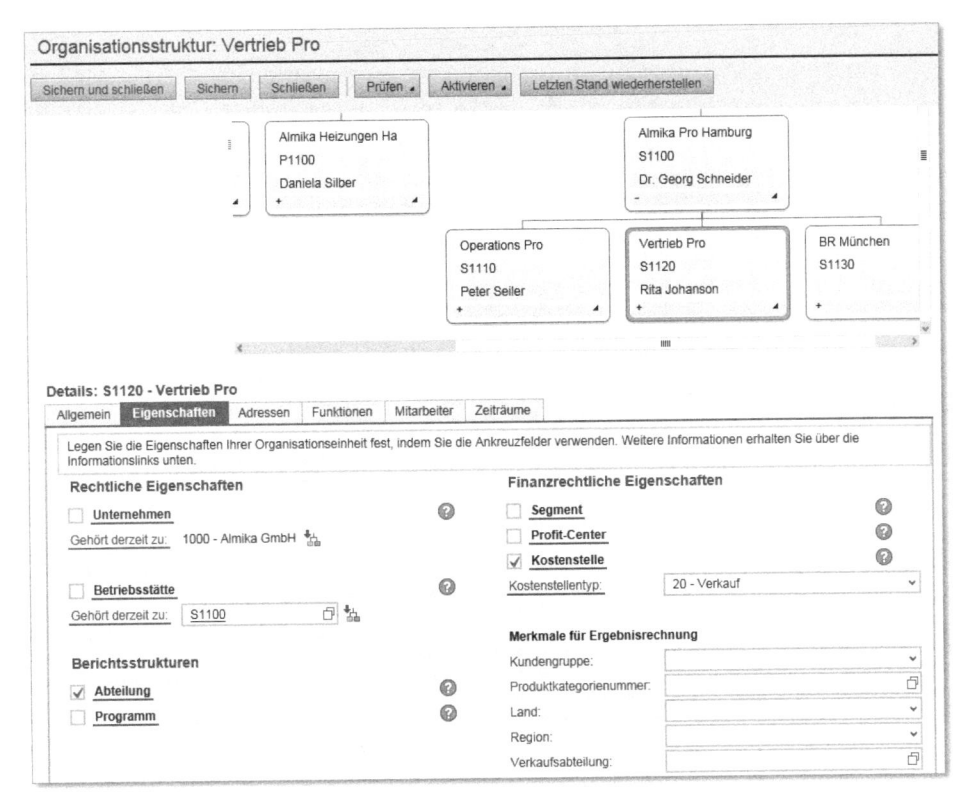

Abbildung 6.20 Eigenschaften von Organisationseinheiten

> **Mit einfachem Organisationsmodell starten** [+]
>
> Jedes Projekt sollte mit einer einfachen Struktur beginnen. Legale Einheiten müssen als Unternehmen und Standorte als Betriebsstätten abgebildet werden. Der Manager einer Abteilung ist der Genehmiger für seine Mitarbeiter.
>
> Kompliziert wird es, wenn Erlös- und Kostenzuordnungen durch Profit-Center und Kostenstellen stärker differenziert werden sollen und auseinander fallen. Dann muss ein erfahrener Berater ein Konzept ausarbeiten.

Im AI AG-Projekt fand faktisch nur eine Überprüfung der in der Entscheidungsphase gesammelten Anforderungen auf Aktualität statt, um möglichst von Anfang an ein stabiles Organisationsmodell erstellen zu können. Nach Verfügbarkeit und Aktivierung des Organisationsmodells (19.4.2010) wurden am selben Workshop-Tag auch Fine-Tuning-Maßnahmen und Datenmigration diskutiert und die konkrete Vorgehensweise abgestimmt.

Fine-Tuning

Für die Implementierung ist das aktivierte Organisationsmodell ein Meilenstein und die Grundlage für die Phase FINE-TUNING. In dieser Phase liegt die Mehrzahl der Einzelaufgaben. Im Projekt in Abbildung 6.21 sind bereits alle 54 von 56 Aufgaben erledigt.

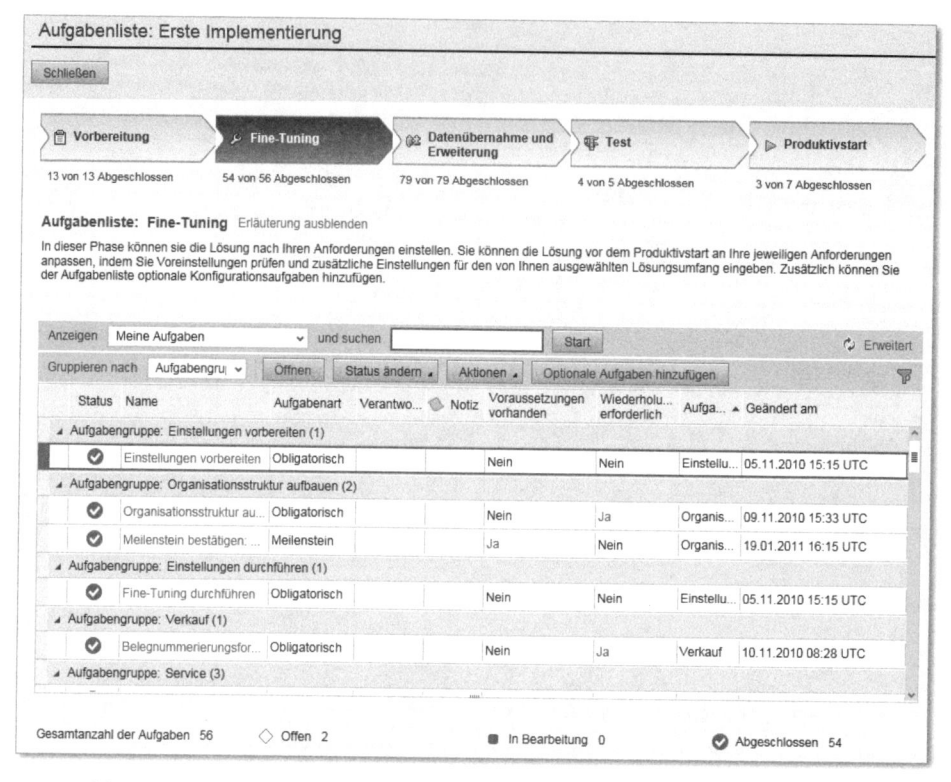

Abbildung 6.21 Aufgabenliste im Fine-Tuning

Das FINE-TUNING ist gut zu handhaben und als systemseitige Unterstützung reibungslos in der Projektarbeit verwendbar.

In der Fine-Tuning-Phase werden Konfigurationsdaten und die Steuerungsparameter der Geschäftsprozesse kundenindividuell ausgestaltet. Konkrete Aufgaben sind hier die folgenden:

- Obligatorische Aktivitäten durcharbeiten: Der Schwerpunkt liegt hier im Finanzwesen.
- Sich einen Überblick über die optionalen Tätigkeiten in Abbildung 6.22 verschaffen und diese bei Bedarf in die Aufgabenliste aufnehmen.

- Anwendungsexperten einbeziehen und nach Detailanforderungen fragen; Möglichkeiten und Defaults zeigen.
- Fehlende Steuerdaten überarbeiten; z. B. wurden im AI AG-Projekt die Rechtsformen des öffentlichen Dienstes ergänzt.

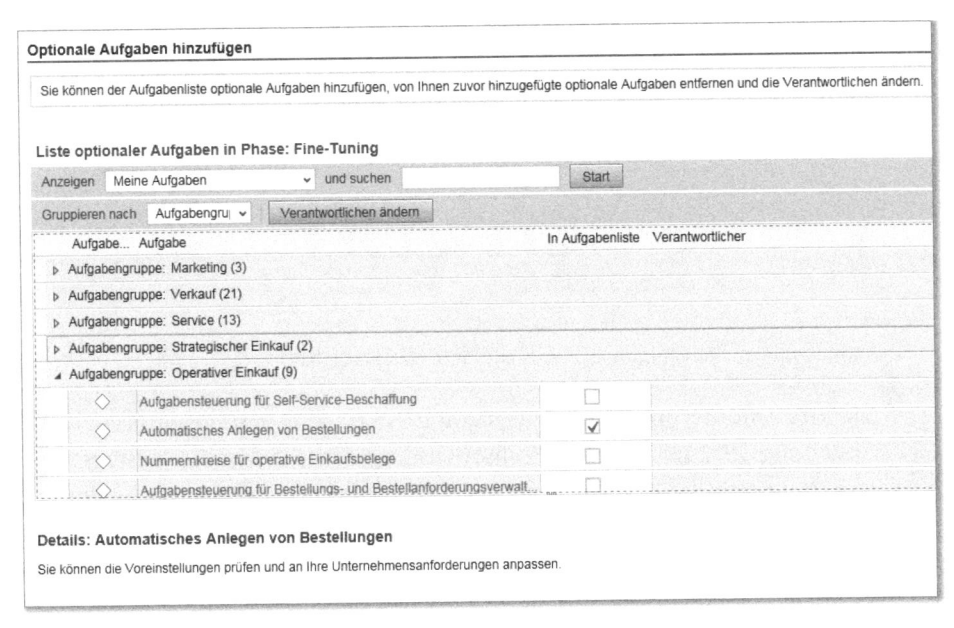

Abbildung 6.22 Optionale Aufgaben

Es hat sich erwiesen, dass man die Aufgabenliste im Fine-Tuning überwiegend zügig abarbeiten kann. Es gibt nur wenige komplexere Abfolgen zu beachten, wenn Einstellungen aufeinander aufbauen. So ist das Anlegen eines eigenen Verkaufszyklus mit mehreren Phasen oder die Kontenfindung im Handling erklärungsbedürftig. Darüber hinaus sind zwei weitere Erkenntnisse zu nennen:

- Die *Reihenfolge* der Fine-Tuning-Aktivitäten sollte weitgehend eingehalten werden. Die Abarbeitung ist im Work Center BETRIEBSWIRTSCHAFTLICHE KONFIGURATION gut und sinnvoll sortiert dargestellt.
- Die *Phasenzuordnung* ist allerdings mitunter unscharf. So können manche Aktivitäten einer Phase noch offen sein, obwohl dahinter liegende Aufgaben bereits gestartet sind.

In Abbildung 6.23 sind die voreingestellten Verkaufsphasen von 001 bis 006 in der Fine-Tuning-Aufgabe gut erkennbar. Im Projekt wurde noch eine Phase Z01 ZURÜCKGESTELLT ergänzt.

Verkaufsphasen	
Version: SAP-Vorschlagswert Option: Verkauf: Neugeschäft: Opportunitys: Verkaufszyklen und -phasen	

Sie können Verkaufsphasen definieren, die Verkaufszyklen zugeordnet werden können.
Neue Werte für Verkaufsphasencode müssen mit Z beginnen

Verfügbare Verkaufsphase

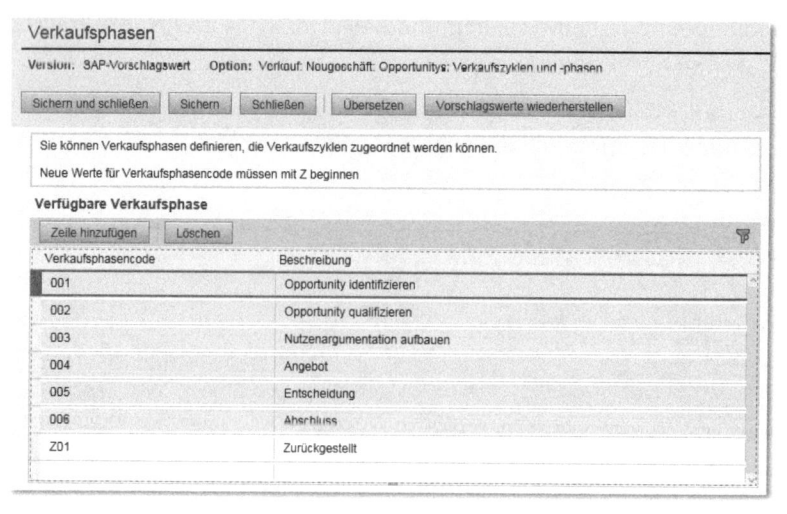

Verkaufsphasencode	Beschreibung
001	Opportunity identifizieren
002	Opportunity qualifizieren
003	Nutzenargumentation aufbauen
004	Angebot
005	Entscheidung
006	Abschluss
Z01	Zurückgestellt

Abbildung 6.23 Konfigurationspflegesicht für die Verkaufsphasen

Die Herausforderung beim Fine-Tuning ist es, die betriebswirtschaftliche Gestaltungswirkung und die Wechselwirkungen zu kennen. Bei unserem Beispiel stellt sich die Frage, warum eine Verkaufsphase ergänzt und nicht mit dem Belegstatus gearbeitet wurde. Die Diskussion mit dem Kunden im Lösungsdurchlauf (siehe unten) war hier wohl entscheidend, der in den Reports die Opportunities in dieser Verkaufsphase sehen will.

Der Kontrollpunkt FINE-TUNING war im AI AG-Projekt nach zehn Tagen erreicht. Die Prüfkriterien für das erfolgreiche Durchlaufen dieser Phase sind die folgenden:

- Typische Produkt-, Kunden- und Kontodaten können angelegt werden.
- Die Geschäftsprozesse laufen anforderungsgerecht durch.

Tabelle 6.9 fasst die Vorteile der Aufgabenliste zusammen und führt auf, was noch wünschenswert wäre, um dieses produktive Instrument sinnvoll weiterzuentwickeln.

Pro Aufgabenliste	Was fehlt noch?
Per Konfiguration geladene Vorschlagswerte	Automatische Checks
Konfigurationsprotokoll	Nutzbarkeit der Reihenfolgeinformation auch in der Produktivumgebung

Tabelle 6.9 Aufgabenliste

Pro Aufgabenliste	Was fehlt noch?
Systembasierte Führung durch das Projekt	Einige Konfigurationsaktivitäten sind nicht in der Aufgabenliste zu finden: z. B. Erweiterungsaktivitäten und einige wichtige Stammdatenaktivitäten

Tabelle 6.9 Aufgabenliste (Forts.)

Stammdaten mit konfigurativem Charakter	[+]
Die Basisstammdaten oder Grunddaten – z. B. Produkthierarchien – verhalten sich ähnlich wie das FINE-TUNING, sind aber Bestandteil der Anwendung und als Aufgaben unter der Phase DATENÜBERNAHME zu finden. Wichtig ist es, diese beiden Aspekte nicht zu trennen, sondern die konfigurativen Grunddaten in der FINE-TUNING-Phase mit zu erledigen. Dazu zählen insbesondere viele Elemente in der Logistik und Produktion wie Transportzonen, Logistiklayout und Prozessmodelle.	

Lösungsdurchlauf

Ziel des Lösungsdurchlaufs ist es, die Geschäftsprozesse am System mit den Anwendungsexperten durchzuführen, um letztlich alle kundenspezifischen Geschäftsprozesse mit Beispieldaten im Zusammenspiel erstmalig zu bewerten.

Die Frage, die sich dabei stellt, ist folgende: Kann das Projektteam mit dem gestalteten Ablauf zufrieden sein und sind die gesetzten Ziele erreicht? Je nach Vorarbeit im Rahmen der Entscheidungsphase fällt hier der Aufwand mehr oder weniger groß aus.

Geschäftsszenarien des Kunden durchlaufen	[+]
Kapitel 8 und alle darauf folgenden Kapitel zu den Geschäftsprozessen zeigen, wie die Kundenszenarien aussehen können und liefern auch eine inhaltliche und methodische Vorlage für den Lösungsdurchlauf. Der Aufwand wird hier durch die Abweichung vom Standard, die Anzahl der kundenspezifischen Varianten und das Zusammenspiel der Prozesse untereinander bestimmt.	

Es ist unbedingt notwendig und auch hilfreich, die Prozesse am System durchzuarbeiten. Insbesondere sollten die Beispieldaten, der Belegfluss und die Aufgabensteuerung eingehend betrachtet werden. Gerade der Belegfluss in Abbildung 6.24 sollte für jedes Kundenszenario einmal durchlaufen werden und stellt damit eine gute Dokumentation dar.

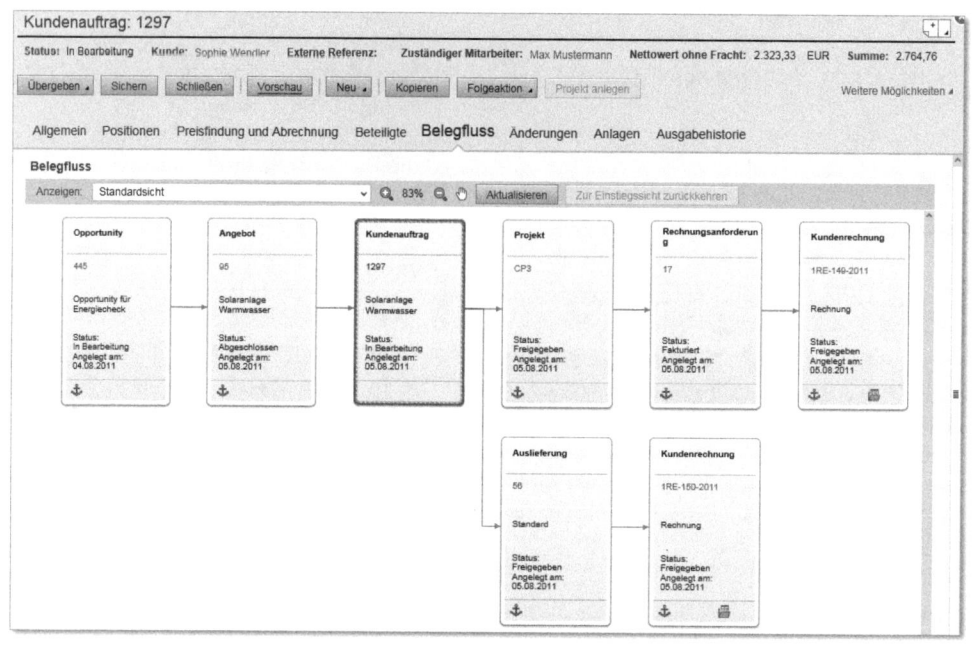

Abbildung 6.24 Belegflussverfolgung im Lösungsdurchlauf

Im Lösungsdurchlauf können alle Aspekte wie (Basis-)Stammdaten und Fine-Tuning nochmals im Gesamtzusammenhang überprüft, verfeinert und finalisiert werden, um möglichst schnell mit der Datenmigration und den Integrationstests beginnen zu können.

Auch gibt es im Lösungsdurchlauf immer einige neue Erkenntnisse für die richtige Aufgabenverteilung oder »pragmatische« Genehmigungsprozesse. Das Durchlaufen der eigenen Abläufe zeigt auch neue Möglichkeiten auf und macht deutlich, ob und wo bestimmte Aspekte limitiert sind. Eine ganze Reihe offener Punkte wird gesammelt, für deren Abarbeitung sich das Projektteam dann Zeit nehmen muss.

6.2.3 Datenübernahme

Die Datenmigration ist eine große Herausforderung im Projekt, weil sie unbekannte Faktoren aufgrund der Altsysteme besitzt und mangelnde Datenqualität in SAP Business ByDesign fatale Folgen hätte:

- Produktivität der Mitarbeiter sinkt auf Grund schlechter Stammdaten.
- Fehlerhafte Übernahme offener Belege kann die Rechnungsstellung und in Folge dessen auch die Liquidität negativ beeinflussen.

Betriebswirtschaftliche Konfiguration | 6.2

▶ Verzögerung der Abschlüsse im Finanzwesen, wenn Finanzdaten inkorrekt migriert werden, weil sie durch Nachbuchungen bereinigt werden müssen.

Auch müssen sich jetzt die Prozesskonzepte und die Einstellung im FINE-TUNING aus Kundensicht unter realen Bedingungen bewähren, das heißt, mit migrierten Daten des Kunden in den Integrationstests. Abbildung 6.25 zeigt, dass es eine ganze Reihe von Aufgabengruppen in der Aufgabenliste zur Datenübernahme und Erweiterung gibt. Die hier aufgeführten Erweiterungsaktivitäten konzentrieren sich auf Formulare und Berichte. Das Thema »Erweiterung« wird in Kapitel 7 ausführlich behandelt.

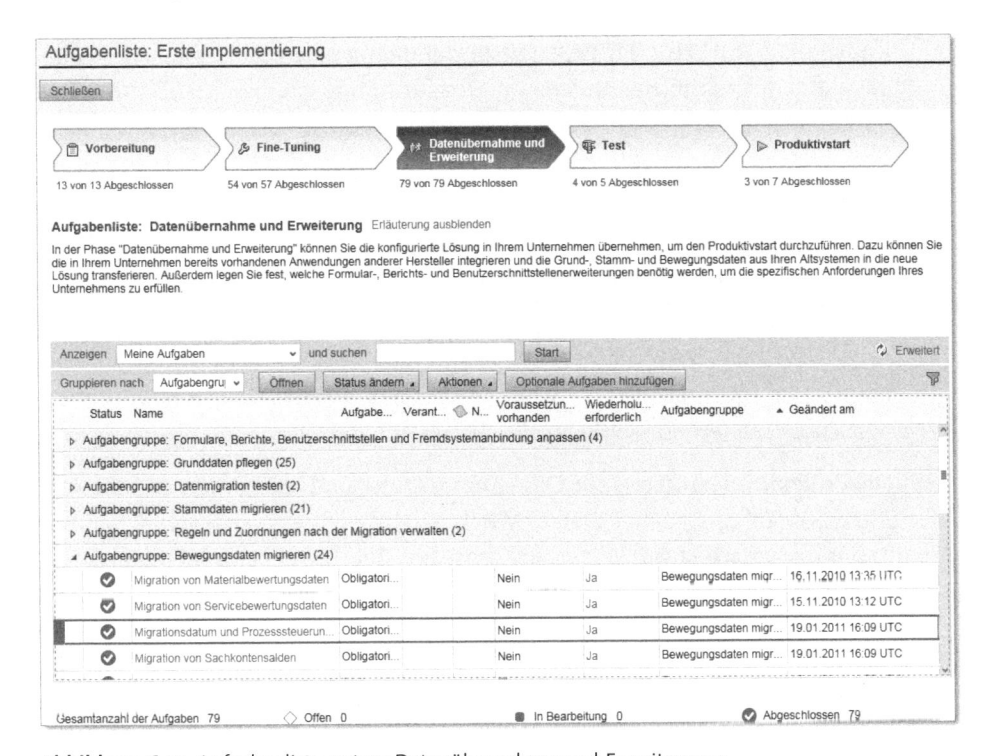

Abbildung 6.25 Aufgabenliste unter »Datenübernahme und Erweiterung«

Die Aufgabengruppe GRUNDDATEN PFLEGEN beinhaltet die Stammdaten mit konfigurativem Charakter, die in den meisten Fällen wohl sinnvollerweise manuell zu erfassen sind, wie z. B. (Haus-)Banken, Finanzbehörde oder Krankenkassen. Für die Grunddaten, die auch ein größeres Volumen haben könnten, gibt es alternativ auch Migrationsvorlagen, z. B. für Transportzonen oder Produkthierarchien.

Die Aufgabengruppe STAMMDATEN MIGRIEREN beinhaltet die klassischen Objekte wie Kunden, Lieferanten und Materialien. Für die Bewegungsdaten gibt es ebenfalls eine Reihe von vorgefertigten Aufgaben mit Vorlagen, die auf Grund des im Scoping gewählten Projektumfangs hier auftauchen.

Im Rahmen der Datenmigration stellt sich gerade für den Mittelständler die Frage, zu welchen Themen es ausreichend und gut gepflegte Daten gibt, bei denen es sich lohnt, sie in das neue System zu übernehmen. Beispielsweise ist vielfach die Ausgangsqualität einer in Microsoft Outlook gepflegten Kundendatenbasis nicht ausreichend, um sie sinnvoll in ein professionelles CRM-System zu überführen. Mitunter fehlt der Zusammenhang zwischen Ansprechpartnern und Kunden und es ist völlig unklar, was bisher mit einem Kunden an Geschäft oder Geschäftsbeziehung geschehen ist. Auch die Aktualität und der zukünftige Nutzen müssen für Kundenstammdaten des Anwenderunternehmens geklärt werden. Ansonsten ist eine breite Migration nicht sinnvoll, und eine selektive Übernahme sowie teilweise Neuerfassung ist die bessere Lösung.

Für den gesamten Bereich der Kundendaten kann dies heißen, dass ein erster Ansatz nur die Kundendaten überführt, mit denen momentan in aktiven Projekten oder Produktverkäufen Umsätze erzielt werden. Es werden nur für die Ansprechpartner Daten hinterlegt, die Bestandskunden sind und mit denen momentan ein intensiver Informationsaustausch stattfindet. Alle vorhandenen Kundendaten müssen daraufhin bewertet werden.

Die Projektunterstützung für Datenbereinigung und -extraktion ist sehr vom Altsystem abhängig. Hier bleibt es weitgehend dem Anwenderunternehmen in Zusammenarbeit mit seinen Beraterteams überlassen, eine richtige Vorgehensweise für sich zu finden. Es stellen sich die gleichen Fragen wie in jedem ERP-Projekt: Was ist der beste Zeitpunkt? Welche Daten mit welcher Qualität übernehme ich bereits? Was verschiebe ich in die Produktivphase, und was erfasse ich dann sukzessive im Anwendungsbetrieb?

Abbildung 6.26 zeigt, welche Reihenfolge es bei der Datenübernahme gibt. Die Organisationsstruktur, Mitarbeiter und die bereits angeführten konfigurativen Stammdaten bilden die Grunddaten. Dann kommen die Stammdaten und Bewegungsdaten. Ganz zum Schluss und möglichst zeitnah dürfen die Finanzdaten migriert werden. Hierbei muss auch besonderen Dokumentationsanforderungen in Abstimmung mit dem Steuerberater und Wirtschaftsprüfer gefolgt werden.

Im Bereich des Finanzwesens müssen alle Daten überführt werden, es kommt also mehr auf die Reihenfolge des Einstiegs in die produktive Bearbeitung der

Finanzdaten an. Hier stellen sich andere Fragen: Wie lange liegt der Jahresabschluss zurück oder wann ist er verfügbar? Können Bewegungsdaten übernommen werden, das heißt, kann im Mai für Januar, Februar, März und April nachgebucht werden? Müssen Salden aktuell übernommen werden? Können sie von Jahresbeginn an übernommen werden?

Basisdaten	Produktkategorie, Banken, Organisationsstruktur …
↓	
Stammdaten	Kunden, Lieferanten, Mitarbeiter, Produkte …
↓	
Abhängige Stammdaten	Identifizierte Bestände (iStock), Bestände, Preislisten …
↓	
Bewegungsdaten	Kundenaufträge, Bestellungen, Verkaufschancen, Einkaufskontrakte …
↓	
Finanzdaten	Anlagen, offene Posten …

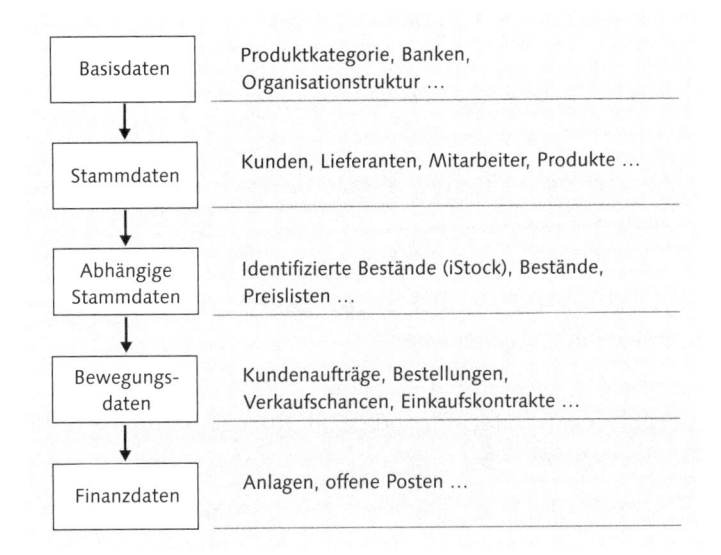

Abbildung 6.26 Reihenfolge der Migrationsobjekte (Quelle: SAP 2011)

Für die richtige Aktivierung und Überführung der Finanzbuchhaltung gilt es, einen Weg für das Kundenunternehmen zu finden, der es ihm erlaubt, das System ab Produktivgehen aktiv zu nutzen. Gleichzeitig darf ihn dieser Weg aber nicht dazu nötigen, eine Eröffnungsbilanz oder aufwendige Abschlussarbeiten durchzuführen, die im normalen Geschäftsverlauf später unabhängig vom SAP Business ByDesign-System ablaufen würden.

Die Datenbereinigung ist der erste Schritt in der Vorbereitungsphase und die Grundlage für eine erfolgreiche Datenmigration. Wenn möglich, sollte die Datenbereinigung in den Altsystemen durchgeführt werden. Dadurch wird der Aufwand für die Migration, die Tests und die finale Datenübernahme minimiert. Datenbereinigung beinhaltet die Korrektur oder Löschung fehlerhafter Daten. Die wichtigsten Maßnahmen sind die Folgenden:

- Entfernen von Dubletten und veralteten Datensätzen
- Identifizieren von fehlerhaften Daten mit falschen Werten
- Überprüfung von formatierten Einträgen wie E-Mail, Postleitzahlen, Telefonnummern oder Datumsfeldern

Die Datenmigration besteht insgesamt aus sechs Schritten:

1. **Bereinigen**
Identifikation und Analyse der Daten, die migriert werden sollen; Bereinigung, um Vollständigkeit und Konsistenz zu gewährleisten
2. **Extrahieren**
Extrahieren der Daten aus dem Altsystem
3. **Befüllen**
Befüllen der SAP Business ByDesign-Migrationsvorlagen
4. **Validieren**
Validieren der Altdaten mit Hilfe des Migrations-Tools dabei, wird das Hochladen der Daten simuliert
5. **Hochladen**
Das tatsächliche Hochladen der Daten in SAP Business ByDesign in der richtigen Reihenfolge der Aufgabenliste
6. **Abgleichen**
Prüfung der hochgeladenen Daten anhand des Protokolls, Stichproben im System und Datenberichten

Welche Datenmigrationsmethode sinnvoll ist, muss insbesondere während der ersten beiden Schritte geklärt werden. Die Dateneingabe (manuelle Migration) oder die vorlagenbasierte Migration?

Die Dateneingabe kann ein Projektmitglied entweder über die Aufgabenliste ausführen oder direkt im System vornehmen, indem die Daten im zuständigen Work Center angelegt werden.

- **Manuelle Migration**
  Gründe für die Wahl der manuellen Migration sind geringes Datenvolumen, Mangel an Quelldaten und dass die Quelldaten zu unstrukturiert sind.
- **Vorlagenbasierte Migration**
  Die vorlagenbasierte Migration wird mit Hilfe der Excel-Vorlagen und dem Datenmigrations-Tool durch ein Projektmitglied durchgeführt. Gründe für die Wahl der vorlagenbasierten Migration sind:
    - Größeres Datenvolumen
    - Systemrestriktionen für die Datenmigration: Offene Posten von Kreditoren und Debitoren können nicht manuell migriert werden.
    - Integrierte Kontenabstimmung: Alle Finanzdaten können abgestimmt werden, bevor sie ins System geladen werden.

- Zeitlimitation für die Datenmigration in das Produktivsystem
- Anforderung, dass mehrere Datenimporte in verschiedenen Systemen durchgeführt werden.

| Datenmigration mit Vorlagen früh nutzen | [+] |

Da ein mehrfacher Upload in zwei bis drei Systeme während der Projektlaufzeit erfolgen kann, ist die frühe Nutzung der Vorlagen schon im Testsystem sinnvoll.

Eine vorlagenbasierte Migration hat in der Praxis je nach Migrationsgegenstand erst einen Zeitvorteil ab 15–20 Datensätzen gebracht. Bei weniger Datensätzen war das manuelle Anlegen von Stammdaten schneller.

Wichtig ist, von Anfang an eine klare Rollenverteilung vorzunehmen und die Zuordnung der Verantwortlichkeiten zwischen den Beteiligten zu regeln.

In Tabelle 6.10 sehen Sie, wie dies für die Datenmigration aussehen kann. Der Projektleiter ist für die Überwachung der Aktivitäten, die Verwendung der entsprechenden Werkzeuge und die Qualitätssicherung der Daten verantwortlich. Er muss auch die Meilensteine der Datenmigration in den Projektplan einbinden und mit anderen Projektschritten abstimmen. Der Datenmigrationsumfang muss ihm klar sein, und er muss wissen, bis zu welchem Zeitpunkt die Datenmigration dauern kann, um nicht das Gesamtprojekt zu gefährden.

Rolle bei Datenübernahmen	Verantwortung
Projektleiter	▸ Leiten und Überwachen aller Aktivitäten der Datenmigration ▸ Abstimmen der Meilensteine der Datenmigration mit dem Projektplan
Berater (Service Advisor)	▸ Anleitung zur Verwendung des Migrations-Tools ▸ Anleitung beim Ausfüllen der Migrationsvorlagen ▸ Anleitung bei der manuellen Eingabe von Migrationsdaten ▸ Unterstützen bei der Schlüsselung der Werte und bei Fehleranalysen
Anwendungsexperte	▸ Durchführen der Datenbereinigung ▸ Festlegen der Altdatenanforderungen und Extraktion der Daten ▸ Versorgen der Migrationsvorlagen

Tabelle 6.10 Rollen und Verantwortlichkeiten in der Datenmigration

Rolle bei Datenübernahmen	Verantwortung
Anwendungsexperte (Forts.)	▸ Hochladen, Überprüfen, Schlüsseln, Importvalidierung der Daten durchführen durch Verwendung des Migrations-Tools ▸ Durchführen der manuellen Migration, wenn anwendbar ▸ Hochladen der finalen Daten und Prüfung der hochgeladenen Daten

Tabelle 6.10 Rollen und Verantwortlichkeiten in der Datenmigration (Forts.)

Ein Service Advisor kann den Kunden bei der Verwendung der Migrations-Tools oder -vorlagen anleiten oder dies als Dienstleistung auch komplett durchführen. Ferner ist er Ansprechpartner, wenn es um die Beseitigung von Datenproblemen bei der Fehleranalyse geht, die das Datenmigrations-Tool auswirft.

Letztendlich ist der Anwendungsexperte des Kunden für die Durchführung der Datenbereinigung verantwortlich, da nur er die Altdaten und auch den Zusammenhang der Daten mit den Kundenanforderungen kennen kann. Er muss die Daten extrahieren und sie in die Migrationsvorlagen hineinbringen. Ein Hochladen der Daten darf mehrfach durchgeführt werden – zunächst in einer Testumgebung und später auch zum Testen in einer Kopie des Produktivsystems –, bevor die finale produktive Migration im Produktivsystem durchgeführt wird.

Vielversprechend, aber unklar in der Verwendung für das Anwenderunternehmen, sind die Upload-Funktionalitäten in der Anwendung, die teilweise in Konkurrenz zu Datenmigrationsfunktionalitäten stehen.

▸ *Datenmigration* erlaubt meist zusätzlich die Übernahme historischer Daten mit der Umschlüsselung und dem Einbringen von Werten aus der Vergangenheit, z. B. Eintrittsdatum von Mitarbeitern vor Gültigkeit des Organisationsmodells.

▸ *Upload-Funktionen* erlauben auch das Hochladen von Daten, gehen aber von einem aktuellen Bezug aus oder sind in ihrer Massendatentauglichkeit stark eingeschränkt.

Fakt ist, dass der Mittelstand mit vielen Mengengerüsten aber genau zwischen diesen beiden Möglichkeiten liegt. Was ist die einfachere Alternative, wenn nur hundert Buchungen überführt werden müssen oder wenn es um fünfzig Kundenstammsätze geht?

Folgende Empfehlungen leiten sich aus den Erfahrungen ab:

- Beginnen Sie sofort mit der Evaluierung der Altdaten! Zwar gilt dies als Kundenaufgabe, doch ist die Bewertung immer kritisch bei heterogenen Altsystemen und sollte deswegen mit einem Berater zusammen erfolgen.
- Als zweite Frage ist zu klären: Was ist der Datensatz, den SAP Business ByDesign erwartet? Es müssen fehlende Beziehungen und insgesamt ein inhaltlicher Abgleich durchgeführt werden, um Qualitätsprobleme und Lücken in den Altdaten zu erkennen.
- Die Migrationsvorlagen müssen für den Kunden angepasst werden, das heißt, die verpflichtenden Felder sind aus Kunden- und Systemsicht in einem Workshop abzustimmen. Der Upload erfolgt durch das Excel-Vorlagedokument, das in das System geladen wird. Das Befüllen der Vorlagen erfolgt allerdings »manuell«, dafür gibt es zurzeit noch keine Werkzeuge.
- Die Datenmigration ist eine Aufgabe, die primär von fachlichen Anwendungsexperten durchgeführt werden sollte. Das Fachpersonal kennt den betriebswirtschaftlichen Zusammenhang der Daten, während die IT-Experten dabei helfen können, die Daten aus dem Quellsystem zu extrahieren und für das Zielsystem vorzubereiten.
- Stammdaten können auch nach der Migration noch verändert werden. Andere Daten, beispielsweise Finanzdaten, können nicht so einfach geändert werden.

Insgesamt ist der Ansatz von SAP – eine geführte Datenübernahme mit Datenmigrationsvorlagen und -werkzeugen im Rahmen der betriebswirtschaftlichen Konfiguration zur Verfügung zu stellen – ein großer Fortschritt. Auch merkt hier niemand, dass er mit einer Software in der Cloud arbeitet. Mittelfristig stellt sich nur die Frage, wie mit sehr großen Datenvolumen umzugehen ist, und wo die Grenzen nach oben liegen.

Im Projekt mit der AI AG erfolgten die Testdatenübernahmen innerhalb von drei Tagen. Für das Produktivsystem wurden die Daten vom 25.05. bis 27.05. geladen. Am Tag darauf fand der Produktivstart statt.

6.2.4 Integrationstest

Nach erfolgreicher Datenmigration finden die Integrationstests in der Kopie des Produktivsystems statt. Die Testphase schließt dann unmittelbar an, kann aber auch schon früher im Testsystem begonnen und durchgeführt werden, wenn die dort migrierten Echtdaten ausreichen. Der Anwendungsexperte oder Testverantwortliche spielt nun für seinen Bereich die Geschäftsprozesse mit den Echtdaten am System durch. Das Ziel eines jeden Tests ist, dass kein System- oder Datenproblem mehr vorhanden ist. Erst dann kann der Tester ein Testszenario erfolgreich bewerten. Die fünf Aufgaben in der Liste in Abbildung 6.27 sind überschaubar, der Aufwand liegt im Durcharbeiten des Testplans und der Rückmeldung von Problemen.

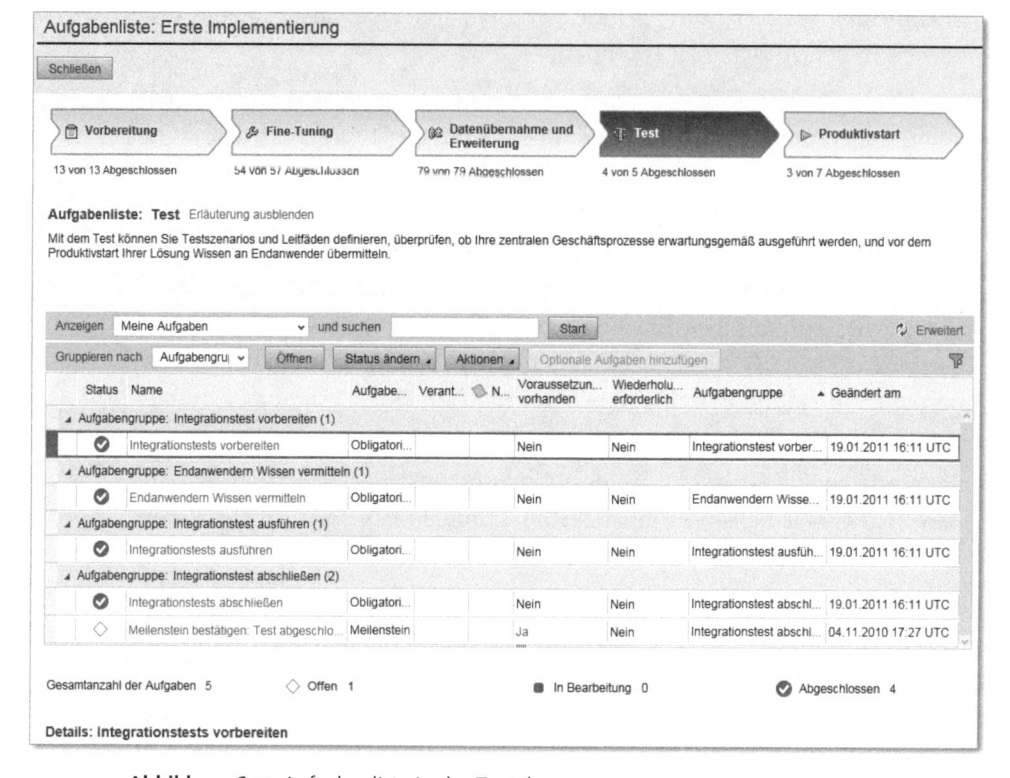

Abbildung 6.27 Aufgabenliste in der Testphase

Für die Testphase sind zwei Punkte wichtig: Mit Hilfe von Testleitfäden werden die kundenspezifischen Geschäftsszenarien anhand der migrierten Testdaten getestet. Idealerweise werden die Endbenutzer in die Testdurchführung zur Wissensvermittlung eingebunden.

Das Zielkriterium ist, dass der Geschäftsprozess läuft, wie in der Konzeptphase beschlossen und im Lösungsdurchlauf vom Projektteam verifiziert. Gibt es hierbei Probleme im System-Handling, im Verständnis durch die Endbenutzer oder Umgang mit den Echtdaten für Testschritte, muss das Projektteam nachsteuern und akzeptable Lösungen finden:

- Bei Systemproblemen wird ein Vorfall zu einer Fehlermeldung über den integrierten Support an SAP abgesetzt.
- Es können auch Änderungen in einem Stammdateneintrag oder im Fine-Tuning notwendig sein, um eine Verbesserung und eine akzeptable Abwicklung zu erreichen.
- In vielen Fällen müssen auch fehlende organisatorische Festlegungen oder Wissensdefizite erkannt werden, um die richtige Prozessgestaltung zu erreichen.

Kritisch ist daher besonders in Bezug auf den letzten Punkt, dass die Erwartungshaltung der Anwender richtig erkannt wird und diese anhand der »gesammelten« Festlegungen abgeholt werden.

An diesem Kristallisationspunkt passiert es mitunter, dass Einzelanforderungen, die jetzt im Zusammenhang eines Prozessablaufs gesehen werden, eine neue oder geänderte Anforderung hervorrufen. Dies ist dann kein Problem, wenn Zeit- und Budgetreserven hierfür bewusst eingeplant wurden. Auch ist eine Kategorisierung von Änderungswünschen deswegen dringend anzuraten.

Zusätzlich sollten die Test-Ziel-Kriterien klar definiert sein. Ziel ist es herauszufinden, ob der Geschäftsprozess so integriert abläuft, wie es besprochen und definiert wurde, z.B. ob die Ergebnisse wie Kundenrechnung, Spesenabrechnung oder Buchungen in der Finanzbuchhaltung anforderungsgerecht gestaltet sind. Auch hier sollte auf die Erwartungshaltung des Kundenunternehmens so eingewirkt werden, dass nicht alle Wünsche, die vorher unbekannt waren, ad hoc erfüllt werden können.

Wenn es Änderungswünsche gibt, müssen diese in die folgenden Kategorien eingeteilt werden:

- Unmittelbar machbar
- Anforderungsänderung, die zusätzlichen Aufwand verursacht, der eingeplant ist
- schwerwiegende Anforderungsänderung, die den Zeitplan sprengen würde

Zur Einführung der Testszenarien ist es notwendig, dass die Konzepte und Abläufe im Lösungsdurchlauf vorher mit den Anwendungsexperten abgestimmt werden. Für die Workshops ist es weiterhin unerlässlich, dass die Stammdatenkonzepte stehen und mindestens mit fünf bis zehn Echtdatensätzen auch verfügbar sind, um die Tests abzuwickeln. Besser ist es, mit den frühzeitig migrierten Echt-Daten im Test zu arbeiten.

Das Testen besteht nicht nur aus einer Abnahme oder einer technischen Überprüfung dessen, was im System vorgefunden wird, sondern hat auch Schulungs-Charakter. Durch die Einbeziehung von Endbenutzern vor dem Produktivsetzen kann auch die Akzeptanz im Unternehmen erweitert werden. In dieser Phase ist es daher sehr vorteilhaft, wenn auch die Berater und die Experten auf Anwenderseite zeitliche Ressourcen haben. Sie sollten noch in der Lage sein, ihre Zeit in letzte Gestaltungsänderungen, Verbesserungen, Einarbeitungen von Feedback oder in die Sicherung der Datenqualität zu investieren.

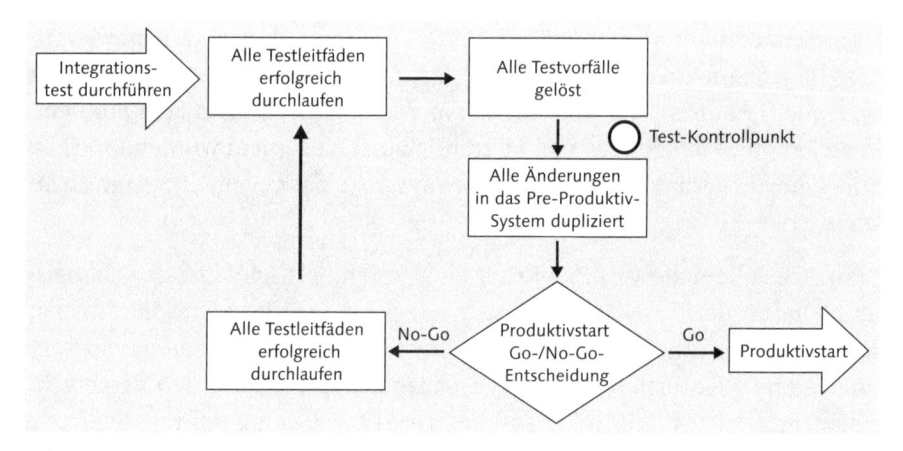

Abbildung 6.28 Finalisieren der Integrationstests (Quelle: SAP 2011)

Abbildung 6.28 zeigt den kritischen Punkt, an dem der Projektleiter auf Kundenseite entscheiden muss, ob ihm ein Produktivstart mit dem aktuellen Stand des Systems und den Geschäftsprozessen sinnvoll und möglich erscheint. Sollte es bei den Integrationstests noch Probleme größeren Ausmaßes geben, müssen diese hier gelöst werden. Es kann in Ausnahmefällen auch sein, dass der Einführungsumfang hier letztmalig reduziert wird.

Letztlich ist das Testen der Geschäftsprozesse im System mit echten Stammdaten eine Abnahme durch den Kunden anhand der echten Abläufe, wie er sie später in seinem Produktivbetrieb nutzen möchte. Auch ist der Test die letzte Möglichkeit, noch Anforderungswünsche zu äußern und sie im System zu verankern. Eine gute Vorbereitung der Testworkshops macht diese auch gleichzeitig zu einer Schulung für die Endbenutzer, die das SAP Business ByDesign-System teilweise zum ersten Mal sehen.

Abnahmetest bedeutet Folgendes:

- Finale Prüfung und Kundenabnahme des gesamten Projektumfangs
- Bestätigung, dass die integrativen Kundenprozesse – basierend auf den migrierten Daten – erfolgreich durchlaufen werden
- Wissenstransfer an die teilnehmenden Endbenutzer während der Testdurchführung

Im konkreten Projekt bei der AI AG wurde an den Prozessen noch folgende Gestaltungsänderung durchgeführt:

- Veränderung der Aufgabenverteilung und von Genehmigungsabläufen
- Zusätzlich wurden die »impliziten« Kundenprozessvarianten (z. B. Neu- und Bestandskundenabwicklung) herausgearbeitet und differenziert. Solche organisatorischen Festlegungen für die Mitarbeiter können nur durch zusätzliche Handlungsanweisungen erfolgen (siehe Kapitel 8).

Im AI AG-Projekt wurden die Tests vor der Datenmigration durchgeführt, da die Kundendaten überschaubar waren und die Finanzdaten erst im Folgemonat anstanden.

Integrationstests in der Kopie der Produktivumgebung	[+]
Das große Problem mit den Tests im »Testsystem« und nicht in einer Kopie des (Vor-)Produktivsystems liegt im doppelten Aufwand bei der Eingabe der konfigurativen Stammdaten. Diese Vorgehensweise kostete das IBIS-Team mehrere Tage für Abgleich und Doppelerfassung von Fine-Tuning und Grunddaten. Auch ist der Aufwand schmerzlich, da er nicht in die Änderungswünsche des Kunden investiert werden kann.	

6.3 Produktivbetrieb

Drei Themen bestimmen die Produktivsetzung. Zum einen der Produktivstart mit allen systembezogenen Maßnahmen. Zum anderen muss die Einarbeitung der Anwendungsexperten und Endbenutzer abgeschlossen werden. Zum Dritten ist ein Blick auf den frühen Produktivbetrieb notwendig, um dem Anwenderunternehmen hilfreich und gezielt bei Anlaufproblemen zur Seite zu stehen. In dieser Phase – etwa nach 4 Wochen – wechselt die SAP in ihrem Betreuungsmodell in die Support-Phase.

6.3.1 Produktivstart

Der Produktivstart ist eine Synchronisationsaufgabe für alle bisher durchgeführten Aktivitäten von Seiten des Projektteams und von Seiten der Mitarbeiter des Unternehmens. Alle Beteiligten müssen jetzt darauf vorbereitet werden, sich mit dem System vertraut zu machen und ihre ersten Aktivitäten in der richtigen Reihenfolge durchzuführen.

In der Aufgabenliste in Abbildung 6.29 sehen Sie nur sieben Punkte, die eher eine projektsteuernde Funktion haben. SAP überprüft unter dem Punkt PRODUKTIVSTART ANFORDERN, ob alle Systemvoraussetzungen erfüllt sind. Ansonsten ist der Meilenstein PRODUKTIVSTART der entscheidende Punkt, der das System von ERSTIMPLEMENTIERUNG auf PRODUKTIV umschaltet.

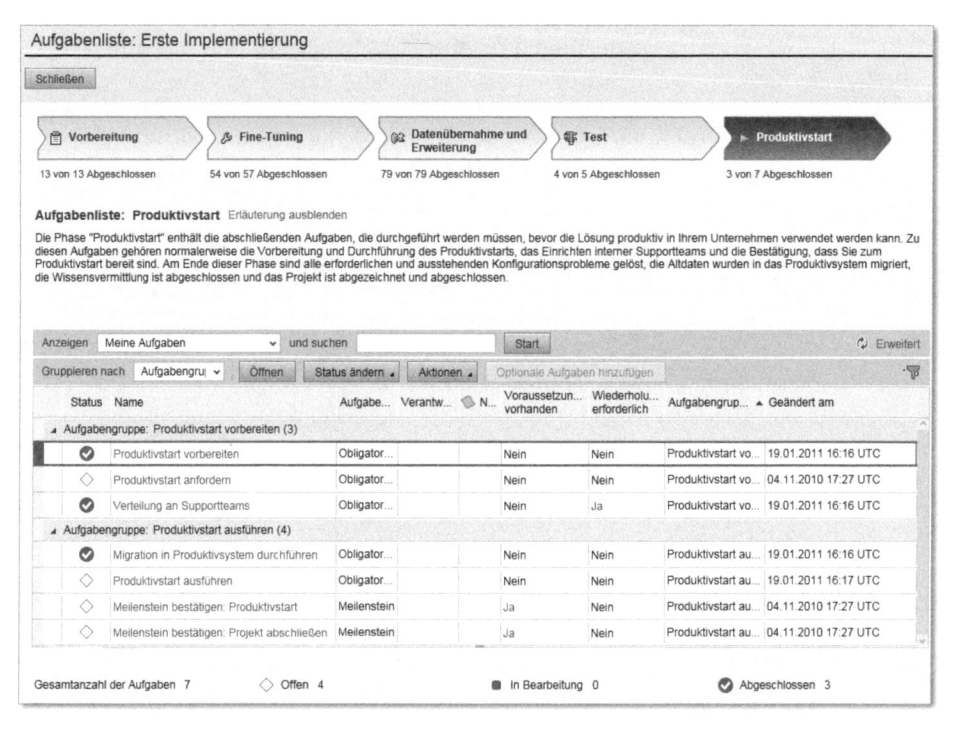

Abbildung 6.29 Aufgabenliste für den Produktivstart

Zum Produktivstart müssen einerseits alle Migrationsdaten im Produktivsystem vorliegen, anderseits muss jeder Mitarbeiter wissen, was seine Aufgabe ist. Es sollten erste Live-Transaktionen im Produktivsystem gebucht werden. Der Endbenutzer muss dies im Bewusstsein tun, alle Prozesse so durchzuführen, wie er sie getestet hat. Wichtig ist, dass sie nun auch unter Produktivbedingungen ordnungs- oder erwartungsgemäß ablaufen.

Der Unterschied zur Testphase besteht insbesondere darin, dass noch einmal das System gewechselt worden ist und eventuell letzte Änderungen am Produktivsystem vorgenommen wurden. So kann es hier auf Grund dieser Übertragung noch einmal kleinere Synchronisationsprobleme gehen, oder es kann auch vorkommen, dass Mitarbeiter bestimmte Prozesse in einer anderen Reihenfolge abarbeiten, die sie vorher in einem Testszenario nicht vollkommen unter Echtbedingungen durchgeführt haben.

Das »Produktivgehen« an sich ist relativ unspektakulär. Das System ist mit seinen Daten ausgestattet, deren Upload in einer Datenmigrations-Kopie mehrfach getestet worden ist (25.–27.05.2010 DM-Kopie). Jetzt sollten alle im Test überprüften Geschäftsvorfälle abgearbeitet und verbucht werden können. Dies bedeutet, der Kunde erfasst seinen ersten Kundenauftrag, sein erstes Projekt, schreibt seine ersten Rechnungen und vollzieht die Daten in der Buchhaltung nach.

An dieser Stelle stellt sich verstärkt die Frage, ob alle Geschäftsvorfälle berücksichtigt wurden und ob es im Tagesgeschäft bisher unbekannte Fälle in der Nutzung des Systems gibt. Diese bislang unentdeckten Nutzungsfälle können auftreten, wenn Sonderthemen oder Ausnahmefälle des Tagesgeschäfts leicht zu übersehen sind oder neu konzipierte Abwicklungen unerwartete Seiteneffekte erzeugen, die geklärt und eliminiert werden müssen. Aus diesem Grund ist es empfehlenswert, sich auch in den drei Monaten nach dem Produktivgehen die Möglichkeit offen zu halten, Gestaltungen anzupassen oder zu vereinfachen, wenn sie sich in ihrem täglichen Betrieb nicht bewähren oder darüber hinaus ausgebaut werden sollten.

Der Produktivstart ist kein Tag, kein Zeitpunkt, sondern definiert sich so, dass letztlich sukzessive alle Mitarbeiter in die Nutzung des Systems einsteigen. Der Produktivstart ist deswegen berechtigterweise eine Phase, die bis zu einem Monat dauern kann. Das ist in dem Sinne zu verstehen, dass in diesem Zeitraum z. B. zum ersten Mal die Umsatzsteuervoranmeldung durchgeführt wird, die an das Finanzamt gesendet wird.

Das Produktivsystem und die Kopie für die Datenmigrationstests sollte früh angefordert werden, da erst im Produktivsystem die Umgebung für das beginnende produktive Arbeiten implementiert werden kann.

Leider ist es nicht so, dass alle Stammdaten automatisch in das Produktivsystem übernommen werden können; ein solcher Übernahmemechanismus existiert noch nicht. Die Daten können zwar erneut aus den Migrationsvorlagen geladen werden, aber das ist nur bei großen Migrationsdatenbeständen sinnvoll. Eine notwendige Doppelerfassung für konfigurative Stammdaten bei einem zu späten Wechsel auf das Produktivsystem kann deswegen zeitkritisch werden.

Ideal wäre hier eine selektive Übernahme von Stammdaten aus dem Testsystem und eine Aktivierung oder ein periodisches Nachladen von migrierten Daten aus anderen Systemen – durchaus auch in größeren Paketen, deren Konsistenz durch den größeren Umfang abgesichert ist (z. B. das Finanzwesen mit allen Kontodaten).

Die Forderung für die Phasen der Datenmigration, des Tests und der Vorbereitung des Produktivsystems muss deswegen lauten, mehr Zeit für betriebswirtschaftliche Diskussion mit dem Kunden und weniger Zeit mit operativen Tätigkeiten oder dem Anfordern von Systemen verbringen zu müssen. Das Projektteam sollte nicht gezwungen sein, durch die erneute Erfassung von Daten im Produktivsystem falsche Schwerpunkte in seiner Arbeit zu setzen.

6.3.2 Einarbeitung der Anwendungsexperten

Beim Projekt ist es eine wichtige Teilaufgabe, die Anwendungsexperten auf Seiten des Kunden zum einen in die Lage zu versetzen mitzuarbeiten, und zum anderen am Ende des Projektes, zum Produktivstart, ihre permanente Aufgabe als Benutzerbetreuer übernehmen zu können.

Um dies zu gewährleisten, ist es zunächst notwendig, die richtigen Mitarbeiter zu identifizieren, um sie dann auf die Projektierungsvorgehensweise vorzubereiten.

Abbildung 6.30 zeigt die Einarbeitungsziele und mögliche Instrumente oder Aufgaben, um das Wissen zu erwerben ❶.

Die ausgewählten Anwender müssen grundsätzlich in der Lage sein, mit den Workshops umzugehen und die einzelnen Projektphasen zu verstehen. Für den Anwendungsexperten ist das Thema »Datenmigration« von großer Bedeutung; dies impliziert, dass er dieses Thema von Anfang an richtig betreiben muss. Des Weiteren sind die Projektworkshops definiert und dokumentiert. Hier geht es für die Anwendungsexperten auch darum, zu verstehen, was ihre Hauptaufgabe ist, wie der Implementierungsansatz insgesamt aussieht und wo ihre Verantwortlichkeiten liegen. Diese Themen können auch im Rahmen eines Workshops verfeinert werden, in dem ein Einführungsprojekt in vier Tagen durchgearbeitet wird.

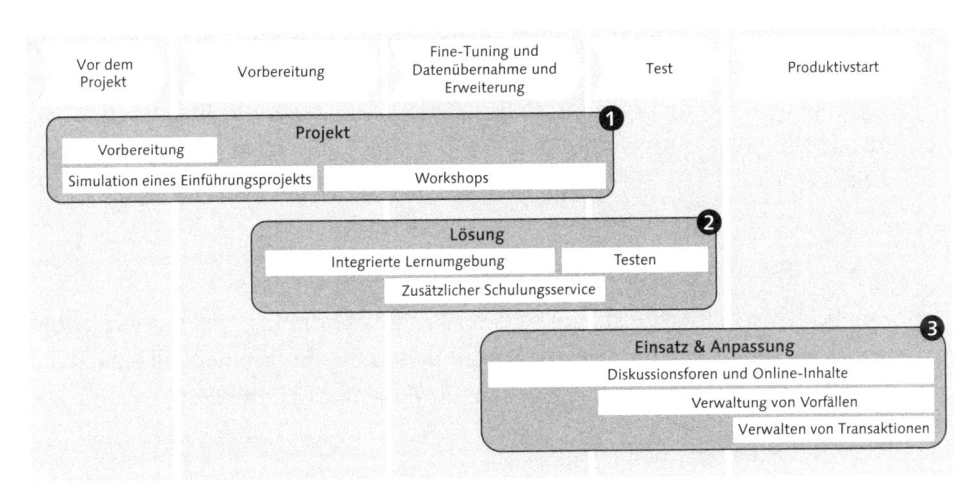

Abbildung 6.30 Einarbeitung der Anwendungsexperten

Die zweite Herausforderung ist es, die Lösung kennenzulernen ❷. Hier stützt sich die Einarbeitung der Anwendungsexperten insbesondere auf die integrierte Lernumgebung, um dann schließlich in den Testprozessen die Feuertaufe im Umgang mit dem System zu erleben. Zusätzliche Schulungsservices könnten hier von Interesse sein.

Es gibt zusätzlich Kurse oder Webinare, die die Anwendungsexperten belegen können und die zu bestimmten Themen grundsätzliche Informationen liefern. Es gibt weitere Materialien, die Geschäftsszenarien erklären – sowohl sehr detailliert einerseits als auch in übersichtlicherer Form andererseits.

Schließlich dient dies alles dazu, in die Testphase einschwenken zu können, um dort die vordefinierten Testinhalte, die Online-Hilfe und Kontextinformationen usw. auch nutzen zu können. Eine Sonderaufgabe wäre es hier für den Dienstleister, der neue Geschäftsprozesse für den Kunden entwickelt hat, auch die Testpläne entsprechend anzupassen und kundenspezifische Testszenarien mit den Anwendungsexperten zu definieren. Es ist nicht sehr sinnvoll, mit Standardtestszenarien zu arbeiten, wenn der Kunde hier ganz eigene Wege geht oder spezielle Anforderungen hat. Zusätzliche Schulungsservices können auf den kundenspezifischen Testszenarien aufbauen, sind aber natürlich kostenpflichtig.

Schließlich müssen in der dritten Phase bis zum Produktivstart die Anwendungsexperten des Kunden in die Lage versetzt werden, die Einsatzfähigkeit von SAP Business ByDesign aufrechtzuerhalten und Anpassungsmöglichkeiten des SAP Business ByDesign-Systems auszureizen ❸. Sie müssen insbesondere mit den Diskussionsforen und Online-Inhalten umgehen können, aber auch mit der Verwaltung von Vorfällen. Letzteres bedeutet eine Einordnung und Weiterreichung von Systemproblemen. Hierzu stehen verschiedene Instrumentarien zur Verfügung. Es existieren so genannte Business Center, zu denen jeder Anwendungsexperte Zugang mit eigenem Schulungsplan besitzt.

6.3.3 Nachsteuern im frühen Produktivbetrieb

Ob die kritischen Erfolgsfaktoren eines Projektes wirkungsvoll berücksichtigt wurden, zeigt sich im frühen Produktivbetrieb. Es können verschiedene Schwierigkeiten auftreten, bei denen wir Folgendes empfehlen.

- **Änderungsmanagement**
  Es kann vorkommen, dass der Prozessablauf nicht passend ist, und Änderungen durchgeführt werden müssen. Zuerst stellt sich hier die Frage, ob Änderungen am Projektumfang noch zulässig sind und was in diesem Zusammenhang möglich oder schwierig ist. Grundsätzlich ist eine Änderung in jeder Projektphase, auch im Produktivbetrieb möglich. Man muss sich nur darüber klar werden, dass eine späte Änderung die Kosten und den Aufwand massiv beeinflussen kann.

  Das bedeutet einerseits, die Flexibilität der Systeme, auch die Flexibilität des Einführungsvorgehens, sollte so organisiert sein, dass noch vor dem Produktivstart grundsätzliche Änderungen möglich sind. Dem Kunden muss allerdings auf der anderen Seite klar sein, dass das Projekt dadurch aufwendiger wird und er sich schon im ersten Lösungsdurchlauf oder spätestens in der Testphase darüber hätte klar werden müssen, was hier seine besondere oder abweichende Anforderung ist.

  Jetzt muss ein Experte die Möglichkeiten klären und die Auswirkungen abschätzen. Die Durchführung der Änderung kann sofort oder nur über ein Änderungsprojekt möglich sein. Es gibt dabei eine Reihe von Einschränkungen bezüglich des Löschens von Daten, die mit dem Vorhandensein von Echtdaten verbunden sind.

- **Pragmatismus**
  Es kann darüber hinaus passieren, dass neue oder geänderte Anforderungen im Tagesgeschäft auftreten, die das System nicht gänzlich erfüllt. Pragmatismus ist auch ein wichtiger Lösungsansatz. Hier geht es darum, nicht Perfektionismus vom System zu fordern, sondern für eine erste Implementierung auch mit einer 80%igen Lösung zurechtzukommen. Ein kleiner manueller Zwischenschritt, eine zusätzliche Erfassung, eine Information in einem Zusatzfeld, das von den Prozessbeteiligten organisatorisch weiter-

verarbeitet wird, kann viele Probleme umschiffen, für die man zunächst keine unmittelbare Lösung im System findet. Nur wo legale oder grundsätzliche geschäftliche Anforderungen nicht abgedeckt sind, ist akuter Handlungsbedarf.

- **Einbindung aller Beteiligten**
Nach dem Produktstart kann es zu Beschwerden von Mitarbeitern kommen, die nicht am Projekt und den Tests beteiligt waren. Deswegen sollten auch frühzeitig alle Mitarbeiter informiert und einbezogen werden, bis hin zum Betriebsrat oder eventuell wichtigen Geschäftspartnern. Die Anwendungsexperten sollten die Geschäftsprozesse verstehen und unterstützen. Je aktiver ihr Beitrag ist, umso einfacher ist es, die Mitarbeiter auch nach Produktivsetzung durch sie betreuen zu lassen. Der Ansatz ist demnach folgender: Benutzerbetreuung durch die Anwendungsexperten und Verfügbarkeit der Berater bei Rückfragen. Erfahrungsgemäß gibt es bei jeder derartigen Einführung einer integrierten Software Akzeptanzprobleme, gerade bei Mitarbeitern, die am Anfang der Prozessketten agieren. Deren Mitwirkung muss durch Information, Einbindung und klare Managementvorgaben erfolgen.

- **Erfolgreiche Datenmigration**
Ein weiteres Problem kann aus schlechter Qualität der migrierten Daten resultieren. Die Überarbeitung der Stammdaten ist insbesondere bei schlecht gepflegten oder unübersichtlichen Ausgangsdaten sehr wichtig. Wenn die Datenqualität anfänglich sehr schlecht ist, ist dies der kritische Faktor für den gesamten Nutzungsprozess. Dem Anwenderunternehmen hilft hier nur Ehrlichkeit zu sich selbst.

- **Erfolgreiche Tests**
Es kann passieren, dass sich Abläufe im Tagesgeschäft nicht als stabil erweisen, da sie nicht getestet wurden. Testen ist immer eine etwas stupide Aufgabe, für die man Endanwender nur schwer motivieren kann. Aber nur, wenn die Tests unter realistischen Bedingungen und von den wirklichen Anwendern, die dafür verantwortlich sind, durchgeführt werden, können sie einen erfolgreichen Produktivitätsstart garantieren. Die Probleme, die man in den Tests nicht erkennt, werden nur auf die produktive Zeit verschoben. Dann bricht unter Umständen Hektik aus, wenn durch diese Probleme wichtige Aktionen wie das Drucken von Rechnungen unnötig verschoben oder unter Zeitdruck ausgeführt werden müssen.

- **Intensivierung der Nutzung**
Ein kann vorkommen, dass die Anwender das System nicht nutzen und bestimmte Abläufe nicht durchgeführt werden. Klare Vorgaben und Regelun-

gen müssen dafür sorgen, dass Informationen wie Angebote, Tätigkeiten oder Rückmeldungen konsequent im System erfasst werden. Dies kann auch durch Analysen nachvollzogen werden. Nachdem die Erstimplementierung nun durchgeführt worden ist, steht auch schon die nächste Aufgabe an, nämlich die Intensivierung der Nutzung. Auf jedes Einführungsprojekt folgt ein Projekt, bei dem es darum geht, die Einarbeitung und die Nutzungsintensität zu erhöhen. Nach drei Monaten sollten an sich alle Prozesse beherrscht werden. Nach einem Jahr werden auch die letzten implementierten Prozesse, z. B. der Jahresabschluss im Finanzwesen, durchgeführt. Das bedeutet, dass es auch dann noch bestimmte Aspekte geben kann, die für den Anwender neu sind.

Abbildung 6.31 zeigt die Rollen für die Zusammenarbeit nach dem Produktivstart. Das Kundenunternehmen hat seine Lernumgebung im System. Der Kontakt zwischen den Endbenutzern und den Anwendungsexperten ist organisiert; die Anwendungsexperten fungieren als Benutzerbetreuer und werden über Änderungsbedarfe oder Schwierigkeiten in der Praxis informiert. Sie treten dann z. B. bei regelmäßigen Terminen mit ihrem Kunden-Engagement-Manager von SAP in Kontakt, erhalten von ihm Informationen über Aktualisierungen und Produkterweiterungen und beschäftigen sich damit, wie das Kundenunternehmen mehr aus seiner Lösung herausholen kann.

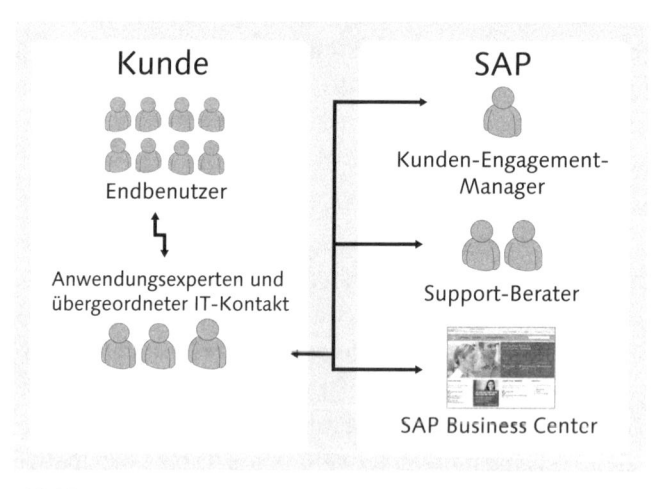

Abbildung 6.31 Rollenmodell nach dem Produktivstart

Die Support-Mitarbeiter von SAP stehen für die Vorfälle zur Verfügung und fungieren auch als Schnittstelle mit anderen SAP-Organisationen, um ein Problem zu lösen. Das SAP Business Center ist eine allgemeine Bibliothek inklusive Foren und liefert weitere Materialien, die dem Anwendungsexperten auf Seiten des Kunden zur Verfügung stehen.

Nach der Erstimplementierung kann es dann, je nach Einführungsplanung, mit der zweiten Implementierungsphase weitergehen. Ansonsten sind als nächstes die Erweiterung des Systems durch Zusatzentwicklungen oder andere Integrationslösungen relevant.

Ebenso kann es durch eigene Änderungswüsche zu einem weiteren Projekt kommen. Darüber hinaus wird SAP regelmäßig eine neue Version mit neuen Fähigkeiten liefern, die es zu bewerten und nutzen gilt.

6.4 Kritische Projektierungsfaktoren

In einem OnDemand-Einführungsprozess lastet der Druck auf dem Anbieter als Hosting-Dienstleister, der die Systeme z. B. für Datenmigrationstests zeitgerecht bereitstellen muss. Im Fall von SAP Business ByDesign ist SAP der Anbieter. Es gilt daher, eventuell bestehende Reibungsverluste bei SAP zu minimieren, um mehr Zeitreserven für betriebswirtschaftliche Interaktion mit Anwendern, Key Usern und der Geschäftsführung des SAP Business ByDesign einsetzenden Unternehmens zu schaffen.

Für das Anwenderunternehmen und seine Mitarbeiter ist es wichtig und hilfreich, dass sie sich in der Erstimplementierung (siehe Abschnitt 6.1) auf einen kompetenten Implementierungspartner verlassen können, um nicht zu viel Zeit und Einarbeitung bei einmaligen Aktivitäten, der Einrichtung von grundsätzlichen Verbindungsmöglichkeiten zur SAP und beim Aufbau des Systems zu verlieren.

Das Einführungsprojekt an sich wird naturgemäß von der Software selbst bestimmt, das heißt, davon, welche Instrumente die Software bietet, um die verschiedenen Aufgaben, die erfüllt werden müssen, möglichst effizient und zielorientiert umzusetzen. Wir stellen fest, dass die Software eine Vielzahl an Implementierungswerkzeugen als integrale Bestandteile mit sich bringt. Die betriebswirtschaftliche Konfiguration (siehe Abschnitt 6.2), die durchgängig die Anforderungen und Entscheidungen über den Lösungsumfang vom Anforderungsabgleich bis zu den Tabellen durchschleust, ist das zentrale Implementierungswerkzeug, das konsequent eingesetzt werden sollte.

Das Projektteam des Anwenderunternehmens sollte seine wertvolle Zeit in das Verständnis moderner betriebswirtschaftlicher Konzepte investieren. Es beginnt damit, die Anforderungen abzugleichen (siehe Abschnitt 5.1.2) und sukzessive zu verfeinern, um eine neuartige, integrierte Abwicklung im System mit den zur Verfügung stehenden Methoden und Werkzeugen der betriebswirtschaftlichen Konfiguration schnell erkennbar zu machen. Dies gilt einerseits für prozessorientierte Themen vom Kundenbeziehungsmanagement bis zur Fakturierung, aber auch für integrierte Kostenrechnung oder für Zeiterfassung entlang der Prozesskette, die eine völlig neue Kostentransparenz in mittelständischen Unternehmen ermöglichen. Hierzu gehören z. B. auch neue analytische Möglichkeiten, um der Geschäftsleitung ein klares Bild der Unternehmenssituation vermitteln zu können, und weitere Innovationen.

> **SAP Business ByDesign im Mittelstand einführen**
>
> Es sind folgende Besonderheiten bei Einführungsprojekten mit SAP Business ByDesign im Mittelstand zu betrachten:
>
> - Die neuen Methoden und Technologien bieten viele Möglichkeiten, den Einführungsprozess massiv zu beschleunigen. Sie verlangen allerdings auch von allen Beteiligten ein Umdenken und eine maximale Verfügbarkeit der zu Grunde liegenden OnDemand-Infrastruktur.
> - Integrative, moderne betriebswirtschaftliche Abwicklungsmöglichkeiten können mit SAP Business ByDesign in einem mittelständischen Unternehmen umfassend eingeführt werden. Der Schwerpunkt der Projektaktivitäten verlagert sich dabei zunehmend auf betriebswirtschaftliche Gestaltungsfragen.
> - Berater können sich für ein Anwenderunternehmen stärker auf den betriebswirtschaftlichen Inhalt konzentrieren und diesen gezielter vermitteln, da Instrumente angeboten werden, die eine eigenständige Einarbeitung, bis hin zum Nachvollziehen der Prozesse am System, und frühes Feedback unterstützen.
> - Trotzdem machen alle diese neuen Instrumente eine betriebswirtschaftliche Beratung umso notwendiger, da völlig neue betriebswirtschaftliche Konzepte gerade in mittelständischen Unternehmen auf »gewachsene« Organisationsstrukturen stoßen, die zunächst einmal aufgebrochen und strukturiert werden müssen, um mit den Möglichkeiten einer integrierten Unternehmenssoftware auch positiv und nutzenorientiert agieren zu können.

Die größte Herausforderung für eine Unternehmenssoftware ist die kontinuierliche Adaption der Unternehmenslösung an immer wieder neue Anforderungen. Erweiterungen sollten dabei möglichst elegant in die Standardlösung integrierbar sein und ein Upgrade der Software ohne Aufwand für das Anwenderunternehmen über die Bühne gehen. SAP Business ByDesign setzt diese Maßstäbe.

7 Erweiterungen und Änderungen

Auch in Bezug auf SAP Business ByDesign ist die Möglichkeit, Softwareerweiterungen und -Änderungen vorzunehmen, ein Thema. In diesem Kapitel stellen wir zunächst einige grundsätzliche Überlegungen darüber an, an welche veränderten Anforderungen eine Unternehmenssoftware anzupassen sein muss und wie die Software aufgebaut sein muss, um diese Anpassungsfähigkeit zu gewährleisten. Im zweiten Abschnitt dieses Kapitels werden die Adaptionswerkzeuge, die im Projekt zur Erweiterungsentwicklung zur Verfügung stehen, kurz dargestellt. Insbesondere erfahren Sie, wo sie im System zu finden sind und welchen Leistungsumfang sie besitzen. Weiterhin geht es um die Partner-Apps bzw. den SAP Store, wie er aufgebaut ist und welche Lösungen er zur Verfügung stellt.

Im dritten Abschnitt wird ein Upgrade-Vorgang gezeigt, der zwar grundsätzlich automatisiert abläuft, aber einige wichtige Möglichkeiten eröffnet und Konsequenzen für den Anwender hat. Der vierte Abschnitt zeigt, wie einfache Änderungen und Änderungsprojekte initiiert werden und welchen Leistungsumfang sie besitzen können.

7.1 Anforderungen an die IT

Produktiv genutzte Unternehmenssoftware ist einem permanenten Anpassungsdruck ausgesetzt, getrieben durch zahlreiche unternehmensexterne und -interne Faktoren. Marktveränderungen, Reorganisationen sowie die Entwicklung von Technologie oder Betriebswirtschaft treiben sich gegenseitig an (siehe Abbildung 7.1). Diesen Wandel zu beherrschen und die beste und effizienteste Antwort auf die neuen Anforderungen zu geben, ist erst dann möglich, wenn die aktuelle operative Situation vollständig transparent ist und ein »Change« schnell und anforderungsgerecht umgesetzt werden kann (siehe Hufgard 2010).

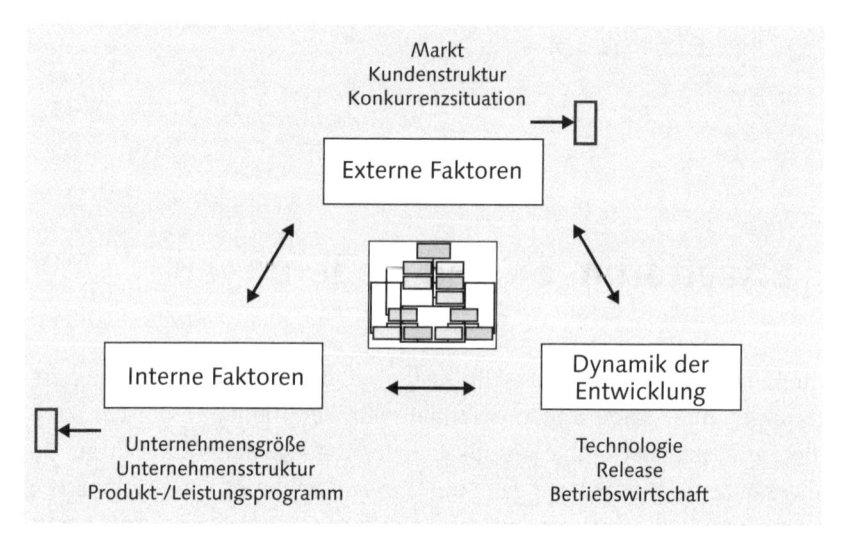

Abbildung 7.1 Einflussfaktoren des Wandels

Die daraus folgende Anforderung ist die Dynamisierung der betrieblichen Strukturen – und Unternehmenssoftware muss die aufbau- und ablauforganisatorischen Strukturänderungen unterstützen. Die bisherige Vorgehensweise bei der Einführung und Anpassung von betriebswirtschaftlicher Unternehmenssoftware ist dafür aber im Grunde zu aufwendig. Insbesondere die längerfristige Betrachtung eines integrierten ERP-Einsatzes macht deutlich, dass die laufenden Kosten über die Zeit nicht nur fallen, sondern auch erheblich ansteigen können, wenn immer aufwendigere Erweiterungen und Änderungen implementiert werden müssen.

Auf Grund der Dynamik des Geschäftslebens können sich folgende betriebswirtschaftliche Rahmenbedingungen ändern und eine Anpassung erfordern:

▶ Der operativ notwendige innerbetriebliche Ablauf (kontinuierliche Verbesserung) stimmt nicht mehr mit dem vor längerer Zeit implementierten überein.

▶ Neue Rahmenbedingungen (Gesetze, Verordnungen) erzwingen andere Vorgehensweisen.

▶ Die Zusammenarbeit mit Lieferanten und Kunden muss umgestaltet werden.

Jeder Eingriff in das Anwendungssystem, ob Anpassungsänderung oder individuelle Zusatzentwicklung, hat jedoch bisher zu langfristig kaum kontrollierbaren Zuständen und hohen Wartungskosten geführt. Um diese Schwierigkeiten konzeptionell zu überwinden, ist der Einsatz einer völlig neuartigen Software nötig, die auf den Ideen des *Continuous System Engineering* aufsetzt. SAP Business ByDesign weicht in vieler Hinsicht von der bisherigen Ideologie ab und kann daher auch als neue Softwarekategorie bezeichnet werden. Drei wesentliche Neuerungen können in technischer und organisatorischer Hinsicht unterschieden werden (siehe Thome, Hufgard 2006 und 2008).

- **Bibliothek**
  Wie bei der Lektürewahl aus einer Bibliothek (siehe Hufgard 1994) nimmt das Unternehmen nur die benötigten Komponenten in Anspruch, passt sie durch Konfiguration und Fine-Tuning an die gegebenen Rahmenbedingungen an und verbindet sie in einer Design-Umgebung zu einer anwendungsspezifischen, anforderungsgerechten Kundenlösung. Weitere Partnerlösungen können aus einem Online-Store (siehe Abschnitt 7.2.2) dieser Unternehmenslösung noch hinzugefügt werden. Eine solche Kombination und ihre Einstellungen in der Konfiguration können verändert und somit an die fortschreitenden Anforderungen des jeweiligen Unternehmens angepasst werden. Das ist für die schnelle Reaktionsfähigkeit am Markt von erheblicher Bedeutung.

- **Betriebswirtschaftliches Regelwerk**
  Alle Auswahlentscheidungen und Einstellungen werden nicht auf Grund der Erfahrung eines Beraterteams und anhand von zuvor aufwendig beschriebenen Prozessdarstellungen vorgenommen, sondern mit Hilfe eines intelligenten und durchgängigen Konfigurationswerkzeugs. Dieses kann die zu bewältigenden Aufgaben des betroffenen Unternehmens evaluieren und umsetzen. Es bringt hierfür ein eigenständiges betriebswirtschaftliches Regelwerk mit, mit Hilfe dessen der Anforderungsabgleich auf einige Tage verkürzt werden kann. Das Regelwerk ist auch in der Lage, den Upgrade- und Änderungsprozess zu beschleunigen. Der Upgrade kann auf den ausgewählten Fachthemen, Funktionen und Optionen aufsetzen, entsprechend für diese Bereiche automatisch agieren und die Neuerungen einspielen. Im Änderungsprozess gilt das Gleiche, so dass Änderungen gegen die bestehende Struktur leichter durchgeführt werden können.

- **Releasefähige Erweiterbarkeit**
  Die dritte Innovation bezieht sich auf die Erweiterbarkeit. Ihr besonderes Charakteristikum ist, dass sie Anforderungen des Kunden umsetzen kann, die vorher nicht bekannt waren. Gleichzeitig müssen diese Anforderungen

so umgesetzt werden, dass sie die Release-Fähigkeit und die Wartbarkeit des Systems nicht negativ beeinflussen.

Genau diese Fähigkeiten miteinander zu kombinieren, ist eine große Herausforderung für eine moderne Unternehmenssoftware.

7.2 Erweiterbarkeit

Um die Erweiterbarkeit zu ermöglichen und auch kostengünstig für die mittelständischen Unternehmen zu halten, hat SAP Adaptionswerkzeuge tief in SAP Business ByDesign integriert und mit dem SAP Store eine kommerzielle Plattform geschaffen, die sowohl die Bereitstellung von Apps für Partner als auch die Implementierungsseite der Kunden massiv vereinfachen und handhabbar machen soll – ähnlich wie der App Store von Apple.

Seit Feature Pack 2.6 sind die Erweiterungsmöglichkeiten und die leichtere Integration von vorhandenen Kundenanwendungen verfügbar. Zusätzlich ist es auch möglich, externe Partner-Apps über eine kommerzielle Plattform – den SAP Store – zu erwerben und zu integrieren. Dadurch können auch die wenigen Anforderungen abgedeckt werden, bei denen der Standard und die Konfigurationsmöglichkeiten nicht ausreichen.

SAP Business ByDesign erlaubt hier, dass die Erweiterbarkeit und Integration von Fremd- oder Partnerlösungen mit der gleichen Zuverlässigkeit durchgeführt und abgewickelt werden können wie die Konfiguration des Standardlösungsumfangs. Dies gibt dem Kunden auch noch für den letzten Teil des Weges ein sicheres Gefühl und ist ein Investitionsargument für ihn.

Bei den Erweiterungswerkzeugen für SAP Business ByDesign können grundsätzlich zwei Kategorien unterschieden werden.

1. **Key User Tools**
   Einerseits geht es um Werkzeuge, die durch die Anwendungsexperten (siehe Abschnitt 6.4) selbst im Rahmen des Systems in diversen Work Centern zur Verfügung gestellt werden. Sie reichen von der Personalisierung, dem Änderungsmodus über die Möglichkeit, Formulare und Berichte anzupassen, bis hin zu speziellen Integrationsmöglichkeiten z. B. über Mashups. Diese auch Key User Tools genannten Werkzeuge bieten im Rahmen der Implementierungsphase Ansatzpunkte, um individuelle Anforderungen umzusetzen.

2. **Apps**

    Die zweite Gruppe der Erweiterungsmöglichkeiten lässt sich als Applikationen oder kurz »Apps« bezeichnen, die entweder individuell für einen einzelnen Kunden gebaut werden oder von einem Partner als Add-ons konzipiert und für den Einsatz bei mehreren Kunden vorgesehen sind. Diese Apps können über den SAP Store erworben werden.

Mit diesen neuen Ergänzungswerkzeugen und kommerziellen Möglichkeiten rücken die Ergänzungsentwicklungen aus der »Ecke« der kundenindividuellen Modifikationen in eine strukturierte Applikations-Bibliothek.

7.2.1 Adaptionswerkzeuge im Projekt

Grundsätzlich ist der Einsatz dieser Werkzeuge nicht abhängig vom Implementierungsprojekt, doch im Normalfall werden im Projektverlauf Formulare und gegen Ende des Projektes auch Berichte angepasst oder gestaltet, die für den Ablauf der Prozesse und ihre Analyse unbedingt notwendig sind.

Unabdingbar in der Projektphase können auch Zusatzentwicklungen sein, die für den Prozessablauf notwendig sind. Beispiele sind hier CAD-Schnittstellen oder die Integration eines Web-Shops, wenn dieser Prozess für das Unternehmen kritisch ist.

Nichtsdestotrotz können auch nach der Go-Live-Phase in der Nutzungsphase im laufenden Betrieb solche Ergänzungsentwicklungen hinzugenommen werden, um die Anwendungsmöglichkeiten zu verfeinern und den Anforderungen besser gerecht zu werden.

Personalisieren und Anpassen

Die *Personalisierung* ist im Prinzip, ebenso wie die betriebswirtschaftliche Konfiguration, ein Adaptionswerkzeug, das Änderungen im vordefinierten Rahmen zulässt. Es ist in jedem Screen-Layout erlaubt, die Titel der Felder oder die Positionen von Elementen anzupassen. In einer Work-Center-Übersicht bedeutet »Personalisieren« das Zuordnen von Berichten und in normalen Pflege-Screens das Ausblenden von Feldern – wie die Sicherheitsvorlaufzeit in der Planungssicht des Materials (siehe Abbildung 7.2).

Neben den Bildschirmanpassungen kann der Anwender auch Web-Dienste einfügen, die ihm Informationen im Kontext seiner Seiten zur Verfügung stellen. Bei diesen Web-Diensten kann es sich sowohl um einfache Standardfunktionen wie Kalenderdienste als auch um Informationsbereitstellung über die Nachrichtenagentur Reuters oder Twitter handeln. Es können aber auch spezifische Web-Dienste eingebunden werden, die auf die Anforderungen des Unternehmens individuell ausgerichtet sind.

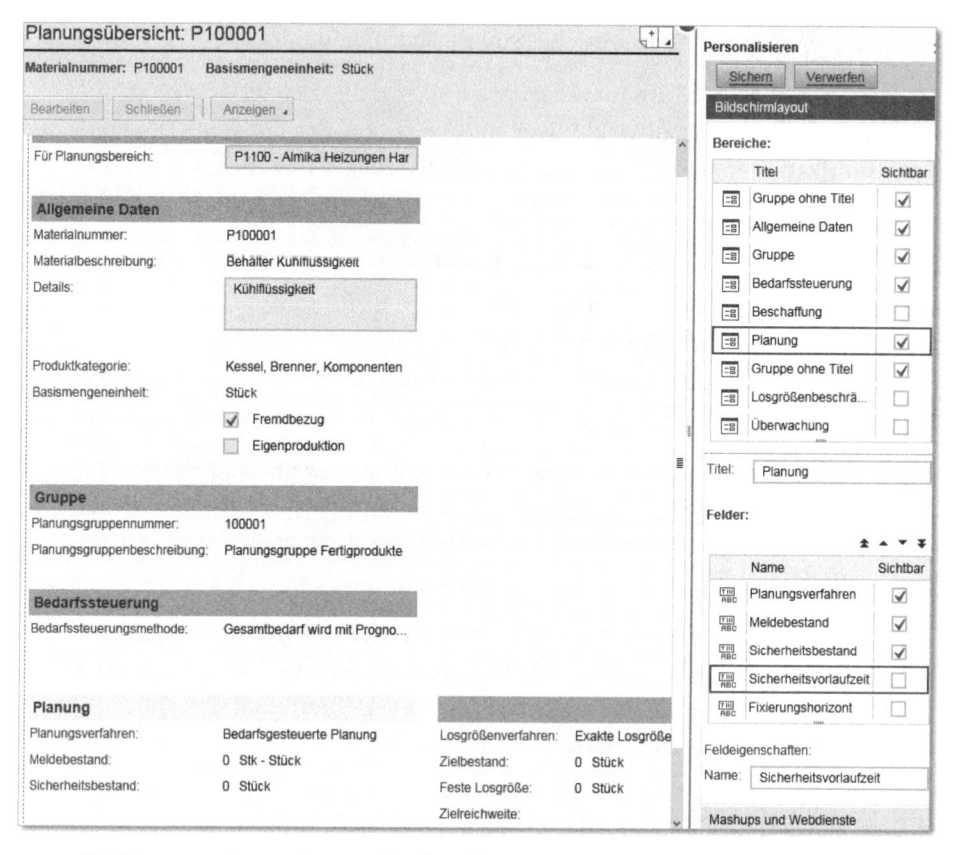

Abbildung 7.2 Personalisierung durch Endbenutzer

Eine zweite Form, um internetbasierte Zugriffmöglichkeiten zu integrieren, sind die Mashups, die es erlauben, Daten mit Parametern per Internet abzurufen und in die Seite einzublenden. Auf dieser Plattform können beispielsweise über den Kundennamen die zugehörigen Adressdaten verifiziert werden.

Im so genannten ANPASSUNGSMODUS darf ein Key User (Anwendungsexperte) zusätzliche Elemente anpassen und hinzufügen (siehe Abbildung 7.3).

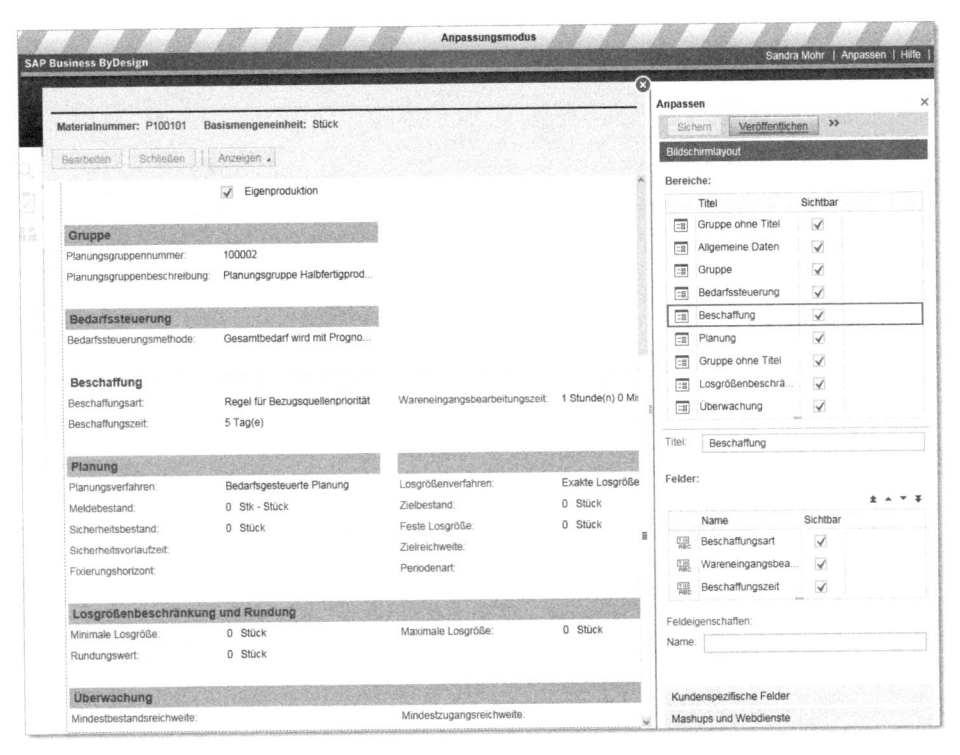

Abbildung 7.3 Anpassungsmodus für Anwendungsexperten

Der Anwendungsexperte besitzt zusätzliche Berechtigungen und damit weitere Möglichkeiten, das System zu erweitern. Dazu zählt die Möglichkeit, zusätzliche Felder im Screen-Layout im Anpassungsmodus zu erstellen, die kundenindividuellen Belangen gerecht werden, Felder auszublenden sowie das Screen-Layout insgesamt für das gesamte Unternehmen und für alle Benutzer anzupassen und zu veröffentlichen.

Neben dem Personalisieren und Anpassen, indem Sie spezifische Web-Dienste und Mashups pro Seite auswählen können, kann im Work Center ANWENDUNGS- UND BENUTZERVERWALTUNG unter dem Punkt GESCHÄFTSFLEXIBILITÄT eine Gesamtübersicht aller verfügbaren Web-Dienste und Mashups betrachtet und bearbeitet werden (siehe Abbildung 7.4).

Über das Work Center ANWENDUNGS- UND BENUTZERVERWALTUNG hat der Anwendungsexperte auch die Möglichkeit, neue spezifische Mashups zu erstellen. Dazu dient eine Definitionsumgebung, die die Möglichkeit der Erweiterungsentwicklung eröffnet.

7 | Erweiterungen und Änderungen

Abbildung 7.4 Mashup-Bearbeitung unter »Geschäftsflexibilität«

> [zB] **Einfache Mashups erstellen und einbinden**
>
> Die IBIS-Kunde Kübrich Ingenieure hat seinen Kantinenwochenplan mit Anmeldefunktion als Mashup integriert.

Die Grenzen zwischen Personalisierung und Erweiterung sind fließend:

- Beispiele für die Personalisierung der Startseite mit relevanten Berichten sind in der Fallstudie in Abschnitt 9.3.2 zu sehen.
- Die Verwendung eines Mashups, also einer Erweiterung, zur Routenplanung zeigt die Fallstudie zum produktbezogenen Service in Abschnitt 11.6.2.

Insgesamt gilt folgender Grundsatz: Der Anwendungsexperte ändert immer für das ganze Unternehmen und kann auch Formulare und kundenspezifische Felder anpassen. Der einzelne Anwender kann nur personalisieren, was vom Anwendungsexperten noch nicht verpflichtend vorgegeben wurde, also das Layout verschiedener Oberflächen anpassen und verfügbare Web-Dienste einbinden.

Anwendungsexperten-Tools

Die vorher hinzugefügten Felder können auch den Berichten bekannt gemacht und diese Felder bis in die Formulare mit dem beigefügten Adobe Designer durchgereicht werden (siehe Abbildung 7.5).

7.2 Erweiterbarkeit

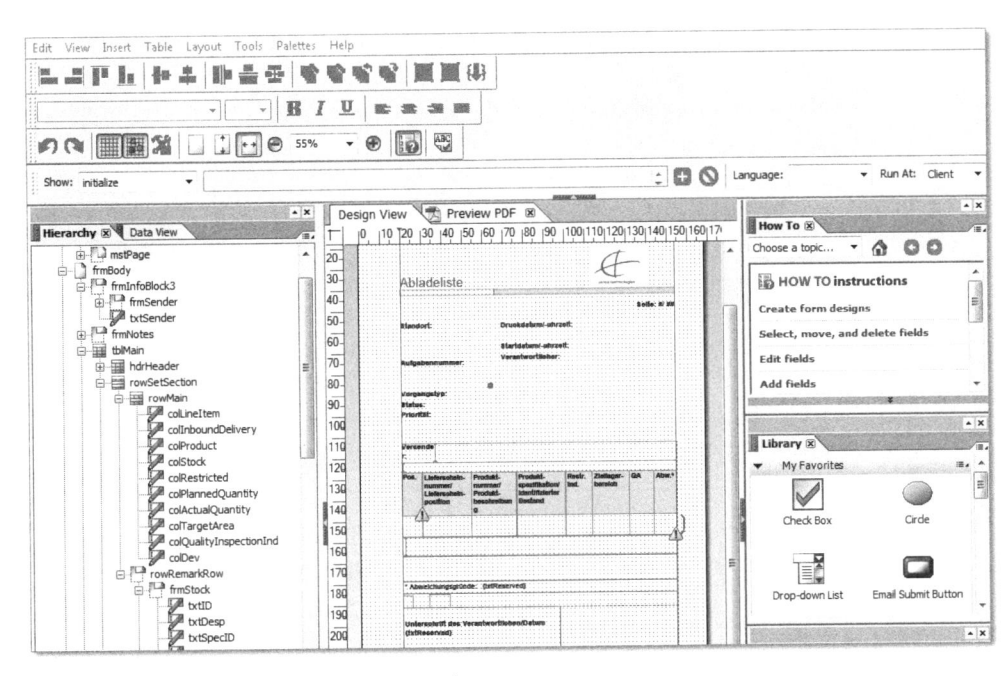

Abbildung 7.5 Abladeliste im Adobe LiveCycle Designer

Twittern statt Faxen [zB]

Ein Beispiel für eine Erweiterung durch den Anwendungsexperten wäre es, das Faxfeld im Kundenstamm mit einem Twitterfeld des entsprechenden Unternehmens auszutauschen. Für dieses Twitterfeld wäre gleichzeitig ein Mashup auf Twitter eingefügt worden. Entsprechende Feldanpassungen könnten dann in alle dazugehörigen Formular- und Berichtswerkzeuge durchgeschleust werden.

Mit dem Adobe Designer können Formulare mit kundenspezifischen Feldern ausgestattet und entsprechend angepasst werden. Darüber hinaus gibt es eine breite Möglichkeit von Gestaltungsalternativen und Werkzeugen, um Formulare entsprechend zu individualisieren. So können beispielsweise Summenfelder eingefügt oder das grafische Layout verändert werden.

Individuelle Gestaltung des Kundenangebots [zB]

Gerade die kundenindividuelle Gestaltung des Kundenangebotes sollte bei der Erstimplementierung zeitlich eingeplant werden. Hier lohnt es sich, das Layout zu überarbeiten und Zusatzinformationen einzublenden.

Erweiterte Anpassungsmöglichkeiten gelten für Berichte. Sie können um Felder erweitert oder um zusätzliche Spalten und Zeilen ergänzt werden. Es kann aber auch eine neue Vordefinition der Standardsicht angelegt werden, das heißt, der Report erscheint in der Zusammenstellung, wie er als hilfreich und anforderungsgerecht erachtet wird. In Abbildung 7.6 sehen Sie das Work Center UNTERNEHMENSANALYSEN, das alle Möglichkeiten zur Gestaltung von Analysen bündelt.

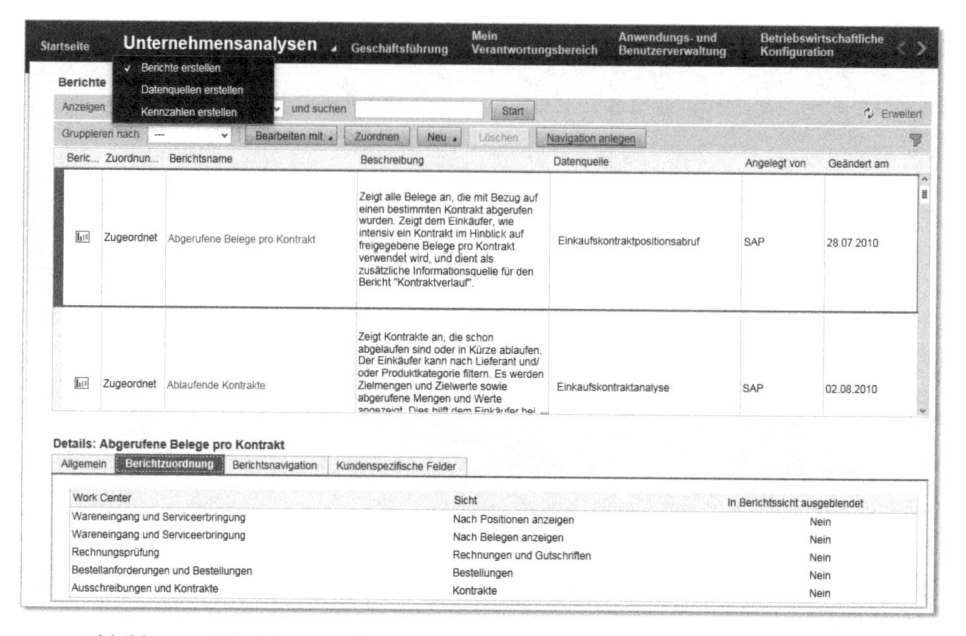

Abbildung 7.6 Berichte erstellen

Im Work Center UNTERNEHMENSANALYSEN können außer Anpassungen auch eigene Berichte, Datenquellen und Kennzahlen erstellt werden (siehe auch Abschnitt 10.5.2). Auch die Navigation aus einem Bericht z. B. auf Detaildaten kann gestaltet werden, was allerdings schon beim Erstellen berücksichtigt werden muss.

Für die Einarbeitung in diese Berichtswerkzeuge im Work Center UNTERNEHMENSANALYSEN ist eine Schulung oder Einarbeitung eines Anwendungsexperten sogar erst im Produktivbetrieb empfehlenswert. Die Benutzerführung bei der Erstellung von Berichten oder Datenquellen ist zwar sehr gut gelöst, doch ist eine Hinführung zur Bewertung der Möglichkeiten und Grenzen sehr sinnvoll.

- So ist die Berichtsnutzung sehr stark von den Zugriffsrechten des einzelnen Anwenders abhängig, d.h., wer die Rechte für die Datenquellen nicht über die Work Center zugeordnet hat, kann keinen Bericht dafür ausführen.
- Für die inhaltliche Um- oder Neugestaltung der Berichte ist eher das fachliche Wissen über die Geschäftsobjekte entscheidend, die einbezogen wer-

den sollen. Deswegen ist es eine Voraussetzung, mit den Prozessen und auch den vorhanden Berichten vertraut zu sein, um bei der Erstellung gezielt und produktiv arbeiten zu können.

Wichtige Begriffe zum Verständnis der analytischen Gestaltungsmöglichkeiten von SAP Business ByDesign und die Bewertungsmöglichkeiten für vorhandene Berichte stellen wir in Abschnitt 10.5.2 anhand der Berichte im Beschaffungsbereich dar.

Eine zusätzliche Option bietet die Möglichkeit, jeden Bericht in Microsoft Excel einzubinden und dort weiterzubearbeiten. Auf diesem Weg können die vertrauten Gestaltungs- und Bearbeitungsmöglichkeiten genutzt werden. Gleichzeitig ist das Excel-Add-in zentral abgelegt, dezentral bearbeitbar und jederzeit aktualisierbar.

Partner-App »IBIS-Multi-Projekt-Report« [zB]

Der Report in Abbildung 7.7 bietet die zusätzliche Möglichkeit, mehrere Projekte grafisch aufbereitet zu analysieren. Daneben können kritische Projektaufgaben hervorgehoben werden.

Der *IBIS-Multi-Projekt-Report* kann mit aktuellen Daten aus dem SAP Business ByDesign-System versorgt und aktualisiert werden. Darüber hinaus können eigene Analysen und Aufbereitungen im Dokument ergänzt werden.

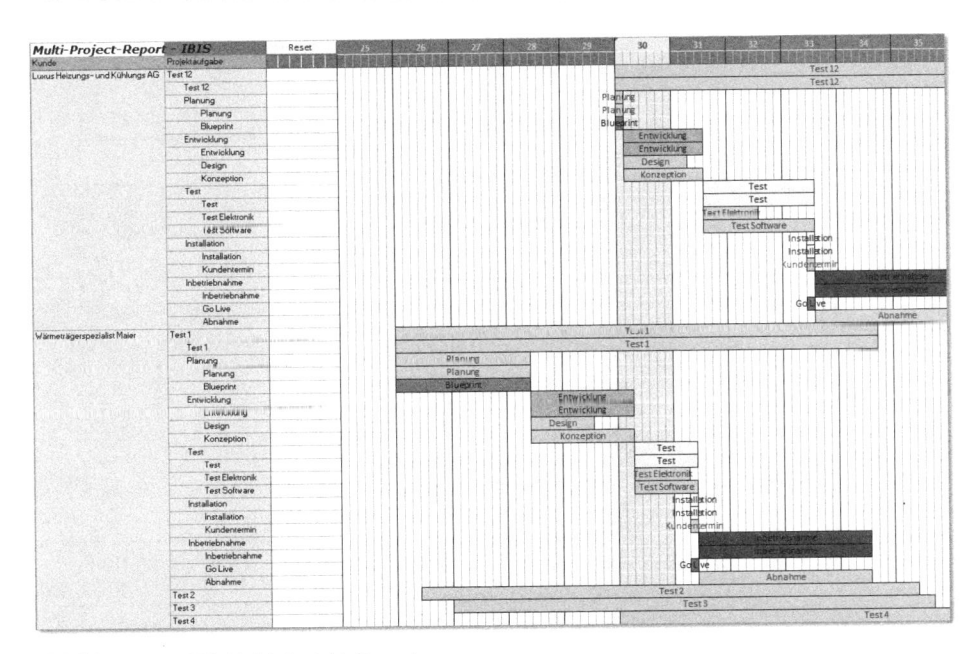

Abbildung 7.7 IBIS-Multi-Projekt-Report

Der Kauf und die Distribution einer Partner-App erfolgen über den SAP Store, was Gegenstand des folgenden Abschnitts ist.

Insgesamt sind die vorgestellten Werkzeuge auf dem neusten Stand der Technik und nach einer gewissen Einarbeitungsphase produktiv verwendbar. Herausforderungen liegen noch in der Verbesserung des Handlings und der sukzessiven Erweiterung der Funktionalität.

Zusätzlich zu den Werkzeugen für Anwendungsexperten gibt es eine Entwicklungsumgebung für Solution Partner, die noch weitergehende Fähigkeiten besitzt. Das Werkzeug für die App-Entwicklung durch Partner ist das SAP Business ByDesign Studio.

[+] **Weitergehende Informationen**

Zum Thema »Anwendungsentwicklung für SAP Business ByDesign« werden Partnerschulungen von SAP angeboten. Zudem steht ein aktuelles Buch zur Verfügung (Schneider 2011).

7.2.2 Apps im SAP Store

Der innovative Charakter und die Hintergründe zum Cloud Computing und dem SAP Store wurden bereits in Abschnitt 3.2 dargestellt. In Abschnitt 5.1 war das Buying Center Gegenstand der Betrachtung, das es erlaubt, den Entscheidungsprozess mit Informationen zu unterfüttern.

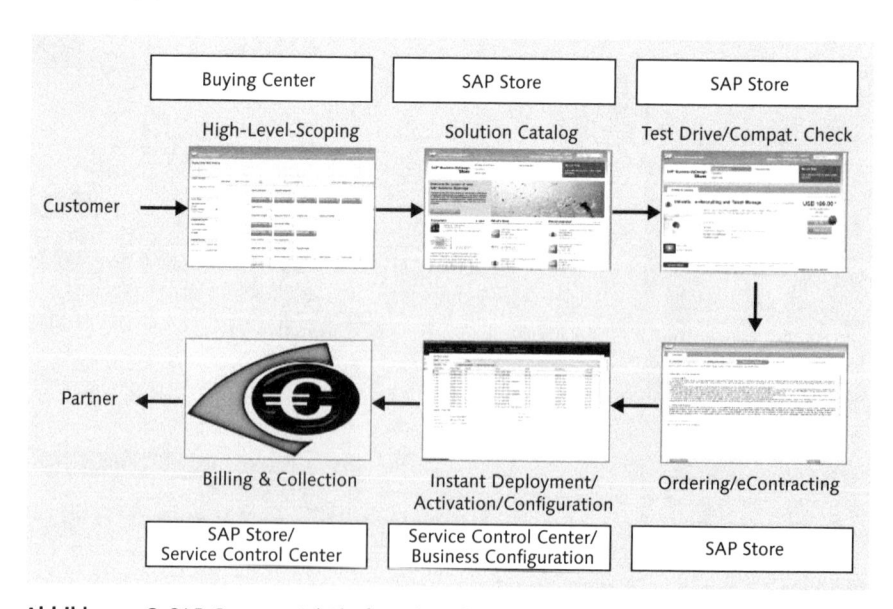

Abbildung 7.8 SAP Commercial Platform (Quelle: Faisst 2011)

Das Gesamtbild ist in Abbildung 7.8 ersichtlich. Generell kann man feststellen, dass das Buying Center dem Anforderungsabgleich und dem frühen Scoping der Kernlösung von SAP Business ByDesign dient und der SAP Store die zusätzlichen »Apps« anbietet und liefert, die von Partnern entwickelt werden. Man erkennt aber auch, dass der SAP Store eine software-logistische Rolle bei der Kompatibilitätsprüfung, Verteilung und Akitvierung der Apps spielt und darüber hinaus die kommerzielle Abwicklung für den Partner handhabt.

Aufbau des SAP Store

Der Aufbau des SAP Store entspricht zunächst den üblichen Konventionen, die durch Pioniere wie Amazon oder Apple geprägt worden sind. Darüber hinaus gibt es einige Besonderheiten, die mit den Anforderungen einer Unternehmenssoftware zusammenhängen.

Die Apps sind nach Branchen, Geschäftsbereichen und Lösungstypen klassifiziert (siehe Abbildung 7.9). Als Lösungstypen sind verfügbar:

- Add-on-Lösungen, z. B. für Equipment-Verwaltung oder Kulanzabwicklung
- Integrationslösungen, z. B. zu Datev, E-Commerce oder CAD-Systemen
- Berichte, z. B. für KPI-Reporting oder zur Multi-Projekt-Analyse
- Mashups, z. B. für Twitter oder Facebook
- Formulare, z. B. für die Transportabwicklung in speziellen Branchen

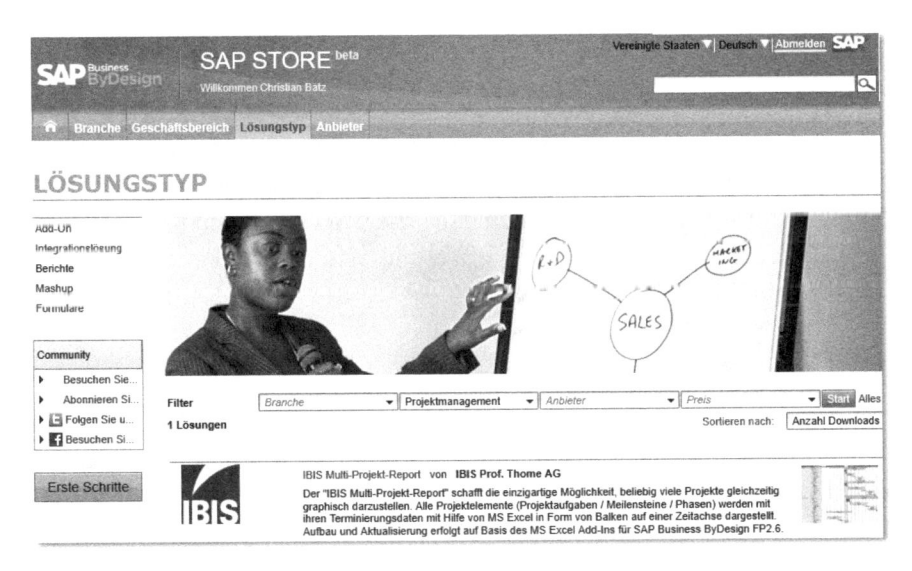

Abbildung 7.9 SAP Store

Mittelfristig werden die Übergänge zwischen Buying Center, betriebswirtschaftlicher Konfiguration und SAP Store fließender werden. Es soll möglich sein, dass Partner bereits im Buying Center Lösungen für bestimmte Zielgruppen zusammenstellen, wobei sie dabei Scoping im betriebswirtschaftlichen Katalog und die Vorauswahl von Apps aus dem SAP Store verbinden können.

Einkaufen im SAP Store

Hier soll jetzt der Einkauf und die ergänzende Implementierung einer Partner-App am Beispiel des IBIS-Produktiv-Systems dargestellt werden.

Zunächst müssen die Voraussetzungen im Work Center SERVICE CONTROL CENTER geschaffen werden. Von dort aus können die autorisierten ANSPRECHPARTNER vom Typ »SAP-Store-Käufer« sich mit dem SAP Store verbinden (siehe Abbildung 7.10).

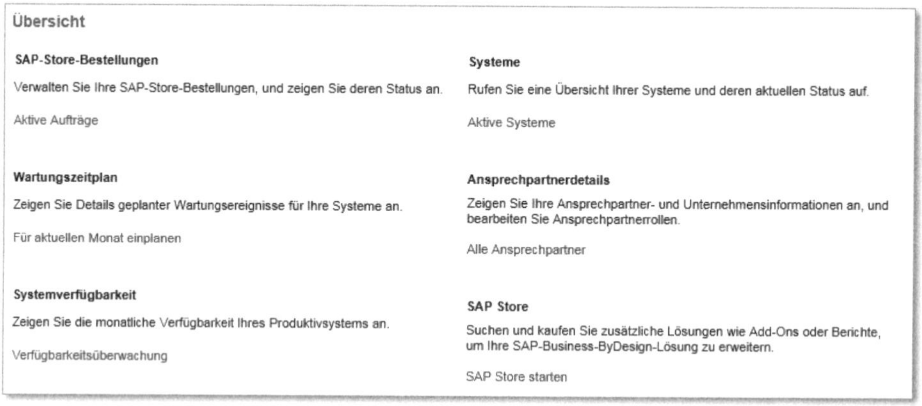

Übersicht	
SAP-Store-Bestellungen	**Systeme**
Verwalten Sie Ihre SAP-Store-Bestellungen, und zeigen Sie deren Status an.	Rufen Sie eine Übersicht Ihrer Systeme und deren aktuellen Status auf.
Aktive Aufträge	Aktive Systeme
Wartungszeitplan	**Ansprechpartnerdetails**
Zeigen Sie Details geplanter Wartungsereignisse für Ihre Systeme an.	Zeigen Sie Ihre Ansprechpartner- und Unternehmensinformationen an, und bearbeiten Sie Ansprechpartnerrollen.
Für aktuellen Monat einplanen	Alle Ansprechpartner
Systemverfügbarkeit	**SAP Store**
Zeigen Sie die monatliche Verfügbarkeit Ihres Produktivsystems an.	Suchen und kaufen Sie zusätzliche Lösungen wie Add-Ons oder Berichte, um Ihre SAP-Business-ByDesign-Lösung zu erweitern.
Verfügbarkeitsüberwachung	SAP Store starten

Abbildung 7.10 Service Control Center

In diesem Falle startet die Integration aus dem SAP Business ByDesign-System des Anwenderunternehmens und dient zur Autorisierung des Einkäufers und Identifikation seines Systems, insbesondere mit dem damit festgelegten Lösungsumfang.

Dieser Zusammenhang ist wichtig für die Kompatibilitätsprüfung in Abbildung 7.11. Dort wird der notwendige Lösungsumfang geprüft, um fehlende Voraussetzungen und potenzielle Konflikte aufzudecken. Eine App wie die IBIS-Multi-Projekt-Analyse prüft, ob das Projektmanagement im Lösungsumfang ist, sonst hat sie keine Daten zum Visualisieren.

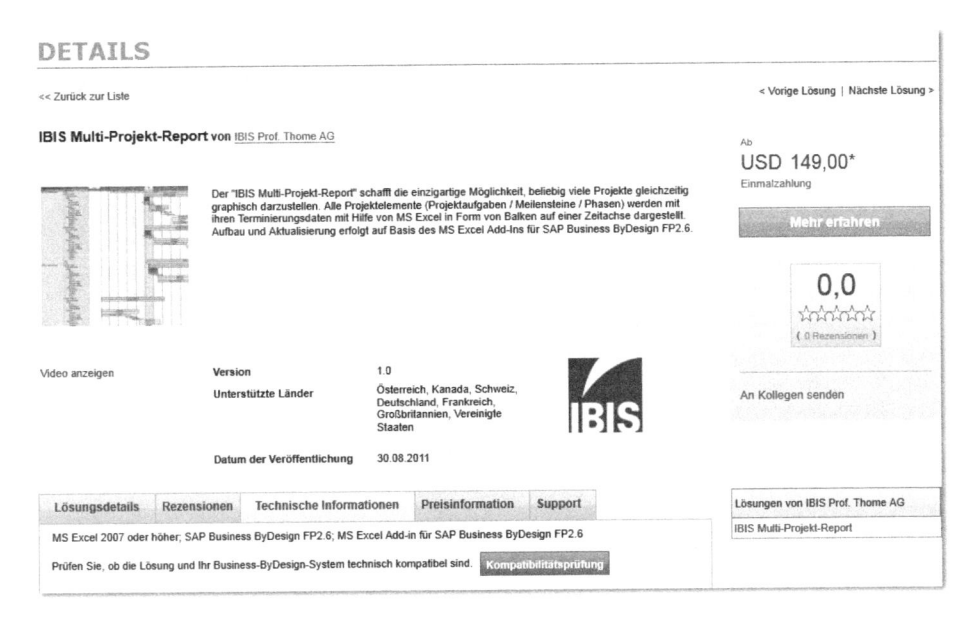

Abbildung 7.11 Kompatibilitätscheck

Danach kann die App erworben werden. Je nach Preiskonditionen gibt es hierbei entsprechende Varianten: Preis pro User und Monat oder einmaliger Kaufpreis (siehe Abbildung 7.12).

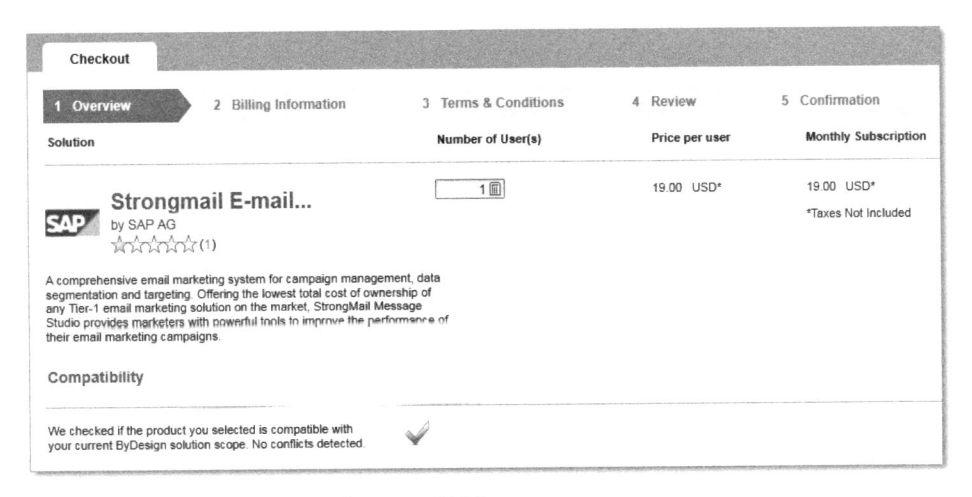

Abbildung 7.12 Abwicklung (Quelle: Faisst 2011)

Alle aktiven Bestellungen können mit ihrem Status im Work Center SERVICE CONTROL CENTER nachverfolgt werden (siehe Abbildung 7.13). Je nach Umfang und Art der App ist sie unmittelbar verfügbar oder löst die Aktivierung eines Änderungsprojektes aus (siehe Abschnitt 7.4).

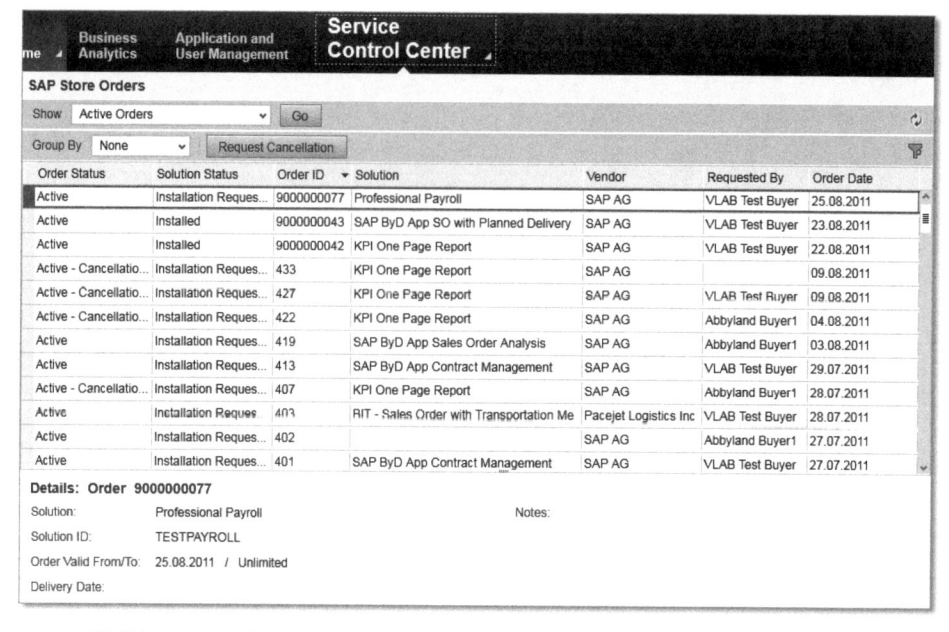

Abbildung 7.13 Aktive Bestellungen (Quelle: Faisst 2011)

Alle erworbenen Apps sind auch im Lösungsumfang des Anwenderunternehmens in der betriebswirtschaftlichen Konfiguration aufgeführt.

7.3 Upgrade

Erfreulicherweise kann dieser Abschnitt sehr kurz sein, da der Upgrade von SAP weitgehend automatisiert im Hintergrund durchgeführt wird.

Rund um den Upgrade ist es jedoch wichtig, Informationen zu folgenden Themen zu beachten:

- Wichtige Termine
- Informationen über Änderungen und Neuerungen
- Geänderte Systemvoraussetzungen

Die Kundenunternehmen werden zunächst nur in den Upgrade-Prozess eingebunden, in dem sie die Terminplanung kennen und mit SAP abstimmen können. Es steht dann im Zeitraum von ca. drei bis einer Woche vor Produktiv-Upgrade eine bereits höhergestufte Testumgebung (Upgrade einer Kopie des Produktivsystems) zur Verfügung, die überprüft werden muss. Bei dieser Gelegenheit können aber auch Release-Neuerungen bewertet werden.

> **Terminplanung** [zB]
>
> Für ein Unternehmen wie IBIS ergaben sich beim Upgrade auf Feature Pack 2.6 die folgenden Eckpunkte. Die Zeitangaben sind ausgehend vom Upgrade-Termin rückwärtsterminiert:
>
> - **5 Wochen vorher: Lösungsumfang und Fine-Tuning einfrieren**
>   Von diesem Tag bis nach dem Produktiv-Upgrade sollten keine Änderungen am Lösungsumfang oder Fine-Tuning des Produktivsystems vorgenommen werden. Sollten Änderungen dennoch notwendig sein, muss ein Service Advisor von SAP vorab kontaktiert werden.
> - **4 Wochen vorher: Aktualisierung mit Korrekturen wird gestoppt**
>   Ab diesem Datum wird die Versorgung mit Korrekturen des Produktivsystems vorübergehend eingestellt.
> - **3 Wochen vorher: Kopie des Produktivsystems wird aktualisiert**
>   Um die Geschäftsprozesse zu überprüfen, wird für den Anwender eine Kopie des Produktivsystems auf dem neuen Release zur Verfügung gestellt.
> - **1 Woche vorher: Freigabe**
>   Spätestens an diesem Tag benötigt SAP die Freigabe, um den Produktiv-Upgrade termingerecht durchzuführen.
> - **3 Tage (Wochenende): Produktiv-Upgrade**
>   Der Produktiv-Upgrade des Produktivsystems wird durchgeführt. Dazu wird im Normalfall das Wochenende herangezogen.

Der zweite Punkt, über den Sie sich bei einem Upgrade informieren sollten, sind Änderungen und Neuerungen, etwa zwischen Feature Pack 2.0 und 2.6.

Alle Information über Änderungen und Neuerungen, die auf das Anwenderunternehmen und seine Mitarbeiter nach dem Upgrade zukommen, finden die Anwendungsexperten im SAP Business Center, z. B. einen Überblick und die detaillierte Dokumentation ÄNDERUNGEN UND NEUERUNGEN. Die Unterlagen stehen nach dem Upgrade auch in Ihrer System-Hilfe zur Verfügung (siehe Abbildung 7.14).

Auf einige wesentliche legale oder technische Änderungen wird der Anwender explizit per E-Mail hingewiesen. Es handelt sich dabei um Informationen, die für die Anwendungsexperten und Endanwender für die tägliche Arbeit ab dem ersten Tag nach dem Upgrade sehr wichtig sind. Bei dem Wechsel von Feature Pack 2.0 auf 2.6 waren folgende Änderungen besonders zu beachten.

- Anwendungs- und Benutzerverwaltung
- Hauptbuch
- Rechnungserfassung
- Anpassungen durch Anwendungsexperten

7 | Erweiterungen und Änderungen

Abbildung 7.14 Änderungen und Neuerungen mit Feature Pack 3.0 in CRM

Der dritte Aspekt ist der, sich über die geänderten Systemanforderungen zu informieren. Mit dem Feature Pack 2.6 wurde die Microsoft Office-Version 2003 oder vorangegangene Versionen beispielsweise nicht mehr unterstützt.

Informationen zu den Systemvoraussetzungen finden Sie im SAP Business ByDesign Business Center. Ein Service Advisor kontaktiert den Kunden, um offene Fragen in einem persönlichen Gespräch zu klären.

[+] **In Beratung nach dem technischen Upgrade investieren**

Nach dem Upgrade stehen die neuen Möglichkeiten des aktuellen Release unmittelbar aktiv oder noch passiv zur Verfügung.

- Unmittelbar aktiv sind die Änderungen in den genutzten Work Centern und Prozessen, wo Anwender etwa mit neuen Feldern oder Buttons konfrontiert sind. Hier besteht Schulungs- und Erklärungsbedarf für den Endbenutzer.
- Viele Neuerungen bleiben zunächst »passiv«, da sie nicht aktiviert sind. Sie stehen im betriebswirtschaftlichen Katalog und anderen Gestaltungswerkzeugen bereit und müssen dort je nach Bedarf aktiviert werden.

Für alle Neuerungen sollten die Nutzungsmöglichkeiten untersucht und bewertet werden. Auf Basis eines Änderungsprojektes kann der Lösungsumfang auch im Produktivbetrieb erweitert werden.

7.4 Änderungen

Der in Abbildung 7.1 bereits dargestellte Anpassungsdruck durch interne oder externe Einflussfaktoren und durch die Dynamik der technischen und betriebswirtschaftlichen Entwicklung macht es notwendig, im SAP Business

ByDesign-Produktivsystem schnell und gezielt Änderungen durchführen zu können. Die ersten Fragen, die sich stellen, sind folgende:

- Welche Arten von Änderungen sind zu erwarten?
- Wie soll mit Änderungen, je nach Typ, umgegangen werden?

Die Klassifizierung von Änderungen dient den Anwenderunternehmen zur Einordnung und zur Bewertung des so genannten Impacts, das heißt, die Frage, welche Auswirkungen auf Prozesse, Systeme und Mitarbeiter zu erwarten sind. Für bestimmte, einfache Änderungen gibt eine Reihe von Möglichkeiten, die Änderungen schnell und unmittelbar im laufenden Produktivbetrieb umzusetzen. Zur Klassifizierung von Änderungen erhalten Sie im Folgenden Informationen.

Der zweite Teil des Abschnitts beschäftigt sich mit so genannten Änderungsprojekten, die mehrere zusammenhängende Einzeländerungen mit größeren Auswirkungen und Wechselwirkungen zusammenfassen. Dazu zählen auch solche, die im Vorfeld getestet werden müssen.

7.4.1 Klassifizierung

Für die Klassifizierung von Änderungen können drei Merkmale einer Änderung herangezogen werden:

- Die Auswirkung oder der Impact: Was folgt aus der Änderung?
- Der zeitliche Aspekt: Ist es eine einmalige Änderung oder kann sie immer wieder auftreten?
- Die Umsetzungsform: Handelt es sich um eine Einzeländerung oder um ein Änderungsprojekt?

Ergänzend zu der hier vorgeschlagenen Klassifizierung können bei Bedarf weitere betriebswirtschaftliche Kriterien herangezogen werden, die sich z. B. mit der Auswirkung auf Kosteneinsparungen und Unternehmenserfolg oder mit der Wechselwirkung zu Kunden oder Lieferanten beschäftigen. Es können auch Risikoaspekte herangezogen werden, die es notwendig machen, die Entscheidung für eine Änderung auf unterschiedlichen Managementebenen abzusichern; vom Mittelmanagement bei veränderter Aufgabenzuordnung bis hin zu einem Aufsichtsrat bei einer Unternehmensstrukturänderung.

Des Weiteren sind Wachstumsthemen oder die Make-or-Buy-Fragestellung von Bedeutung (ob und wie Engpässe durch das Einbinden von externen Ressourcen gelöst werden können). Diese Änderungen wirken sich massiv auf

Unternehmenssoftware aus, da sie Mitarbeiterrollen und Prozesse nachhaltig verändern.

> [zB] **Unternehmensstrukturänderung muss auf höchster Ebene abgesichert werden**
> Einer der wichtigsten »Changes« für einen dynamischen Mittelständler ist es, in einer weiteren Einführungsphase die Nutzung der Geschäftsprozesse international, das heißt, auf weitere Vertriebsniederlassungen auszudehnen, um weitere Märkte mit einem ausgewählten Produktportfolio zu beliefern. Die Auslöser »neue Märkte erobern« und »Veränderung des Produktportfolios« sind die häufigsten und wichtigsten Änderungsszenarien.

Anderseits können wichtige Vertragsvereinbarungen mit Lieferanten und Kunden zu vernachlässigbaren Änderungseffekten führen. Wenn es z. B. nur um die Etablierung einer Kommunikationsverbindung geht, sind die Änderungseffekte rein technischer Natur. Umgekehrt kann eine neue technische Möglichkeit, wie eine verbesserte Outlook-Integration, zu neuen betriebswirtschaftlichen Abläufen und zur Reorganisation von Prozessen führen, etwa im Vertrieb.

Abbildung 7.15 zeigt die Auswirkungsrichtung und den -umfang von Änderungskategorien.

- **Sonderfälle**
  Die Umsetzung von Sonderfällen im Rahmen der Prozessabwicklung sollte eher als Ausnahme behandelt werden. Das bedeutet, hier geht es darum, ob es sinnvoll ist, diese Änderung nachhaltig zu etablieren oder ob im konkreten Fall nicht auch eine Sonderabwicklung gewählt werden kann, im Zweifelsfalle auch außerhalb des Systems. Ein typisches Beispiel: Muss für einen einmalig erbrachten Service ein Produktstamm gepflegt werden, oder kann diese Serviceabwicklung über ein generelles Produkt mit einem individuellen Preis abgewickelt werden?

- **Geschäftsvorfälle**
  Neue auftretende Geschäftsvorfälle fordern eine Veränderung des Prozessflusses, einen neuen Bericht oder eine neue Art des Geschäftsdatenaustausches für die Gestaltung der Ablauforganisation. Diese Arten der Änderung können in SAP Business ByDesign z. B. auf Ebene des Anwender- und Benutzermanagements mit den oben dargestellten Werkzeugen oder durch Festlegungen im Rahmen des Aufgabenmanagements gelöst werden.

- **Reorganisationsmaßnahmen**
  Bei grundsätzlichen Reorganisationsmaßnahmen, bei denen neue Aufgaben zugeordnet werden, die Prozesse umzugestalten sind oder neue

Abwicklungsformen zum Einsatz kommen, kann die Auswirkung auf Organisations- und Stammdaten deutlich massiver sein. Damit gehen die Auswirkungen der Änderungen deutlich tiefer als bei neuen Geschäftsvorfällen.

▶ **Geschäftsmodelle**
Die massivste Wirkung einer betriebswirtschaftlich getriebenen Änderung ist es, wenn es völlig neue Anforderungen neuer oder geänderter Geschäftsmodelle zu erfüllen gilt. In diesem Fall müssen wahrscheinlich Konfigurationseinstellungen und Lösungsumfang ähnlich wie bei einer Erstimplementierung angegangen und etabliert werden.

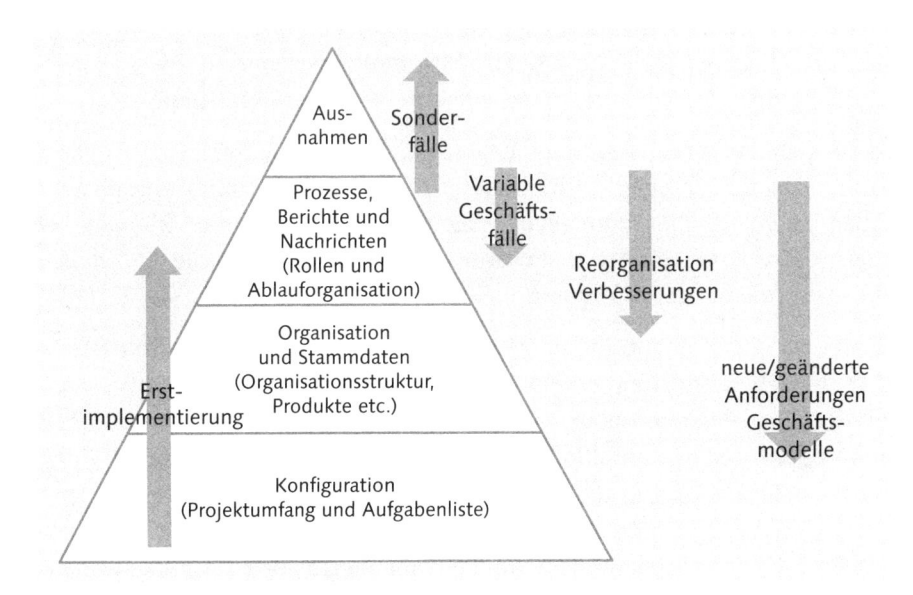

Abbildung 7.15 Impact von Änderungen

In Abbildung 7.15 sind auch Richtung und Wirkung der Erstimplementierung dargestellt. Die Erstimplementierung beginnt in der Konfiguration, dann werden Organisation, Stammdaten, Prozesse, Berichte und Nachrichten gestaltet. Die Erstimplementierung lässt darüber hinaus in der praktischen Nutzung einen gewissen Spielraum für die Gestaltung von Prozessvarianten und den Umgang mit Ausnahmen.

Gestaltungs- und Änderungsaktivitäten im Rahmen der frühen Nutzungsphase finden insbesondere in diesem Spielraum statt, wenn es im Tagesgeschäft darum geht, Prozessvarianten in Form von Handlungsanweisungen für die Mitarbeiter zu etablieren und die Frage zu klären, wie mit Ausnahmen umgegangen wird.

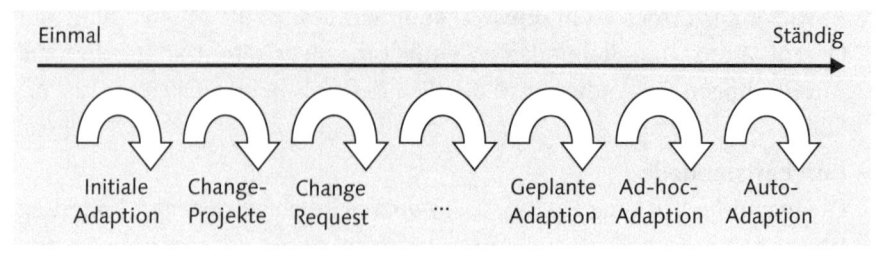

Abbildung 7.16 Wiederholung von Änderungen

Abbildung 7.16 beleuchtet einen anderen klassifizierenden Aspekt von Änderungen. Die Frage ist hier, ob es sich um eine einmalige Änderung handelt oder ob sie wiederholt vorkommen kann. Damit kombiniert ist die zeitbezogene Umsetzungsfrage: Wie schnell und unmittelbar kann der Anderungswunsch umgesetzt werden, um das gewünschte Ziel zu erreichen?

Die initiale Adaption bzw. Implementierung ist ein einmaliger Vorgang. Große Change-Projekte, insbesondere die weiteren Einführungsphasen, haben ebenfalls eher einmaligen Charakter. Demgegenüber können bei Change Requests bestimmte Anforderungen aufkommen, die so ähnlich immer wieder auftreten können.

Bei der ständigen Adaption findet eine geplante oder periodische Anpassung statt, die z. B. jährlich mit einem Reorganisationsprozess oder quartalsweise mit der Einstellung von neuen Mitarbeitern einhergeht. Ad-hoc-Adaptionen sind Änderungen, die unmittelbar realisiert werden müssen, da ihre Wirkung sofort erwünscht ist. Die automatische Adaption reagiert an bestimmten Stellen im System auf Grund des Benutzerverhaltens und ruft Änderungen hervor. Eine von der Intensität der Nutzung abhängige Sortierung von Listeinträgen ist hierfür ein Beispiel. Die automatische Adaption ist in aktuellen Unternehmenssoftwaresystemen eher auf technischer Ebene zu finden.

Stehen nun Änderungen, wie z. B. die Etablierung einer Tochtergesellschaft in den USA oder die Änderung des Produktspektrums, an, sind die Aufgaben nach den Änderungskriterien einzuordnen. Dann ist die Frage zu klären, auf welche Art und Weise eine Umsetzung erfolgen kann.

Im Tagesgeschäft sind alle offenen Fine-Tuning-Aufgaben sehr zugänglich für Ad-hoc-Änderungen (siehe Abbildung 7.17). Diese können unmittelbar vom Anwendungsexperten vorgenommen werden, da sie keine Wechselwirkung oder Seiteneffekte haben. Beispiele hierfür sind, die Zielgruppen zu definieren oder Einstellungen zu den Aktivitätskategorien vorzunehmen.

7.4 | Änderungen

Konfigurationselement	Typ	Status	Sofortige Änderung
Typ: Aufgabe (109)			
Wettbewerber	Aufgabe	Im Lösungsumfang	Möglich
Wettbewerberprodukte	Aufgabe	Im Lösungsumfang	Möglich
Zielgruppen	Aufgabe	Im Lösungsumfang	Möglich
Partner	Aufgabe	Im Lösungsumfang	Möglich
Definition der Beteiligtenrolle	Aufgabe	Im Lösungsumfang	Möglich
Besuchsberichte	Aufgabe	Im Lösungsumfang	Möglich
Aktivitätskategorien	Aufgabe	Im Lösungsumfang	Möglich
Aufgabensteuerung für Neugeschäft	Aufgabe	Im Lösungsumfang	Möglich
Leads	Aufgabe	Im Lösungsumfang	Möglich
Opportunitys	Aufgabe	Im Lösungsumfang	Möglich

Abbildung 7.17 Laufende Änderungen

Unmittelbar und nur über die Anwendung sollten Sonderfälle und variable Geschäftsvorfälle umgesetzt werden, die im Rahmen der Konfiguration, Prozessgestaltung und Aufbauorganisation zulässig sind.

> **Ein einmaliges, besonders komplexes Angebot** [zB]
>
> Gerade bei der Angebotserstellung für ein einmaliges Projekt kann es zu sehr speziellen Spezifikationen und Kalkulationen kommen, die so nie wieder verwendet werden können. Design und Kalkulation werden außerhalb des Systems entwickelt und dokumentiert. Im Angebot wird ein *spezifisches Produkt* mit dem kalkulierten Preis als Anker benutzt. Alle Unterlagen sind als Dokumente im Anhang des Angebotes zu finden.

Änderungen von Stammdaten, Änderungen von Abläufen oder die neue Zuordnung von Berechtigungen sind Änderungen im Tagesgeschäft, die schnell und gezielt durchgeführt werden können. Hierzu gibt es viele Ansatzpunkte für Gestaltungsänderungen, die in den Geschäftsszenarien ab Kapitel 9 eingebaut sind.

Die Änderung der Organisationsstruktur (siehe Abschnitt 9.1.2) oder des Personalwesens sind zeitabhängige Änderungen, das heißt, sie haben einen bestimmten Gültigkeitszeitraum, in dem die Kostenstelle zur Verfügung steht oder die neue Besetzung der Organisationsstruktur gültig ist. Auch diese Werkzeuge müssen im operativen Betrieb von Anwendungsexperten verwendet bzw. angewendet werden.

Eine Unternehmenssoftware muss diese Flexibilität für das Tagesgeschäft anbieten, aber darüber hinaus auch Werkzeuge offerieren, um grundsätzliche Änderungen bis in die Konfigurationsebene und den Lösungsumfang möglich zu machen. Solche Änderungsprojekte zeigt der folgende Abschnitt.

7.4.2 Änderungsprojekte

Grundsätzlich wechselt nach dem Produktivgehen im Rahmen der Erstimplementierung das Work Center BETRIEBSWIRTSCHAFTLICHE KONFIGURATION auf den Änderungsmodus. Die weiteren Einführungsphasen sind Änderungsprojekte. Die zentrale Innovation (siehe Abschnitte 3.5 und 4.2), die SAP Business ByDesign hierbei erfüllt, ist, dass Änderungen im FINE-TUNING und im Lösungsumfang durch die Werkzeuge des betriebswirtschaftlichen Katalogs und seiner Regelbasis genauso abgesichert werden wie bei der Erstimplementierung. Die kontinuierliche Anpassung findet somit mit den gleichen Werkzeugen statt, die der Anwendungsexperte in der Erstimplementierung kennen gelernt hat.

Abbildung 7.18 Änderungsprojekte

Abbildung 7.18 zeigt eine Reihe von Änderungsprojekten in unterschiedlichem Status. E-SELLING EINFÜHREN befindet sich im Status GESTARTET. Die hier erneut durchgeführte Mitarbeiterdaten-Migration für eine Auslandstochter ist bereis fertiggestellt, aber noch nicht ins Produktivsystem übernommen.

Wie ein neues Änderungsprojekt angelegt wird, zeigt Abbildung 7.19.

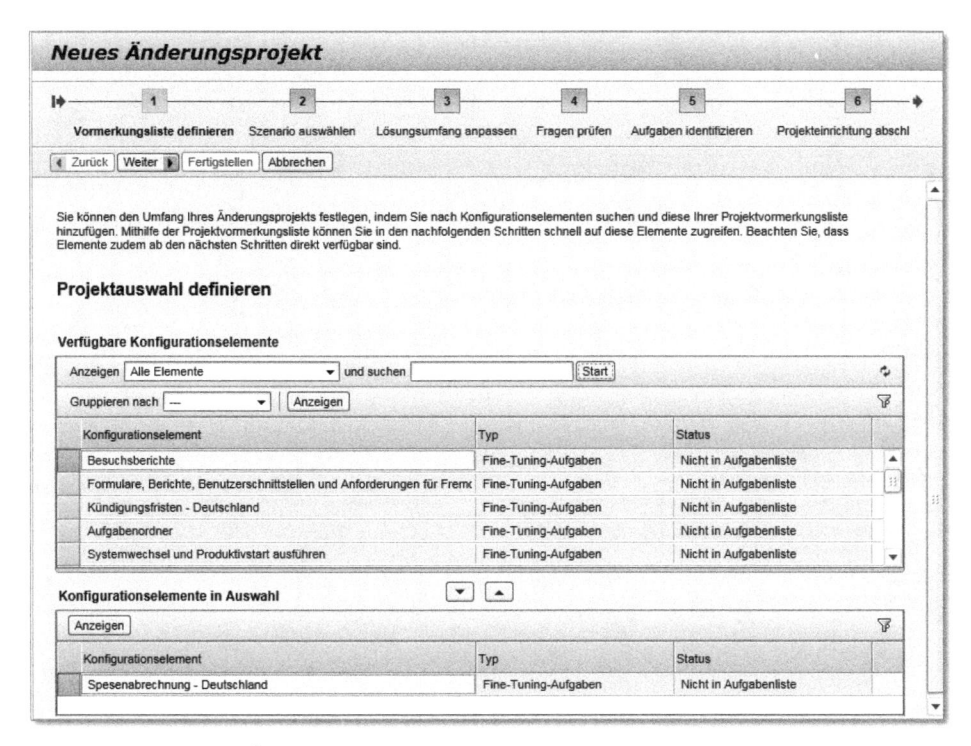

Abbildung 7.19 Neues Änderungsprojekt – Schritt 1

Es können Fine-Tuning-Aktivitäten ausgewählt und zusammengestellt werden. Die Vorgehensweise, dies in Schritt 1 zu ändern, ist sinnvoll, wenn der Anwendungsexperte konkrete Einstellungen ändern will, die nicht über die laufenden Einstellungen zugänglich sind.

In Schritt 2, der in Abbildung 7.20 dargestellt ist, können Änderungsszenarien ausgewahlt werden. Derzeit wird nur das Szenario LAND HINZUFÜGEN angeboten. Dies bedeutet, alle länderspezifischen Einstellungen des zusätzlich gewünschten Landes werden aktiviert und die Aufgabenliste damit gefüllt.

Mit Hilfe dieser Änderungsszenarien kann die Zusammenstellung der notwendigen Aufgaben beschleunigt und abgesichert werden.

Falls der Lösungsumfang erweitert werden soll, kommen jetzt die Schritte 3 und 4 zum Zug (siehe Abbildung 7.21). Dort können wie im Scoping der Erstimplementierung weitere Lösungselemente ausgewählt werden. Auch die Abwahl ist zulässig, wenn nicht gegen Konsistenzregeln verstoßen wird.

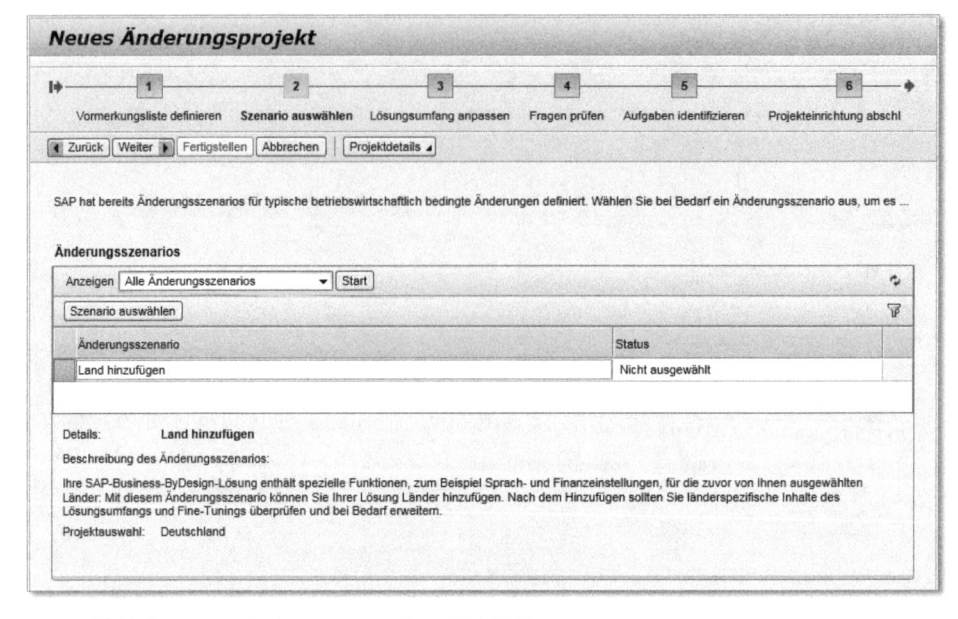

Abbildung 7.20 Änderungsszenarien – Schritt 2

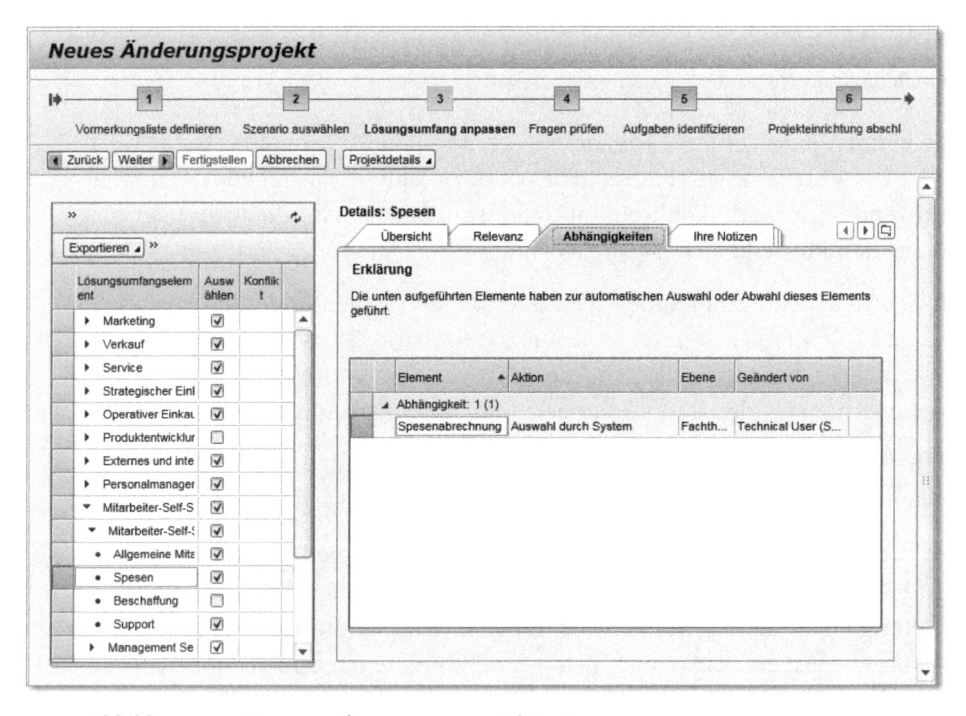

Abbildung 7.21 Lösungsumfang anpassen – Schritt 3

Änderungsprojekt nach dem Upgrade [+]

Die Definition des Änderungsprojektes kann auch erst in Schritt 3 begonnen werden, insbesondere wenn es um Erweiterungen nach dem Upgrade geht. Neue Fachthemen und Funktionen stehen dann hier im erweiterten betriebswirtschaftlichen Katalog zur Auswahl bereit.

Ansonsten können in Schritt 4 auch beliebige weitere Optionen hinzugenommen werden.

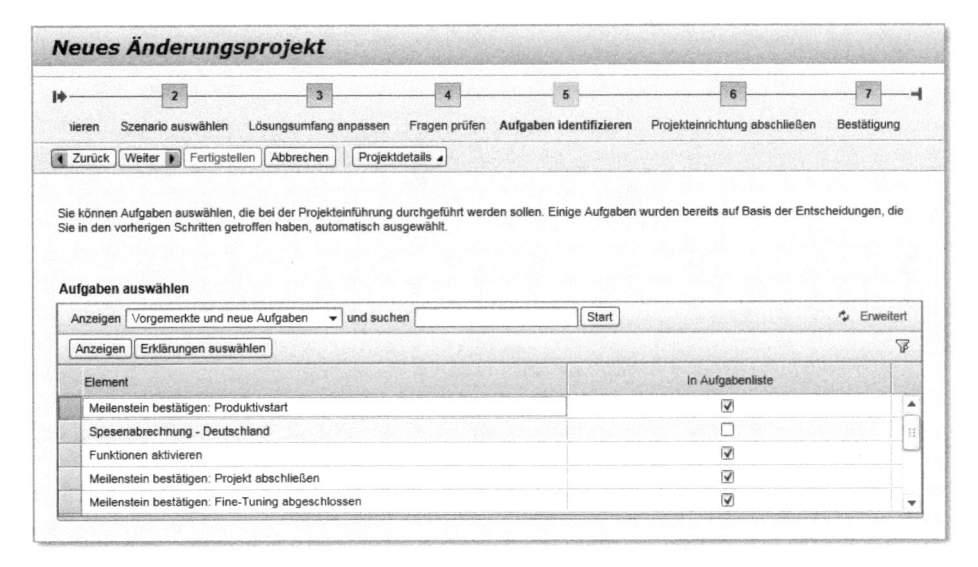

Abbildung 7.22 Aufgaben identifizieren – Schritt 5

Abbildung 7.22 zeigt die Aufgabenliste, die sich aus den bisherigen Auswahlentscheidungen ergibt. Hier können reine Erklärungen und echte Fine-Tuning-Aufgaben unterschieden werden.

Beim Abschließen der Projekteinrichtung werden die zu einer Änderung zusammengefassten Elemente aufgeführt. Im Beispiel in Abbildung 7.23 sind es zehn Aufgaben, die durchgeführt werden müssen.

Danach können die Änderungsaktivitäten angegangen werden. Die Schritte sind mit denen einer Erstimplementierung vergleichbar. Die Anforderung eines Testsystems, das heißt, eine Kopie des Produktivsystems, um Änderungen vorher zu testen, ist möglich, kann aber auch übersprungen werden. Am Ende werden die Änderungen eines Projektes komplett ins Produktivsystem übertragen.

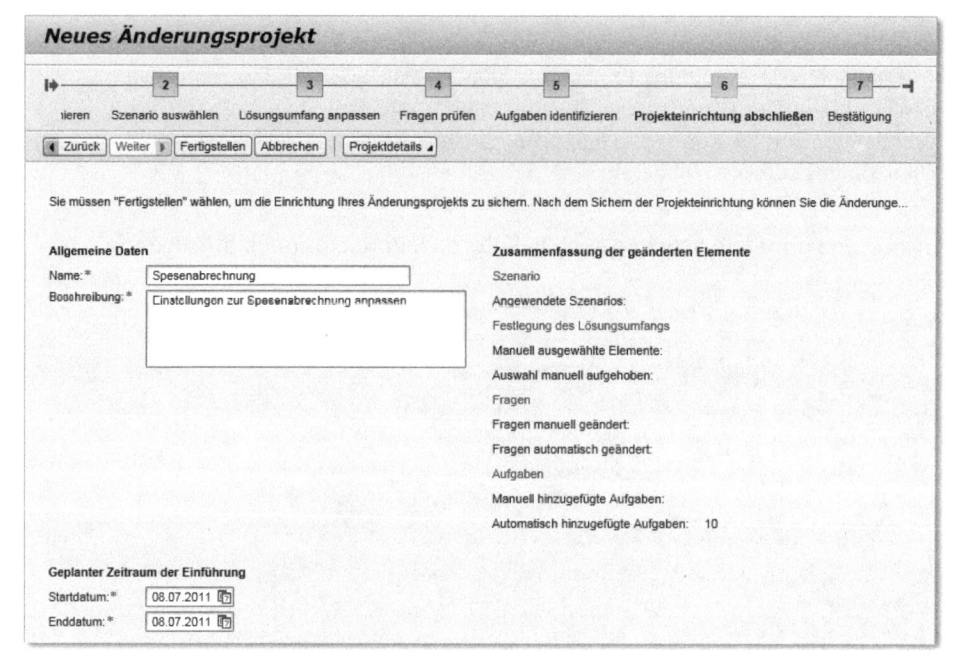

Abbildung 7.23 Einrichtung abschließen – Schritt 6

[+] **Besser mehrere überschaubare Änderungsprojekte als eine Großänderung**

Die Komplexität eines Änderungsprojektes sollte gering und überschaubar gehalten werden, um es möglichst schnell realisieren zu können.

TEIL III
Geschäftsprozesse – Welche betriebswirtschaftlichen Anforderungen deckt SAP Business ByDesign ab?

Im Hauptteil des Buches widmen wir uns den Geschäftsprozessen in SAP Business ByDesign. Dabei werden alle SAP Business ByDesign-Bereiche und deren Funktionen anhand von 21 Beispielszenarien beleuchtet.

Der Teil startet mit einem kurzen Einführungskapitel, das Ihnen zeigt, wie die einzelnen Szenarien aufgebaut und miteinander verknüpft sind. Anhand dieser Szenarien lernen Sie dann anschließend das Organisations- und Personalmanagement, das Supplier Relationship Management, das Customer Relationship Management, das Dienstleistungs- und Projektgeschäft, die Logistik und die Produktion sowie das Finanzwesen kennen.

Praktische Erfahrungen und wichtige Tipps, die wir aus zahlreichen Implementierungsprojekten der IBIS Prof. Thome AG mitgenommen haben, fließen in die Darstellung der einzelnen Szenarien mit ein. Auch die im Hintergrund stattfindende Integration sowie die Verbindung zur betriebswirtschaftlichen Konfiguration werden im Auge behalten; hier gehen wir auf Gestaltungsmöglichkeiten ein.

Im dritten Teil des Buches werden die verschiedenen Geschäftsprozesse in SAP Business ByDesign erläutert. Das vorliegende Kapitel dient als Einleitung und Überblick hierfür.

8 Darstellung der Geschäftsprozesse

Die Geschäftsprozesse und Funktionen von SAP Business ByDesign werden in den Kapiteln 9 bis 14 anhand ausgewählter Geschäftsszenarien vorgestellt.

Die in den folgenden Kapiteln erläuterten Szenarien erstrecken sich über die verschiedenen Fachbereiche von SAP Business ByDesign. Die wichtigsten Prozessketten jedes Fachbereiches von SAP Business ByDesign werden anhand von Beispielszenarien durchlaufen. Entlang des Weges gibt es auch Wegweiser zu Gestaltungsmöglichkeiten und Varianten, um einen umfassenden Einblick zu gewähren. Diese Darstellungsform kann zur Einarbeitung oder als Vorlage im Implementierungsprojekt verwendet werden. Dabei werden die Beispielszenarien auch untereinander verknüpft, um die Reichweite der Integration aufzuzeigen. In den entsprechenden Kapiteln finden Sie dann Querverweise auf die anderen Kapitel; zudem wird die Integration der Szenarien in Tabelle 8.2 in diesem Kapitel schon einmal ganzheitlich betrachtet.

In den drei Abschnitten dieses »Vorkapitels« werden einige Grundlagen sowie die Zusammenstellung und Abfolge der Szenarien erläutert. Außerdem werden Inhalte und Strukturierung der einzelnen Abschnitte der Szenarien sowie die Verwendungsmöglichkeiten vorgestellt.

8.1 Geschäftsszenarien

Die Begriffe *Geschäftsprozess* und *Geschäftsszenario* sind noch nicht so alt und haben trotzdem einen gewissen Wandel durchlebt. In diesem Abschnitt werden wir die Begriffe daher kurz erörtern. Anschließend erläutern wir die Auswahl der folgenden Geschäftsszenarien.

8.1.1 Der Geschäftsprozessgedanke

Ehe Prozesse betrachtet wurden, stand die Automation von Einzelfunktionen wie Buchhaltung und Personalabrechnung bei einer Unternehmenssoftware im Vordergrund.

Bei der Gestaltung der Ablauforganisation von Unternehmen rückte man in den 80er Jahren von der Betrachtung und Verkettung einzelner Funktionen und isolierter Verfahren ab und verfolgte nun komplexe, logisch zusammenhängende Vorgänge und alle ihre Aspekte. Dies war die Entstehung des *Geschäftsprozessgedankens*. Unter dem Stichwort des *Computer Integrated Manufacturing* (CIM) begann die gemeinsame, prozessorientierte Betrachtung von betriebswirtschaftlichen und technischen Funktionen im Rahmen des Produktionsablaufs. Das Ziel war hier, integrierte, betriebliche Aufgabenabläufe (Prozesse) zu erreichen. Die CIM-Forschung kam zu folgenden wichtigen Ergebnissen:

- Alle Unternehmensdaten müssen zentral gespeichert und verwaltet werden, um integrierte Prozesse zu ermöglichen.
- Eine vorgangsorientierte Gestaltung des Informationsflusses minimiert ablauforganisatorische Schnittstellen (Durchlaufzeit und Qualität werden besser).
- Integrierte Informationsverarbeitung minimiert die informationstechnischen Schnittstellen.

Aufgrund dieser Erkenntnisse setzte sich seit den 90er Jahren die verstärkte Verwendung integrativer ERP-Softwarelösungen (Enterprise Ressource Planning) in Form von Standardsoftware, wie SAP R/3, durch.

Neue Gestaltungsziele mit weitreichenden Auswirkungen in der Unternehmenspraxis erhielt der Geschäftsprozessgedanke durch die Lean-Management-Welle der 90er Jahre. Mit diesem Konzept rückte die Leistung eines Geschäftsprozesses in den Vordergrund. Der Gestaltung von Geschäftsprozessen unter Lean-Aspekten liegen vier Leitgedanken zu Grunde:

- **Gestaltungsoptimismus**
  Prompte Reaktion auf sich aktuell verändernde Aufgabenstellungen und eine optimistische Einstellung zu Innovationen.
- **Veränderungsbereitschaft**
  Störungen früher erkennen und Vorhandenes ständig verbessern.

- **Integration**
  Bereichsübergreifend und marktumfassend Informationen verarbeiten.

- **Ressourcenerschließung**
  Alle Leistungspotenziale entlang der Prozesskette nutzen.

Erweiterte Ansätze für die Betrachtung und Gestaltung von Geschäftsprozessen sind die *Wertschöpfungskette* und das *Workflow-Management*.

Ab dem Jahr 2000 hat die Geschäftsprozessdiskussion auch die Ebene von Lieferkette oder -netz (Supply Chain) zwischen Unternehmen erreicht: Vom Kunden Ihres Kunden bis zum Lieferanten Ihres Lieferanten sollte der Abstimmungsprozess entwickelt werden. Der E-Commerce – im engeren Sinne Einkaufen im Internet bzw. Business-to-Consumer (B2C) – hat dabei weniger Auswirkungen als die internetbasierte Integration der Geschäftsprozesse zwischen den Unternehmen (Business-to-Business, B2B).

Die ab dem Jahr 2006 aufgekommene Diskussion serviceorientierter Architekturen (SOA) war zunächst sehr technisch. Neben der Modularisierung von großen Anwendungen in definierte Komponenten (Services) wurde das Integrationsparadigma grundsätzlich geändert, von »datenbankbasiert« auf »nachrichtenbasiert« (siehe auch Abschnitt 3.1).

Nachrichtenbasierte Integration in SAP Business ByDesign [+]
De facto wird so das zwischenbetriebliche B2B auch innerhalb einer Anwendung als Application-to-Application (A2A) die Kommunikationsgrundlage für die Abwicklung von Geschäftsprozessen. SAP Business ByDesign ist ein Vorreiter dieser nächsten Unternehmenssoftware-Generation.

8.1.2 Auswahl der Geschäftsszenarien

Mit Geschäftsszenarien sind konkrete Fälle eines Geschäftsprozesses gemeint. Sie haben einen exemplarischen Charakter und zeigen eine Ablaufvariante des Geschäftsprozesses in einem bestimmten Kontext, für ein Produkt und für einen Kunden.

Die Abfolge der Szenarien in den folgenden Kapiteln simuliert die Rotation eines neuen Mitarbeiters durch die Bereiche und Rollen innerhalb eines Unternehmens entlang der Geschäftsprozesse. Es werden typische Aufgabenketten der Kunden-, Logistik-, Produktions- und Dienstleistungsprozesse zusammengestellt, die einen generischen Charakter für viele Unternehmen haben.

Tabelle 8.1 gibt einen Überblick über die Geschäftsszenarien in den Kapiteln.

Kapitel	Geschäftsszenarien
9, »Organisations- und Personalmanagement«	▸ Organisationsstruktur und Mitarbeiteraufgaben ▸ Personalverwaltung ▸ Personalgespräch
10, »Supplier Relationship Management«	▸ Bezugsquellenfindung ▸ Beschaffungsplanung und -abwicklung ▸ Lieferanten- und Beschaffungsanalyse
11, »Customer Relationship Management«	▸ Kundenmanagement ▸ Auslieferung und Fakturierung ▸ Streckengeschäft ▸ Produktbezogener Kundenservice
12, »Dienstleistungs- und Projektgeschäft«	▸ Dienstleistungsprodukte ▸ Serviceverkauf zum Festpreis ▸ Projektplanung ▸ Projektdurchführung
13, »Logistik und Produktion«	▸ Umlagerung ▸ Automatisierte Logistikprozesse ▸ Planung Make-to-Stock ▸ Ausführung Make-to-Stock ▸ Make-to-Order
14, »Finanzwesen«	▸ Zahlungsmanagement ▸ Finanzanalyse ▸ Bilanz und GuV

Tabelle 8.1 Überblick über die Beispielszenarien

Gestartet wird in Kapitel 9 mit dem *Organisations- und Personalmanagement*, indem die Aufgaben der Mitarbeiter sowie typische Prozesse der Personalverwaltung und eines Personalverantwortlichen vorgestellt werden.

Es folgt in Kapitel 10 das *Supplier Relationship Management*. In diesem Kapitel werden in der Bezugsquellenfindung besonders die Stammdaten hervorgehoben. Die weiteren Szenarien behandeln die Beschaffung und entsprechende Analysen.

Im *Customer Relationship Management* (Kapitel 11) werden zum einen klassische Funktionen wie das Kundenmanagement, Auslieferung und Fakturierung behandelt, zum anderen werden auch weitere Abwicklungsformen wie das Streckengeschäft oder der produktbezogene Kundenservice thematisiert.

Im *Dienstleistungs- und Projektgeschäft* (siehe Kapitel 12) wird zuerst der Verkauf von Dienstleistungsprodukten dargestellt. Ein weiterer Bereich des Kapitels beinhaltet den komplexeren Fall, dass dem Kunden mehrere Dienstleistungen verkauft werden, die zeitliche Abhängigkeiten besitzen. Dies wird durch ein Kundenprojekt abgebildet. Hierfür wird in einem Szenario die Planung und im anderen die Durchführung beschrieben.

Im Rahmen der *Logistik* werden in Kapitel 13 zuerst interne Lagerungsprozesse sowie deren Automatisierungsmöglichkeiten vorgestellt. Für die Produktion wird einmal auf Lager (Make-to-Stock) sowie das andere Mal nach Kundenwunsch (Make-to-Order) produziert.

Im *Finanzwesen* (siehe Kapitel 14) werden die offenen Posten im Zahlungsmanagement ausgeglichen sowie die finanzielle Lage analysiert. Das letzte Szenario betrachtet die Bilanz und GuV des Unternehmens.

Das Beispielunternehmen [+]

Das Modellunternehmen »Almika« liefert den Organisationsrahmen für die Erläuterungen in den folgenden Kapiteln. In die Daten des Referenzsystems sind die betriebswirtschaftlichen Daten eingebaut, auf denen die Geschäftsszenarien aufsetzen. Die Ausgangslage wird in der Szenariobeschreibung dargestellt, um dem Leser auch den situativen Kontext näherzubringen.

Varianten dieser Fälle dienen auch als Grundlage für die Ausbildung an Hochschulen: Das Fallstudienseminar »Business Integration Trainees« wurde von den Autoren und den Kollegen der IBIS Labs entwickelt.

Das Geschäftsmodell von Almika umfasst den Handel mit gewerblichen und privaten Heizgeräten. Zudem produziert die Almika diese teilweise selbst und ist im Dienstleistungsbereich tätig. Das Unternehmen beschäftigt ca. 80 Mitarbeiter, hat seinen Unternehmenssitz in Deutschland und arbeitet an folgenden Standorten:

- Hannover (Hauptgeschäftssitz und Produktionsstandort)
- Hildesheim (Externes Lager)
- Hamburg (Vertriebsbüro und Beratung)
- München (Vertriebsbüro und Beratung)

8 | Darstellung der Geschäftsprozesse

8.2 Struktur und Zusammenhang

Der Aufbau der Szenarien ist immer gleich, damit Ihnen ein schneller Einstig ermöglicht wird. Wenn Sie ein umfassendes Bild erhalten möchten, können Sie einem Querverweis folgen, um den Sachverhalt näher zu erörtern.

8.2.1 Aufbau der Szenarien

Zunächst wird in jedem Kapitel ein Überblick über die enthaltenen Szenarien gegeben. Hierbei werden zum einen tabellarisch, aber auch in einer ausführlichen Erklärung, die Prozessinhalte sowie die damit verbundenen Funktionen und Methoden geschildert. Die Funktionen sind Bestandteile von SAP Business ByDesign, und die Methoden sind in der Betriebswirtschaft gängige Verfahren. Zu Beginn jedes Kapitels erhalten Sie also einen Überblick und können, wenn Sie etwas nachschlagen wollen, schnell den richtigen Abschnitt identifizieren.

Nach dem Überblick wird die Aufbauorganisation des jeweiligen Fachbereichs (HCM, SRM, CRM etc.) in SAP Business ByDesign erläutert. Hier erfahren Sie, welche Funktionen im Organisationsmanagement notwendig sind, damit Sie die Szenarien durchführen können.

Der übrige Teil des Kapitels ist nach den Szenarien gegliedert. Wir verfolgen mit dieser Darstellung folgende Ziele:

- Sie können in jeder Fallstudie eine neue typische Rolle einnehmen. Dabei wird zugleich auch die Beziehung zum Organisationsmodell und zu den Work Center vermittelt.
- Auch Stammdaten, Nachrichten und Analysen sind in den Prozessablauf eingebunden.
- Sie verfolgen den Prozessfluss rollenübergreifend. Ausnahmen im Prozessfluss werden durch die Aufgabensteuerung transparent gemacht.
- Funktionen des Beziehungsmanagements mit Kunden und Lieferanten werden besonders herausgestellt und einbezogen.
- Auf Gestaltungsmöglichkeiten wird durch Verweise auf die betriebswirtschaftliche Konfiguration und auf Erweiterungstechniken hingewiesen.

Die Erläuterung jedes Szenarios beginnt mit einer kurzen Einführung in dieses, anschließend werden die Anforderungen erläutert. Wenn Sie weitere Hintergrundinformationen zu einem Kapitel benötigen, finden Sie hier die Begriffe, nach denen Sie in der Literatur suchen können. Wenn Sie sich bereits mit einem Fachbereich und dem Vokabular vertraut fühlen, können Sie diesen Abschnitt überspringen.

Den vom Umfang größten Bereich bildet der Prozessablauf des Szenarios. Hier wird anhand von Screenshots detailliert der Ablauf des Geschäftsprozesses aufgezeigt, und Zusammenhänge werden erklärt. Der Ablauf wird anhand einer Grafik illustriert, die den Sequenzfluss des Szenarios aufzeigt (siehe Abbildung 8.1). In der Grafik sind zusätzlich zu der Art der Prozessschritte, die Rollen, Work Center und verwendete Sichten zu sehen.

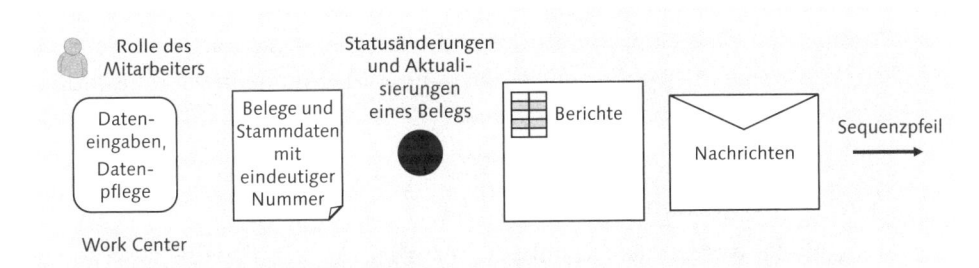

Abbildung 8.1 Legende der Ablaufgrafiken

Eine Erläuterung zum Konzept der Work Center finden Sie in Abschnitt 4.5. In Abbildung 8.2 sind die Work Center und Sichten, wie Sie in SAP Business ByDesign aufgerufen werden können, dargestellt.

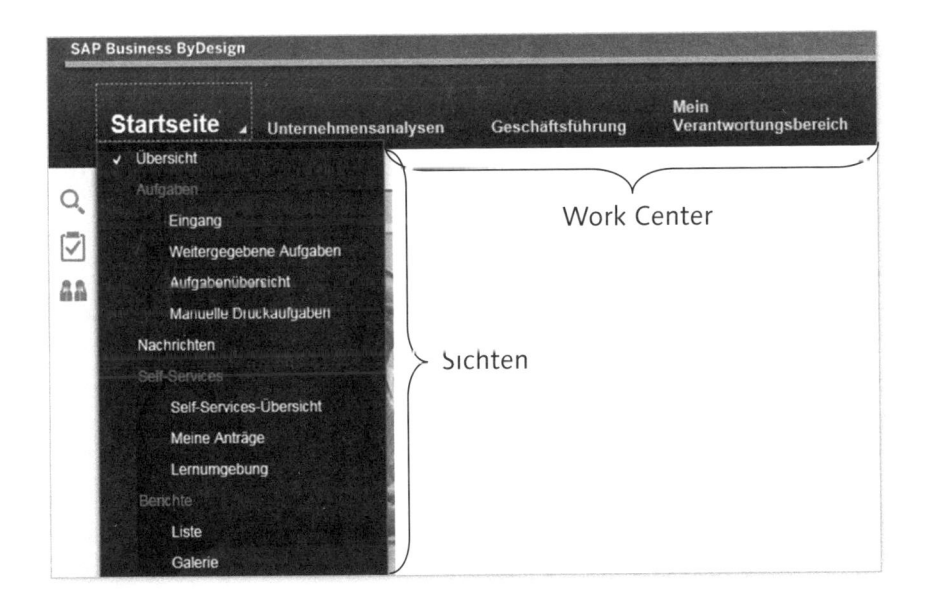

Abbildung 8.2 Work Center in SAP Business ByDesign

8 | Darstellung der Geschäftsprozesse

Neben der Darstellung des Prozessablaufs wird zudem an den relevanten Stellen im Prozessfluss auf Gestaltungsmöglichkeiten hingewiesen. *Gestaltungsmöglichkeiten* sind Stellschrauben oder Ergänzungsmöglichkeiten, die sich in der betriebswirtschaftlichen Konfiguration (siehe Abschnitte 6.2.1 und 6.2.2) befinden. Auf diese Gestaltungsmöglichkeiten haben nur Anwendungsexperten Zugriff, da sie für das gesamte Unternehmen eingestellt werden.

Daneben werden Prozessvarianten aufgezeigt, die Möglichkeiten für den Anwender zeigen, im Prozess einen anderen Weg einzuschlagen.

Zusätzlich fließen Tipps und Hinweise der Autoren in die Darstellung ein, die aus den praktischen Erfahrungen der Autoren bei Implementierungsprojekten der IBIS Prof. Thome AG stammen.

8.2.2 Integration

In Kapitel 9 werden die Grundlagen bezüglich der Handhabung des Systems erläutert. Wenn Sie noch nicht mit SAP Business ByDesign gearbeitet haben, sollten Sie auf jeden Fall mit diesem Kapitel beginnen.

In Abschnitt 10.5 werden die Grundlagen im Umgang mit Analysen in SAP Business ByDesign erläutert.

In Tabelle 8.2 wird beschrieben, wie die vorgestellten Szenarien zusammenhängen, das heißt, an welchen Stellen Input aus einem Vorgängerszenario verwendet wird. Derartige Kapitelverweise sind auch in den einzelnen Kapiteln zu finden, die komprimierte Übersicht hilft Ihnen jedoch, die Integration der Szenarien untereinander leichter nachzuvollziehen. So wird z. B. das Produkt in Abschnitt 11.5 registriert, und das Szenario in Abschnitt 11.6 behandelt den produktbezogenen Kundenservice zu eben diesem Produkt.

Abschnitt/Szenario	Voraussetzungen durch …	Ausführliche Erläuterung von …
9.3, Organisation und Mitarbeiteraufgaben	–	Organisationsmanagement Work Center Personalisierung Self-Services
9.4, Personalverwaltung	–	Stelle
9.5, Personalgespräch	–	Angebotsablehnungsgründe

Tabelle 8.2 Voraussetzungen und Vertiefungen der Beispielszenarien

Abschnitt/Szenario	Voraussetzungen durch ...	Ausführliche Erläuterung von ...
10.3, Bezugsquellenfindung	Personalisierung Berichte (9.3)	Personalisierung Lieferantenstammsatz Kontrakt Materialstamm
10.4, Beschaffungsplanung und -abwicklung	Material (10.3) Lieferant (10.3) Kontrakt (10.3) Quotierung (10.3)	Interaktives Formular Bestellung über Wareneingang bis Lieferantenrechnungsstellung Planung Materialstamm Losgröße
10.5, Lieferanten- und Beschaffungsanalyse	Material (10.3) Lagerbestand (10.4) Lieferant (10.3) Kontrakt (10.3)	Umgang mit Berichten
11.3, Kundenmanagement	Material (10.3) Kontrakt (10.3) Geänderte Dispositionsdaten (10.4) Quotierung (10.3) Grundbestand (10.4)	Preisliste Kundenauftragserfassung Opportunity
11.4, Auslieferung und Fakturierung	Bestellung (11.3) Kundenbedarf (11.3)	Kundenrechnung Auslieferung mit Warenausgang
11.5, Streckengeschäft	Material (10.3)	Listenpreis Alternative Bezugsquellen Registriertes Produkt Garantie
11.6, Produktbezogener Kundenservice	Material (10.3) Registriertes Produkt (11.5)	Registriertes Produkt
12.3, Dienstleistungsprodukte	–	Service Umrechnungen Angebot Personalressource

Tabelle 8.2 Voraussetzungen und Vertiefungen der Beispielszenarien (Forts.)

Abschnitt/Szenario	Voraussetzungen durch ...	Ausführliche Erläuterung von ...
12.4, Serviceverkauf zum Festpreis	Service (12.3) Privatkundin (12.3) Angebot (12.3) Opportunity (12.3)	–
12.5, Kundenprojektplanung	Service (12.4) Privatkundin (12.3)	–
12.6, Kundenprojektdurchführung	Privatkundin (12.3) Kundenprojekt (12.5)	–
13.3, Interne Lagerprozesse	Material (10.3) Grundbestand (10.4) Kundenretoure (11.4)	Spediteur Etiketten Verpacken Rückmeldungsliste
13.4, Automatisierte Logistikprozesse	Material (10.3)	Transportzone und -beziehung Auslieferungslauf Prozessmodell Lageraufgabe Warenausgang
13.5, Make-to-Stock-Planung	–	Prognose Mehrstufige Planung Produktionsmodell
13.6, Make-to-Stock-Ausführung	Material (13.5) Produktionsvorschlag (13.5)	–
13.7, Make-to-Order	Material (13.5)	–
14.3, Zahlungsmanagement	Privatkundin (12.3) Forderung (11.4, 12.4, 12.6) Lieferantenrechnungen (10.4, 11.4) Spesenabrechnung (9.3)	Zahlungsdaten Lieferant Überweisung

Tabelle 8.2 Voraussetzungen und Vertiefungen der Beispielszenarien (Forts.)

Abschnitt/Szenario	Voraussetzungen durch ...	Ausführliche Erläuterung von ...
14.4, Finanzanalyse	Privatkundin (12.3) Überweisung (14.3) Scheckeinreicher (14.3)	–
14.5, Bilanz und GuV	Forderungen (11, 12, 13) Verbindlichkeiten (10, 11)	–

Tabelle 8.2 Voraussetzungen und Vertiefungen der Beispielszenarien (Forts.)

In den Szenarien gibt es Abläufe, die in mehreren Kapiteln vorkommen; z. B. wird in mehreren Szenarien der Wareneingang gebucht. In diesen Fällen wird in einem Kapitel der Prozess des Wareneingangs ausführlich beschrieben und in den weiteren Kapiteln hierauf verwiesen. Auch sind in manchen Kapiteln alternative Abwicklungsmöglichkeiten gegeben, z. B. Kontrakt oder Listenpreis. An dieser Stelle wird eine Möglichkeit genauer erklärt und auf die andere Variante sowie das Kapitel, in dem diese vorgestellt wird, verwiesen. Die Spalte »Ausführliche Erläuterung von ...« in Tabelle 8.2 hilft Ihnen vor allem dann, wenn Sie nur einen Teil der Szenarien oder diese nicht sequenziell durchgehen. So können Sie bei sich wiederholenden Sequenzen oder Verweisen auf Varianten schnell und einfach das Kapitel auffinden, in dem die Sequenz ausführlich beschrieben ist.

8.3 Einsatzzweck der Ablaufbeschreibungen

Im letzten Teilabschnitt geht es insbesondere darum, wozu Sie die Darstellung der Geschäftsszenarien verwenden können. Grundsätzlich hatten wir bei der Zusammenstellung der Szenarien fünf Einsatzzwecke vor Augen.

Der erste Einsatzfall soll potenziellen Anwendungsexperten oder Endbenutzern in Unternehmen, die SAP Business ByDesign einführen, bei der Einarbeitung in ihre Geschäftsprozesse helfen. Sie können sich an einem konkreten Fall orientieren und sich entlang diesem in ihren Bereich hinein bewegen. Die Darstellung kann auch als Nachschlagewerk benutzt werden, um sich über Möglichkeiten oder alternative Abläufe zu informieren.

Die Geschäftsszenarien haben den Vorteil, dass sie sehr konkret dargestellt werden, da sie an einem Beispielfall ausgerichtet sind. Sie ersetzen nicht die

Dokumentation, verschaffen aber viel schneller einen Überblick über den Gesamtprozess mit Anfang, Zwischenschritten und Ende. Anwender können dann je nach Fragestellung an bestimmten Stellen mit der Dokumentation oder anderen Materialien weiter in die Tiefe gehen. Die grafischen Darstellungen sind in diesem Zusammenhang sehr einfach gehalten und setzen kein Methodenwissen voraus. Komplexere Darstellungsformen von Prozessmodellen werden an Universitäten eingesetzt, um Studenten Prozessabläufe, z. B. mittels der BPM-Notation (Business-Process-Modelling-Notation), zu vermitteln.

Der zweite Einsatzbereich ist die Prozessevaluierung in der Entscheidungsphase (siehe Abschnitt 5.1.3). Sie können sich anhand der im Buch dargestellten Geschäftsprozesse die für Sie wichtigen Abläufe heraussuchen und auf dieser Basis die Kommunikation mit einem Experten – einem Service Advisor – beginnen. Anhand der Beispiele können Sie ihm Hinweise geben, wo Ihre Eigenheiten liegen und welche abweichenden Anforderungen Sie haben. Auf diese Art und Weise kann er schneller ans Ziel kommen und gezielter einen Prozess gestalten, der Ihren Wünschen entgegenkommt.

Die Darstellung und die Sprache, die benutzt wird, um die Geschäftsabläufe zu vermitteln, entfernt sich etwas von der SAP-Sprache, hin zu einer allgemeinen betriebswirtschaftlichen Darstellung. Dies sollte Ihnen als Leser gerade in einer frühen Prozessevaluierung, wenn die SAP-Begriffe noch nicht so gebräuchlich sind, entgegenkommen.

Die folgenden drei Verwendungsmöglichkeiten haben eines gemeinsam: Sie sollen den Dokumentationsaufwand reduzieren. Die methodische und strukturierende Darstellung kann jeweils als Vorlage genutzt werden.

Für den ersten Einsatzfall mit Dokumentationscharakter befinden wir uns im Lösungsdurchlauf nach der Fine-Tuning-Phase. Das Ziel des Lösungsdurchlaufs (siehe Abschnitt 6.2.2) ist es, dem Projektteam, demnach insbesondere den Anwendungsexperten, die frisch gestalteten Prozessabläufe im System zu vermitteln. Dabei kommt es darauf an, den Überblick zu bewahren. Deswegen ist eine Dokumentation, die übersichtlich ist und die wesentlichen Punkte herausarbeitet, sehr sinnvoll. Genau diese Anforderungen erfüllt insbesondere die Prozessgrafik mit jeweils einer Ergänzung und einem Kurzkommentar zu dem jeweiligen Prozessschritt. Wir empfehlen diese Darstellungsmethodik für den Lösungsdurchlauf und seine Dokumentation.

Weitergehende Anforderungen beinhalten die Testleitfäden zu Beginn der Testphase für die Integrationstests. Zwar liefert SAP im Rahmen ihrer Materialen ein Excel-Dokument, das die einzelnen Testschritte darstellt und Rückmeldemöglichkeit bietet, ob der Testschritt erfolgreich war. In Tests kommt es aber auch darauf an, die Anwender zu schulen und erstmalig mit Endbenutzern zusammenzuarbeiten. Weiterhin ist es in Tests wichtig, gerade wenn es um Integrationstests geht, Zusammenhänge zu vermitteln und den Testteilnehmern wichtige integrative Auswirkungen, z. B. Buchungen, die ins Finanzwesen laufen, zu vermitteln.

Dafür ist die Darstellung der Geschäftsszenarien ebenfalls geeignet. In dieser Ausprägung kann auch die Rolle der Mitarbeiter vermittelt werden, um die Übergabepunkte für einen Kollegen klar zu machen. Darüber hinaus gilt es, Aufgabensteuerung zu vermitteln, das heißt, zu klären, wo welche Genehmigungsprozesse oder welche Statusänderungen erfolgen müssen. Die Darstellung der Berichte ist auch für die Testphase sinnvoll, da sie helfen, die Ergebnisse zu bewerten und in einen Zusammenhang zu bringen. Zusammenfassend gehen die Empfehlungen für die Testdokumentation dahin, eine etwas erweiterte Version der Ablaufgrafiken und Szenariobeschreibungen zu verwenden:

- vor allem mit einer Konkretisierung der betroffenen Mitarbeiter im Unternehmen
- mit der Darstellung der eigenen Daten und Prozessvarianten, die sich innerhalb des Ablaufs ergeben können
- mit dem Verweis auf konkrete, im System erzeugte Dokumente und insbesondere mit dem Belegfluss als Testdokumentation und Nachweis einer erfolgreichen Durchführung

Gerade bei selten auftretenden Prozessvarianten haben Mitarbeiter oftmals Probleme, sich an die Schritte, die sie bei einer Ausnahme in der Softwarelösung ausführen müssen, zu erinnern. Hier schaffen die nach dem gleichen Schema erzeugten und ergänzten Prozessablaufgrafiken Sicherheit im Umgang mit SAP Business ByDesign.

Der fünfte Einsatzzweck einer Ablaufbeschreibung ist die Unterstützung der Mitarbeiter des Unternehmens in der Produktivphase. Unter Umständen kann der Leitfaden für Handlungsanweisungen erst einen Monat nach Produktivgehen endgültig geschrieben und erstellt werden, da er den Kontext und Verweise auf Beispielfälle aus dem konkreten Produktivbetrieb erfordert. Handlungsanweisungen haben den Charakter einer fokussierten Dokumentation, die einen kurzen Überblick über die wichtigsten Schritte und die zu Grunde liegenden organisatorischen Regelungen gibt.

> **[zB] Handlungsanweisung**
> Tätigkeitserfassungen sollten mindestens einmal pro Woche, freitags um 14 Uhr, durchgeführt werden. Dazu ist es notwendig, dass Projektaufgaben zurückgemeldet werden und Schlüsselworte zu den Aufgaben erfasst werden.

Der Mitarbeiter erhält durch solche Handlungsanweisungen eine klare, organisatorische Vorgabe, inklusive eines Verweises auf die konkreten Punkte im Prozessablauf und im System. Für die letzte Verwendung müssen Sie sich entscheiden, ob Sie eher auf die verdichtete Darstellung des Lösungsdurchlaufs aufsetzen oder den etwas ausführlicheren Ansatz eines Testleitfadens verfolgen. Letztlich kommt es darauf an, dass die beteiligten Personen den Prozess und ihre Aufgabe systembezogen und organisatorisch verstehen, nachvollziehen und umsetzen können.

Die Organisationsgestaltung eines Unternehmens muss flexibel und doch einfach sein: Verwaltungstätigkeiten sind notwendig, Fehler müssen vermieden werden und trotzdem sollte keine Minute zu viel in diese Tätigkeiten fließen. Die dezentrale Datenpflege durch den Mitarbeiter selbst erfüllt diese Kriterien.

9 Organisations- und Personalmanagement

Mitarbeiter-Self-Services ermöglichen die dezentrale Datenpflege durch den Mitarbeiter selbst und garantieren eine zeitnahe Aktualisierung der Daten sowie weniger Aufwand für den Personalverantwortlichen. Durch die Integration der Personalverwaltung mit dem Benutzer- und Zugriffsmanagement wird zudem Berechtigungssicherheit für das Unternehmen geschaffen.

Die Beispielszenarien des Organisations- und Personalmanagements in diesem Kapitel umfassen den Bereich der allgemeinen Mitarbeiter-Self-Services und der Personalverwaltungsaufgaben. Dabei werden die Arbeitsaufteilung und das Zusammenspiel der Mitarbeiter und des Personalverantwortlichen in diesem Kapitel aufgezeigt.

Zu den Mitarbeiteraufgaben gehören Tätigkeiten, die jeder Mitarbeiter selbst ausführen kann, wie seine Daten zu pflegen oder Anträge zu stellen und zu verfolgen. Zu den Personalaufgaben gehört es, einen Mitarbeiter einzustellen, zu kündigen oder zu versetzen sowie damit verbundene Tätigkeiten wie das Benutzer- und Zugriffsmanagement anzupassen.

9.1 Vom Organisations- zum Personalmanagement

Anhand von drei Beispielszenarien werden in diesem Kapitel die Geschäftsprozesse aus dem Bereich Organisations- und Personalmanagement erläutert.

Das Personalmanagement ist mit anderen Unternehmensbereichen integriert, wie etwa mit dem Finanzwesen bei der Personalabrechnung, mit dem Einkauf bei der Beschaffung von externen Dienstleitungen und mit dem Projektmanagement bei der Zuordnung der passenden Mitarbeiter.

Tabelle 9.1 gibt einen Überblick über die ausgewählten Szenarien des Bereichs »Organisations- und Personalmanagement«.

Szenarien	Prozessinhalte	Funktionen	Methoden
Organisationsstruktur und Mitarbeiteraufgaben	▸ Anmeldung ▸ Lernumgebung ▸ Bankverbindung und persönliche Daten ▸ Organisationsstruktur und berufliche Daten ▸ Spesenantrag ▸ Abwesenheitsantrag ▸ Vorfall ▸ Einbindung Berichte	▸ Selbstlernumgebung ▸ Aufgabensteuerung Integrierter Support	▸ Organisationsmanagement ▸ Dezentralisation ▸ Personalisierung
Personalverwaltung	▸ Vergütungsstruktur ▸ Personaldatei ▸ Zeitdaten ▸ Vergütungs- und Abrechnungsdaten ▸ Krankheit ▸ Datenabzug ▸ Benutzer- und Zugriffsrechte ▸ Entlassung und Sperrung Benutzer	▸ Aufgabensteuerung bei: Mitarbeitereinstellung ▸ Personalabrechnung	▸ Zugriffsmanagement ▸ Vergütungsmanagement ▸ Zeitmanagement
Personalgespräch	▸ Versetzung Mitarbeiter ▸ Bericht über Versetzungen ▸ Vergütungsdaten ▸ Zugriffsrechte ▸ Arbeitsverteilung ▸ Verantwortungsbereich ▸ Genehmigungsschwellenwert für Angebot		▸ Reorganisation ▸ Zugriffsmanagement ▸ Vergütungsmanagement

Tabelle 9.1 Beispielprozesse im Organisations- und Personalmanagement

Im ersten Szenario »Organisationsstruktur und Mitarbeiteraufgaben« werden dezentrale Tätigkeiten eines Mitarbeiters aufgezeigt, der sich das erste Mal in SAP Business ByDesign anmeldet.

Zuerst nutzt der Mitarbeiter den Self-Service LERNUMGEBUNG, um sich weiterführende Informationen zu seinem neuen Arbeitsbereich zu beschaffen. Die Lernumgebung ist bereits in SAP Business ByDesign als Selbstlernumgebung integriert, in der unter anderem Quick Guides, Demos und Übungen zu finden sind. Zu den einzelnen Lernmodulen ist ein Zeitwert angegeben, damit der Mitarbeiter die Zeit, die er für die Bearbeitung benötigt, besser abschätzen kann.

Als nächstes pflegt der Mitarbeiter seine Bankverbindung und seine persönlichen Daten. Im Work Center ORGANISATIONSMANAGEMENT kann er sich selbst oder Kollegen suchen und den Aufbau der Abteilungen seines Unternehmens analysieren. Zudem kann er seine beruflichen Daten anpassen, die seinen Kollegen im Organisationsmanagement angezeigt werden. Diese Daten können alternativ auch zentral von der Personalabteilung, manuell oder mit einer Migrationsvorlage, eingetragen werden. Ebenfalls erfasst der Mitarbeiter einen Spesen- und Abwesenheitsantrag, der an seinen Vorgesetzen zur Genehmigung weitergeleitet wird. Die Aufgabensteuerung in SAP Business ByDesign erzeugt beim Vorgesetzen automatisch eine Aufgabe zur Genehmigung dieser Anträge.

Da der Mitarbeiter Probleme bei seiner Arbeit hat, legt er einen Vorfall an, der an den Anwendungsexperten weitergeleitet und von diesem beantwortet wird. Dieser kann den Vorfall entweder selbst beantworten oder ihn an einen Dienstanbieter im Rahmen des integrierten Supports weiterleiten. Zuletzt personalisiert der Mitarbeiter noch die Oberfläche in seinem Arbeitsbereich, damit ihm wichtige Berichte standardmäßig angezeigt werden.

Das zweite Szenario, »Personalverwaltung«, steigt im Vergütungsmanagement ein. Ein Personalmitarbeiter legt eine Vergütungsstruktur für sein Unternehmen an, in der auf Basis verschiedener Stufen die Gehälter der Mitarbeiter hinterlegt werden. Anschließend wird ein neuer Mitarbeiter eingestellt, und seine Zeit-, Vergütungs- und Abrechnungsdaten werden vom Personalmitarbeiter vervollständigt. Beim Zeitmanagement werden für ihn verschiedene Zeitkonten angelegt, z. B. für Urlaub. Ein neuer Datenabzug für die Personalabrechnung wird für den letzten Monat generiert, in dem auch der neue Mitarbeiter enthalten ist. Dieser wird anschließend an einen externen Dienstanbieter zur Erstellung der Personalabrechnung versendet. Im Zugriffsmanagement wird für den neuen Mitarbeiter noch ein Benutzer erstellt und seine Rechte werden in SAP Business ByDesign festgelegt.

Der letzte Teil des Szenarios behandelt die Entlassung eines Mitarbeiters. Auch hier muss die Entlassung in der Personalverwaltung dokumentiert und der Benutzer des Mitarbeiters gesperrt werden, damit dieser nach Beendigung des Arbeitsverhältnisses keinen unbefugten Zugriff mehr erlangen kann.

Im dritten Szenario wird ein Mitarbeiter nach einem Personalgespräch in eine leitende Position im Unternehmen befördert. Hierfür wird der Mitarbeiter in seine neue Organisationseinheit versetzt und als Vorgesetzter definiert. In einem Bericht werden die Eintritte, Austritte und Versetzungen analysiert. Da mit der Beförderung für den Mitarbeiter auch eine Gehaltserhöhung im Vergütungsmanagement verbunden ist, werden seine Vergütungsdaten dementsprechend angepasst. Auch sein Benutzerstammsatz wird bearbeitet, da er jetzt erweiterte Berechtigungen im Zugriffsmanagement bekommt. Da der versetzte Mitarbeiter eine bestimmte Kundengruppe selbst betreuen möchte, wird die Arbeitsverteilung gepflegt. Der versetzte Mitarbeiter passt anschließend seinen Verantwortungsbereich an und prüft selbst die Genehmigungsschwelle für Angebote, die ihm zur Genehmigung vorgelegt werden müssen.

9.2 Aufbauorganisation

In der Organisationsstruktur, die bei der Implementierung erstellt worden ist (siehe Abschnitt 6.2.2), können Organisationseinheiten neue Mitarbeiter ❶ und neue Funktionen ❷ zugeordnet werden (siehe Abbildung 9.1).

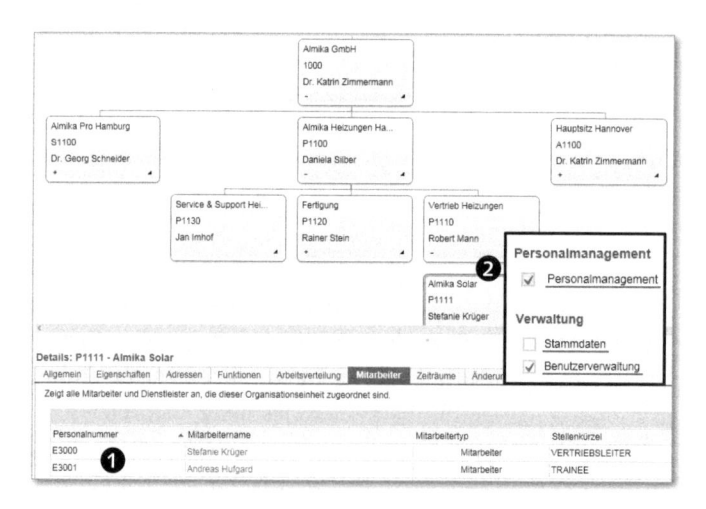

Abbildung 9.1 Organisationsmanagement

Aus dieser Zuordnung ergibt sich, welche betriebswirtschaftlichen Aufgaben ein Mitarbeiter ausführt und welche Work Center für seinen Anwender vorgeschlagen werden. Für das erste Szenario, »Organisationsstruktur und Mitarbeiteraufgaben«, ist es irrelevant, welcher Organisationseinheit der Mitarbeiter zugeordnet ist. Hier wird die dezentrale Datenerfassung aufgezeigt. Wenn diese Daten zentral gepflegt werden sollten, könnte dies von einem Personalmitarbeiter übernommen werden. Bei den anderen beiden Szenarien handelt es sich um klassische Personalverwaltungsaufgaben, die in erster Linie von einem Mitarbeiter ausgeführt werden, dessen Organisationseinheit die Funktion PERSONALMANAGEMENT zugeordnet bekommen hat.

In Abbildung 9.2 sind die in den Geschäftsszenarien verwendeten Work Center mit den für die Bearbeitung relevanten Sichten aufgeführt, die einer konkreten Aufgabe im Sinne der BWL entsprechen.

Organisationsstruktur und Mitarbeiteraufgaben (1)   Personalverwaltung (2)   Personalgespräch (3)

Management

- Mein Verantwortungsbereich
- Organisationsmanagement

Genehmigungen (1)
Meine Abteilung (3)
Organisationsstrukturen (3)
Arbeitsverteilung (3)

Mitarbeiter-Self-Services und strategischer Einkauf

- Startseite
- Produktportfolio
- Lieferantenbasis

Self-Service (1)   Übersicht (1)   Übersicht (1)

Integrierter Service und Support

- Anwendungs- und Benutzerverwaltung
- Betriebswirtschaftliche Konfiguration

Vorfälle und Serviceaufgaben (1)
Benutzer- und Zugriffsverwaltung (2, 3)
Implementierungsprojekte (3)

Personalmanagement

- Vergütung
- Personalverwaltung
- Zeitverwaltung
- Personalabrechnung
- Ressourcenmanagement
- Datenschutzverwaltung

Vergütungsstrukturen (2)
Aufgaben (2)
Berichte (2)
Typische Aufgaben (3)

Typische Aufgaben (2, 3)
Aufgaben (2)
Berichte (3)

Aufgaben (2)

Abrechnungslauf (2)

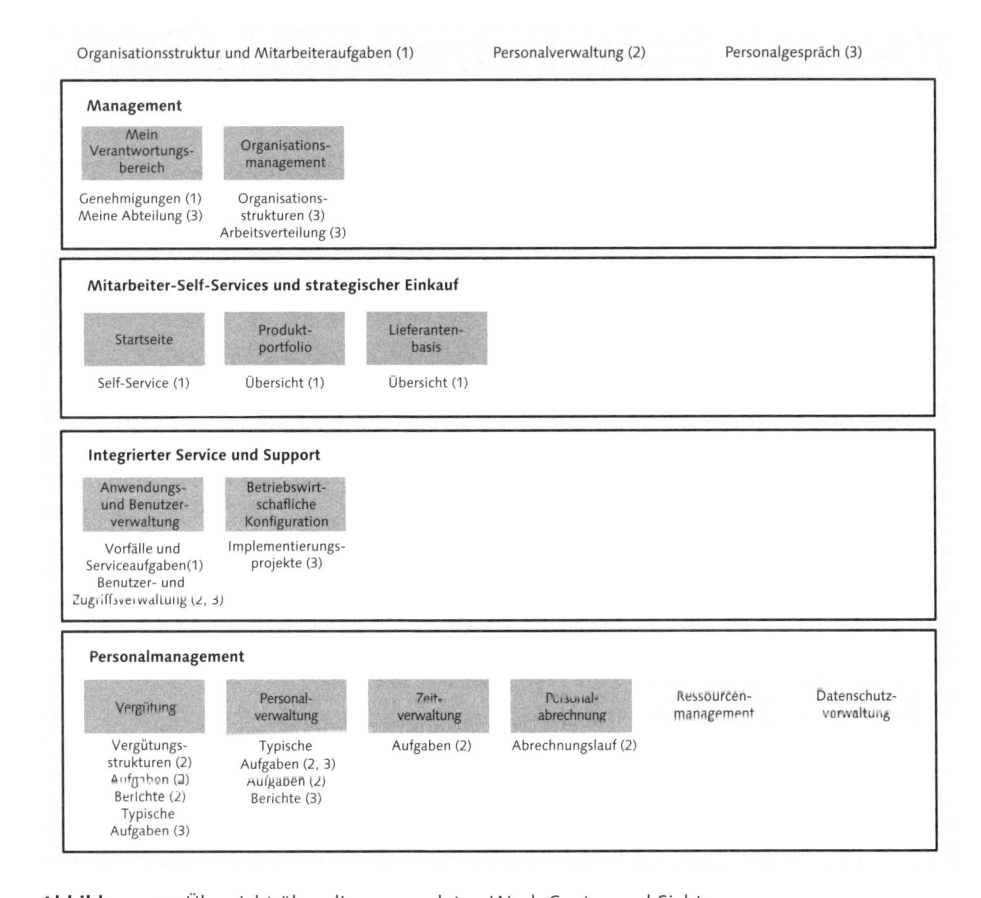

Abbildung 9.2 Übersicht über die verwendeten Work Center und Sichten

Die Work Center repräsentieren Rollen und kombinieren zusammengehörige Aufgaben. Damit ermöglichen sie die Aufgabenzuordnung zu Mitarbeitern im Rahmen des Organisationsmanagements.

Nicht besuchte Work Center, die in den Aufgabenbereich einer Abteilung fallen, sind ohne Sichten angegeben. In diesem Fall handelt es sich um das Work Center Ressourcenmanagement, in dem Qualifikationen von Mitarbeitern und Dienstleistern hinterlegt werden können. Ebenso existiert ein Work Center Datenschutzverwaltung, in dem der Datenschutzbeauftragte Mitarbeitern auf Anfrage personenbezogene Daten, die von ihnen im System gespeichert sind, anzeigen und, wenn gewünscht, löschen kann.

9.3 Szenario »Organisationsstruktur und Mitarbeiteraufgaben«

In diesem Szenario werden die Tätigkeiten eines neuen Mitarbeiters aufgezeigt, der sich das erste Mal in SAP Business ByDesign anmeldet. Hierzu gehört es, die Lernumgebung zu nutzen, persönliche und berufliche Daten zu pflegen, Anträge zu stellen und die Benutzeroberfläche anzupassen.

9.3.1 Anforderungen

Im ersten Beispielszenario geht es sowohl um die Einordnung in Organisationsstrukturen als auch um allgemeine Mitarbeiteraufgaben, die Angestellte eines Unternehmens generell ausführen müssen.

Die Gestaltung der Organisationsstruktur ist eine grundlegende, wichtige Differenzierungsmöglichkeit innerhalb einer Unternehmenssoftware, um unterschiedliche organisatorische Teilbereiche aus verschiedenen Perspektiven abzubilden. Das Organisationsmanagement regelt die Einführung bzw. die initiale Abbildung der gegebenen Organisationsstruktur, aber auch Reorganisationsmaßnahmen, also die Umgestaltung dieser Struktur. Was sind nun die Anforderungen, die eine Organisationsstruktur erfüllen muss?

> **Berichtsstrukturhierarchie**
> Primär geht es um die Beziehungen zwischen Mitarbeitern und Vorgesetzten, die üblicherweise in einer Berichtsstruktur oder einer Hierarchie ausgedrückt werden. Berichtsstrukturen oder Hierarchien geben Antwort auf folgende Fragen: Wer hat die Personalverantwortung und Verwaltungskompetenz? Wer genehmigt z. B. Spesenabrechnungen oder Urlaubsanträge? Darüber hinaus definiert die Organisationsstruktur auch die Arbeitsverteilung, also die Klärung von Verantwortlichkeiten.

- **Finanzielle Hierarchie**
  Die zentrale Perspektive einer Organisationsstruktur aus finanzieller Sicht ist die finanzielle Hierarchie, also die Gliederung in Kostenstellen und Profit-Center (inklusive Betrachtung von Erträgen).

- **Rechtliche Hierarchie**
  Die rechtliche Hierarchie einer Organisationsstruktur ermöglicht die Gliederung in Betriebsstätten innerhalb des Unternehmens als legale Einheit, kann sich aber auch aus Abteilungen zusammensetzen. Letzteres ist sinnvoll, wenn die Abteilungen eigenständige, rechtliche Funktionen haben, da sie so auch voneinander differenziert in ihrer Verantwortung wahrgenommen werden. So ist es z. B. möglich, dass z. B. Mitarbeiter der Einkaufsabteilung nicht für das Bezahlen ihrer Rechnungen zuständig sind.

- **Funktionshierarchie**
  Die Funktionshierarchie hingegen beschäftigt sich mit der Aufgabensteuerung an sich und äußert sich in der Zuordnung der Work Center im Rahmen der Aufgabenabwicklung. Zuständigkeiten werden durch Berechtigungen im System (innerhalb eines Work Centers), durch Sichten, die der einzelne Mitarbeiter sieht oder nicht, oder durch Arbeitskategorien, die dem Mitarbeiter zugeordnet sind, ausgedrückt.

  Die klassischen Organisationsformen wie Teams und Projekte sowie eine Gliederung in funktionale, divisionale oder Matrixorganisationen sind letztendlich das Ergebnis aller dieser Entscheidungen und ergeben schließlich die Gesamtorganisationsstruktur.

- **Mitarbeiteraufgaben**
  Das Besondere an diesem Beispielszenario zeigt sich in den Mitarbeiteraufgaben, die einen dezentralen Zugriff und die Pflege von Informationen erlauben, bzw. bestimmte Erfassungsaufgaben in die Verantwortung des einzelnen Mitarbeiters legen. Die sogenannten *Self-Services* bieten ein breites Anwendungsspektrum und erstrecken sich von der eigenständigen Datenpflege personlicher oder geschäftlicher Daten (wie Telefonnummern oder Erreichbarkeiten) bis hin zu Finanzdaten des Mitarbeiters (also der eigenen Kontoverbindung). Die Finanzdaten sind z. B. für die Erstellung von Spesenabrechnungen äußerst bedeutsam.

Dezentralisation	[+]

Dezentralisation bedeutet, Aufgaben auf mehrere Stellen oder Mitarbeiter eigenverantwortlich zu übertragen (Empowerment), um Entscheidungswege und Abläufe zu verkürzen (Lean Management).

- **Genehmigungsprozesse**
  Mitarbeiteraufgaben beziehen sich auch auf Verwaltungsprozesse, die eine Genehmigung vom Vorgesetzten verlangen, wie am Beispiel des Abwesenheitsantrags und der Spesenabrechnung dargestellt wird.
- **Vorfälle**
  Eine Besonderheit in SAP Business ByDesign ist die Integration des Supports. Jeder Mitarbeiter kann aus seinem Arbeitskontext heraus eigenständig Vorfälle erfassen, die anschließend vom zugeordneten Anwendungsexperten, das heißt, vom verantwortlichen Benutzerbetreuer weiterbearbeitet werden können.

Insgesamt drückt sich demnach die organisatorische Zuordnung eines Mitarbeiters im SAP Business ByDesign-System dadurch aus, dass er einer bestimmten Organisationseinheit angehört, die ihm bestimmte Möglichkeiten und Berechtigungen überträgt. Gleiches gilt auch für den vorgesetzten Manager. Beides drückt sich als Organisationsmodell im Organisationsmanagement aus.

9.3.2 Prozessablauf

In diesem Szenario sind Sie gerade als neuer Mitarbeiter in einem Unternehmen eingestellt worden. Sie melden Sich das erste Mal in SAP Business ByDesign an und nutzen die Lernumgebung im Work Center STARTSEITE in der Sicht SELF-SERVICES. Genauere Informationen, wie Work Center und Sichten in SAP Business ByDesign aufgerufen werden, finden Sie in Kapitel 8. Anschließend pflegen Sie in derselben Sicht Ihre persönlichen und beruflichen Daten im System, stellen Spesen- und Abwesenheitsanträge und legen einen Vorfall an.

Ihre Spesenabrechnung und den Abwesenheitsantrag genehmigt Ihr Vorgesetzter im Work Center MEIN VERANTWORTUNGSBEREICH.

Im Work Center ANWENDUNGS- UND BENUTZERVERWALTUNG beantwortet der Anwendungsexperte Ihren Vorfall. Zuletzt personalisieren Sie noch die beiden Work Center PRODUKTPORTFOLIO und LIEFERANTENBASIS, indem Sie in der Rolle des Einkaufsmitarbeiters Berichte einfügen. Den Prozessablauf mit den jeweils verwendeten Work Centern und Rollen, in die Sie schlüpfen, finden Sie in Abbildung 9.3.

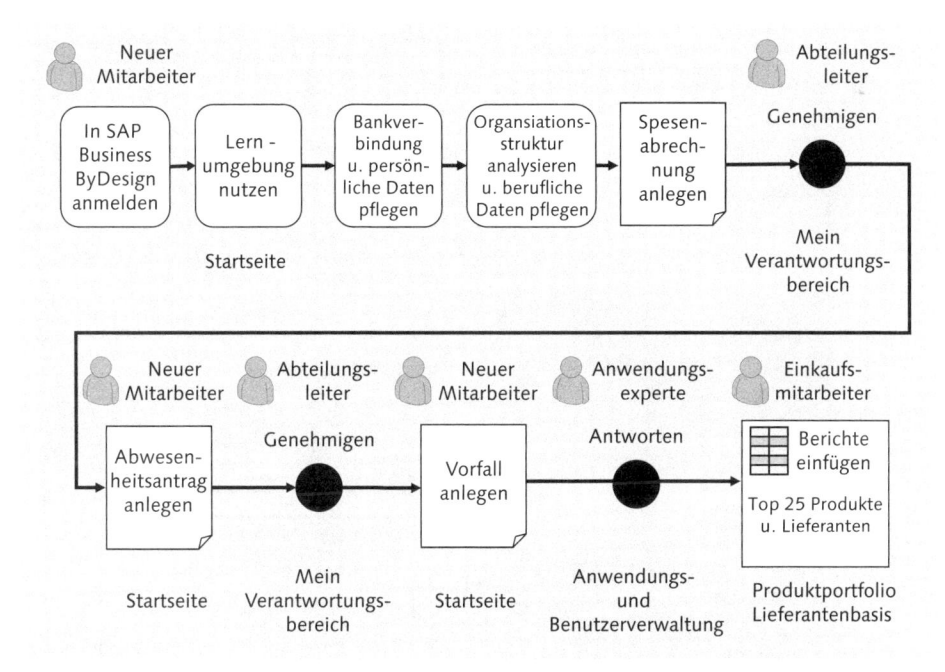

Abbildung 9.3 Prozessablauf des Szenarios »Organisationsstruktur und Mitarbeiteraufgaben«

In SAP Business ByDesign anmelden

Zuerst melden Sie sich in SAP Business ByDesign mit Ihrem BENUTZERNAMEN ❶ an (siehe Abbildung 9.4). Bei Ihrem Benutzernamen ist die Groß- und Kleinschreibung irrelevant, bei Ihrem KENNWORT ❷ müssen Sie die Groß- und Kleinschreibung jedoch beachten. Bei einer mehrmaligen falschen Eingabe Ihres Kennworts wird Ihr Account gesperrt (derzeit haben Sie sechs Fehlversuche in den Referenzsystemen von SAP zur Verfügung) und muss von Mitarbeitern im Work Center ANWENDUNGS- UND BENUTZERVERWALTUNG entsperrt werden.

Bei der ersten Anmeldung in SAP Business ByDesign müssen Sie Ihr Kennwort ändern. Wenn Sie schon länger mit SAP Business ByDesign arbeiten, können Sie in der Anmeldemaske auch Ihr KENNWORT ÄNDERN ❸.

Kennwortrichtlinien [+]

Standardmäßig ist in den Referenzsystemen von SAP eingestellt, dass Passwörter mindestens acht Zeichen, darunter mindestens einen Großbuchstaben und mindestens eine Zahl, enthalten müssen. Beachten Sie zudem, dass Ihr Passwort unterschiedlich zum vorherigen sein muss.

Die Kennwortrichtlinien können Sie im Work Center ANWENDUNGS- UND BENUTZERVERWALTUNG in den allgemeinen Aufgaben anpassen.

In der Anmeldemaske können Sie zudem die SPRACHE wählen (siehe ❹ in Abbildung 9.4).

Abbildung 9.4 Anmeldung in SAP Business ByDesign

Die Systemsprache ändert alle Masken von SAP Business ByDesign in die ausgewählte Sprache, die Daten selbst bleiben unberührt. Wenn für manche Datensätze keine anderssprachige Bezeichnung gepflegt wird, bleibt die Bezeichnungsspalte der Daten unter Umständen in der anderen Sprache leer. Z. B. ist bei einem Material die ID in allen Sprachen gleich, lediglich die Bezeichnung wird sprachspezifisch angezeigt, damit in international tätigen Unternehmen alle Mitarbeiter verstehen, um welches Material es sich handelt.

[+] **Zertifikatanmeldung**

Sie können ein Zertifikat anfordern, das es Ihnen ermöglicht, sich in SAP Business ByDesign anzumelden, ohne jedes Mal bei der Anmeldung Ihren Benutzernamen und Ihr Kennwort eingeben zu müssen (siehe ❺ in Abbildung 9.4). Das Zertifikat ist rechnergebunden, das heißt, wenn Sie von einem anderen Computer auf SAP Business ByDesign zugreifen möchten, müssen Sie entweder ein neues Zertifikat anfordern oder Ihre Anmeldedaten manuell eingeben.

Szenario »Organisationsstruktur und Mitarbeiteraufgaben« | **9.3**

| **Sprachen für Kommunikation** | [✱] |

Sie können im FINE-TUNING die für die Anmeldung zulässigen Sprachen anpassen.

Lernumgebung nutzen

Nach der Anmeldung in SAP Business ByDesign können Sie in der Lernumgebung nach weiteren Informationen über Ihren Arbeitsbereich suchen.

In SAP Business ByDesign bekommt jeder Mitarbeiter entsprechend seinen Aufgaben so genannte Work Center zugeordnet. Diese Work Center fassen betriebswirtschaftliche Funktionen zusammen. Jeder Benutzer verfügt über das Work Center STARTSEITE ❶, in dem er eine ÜBERSICHT, seine Aufgaben, seine Nachrichten, die Self-Services ❷ und alle ihm zugeordneten Berichte (siehe Abschnitt 10.5.2) in den Sichten findet. In den SELF-SERVICES finden Sie den Link zu der LERNUMGEBUNG (siehe ❸ in Abbildung 9.5).

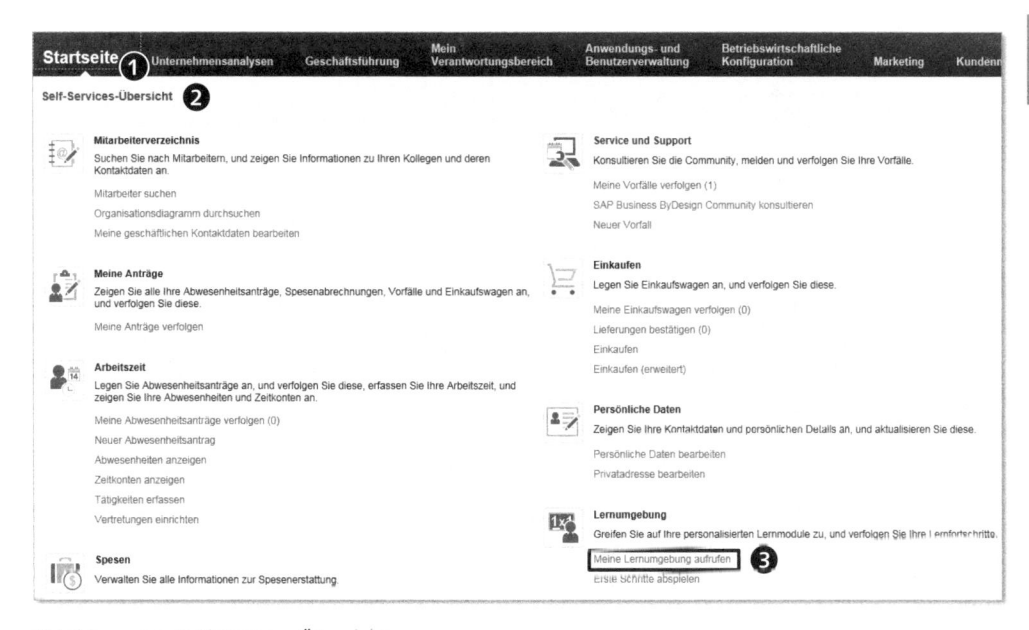

Abbildung 9.5 Self-Services-Übersicht

Im Self-Service LERNUMGEBUNG erhalten Sie in Form von Demos, Übungen, Quick Guides etc. weiterführende Informationen zum Work Center STARTSEITE ❶ und der Ihnen zugeordneten Rolle, zum Beispiel PERSONALSACHBEARBEITER ❷ (siehe Abbildung 9.6). Den Erfolg Ihrer Lernfortschritte können Sie in Form von Tests kontrollieren. Zudem besteht die Möglichkeit, während

9 | Organisations- und Personalmanagement

der Arbeit im System aus jedem Work Center heraus die kontextsensitive Hilfe aufzurufen.

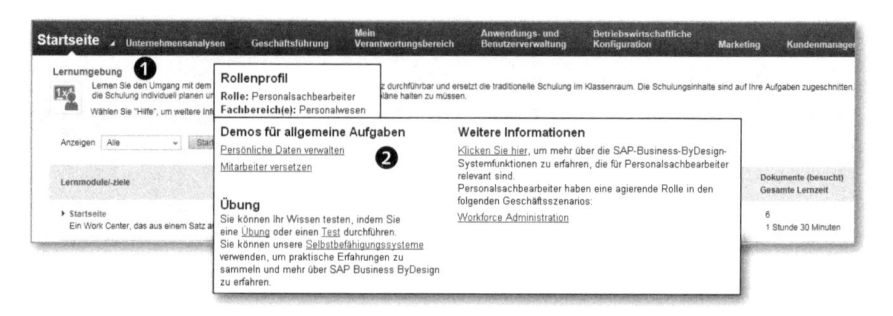

Abbildung 9.6 Lernumgebung

[+] **Selbstlernumgebung**

Eine Selbstlernumgebung ermöglicht eine autonome und individuelle Einarbeitung in relevante Softwarefunktionen. Da alle Inhalte in SAP Business ByDesign elektronisch unterstützt sind, wird hier der Ansatz des E-Learnings verfolgt.

Bankverbindung und persönliche Daten pflegen

Sie tragen Ihre Bankverbindung ein, damit Ihnen Ihr Lohn und die Beträge aus der Spesenabrechnung direkt überwiesen werden können.

[+] **Bankverbindung**

Sie können keine Spesenabrechnung erfassen, ohne dass Sie eine Bankverbindung festgelegt haben.

Im Work Center STARTSEITE finden Sie bei den SELF-SERVICES unter VERGÜTUNG einen Link zur Pflege der Bankverbindung. Es öffnet sich eine geführte Aktivität, die Sie durch alle notwendigen Schritte leitet, um Ihre Bankverbindung zu pflegen (siehe Abbildung 9.7). Neben der BANK geben Sie die KONTONUMMER und den KONTOINHABER an. Anschließend PRÜFEN und BESTÄTIGEN Sie Ihre Bankverbindung in den nächsten beiden Schritten.

[+] **Pflichtfelder**

Pflichtfelder werden in SAP Business ByDesign durch einen roten Stern gekennzeichnet. Wenn Sie nicht alle Pflichtfelder ausgefüllt haben, ist es nicht möglich, den nächsten Schritt einer geführten Aktivität aufzurufen oder einen Bildschirminhalt zu speichern.

Szenario »Organisationsstruktur und Mitarbeiteraufgaben« | 9.3

Abbildung 9.7 Bankverbindung bearbeiten

> **Weitere Banken** [⚙]
>
> In der Aufgabenliste unter Datenübernahme und Erweiterung oder im Work Center Liquiditätsmanagement können Sie weitere Banken hinzufügen. Bankenverzeichnisse können im SAP Store heruntergeladen (siehe Abschnitt 7.1.2) werden.

In den Self-Services können Sie mit dem gleichen Verfahren unter Persönliche Daten bearbeiten Ihren Namen, Ihr Geburtsdatum, Ihre Nationalität, Ihren Familienstand und Ihre Privatadresse hinterlegen.

Organisationsstruktur analysieren und berufliche Daten pflegen

In diesem Schritt prüfen Sie Ihre organisatorische Zuordnung und Ihre geschäftlichen Kontaktdaten. Dazu gehen Sie in den Self-Service Mitarbeiterverzeichnis. Hier gibt es die Möglichkeit, anhand von Selektionskriterien wie dem Namen direkt nach Mitarbeitern zu suchen. Dies können Sie z. B. tun, um von einem Kollegen die Telefonnummer herauszufinden.

Hier können Sie auch das Organisationsdiagramm durchsuchen. Unter Anzeigen ❶ Alles aufklappen wird das gesamte Organigramm Ihres Unternehmens geöffnet. Sie sehen alle Organisationseinheiten ❷, jeweils aufgefächert bis auf Mitarbeiterebene (siehe Abbildung 9.8).

Zu einer Organisationseinheit können Sie jetzt die organisatorischen Details ❸ ablesen, wie die Namen von Vorgesetzten, Mitarbeitern und deren Kommunikationsdaten.

9 | Organisations- und Personalmanagement

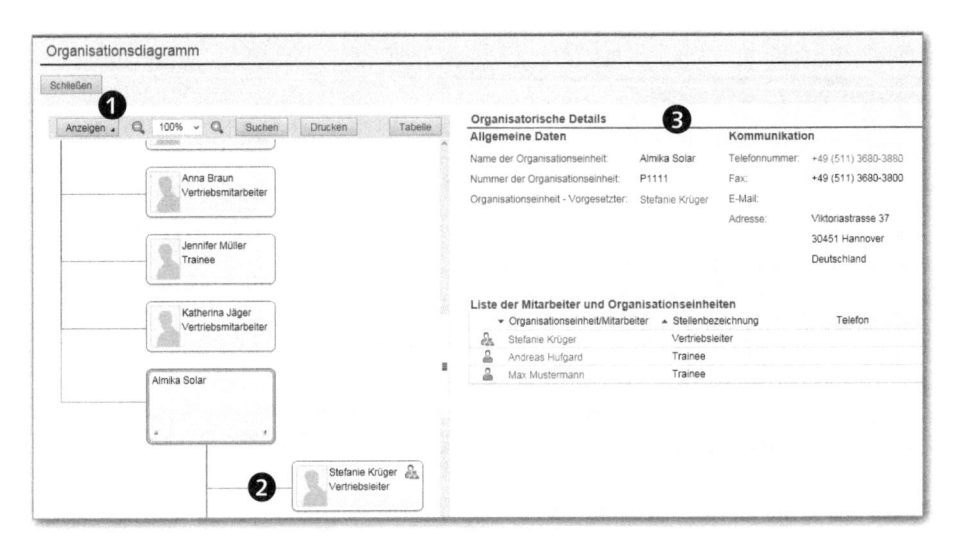

Abbildung 9.8 Mitarbeiter und Organisationseinheiten

> **[+] Anpassungen im Organisationsmanagement**
>
> Anpassungen im Organisationsmodell können Sie im Work Center ORGANISATIONSMANAGEMENT durchführen. Dieser Work Center wird in Abschnitt 9.5.2 erläutert und ist normalerweise den Anwendungsexperten vorbehalten, da Änderungen der Organisationsstruktur weitreichende Folgen haben können.

Zu den Organisationseinheiten können Sie rechtliche Eigenschaften identifizieren, z. B. ob es sich um ein Unternehmen oder eine Betriebsstätte handelt, und wo sich eine Organisationseinheit befindet. Einer Organisationseinheit werden Mitarbeiter und ein Vorgesetzter zugeordnet. Der Vorgesetzte erhält, wenn nichts anderes eingestellt wurde, die Genehmigungsanfragen seiner Mitarbeiter (z. B. einen Abwesenheitsantrag). Über die Arbeitsverteilung kann eine Zuordnung von Arbeiten an Mitarbeiter erfolgen (siehe Abschnitt 9.5.2).

Die Informationen, die zu Ihrem Mitarbeiter von Ihren Kollegen in der Mitarbeitersuche oder im Organisationsdiagramm gefunden werden, können Sie selbst unter MEINE GESCHÄFTLICHEN KONTAKTDATEN BEARBEITEN pflegen (siehe Abbildung 9.9).

Wenn Sie Einkaufs- oder Vertriebsmitarbeiter sind und interaktive Formulare verwenden möchten (siehe Abschnitt 10.4.2), ist es wichtig, dass Sie eine E-MAIL-Adresse mit einer gültigen Domain pflegen. Andernfalls wird das interaktive Formular, z. B. an den Lieferanten, nicht verschickt.

Meine geschäftlichen Kontaktdaten bearbeiten: Max Mustermann
1 Kommunikationsdaten bearbeiten 2 Geschäftsadresse bearbeiten 3 Foto ändern 4 Prüfen 5 Bestätigung
‹ Zurück Weiter › Fertigstellen Abbrechen
Telefon: 4356789
Mobiltelefon:
Fax:
E-Mail: max.mustermann@de.almika-refsys.byd
Hauspost:

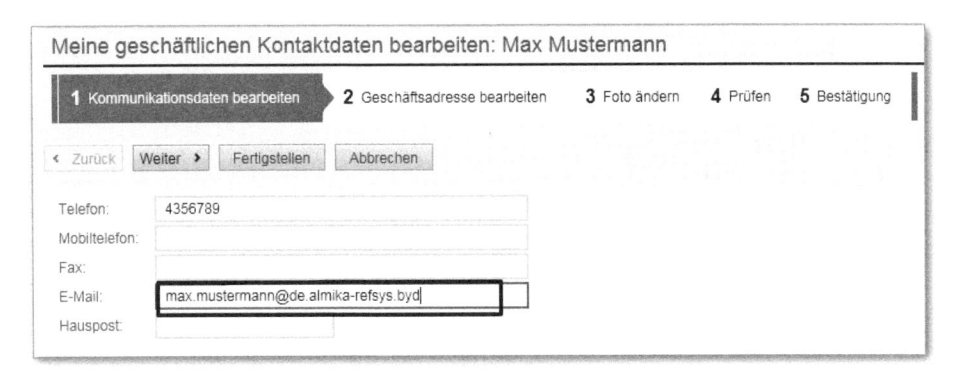

Abbildung 9.9 Geschäftliche Kontaktdaten bearbeiten

E-Mail-Adresse [✲]

Im FINE-TUNING (siehe Abschnitt 6.2.2) können Sie die gültigen Domains für E-Mail-Adressen festlegen.

Zuletzt erfassen Sie noch Ihre geschäftliche Adresse.

Datenpflege [✲]

Die Daten eines Mitarbeiters können auch zentral von einem Mitarbeiter der Personalabteilung eingetragen werden. Dies kann manuell oder per Migrationsvorlage ausgeführt werden (siehe Abschnitt 6.2.3).

Spesenabrechnung anlegen

Da Sie bereits auf Geschäftsreise waren, möchten Sie die Ihnen entstandenen Ausgaben in einer Spesenabrechnung erfassen. Bevor Sie einen Spesenantrag stellen können, müssen Sie in den Self-Services die ERSTATTUNGSEINSTELLUNGEN bearbeitet haben. Neben dem ZAHLWEG wählen Sie eine BANKVERBINDUNG aus (siehe Abbildung 9.10).

Hier bekommen Sie die Bankverbindungen zur Auswahl angezeigt, die Sie vorher gepflegt haben. Nachdem Sie die Erstattungseinstellungen gespeichert und aus den SELF-SERVICES heraus das Formular zur Erfassung einer NEUEN SPESENABRECHNUNG geöffnet haben, tragen Sie die SPESENABRECHNUNGSART, GESCHÄFTLICHE VERANLASSUNG, DATUM, ZEIT und ORT ein. Im nächsten Schritt der geführten Aktivität notieren Sie Ihre entstandenen Ausgaben (siehe Abbildung 9.11). Einen weiteren Schritt später fügen Sie die Belege an, indem Sie die Datei hochladen oder eine Verknüpfung erstellen.

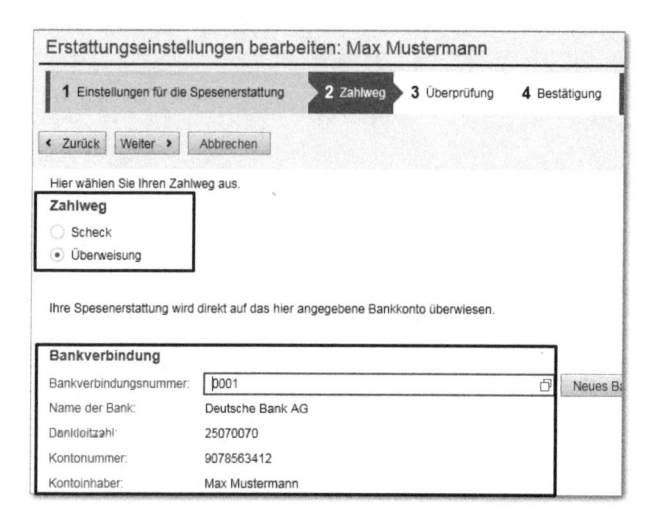

Abbildung 9.10 Erstattungsdetails bearbeiten

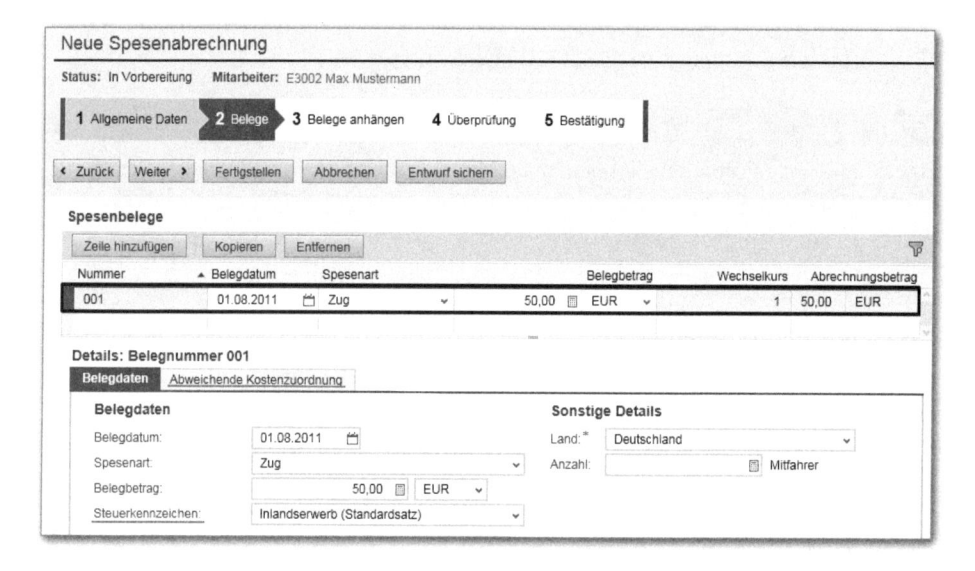

Abbildung 9.11 Neue Spesenabrechnung

Wenn Sie die Spesenabrechnung geprüft und bestätigt haben, können Sie sich die Erstattungsdetails ansehen; hier werden noch einmal die wichtigsten Informationen, bestehend aus NUMMER ❶ der Spesenabrechnung, DATUM, GESCHÄFTSZWECK, STATUS und ERSTATTUNGSBETRAG, aufgeführt (siehe ❷ in Abbildung 9.12).

Neben den erfassten Belegen wurde in diesem Fall zusätzlich eine Verpflegungspauschale gewährt.

Spesenabrechnung

Seite: 1/2

Almika | Viktoriastrasse 191 | 30451 Hannover | Deutschland

Herrn
Max Mustermann
Hauptstrasse 22
97070 Würzburg

Datum/Uhrzeit: 07.08.2011 19:35
Genehmigender: Stefanie Krüger

Spesenabrechnung ❶

Für Spesenabrechnung Nummer 31, von 05.08.2011 bis 05.08.2011, Geschäftszweck: Kundenveranstaltung
Der Status lautet: In Vorbereitung

Abrechnungsergebnisse und Kostenzuordnungen

Betragsart	Betrag (EUR)
Verpflegungspauschalen	6,00
Erstattbare Belege	❷ 50,00
Erstattungsbetrag	56,00

56,00 EUR von 56,00 EUR zugeordnet zu
Kostenstelle: P1111   Almika Solar

Abbildung 9.12 Spesenabrechnungsbeleg

Der Status der Spesenabrechnung befindet sich nun in Vorbereitung und Sie können ihn in den Self-Services unter MEINE ANTRÄGE VERFOLGEN überwachen.

Spesenabrechnung [+]

Sie können eine Spesenabrechnung auch als Entwurf speichern, indem Sie bei der Erfassung auf ENTWURF SICHERN klicken, anstatt auf FERTIGSTELLEN. In diesem Fall können Sie die Abrechnung zu einem anderen Zeitpunkt vervollständigen.

Spesenabrechnung im Auftrag anlegen [«]

Sie können als Finanzbuchhalter Spesenabrechnungen im Auftrag von anderen Mitarbeitern anlegen. Sie nutzen hierfür das Work Center SPESEN. Die Erfassung verläuft genauso wie über die Self-Services, Sie müssen nur zusätzlich den Mitarbeiter am Anfang angeben.

Kostenzuordnung von Spesenabrechnungen [+]

Sie können in der Spesenabrechnung die Kostenzuordnung so festlegen, dass die Spesen z. B. Projekten zugeordnet werden. Hierfür wählen Sie in den allgemeinen Daten der Spesenabrechnung KOSTENZUORDNUNG BEARBEITEN. Hier haben Sie die Möglichkeit, eine Kostenstelle, Projektaufgabe, Kundenauftrags- oder Serviceauftragspositionen auszuwählen.

Spesenabrechnung genehmigen

Sobald die Spesenabrechnung angelegt und bestätigt wurde, wird automatisch eine Genehmigungsaufgabe an den Vorgesetzten geschickt. Ihr Vorgesetzter findet die Aufgabe im Work Center MEIN VERANTWORTUNGSBEREICH (siehe ❶ in Abbildung 9.13), den jeder Abteilungsleiter zugeordnet bekommt, in der Sicht GENEHMIGUNGEN.

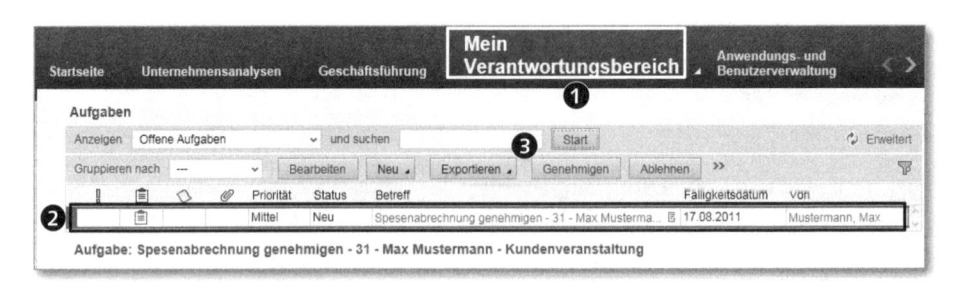

Abbildung 9.13 Genehmigungsaufgabe

Die Aufgaben werden in einer so genannten OWL (Object Work List, ❷) dargestellt. In jeder Zeile befindet sich eine andere Aufgabe. Um die Aufgabe zu bearbeiten, muss die Zeile markiert und eine Aktion, z. B. GENEHMIGEN, gewählt werden (siehe ❸ in Abbildung 9.13). Beim Klick auf den Betreff der Aufgabe werden weitere Informationen anzeigt.

[+] **Aufgabensteuerung**

Die *Aufgabensteuerung* unterstützt das Prinzip des Workflow-Managements und erlaubt eine statusabhängige Vorgangsbearbeitung (offen, in Bearbeitung etc.). Sie ist mit den Geschäftsobjekten des Systems (Aufgaben mit Referenz auf Belege) und dem Organisationsmodell (automatische Ermittlung des zuständigen Mitarbeiters) integriert.

Der Vorgesetzte bekommt in der Aufgabe noch einmal die wichtigsten Informationen zur SPESENABRECHNUNG angezeigt (siehe Abbildung 9.14).

Er kann die Spesenabrechnung GENEHMIGEN, ABLEHNEN oder ZUR ÜBERARBEITUNG ZURÜCKSCHICKEN. Wenn er die Abrechnung zur Überarbeitung zurückschickt, kann er zusätzlich eine Notiz erfassen, um den Anforderer – der die Aufgabe gestellt hat – auf bestimmte Punkte aufmerksam zu machen, die angepasst werden müssen. Sie können die Notiz einsehen und, nach Überarbeitung, die Spesenabrechnung erneut zur Genehmigung vorlegen.

Szenario »Organisationsstruktur und Mitarbeiteraufgaben« | **9.3**

Abbildung 9.14 Genehmigung der Spesenabrechnung

Genehmigungsaufgaben [+]

Nach diesem Prinzip funktionieren alle Genehmigungsaufgaben in SAP Business ByDesign.

In den Berichten (siehe Abschnitt 10.5.2) können Sie die erfassten Spesen nach den Mitarbeitern analysieren (siehe Abbildung 9.15).

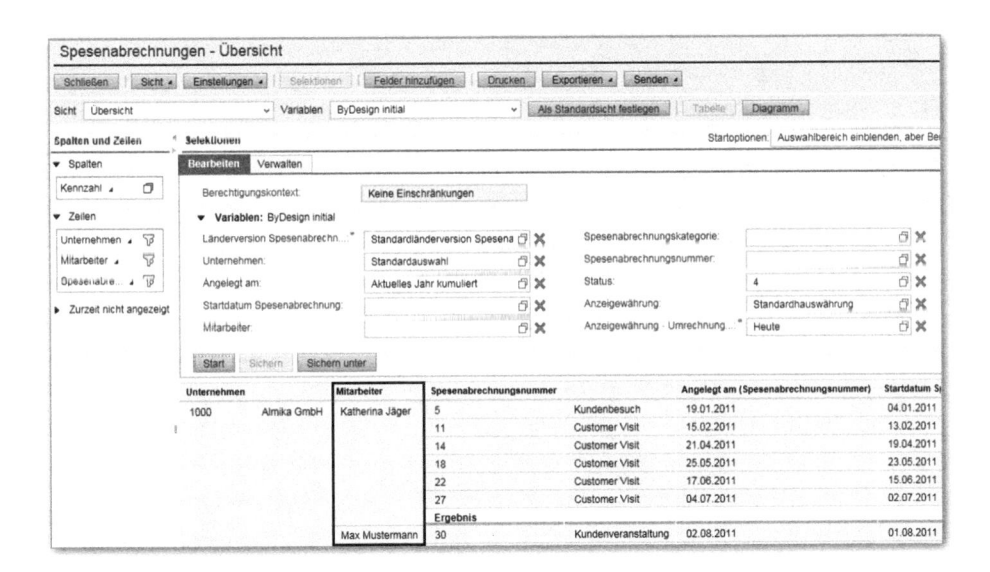

Abbildung 9.15 Bericht »Spesenabrechnungen«

Spesenabrechnung

Sie können im FINE-TUNING Folgendes vornehmen:

- Aufgabensteuerung für Spesenabrechnungen festlegen
  Hierzu gehören Genehmigungsszenarien sowie Aufgaben, Alarme und Benachrichtigungen. Es ist auch möglich, eine zusätzliche Prüfung der Genehmigung vorzuschalten.
- Verpflegungspauschalen und Kontenfindungsgruppen festlegen
- Spesenarten und Erstattungsgruppen bearbeiten

Abwesenheitsantrag stellen und genehmigen

Da Sie einen Tag Urlaub benötigen, legen Sie einen Abwesenheitsantrag an. Sie nutzen die Self-Services unter ARBEITSZEIT, um Abwesenheitsanträge zu erfassen. In den Antrag tragen Sie die ABWESENHEITSART und das DATUM ein (siehe Abbildung 9.16) und folgen anschließend wie gewohnt der geführten Aktivität.

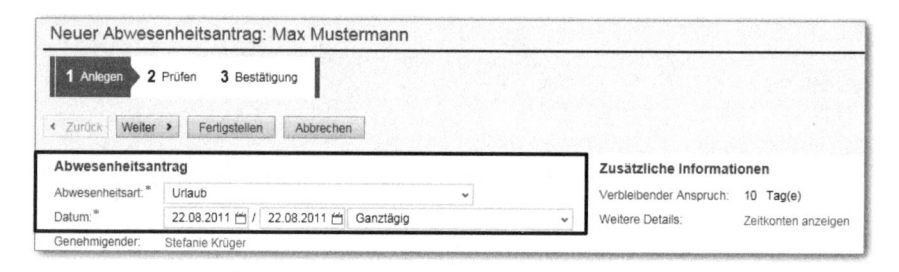

Abbildung 9.16 Neuer Abwesenheitsantrag

Ihr Vorgesetzter bekommt nach Bestätigung eine Aufgabe zur Genehmigung des Abwesenheitsantrages. In einer Übersicht kann er für alle Mitarbeiter seines Teams deren beantragte Abwesenheit und (genehmigte) Abwesenheit sehen (siehe Abbildung 9.17). In diesem Kalender werden neben den Abwesenheiten auch gebuchte Zeiten für Projektaufgaben angezeigt.

Abbildung 9.17 Abwesenheiten des Teams

Szenario »Organisationsstruktur und Mitarbeiteraufgaben« | **9.3**

Vorfall anlegen und beantworten

Bei Ihnen ist eine Frage im Zusammenhang mit SAP Business ByDesign aufgetreten, und Sie klicken daher auf Hilfe ❶. Dieser Link befindet sich immer am rechten Rand von SAP Business ByDesign. Nachdem Ihre Suche nichts ergeben hat, klicken Sie auf Problem lösen oder Vorfall melden. Jeder Mitarbeiter kann bei Problemen einen so genannten Vorfall erfassen und den integrierten Support nutzen (siehe Abschnitt 4.6).

Vorfall anlegen	[+]

Ein Vorfall, in anderen Systemen auch als Problemmeldung, Fehlermeldung oder Ticket bezeichnet, kann aus den Self-Services, aus der Hilfe oder direkt aus einer Systemmeldung heraus erfasst werden. In den letzten beiden Fällen wird automatisch Vorfallskontext über Ihre letzte Aktion angehängt, den der Support bei der Bearbeitung auslesen kann.

Beim Anlegen des Vorfalls wählen Sie zuerst einen aussagekräftigen Betreff. Dann können Sie seine Priorität festlegen (siehe Abbildung 9.18); es stehen hierfür niedrig, mittel, hoch und sehr hoch zur Verfügung ❷. Den Eintrag sehr hoch sollten Sie nur wählen, wenn geschäftskritische Funktionen nicht mehr genutzt werden können.

Abbildung 9.18 Vorfall anlegen

Anschließend wählen Sie die Kategorie des Vorfalls. Diese Informationen helfen, den richtigen Bearbeiter für Ihren Vorfall aufzufinden. In der Vorfallsbeschreibung erfassen Sie genauere Informationen, in welchem Work Center und welcher Sicht Sie gearbeitet haben, als das Problem aufgetreten ist.

Sobald der Vorfall von Ihnen aufgegeben wurde, wird er zuerst an den Anwendungsexperten (Key User) Ihres Unternehmens gesendet, der folgende Handlungsmöglichkeiten hat:

1. Er kann den Vorfall zunächst ÜBERNEHMEN (siehe ❶ in Abbildung 9.19), dann wird er als Bearbeiter im Vorfall eingetragen. Dies schafft Übersichtlichkeit, wenn mehrere Mitarbeiter in Ihrem Unternehmen als Anwendungsexperten Vorfälle bearbeiten können.
2. Er kann über den Reiter LÖSUNGSSUCHE in einer Lösungsdatenbank suchen ❷.
3. Der Anwendungsexperte kann den Vorfall entweder selbst lösen, weil z. B. ein Kollege schon einmal das gleiche Problem gehabt hat. In diesem Fall würde er Ihnen die LÖSUNG VORSCHLAGEN. Ansonsten hat er die Möglichkeit, den Vorfall an einen Dienstanbieter weiterzuleiten, Rückfragen zu stellen oder den Vorfall abzuschließen ❸.

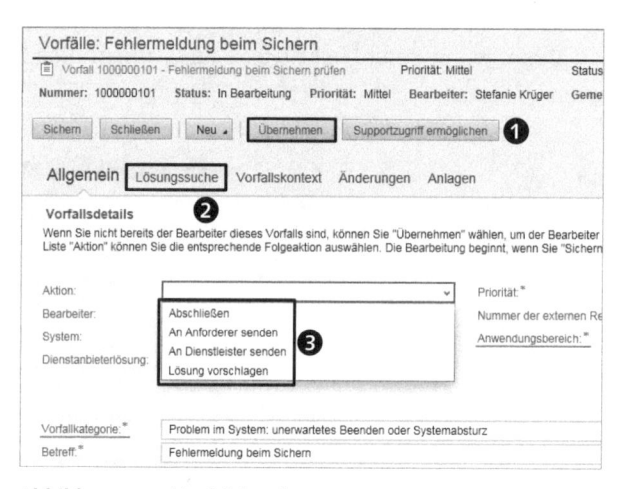

Abbildung 9.19 Vorfall bearbeiten

Über die Schnellzugriffe hat der Anwendungsexperte jederzeit eine Übersicht, wie viele neue offene Vorfälle dazugekommen sind oder wie sein derzeitiger Bearbeitungsstand aussieht (siehe ❶ in Abbildung 9.20).

Wenn der Vorfall vom Dienstanbieter bearbeitet wurde, hat er entweder den Status, dass ein Lösungsvorschlag vorliegt oder der Dienstanbieter mehr Informationen benötigt. In diesem Fall kann er den Vorfall mit Rückfrage oder Lösungsvorschlag an den Anforderer zurückgeben. Wenn der Anforderer einen Lösungsvorschlag angenommen hat, ist der Vorfall abgeschlossen.

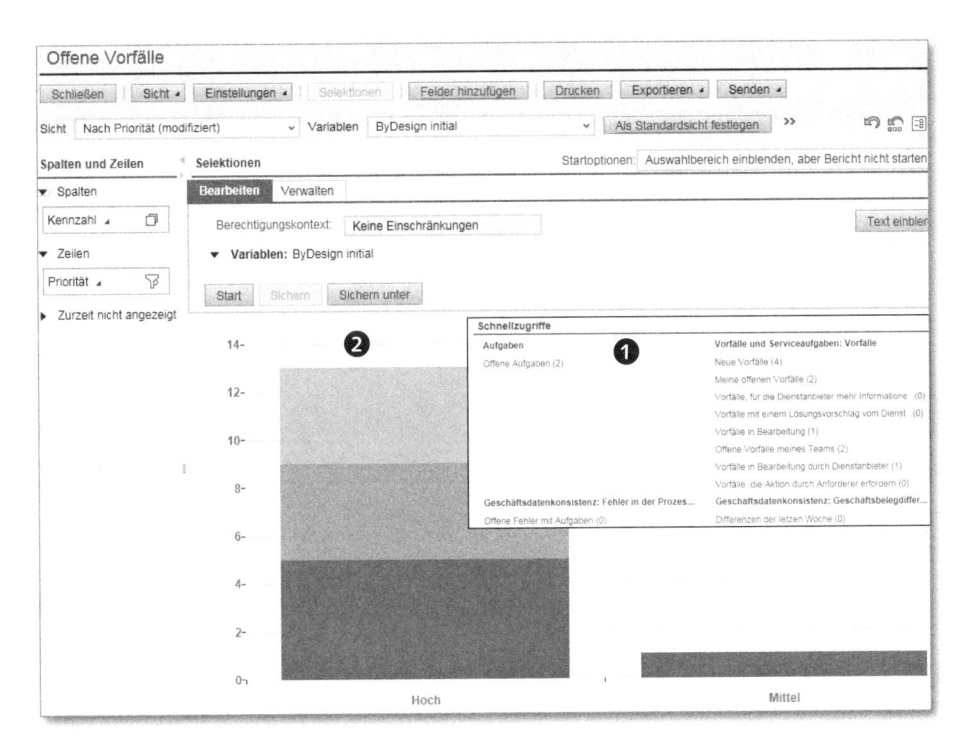

Szenario »Organisationsstruktur und Mitarbeiteraufgaben« | 9.3

Abbildung 9.20 Bericht »Offene Vorfälle«

In dem Bericht OFFENE VORFÄLLE kann der Anwendungsexperte die offenen Vorfälle analysieren, z. B. wie viele Vorfälle mit welcher Priorität offen sind (siehe ❷ in Abbildung 9.20).

E-Mail-Benachrichtigung bei Aktivität des Supports [+]

Wenn der Anwendungsexperte Vorfälle an den Dienstanbieter weitergeleitet hat, wird er per E-Mail benachrichtigt (an die E-Mail-Adresse, die in den beruflichen Kontaktdaten eingetragen wurde), sobald der Vorfall durch den Dienstanbieter bearbeitet wurde. Der Anwendungsexperte weiß daher genau Bescheid, wenn ein Lösungsvorschlag vorliegt oder der Dienstanbieter weitere Informationen benötigt.

Vorfallsmanagement [✱]

Sie können im FINE-TUNING Folgendes vornehmen:

- Aufgabensteuerung festlegen
- Maximale Reaktionszeit des Zeitprofils einsehen, z. B. hat SOFORT eine gewöhnliche Reaktionszeit von zwei Stunden und eine maximale Reaktionszeit von zwei Tagen

9 | Organisations- und Personalmanagement

Berichte einbinden

Sie möchten Ihre Arbeitsumgebung in SAP Business ByDesign anpassen und einen wichtigen Bericht sofort auf der Startseite eines Ihrer Work Center angezeigt bekommen.

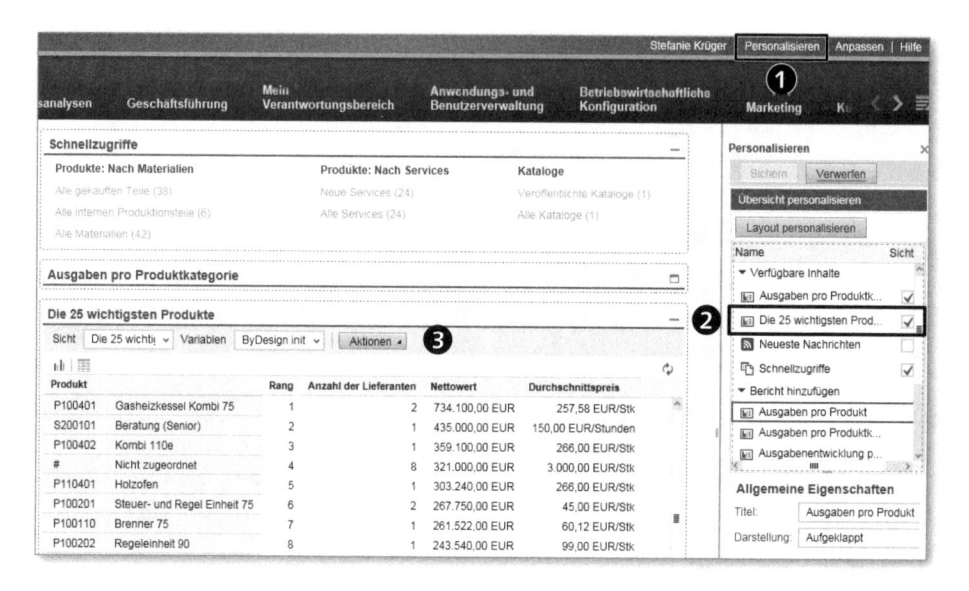

Über PERSONALISIEREN ❶ kann der Bildschirmaufbau individuell angepasst werden. Im Work Center PRODUKTPORTFOLIO können Sie, durch Setzen des Hakens, z. B. den Bericht DIE 25 WICHTIGSTEN PRODUKTE sichtbar machen (siehe ❷ in Abbildung 9.21).

Abbildung 9.21 Bericht »Die 25 wichtigsten Produkte«

Anschließend wird Ihnen beim Öffnen des Work Centers PRODUKTPORTFOLIO immer der Bericht DIE 25 WICHTIGSTEN PRODUKTE angezeigt werden ❸. Ebenso lassen Sie sich im Work Center LIEFERANTENBASIS die wichtigsten Lieferanten als Bericht anzeigen. Über die Personalisierung können Sie auch durch die Entfernung des Häkchens die Sichtbarkeit unwichtiger Berichte entfernen oder für einen Bericht eine ganz bestimmte Sicht voreinstellen.

[+] **Personalisierung**

Unter *Personalisierung* versteht man die Anpassung der Work Center an Vorlieben und Anforderungen des Benutzers. Die Personalisierung, die Sie vornehmen, gilt immer nur für Ihren Benutzer (siehe Abschnitt 7.2.1).

Personalisierung [«]

Weitere Möglichkeiten der Personalisierung sind (variiert von Screen zu Screen):

- Umbenennung von Titeln
- Verschieben von Elementen
- Ein- und Ausblenden vorhandener Elemente
- Einbinden von vorhandenen oder selbst erstellten Mashups (siehe Abschnitt 10.3.2)
- Nutzung vorhandener und benutzerspezifischer Web-Dienste, z. B. Twitter oder Reuters

Key User Tools [+]

Der Anwendungsexperte Ihres Unternehmens kann im Anpassungsmodus die Benutzeroberflächen aller Benutzer anpassen (Key User Tools):

- Ein- und Ausblenden von Feldern
- Unternehmenseinstellungen anpassen, z. B. Firmenlogo
- Erzeugen und Bearbeiten neuer Felder mit Zuordnung zu Layout-Gruppen (Adressblock, Mitarbeiterinformationen etc.)
- Anpassen von Reports und Formularen (siehe Abschnitt 10.5.2)

9.4 Szenario »Personalverwaltung«

In diesem Szenario werden die typischen Prozesse der Personalabteilung oder des Personalverantwortlichen aufgezeigt. Zuerst wird ein Mitarbeiter eingestellt. Es werden alle Prozessschritte dargestellt, die notwendig sind, damit der Mitarbeiter Gehalt ausgezahlt und einen Benutzer zur Verfügung gestellt bekommt. Auch für den Fall einer Kündigung werden alle notwendigen Schritte beschrieben, um das Arbeitsverhältnis zu beenden.

9.4.1 Anforderungen

Das Beispielszenario »Personalverwaltung« konzentriert sich auf die Aufgaben eines zentralen Personalsachbearbeiters, die auch alternativ durch den jeweiligen Personalverantwortlichen durchgeführt werden können. Man könnte dieses Szenario auch mit »Hire-to-Fire« bezeichnen, was den Zyklus eines Mitarbeiters während seiner Zugehörigkeit zum Unternehmen verdeutlichen soll.

Die Lernziele diese Szenarios sind folgende:

- Einen neuen Mitarbeiter möglichst schnell und effizient mit seinen Personaldaten im System zu erfassen, mit dem Ziel, dass er seine Personalabrechnung am Monatsende erhält.
- Ihm seine Benutzer- und Zugriffsrechte gemäß seiner Aufgabe zuzuteilen.
- Diese Rechte bei der Entlassung auch wieder ordnungsgemäß zu sperren.

Bei der Einstellung eines Mitarbeiters wird eine Personaldatei erzeugt.

Die Personaldatei selbst ist der Sammler aller relevanten Informationen. An dieser Stelle kann sich ein Unternehmen organisatorisch überlegen, die Aufgaben bei der Erfassung auch an den jeweils verantwortlichen Abteilungsleiter zu übertragen. So können z.B. die Zeit-, die Vergütungs- und Abrechnungsdaten auch wiederum zentral vervollständigt werden, nachdem der Mitarbeiter eingestellt worden ist und über sein Gehalt entschieden wurde.

Durch die Abbildung von Vergütungsstrukturen, z.B. eines Tarifvertrags oder von Vereinbarungen, die im Unternehmen gelten, kann die Erfassung eines konkreten Mitarbeiters und seiner Personaldaten beschleunigt werden.

Ziel ist nicht die Abrechnung in SAP Business ByDesign, sondern ein Datenabzug an einen Personalabrechnungsdienstleister, wie die DATEV, zu übergeben und von dort die Abrechnungsunterlagen wieder zurück zu erhalten. Dies erlaubt es mittelständischen Unternehmen, an dieser Stelle den internen Prozess zu beschleunigen und gleichzeitig auf bestehende Abrechnungspartner zuzugreifen, z.B. den Steuerberater.

Der integrative Vorteil des Szenarios »Personalverwaltung« liegt nun in der Benutzerverwaltung, denn auf Basis der Einstellungsinformation des neuen Mitarbeiters können im Work Center ANWENDUNGS- UND BENUTZERVERWALTUNG nun Zugriffsrechte ausgeprägt werden, durch die dem Mitarbeiter Zugang zum System und den für ihn relevanten Work Centern gewährt werden kann. Genauso wie bei der Entlassung eines Mitarbeiters erfolgt die Zuordnung von Zugriffsrechten, den Datenschutzrichtlinien gerecht, integriert mit den Personaldaten.

Neben der im Folgeszenario dargestellten Versetzung eines Mitarbeiters, gibt es noch weitere Anknüpfungspunkte zu diesem Szenario in Folgebeispielfällen. Die Zuordnung des einzelnen Mitarbeiters zum Projekt, wie sie in der Fallstudie »Projektplanung« (siehe Abschnitt 12.5) dargestellt wird, kann bei einem Dienstleistungsunternehmen der nächste Schritt sein.

Über den Self-Service TÄTIGKEITEN ERFASSEN kann der Mitarbeiter sowohl Personalereignisse wie Urlaub als auch Tätigkeiten im Projekt zurückmelden (siehe Abschnitt 12.6).

9.4.2 Prozessablauf

Zuerst werden Sie in der Rolle des Personalmitarbeiters eine neue Vergütungsstruktur für Ihre Mitarbeiter im Work Center VERGÜTUNG anlegen. Dann stellen Sie im Work Center PERSONALVERWALTUNG einen neuen Mitarbeiter ein und pflegen alle Daten für ihn. Hierzu gehören persönliche, Zeit-, Vergütungs-, und Abrechnungsdaten. Sie nutzen dafür die Work Center ZEITVERWALTUNG, VERGÜTUNG und PERSONALVERWALTUNG. Sie legen für das Work Center PERSONALABRECHNUNG einen Datenabzug an, der dem Abrechnungsdienstleister zur Verfügung gestellt wird. Zudem prägen Sie als Anwendungsexperte im Work Center ANWENDUNGS- UND BENUTZERVERWALTUNG einen Benutzer für den neuen Mitarbeiter aus.

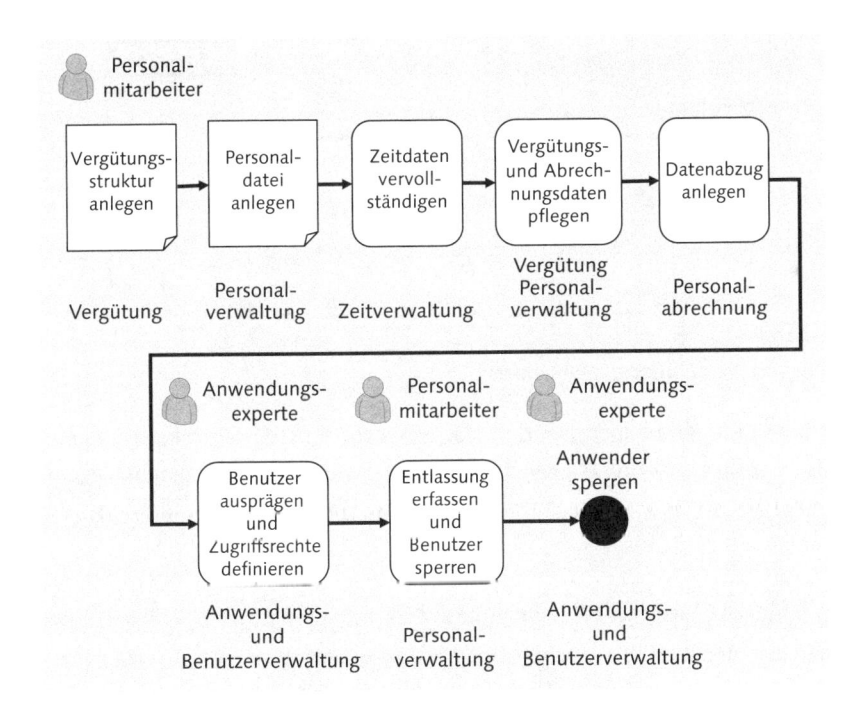

Abbildung 9.22 Prozessablauf »Personalverwaltung«

Sie entlassen, wieder in der Rolle des Personalmitarbeiters, einen Mitarbeiter, indem Sie dies im Work Center PERSONALVERWALTUNG dokumentieren und als Anwendungsexperte den Benutzer im Work Center ANWENDUNGS-

UND BENUTZERVERWALTUNG sperren. Den Prozessablauf mit den jeweils verwendeten Work Centern und Rollen, in die Sie schlüpfen, finden Sie in Abbildung 9.22.

Vergütungsstruktur anlegen

Zuerst legen Sie für Ihre Mitarbeiter eine neue Vergütungsstruktur an, da diese die Basis für das Lohn- und Gehaltsmanagement bildet. Vergütungsstrukturen dienen der Implementierung einer transparenten Vergütungsstrategie im Unternehmen und helfen Ihnen bei der Verwaltung des Vergütungsprozesses. Im Work Center VERGÜTUNG können Sie neue Vergütungsstrukturen anlegen.

Zu einer Vergütungsstruktur erfassen Sie zuerst ein KÜRZEL, mit dem Sie die VERGÜTUNGSSTRUKTUR eindeutig identifizieren können (siehe Abbildung 9.23).

Abbildung 9.23 Vergütungsstruktur anlegen

Zudem legen Sie einen sprechenden Namen fest und stellen im Feld ART ein, dass die Struktur stufenbasiert ist. Als LAND wählen Sie Deutschland, als Währung EUR und als Frequenz MONATLICH. Gehen Sie anschließend auf ALLES ANZEIGEN.

[»] **Vergütungsstruktur**

Eine Variante der stufenbasierten Struktur ist die punktbasierte Vergütungsstruktur. Bei dieser gibt es pro Vergütungsgruppe nur einen Zielwert und keine Minimum-, Mittelpunkt- oder Maximum-Werte. Anstatt einer monatlichen können Sie auch eine jährliche, vierteljährliche, tägliche oder stündliche Frequenz wählen.

Alles anzeigen [+]

Standardmäßig wird Ihnen in SAP Business ByDesign aus Übersichtlichkeitsgründen eine reduzierte Sicht angezeigt. Wenn Sie auf ALLES ANZEIGEN gehen, bekommen Sie alle Datenfelder angezeigt, die Sie zu Ihrem Stammdatum oder Beleg erfassen können.

In dem neu erschienenen Reiter VERGÜTUNGSGRUPPEN ❶ können Sie jetzt neue Zeilen hinzufügen und pro Zeile eine VERGÜTUNGSGRUPPE erfassen (siehe ❷ in Abbildung 9.24).

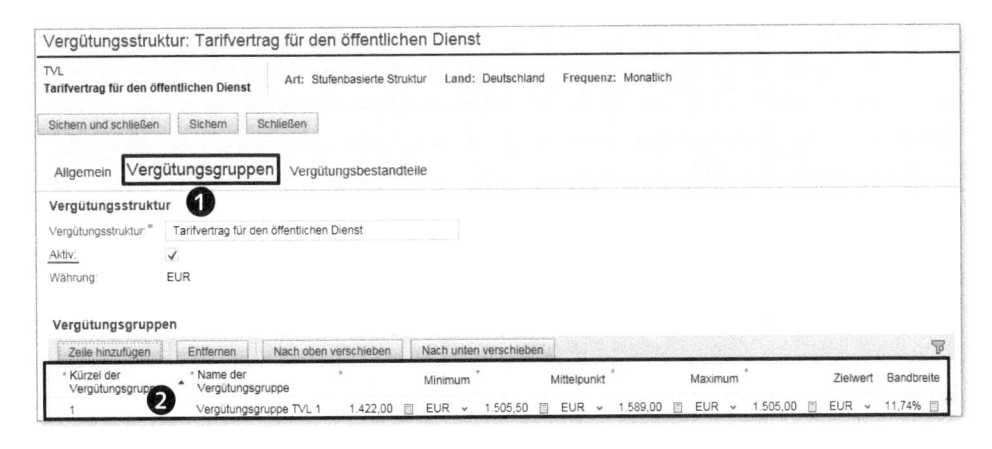

Abbildung 9.24 Vergütungsgruppen

Für jede Stufe tragen Sie so ein KÜRZEL, einen NAMEN sowie ein MINIMUM, MITTELPUNKT, MAXIMUM und einen ZIELWERT ein. Sobald Sie alle Vergütungsgruppen hinzugefügt haben, können Sie im nächsten Reiter noch weitere VERGÜTUNGSBESTANDTEILE ergänzen (siehe Abbildung 9.25).

Wählen Sie hierfür die entsprechende VERGÜTUNGSGRUPPE aus, fügen Sie mit dem Button ZEILE HINZUFÜGEN eine Zeile hinzu und wählen Sie aus, dass Sie neben dem Tarifgehalt noch ein 13. Monatsgehalt bezahlen. Weitere Vergütungsbestandteile können sein: Ausbildungsvergütung, Direktversicherung, einmalige Nettozusage, Überstundenpauschale, Essen (pauschal AG) etc.

Personaldatei anlegen

Sie haben einen neuen Mitarbeiter eingestellt und möchten für diesen eine Personaldatei anlegen. Im Work Center PERSONALVERWALTUNG finden Sie in der Sicht TYPISCHE AUFGABEN den Quicklink MITARBEITER EINSTELLEN, um einen Mitarbeiter einzustellen.

9 | Organisations- und Personalmanagement

Vergütungsstruktur: Tarifvertrag für den öffentlichen Dienst			
TVL Tarifvertrag für den öffentlichen Dienst	Art: Stufenbasierte Struktur	Land: Deutschland	Frequenz: Monatlich

[Sichern und schließen] [Sichern] [Schließen]

Allgemein   Vergütungsgruppen   **Vergütungsbestandteile**

Vergütungsgruppen

Kürzel der Vergütungsgruppe	Name der Vergütungsgruppe
15	Vergütungsgruppe TV-L 15
14	Vergütungsgruppe TV-L 14
13	Vergütungsgruppe TV-L 13
12	Vergütungsgruppe TV-L 12
11	Vergütungsgruppe TV-L 11
10	Vergütungsgruppe TV-L 10

Standardvergütungsbestandteile von Vergütungsgruppe TV-L 15

Sie können Vergütungsbestandteile auswählen, die für die ausgewählte Vergütungsgruppe als Standard gelten. Die Standardwerte werden Vergütungsgruppe zugeordnet wird. Wenn Sie einem Mitarbeiter nach dem Einstellungsprozess eine Vergütungsgruppe zuweisen, werden

[Zeile hinzufügen] [Entfernen]

* Kürzel des Vergütungsbestandteils	Vergütungsbestandteil
GEHALTTAR	Gehalt (Tarif)
13.GEHALT	13. Gehalt

Details von: 13.GEHALT - 13. Gehalt

Vergütungsbestandteil: 13.GEHALT - 13. Gehalt

Wiederkehr

Art der Wiederkehr: Einmalig

Abbildung 9.25 Vergütungsbestandteile

Zuerst pflegen Sie unter den PERSÖNLICHEN DATEN ❶ eine eindeutige PERSONALNUMMER. Anschließend tragen Sie die Daten des Mitarbeiters ein: ANREDE, VORNAME, NACHNAME, GESCHLECHT, GEBURTSDATUM, NATIONALITÄT (siehe Abbildung 9.26). Die BANKVERBINDUNG ❷ oder die PRIVATADRESSE ❸ brauchen Sie nicht zu pflegen, da diese auch vom Mitarbeiter selbst gepflegt werden kann (siehe Abschnitt 9.3.2), im Sinne der dezentralen Informationserfassung (siehe Abschnitt 4.6).

Im nächsten Schritt der geführten Aktivität erfassen Sie die INFORMATIONEN ZUM BESCHÄFTIGUNGSVERHÄLTNIS (siehe Abbildung 9.27).

1. Zuerst legen Sie das EINTRITTSDATUM fest, das heißt, ab wann der Mitarbeiter beschäftigt wird. Ab diesem Zeitpunkt wird der Mitarbeiter in der Organisationsstruktur sichtbar.

Szenario »Personalverwaltung« | **9.4**

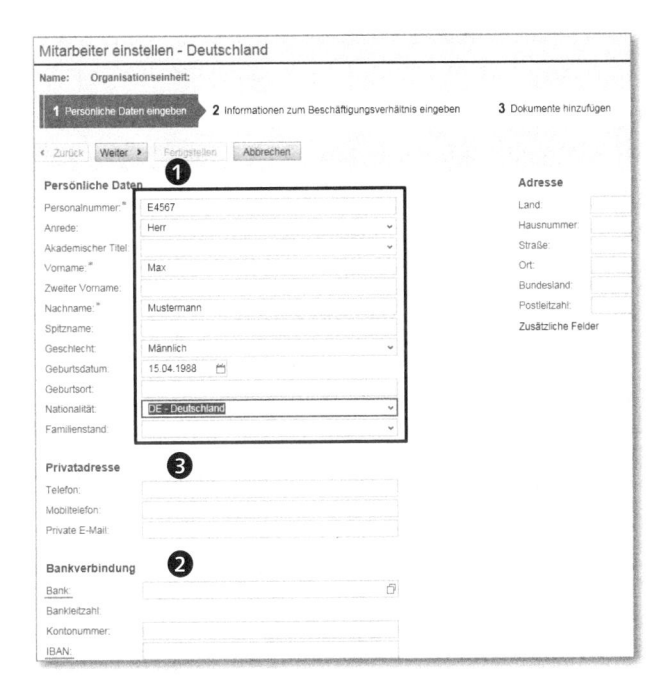

Abbildung 9.26 Persönliche Daten des Mitarbeiters erfassen

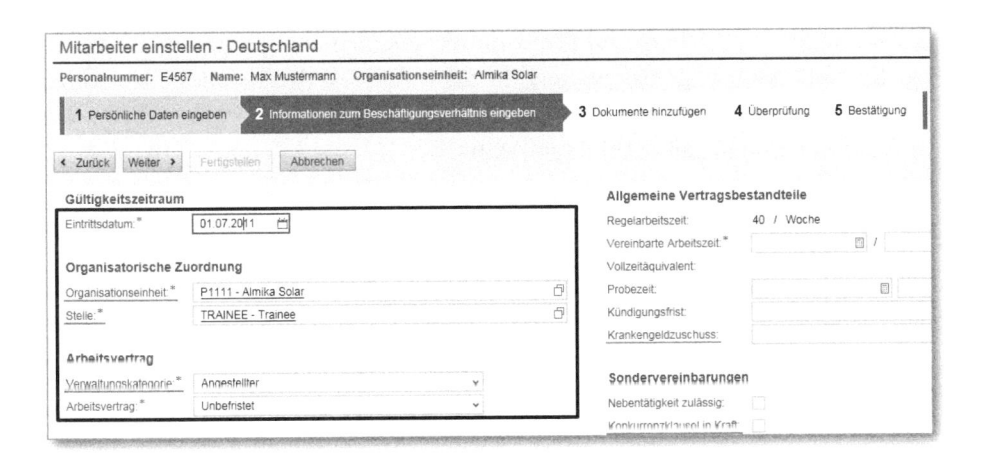

Abbildung 9.27 Informationen zum Beschäftigungsverhältnis eingeben

2. Anschließend wählen Sie die ORGANISATIONSEINHEIT des Mitarbeiters. Genaueres zum Organisationsmanagement finden Sie in Abschnitt 9.3.2. Über die organisatorische Zuordnung wird gesteuert, ob sich der Mitarbeiter z. B. in einer Verkaufsorganisation befindet, wer sein Vorgesetzter ist und somit seine Anträge genehmigen kann.

3. Über die STELLE werden die Personalressource des Mitarbeiters und der interne Kostensatz festgelegt, siehe Abschnitt 12.4.2 zu Personalressourcen.
4. Über die VERWALTUNGSKATEGORIE bestimmen Sie, ob es sich um einen Angestellten, einen Angestellten mit Monats- oder Stundenlohn oder einen leitenden Angestellten handelt.
5. Ob der Mitarbeiter nur einen befristeten oder einen unbefristeten Arbeitsvertrag bekommt, können Sie ebenfalls festhalten.

[»] **Arbeitsvertrag**

Zu einer Befristung des Arbeitsvertrages erfassen Sie das Austrittsdatum. Nach dessen Ablauf wird der Mitarbeiter, sofern keine Verlängerung erfolgt, nicht mehr als aktiver Mitarbeiter der Firma geführt.

Weitere Auswahlmöglichkeiten für einen Arbeitsvertrag sind Geschäftsführer, Auszubildender, Rentner und Werkstudent.

6. Sie können noch weitere ALLGEMEINE VERTRAGSBESTANDTEILE, wie die vereinbarte Arbeitszeit, Probezeit oder Kündigungsfrist, erfassen. Die vereinbarte Arbeitszeit wird in die Zeitdaten übernommen. In den weiteren Schritten der geführten Aktivität fügen Sie noch die Bewerbungsunterlagen bei Dokumenten hinzu.

Wenn Sie gespeichert und somit die Personaldatei angelegt haben, werden Ihnen Links vorgeschlagen, über die Sie weitere Aktivitäten des Einstellungsprozesses (Zeit-, Vergütungs- und Abrechnungsdaten vervollständigen) ausführen können (siehe Abbildung 9.28).

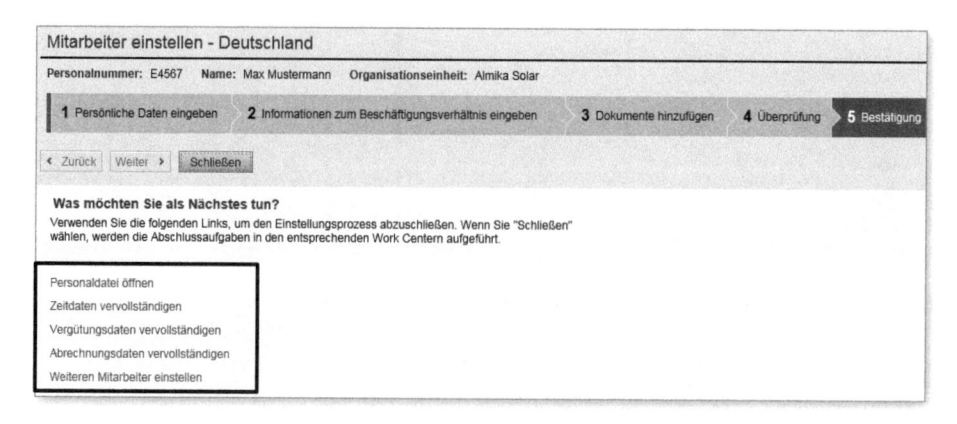

Abbildung 9.28 Links nach Bestätigung der Mitarbeitereinstellung

Mitarbeiter [✱]

Im FINE-TUNING und unter DATENÜBERNAHME UND ERWEITERUNG in der Aufgabenliste können Sie Folgendes durchführen:

- Wenn Sie mehrere Unternehmen in SAP Business ByDesign abbilden, können Sie den Unternehmen unterschiedliche Regelarbeitszeiten zuordnen.
- Sie können Branchen, Rechtsformen, Berufsgruppen, akademische Titel, Titel, Familienstand für Geschäftspartner pflegen.
- Sie können Nummernkreise für Mitarbeiter und Dienstleister festlegen.
- Sie können Aufgabensteuerung für Einstellung, Änderungen des Beschäftigungsverhältnisses und Austritt definieren.
- Sie können Mitarbeiter- und Personaldaten per Migrationsvorlage hochladen.

Zeitdaten vervollständigen

Sie erfassen in diesem Schritt die Zeitdaten für den neuen Mitarbeiter. Um die Zeitdaten zu pflegen, können Sie entweder den Link verwenden, der nach dem Anlegen der Personaldatei angezeigt wird, oder Sie bearbeiten eine Aufgabe, die durch die Einstellung im Work Center ZEITVERWALTUNG erzeugt wurde (siehe Abbildung 9.29).

Abbildung 9.29 Aufgabe in der Zeitverwaltung

Dazu markieren Sie die entsprechende Aufgabe und klicken den Button BEARBEITEN an. Daraufhin öffnet sich eine geführte Aktivität, die Sie durch die Zeitdatenerfassung leitet.

1. **Grunddaten eingeben**
   Im ersten Schritt legen Sie die negative Zeiterfassungsmethode fest. Dies bedeutet, dass der Mitarbeiter nur seine Abwesenheiten oder Abweichungen erfassen muss.

9 | Organisations- und Personalmanagement

[»] **Zeiterfassung**

Bei der positiven Zeiterfassung meldet der Mitarbeiter jede geleistete Arbeitszeit zurück.

2. Arbeitszeitplan definieren

Im ARBEITSZEITPLAN legen Sie das ZEITMODELL des Mitarbeiters fest (siehe Abbildung 9.30). Über das Zeitmodell wird gesteuert, an welchen Wochentagen gearbeitet wird.

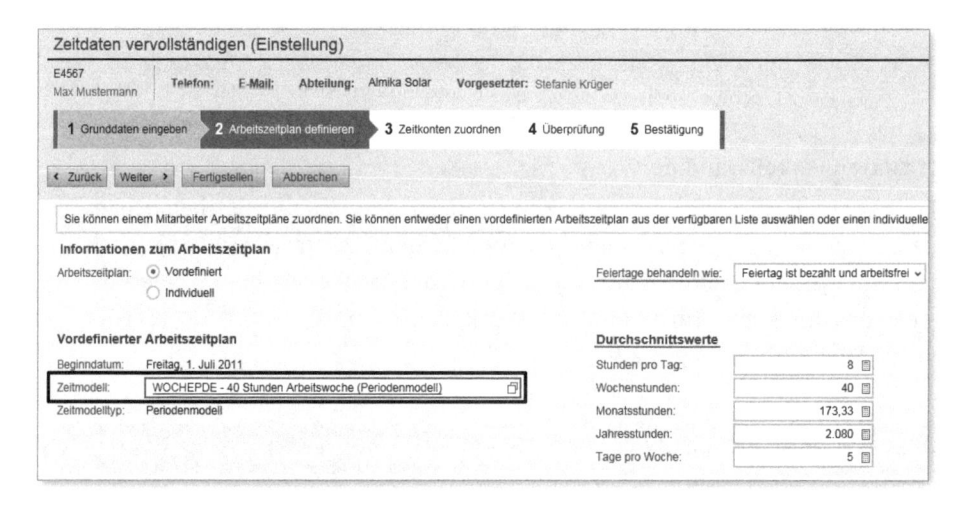

Abbildung 9.30 Zeitdaten vervollständigen

[+] **Definition geplanter Arbeitszeit**

Sie können in der Zeitwirtschaft Tagesmodelle (Arbeitszeit und Pausen pro Tag), Periodenmodelle (Serie von Tagesmodellen), Zeitplanmodelle (Periodenmodell mit Starttag) und vordefinierte Arbeitszeitpläne (basierend auf Perioden- oder Zeitplanmodell) festlegen. Zudem können Sie kurzzeitige Änderungen an Arbeitszeitplänen erfassen.

3. Zeitkonten zuordnen

Im nächsten Schritt ordnen Sie dem Mitarbeiter aus vordefinierten Zeitkonten diejenigen Zeitkonten zu, die für ihn angelegt und geführt werden sollen (siehe Abbildung 9.31).

Auf dem Zeitkonto URLAUB werden für den Mitarbeiter die Urlaubstage gespeichert und bei Abwesenheit reduziert. Sie können für ein Zeitkonto einen Anfangssaldo oder Wartezeiten festlegen, wenn der Mitarbeiter in der Probezeit z. B. noch keinen Urlaub nehmen darf.

9.4 Szenario »Personalverwaltung«

[Abbildung: Dialog "Mehrere Konten hinzufügen"]

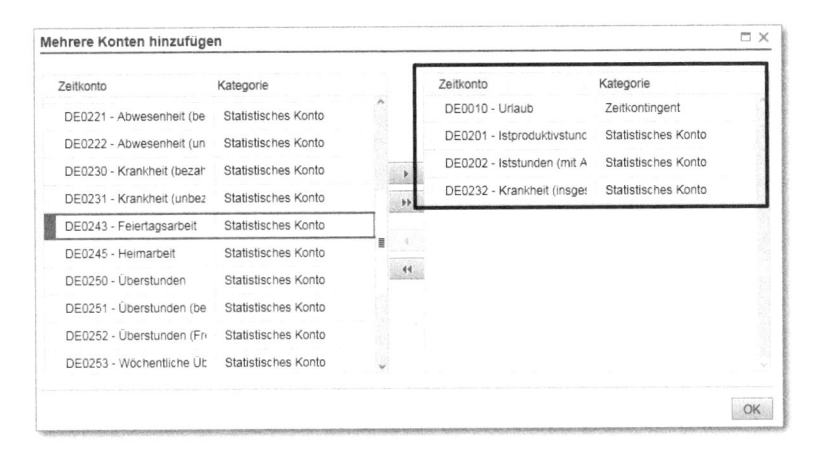

Abbildung 9.31 Zeitkonten hinzufügen

Analyse in Berichten

In den Berichten des Work Centers ZEITVERWALTUNG gibt es den Bericht MITARBEITERZEITEN: MONATLICH, in dem Sie die zurückgemeldeten Zeiten Ihrer Mitarbeiter überprüfen können. Wie eine Zeitrückmeldung funktioniert, wird in Abschnitt 12.4 beschrieben. Alternativ können Zeiten auch zentral für Mitarbeiter erfasst werden.

Öffnen Sie den Bericht und verschieben Sie das Merkmal MITARBEITER in die Zeilen in den nicht angezeigten Bereich. So erhalten Sie eine Übersicht über die ERFASSTE ZEIT ❶ und die SOLLARBEITSZEIT ❷ aller Mitarbeiter (siehe Abbildung 9.32).

[Abbildung: Bericht "Mitarbeiterzeiten: Monatlich"]

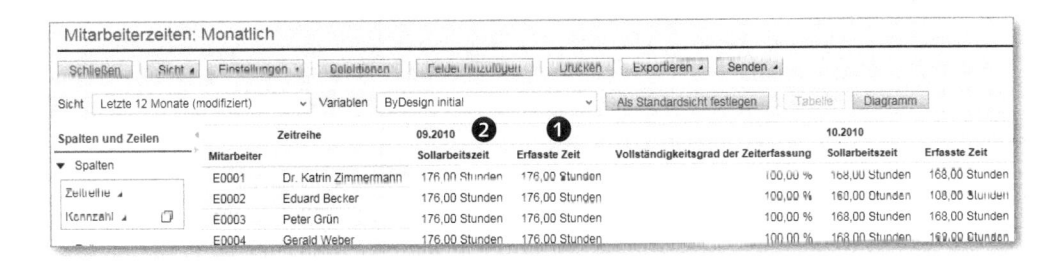

Abbildung 9.32 Bericht »Mitarbeiterzeiten: Monatlich«

Zeitmanagement [✱]

Im FINE-TUNING und unter DATENÜBERNAHME UND ERWEITERUNG in der Aufgabenliste können Sie Folgendes vornehmen:

▶ die Mitarbeiterzeitarten, Genehmigungsoptionen und Buchungsreihenfolge für Zeitkonten festlegen

- Vorschlagswerte für die Zeiterfassung festlegen, z. B. »Urlaub« für einen Abwesenheitsantrag
- die Aufgabensteuerung für die Zeitwirtschaft festlegen
- Zeitkonten bearbeiten und zusätzliche Zeitkonten anlegen
- Zeitkontoarten mit Aufbau- und Periodenenderegeln bearbeiten (Z. B. können Sie festlegen, wie die Höhe des Urlaubsanspruchs vom Dienstalter abhängt und dass dieser in die Folgeperiode übertragen wird.)
- Zeitwirtschaftsdaten per Migrationsvorlage hochladen
- Mitarbeiterzeiten per Migrationsvorlage erfassen

Vergütungs- und Abrechnungsdaten vervollständigen

Für Ihren neu eingestellten Mitarbeiter vervollständigen Sie die Abrechnungs- und Vergütungsdaten. Hierfür können Sie wieder den Link, der Ihnen nach der Einstellung des Mitarbeiters angezeigt wird, oder die erzeugten Aufgaben verwenden.

Abbildung 9.33 Vergütungsstruktur zuordnen

Sie öffnen im Work Center VERGÜTUNG die Aufgabe, um für den Mitarbeiter die VERGÜTUNGSSTRUKTUR auszuwählen. Anschließend wählen Sie eine VER-

GÜTUNGSGRUPPE dieser Vergütungsstruktur aus (siehe Abbildung 9.33) und geben an, ab wann diese Vergütungsgruppe GÜLTIG sein soll. Sie bekommen die Informationen zu dieser Vergütungsgruppe angezeigt.

Im nächsten Schritt definieren Sie für den Mitarbeiter die genaue Höhe der Bezüge, durch Festlegung der VERGÜTUNGSBESTANDTEILE (siehe Abbildung 9.34).

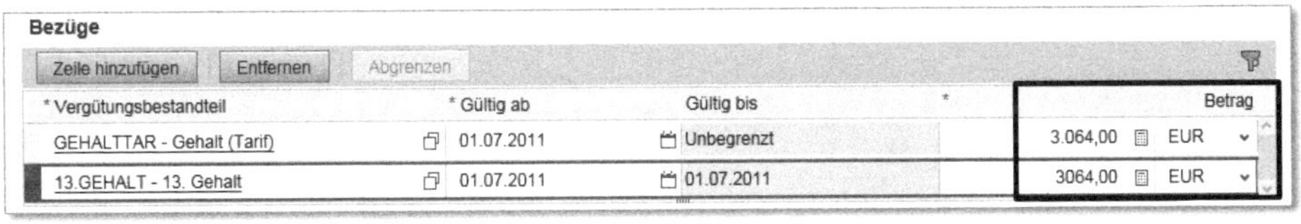

* Vergütungsbestandteil	* Gültig ab	Gültig bis	* Betrag	
GEHALTTAR - Gehalt (Tarif)	01.07.2011	Unbegrenzt	3.064,00	EUR
13.GEHALT - 13. Gehalt	01.07.2011	01.07.2011	3064,00	EUR

Abbildung 9.34 Bezüge festlegen

Im Work Center VERGÜTUNG können Sie in den Berichten die GEHALTSLISTE der Mitarbeiter einsehen (siehe Abbildung 9.35). Über die Suche ❶ kann das Ergebnis auf bestimmte Mitarbeiter selektiert werden. Für diese können Sie dann die geschätzten Bezüge pro Jahr und pro Monat ablesen ❷.

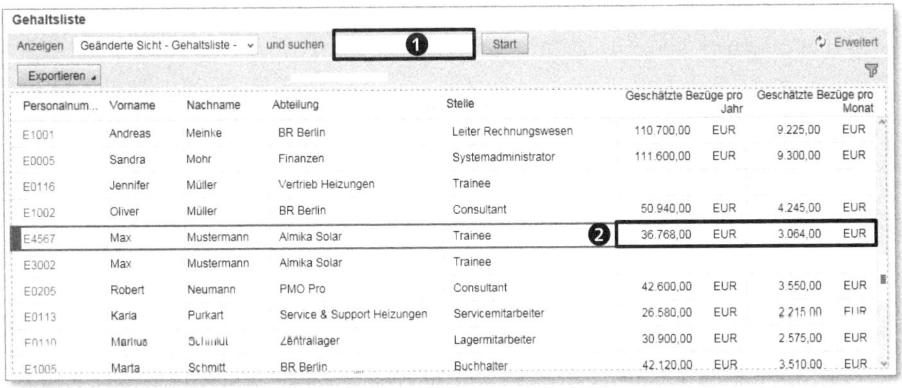

Personalnum...	Vorname	Nachname	Abteilung	Stelle	Geschätzte Bezüge pro Jahr		Geschätzte Bezüge pro Monat	
E1001	Andreas	Meinke	BR Berlin	Leiter Rechnungswesen	110.700,00	EUR	9.225,00	EUR
E0005	Sandra	Mohr	Finanzen	Systemadministrator	111.600,00	EUR	9.300,00	EUR
E0116	Jennifer	Müller	Vertrieb Heizungen	Trainee				
E1002	Oliver	Müller	BR Berlin	Consultant	50.940,00	EUR	4.245,00	EUR
E4567	Max	Mustermann	Almika Solar	Trainee	36.768,00	EUR	3.064,00	EUR
E3002	Max	Mustermann	Almika Solar	Trainee				
E0205	Robert	Neumann	PMO Pro	Consultant	42.600,00	EUR	3.550,00	EUR
E0113	Karla	Purkart	Service & Support Heizungen	Servicemitarbeiter	26.580,00	EUR	2.215,00	EUR
E0110	Markus	Schmidt	Zentrallager	Lagermitarbeiter	30.900,00	EUR	2.575,00	EUR
E1005	Marta	Schmitt	BR Berlin	Buchhalter	42.120,00	EUR	3.510,00	EUR

Abbildung 9.35 Gehaltsliste

Damit haben Sie die Vergütungsdaten vervollständigt. Die Aufgabe zur Vervollständigung der Abrechnungsdaten finden Sie im Work Center PERSONALVERWALTUNG.

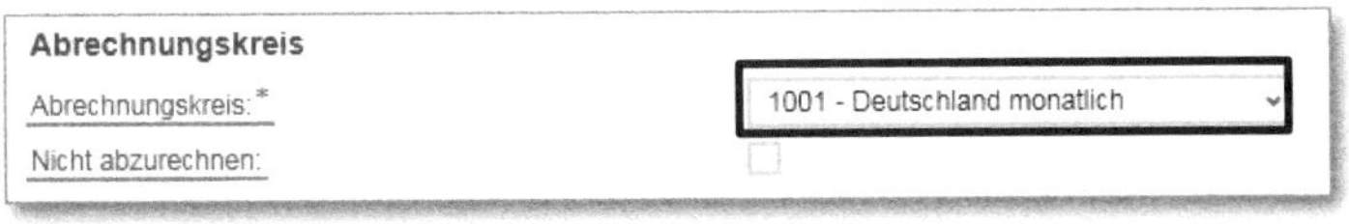

Abbildung 9.36 Abrechnungskreis

Zuerst pflegen Sie in den Basisabrechnungsdaten das Auswahlfeld ABRECHNUNGSKREIS (siehe Abbildung 9.36), welches bestimmt, dass die Personalabrechnung dieser Mitarbeiter des Unternehmens zum selben Zeitpunkt ausgeführt wird. Ein Abrechnungskreis kann z. B. alle Mitarbeiter eines Landes enthalten.

Im nächsten Schritt pflegen Sie die Daten der SOZIALVERSICHERUNG (siehe Abbildung 9.37).

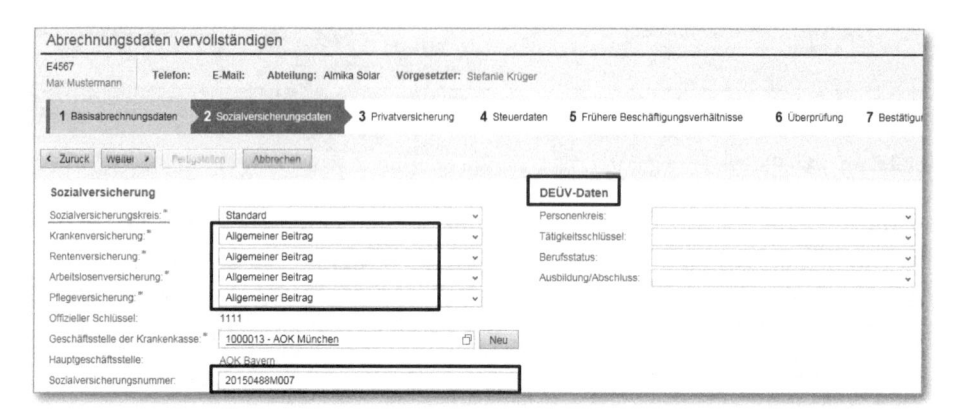

Abbildung 9.37 Abrechnungsdaten vervollständigen

Hier legen Sie fest, ob der Benutzer den allgemeinen oder einen reduzierten Beitrag zu den Sozialversicherungen zahlt. Zudem geben Sie die SOZIALVERSICHERUNGSNUMMER des neuen Mitarbeiters an. Diese besteht aus zwölf Stellen, in denen z.B. das Geburtsdatum enthalten ist. Sie können die DEÜV-DATEN (Datenerfassungs- und Übermittlungsverordnung), aufgegliedert nach Personenkreis, Tätigkeitsschlüssel, Berufsstatus und Ausbildung, erfassen.

In den STEUERDATEN ❶ tragen Sie das JAHR DER LOHNSTEUERKARTE und die ausstellende GEMEINDE ein. Weiterhin erfassen Sie die STEUERKLASSE, KINDERFREIBETRÄGE, KIRCHENSTEUER, STEUERFREIBETRÄGE und in den ZUSATZDATEN ❷ das Bestehen einer STEUERPFLICHT (siehe Abbildung 9.38). Informationen über frühere Beschäftigungsverhältnisse können an dieser Stelle auch eingetragen werden.

[⚙] **Vergütung**

Im FINE-TUNING und unter DATENÜBERNAHME UND ERWEITERUNG in der Aufgabenliste können Sie Folgendes vornehmen:
- Aufgabensteuerung für die Personalabrechnung festlegen
- Abrechnungs- und Vergütungsdaten per Migrationsvorlage hochladen
- Abrechnungskreise definieren

Abbildung 9.38 Steuerdaten

Datenabzug anlegen

Sie legen einen Datenabzug für den letzten Monat an, um einem Dienstleister die Abrechnungsdaten zur Verfügung zu stellen, der die Personalabrechnung für Sie durchführt.

Dienstleister Personalabrechnung [+]

Sie können einen automatisierten Datenaustausch mit dem Personalabrechnungsdienstleister, zum Beispiel der DATEV, einrichten oder die Abrechnungsdaten manuell herunterladen. Einstellungen zur Personalabrechnungsintegration können Sie nach dem Festlegen des Lösungsumfangs setzen.

Personalabrechnung [✱]

Sie können im FINE-TUNING Folgendes durchführen:

- Personalabrechnungszeitdaten und -zeitkonten in Abhängigkeit von Ihrem Abrechnungsdienstleister zuordnen, da jeder Dienstleister eigene Zeitdaten und -konten verwendet
- Lohnarten des Abrechnungsdienstleisters für andere Anbieter festlegen

Im Work Center PERSONALABRECHNUNG finden Sie die Sicht ABRECHNUNGSLAUF. Für jeden Monat müssen Sie einen DATENABZUG anlegen. Sie bekommen eine Übersicht aller Mitarbeiter, die in der Abrechnungsdatei berücksichtigt werden (siehe Abbildung 9.39). Wenn sich nach Anlage dieser Datei noch Änderungen, z. B. durch Einstellung eines neuen Mitarbeiters, ergeben haben, müssen Sie den Datenabzug aktualisieren.

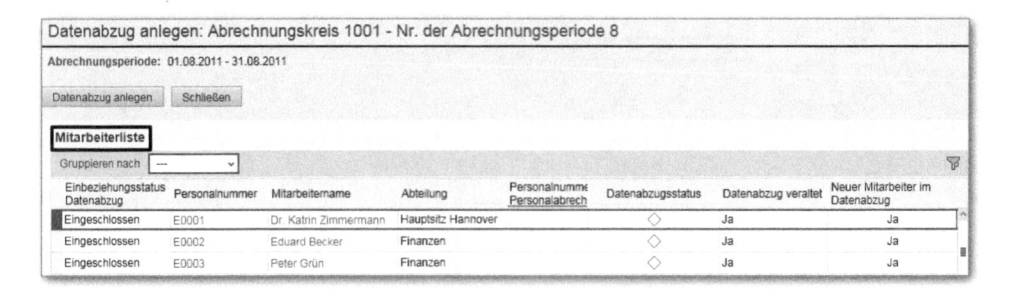

Abbildung 9.39 Datenabzug anlegen

Es dauert eine kurze Zeit, bis der Datenabzug angelegt wurde. Sie können überwachen, wie der Status von IN BEARBEITUNG auf ABGESCHLOSSEN wechselt (siehe Abbildung 9.40). Sobald der Datenabzug fertiggestellt ist, legen Sie die Datendatei an, um sie dem Abrechnungsdienstleister zuzuschicken. Sie laden diese hierfür herunter und schließen die Abrechnungsperiode.

Abbildung 9.40 Abrechnungsschritte überwachen

Benutzer ausprägen und Zugriffsrechte definieren

Nachdem Sie alle Personaldaten Ihres Mitarbeiters gepflegt haben, müssen Sie für ihn noch einen Benutzer ausprägen, damit sich der neue Mitarbeiter in SAP Business ByDesign anmelden kann.

Sie gehen dazu in das Work Center ANWENDUNGS- UND BENUTZERVERWALTUNG und öffnen die Liste der Anwender. Alternativ können Sie auch die Aufgabe, die durch die Einstellung erzeugt wurde, bearbeiten. Durch die Erstellung der Personaldatei wurde für den neuen Mitarbeiter bereits ein Benutzer erzeugt. Sie öffnen diesen und passen die BENUTZERKENNUNG an. Zudem müssen Sie ein Initialkennwort vergeben, das der neue Mitarbeiter nach seiner ersten Anmeldung am System ändern muss (siehe Abbildung 9.41). Wenn Mitarbeiter im Ausland tätig sind, können Sie die SPRACHE, die DEZIMALSCHREIBWEISE, das DATUMSFORMAT und die ZEITZONE umstellen.

9.4 Szenario »Personalverwaltung«

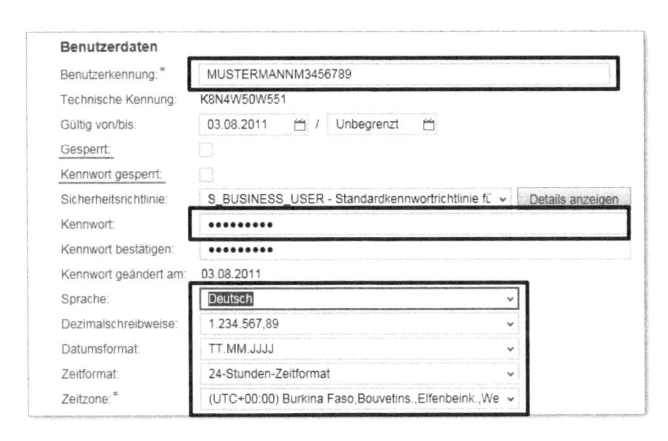

Abbildung 9.41 Benutzerinformationen

Kennwörter [+]

An dieser Stelle können Sie auch Kennwörter bestehender User ändern, die ihr Kennwort vergessen haben. Beachten Sie dabei die für Kennwörter geltenden Konventionen bezüglich Zeichenanzahl und -verwendung (siehe Abschnitt 9.3.2).

Anschließend bearbeiten Sie noch die ZUGRIFFSRECHTE des Mitarbeiters. Hier können Sie Work Center und Sichten manuell zuordnen ❶ oder die von einem bestehenden Mitarbeiter kopieren (siehe ❷ in Abbildung 9.42).

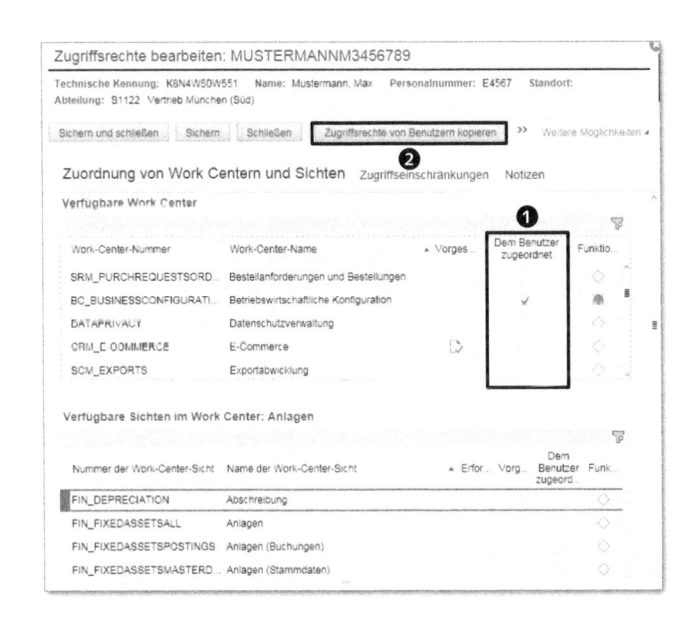

Abbildung 9.42 Zugriffsrechte bearbeiten

9 | Organisations- und Personalmanagement

Entlassung erfassen und Benutzer sperren

In diesem Schritt entlassen Sie einen Mitarbeiter fristlos wegen grobem Fehlverhalten. Hierzu gehen Sie folgendermaßen vor:

1. Im Work Center PERSONALVERWALTUNG finden Sie unter TYPISCHE AUFGABEN einen Link, mit dem Sie das Beschäftigungsverhältnis mit dem Mitarbeiter beenden können.
2. Wählen Sie den zu kündigenden MITARBEITER aus (siehe Abbildung 9.43), dann erfassen Sie in den AUSTRITTSDATEN seinen LETZTEN ARBEITSTAG und ob die Kündigung von Seiten des Arbeitgebers oder Arbeitnehmers gewünscht wurde. Da in diesem Fall grobes Fehlverhalten vorliegt, wird dem Mitarbeiter fristlos gekündigt.

> [✱] **Kündigung**
>
> Sie können im FINE-TUNING Folgendes vornehmen:
> - Kündigungsfristen für Mitarbeiter festlegen
> - Austrittsgründe bearbeiten und neue anlegen

Abbildung 9.43 Beschäftigungsverhältnis mit Mitarbeiter beenden

Damit sich der gekündigte Mitarbeiter nicht mehr in SAP Business ByDesign anmelden kann, müssen Sie nach seinem letzten Arbeitstag dessen Benutzer sperren. Dazu gehen Sie in das Work Center ANWENDUNGS- UND BENUTZER-VERWALTUNG und hier in die Sicht BENUTZER- UND ZUGRIFFSVERWALTUNG. Hier suchen Sie den Anwender, markieren ihn und klicken anschließend auf den Button BENUTZER SPERREN (siehe Abbildung 9.44). Jetzt ist es dem Mitarbeiter nicht mehr möglich, sich im SAP Business ByDesign-System Ihrer Firma anzumelden.

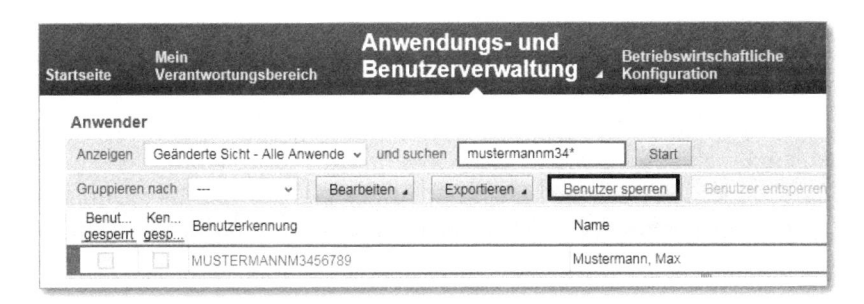

Abbildung 9.44 Benutzer sperren

Gültigkeit des Benutzers beenden [«]

Sie können auch die Gültigkeit des Benutzers beenden. Nach Ablauf der Gültigkeit wird der Benutzer automatisch gesperrt.

Reaktivierung [+]

Sie können Benutzer nach einer Sperrung wieder reaktivieren.

9.5 Szenario »Personalgespräch«

In diesem Szenario wird ein Mitarbeiter nach einem Personalgespräch befördert und das System daraufhin angepasst. In diesem Szenario soll der Unterschied zwischen einmaligen Aktionen im Personalmanagement, wie Einstellung oder Entlassung (siehe Abschnitt 9.4.2), und wiederkehrenden organisatorischen Veränderungen aufgezeigt werden.

9.5.1 Anforderungen

Das Beispielszenario »Personalgespräch« bezieht sich auf organisatorische Änderungen für einen bestimmten Mitarbeiter, der in eine andere Abteilung versetzt wird und andere Aufgaben erhält. Im Beispielszenario wird er zusätzlich noch zu einem verantwortlichen Manager für eine Abteilung.

In der Praxis sind Personalgespräche wichtige Instrumente der Mitarbeiterführung. Im Rahmen dieser Gespräche werden Ziele vereinbart, aber auch konkrete Maßnahmen beschlossen, wie die Versetzungen, Beförderungen oder Gehaltserhöhungen. SAP Business ByDesign erlaubt es nun, dass ein Personalverantwortlicher, oder ein Mitarbeiter in seinem Namen, unmittelbar nach dem Personalgespräch die notwendigen Maßnahmen durchführt und dokumentiert.

Dieses Szenario beginnt im Work Center ORGANISATIONSMANAGEMENT, wo ein Mitarbeiter in einen anderen Bereich als Manager versetzt und befördert wird. Seine Gehaltserhöhung manifestiert sich in seinen Vergütungsdaten. Gleichzeitig erhält er im Work Center ANWENDUNGS- UND BENUTZERVERWALTUNG neue Zugriffsrechte, die sich auch auf Zuständigkeiten für bestimmte Kunden beziehen. Alle diese Informationen kann der versetzte Mitarbeiter dann in seinem neuen Work Center MEIN VERANTWORTUNGSBEREICH nachvollziehen. Hier kann er erstmalig auch seine zugeordneten Mitarbeiter erkennen.

Der beförderte Manager hat auch Zugriff auf die betriebswirtschaftliche Konfiguration bekommen, wo er am Beispiel des Genehmigungsschwellenwertes für Angebote selbst festlegen kann, wann ihm ein Angebot zur Genehmigung vorgelegt wird.

Als neuer Vorgesetzter hat der Abteilungsleiter für den Verkaufsbereich gleichzeitig auch Verantwortlichkeiten für Kunden bekommen.

Letztlich werden für den Betroffenen im Unternehmen mit Hilfe dieses Szenarios alle Konsequenzen aus diesem Personalgespräch umgesetzt. Es findet nicht nur unmittelbar die Dokumentation der Vereinbarung statt, sondern es werden darüber hinaus auch die Zugriffsrechte für den neuen vorgesetzten Mitarbeiter zeitgesteuert wirksam. Gleichzeitig wird diese Änderung auch für alle Mitarbeiter über das integrierte Organisationsmanagement sichtbar (siehe Abschnitt 9.3.2).

Das bedeutet, dass sich der Kreis schließt: Änderungen können nicht nur schnell umgesetzt werden – die Mitarbeiter im Unternehmen werden auch unmittelbar über ihre Wirksamkeit und Konsequenzen informiert.

9.5.2 Prozessablauf

Zuerst versetzen Sie in der Rolle des Personalmitarbeiters im Work Center PERSONALVERWALTUNG einen Mitarbeiter in eine neue Organisationseinheit und definieren ihn im Work Center ORGANISATIONSMANAGEMENT als Vorgesetzten. Über einen Bericht der Personalverwaltung können Sie alle Versetzungen von Mitarbeitern in Organisationseinheiten analysieren. Anschließend passen Sie im Work Center VERGÜTUNG die Vergütungsdaten an.

Als Anwendungsexperte passen Sie im Work Center ANWENDUNGS- UND BENUTZERVERWALTUNG die Zugriffsrechte und im Work Center ORGANISATIONSMANAGEMENT die automatische Arbeitsverteilung für die neue Position des Mitarbeiters im Unternehmen ebenfalls an.

In der Rolle des Mitarbeiters prüfen Sie dann dessen Verantwortungsbereich und Genehmigungsschwellenwert im Work Center BETRIEBSWIRTSCHAFTLICHE KONFIGURATION. Den Prozessablauf mit den jeweils verwendeten Work Centern und Rollen, in die Sie schlüpfen, finden Sie in Abbildung 9.45.

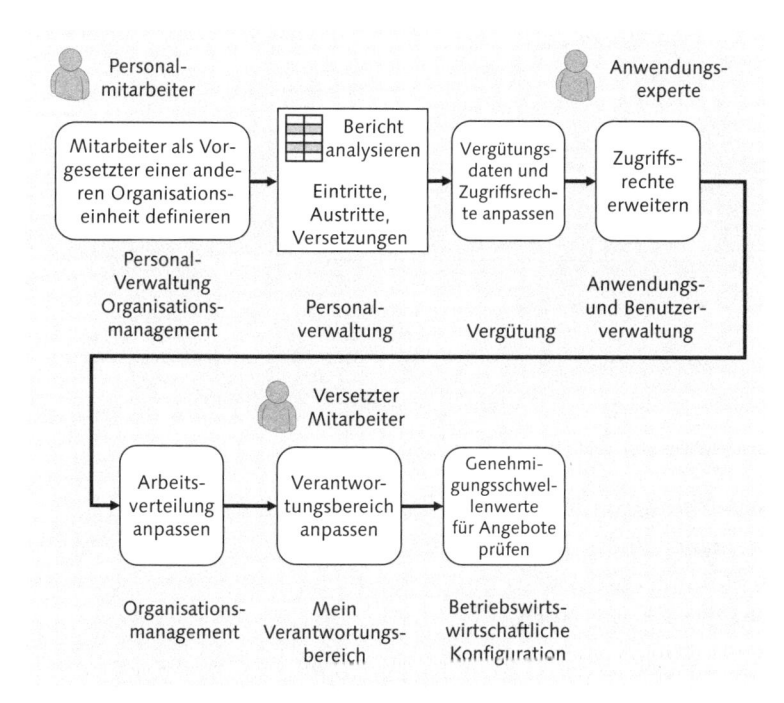

Abbildung 9.45 Prozessablauf »Personalgespräch«

Mitarbeiter als Vorgesetzten einer anderen Organisationseinheit definieren

Zuerst wird der Mitarbeiter in der Organisationsstruktur als Vorgesetzter einer Organisationseinheit eingetragen.

Um einen Mitarbeiter in eine neue Abteilung zu versetzen, gehen Sie im Work Center PERSONALVERWALTUNG in der Sicht TYPISCHE AUFGABEN zur

9 | Organisations- und Personalmanagement

Option MITARBEITER VERSETZEN. Sie wählen hier den MITARBEITER aus ❶, der versetzt werden soll, legen das VERSETZUNGSDATUM ❷ und die neue ORGANISATORISCHE ZUORDNUNG, bestehend aus ORGANISATIONSEINHEIT sowie STELLE, fest (siehe ❸ in Abbildung 9.46).

Abbildung 9.46 Mitarbeiter versetzen

Der Mitarbeiter bekommt eine neue Stelle zugeordnet, da auch sein Gehalt steigt und er daher intern höhere Kosten verursacht. Der Zusammenhang zwischen Stelle und Kosten wird in Abschnitt 11.5.2 unter dem Stichwort »Personalressource« beschrieben.

Im Work Center ORGANISATIONSMANAGEMENT können Sie die Organisationsstrukturen verändern. Weitere Erklärungen zum Organisationsmanagement finden Sie in Abschnitt 9.3.2. Da der Mitarbeiter zum heutigen Datum versetzt werden soll, wählen Sie für die Anzeige der Organisationsstruktur auch das heutige Datum aus.

[+] **Datum der Organisationsstruktur**
Beachten Sie, dass das Datum der Versetzung vor oder gleich dem Gültigkeitsdatum der Organisationsstruktur ist. Ansonsten wird der Mitarbeiter noch in seiner alten Organisationseinheit angezeigt.

Wenn Sie eine Organisationseinheit markieren ❶, bekommen Sie deren
DETAILS angezeigt ❷, z.B. Details über den VORGESETZTEN DER ORGANISATIONSEINHEIT. In dieser Organisationseinheit ist derzeit noch kein Vorgesetzter zugeordnet, da die frei gewordene Abteilungsleitung von dem versetzten Mitarbeiter übernommen werden soll. Über das kleine Dreieck in der jeweiligen Organisationseinheit ❸ kann eine Übersicht geöffnet werden (siehe Abbildung 9.47).

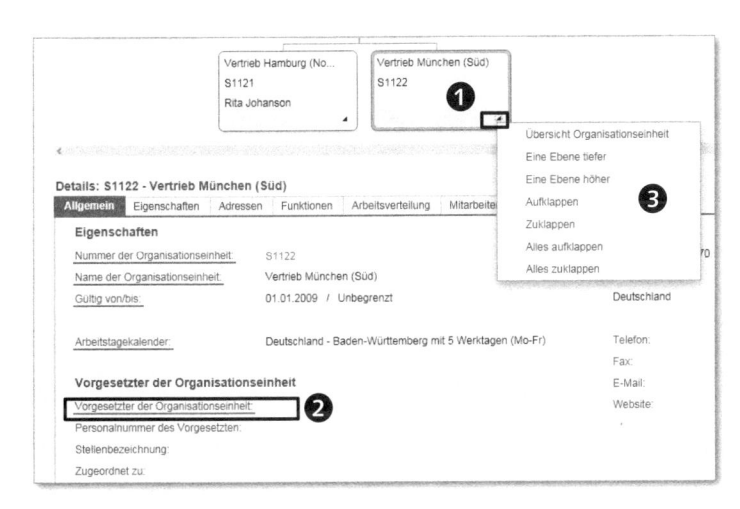

Abbildung 9.47 Organisationsstruktur bearbeiten

Wenn Sie die Organisationsstruktur bearbeiten, können Sie einen neuen Vorgesetzten für die Organisationseinheit festlegen. Anschließend AKTIVIEREN Sie die Struktur, damit die Änderungen wirksam werden (siehe Abbildung 9.48).

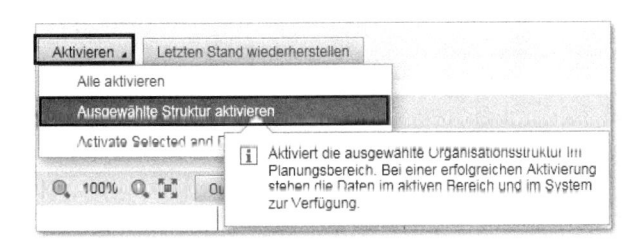

Abbildung 9.48 Organisationsstruktur aktivieren

Bericht über Eintritte, Austritte und Versetzungen analysieren

Der Bericht über Eintritte, Austritte und Versetzungen bietet einen Überblick über die Anzahl der neuen, ausgeschiedenen und versetzten Mitarbeiter des Unternehmens innerhalb eines gewünschten Zeitraums. Mit Hilfe dieses

Berichts können Sie außerdem noch die Eintritts-, Versetzungs- und Austrittsquoten berechnen. Um den Bericht zu analysieren, rufen Sie im Work Center Personalverwaltung den Bericht Eintritte, Austritte und Versetzungen: Jährlich auf.

Unter Kennzahlen auswählen ❶ können Sie die verfügbaren Kennzahlen in die angezeigten Kennzahlen verschieben. Wählen Sie dazu die Spalten Versetzungsverteilung ❷ und Versetzungsquote ❸ und verschieben Sie diese in die angezeigten Kennzahlen, um sie zu analysieren (siehe Abbildung 9.49).

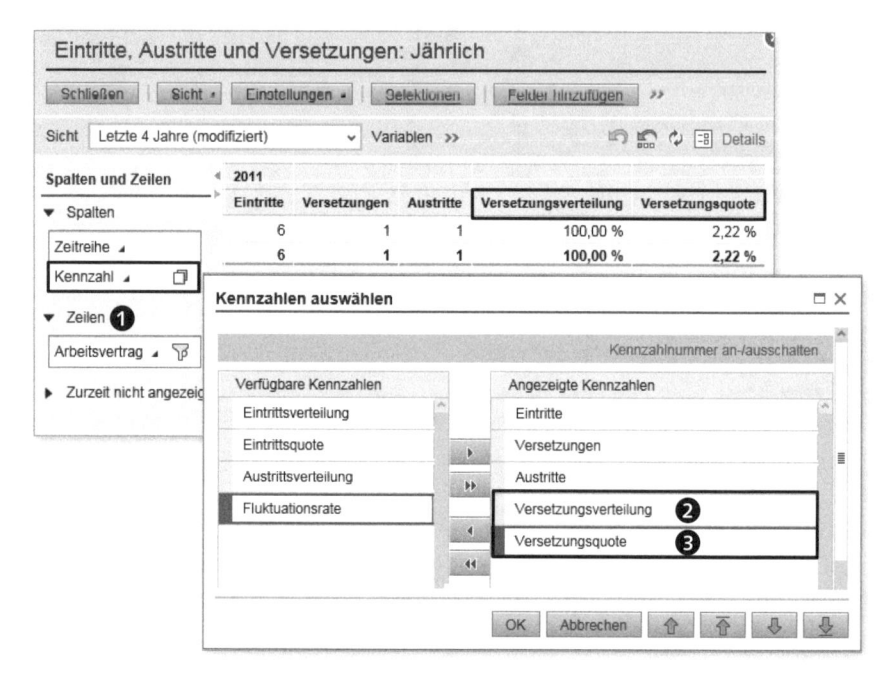

Abbildung 9.49 Bericht »Eintritte, Austritte und Versetzungen: Jährlich«

Jetzt können Sie die Abteilung identifizieren, in der die meisten Versetzungen stattgefunden haben.

Vergütungsdaten und Zugriffsrechte anpassen

Der versetzte Mitarbeiter ist im Unternehmen aufgestiegen. Damit verbunden erhält er eine Gehaltserhöhung und eine höhere Entgeltstufe. Im Work Center Vergütung in der Sicht Typische Aufgaben können Sie Vergütungsgruppen zuordnen. Sie wählen zuerst den Mitarbeiter, anschließend tragen Sie unter Zuordnung zur Vergütungsstruktur mit einem entsprechenden Fälligkeitsdatum die neue Vergütungsgruppe ein (siehe Abbildung 9.50).

Szenario »Personalgespräch« | 9.5

Abbildung 9.50 Vergütungsgruppe zuordnen

Zugriffsrechte erweitern

Im nächsten Schritt werden Sie in der Rolle des Anwendungsexperten für den Benutzer weitere Zugriffsrechte hinzufügen, da dieser sich nun in einer verantwortungsvolleren Position befindet und damit mehr Aufgaben übernimmt.

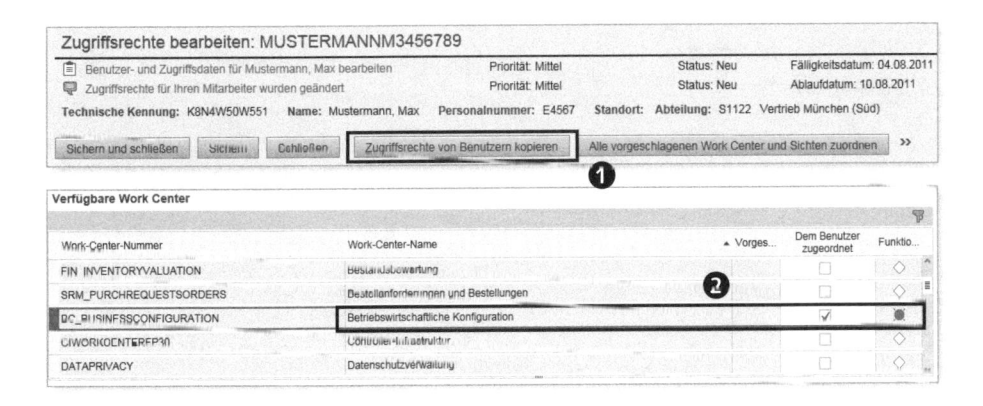

Abbildung 9.51 Zugriffsrechte bearbeiten

Wählen Sie den Benutzer im Work Center ANWENDUNGS- UND BENUTZERVERWALTUNG in der Sicht BENUTZER- UND ZUGRIFFSVERWALTUNG aus und bearbeiten Sie dessen Zugriffsrechte. Dies tun Sie, indem Sie auf ZUGRIFFSRECHTE VON BENUTZERN KOPIEREN ❶ klicken und als Benutzer einen Kollegen wählen, der über die gleiche Position verfügt – nur in einer anderen Organisationseinheit für ein anderes geografisches Gebiet zuständig ist. Zudem ordnen sie ihm noch das Work Center BETRIEBSWIRTSCHAFTLICHE KONFIGURATION ❷ zu, indem Sie den entsprechenden Haken setzen (siehe Abbildung 9.51). Damit haben Sie Ihre Zugriffsrechte erweitert.

Arbeitsverteilung anpassen

In diesem Schritt teilen Sie in der Rolle des Anwendungsexperten alle A-Kunden dem versetzten Mitarbeiter zu, der sich um diese wichtige Kundengruppe persönlich kümmern möchte. Öffnen Sie das Work Center ORGANISATIONSMANAGEMENT mit der Sicht ARBEITSVERTEILUNG AUF MITARBEITEREBENE – VERSCHIEDENE ARBEITSKATEGORIEN.

Hier wählen Sie die Arbeitskategorie KUNDENZUSTÄNDIGKEIT NACH BETEILIGTENROLLE im Fachbereich VERTRIEB UND MARKETING.

Hier fügen Sie eine Regel hinzu und tragen den zuständigen Mitarbeiter sowie das UNTERNEHMEN ❶ ein. In den REGELDETAILS in dem Reiter LAND ❷ wählen Sie Deutschland aus und verschieben diesen Eintrag in die ausgewählte Liste. Sie fügen außerdem im Reiter BUNDESLAND ❸ Bayern und Baden-Württemberg hinzu, da die Abteilung des Mitarbeiters nur für diese Bundesländer zuständig ist. Im Reiter ABC-KLASSIFIKATION ❹ werden die A-Kunden in die Spalte AUSGEWÄHLTE WERTE ❺ verschoben (siehe Abbildung 9.52).

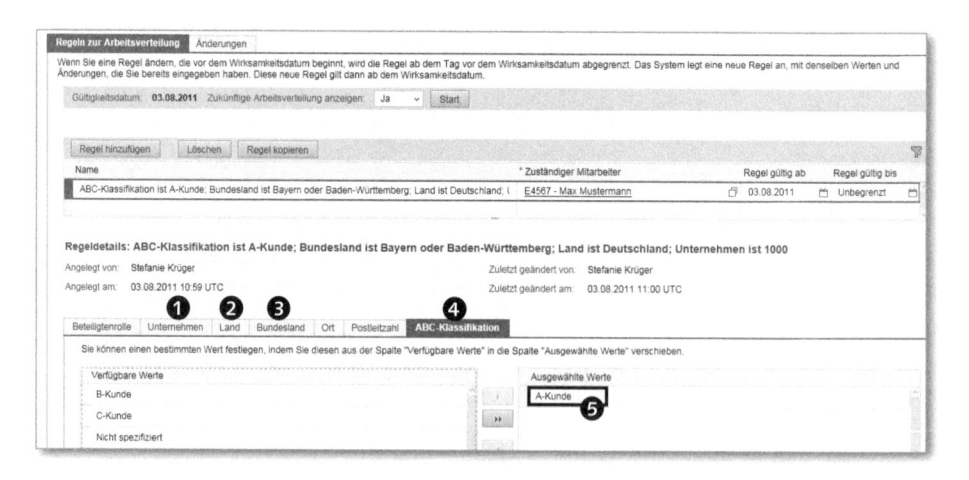

Abbildung 9.52 Regeln zur Arbeitsverteilung auf Mitarbeiterebene bearbeiten

Inkonsistenzen aufdecken

Mit Hilfe des Buttons PRÜFEN können Sie Inkonsistenzen Ihrer Regeln aufdecken.

Verantwortungsbereich anpassen

Nun wieder in der Rolle des versetzen Mitarbeiters möchten Sie eine Übersicht über alle wichtigen Ereignisse für Ihr Team erlangen und eine Vertretung einrichten.

Das Work Center MEIN VERANTWORTUNGSBEREICH bietet allen Abteilungsleitern direkten Zugriff auf wichtige Informationen und Aufgaben. In den Sichten MEINE ABTEILUNG und MEIN TEAM können Sie sich alle Ihnen direkt unterstellten Mitarbeiter sowie alle Mitarbeiter in Ihrem Zuständigkeitsbereich anzeigen lassen. Hier können Sie auch alle beantragten und genehmigten Abwesenheiten (zu »Abwesenheitsanträge stellen« siehe Abschnitt 9.3.2) auf einen Blick einsehen.

Wenn Sie in die Mitarbeiterübersicht wechseln, können Sie die VERGÜTUNGSDATEN von Mitarbeitern analysieren.

Da Sie die nächsten zwei Arbeitstage außer Haus bei einem Kundentermin sein werden und die Abwesenheiten Ihrer Kollegen geprüft haben, wissen Sie, wer die Vertretung für Sie übernehmen kann.

Unter WEITERE MÖGLICHKEITEN können Sie Mitarbeiterservices stellvertretend aufrufen. Sie fügen eine Zeile hinzu und wählen Herrn Hufgard als Vertretung für Herrn Mustermann aus (siehe Abbildung 9.53).

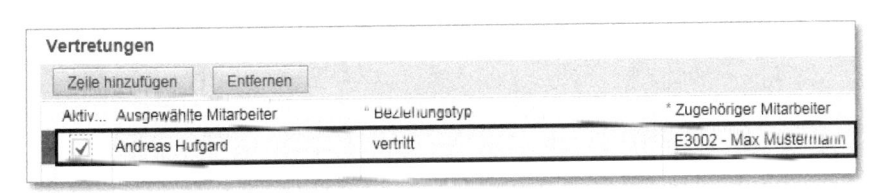

Abbildung 9.53 Vertretung einrichten

Genehmigungsschwellwerte für Angebote prüfen

Im letzten Schritt prüfen Sie wieder in der Rolle des neuen Vertriebsleiters die Schwellenwerte für Angebote, bei deren Überschreiten eine Genehmigung erforderlich ist.

9 | Organisations- und Personalmanagement

Im Work Center BETRIEBSWIRTSCHAFTLICHE KONFIGURATION sind Ihre Implementierungsprojekte vorhanden, hier können Sie sich eine Übersicht aller Aufgaben anzeigen lassen. Weitere Informationen zu Implementierung und betriebswirtschaftlicher Konfiguration finden Sie in Abschnitt 6.2.

[+] **Produktives System**

Das Work Center BETRIEBSWIRTSCHAFTLICHE KONFIGURATION passt sich an, sobald das System auf produktiv gesetzt wurde. Für Anpassungen, wie die Höhe des Genehmigungsschwellenwertes, muss anschließend nach dem Produktivstart ein Change-Projekt angelegt werden; wenige Anpassungen sind weiterhin möglich.

Wenn das System noch nicht produktiv gesetzt wurde, können alle Änderungen direkt im Implementierungsprojekt durchgeführt werden (siehe Kapitel 6 und 7).

Um die Genehmigung für Angebote zu prüfen, suchen Sie den Eintrag GENEHMIGUNG FÜR ANGEBOTE in der Liste der Aufgaben und bearbeiten die SCHWELLENWERTE ❶. Bei Ihrer Prüfung stellen Sie fest, dass nach der derzeitigen Einstellung alle Angebote genehmigt werden müssen, da bereits das erste Kriterium MAXIMALER NETTOWERT ❷ größer als 0,01 EUR bei allen Angeboten greifen wird.

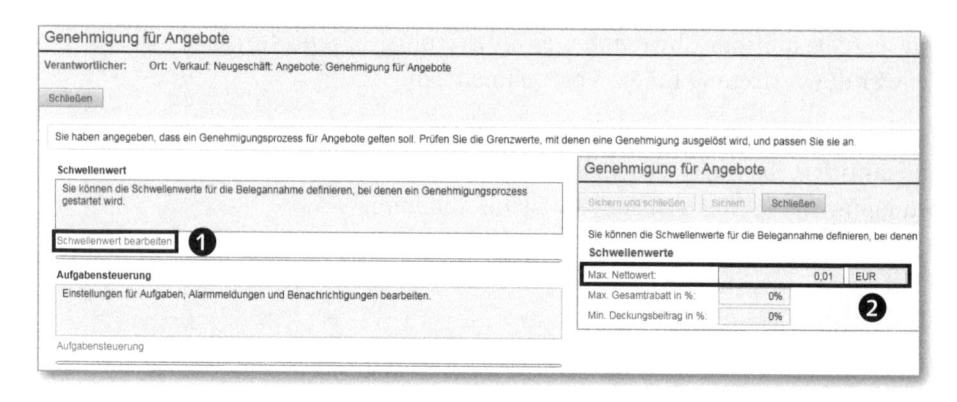

Abbildung 9.54 Genehmigung für Angebote

[⚙] **Angebotsgenehmigung**

Es ist möglich, einen höheren Nettowert einzutragen, wenn geringerwertige Angebote nicht genehmigt werden sollen. Zudem können Sie Werte bei Gesamtrabatt und Deckungsbeitrag eintragen, wenn Sie Angebote mit einem besonders hohen Rabatt oder einem geringen Deckungsbeitrag zusätzlich prüfen möchten. Sobald eines der Kriterien greift, wird das Angebot genehmigungspflichtig.

Einkaufen ist zu einem globalen Kommunikations- und Logistikprozess geworden, bei dem strategische und operative Herausforderungen bewältigt werden müssen. Nur durch den Einsatz eines systembasierten Supplier Relationship Managements können Bestellprozesskosten gesenkt, Einkaufsvolumina konsolidiert und der zentrale Einkauf um operative Tätigkeiten entlastet werden.

10 Supplier Relationship Management

Die Beispielszenarien in diesem Kapitel sind vom strategischen Einkauf bis hin zur operativen Umsetzung angesiedelt, und ihnen liegt jeweils eine Produkteinführung zu Grunde. Die Beispielfirma hat beschlossen, ihr Produktportfolio um einen Solar Boiler zu erweitern und für diesen neue Lieferanten zu suchen.

Wir zeigen Ihnen in diesem Kapitel, wie Sie in SAP Business ByDesign neue Produkte und Lieferanten anlegen und eine Ausschreibung für Materialen durchführen. Sobald die Bezugsquelle festgelegt ist, wird der Solar Boiler ausgehend von der Beschaffungsplanung bestellt und eingelagert. Zum Ende werden die analytischen Möglichkeiten des SAP Supplier Relationship Managements (SRM) in SAP Business ByDesign aufgezeigt, indem die bisher durchgeführten Prozesse analytisch nachvollzogen werden. Neben den Berichten wird auch eine Kennzahl angelegt, die bei Überschreiten eines vordefinierten Wertes einen Alarm auslöst.

10.1 Von der Bezugsquellenfindung zur Beschaffungsanalyse

Sowohl der strategische als auch der operative Bereich von SRM sind in SAP Business ByDesign vorhanden und bis ins Finanzwesen vollständig integriert (siehe Kapitel 14). Anhand von drei Beispielszenarien werden in diesem Kapitel die Möglichkeiten der Beschaffung in SAP Business ByDesign aufgezeigt. Tabelle 10.1 gibt einen Überblick über die ausgewählten Szenarien des SRM-Bereichs.

Szenarien	Prozesse	Funktionen	Methoden
Bezugsquellen-findung	▸ Berichtsanalyse ▸ Material ▸ Lieferant ▸ Ausschreibung ▸ Angebote, Angebotsspiegel und Zuschlag ▸ Einkaufskontrakte ▸ Quotierung	▸ Dublettenprüfung ▸ Angebotsvergleich	▸ Global Sourcing ▸ RFQ-Prozess ▸ Vertragsmanagement ▸ Multiple Sourcing
Beschaffungs-planung und -abwicklung	▸ Dispositionsdaten-Material ▸ Beschaffungsplanung ▸ Bestellungen bzw. Kontraktabrufe ▸ Lieferschein ▸ Einlagerung ▸ Lieferantenrechnung	▸ Einstufige Planung ▸ Massenverarbeitung ▸ Bezugsquellenfindung durch Quotierung ▸ Interaktives Formular ▸ Mit Bezug anlegen	▸ Meldebestand ▸ Losgröße
Lieferanten- und Beschaffungs-analyse	Analyse von: ▸ Bestandsverlauf ▸ Bestellverlauf ▸ Kontraktvolumen ▸ Kontraktlebenszyklus ▸ Rechnungsverlauf ▸ Überwachung der Kontraktquote einrichten ▸ Bericht erstellen	▸ Slice-and-Dice-Dimensionsänderungen ▸ Auswahl von vordefinierten Sichten ▸ KPI ▸ Definition von Schwellenwerten ▸ Drilldown ▸ Datenquelle ▸ Layout ▸ Excel-Add-in	▸ Prozesscontrolling ▸ Bestandscontrolling

Tabelle 10.1 Beispielprozesse in SRM

Das Szenario »Bezugsquellenfindung« bietet Einblick in die grundsätzlichen strategischen Aspekte des Einkaufs und zeigt die Prozesse und Methoden, um zu Einkaufskontrakten mit der Quotierung von mehreren Lieferanten zu kommen.

Da weltweit nach Anbietern für den neuen Solar Boiler gesucht werden soll (Global Sourcing), wird auf einem Internetmarktplatz nach dem Solar Boiler und einem potenziellen Lieferanten recherchiert. Um bereits bei der Erfassung des neuen Lieferanten in SAP Business ByDesign Redundanzen zu vermeiden, läuft automatisch eine Prüfung auf Dubletten ab, die vor der Speicherung ähnliche Geschäftspartner auflistet.

Da für die Beschaffung des neuen Produktes ein Mengenkontrakt angelegt werden soll, wird eine Ausschreibung – auch als *Request for Quotation* (RFQ) bezeichnet –, angelegt, in der der neue und ein bestehender Lieferant zur Angebotsabgabe zu den festgelegten Konditionen aufgefordert werden. Mit Hilfe eines Angebotsvergleichs können die Angebote der Lieferanten strukturiert gegenübergestellt und analysiert werden.

Für das neue Produkt wird mit dem neuen ausländischen Lieferanten ein Kontrakt abgeschlossen, weil dieser günstiger ist; zudem wird ein Kontrakt mit einem bestehenden Lieferanten abgeschlossen, weil dieser auch in der Vergangenheit zuverlässig gute Qualität geliefert hat. *Kontrakte* sind Lieferantenverträge, in denen die Lieferung von Produkten eines bestimmten Wertes oder einer festgelegten Menge zu bestimmten Konditionen vereinbart werden. Anschließend wird eine Quotierung für den Solar Boiler eingerichtet. Eine *Quotierung* wird verwendet, weil bei unterschiedlichen Lieferanten, mit denen Kontrakte für das neue Produkt abgeschlossen wurden, bestellt werden soll (Multiple Sourcing).

Das zweite Szenario beschreibt die Beschaffungsplanung und -abwicklung. Es behandelt die Funktionen und Methoden, die von der Planung über die Bestellung bis hin zur Rechnungsstellung genutzt werden.

Für den neu erfassten Solar Boiler wird eine einstufige Beschaffungsplanung durchgeführt. Eine mehrstufige Planung ist nicht notwendig, weil es sich bei dem Produkt um Handelsware handelt und keine Stücklisten hinterlegt sind.

Da der Meldebestand im neuen Produkt gepflegt wurde, erzeugt SAP Business ByDesign einen Bestellvorschlag, um den Bestand des neuen Produktes auf den festgelegten Meldebestand zu erhöhen. Durch einen automatischen Massenverarbeitungslauf werden die Bestellvorschläge in Bestellanforderungen umgewandelt und die Bezugsquellen auf Basis der Quotierung vorgeschlagen. Die Höhe der Bestellvorschläge bzw. Bestellanforderungen orientiert sich zusätzlich an der Losgröße. Wenn eine minimale Losgröße im Materialstamm festgelegt wurde, wird die Menge im Bestellvorschlag auf diese aufgerundet, das heißt, eine geringere Menge als die minimale Losgröße kann nicht bestellt werden.

Mit Hilfe einer Bestellanforderung wird die Einkaufabteilung mit der Beschaffung der Produkte beauftragt. Der Lieferant wird über ein interaktives Formular per E-Mail aufgefordert, die Bestellung zu bestätigen. Durch diesen dokumentbasierten Datenaustausch ist es für den Lieferanten schnell und einfach möglich, den Kontraktabruf zu bestätigen und an SAP Business ByDesign zurückzuschicken. Hier wird die Bestätigung dann automatisch wieder eingelesen. Die Folgedokumente, wie Wareneingang und Rechnung, können alle mit Bezug zum Vorgängerbeleg erfasst werden, was dem Mitarbeiter Zeit spart und eine rückwirkende Analyse vereinfacht.

Das dritte Szenario wurde ausgewählt, um die analytischen Möglichkeiten im Einkauf aufzuzeigen. Hierzu gehören die von SAP Business ByDesign bereitgestellten Analysen sowie die betriebswirtschaftlichen Methoden des Bestands- und Prozesscontrollings.

Im rollierenden Bestandsvergleich wird der Lagerbestand für ein Produkt über mehrere Perioden hinweg aufgezeigt. Die Überwachung von Lagerbeständen ist wichtig für Unternehmen, da man an dieser Stelle immer zwischen hohen Lagerbeständen, die Liefersicherheit bieten – gleichzeitig aber hohes gebundenes Kapital darstellen – und niedrigen Lagerbeständen abwägen muss.

Für das Prozesscontrolling werden der Bestellverlauf, das Kontraktvolumen, der Kontraktlebenszyklus und der Rechnungsverlauf betrachtet. Darüber hinaus zeigen wir auf, wie mit schnellen In-Memory-Analysen umgegangen werden kann. Über Slice-and-Dice-Dimensionsänderungen können weitere Attribute in die Berichte einbezogen oder entfernt werden. Die so neu definierten Sichten können gespeichert und beim erneuten Öffnen des Berichts direkt ausgewählt werden. Mittels Drill-down können Sie in den Berichten aus einer Auflistung von Belegen auf einzelne Belegdaten und Stammdaten navigieren. Um die Kontraktquote im Sinne eines Monitorings automatisch überwachen zu lassen, wird eine Kennzahl eingerichtet. Hier ist es möglich, Schwellenwerte entweder auf Basis von absoluten Werten oder von Referenzwerten zu definieren und sich bei einer Überschreitung per Alarm informieren zu lassen. Da nicht alle benötigten Informationen in den Standardberichten zu finden sind, wird ein neuer Bericht erstellt. Hierfür wird zuerst eine kombinierte Datenquelle angelegt, dann der Bericht erzeugt und das Layout festgelegt. Zuletzt wird noch ein Bericht mittels Excel-Add-in geöffnet.

10.2 Aufbauorganisation des strategischen und operativen Einkaufs

Um die strategischen und operativen Aufgaben des Einkaufs zu erfüllen, muss die Organisationseinheit im Organisationsmodell von SAP Business ByDesign mit der Funktion EINKAUF versehen werden. Dies zeigt Abbildung 10.1; Informationen zu den Grundlagen des Organisationsmanagements finden Sie in Abschnitt 9.3.2. Es ist möglich, mehrere Organisationseinheiten als Einkaufsabteilungen zu definieren, wenn diese z. B. andere Zuständigkeitsbereiche und Kostenstellen haben oder zu anderen Betriebsstätten gehören.

Einkauf	Verwaltung
☑ Strategischer Einkauf	☑ Stammdaten
☑ Operativer Einkauf	☐ Benutzerverwaltung

Abbildung 10.1 Verankerung des Einkaufs im Organisationsmodell

Im Mittelstand ist es durchaus üblich, EINKAUF und FINANZWESEN in einer Organisationseinheit zu koppeln. Diskussionen zur Funktionstrennung werden eher in Großunternehmen geführt. Eine Funktionstrennung in SAP Business ByDesign ist dann sinnvoll, wenn es in den Bereichen »Einkauf« und »Finanzwesen« unterschiedliche Vorgesetzte gibt und Genehmigungsaufgaben den unterschiedlichen Vorgesetzten fachbereichsspezifisch zugeordnet werden sollen. Der Einkauf verfügt in SAP Business ByDesign im Organisationsmanagement über zwei Bereiche: den operativen und den strategischen Einkauf. Zusätzlich erhält die Einkaufsorganisation die Funktion Stammdatenpflege, um Produktdaten und Geschäftspartner verwalten zu können.

An den integrierten Prozessabläufen in SRM können neben der »klassischen« Einkaufsabteilung auch die Geschäftsführung, die Disposition und die Lagerabteilung beteiligt sein.

In Abbildung 10.2 sind die in den Geschäftsszenarien verwendeten Work Center, mit den für die Bearbeitung relevanten Sichten, aufgeführt, die einer konkreten Aufgabe im Sinne der BWL entsprechen.

Die Work Center repräsentieren Rollen und kombinieren zusammengehörige Aufgaben. Damit ermöglichen sie die Aufgabenzuordnung zu Mitarbeitern im Rahmen des Organisationsmanagements.

Nicht besuchte Work Center, die in den Aufgabenbereich einer Abteilung fallen und für ähnliche Szenarien oder -varianten relevant sind, sind ohne Sichten angegeben. In diesem Fall wird im Bereich der Lagerhaltung und Logistik die Ware direkt eingelagert und daher das Work Center INTERNE LOGISTIK, in dem die Produktbewegungen zwischen Lagerorten abgewickelt werden, nicht benötigt.

Bezugsquellenfindung (1a)   Beschaffungsplanung (1b)   Lieferanten- und Beschaffungsanalyse (2)

Management

| Mein Verantwortungsbereich | Geschäftsführung | Unternehmensanalysen |

Genehmigungen (1a, 1b)   Berichte (2)   Datenquellen erstellen (2)
Kennzahlen (2)   Berichte erstellen (2)
Geschäftsbereiche (2)

Strategischer und operativer Einkauf

| Produktportfolio | Lieferantenbasis | Ausschreibungen und Kontrakte | Bestellanforderungen und Bestellungen | Rechnungsprüfung | Startseite |

Übersicht (1a)   Übersicht (1a)   Ausschreibungen und   Bestellan   Rechnungs   Berichte (2)
Produkte (1a,1b)   Lieferanten (1a)   Kontrakte (1a)   forderungen (1b)   erfassung (1b)   Self-Services (2)
                   Quotierungen (1a)   Bestellungen (1b)

Supply Chain Planung und Steuerung

| Beschaffungsplanung | Beschaffungssteuerung |

Produkte (1b)   Bestellanforderungen überwachen (1b)

Lagerhaltung und Logistik

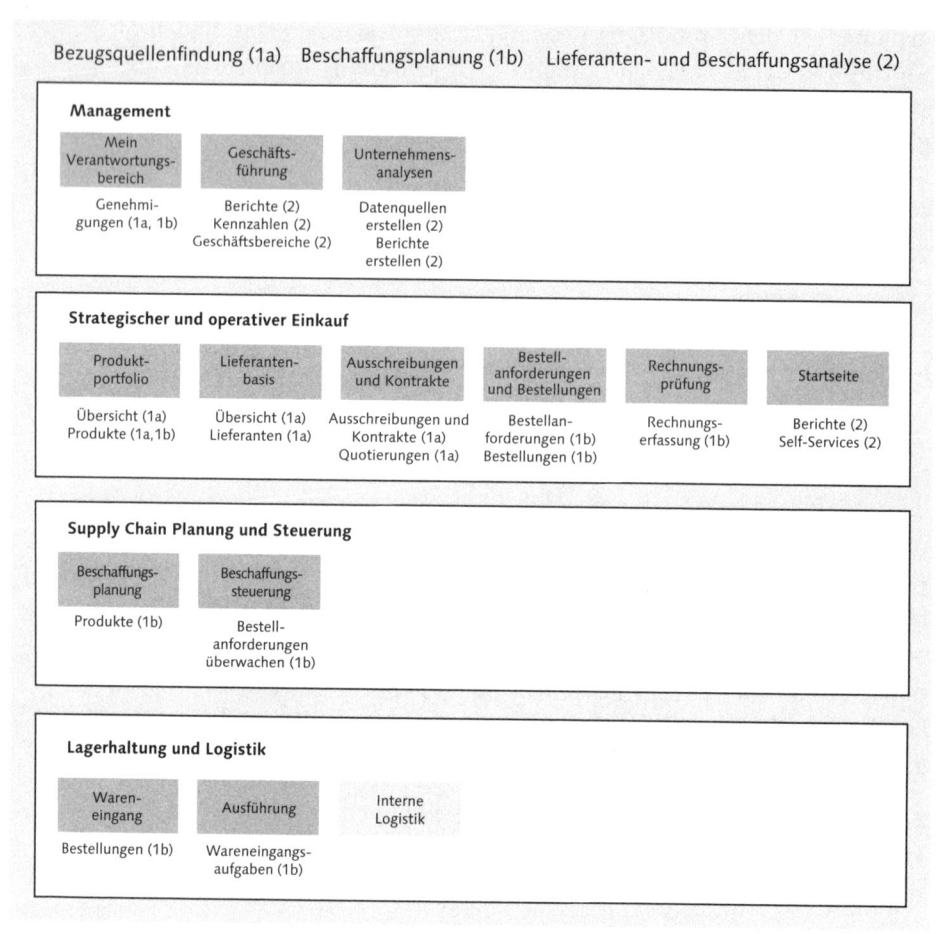

| Wareneingang | Ausführung | Interne Logistik |

Bestellungen (1b)   Wareneingangsaufgaben (1b)

Abbildung 10.2 Übersicht über die verwendeten Work Center und Sichten in den Szenarien

10.3 Szenario »Bezugsquellenfindung«

Im Szenario »Bezugsquellenfindung« werden neue Bezugsquellen gesucht, im System erfasst und für ein neues Produkt die Bezugsquellen zugeordnet. In diesem Abschnitt wird aufgezeigt, wie Sie neue Materialien, Lieferanten und, darauf basierend, Ausschreibungen anlegen, die Angebote vergleichen, Kontrakte abschließen und Quotierungen festlegen können.

10.3.1 Anforderungen

Die Bezugsquellenfindung ist eng mit der Materialwirtschaft verbunden. Wenn im Unternehmen Bedarfe erzeugt wurden, das heißt, ein bestimmtes

Produkt an einem bestimmten Termin benötigt wird, stellt sich die Frage, woher dieses Produkt beschafft werden soll. Die Koordination von Lagerbeständen und Bedarfen übernimmt die Warenwirtschaft. Hierfür sind Auflistungen von Produkten, so genannte *Produktkataloge*, sehr wichtig.

Ähnliche Verzeichnisse – allerdings mit einer Auflistung von Lieferanten anstelle von Materialien – finden sich auch im Lieferantenmanagement wieder. Elektronische Marktplätze, wie z. B. *www.alibaba.com*, bieten katalogartige Auflistungen von Lieferanten und deren Produkten mit Preisangaben an. Aufgabe des Lieferantenmanagements im Supplier Relationship Managements ist es, strategische Beziehungen zu den Lieferanten aufzubauen und Beschaffungsmarktanalysen durchzuführen.

Nach einer derartigen Analyse gilt es, die gewünschte Sourcing-Strategie umzusetzen. Mit Hilfe von Internetmarktplätzen können das Global Sourcing und ein internationales Management besonders gut unterstützt werden. Weitere Sourcing-Strategien sind etwa Multiple, Dual oder Single Sourcing. Jede dieser Strategien hat ihre eigenen Vor- und Nachteile, und es gilt, zwischen besseren Konditionen durch höhere Abnahmemengen und der Unabhängigkeit von einem Lieferanten abzuwägen. Weitere Einkaufsstrategien finden Sie im Einkaufsschachbrett unter *http://www.einkaufsschachbrett.de/content/de_de/esb/index.php*.

Das Einkaufsschachbrett wurde von der Managementberatung A.T. Kearney entwickelt, um den Einkauf mit konkreten Ansätzen bei der Kostensenkung und Wertsteigerung zu unterstützen.

Die Wahl der Beschaffungsstrategien ist Aufgabe des *strategischen* Einkaufs. Demgegenüber sollte der operative Einkauf, der die Beschaffung durchführt und mit den Lieferanten kommuniziert, heutzutage weitgehend automatisiert abgewickelt werden.

10.3.2 Prozessablauf

Das Szenario »Bezugsquellenfindung« bewegt sich hauptsächlich in klassischen Work Centern des Einkaufs (siehe Abbildung 10.3). Erklärende Informationen zu Work Centern finden Sie in Abschnitt 9.3.2.

Sie beginnen dieses Szenario in der Rolle des Einkaufsmitarbeiters im Work Center PRODUKTPORTFOLIO mit einem eingebunden Bericht in der Sicht ÜBERSICHT. Hier werden die Materialien und Services Ihres Unternehmens analysiert. Anschließend legen Sie das neue Material an.

Im Work Center LIEFERANTENBASIS analysieren Sie die Lieferanten in einem Bericht in der ÜBERSICHT und legen den neuen Lieferanten an.

Im Work Center AUSSCHREIBUNGEN UND KONTRAKTE legen Sie dann die Ausschreibung an, erfassen die Angebote und erteilen Zuschläge. Anschließend geben Sie die Kontrakte frei. Wirksam werden die Kontrakte nach der Genehmigung durch Ihren Vorgesetzten im Work Center MEIN VERANTWORTUNGSBEREICH. Im Work Center AUSSCHREIBUNGEN UND KONTRAKTE legen Sie zum Schluss in der Sicht BEZUGSQUELLENFINDUNG die Quotierung für das Produkt an.

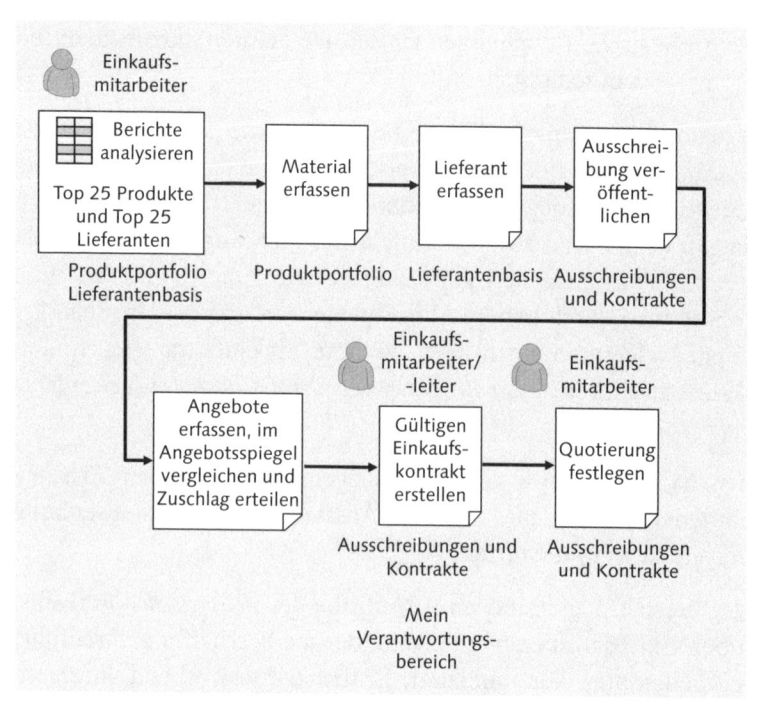

Abbildung 10.3 Prozessablauf »Bezugsquellenfindung«

[+] **Stammdaten**

Materialien und Lieferanten sind die Grundlage für die Bezugsquellenfindung. Auf die in den Stammsätzen hinterlegten Daten wird von verschiedenen Work Centern in unterschiedlichen Geschäftsprozessen aus zugegriffen.

Berichte »Top 25 Produkte« und »Top 25 Lieferanten« analysieren

Die Berichte TOP 25 PRODUKTE und TOP 25 LIEFERANTEN helfen Ihnen, eine Übersicht über die wichtigsten Produkte und Lieferanten eines Unternehmens zu bekommen.

Szenario »Bezugsquellenfindung« | **10.3**

Über die Personalisierung in Abschnitt 9.3.2 haben Sie diese Berichte direkt in die Work-Center-Übersicht eingebunden. Neben den SCHNELLZUGRIFFEN finden Sie jetzt im Work Center PRODUKTPORTFOLIO und LIEFERANTENBASIS auch Berichte zu den Top 25 (siehe Abbildung 10.4 für das Produktportfolio).

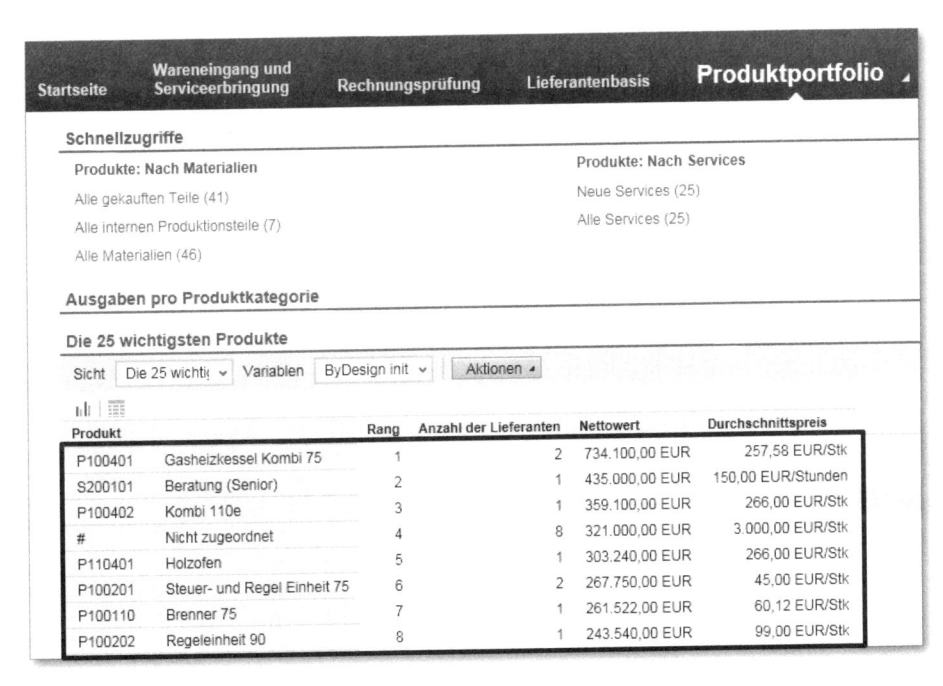

Abbildung 10.4 Eingebundener Bericht im Work Center »Produktportfolio«

Wenn Sie für die Berichte mehrere Berichtssichten definiert haben (zum Anlegen einer Sicht lesen Sie Abschnitt 10.5.2), können Sie in der Work-Center-Übersicht auch die Sichten variieren.

Material erfassen

Im Beispielszenario wird zunächst nach einem Solar Boiler auf einem Internetmarktplatz gesucht und dann dieser als einkaufsfähiges Material in SAP Business ByDesign angelegt. In SAP Business ByDesign wird bei den PRODUKTEN eine Trennung zwischen MATERIALIEN und SERVICES vorgenommen (siehe Abbildung 10.5).

Der Unterschied zwischen Services und Materialien besteht darin, dass Materialien auf Lager gelegt werden und Services nicht. Wie ein Service angelegt wird, erläutern wir in Abschnitt 12.3.2 genauer. *Produkt* ist der Überbegriff für Materialien und Services.

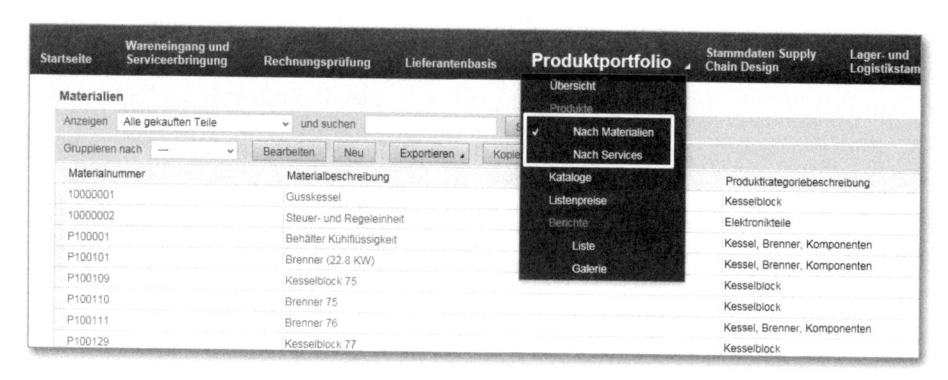

Abbildung 10.5 Produkte in SAP Business ByDesign

Sie möchten mittels Mashups einen Solar Boiler suchen (technisches Hintergrundwissen zu Mashups wird in den Abschnitten 3.5 und 7.2.1 vermittelt). Geben Sie dazu »Solar Boiler« in das Suchfeld in SAP Business ByDesign ein und wählen Sie den Eintrag PRODUKTE (ALIBABA.COM) in dem Menü aus, das erscheint, wenn Sie auf das Icon SUCHE (🔍) klicken (siehe Abbildung 10.6).

[+] **Innovation: Mashups**

Über den Aufruf des Mashups werden die Suchbegriffe direkt an *alibaba.com* weitergeben. Sie können Mashups im Work Center ANWENDUNGS- UND BENUTZERVERWALTUNG bearbeiten und hier auch neue benutzerspezifische Mashups erstellen.

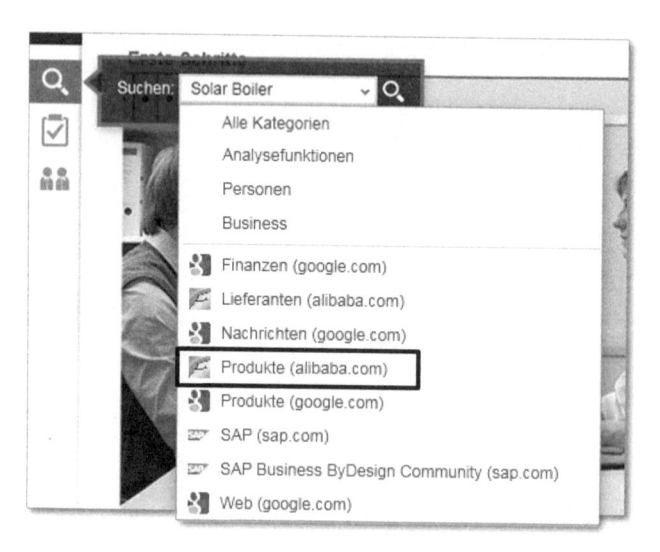

Abbildung 10.6 Produktsuche auf Internetmarktplatz mittels Mashup

Szenario »Bezugsquellenfindung« | **10.3**

> **Lieferantenkatalog** [«]
>
> Produkte von Lieferanten können auch mit Hilfe eines Katalogs in SAP Business ByDesign eingebunden werden. Wenn die Produkte allerdings nach einer Bestellung auf Lager gelegt werden sollen, müssen diese extra als Produkt angelegt und über die Produktnummer im Katalog verknüpft worden sein. Die Verwendung von Lieferantenkatalogen wird daher nur für Verbrauchsmaterialien empfohlen, die entweder direkt auf ein Projekt oder eine Kostenstelle kontiert werden können.

> **Lieferantenkataloge** [✱]
>
> Sie können im FINE-TUNING Folgendes vornehmen:
> - Externe Kataloge eintragen
> - Standardwerte für Lieferantenkataloge festlegen, z. B. Lieferant und Produktkategorie für einen Katalog

Nachdem Sie einen Solar Boiler bei *www.alibaba.com* gefunden haben, erfassen Sie diesen als neues Material in SAP Business ByDesign (siehe Abbildung 10.7) im Work Center PRODUKTPORTFOLIO in der Sicht MATERIALIEN.

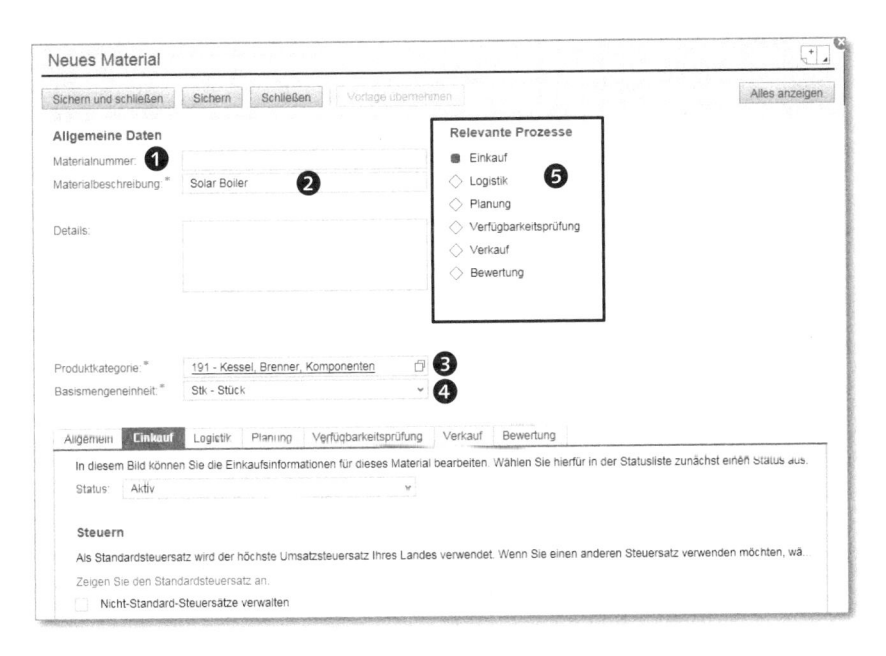

Abbildung 10.7 Material erfassen

Das Feld MATERIALNUMMER ❶ können Sie frei lassen, da dieses Feld nach dem Speichern automatisch vergeben wird. In diesem Fall wird aufsteigend die nächste freie Materialnummer vergeben.

305

Füllen Sie das Feld MATERIALBESCHREIBUNG ❷ aus, und wenn Sie noch weitere Informationen hinterlegen möchten, können Sie diese noch im Bereich DETAILS erfassen. Da das Feld MATERIALBESCHREIBUNG für die Suche relevant ist, sollten Sie eine »sprechende« Bezeichnung eintragen, über die Sie auch suchen würden.

Produkte werden PRODUKTKATEGORIEN ❸ zugeordnet, um eine Einteilung in Gruppen nach bestimmten Merkmalen vorzunehmen. In der Beschaffung werden Produktkategorien auch oftmals als Materialarten bezeichnet. Der Vorteil einer solchen Einteilung liegt darin, dass Zuordnungen, wie z. B. zu Garantien, nicht für jedes einzelne Produkt, sondern für alle Produkte einer Produktkategorie gemacht werden können. Auch bei Massenverarbeitungsläufen werden Produktkategorien verwendet.

Die BASISMENGENEINHEIT ❹ entspricht der kleinsten möglichen Einheit dieses Materials und wird z. B. in der Bestellung verwendet. Sie können Umrechnungen für die Mengeneinheiten erfassen, ein Beispiel hierfür finden Sie in Abschnitt 12.3.2.

Im Materialstamm in SAP Business ByDesign werden viele steuernde Informationen für den Prozessfluss erfasst. Hierzu gehört zum Beispiel die Aktivierung des Materials für EINKAUF, LOGISTIK, BEWERTUNG etc. ❺. Für das Szenario »Bezugsquellenfindung« müssen Sie den EINKAUF aktivieren. Für eine Handelsware muss z. B. der EINKAUF und der VERKAUF aktiviert sein, für Fertigerzeugnisse, die vom Unternehmen selbst hergestellt und dann verkauft werden, nicht der EINKAUF, wohl aber der VERKAUF.

> **[+] Materialien und Lieferanten aktivieren**
>
> Materialien und Lieferanten müssen für die einzelnen Bereiche aktiviert werden. Hierfür sind zwei Schritte notwendig:
> - Zuerst setzen Sie den entsprechenden Bereich auf IN VORBEREITUNG und füllen alle Pflichtfelder für diesen aus.
> - Erst jetzt können Sie den Bereich AKTIV schalten.

Der im Materialstamm hinterlegte Bewertungspreis wird für die Bewertung der Lagerbestände herangezogen. Wenn der Bewertungspreis nicht gepflegt wird, kann das Material nicht eingelagert werden.

> **[✱] Material**
>
> Im FINE-TUNING und unter DATENÜBERNAHME UND ERWEITERUNG in der Aufgabenliste können Sie Folgendes vornehmen:

- Nummernkreise für die Materialien festlegen
- Zugangskategorien für die Bestands- und Zugangsreichweite aktivieren, so dass z. B. avisierte Anlieferungen für die Berechnung der Zugangsreichweite mit einbezogen werden. Die Reichweiten geben an, wie lange der Materialbedarf auf Basis des Bestands oder unter Einbeziehung von Zugängen ausreichen wird.
- Materialien per Migrationsvorlage hochladen

Datenmigration	[+]
Um sich die manuelle Anlage von Datensätzen zu ersparen, gibt es die Möglichkeit, diese per Migrationsvorlage in SAP Business ByDesign hochzuladen. Besonders bei einer SAP Business ByDesign-Implementierung sparen Sie auf diese Weise Zeit im Vergleich zur manuellen Anlage. Standardmigrationsvorlagen finden Sie in der Aufgabenliste. Sie können gegen Gebühr auch kundenspezifische Migrationsvorlagen erstellen lassen. In der produktiven Nutzung gibt es die Möglichkeit des Uploads per Excel-Vorlage und über andere Wege, z. B. aus einer CAD-Software. Aktuelle Infos und Apps finden Sie im SAP Store.	

Lieferanten erfassen

Der auf dem Internetmarktplatz gefundene Lieferant muss angelegt werden, und alle notwendigen Informationen müssen eingepflegt werden, damit bei ihm eingekauft werden kann. In SAP Business ByDesign können neben *Lieferanten* auch *Dienstleister* und deren Beziehungen untereinander gepflegt werden. Es kann z. B. erfasst werden, ob Dienstleister für Lieferanten arbeiten.

Bei Lieferanten werden Firmennamen eventuell auch mit Ansprechpartnern erfasst, bei Dienstleistern Personennamen eventuell auch mit Firmennamen. Da Dienstleister Personen sind, ist es möglich, dass diese Benutzerkennungen in Ihrem SAP Business ByDesign-System und so Zugriff auf Ihre Unternehmensdaten erhalten. SAP Business ByDesign-Benutzer können ansonsten nur für Personen erstellt werden, die auch als Mitarbeiter im Unternehmen angestellt sind.

In Abbildung 10.8 finden Sie eine tabellarische Übersicht der Lieferanten des Beispielunternehmens. In der Liste (Object Work List) können Sie einzelne Lieferanten markieren und bearbeiten. Auch ein Export der gesamten Liste in Microsoft Excel ist möglich.

Über den Button STATUS ÄNDERN können Sie Lieferanten vorübergehend sperren. Für die Zeit der Sperrung ist es dann nicht möglich, mit diesem Lieferanten Geschäfte zu machen. Wenn ein Lieferant nicht mehr existiert und er nicht mehr für Geschäftsbeziehungen zur Verfügung steht, können Sie den Status auf OBSOLET setzen.

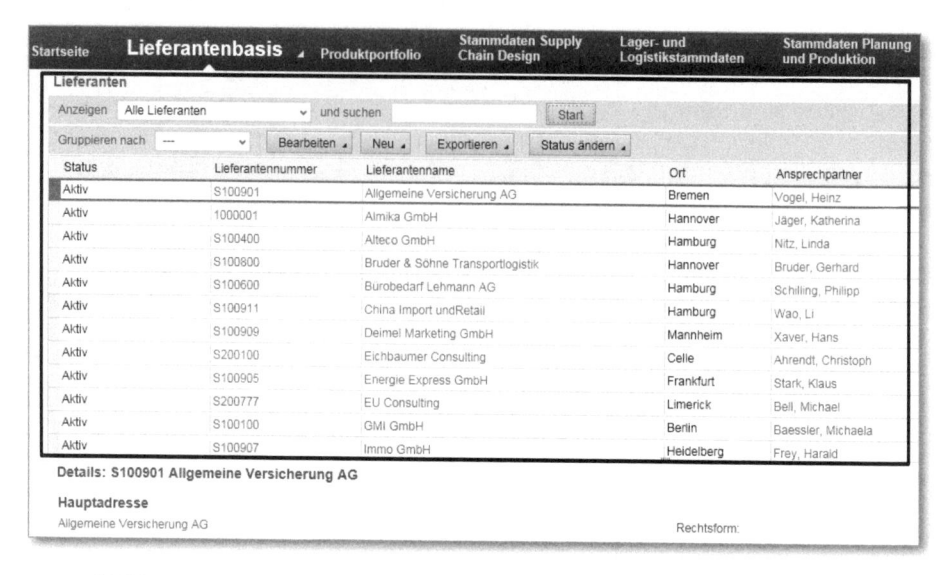

Abbildung 10.8 Lieferanten in SAP Business ByDesign

Über den Pfad LIEFERANTENBASIS • LIEFERANTEN • NEU • LIEFERANT können Sie einen neuen Lieferanten anlegen (siehe Abbildung 10.9).

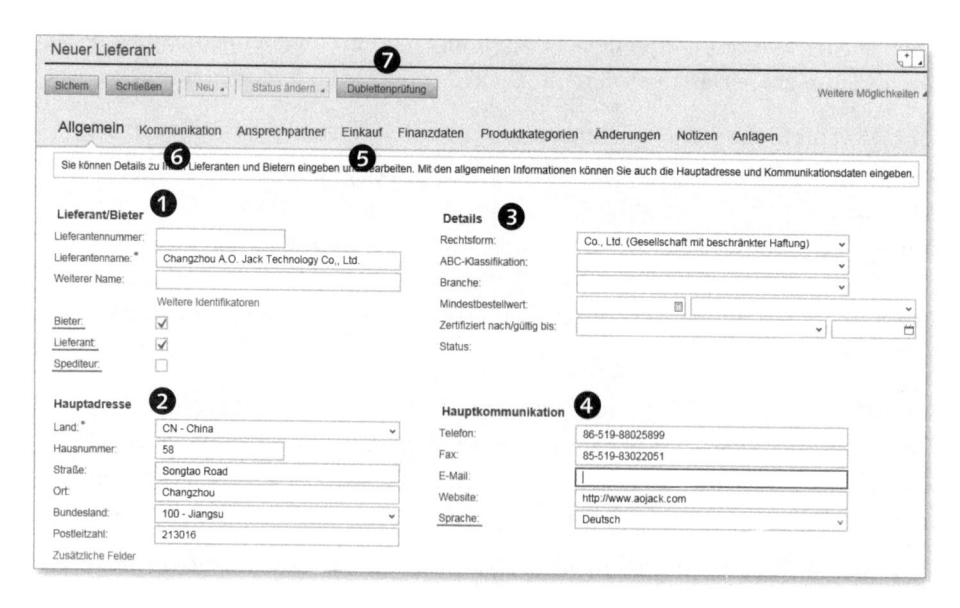

Abbildung 10.9 Neuen Lieferanten anlegen

Bei der Neuanlage eines Lieferanten müssen Sie zuerst Informationen zu LIEFERANT/BIETER (siehe ❶ in Abbildung 10.9) vergeben. Wenn das Feld LIEFERANTENNUMMER leer gelassen wird, wird die Nummer automatisch vergeben. In diesem Fall wird aufsteigend die nächste freie Lieferantennummer gewählt. Da die Anzahl der Zeichen im Feld LIEFERANTENNAME begrenzt ist, können darüber hinausgehende Namensbestandteile in dem Feld WEITERER NAME erfasst werden. Anschließend wählen Sie die Rolle des Lieferanten aus. Ein Lieferant kann für drei verschiedene Rollen ausgeprägt werden.

- Die erste ist BIETER, die notwendig ist, wenn der Lieferant im Rahmen von Ausschreibungen zur Angebotsabgabe aufgefordert werden soll.
- Die zweite ist LIEFERANT. Diese Rolle wird zugeordnet, wenn Materialien oder Dienstleistungen an das eigene Unternehmen verkauft werden sollen.
- Die dritte Rolle, SPEDITEUR, wird vergeben, wenn von dem Lieferanten Produkte in Ihrem Auftrag transportiert werden. In Abschnitt 13.3.2 wird gezeigt, wie mittels eines Spediteurs Waren versendet werden können.

Da der Lieferant später im Szenario bei einer Ausschreibung zur Angebotsabgabe aufgefordert werden soll, müssen Sie das Feld BIETER zusätzlich aktivieren.

Bei der HAUPTADRESSE (siehe ❷ in Abbildung 10.9) ist es wichtig, neben STRASSE, ORT etc. das BUNDESLAND oder LAND des Lieferanten einzutragen. Dieses ist etwa für die Zuordnung zur Transportzone relevant (siehe Abschnitt 13.4.2). Je nachdem zu welcher Transportzone der Lieferant zugeordnet wurde, wird die Lieferzeit für bestellte Waren kalkuliert. Die vollständige Adresse wird benötigt, wenn an den Lieferant Informationen, wie z. B. die Aufforderung zur Angebotsabgabe, per Post verschickt werden sollen. Unter ZUSÄTZLICHE FELDER können weitere Informationen zur Hauptadresse des Lieferanten gepflegt werden, z. B. von der Postadresse abweichende Adressen.

In den DETAILS (siehe ❸ in Abbildung 10.9) besteht mit dem Feld ABC-KLASSIFIKATION die Möglichkeit, die strategische Wichtigkeit des Lieferanten zu hinterlegen, die aus den Analysen in SAP Business ByDesign ermittelt werden kann. Wenn z. B. ein Lieferant der einzige Zulieferer für ein sehr wichtiges Produkt ist und mit dem Lieferanten Geschäfte in sehr hohem Wert abgewickelt werden, würde man diesen Lieferanten als A-Lieferanten bezeichnen. Da bei der Neuanlage noch keine Informationen über die Wichtigkeit vorliegen, wird die ABC-Klassifikation in diesem Beispielprozess noch nicht ausgefüllt.

Die Informationen zur HAUPTKOMMUNIKATION (siehe ❹ in Abbildung 10.9) haben Einfluss auf die Dokumente, die mit dem Lieferanten ausgetauscht werden. Die SPRACHE bestimmt, in welcher Sprache z. B. Bestellbestätigungen versendet werden. Die Zahlungsdaten werden in Abschnitt 14.3.2 beschrieben.

Der Bereich HAUPTANSPRECHPARTNER hilft im Sinne von SRM, Lieferantenbeziehungen zu pflegen.

Bei den EINKAUFSDATEN (siehe ❺ in Abbildung 10.9) tragen Sie die ZAHLUNGSBEDINGUNGEN und die INCOTERMS ein. Unter Zahlungsbedingungen wird die Frist, bis wann Sie als Kunde Ihre Rechnungen bezahlen müssen, oder ob und wie lange Sie Skonto ziehen können, verstanden. Die grundsätzlichen Zahlungsbedingungen mit dem Lieferanten gelten immer dann, wenn nichts Spezifischeres in anderen Belegen festgelegt wurde. Wenn etwa mit dem Lieferanten abweichende Zahlungsbedingungen verhandelt und im Kontrakt hinterlegt wurden, werden die Zahlungsbedingungen aus dem Lieferantenstammsatz übersteuert. Dieses Prinzip gilt für viele weitere Datenfelder in SAP Business ByDesign. Die Zahlungsbedingungen sind für das Finanzwesen beim Ausgleich von offenen Posten von Interesse, da hier das Fälligkeitsdatum der Zahlung sowie eventuell mögliche Skonti vermerkt sind. Der INCOTERMS-ORT legt den Gefahrenübergang der Lieferung fest.

[+] **Übersichtsmodus in Erfassungsmasken**
In SAP Business ByDesign werden Erfassungsmasken standardmäßig im Übersichtsmodus angezeigt, das heißt, es findet eine Beschränkung auf besonders wichtige Felder statt. Erst beim Klick auf ALLES ANZEIGEN werden alle zum Lieferanten erfassbaren Felder in Reitern sortiert angezeigt.

Ebenfalls im Reiter EINKAUF (siehe ❺ in Abbildung 10.9) können Sie einstellen, dass eine BESTELLBESTÄTIGUNG ERWARTET wird. Diese Einstellung bewirkt, dass bei einer Bestellung an den Lieferanten auf eine Bestätigung gewartet wird.

Beim Lieferanten ist es wichtig, die Kommunikationseinstellungen (siehe ❻ in Abbildung 10.9) zu pflegen, da hier festgelegt wird, auf welchem Weg dem Lieferanten Informationen zugesandt werden, etwa die Anforderung zur Angebotsabgabe bei einer Ausschreibung. Im Reiter KOMMUNIKATION finden sich neben den Adressen die ZUSAMMENARBEITSEINSTELLUNGEN. Hier können Sie auf der Ebene der einzelnen Belege (Bestellung, Einkaufskontrakt, Ausschreibung etc.) einstellen, welcher AUSGABEKANAL gewählt werden soll; Sie können auch einen Ausgabekanal für alle Belege einstellen. Beim Ausgabekanal gibt es drei Möglichkeiten:

- **Drucker**
  Das entsprechende Dokument wird im eigenen Unternehmen ausgedruckt und per Post versendet.
- **E-Mail**
  Der entsprechende Beleg wird an die angegebene E-Mail-Adresse versendet. Das Formular wird automatisch in der Sprache des Lieferanten ausgegeben.
- **Fax**
  Es wird ein PDF generiert und an einen Faxdienstleister per E-Mail verschickt.

| Zusammenarbeitseinstellungen | [+] |

Die ZUSAMMENARBEITSEINSTELLUNGEN im Reiter KOMMUNIKATION erscheinen erst nach dem Speichern.

| Ausgabeeinstellungen | [+] |

Wenn Sie in den Ausgabeeinstellungen E-MAIL und zudem BESTELLBESTÄTIGUNG ERWARTET ausgewählt haben, wird ein interaktives Formular verschickt, das vom Lieferanten bearbeitet und zurückgeschickt werden kann. Wenn Sie nur E-Mail und keine Bestellbestätigung ausgewählt haben, wird ein nicht bearbeitbares PDF verschickt.

Nach dem Speichern bei der Neuanlage eines Lieferanten, Kunden etc. wird automatisch eine Dublettenprüfung (siehe ❼ in Abbildung 10.9) durchgeführt. Dabei werden die neu eingegebenen Daten mit den bestehenden Einträgen abgeglichen. Es besteht durch Klick auf den Button DUBLETTENPRÜFUNG auch die Möglichkeit, die Prüfung schon vor dem Speichern manuell durchzuführen, um bei Vorhandensein der gleichen Lieferanten Informationen nicht unnötig doppelt zu erfassen.

Gefundene Übereinstimmungen werden mit Angabe einer Prozentzahl angezeigt. Sie haben die Wahl, einen der gefundenen Datensätze zu verwenden, oder den neuen Lieferanten trotzdem anzulegen, wenn keiner der bestehenden Lieferanten diesem entspricht. Mit Hilfe dieser Funktion sollen Inkonsistenzen in der Datenbank vermieden werden.

| Lieferanten | [✱] |

Im FINE-TUNING können Sie Folgendes anpassen bzw. vornehmen:
- ABC-Klassifikation
- Incoterms

- Für die Branche relevante Qualitätsstandards
Im Lieferantenstammsatz kann dann eingetragen werden, für welche dieser Qualitätsstandards der Lieferant zertifiziert ist.
- Neben den standardmäßig vorgegebenen Zahlungsbedingungen können Sie auch neue Zahlungsbedingungen anlegen.
- Namensformate, das heißt, die angezeigte Reihenfolge von Namen nach Land
- Nummernkreise für Geschäftspartner
- Regeln für Formularvorlagenauswahl und Ausgabekanalauswahl hinterlegen
- Nummernkreise für die Lieferanten festlegen

Ausschreibung veröffentlichen

Sie möchten eine Ausschreibung für den neu erfassten Solar Boiler durchführen, um später auf Basis der Angebote Kontrakte erfassen zu können. Um eine Ausschreibung zu erstellen, müssen das Material, das bestellt werden soll, sowie die Bieter in SAP Business ByDesign erfasst sein. Im Work Center AUSSCHREIBUNGEN UND KONTRAKTE können Sie eine neue Ausschreibung erstellen.

Zuerst erfassen Sie in den ALLGEMEINEN DATEN ❶ eine AUSSCHREIBUNGSBESCHREIBUNG, über die Sie Ihre Ausschreibung später leicht wiederfinden können (siehe Abbildung 10.10).

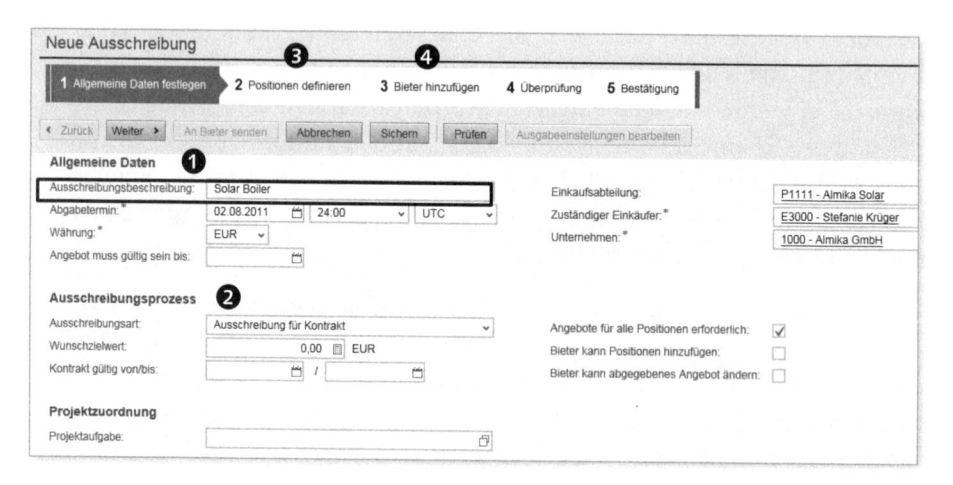

Abbildung 10.10 Neue Ausschreibung erfassen

Anschließend wählen Sie den ABGABETERMIN, dieser ist wichtig, da Sie nur bis dahin Angebote zur Ausschreibung annehmen und in SAP Business ByDesign erfassen können. Zudem legen Sie die WÄHRUNG fest, was besonders im internationalen Umfeld wichtig ist.

Unter AUSSCHREIBUNGSPROZESS ❷ wählen Sie als Ausschreibungsart KONTRAKT, da Sie nicht nur eine einmalige Bestellung, sondern einen langfristigen Liefervertrag abschließen möchten. Da Sie einen Mengenkontrakt abschließen möchten, lassen Sie das Feld WUNSCHZIELWERT unberücksichtigt und tragen stattdessen in einem späteren Schritt eine Zielmenge ein. Wenn Sie das Material für ein Projekt benötigen, könnten Sie an dieser Stelle auch eine PROJEKTZUORDNUNG durchführen.

In dem zweiten Schritt fügen Sie noch die gewünschten POSITIONEN mit Menge hinzu ❸. Im dritten Schritt ergänzen Sie noch die BIETER ❹, hierunter befinden sich der gerade angelegte chinesische Lieferant sowie ein bereits bestehender Lieferant Ihres Unternehmens.

Durch das Veröffentlichen der Ausschreibung (Request For Quotation, RFQ), werden die Bieter zur Angebotsabgabe aufgefordert. Das bedeutet, dass an die Bieter ein Dokument verschickt wird, das diese zur Angebotsabgabe auffordert. Ausgabemöglichkeiten für dieses Dokument sind Drucker (Versand per Brief), PDF (per E-Mail) oder interaktives PDF (per E-Mail).

Ausschreibungsanforderung [«]

Sie können für auslaufende Kontrakte eine Ausschreibungsanforderung erstellen, von der die Ausschreibung zur Erstellung eines neuen Kontraktes initiiert wird.

Ausschreibung [✱]

Sie können im FINE-TUNING Folgendes festlegen:
- Aufgabensteuerung
- Nummernkreise zu Ausschreibungen und Ausschreibungsanforderungen

Angebote erfassen, im Angebotsspiegel vergleichen und Zuschlag erteilen

Jetzt erfassen Sie die Angebote der Bieter zu Ihrer Ausschreibung, vergleichen diese und erteilen Zuschläge.

Nachdem Sie die Ausschreibung veröffentlicht haben, werden die in der Ausschreibung erfassten Informationen an die Bieter gesandt, die passende Angebote mit einem Preis für das Produkt zurückschicken. Sie erfassen das Angebot direkt zur Ausschreibung und wählen aus, von welchem der Bieter das Angebot stammt (siehe Abbildung 10.11).

10 | Supplier Relationship Management

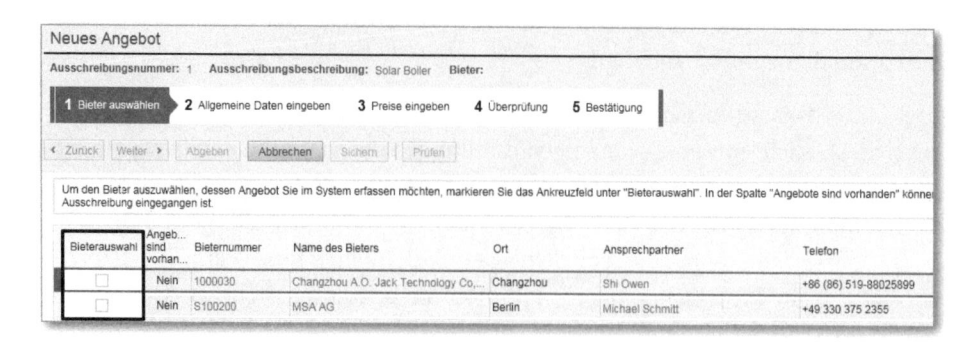

Abbildung 10.11 Bieterauswahl im Angebot

[»] **Angebot erfassen**

Wenn Sie die Zusammenarbeitseinstellungen mit Ihrem Lieferanten entsprechend gepflegt haben (siehe Anfang des Szenarios), bei der Ausschreibung ein interaktives Formular an den Bieter geschickt haben und dieser es ausgefüllt sowie an Sie zurückgeschickt hat, wird das Angebot automatisch in SAP Business ByDesign erfasst.

Aus dem Angebot erfassen Sie die ANGEBOTSNUMMER in den ALLGEMEINEN DATEN ❶, PREISBESTANDTEILE ❷ wie KONTRAKTPREIS und RABATT sowie eventuell auftretende Abweichungen der Zielmenge ❸. Anschließend geben Sie das Angebot ab (siehe Abbildung 10.12).

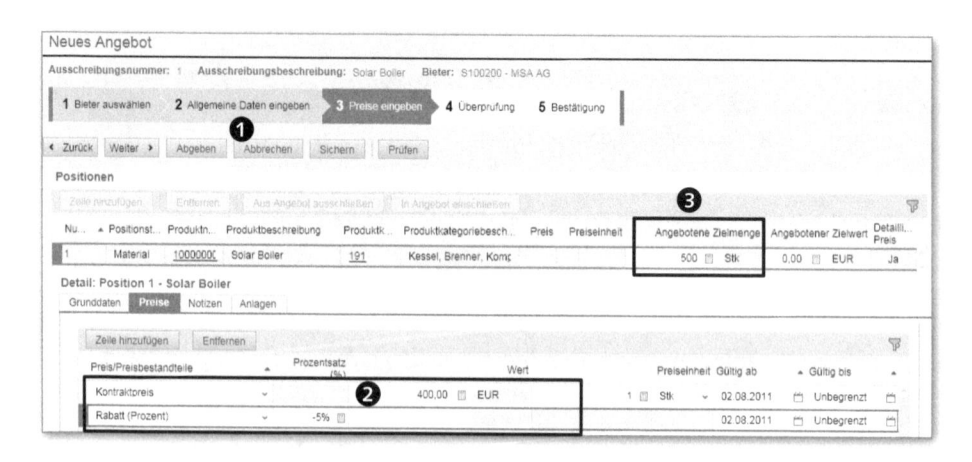

Abbildung 10.12 Neues Angebot erfassen

Diese Angebote sind die Basis für den *Angebotsspiegel*, der genutzt wird, um zu entscheiden, wer den Zuschlag erhält (siehe Abbildung 10.13).

314

Szenario »Bezugsquellenfindung« | 10.3

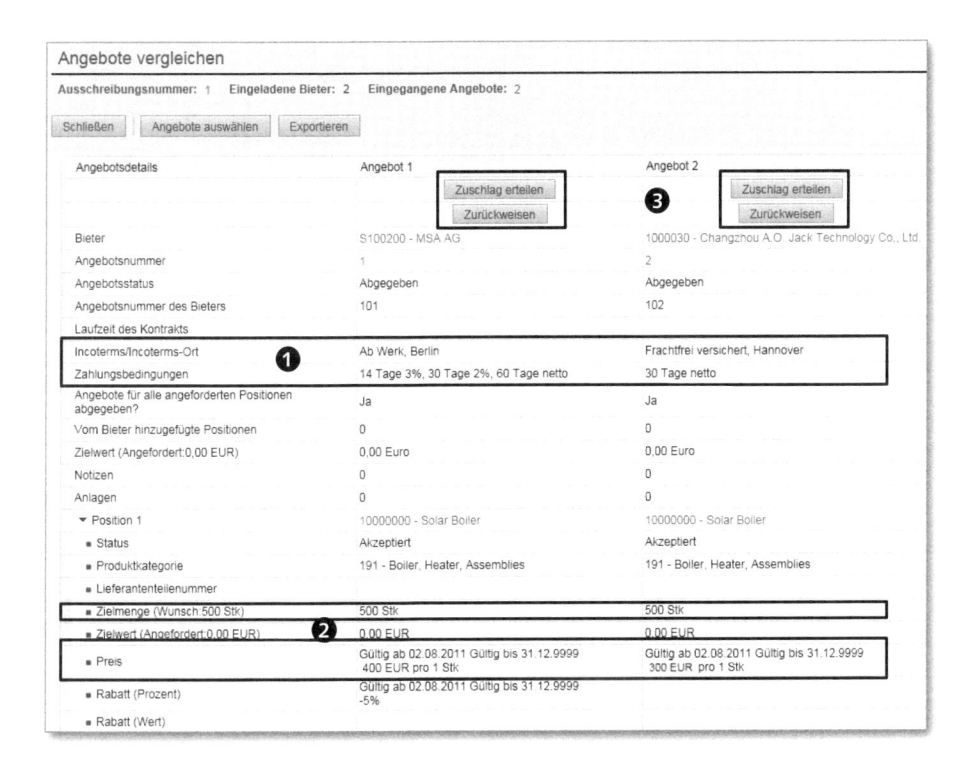

Angebote vergleichen		
Ausschreibungsnummer: 1 Eingeladene Bieter: 2 Eingegangene Angebote: 2		
Schließen Angebote auswählen Exportieren		
Angebotsdetails	Angebot 1	Angebot 2
	Zuschlag erteilen / Zurückweisen	❸ Zuschlag erteilen / Zurückweisen
Bieter	S100200 - MSA AG	1000030 - Changzhou A.O. Jack Technology Co., Ltd.
Angebotsnummer	1	2
Angebotsstatus	Abgegeben	Abgegeben
Angebotsnummer des Bieters	101	102
Laufzeit des Kontrakts		
Incoterms/Incoterms-Ort ❶	Ab Werk, Berlin	Frachtfrei versichert, Hannover
Zahlungsbedingungen	14 Tage 3%, 30 Tage 2%, 60 Tage netto	30 Tage netto
Angebote für alle angeforderten Positionen abgegeben?	Ja	Ja
Vom Bieter hinzugefügte Positionen	0	0
Zielwert (Angefordert:0,00 EUR)	0,00 Euro	0,00 Euro
Notizen	0	0
Anlagen	0	0
▼ Position 1	10000000 - Solar Boiler	10000000 - Solar Boiler
• Status	Akzeptiert	Akzeptiert
• Produktkategorie	191 - Boiler, Heater, Assemblies	191 - Boiler, Heater, Assemblies
• Lieferantenteilenummer		
• Zielmenge (Wunsch:500 Stk)	500 Stk	500 Stk
• Zielwert (Angefordert:0,00 EUR) ❷	0,00 EUR	0,00 EUR
• Preis	Gültig ab 02.08.2011 Gültig bis 31.12.9999 400 EUR pro 1 Stk	Gültig ab 02.08.2011 Gültig bis 31.12.9999 300 EUR pro 1 Stk
• Rabatt (Prozent)	Gültig ab 02.08.2011 Gültig bis 31.12.9999 -5%	
• Rabatt (Wert)		

Abbildung 10.13 Angebotsspiegel

Im Angebotsspiegel werden alle Angebote zu einer Ausschreibung tabellarisch angezeigt: Kopfdaten, wie INCOTERMS und ZAHLUNGSBEDINGUNGEN ❶, aber auch Positionsdaten, wie ZIELMENGE und PREIS ❷, werden so übersichtlich dargestellt. Sie können zunächst für alle angeforderten Positionen erkennen, ob etwas vom Bieter verändert wurde, weil die Wunschzielmenge oder der angeforderte Zielwert aufgelistet sind.

Zudem können Sie direkt im Angebotsvergleich den ZUSCHLAG ERTEILEN, wodurch sich der Status auf ZUSCHLAG ERTEILT ändert, oder das Angebot ZURÜCKWEISEN ❸. Sie erteilen beiden Bietern den Zuschlag, da Sie das Lieferverhalten des chinesischen Lieferanten noch nicht einschätzen können, dieser allerdings günstiger ist als die MSA AG.

Gültigen Einkaufskontrakt erstellen

Aus dem Angebotszuschlag soll im Folgenden ein gültiger Einkaufskontrakt erstellt werden. Durch die Zuschlagserteilung sind Kontrakte im Work Center AUSSCHREIBUNGEN UND KONTRAKTE entstanden, die Sie noch vervollständigen, prüfen und freigeben müssen (siehe Abbildung 10.14).

Abbildung 10.14 Kontrakt freigeben

Nach der Freigabe des Kontraktes wurde automatisch eine Genehmigungsaufgabe für den Vorgesetzten im Work Center MEIN VERANTWORTUNGSBEREICH erzeugt (siehe Abbildung 10.15).

Abbildung 10.15 Kontrakt genehmigen

Der Vorgesetzte sieht in seiner Genehmigungsaufgabe noch einmal eine Zusammenfassung der wichtigsten Inhalte des Kontraktes, wie ZIELMENGE und PREISE. Wenn ein Preis mit Rabatt ausgehandelt wurde, findet er einen Link, unter dem er den detaillierten Preis einsehen kann. Erst nach der Genehmigung des Kontraktes durch den Vorgesetzten wird dieser wirksam.

Szenario »Bezugsquellenfindung« | 10.3

Einkaufskonditionen und Servicekontrakt [«]

Neben einem Kontrakt können auch die *Einkaufskonditionen* in Form eines Listenpreises im Work Center PRODUKTPORTFOLIO dokumentiert werden. Diese Variante wird in Abschnitt 11.5.2 vorgestellt. Sie können auch Kontrakte für die Erbringung von *Dienstleistungen* abschließen.

Einkaufskontrakt [✱]

Sie können im FINE-TUNING Folgendes festlegen:
- Benachrichtigung für ablaufende Kontrakte, z. B. nach % der abgerufenen Menge
- Aufgabensteuerung
- Nummernkreise

Quotierung festlegen

Zum Abschluss der Bezugsquellenfindung soll eine Quotierung festlegt werden, damit bei den beiden Lieferanten in einem vordefinierten Verhältnis bestellt wird. Um die Quotierung anzulegen, sind gültige Kontrakte die Voraussetzung. Im Work Center AUSSCHREIBUNGEN UND KONTRAKTE können Sie in der Sicht QUOTIERUNGEN eine neue Quotierung zu einem Produkt anlegen und sich für dieses mögliche BEZUGSQUELLEN VORSCHLAGEN ❶ lassen (siehe Abbildung 10.16).

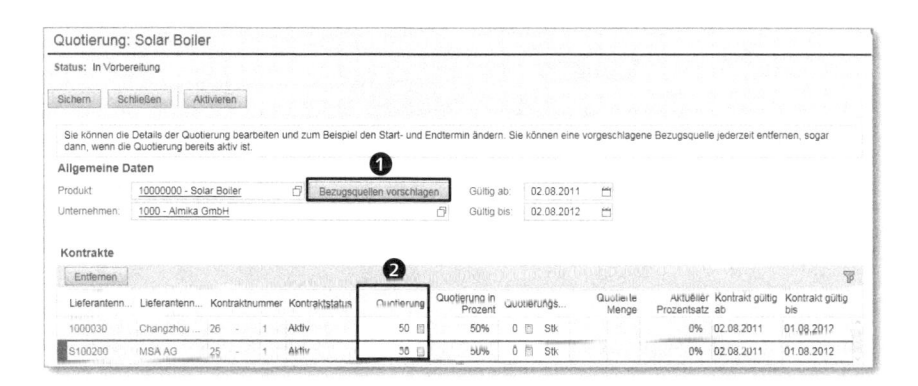

Abbildung 10.16 Quotierung anlegen

Feste Bezugsquelle [«]

Anstatt einer Quotierung kann auch eine feste Bezugsquelle für ein Produkt gewählt werden. Die Voraussetzung hierfür ist ebenfalls ein bestehender Kontrakt mit einem Lieferanten.

Wenn Sie die Kontrakte ausgewählt haben, die Sie für die Quotierung verwenden möchten, tragen Sie im Feld QUOTIERUNG ❷ noch das Verhältnis ein, in dem bei den beiden Lieferanten bestellt werden soll. Die Wirkung der Quotierung wird in Abschnitt 10.4.2 sichtbar werden.

10.4 Szenario »Beschaffungsplanung und -abwicklung«

Um bei zukünftigen Kundenaufträgen zeitnah liefern zu können, soll eine gewisse Menge des neuen Solar Boilers auf das Lager gelegt werden. Im Szenario »Beschaffungsplanung und -abwicklung« wird das neu angelegte Material bei einem der Lieferanten auf Basis der Quotierung bestellt. Das Material wird geliefert und auf Lager gelegt. In diesem Kapitel werden die Dispositionsdaten im Materialstamm gepflegt und die Auswirkungen auf die Disposition aufgezeigt. Zudem wird aufgezeigt, wie Produkte bestellt, auf Lager gelegt und die Rechnungen erfasst werden.

10.4.1 Anforderungen

Der integrierte Beschaffungsprozess trennt sich in zwei Bereiche:

- **Beschaffungsplanung**
  Hier steht die Frage im Mittelpunkt, in welcher Menge Materialien beim Lieferanten wann beschafft werden, um aktuelle Bestandsmindermengen und zukünftige Bedarfe zu decken.

- **Beschaffungsabwicklung**
  Die Beschaffungsabwicklung dagegen ist der erste richtige ablauforganisatorische Prozess, bei dem unterschiedliche Belege im Zusammenspiel zwischen dem Unternehmen und den Lieferanten ausgetauscht werden. Das heißt, hier steht die Kommunikation und die kostengünstige Abwicklung im Vordergrund.

Das erste Ziel der Beschaffungsplanung ist die Bestandsoptimierung, das heißt, ein möglichst niedriger Lagerbestand mit möglichst niedriger Kapitalbindung. Gleichzeitig und dem widersprechend, muss die Lieferfähigkeit des Unternehmens aufrechterhalten werden. Gerade dieses Dilemma unterstützt SAP Business ByDesign mit mehreren Methoden und Planungsverfahren zur Beschaffungssteuerung.

Gerade in der Planungssicht zu einem Material können unterschiedliche dispositive Verfahren eingestellt werden. Diese haben zum Ziel, je nach Eigenheiten des Materials, seiner Bedeutung für das Unternehmen und seinem Preis, das richtige Beschaffungsverfahren auszuwählen.

Im Beispielszenario geht es um die verbrauchsgesteuerte Disposition, die mit dem Meldebestand arbeitet. Bei teuren Großprodukten oder Eigenfertigungsprodukten ist es sinnvoll, eine bedarfsgesteuerte Disposition zu wählen. Die verfügbaren Planungsverfahren können pro Produkt im Dialog ausgeführt werden, es ist aber auch möglich, einen MRP-Lauf (Material Requirement Planning) im Hintergrund periodisch einzuplanen und somit in regelmäßigen Abständen für aktuelle Bestellvorschläge zu sorgen. Insgesamt sollte im Rahmen eines Implementierungsprojektes der Prozess und das Zusammenspiel mit den Stammdatenparametern in der Planungssicht mehrfach mit den Anwendungsexperten durchgespielt werden. Für jede Materialkategorie, die der Kunde identifiziert, z. B. nach der ABC-/XYZ-Analyse, sollte ein Vorschlagswerteset erarbeitet werden, wie die Materialdaten eingestellt oder definiert werden sollen.

Für die Beschaffungsabwicklung gilt es, eine effiziente Kommunikation mit dem Lieferanten herzustellen. Dies unterstützt SAP Business ByDesign durch mehrere Möglichkeiten im Rahmen der Einkaufsabwicklung, aber auch im Rahmen der logistischen Abwicklung des Wareneingangs und in der Rechnungsstellung. In der Einkaufsabwicklung kommt es darauf an, auf Basis eines Bestellvorschlages schnell zu einer Absprache (über die Bestellung) mit den Lieferanten zu kommen, die vom Lieferanten auch bezüglich Termin und Menge bestätigt wird. Kontrakte oder Preiskonditionen sind dafür hilfreiche Instrumente, und die automatische Bestätigung senkt die Prozesskosten.

Das gleiche gilt für den Wareneingangsprozess, bei dem mit Barcodescannern oder anderen Instrumenten der Erfassungsvereinfachung gearbeitet werden kann. Hier kommt es darauf an, die Dokumentation des Wareneingangs und die Lagerabwicklung möglichst schnell und effizient durchzuführen.

Schließlich ist die Rechnungsstellung ein Thema, bei dem es darum geht, Belege möglichst automatisiert abzuwickeln und die Rechnungsprüfung sachlich und kaufmännisch korrekt durchzuführen. Im Zusammenspiel mit dem Szenario »Bezugsquellenfindung« wird hier besonders deutlich, welche Vorteile die dort gepflegten Informationen zum Lieferanten und zum Material nun für die Planung und Abwicklung des Beschaffungsprozesses haben. Er wird beschleunigt und in seiner Abwicklung und Vorhersehbarkeit wesentlich sicherer.

Weiterhin können die verfügbaren Instrumente zur Beschaffungsplanung sukzessive eingeführt und aktiviert werden. Es lohnt sich auf jeden Fall, sie für die wichtigsten Beschaffungsprodukte einzusetzen, die einen entsprechenden Umsatz- oder Umschlaghebel besitzen. Haben die Anwendungsexperten den Umgang damit erlernt, kann der Einsatz auf weitere Beschaffungsmaterialen ausgedehnt werden.

10.4.2 Prozessablauf

Der Beispielprozess »Beschaffungsplanung und -abwicklung« spielt sich nicht nur im Einkauf, sondern auch in der Beschaffungsplanung und dem Lager ab.

Im Work Center PRODUKTPORTFOLIO pflegen Sie in der Rolle des Disponenten die Dispositionsdaten zum neuen Produkt (siehe Abbildung 10.17). Im Work Center BESCHAFFUNGSPLANUNG in der Sicht PRODUKTE führen Sie die Beschaffungsplanung durch. Hier werden Bestellvorschläge generiert, die automatisch in Bestellanforderungen umgewandelt werden. Dies können Sie als Einkaufsmitarbeiter im Work Center BESCHAFFUNGSTEUERUNG überwachen.

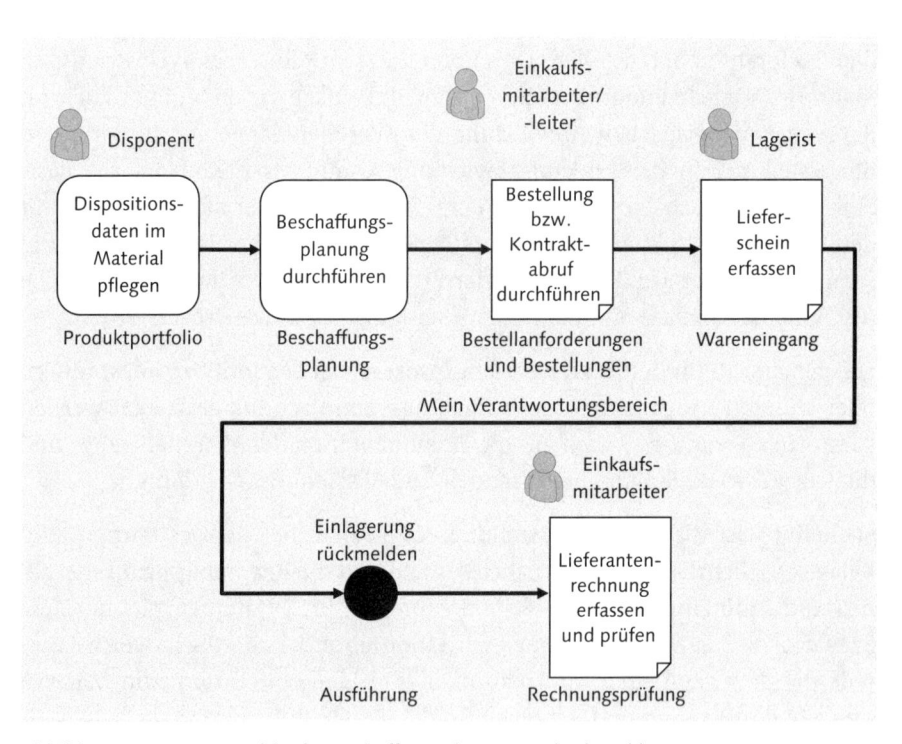

Abbildung 10.17 Prozessablauf »Beschaffungsplanung und -abwicklung«

Im Work Center BESTELLANFORDERUNGEN UND BESTELLUNGEN bestellen Sie den Inhalt aus der Bestellanforderung, was jedoch erst noch von Ihrem Vorgesetzten genehmigt werden muss. Dieser findet in MEIN VERANTWORTUNGSBEREICH die entsprechende Aufgabe. Im Work Center WARENEINGANG können Sie als Lagerist in der Sicht BESTELLUNGEN einen neuen Standardlieferschein und eine LAGERANFORDERUNG erfassen. Im Work Center AUSFÜHRUNG melden Sie die Einlagerung in den WARENEINGANGSAUFGABEN zurück.

Als Einkaufsmitarbeiter erfassen Sie noch im Work Center RECHNUNGSPRÜFUNG die Rechnung und buchen diese. Ihr Vorgesetzter findet auch hierfür im Work Center MEIN VERANTWORTUNGSBEREICH die Genehmigungsaufgabe.

Dispositionsdaten im Material pflegen

In diesem Szenario werden die Dispositionsdaten des Materials gepflegt; anschließend zeigen wir im Dispositions- und Beschaffungsprozess den steuernden Effekt dieser Daten.

Gehen Sie in das Work Center PRODUKTPORTFOLIO und bearbeiten Sie das in Abschnitt 10.3.2 angelegte Material, um es für die Planung zu aktivieren (siehe Abbildung 10.18). Hierzu hinterlegen Sie in den Beschaffungsdaten ❶, dass das Material fremd, das heißt, bei einem externen Lieferanten, beschafft wird und dass die BESCHAFFUNGSZEIT 7 Tage beträgt. Letzteres bedeutet, dass die Wiederbeschaffungszeit von der Bestellung bis zur Lieferung sieben Tage umfasst.

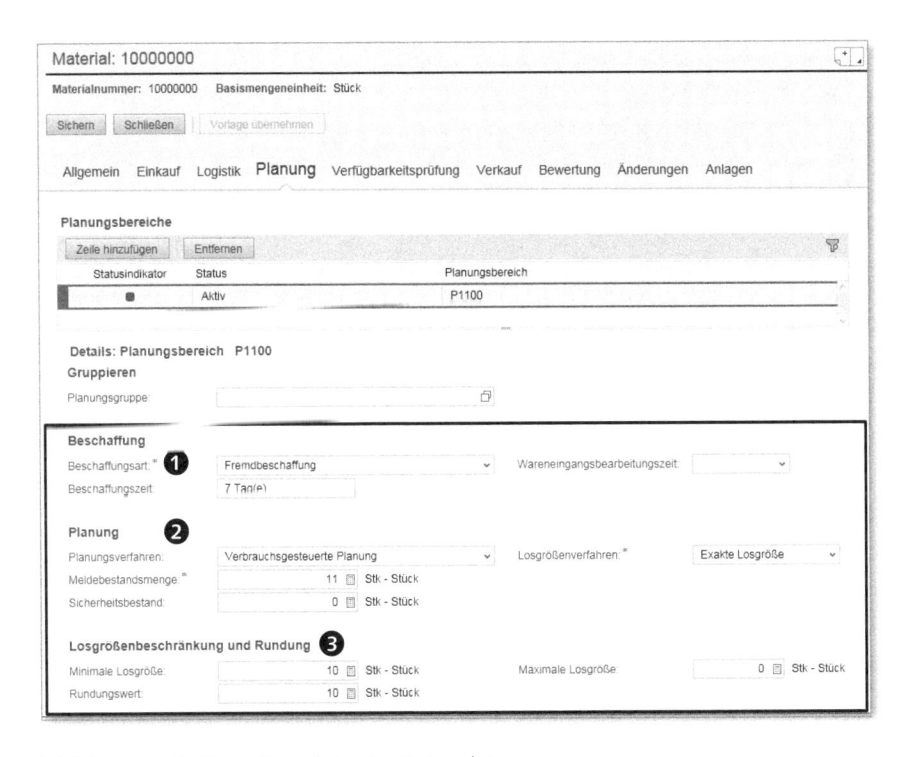

Abbildung 10.18 Dispositionsdaten im Materialstamm

[»] **Beschaffungsarten**

Neben der Fremdbeschaffung gibt es noch die BESCHAFFUNGSARTEN Eigenproduktion und Regeln für Bezugsquellenpriorität.
- *Eigenproduktion* bedeutet, dass die Produkte intern hergestellt werden.
- *Regel für Bezugsquellenpriorität* bedeutet, dass die Produkte sofern möglich intern hergestellt werden und wenn nicht, extern beschafft werden.

Unter PLANUNG ❷ wählen Sie VERBRAUCHSGESTEUERTE PLANUNG, wobei der MELDEBESTAND 11 und der SICHERHEITSBESTAND 0 betragen. Dies bewirkt, dass immer dann in der Planung eine neue Bestellung ausgelöst wird, wenn der Lagerbestand des Materials unter 11 Stück sinkt. Ein SICHERHEITSBESTAND, der für unvorhergesehene Lieferungen vorgesehen ist, wird nicht benötigt, Sie tragen daher null ein.

[»] **Planungsverfahren**

Es gibt neben der verbrauchsgesteuerten Planung auch die manuelle und die bedarfsgesteuerte Planung in SAP Business ByDesign.
- Die *bedarfsgesteuerte Planung* wird auf Fertigerzeugnis- oder Baugruppenebene angewendet und richtet sich nach einer Bedarfsprognose, die hinterlegt wurde. Entsprechend der Prognose werden dann Bestellvorschläge ausgelöst. Dieses Verfahren wird in Abschnitt 13.5.2 verwendet und legt Zugänge für ungedeckte Bedarfe (Primär- und Sekundärbedarf) an.
- Bei der *manuellen Planung* können Bestellvorschläge nur manuell angelegt werden. Dieses Verfahren ist daher nur für Produkte sinnvoll, die besondere Aufmerksamkeit benötigen, z. B. besonders teuer sind oder nur ausnahmsweise beschafft werden.

Als Losgrößenverfahren wählen Sie die EXAKTE LOSGRÖSSE. Bei diesem Verfahren bestimmt sich die Losgröße aus einer minimalen Losgröße und einem Rundungswert.

In den Daten zu LOSGRÖSSENBESCHRÄNKUNG ❸ tragen Sie als MINIMALE LOSGRÖSSE 10 ein, da die Boiler nur in einem Container mit mindestes zehn Stück geliefert werden. Auch der RUNDUNGSWERT beträgt 10, da es keine andere Containergröße als 10 gibt.

[»] **Rundungswert und Losgrößenverfahren**

Wenn der *Rundungswert* 2 betragen würde, gäbe es Liefermengen in Höhe von 12, 14, 16 etc.

Losgrößenverfahren der verbrauchsgesteuerten Planung sind »Exakte Losgröße«, »Feste Losgröße« und »Zielbestand«.

- Bei dem Verfahren »Feste Losgröße« existiert nur eine feste Losgrößenmenge!
- Beim Verfahren »Zielbestand« wird ein Planbestand festgelegt.
- Sie hätten in diesem Szenario auch eine feste Losgröße in Höhe von 10 Stück wählen können.

Wenn Sie die bedarfsgesteuerte Planung gewählt haben, stehen Ihnen zusätzlich die Verfahren »Periodische Losgröße« und »Zielreichweite« zur Verfügung.

- Bei der »Periodischen Losgröße« wird ein Planungsvorschlag für alle Bedarfe einer festgelegten Periode angelegt.
- Bei der »Zielreichweite« wird die Menge des Bestellvorschlags so groß gewählt, dass alle Bedarfe ab dem Fälligkeitsdatum des Vorschlags abgedeckt werden.

Beschaffungsplanung durchführen

Nachdem Sie die Planung für Ihren Solar Boiler aktiviert haben, führen Sie im Work Center BESCHAFFUNGSPLANUNG eine EINSTUFIGE PLANUNG aus. Markieren Sie das Produkt in der Liste und klicken Sie auf ÖFFNEN.

Die MEHRSTUFIGE PLANUNG benötigen Sie, wenn Sie ein Produkt mit Stückliste und nicht nur Primär-, sondern auch Sekundärbedarf hätten. Dieser Fall wird in Abschnitt 13.5.2 behandelt.

| Massenverarbeitungslauf | [«] |

Die Planungsläufe können so eingerichtet werden, dass sie automatisch im Hintergrund ablaufen. So müssen Sie nicht für jedes Material mittels Planungslauf einzeln prüfen, ob ein Bedarf entstanden ist.

Der Meldebestand für das Material wurde unterschritten, weshalb ein BESTELLVORSCHLAG erzeugt wird. Da ein Meldebestand von 11 sowie eine Losgröße von 10 hinterlegt wurden, wird ein BESTELLVORSCHLAG in Höhe von 20 Stück erzeugt (siehe Abbildung 10.19). Da sich von dem Material noch nichts auf Lager befindet, wird bei der Planung auf den Meldebestand aufgefüllt, in diesem Fall 11. Da die Losgröße 10 ist, kann nur in 10er-Schritten bestellt werden. Es mussen daher zweimal 10, also 20, bestellt werden.

Zudem wird von SAP Business ByDesign eine Bezugsquelle zugeordnet. Dies ist möglich, wenn entweder ein Kontrakt, eine Quotierung oder eine feste Bezugsquelle für das Material angelegt wurde.

Wenn Sie die Planung speichern, wird auch der Bestellvorschlag gesichert. Er wird durch einen automatischen Lauf freigegeben und so in eine Bestellanforderung umgewandelt. Im Work Center BESCHAFFUNGSSTEUERUNG können Sie Ihre BESTELLANFORDERUNGEN ÜBERWACHEN (siehe Abbildung 10.20).

10 | Supplier Relationship Management

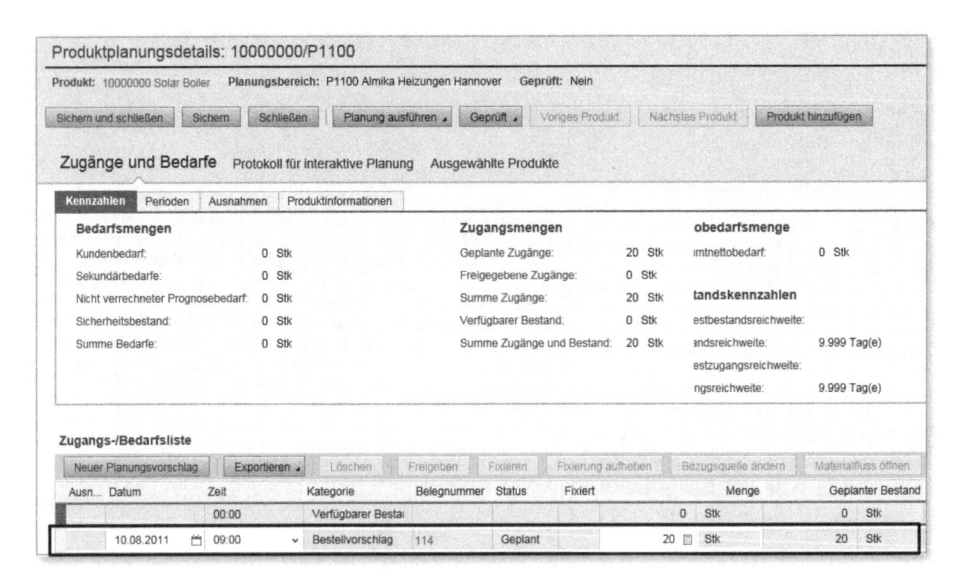

Abbildung 10.19 Beschaffungsplanung für ein Material

Abbildung 10.20 Bestellanforderung

> [»] **Bestellanforderungen**
>
> Sie können den Bestellvorschlag auch manuell freigeben.

Bestellung bzw. Kontraktabruf durchführen

Wenn alle Daten der Bestellanforderung richtig sind, können Sie die Bestellung an den Lieferanten senden. Im Work Center BESTELLANFORDERUNGEN UND BESTELLUNGEN können Sie zudem aus Ihrer offenen Bestellanforderung heraus AUTOMATISCH BESTELLEN (siehe Abbildung 10.21).

Da die Bestellung das von Ihnen definierte Genehmigungslimit überschreitet, wird die Bestellung dem Vorgesetzten zur Genehmigung vorgelegt. Erst wenn die Genehmigung des Vorgesetzten erfolgt ist, wird die Bestellung/Bestellbestätigung an den Lieferanten rausgeschickt.

Szenario »Beschaffungsplanung und -abwicklung« | 10.4

Abbildung 10.21 Bestellung auslösen

Je nach Zusammenarbeitseinstellungen im Lieferantenstammsatz (siehe Abschnitt 10.3.2) wird ein normales oder interaktives PDF-Dokument an die dort hinterlegte E-Mail-Adresse des Lieferanten verschickt (siehe Abbildung 10.22).

Abbildung 10.22 Interaktive Bestellbestätigung

Formularvorlagen [+]

Im Work Center ANWENDUNGS- UND BENUTZERVERWALTUNG können Sie die Formularvorlagen auswählen und bearbeiten.

In einem interaktiven Formular sieht der Lieferant alle für die Bestellung notwendigen Datenfelder. Auf der ersten Seite hat er zudem die Möglichkeit, die Bestellung direkt in dem interaktiven Formular zu AKZEPTIEREN.

[✱] **Interaktives Formular**

Ein interaktives Formular kann nur verschickt werden, wenn auch eine gültige E-Mail-Adresse des Vertriebsmitarbeiters hinterlegt wurde. Gültig bedeutet in diesem Fall, dass die Domäne der E-Mail im FINE-TUNING hinterlegt wurde. Ob das interaktive Formular verschickt wurde, können Sie in der Ausgabehistorie der Bestellung einsehen.

[»] **Interaktives Formular und Einkaufwagen**

Der Lieferant kann in dem *interaktiven Formular* die Bestellung auch mit Abweichungen akzeptieren und auf der Folgeseite die Abweichungen eintragen, oder er kann die Bestellung ablehnen.

Bestellungen können auch über den *Einkaufswagen* abgewickelt werden. Im Unterschied zu »normalen« Bestellungen können die bestellten Waren dann allerdings nicht auf Lager gelegt werden. Die Bestellungen werden in diesem Fall direkt auf eine Kostenstelle oder ein Projekt kontiert und sind mit der Anlieferung verbraucht. Bestellungen mit dem Einkaufswagen werden z. B. häufig für Büromaterialien verwendet. Die Aufgabensteuerung für Self-Service-Beschaffung finden Sie im FINE-TUNING.

Der Lieferant bestätigt die Bestellung und schickt die Bestellbestätigung zurück. Wenn das interaktive Formular vom Lieferanten an die angegebene E-Mail-Adresse geschickt wurde, wird es automatisch in SAP Business ByDesign verarbeitet, das heißt, der Status der Bestellung ändert sich auf BESTÄTIGT.

[+] **Innovation: Interaktives Formular**

Interaktive Formulare basieren auf der Technik der Interactive Forms by Adobe und können von SAP Business ByDesign erzeugt sowie als E-Mail-Anhang an Geschäftspartner versandt werden. In diesen Formularen können Geschäftspartner direkt Eintragungen vornehmen und sie zurückschicken. Die empfangenen interaktiven Formulare können von SAP Business ByDesign automatisch verarbeitet werden.

Im Work Center BESTELLANFORDERUNGEN UND BESTELLUNGEN können Sie den Status der Bestellung verfolgen. Sie können zudem die erhaltene Bestellbestätigung aus dem Belegfluss der Bestellung heraus öffnen und hier im Reiter ANLAGE auch das interaktive Formular einsehen.

Szenario »Beschaffungsplanung und -abwicklung« | 10.4

Bestellbestätigungen aus SAP ERP [+]

Bestellbestätigungen in SAP Business ByDesign können auch aus Kundenauftragsbestätigungen aus SAP ERP erzeugt werden, die per IDoc-XML-Nachricht verschickt werden.

Bündelung [«]

Wenn Sie mehrere Bestellanforderungen oder Bestellungen vom gleichen Lieferanten haben, können Sie diese bündeln.

Bestellungen [✿]

Im FINE-TUNING und unter DATENÜBERNAHME UND ERWEITERUNG in der Aufgabenliste können Sie Folgendes vornehmen:

- Bestellungen für Produktkategorien automatisch anlegen
- Genehmigungsgrenze für Bestellungen definieren
- Aufgabensteuerung für Bestellungen und Bestellanforderungen einstellen
- Nummernkreise für Bestellungen und Bestellbestätigungen festlegen
- Bestellungen per Migrationsvorlage hochladen

Lieferschein erfassen

Inzwischen ist die bestellte Ware eingetroffen. Sie erfassen daher den Lieferschein des Lieferanten. Im Work Center WARENEINGANG sehen Sie alle offenen Bestellungen. Markieren Sie Ihre Bestellung und erstellen Sie einen NEUEN STANDARDLIEFERSCHEIN.

Wareneingang buchen [«]

Anstatt einen neuen Standardlieferschein anzulegen, können Sie auch direkt auf WARENEINGANG BUCHEN klicken. In diesem Fall überspringen Sie die Lageranforderung und buchen direkt den Wareneingang.

Sie tragen die LIEFERSCHEINNUMMER ❶ ein und prüfen die übrigen Daten (siehe Abbildung 10.23). Wenn der Lieferschein konsistent ist, sichern Sie und legen eine Lageranforderung ❷ an.

Wareneingang [✿]

Sie können im FINE-TUNING Nummernkreise für Wareneingangs- und Service-Erbringungsbelege festlegen.

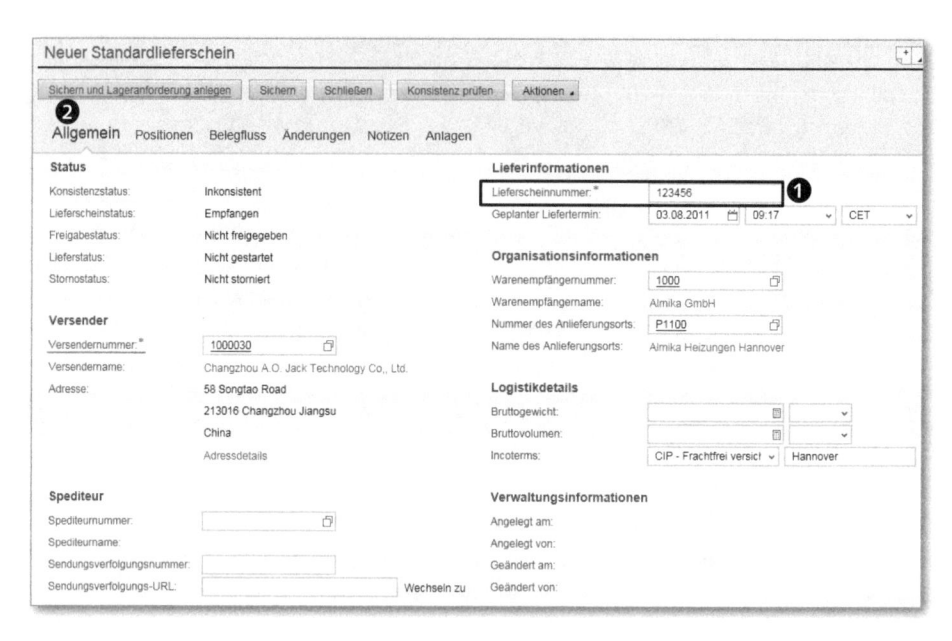

Abbildung 10.23 Lieferschein erfassen

Einlagerung rückmelden

In dem Work Center AUSFÜHRUNG ist eine WARENEINGANGSAUFGABE entstanden. Suchen Sie Ihren Lieferschein, markieren Sie ihn und klicken Sie auf RÜCKMELDEN. Bei der Rückmeldung der Lageraufgabe können Sie sich die MENGEN UND LAGERBEREICHE VORSCHLAGEN ❸ lassen (siehe Abbildung 10.24).

In diesem Szenario entspricht die Istmenge der Planmenge. Wenn die Mengen oder der Lagerbereich, in den die gelieferten Waren eingelagert werden sollen, variieren, können Sie dies unter ISTMENGE ❹ oder im Feld LAGERBEREICH ❺ erfassen.

Lieferantenrechnung erfassen und prüfen

Sie erfassen nun die Rechnung für die eingelagerte Bestellung. Im Work Center RECHNUNGSPRÜFUNG können Sie die Rechnung zu Ihrer Bestellung anlegen (siehe Abbildung 10.25).

Tragen Sie die EXTERNE BELEGNUMMER und das RECHNUNGSDATUM ein. Das Rechnungsdatum ist wichtig, da ab diesem die Frist für die Bezahlung der Rechnung entsprechend den Zahlungsbedingungen läuft. Im Anschluss muss die Rechnung noch von Ihrem Vorgesetzen genehmigt werden. Nach der Genehmigung ändert sich der Status der Rechnung auf GEBUCHT.

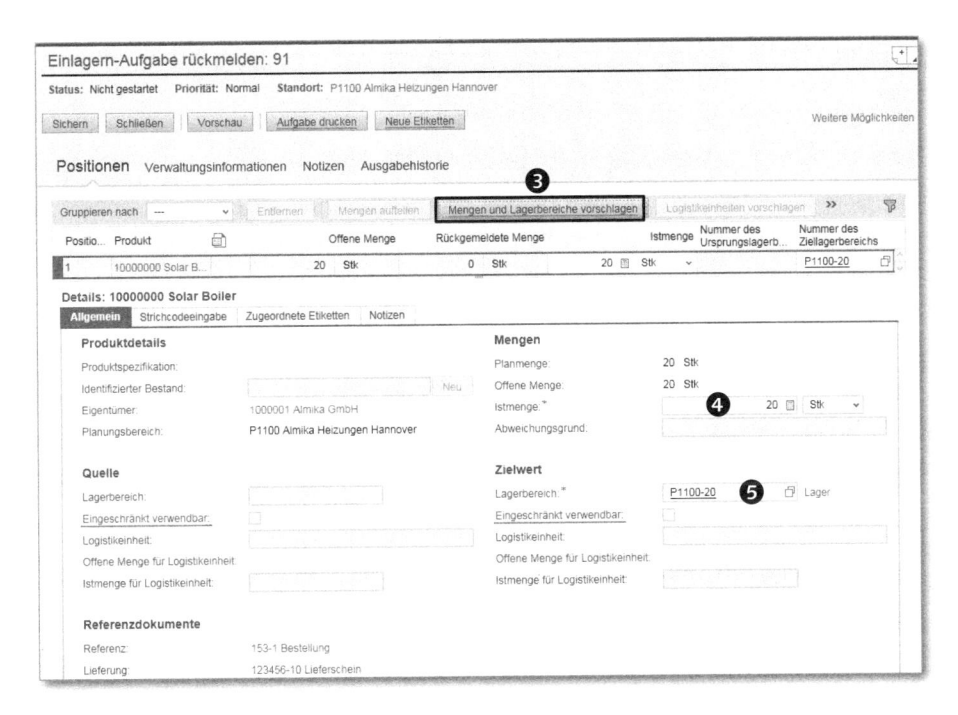

Szenario »Beschaffungsplanung und -abwicklung« | 10.4

Abbildung 10.24 Einlagerung rückmelden

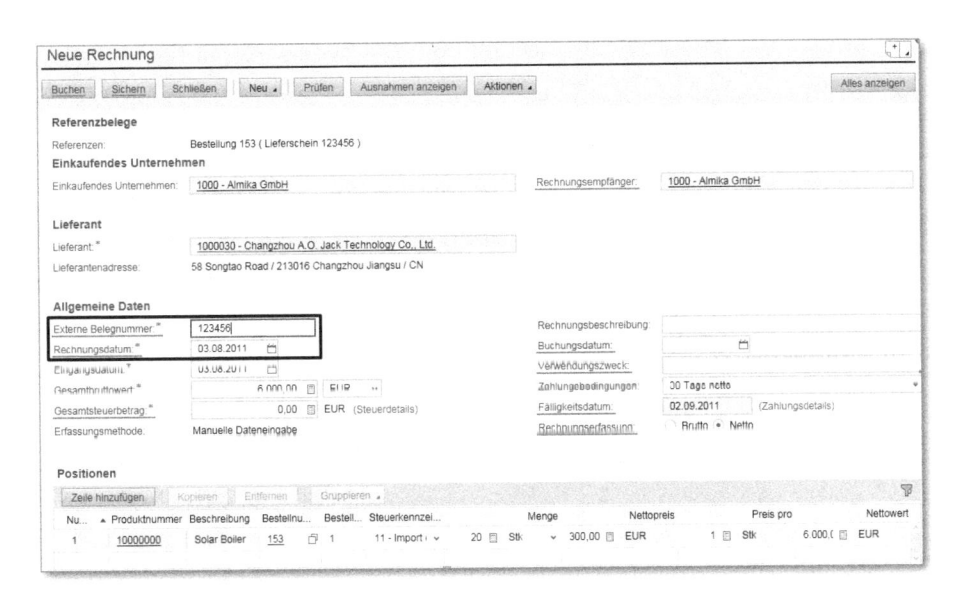

Abbildung 10.25 Rechnung erfassen

Im BELEGFLUSS der Lieferantenrechnung können Sie alle vorangegangen Belege sehen (siehe Abbildung 10.26).

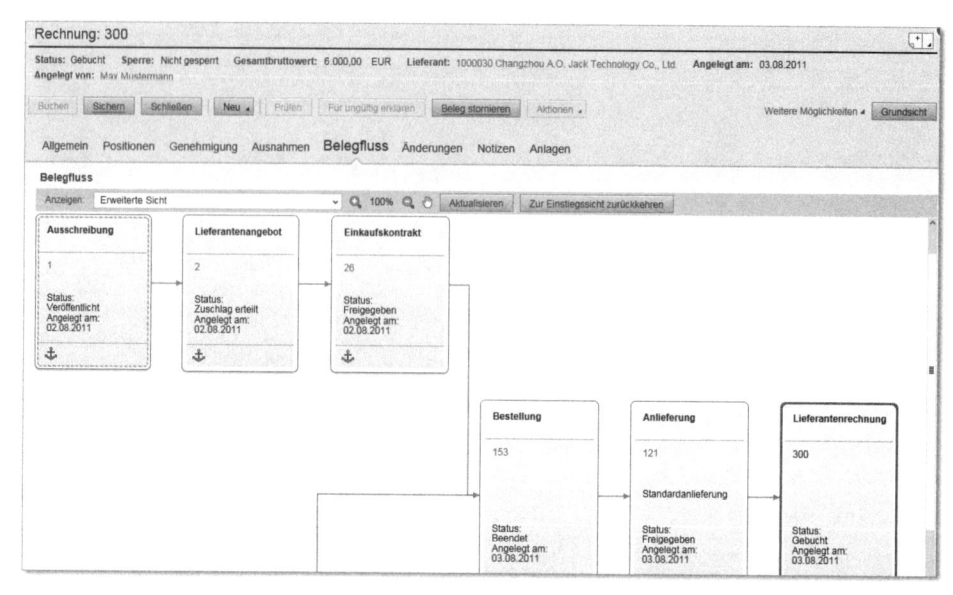

Abbildung 10.26 Belegfluss der Rechnung

[+] **Belegflussanzeige**

Wenn Sie im Belegfluss die ERWEITERTE SICHT einstellen, bekommen Sie mehr Belege angezeigt als in der Standardsicht. Wenn Sie auf den Anker eines Beleges im Belegfluss klicken, wird dieser Beleg als Ankerbeleg ausgewählt, was die Anordnung und Belege im Belegfluss verändert.

Wenn Sie auf den Button ▦ rechts unten in den Belegen klicken, wird Ihnen der Buchhaltungsbeleg der Finanzbuchhaltung für diesen Beleg angezeigt.

[✪] **Lieferantenrechnungen**

Sie können im FINE-TUNING für Lieferantenrechnungen Folgendes einstellen:

- Steuereinstellungen für verschiedene Länder
- Steuerklassifikationen für Freitextpositionen
- Genehmigungen
- Toleranzeinstellungen und Reaktionen für auftretende Ausnahmen
- Ermittlung der Zentralbank-Kennzahl für Lieferantenrechnungen von ausländischen Geschäftspartnern
- Aufgabensteuerung für Rechnungsprüfung
- Einstellungen Massenverarbeitungsläufe für Gutschriftverfahren
- Belegnummerierungsformate für Rechnungsprüfung pro Unternehmen oder Rechnungsart

10.5 Szenario »Lieferanten- und Beschaffungsanalyse«

Zum Abschluss der Erläuterungen des Supplier Relationship Management zeigen wir die analytischen Möglichkeiten von SAP Business ByDesign und erklären, wie Sie die Berichte und Kennzahlen anpassen und nutzen. Hierzu wird zum einen die Nutzung und Anpassung der Standardberichte, zum anderen aber auch die Erstellung von eigenen Berichten erläutert.

> **Innovation: Berichte** [+]
>
> Sie haben aus Ihrer SAP Business ByDesign-Arbeitsumgebung heraus direkten Zugriff auf Ihre Berichte. Alle Daten, die Sie bei Ihrer täglichen Arbeit erzeugt haben, sind durch In-Memory-Verarbeitung sofort in den Berichten verfügbar (siehe Abschnitt 3.4).

10.5.1 Anforderungen

Im Beispielszenario »Lieferanten- und Beschaffungsanalyse« wird deutlich, dass SAP Business ByDesign die modernen Anforderungen an die Analyse erfüllt und mit vielen neuen Möglichkeiten aufwartet.

Für die Analyse im großen Maßstab wird meist ein eigenes Data-Warehouse-System eingesetzt. Diese so genannten Business-Intelligence-Systeme verlangen von den Unternehmen, dass sie in Extraktions- und Transformationswerkzeuge investieren, die die Datenaufbereitung dann anforderungsgerecht übernehmen.

In SAP Business ByDesign sind viele dieser Möglichkeiten wieder in den Prozess zurückgewandert und finden auf der gleichen Datenbasis statt, das heißt, als Anwender haben Sie Zugriff auf den aktuellen Datenbestand, können aber gleichzeitig Methoden der Data-Warehouse-Technologie verwenden. Es existiert eine ganze Reihe von vorgefertigten Berichten im Bereich der Beschaffungsanalyse und der Bestandsanalyse, die verwendet und angepasst werden können. Die Zielgruppe hierfür sind Fach- und Führungskräfte, die diese Berichte auch für ihre Management-Zwecke einsetzen können. Die Einbindung der Berichte kann prozessbezogen erfolgen, wie Beispiele der Prozessflussanalysen gezeigt haben, sie kann aber auch fachlich sein, wie die Analysen zur Bestandsbewertung, die im Folgenden gezeigt werden.

Besonders hervorzuheben sind die Kennzahlen mit der Alarmfunktion. Für die Führungskräfte ist es damit möglich, einen ganzen Bereich oder eine ganze Thematik überwachen zu lassen und erst dann tätig zu werden, wenn Grenz- oder Schwellenwerte überschritten werden.

In SAP Business ByDesign ist der Begriff *Bericht* sehr vieldeutig. Einerseits handelt es sich dabei um listenartige Auswertungen. Andererseits können auch analytische Aufbereitungen in Form von Grafiken darunter fallen. Berichte sind in den einzelnen Fachbereichen zugeordnet und auch über die betriebswirtschaftliche Konfiguration selektiert und ausgewählt worden. Die *Kennzahl* ist eine Quote, die eine Verhältniszahl bildet und mit einem Schwellenwert ausgestattet werden kann. Dieses Beispiel wird insbesondere zur Verfolgung der Kontraktnutzung im Einsatz sein.

Bei Kennzahlen und auch bei Berichten ist es wichtig, dass der zeitliche Bezug variiert werden kann und die Berechnungsmethoden transparent sind. Auch Individualität ist ganz entscheidend. Ein Standardbericht, den Sie für eigene Zwecke anpassen können, ist wesentlich wertvoller als eine Vielzahl von Berichtsvarianten. In besonderen Anforderungsfällen muss es auch möglich sein, einen Bericht ad hoc zu erstellen und auf die gegebenen Anforderungen auszurichten. Dies ist insbesondere mit der In-Memory-Verarbeitungstechnik sehr gut möglich.

Zur besseren Entscheidungsfindung werden auch so genannte *Dashboards* herangezogen, die in einer grafisch ansprechenden Art und Weise Kennzahlen interaktiv erfahrbar machen wollen. Soll-Ist-Vergleiche, Problemerkennung und Leistungsmessung sollen damit einfacher möglich sein. Das folgende Beispielszenario wendet sich insbesondere an den Abteilungsleiter im Einkauf, aber auch an die Geschäftsführung, um deren Anforderungen an Analysen und Berichterstattungen nachzuvollziehen.

10.5.2 Prozessablauf

Im Szenario »Lieferanten- und Beschaffungsanalyse« rufen Sie zuerst in der Rolle des Einkaufsmitarbeiters im Work Center STARTSEITE den Bericht MATERIALBESTÄNDE – ROLLIERENDER BESTANDSVERGLEICH auf, um die Lagerbestandsentwicklung zu prüfen (siehe Abbildung 10.27). Den Bestellverlauf können Sie ebenfalls im Work Center STARTSEITE einsehen.

Als Mitglied der Geschäftsführung rufen Sie im Work Center GESCHÄFTSFÜHRUNG die Dashboards der Sicht GESCHÄFTSBEREICHE auf und analysieren sie. Anschließend prüfen Sie im gleichen Work Center die Standardkennzahl »Kontraktquote« und erstellen auf ihrer Basis eine eigene Auswertung. Im Work Center STARTSEITE prüfen Sie als Einkaufsmitarbeiter den Bericht RECHNUNGSVERLAUF. Anschließend legen Sie als Anwendungsexperte im Work Center UNTERNEHMENSANALYSEN einen neuen Bericht an. Zuletzt öffnen Sie als Einkaufsmitarbeiter einen Einkaufsbericht mit Hilfe des SAP Business ByDesign-Excel-Add-ins.

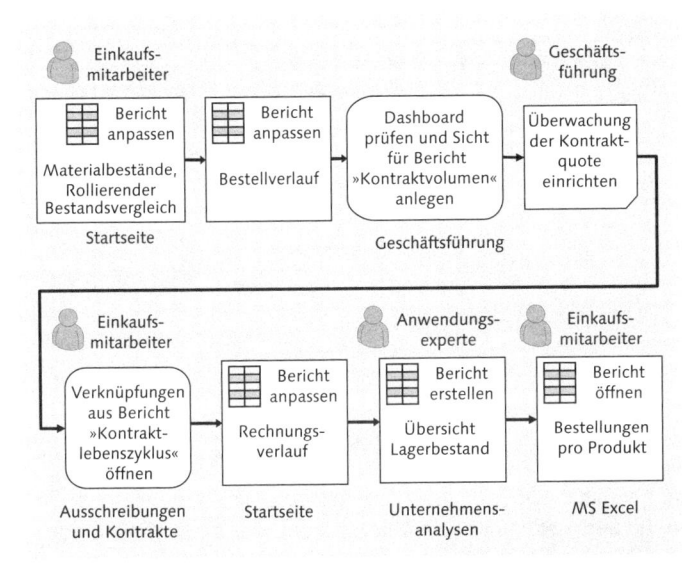

Abbildung 10.27 Prozessablauf »Lieferanten- und Beschaffungsanalyse«

Berichte [+]

Sie finden die Berichte thematisch zugeordnet in den Work Centern. Im Work Center STARTSEITE finden Sie alle Berichte aus den Work Centern, die Sie zur Verfügung haben. Wenn Sie daher einen Bericht suchen, können Sie ihn aus Ihrem Work Center STARTSEITE heraus öffnen, ohne das entsprechende Work Center suchen zu müssen.

Analytics-Experte [✲]

Analytics-Experten können die Zuordnung von Berichten zu Work-Center-Sichten vornehmen. Im FINE-TUNING können Sie festlegen, ob Sie den Analytics Experten eine solche Zuordnung trotz kollidierender Zugriffsrechte erlauben möchten.

Bericht »Materialbestände – Rollierender Bestandsvergleich« anpassen

Zuerst möchten Sie die Entwicklung des Lagerbestands analysieren und herausfinden, welche Produktkategorie den höchsten Wert aufweist. Hierfür öffnen Sie den Bericht MATERIALBESTÄNDE – ROLLIERENDER BESTANDSVERGLEICH.

Wenn Sie in SAP Business ByDesign einen Bericht öffnen, erscheint über dem Bericht eine Maske mit den wichtigsten Variablen. Dieses Variablenbild definiert die Selektionskriterien; Sie brauchen es nicht weiter anzupassen (siehe Abbildung 10.28)

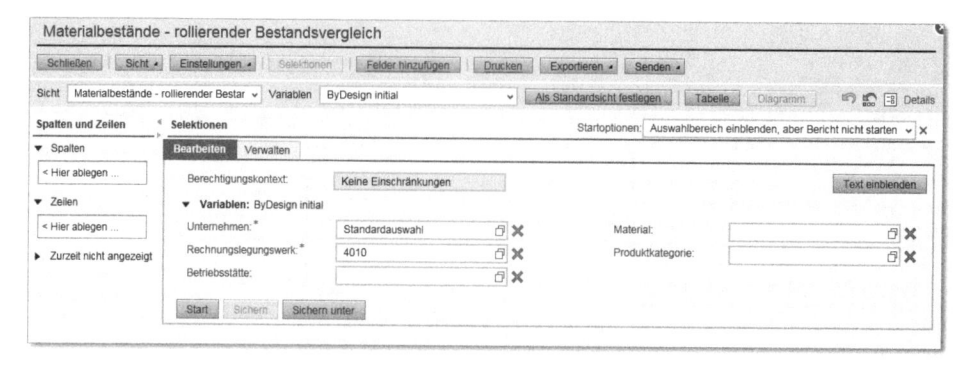

Abbildung 10.28 Variablen des Berichts »Materialbestände«

[+] **Variablen anpassen**

Sie können über die VARIABLEN die gezeigten Berichtsdaten jederzeit verändern. In diesem Fall werden die Berichtsdaten nach dem Klick auf START auf ihre veränderten Variablen hin angepasst.

Im Bericht finden Sie auf der linken Seite alle Merkmale, die in SPALTEN, ZEILEN oder ZURZEIT NICHT ANGEZEIGT sind (siehe Abbildung 10.29).

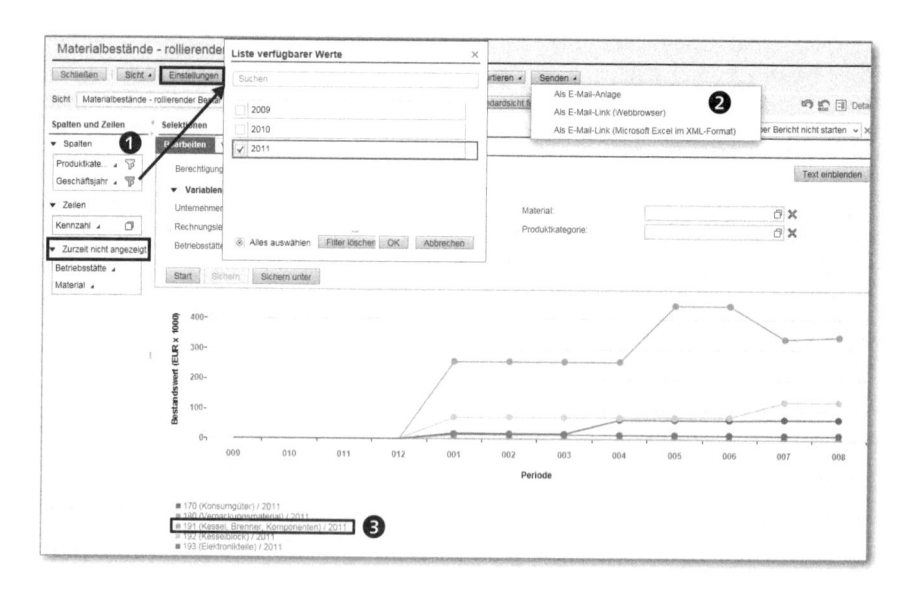

Abbildung 10.29 Bericht »Materialbestände« bearbeiten

Mit dem Schnellfilter ❶, der in Form eines Trichters in SAP Business ByDesign dargestellt ist, können Sie alle derzeit angezeigten Merkmale eingrenzen. Sie können Berichte per E-Mail ❷ an Kollegen verschicken. In dem dargestellten Bericht sehen Sie, dass die Erhöhung der Lagerbestände von der Produktkategorie KESSEL, BRENNER, KOMPONENTEN ❸ kommt. Ein Material aus dieser Produktkategorie haben Sie in Abschnitt 10.4.2 auf Lager gelegt.

Durch einen Klick im Bereich der zur Zeit nicht angezeigten Merkmale können Sie diese in Zeilen oder Spalten verschieben. Mit einem Klick auf den Button EINSTELLUNGEN können Sie den Diagrammtyp verändern, z. B. von Balken- auf Liniendiagramm.

Bericht »Bestellverlauf« anpassen

Sie möchten herausfinden, wie viel Umsatz Sie in den letzten 14 Tagen mit Ihren Lieferanten, aufgeteilt nach Ländern der Lieferanten, gemacht haben. Im Bericht BESTELLVERLAUF schränken Sie hierfür das Variablenbild auf die letzten 14 Tage ein (siehe ❶ in Abbildung 10.30).

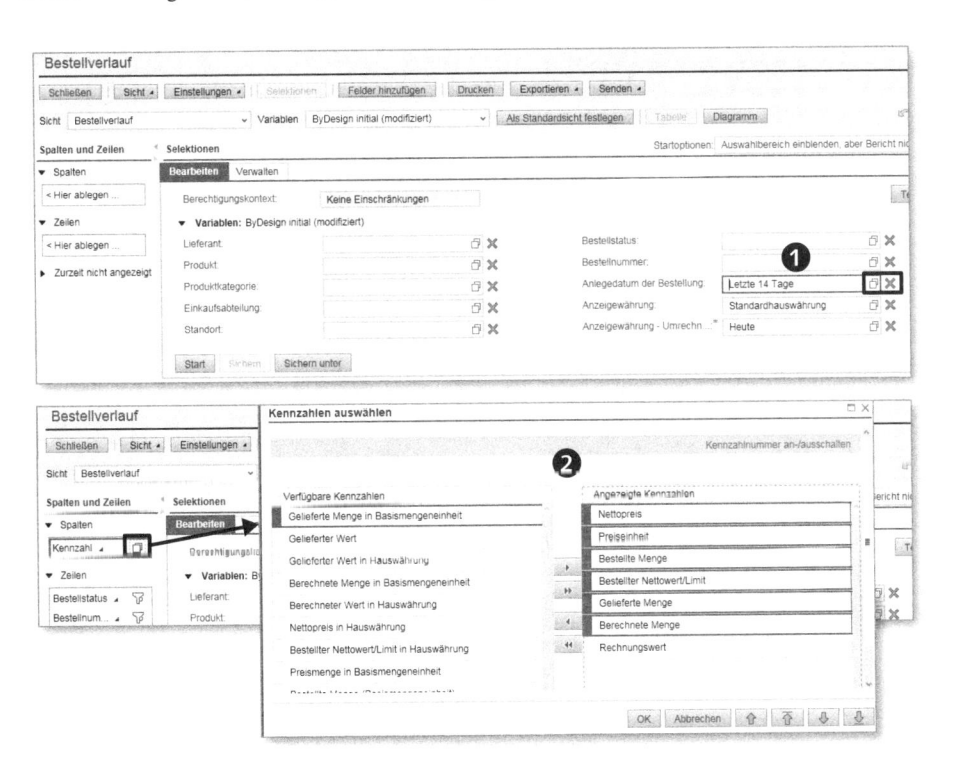

Abbildung 10.30 Bericht »Bestellverlauf« – Kennzahlen bearbeiten

Da Sie nur den Rechnungswert analysieren möchten, verschieben Sie mit der Funktion KENNZAHLEN AUSWÄHLEN (🗇) die übrigen standardmäßig angezeigten Kennzahlen in den Bereich VERFÜGBARE KENNZAHLEN ❷. In dieser Maske können Sie nicht benötigte Kennzahlen ausblenden oder sich weitere anzeigen lassen.Sie verschieben zudem alle übrigen Merkmale, bis auf das Land des Lieferanten, in den Bereich ZURZEIT NICHT ANGEZEIGT, um direkt den Rechnungswert aufgeteilt nach den Ländern der Lieferanten angezeigt zu bekommen (siehe Abbildung 10.31).

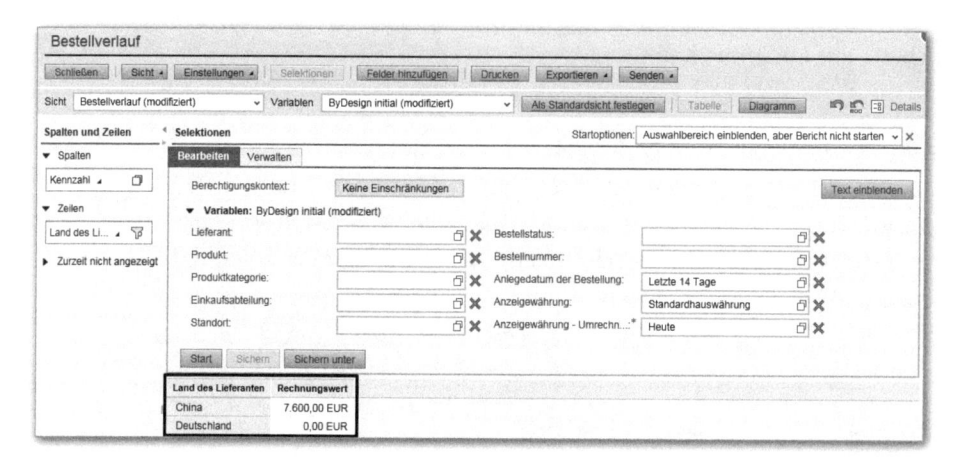

Abbildung 10.31 Ergebnis des Berichts »Bestellverlauf«

Dashboard prüfen und Sicht für den Bericht »Kontraktvolumen« anlegen

Zuerst möchten Sie sich einen Überblick über das Kontraktvolumen im Einkauf verschaffen. Anschließend suchen Sie sich einen Bericht, der Ihnen die zeitliche Entwicklung des Kontraktvolumens aufzeigt.

Für die Geschäftsführung existieren in SAP Business ByDesign *Dashboards* zu den Unternehmensbereichen »Finanz- und Rechnungswesen«, »Personalmanagement«, »Einkauf« und »Service«. Diese zeigen die wichtigsten Berichte für einen Fachbereich auf einen Blick. Bei manchen Dashboards kann zwischen mehreren vorangelegten Sichten gewählt werden. Im Gegensatz zu den normalen Berichten gibt es keine Tabellensicht, sondern lediglich die voreingestellte Visualisierung, z. B. in Form von Balken. Im Einkaufs-Dashboard stehen folgende Überblicke zur Verfügung (siehe Abbildung 10.32):

▸ Zusammenfassung der Einkaufsausgaben
▸ Die wichtigsten 5 Kategorien

Szenario »Lieferanten- und Beschaffungsanalyse« | 10.5

- Lieferantenabhängigkeit
- die wichtigsten 10 Lieferanten
- Umsatzentwicklung

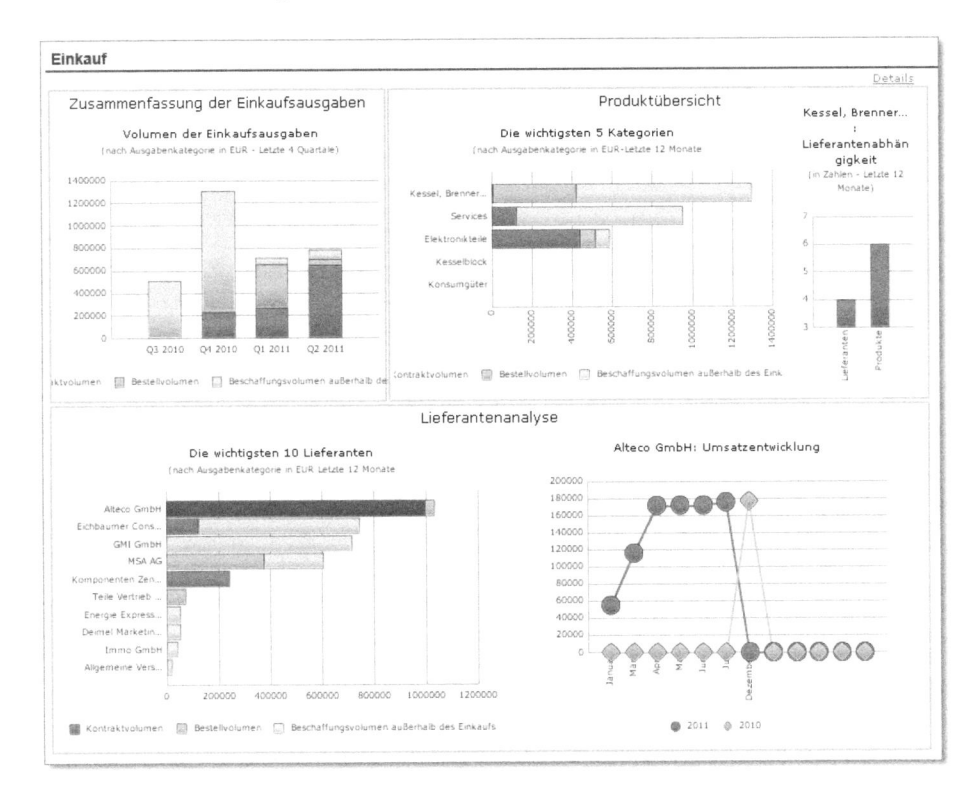

Abbildung 10.32 Einkaufs-Dashboards

Bei den Einkaufsausgaben findet eine Aufteilung zwischen Kontraktvolumen, Bestellvolumen und Beschaffungsvolumen außerhalb des Einkaufs statt.

- Wenn Sie mit der Maus über den Bereich des *Kontraktvolumens* fahren (dieser ist blau), wird Ihnen der genaue Wert aller über Kontrakte abgewickelten Einkaufsausgaben angezeigt.
- *Bestellvolumen* bezeichnet den Teil der Einkaufsausgaben, der ohne Kontrakte abgewickelt wurde.
- Das *Beschaffungsvolumen* außerhalb des Einkaufs berechnet sich aus den Lieferantenrechnungen ohne Bezug zu Bestellungen oder Kontrakten. In diesem Fall entzieht sich die Beschaffung der Kontrolle der Einkaufsabteilung.

Um das Einkaufsvolumen über Kontrakte genauer zu analysieren, wählen Sie den Bericht AUSGABEN NACH AUSGABENKATEGORIE (siehe ❶ in Abbildung 10.33).

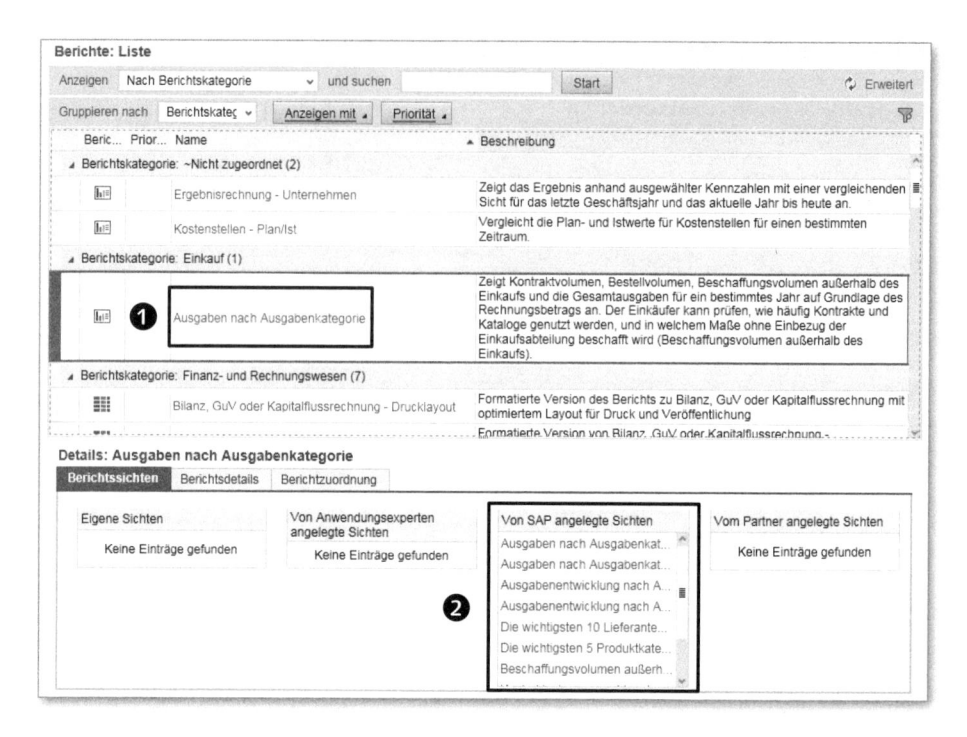

Abbildung 10.33 Berichtssichten

Zu vielen Berichten gibt es bereits mehrere von SAP angelegte Sichten ❷, die einen bestimmten Fokus und damit verschiedene Zeilen- und Spaltenmerkmale besitzen. In einer Sicht werden Spalten- und Zeilenanordnung, Sortierung, Ergebniszeilen, Merkmalseinstellungen sowie Diagrammeinstellungen gespeichert. Nicht betroffen davon sind die Einstellungen im Variablenbild.

Da Sie das Kontraktvolumen interessiert, wählen Sie die Sicht KONTRAKTVOLUMEN PRO MONAT. Diese Sicht passen Sie weiter an, indem Sie unter dem Button EINSTELLUNGEN einen anderen Diagrammtyp (Flächendiagramm) wählen. Anschließend speichern Sie diese Sicht und vergeben eine Bezeichnung (siehe ❶ in Abbildung 10.34). Die gerade von Ihnen gespeicherte Sicht ist benutzerspezifisch, das heißt, sie kann nicht von anderen Nutzern verwendet werden. Sie wählen diese Sicht zur Anzeige aus ❷.

Berichtssichten   [+]

Wird eine benutzerdefinierte Sicht einmal gesichert, kann sie überall in diesem Bericht wieder aufgerufen werden, z. B. auch bei personalisierten Übersichtsseiten. Der Anwendungsexperte kann Sichten speichern, die dann allen Benutzern zur Verfügung stehen.

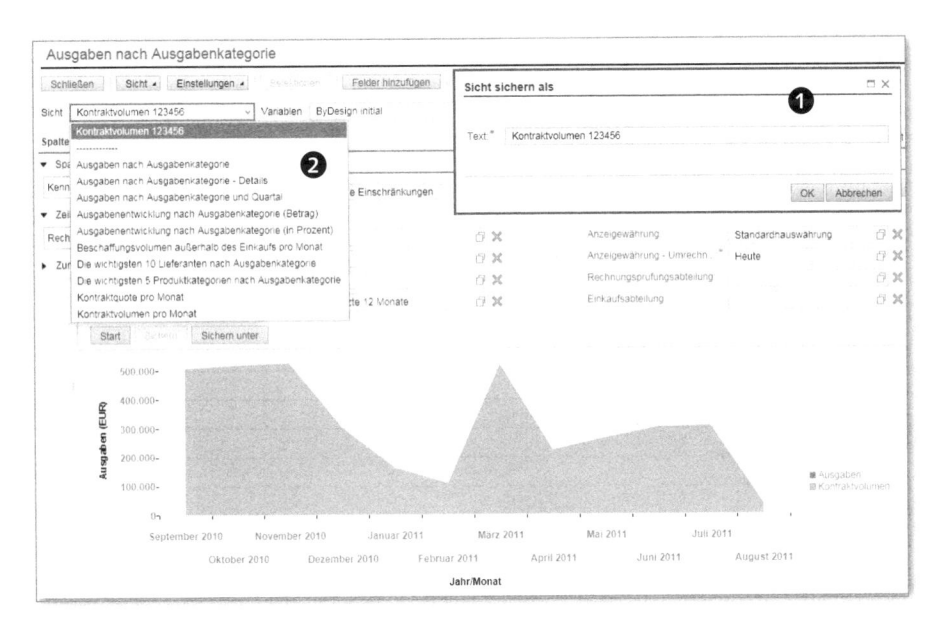

Abbildung 10.34 Benutzerspezifische Berichtssichten speichern

Überwachung der Kontraktquote einrichten

Da in Zukunft der Anteil des Einkaufsvolumens über Kontrakte gesteigert werden soll, richten Sie eine Überwachung der Kontraktquote ein. Zuerst prüfen Sie die Standardauswertung zur Kontraktquote und fügen diese Liste Ihren überwachten Kennzahlen hinzu. Der AUSWERTUNGSKATALOG befindet sich im Work Center GESCHÄFTSFÜHRUNG in der Sicht KENNZAHLEN.

Kennzahlen einrichten   [«]

Alternativ können Sie Kennzahlen auch im Work Center MEIN VERANTWORTUNGSBEREICH einrichten, der jedem Abteilungsleiter zur Verfügung steht.

Im AUSWERTUNGSKATALOG finden Sie eine Übersicht aller vordefinierten Kennzahlen mit Angabe der FREQUENZ, d.h., wie oft die Kennzahl neu berechnet wird, der WICHTIGKEIT und der Berechtigungen (siehe Abbildung 10.35).

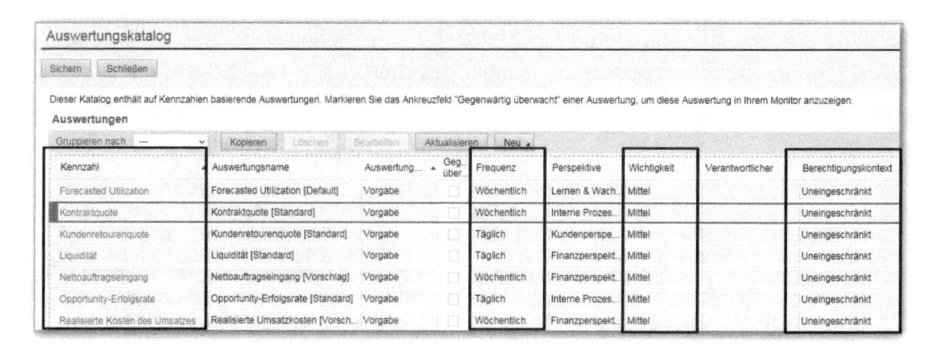

Abbildung 10.35 Auswertungskatalog

Sie können zu jeder Kennzahl die Kennzahlendefinition einsehen, um Einblick in die BERECHNUNGSFORMEL und die GEWÜNSCHTE RICHTUNG zu bekommen (siehe ❶ in Abbildung 10.36). Zeiträume und Bedingungen werden in einer Auswertung festgelegt. Nur so kann die Kennzahl auch berechnet werden. In der AUSWERTUNGSDEFINITION ❷ können Sie z. B. die Bedingung prüfen; in der KENNZAHLEN-Sicht ❸ können Sie sich die Kennzahl im Zeitverlauf anzeigen und zum Vergleich z. B. die Vorjahreswerte einblenden lassen.

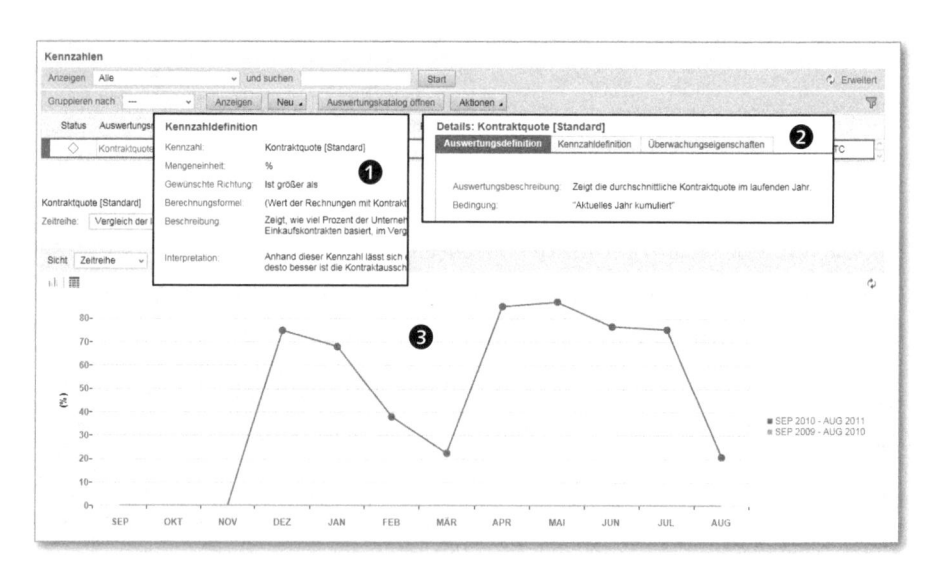

Abbildung 10.36 Kennzahlen

Da Sie die Kennzahl »Kontraktquote« interessiert, setzen Sie in der Spalte GEGENWÄRTIG ÜBERWACHT im Auswertungskatalog einen Haken, um die Kennzahl in die Überwachung aufzunehmen (siehe Abbildung 10.37).

10.5 Szenario »Lieferanten- und Beschaffungsanalyse«

[Abbildung: Kennzahlen-Übersicht mit neu angelegter Kennzahl »Kontraktquote 191 [Letzte 30 Tage]« mit Markierungen ① (Zielwert 80) und ② (Ampel/Status)]

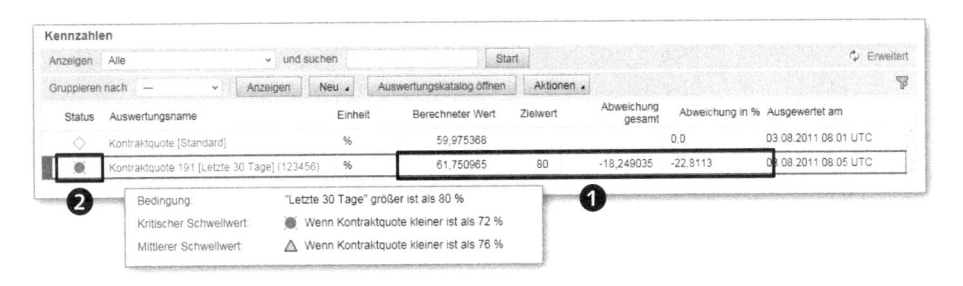

Abbildung 10.37 Neu angelegte Kennzahl

Weil Sie einen selbst definierten Schwellenwert in Höhe von 80 % setzen sowie die Berechnung auf die Produktkategorie 191 KESSEL BRENNER KOMPONENTEN beschränken möchten, legen Sie eine neue Auswertung an. Dies ist eine individuelle Anweisung, wie die Kennzahl zu berechnen ist.

Machen Sie Angaben zur Dimension (z. B. Zeit) und zum Berechnungszeitraum (letzte 30 Tage) und legen Sie als Zielwert 80 % fest (siehe ① in Abbildung 10.37). Sobald die aktuelle Kontaktquote 10 % (im Vergleich zum Zielwert) niedriger ist als der Zielwert, soll der kritische Schwellenwert ausgelöst werden, bei 5 % der mittlere Schwellenwert. Visualisiert werden die Schwellenwertunter-/-überschreitungen später durch die »Ampel« vor der Kennzahl ②.

Alarme [+]

Alarmmeldungen sehen Sie direkt auf Ihrer Startseite, wenn Sie sich in SAP Business ByDesign einloggen, in den Schnellzugriffen.

Verknüpfungen aus dem Bericht »Kontraktlebenszyklus« öffnen

Um einen Überblick über den Status der Kontrakte zu bekommen, analysieren Sie den Bericht KONTRAKTVERLAUF. Im Bericht werden die Kontrakte nach Auswahl mit zugehörigen ZIELMENGEN (siehe ③ in Abbildung 10.38) und abgerufenen Mengen ④ (bzw. Werten) angezeigt. In den Variablen haben Sie den Solar Boiler ausgewählt, der in Abschnitt 10.3.2 angelegt wurde. Im Bericht sehen Sie, dass aus dem ersten Kontrakt bereits eine Menge von 20 Stück abgerufen wurde und aus dem zweiten Kontrakt noch null.

Aus dem Bericht heraus können die abgerufenen Belege für den selektierten Kontrakt angezeigt werden ⑤. Somit ist die Analyse direkt mit den operativen Daten verknüpft, um z. B. den Kontrakt neu zu verhandeln.

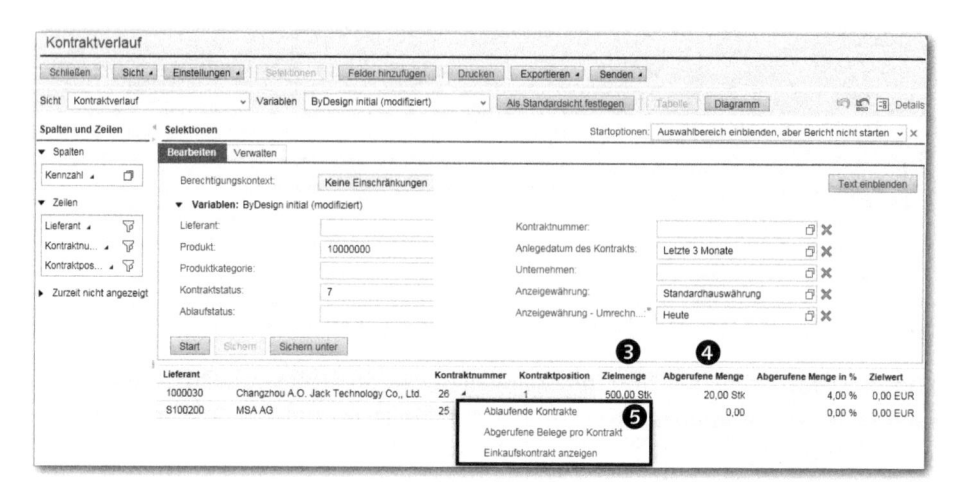

Abbildung 10.38 Aus Bericht »Kontraktverlauf« ausgehende Belege anzeigen lassen

Ebenso ist es möglich, aus dem Namen eines Lieferanten zu dessen Stammdaten zu springen (siehe Abbildung 10.39).

Abbildung 10.39 Aus Bericht »Kontraktverlauf« Lieferantenübersicht öffnen

[+] **Berichte**
Aus dem Bericht heraus können Sie auf Belege und Stammdaten springen, um weiterführende Informationen zu erhalten.

Bericht Rechnungsverlauf anpassen

Zuletzt möchten Sie noch den Rechnungsverlauf und Steuerbetrag aller Rechnungen der letzten 14 Tage analysieren. Sie öffnen daher den Bericht RECHNUNGSVERLAUF und ändern die Einstellung der Variablen auf die letzten 14 Tage. Dann verschieben Sie alle Merkmale bis auf die Kennzahlen über einen Klick auf ◢ in ZURZEIT NICHT ANGEZEIGT (siehe Abbildung 10.40).

Anschließend reduzieren Sie noch die angezeigten KENNZAHLEN, damit nur noch RECHNUNGSWERT übrig bleibt, und dann lassen Sie sich ein Kreisdiagramm anzeigen (siehe ❶ in Abbildung 10.41).

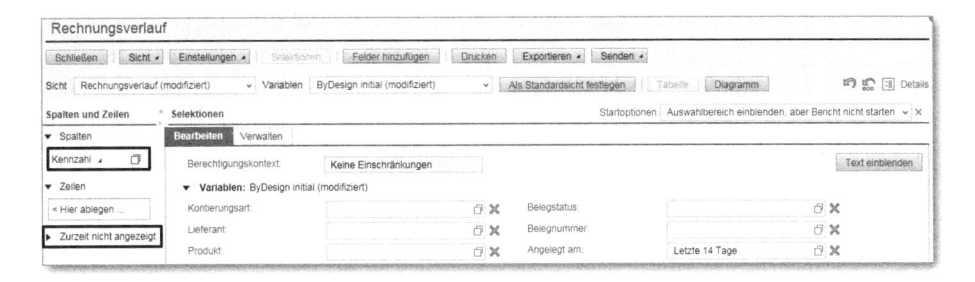

10.5 Szenario »Lieferanten- und Beschaffungsanalyse«

Abbildung 10.40 Bericht »Rechnungsverlauf«

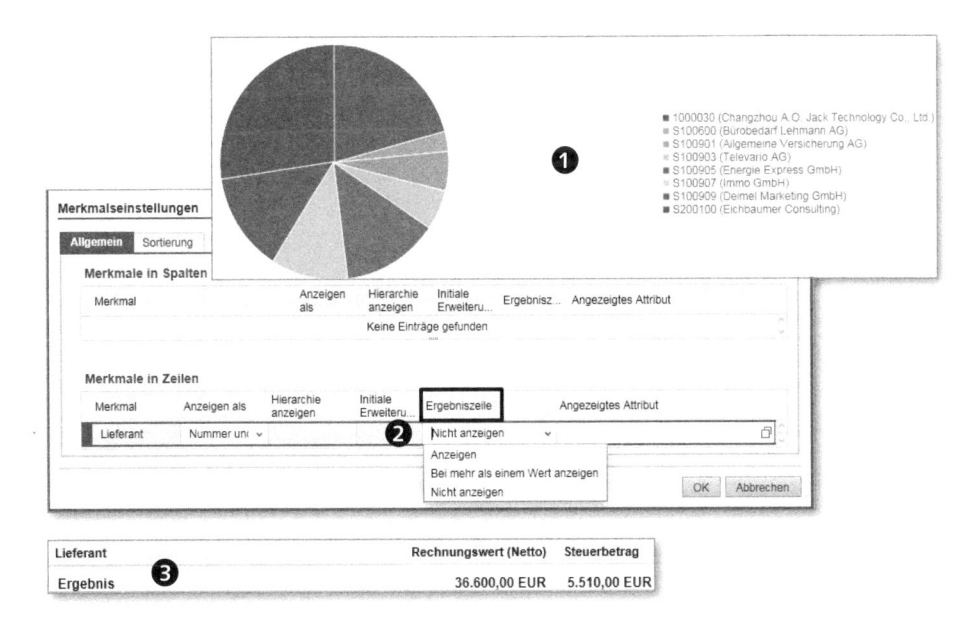

Abbildung 10.41 Kreisdiagramm eines Berichts

Sie stellen wieder auf Tabelle um und fügen die Kennzahl »Steuerbetrag« hinzu. In den Merkmalseinstellungen ❷ stellen Sie ein, dass über alle Lieferanten eine ERGEBNISZEILE angezeigt werden soll. In dieser können Sie das Ergebnis des Steuerbetrags ❸ ablesen.

Neuen Bericht erstellen

Da Sie Informationen benötigen, die Sie in dieser Form nicht in einem Standardbericht finden, erstellen Sie einen neuen Bericht. Hierfür legen Sie zuerst eine neue Datenquelle an, dann erstellen Sie einen Bericht und definieren noch das Layout dieses Berichts. Um Berichte und Datenquellen zu erstellen, gehen Sie in das Work Center UNTERNEHMENSANALYSEN.

Hier wählen Sie in der Sicht DATENQUELLEN ERSTELLEN mit Klick auf den Button NEU eine KOMBINIERTE DATENQUELLE, da Sie Daten aus zwei verschiedenen Datenquellen für den neuen Bericht benötigen. Sobald Sie die Datenquellen hinzugefügt haben ❸, können Sie bereits Kennzahlen oder Merkmale dieser Datenquellen deselektieren, die Sie nicht benötigen (siehe ❹ in Abbildung 10.42).

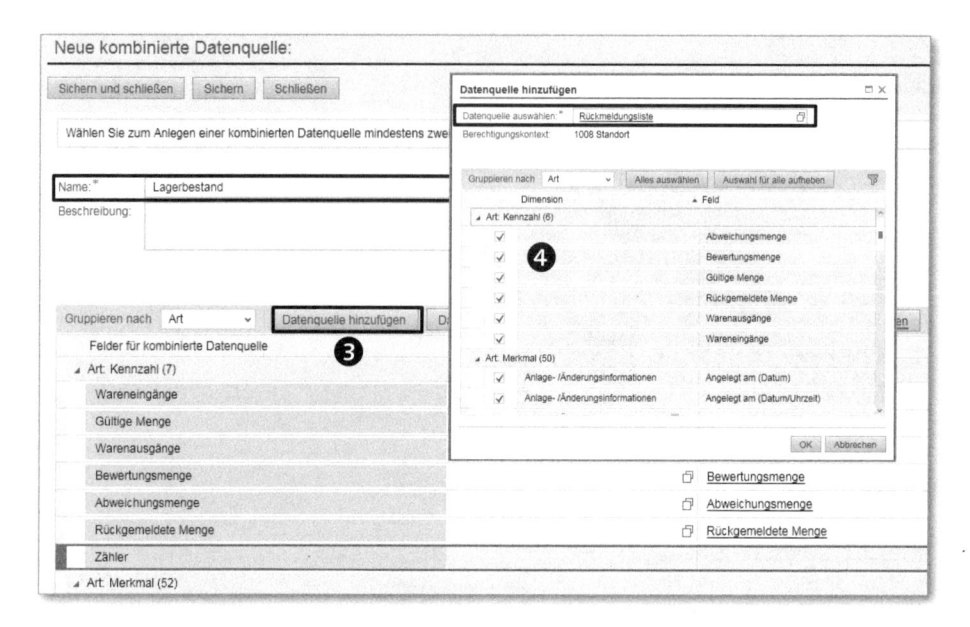

Abbildung 10.42 Datenquelle anlegen

Sie sehen bereits für jede Datenquelle die Kennzahlen und Merkmale, die später für den Bericht verfügbar sind. So können Sie sich aus unterschiedlichen Datenquellen Ihre benötigten Felder zusammenstellen.

[+] **Deselektion von Merkmalen und Kennzahlen**

Um mögliche Anpassungen nicht frühzeitig unmöglich zu machen, sollte die Auswahl von Kennzahlen und Merkmalen erst im Arbeitsschritt LAYOUT ANPASSEN erfolgen; so halten Sie sich alle Möglichkeiten offen. Bei sehr umfangreichen Kombinationen kann es vorteilhaft sein, das Datenvolumen frühzeitig auf das Nötigste zu reduzieren.

Anschließend gehen Sie in die Sicht BERICHTE ERSTELLEN und legen einen neuen Bericht auf Basis Ihrer Datenquelle an. Sie können den Bericht »für mobiles Datenerfassungsgerät aktivieren« oder »nur für Stammdaten« anlegen (siehe ❶ in Abbildung 10.43). In diesem Fall werden keine Kennzahlen verwendet.

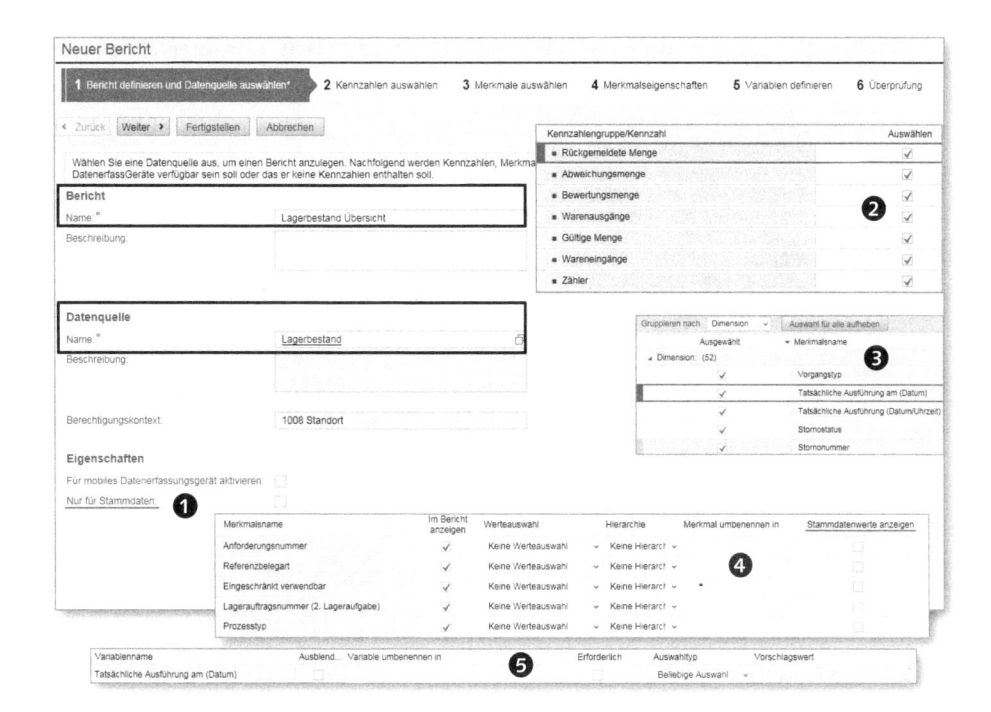

Abbildung 10.43 Bericht erstellen

Im zweiten Schritt der geführten Aktivität bekommen Sie die Kennzahlen ❷ vorgeschlagen. Hier wählen Sie die, die Sie später im Bericht zur Verfügung haben möchten, durch einen Haken aus. Ebenso wählen Sie die Merkmale des Berichts aus ❸. Im vierten Schritt definieren Sie für die Merkmale Eigenschaften ❹. Hierzu gehören feste Werte, wie z. B. NICHT STORNIERT für den Stornostatus, um die Daten, die Sie nicht interessieren, von vornherein abzuwählen. Sie legen auch für das Ausführungsdatum fest, dass dieses später im Bericht als Variable zur Verfügung steht. Im fünften Schritt ❺ legen Sie genauere Informationen zu den Variablen fest. Anschließend stellen Sie den Bericht fertig.

Aus den nach dem Speichern vorgeschlagenen Links wählen Sie, dass Sie das Layout für den Bericht in einem Web-Browser pflegen möchten. Sie bearbeiten zuerst das Variablenbild (siehe ❻ in Abbildung 10.44), wie es später auch im Bericht sein wird. In dem Bericht selbst werden Ihnen, je nach Berechtigung, die echten oder nur Testdaten angezeigt ❼, mit denen Sie das Layout anlegen können. Wenn Sie den Bericht später aus dem Work Center heraus öffnen, füllt er sich immer mit den richtigen Daten. Sie können jetzt alle Merkmale aus dem derzeit nicht angezeigten Bereich in die Zeilen und Spalten verschieben ❽. Ebenso können Sie die Kennzahlen bearbeiten. Anschließend speichern Sie die Sicht unter einem Namen ab ❾ und legen diese als Standardsicht für den Bericht fest.

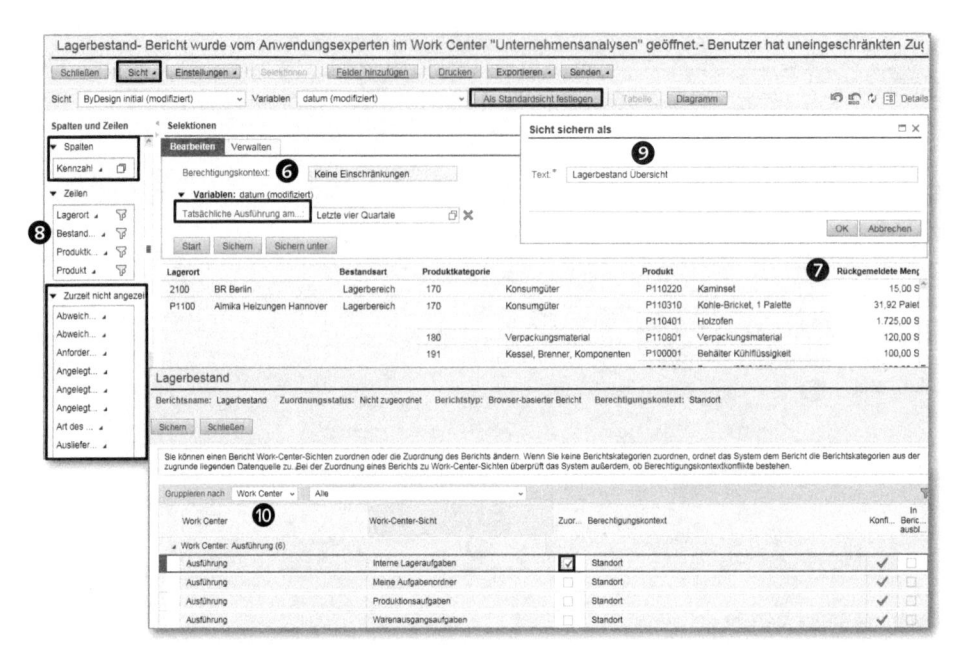

Abbildung 10.44 Berichtslayout festlegen und Work Center zuordnen

Sie verwenden einen weiteren Link, um den Bericht noch einer Work-Center-Sicht zuzuordnen ❿. Sobald dies erfolgt ist, können alle Anwender, die dieses Work Center zugeordnet haben, auch Ihren neu erstellten Bericht verwenden.

Excel-Add-in nutzen

In der Sicht SELF-SERVICES im Work Center STARTSEITE finden Sie unter der Überschrift MEIN COMPUTER einen Link ZUSÄTZLICHE SOFTWARE INSTALLIEREN. Hier finden Sie unter anderem das ADD-IN FÜR MICROSOFT EXCEL.

Nachdem Sie dies heruntergeladen und installiert haben, finden Sie in MS Excel einen zusätzlichen Reiter mit dem Namen SAP BUSINESS BYDESIGN. Über den Reiter können Sie sich in SAP Business ByDesign an- und abmelden

Szenario »Lieferanten- und Beschaffungsanalyse« | **10.5**

(siehe ⓫ in Abbildung 10.45), indem Sie die URL, Ihren Benutzernamen und Ihr Kennwort eintragen.

Jetzt können Sie alle Berichte, für die Sie in SAP Business ByDesign die Berechtigung bekommen haben, in Excel einfügen und bearbeiten ⓬.

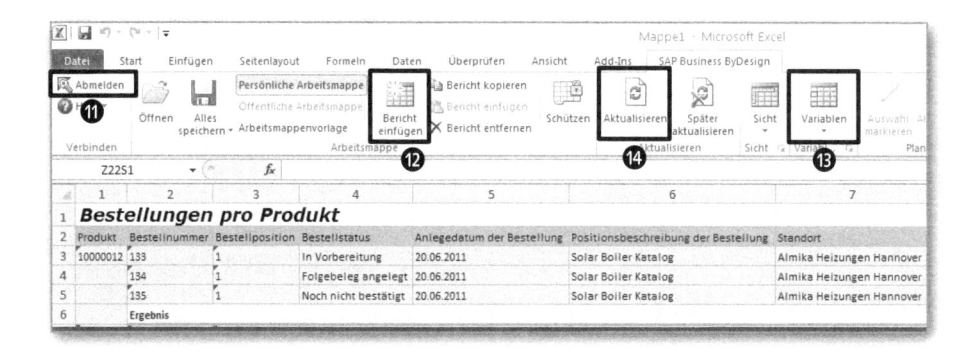

Abbildung 10.45 Berichte in MS Excel

Sie können die Variablen und Sichten anpassen ⓭ (Änderungen werden durch AKTUALISIEREN mit SAP Business ByDesign synchronisiert), alle Werte mit Excel-Formeln weiterverarbeiten und sich so individuelle Übersichten zusammenstellen.

Die Arbeitsmappe können Sie anschließend auf Ihrem Rechner speichern und nach erneutem Öffnen die Werte im Bericht wieder aktualisieren ⓮.

Der Vorteil des Excel-Add-ins liegt in der weiteren Individualisierung etwa durch:

- Ergänzung eigener Berechnungen
- Kombination von Datenquellen, die innerhalb von SAP Business ByDesign aus Kontextgründen nicht kombinierbar sind
- Anlegen umfangreicher Reports mit mehreren Datenquellen
- Nutzung graphischer Darstellungsmöglichkeiten

Derart erstellte Berichte, die Daten zu bestimmten betriebswirtschaftlichen Problemstellungen aufbereiten, können auch über den SAP Store gekauft werden.

Durch den Einsatz eines integrierten Kundenbeziehungsmanagements können Aktivitäten mit dem Kunden geplant und dokumentiert werden. Hierdurch haben die Vertriebsmitarbeiter einen besseren Überblick über ihre laufenden Aktionen; hinsichtlich Auftragsabwicklung, Auslieferung und Kundenservice werden Termintreue und Servicegrad erhöht. Daneben sind kurze Reaktionszeiten in kritischen Situationen wichtig, denn sie garantieren Kundenzufriedenheit und -treue.

11 Customer Relationship Management

In den Beispielszenarien zum Customer Relationship Management (CRM) werden die Aktivitäten vom Pre-Sales- bis zum After-Sales-Bereich aufgezeigt. Anhand einer Marketingkampagne werden dabei alle Aktivitäten mit dem Kunden dokumentiert. So gewinnen Sie eine Rundumsicht über alle Aktivitäten im Kundenbeziehungsmanagement.

Der CRM-Bereich lässt sich in SAP Business ByDesign auch mit mobilen Endgeräten wie iPhone, iPad oder Blackberry gut nutzen. Vertriebsmitarbeiter können unter anderem Leads und Opportunities anlegen und prüfen oder Spesenabrechnungen anlegen, und der Vertriebsleiter kann von unterwegs aus Genehmigungen erteilen. Diese Aspekte stellen wir im ersten Szenario dar.

Im zweiten Teil des Kapitels werden dann der Auslieferungsprozess beschrieben sowie eine Retoure mit Gutschriftverrechnung durchgeführt. Im dritten Szenario werden Möglichkeiten für einen »lagerlosen« Auslieferungsprozess bei Kundenaufträgen mittels eines Streckengeschäfts aufgezeigt.

Das letzte Beispielszenario nutzt die Möglichkeit der Produktregistrierung. Diese stellt die Verbindung zu einem bereits abgeschlossenen Kundenauftrag her, um den Kunden auch nach dem Verkauf bestmöglich zu betreuen. Wenn alle diese Informationen, wie Garantiestichtag, Beteiligte, Referenzprodukt, Produktstandort etc. erfasst werden und zusammenspielen, garantiert dies eine schnelle Bearbeitung der Serviceanfragen, eine umgehende Ausführung von Serviceaufträgen durch die Techniker vor Ort sowie eine zeitnahe und korrekte Rechnungsstellung.

11.1 Vom Marketing zum Kundenservice

Anhand von vier Beispielszenarien werden in diesem Kapitel neben den klassischen CRM-Funktionen wie dem Kundenaktivitätsmanagement auch andere, seltener vorkommende Prozesse aufgezeigt. Hierzu gehören die Retoure, das Streckengeschäft und Bereiche des Kundenservices.

Der Kundenservice gehört zum CRM-Bereich, da die Kundenbeziehung nicht nach dem Verkauf des Produktes endet und weiterhin gepflegt werden sollte. Zudem ist CRM mit vielen anderen Komponenten integriert, etwa mit den Bereichen der Lagerhaltung und des Einkaufs, wenn Ersatzteile benötigt werden. Zur Ausführung von Services werden Mitarbeiterressourcen aus dem Personalmanagement benötigt. Da die Leistungen des After Sales auch dem Kunden in Rechnung gestellt werden, ist hier eine Verbindung mit dem Finanzwesen gegeben.

Einen Überblick über den Inhalt der vier Szenarien gibt Tabelle 11.1.

Szenarien	Prozessinhalte	Funktionen	Methoden
Kundenmanagement	▸ Basispreisliste ▸ Zielgruppe und Kampagne ▸ Verkaufsaktivitäten und Opportunity ▸ Opportunity-Pipeline ▸ Kundenauftrag ▸ Liefertermin und Meldebestand ▸ Beschaffung und Lieferantenrechnung	▸ Verkaufsaktivitäten ▸ Preisfindung ▸ Materialverfügbarkeit ▸ Lieferterminierung	▸ Kampagnenmanagement ▸ Pipeline-Management ▸ Verbrauchsgesteuerte Disposition ▸ Bezugsquellenfindung durch Quotierung
Auslieferung und Fakturierung	▸ Kundenbedarf und Lageranforderung ▸ Kommisionierung ▸ Auslieferung ▸ Kundenrechnung ▸ Kundenretourenlieferschein und Einlagerung ▸ Gutschrift	▸ Kommissionierung ▸ Warenausgang ▸ Automatische Aufgabensteuerung bei Lageranforderung	

Tabelle 11.1 Beispielprozesse in CRM

Szenarien	Prozessinhalte	Funktionen	Methoden
Strecken-geschäft	▸ Vorbereitung Material ▸ Listenpreis ▸ Kundenauftrag ▸ Bestellung ▸ Bestellbestätigung ▸ Streckenlieferschein ▸ Kundenrechnung ▸ Registriertes Produkt ▸ Lieferantenrechnung	▸ Streckenbestellung ▸ Eindeutige Beziehung Produkt & Kunde	
Kundenservice	▸ Serviceanfrage ▸ Serviceauftrag ▸ Ersatzteil Warenausgang ▸ Servicerückmeldung ▸ Servicefakturierung	▸ E-Mail-Integration ▸ Wissensdatenbank ▸ Ersatzteilmitnahme durch Techniker ▸ Auftragsabschluss	▸ Problemmanagement

Tabelle 11.1 Beispielprozesse in CRM (Forts.)

Im ersten Szenario stehen der Kunde und das Kundenbeziehungsmanagement im Vordergrund. Hierfür wird im Kampagnenmanagement eine Marketingkampagne für ein neues Produkt angelegt und eine Zielgruppe definiert. Anschließend wird die Kundenübersicht analysiert, in der alle derzeit laufenden Opportunities, Angebote, Kundenaufträge etc. aufgezeigt werden.

Da der Kunde Interesse am Kauf des neuen Produktes anmeldet, wird eine Opportunity angelegt und die Verkaufsaktivitäten werden dokumentiert. Im Pipeline-Management werden alle Opportunities der Abteilung überwacht.

Damit das neue Produkt an Kunden verkauft und eine Preisfindung gewährleistet werden kann, wurde es noch in die Basispreisliste eingetragen. Aus dem Kundenauftrag heraus wird die Materialverfügbarkeit geprüft. Es zeigt sich dabei, dass nur eine Teillieferung möglich ist. Da für das Material eine verbrauchsgesteuerte Disposition festgelegt wurde, wird anschließend eine Disposition durchgeführt und eine Bestellung erzeugt. Die Bezugsquellen dieser Bestellung werden auf Grund der Quotierung aus Abschnitt 10.3.2 automatisch gefunden. Wegen dieser Veränderungen werden zudem der

Liefertermin neu terminiert sowie der Meldebestand angepasst. Sobald die nachbestellte Ware angeliefert wird, erfolgen der Wareneingang und die Erfassung der Kundenrechnung.

Im zweiten Szenario wird der Kundenbedarf freigegeben und eine Lageranforderung zur Einlagerung angelegt. Anschließend wird die Ware aus dem Kundenauftrag kommissioniert und der Warenausgang gebucht. Bei der Lageranforderung findet eine automatische Aufgabensteuerung statt. Nach der Auslieferung wird die Rechnung zum Kundenauftrag gestellt. Da der Kunde mit der gelieferten Ware nicht gänzlich zufrieden ist, kündigt er an, dass er einen Teil der Ware zurückschicken wird. Der avisierte Kundenretourenlieferschein wird angelegt. Nach Anlieferung der Ware wird die Gutschrift verrechnet.

Im dritten Szenario wird ein Kundenauftrag als Streckengeschäft abgewickelt. Zuerst wird das Material so vorbereitet, dass es neben der klassischen Auslieferung auch per Strecke verkauft werden kann. Anschließend wird ein Listenpreis für das Material und einen Lieferanten erfasst. Es folgt der Kundenauftrag, für den eine Streckenbestellung in SAP Business ByDesign ausgeführt wird. Die Bestellung wird vom Lieferanten bestätigt, und als Nachweis für die Belieferung des Kunden wird der Lieferschein erfasst. Dieser Lieferschein ist die Basis für die Erstellung der Kunden- und Lieferantenrechnung. Das ausgelieferte Produkt wird als registriertes Produkt erfasst, um jederzeit nachvollziehen zu können, dass genau dieses Produkt an den Kunden geliefert wurde.

Das letzte Szenario beginnt mit der E-Mail eines Kunden, der Probleme mit seinem erworbenen Produkt hat. Für dieses Problem wird automatisch eine Serviceanfrage in SAP Business ByDesign angelegt. In der Wissensdatenbank des Kundenservices wird eine Lösung für das Problem gefunden und dem Kunden mitgeteilt. Da erneut ein Problem auftritt, meldet sich der Kunde wieder und es wird eine neue Serviceanfrage angelegt. In diesem Fall muss zudem ein Serviceauftrag angelegt werden, da der Kunde das Problem nicht mehr alleine beheben kann und ein Techniker zum Kunden fahren muss. Der Techniker benötigt ein Ersatzteil, für das er einen Warenausgang bucht. Nachdem er die Reparatur durchgeführt hat, meldet er den Service als erledigt zurück und schließt den Auftrag ab. Zuletzt wird noch die Rechnung gestellt, wobei der Kunde nicht den vollen Betrag zahlen muss, da die Garantie noch nicht abgelaufen ist.

11.2 Aufbauorganisation des Kunden- und Auftragsmanagements

Die vier Szenarien spielen sich in den Bereichen »Marketing«, »Kundenmanagement« und »Verkauf« ab. Um die vertrieblichen Aufgaben erfüllen zu können, muss die Organisationseinheit im Organisationsmodell von SAP Business ByDesign mit der Funktion VERTRIEB UND SERVICE versehen werden (siehe Abbildung 11.1). Hinzu kommen die Stammdaten aus dem Bereich VERWALTUNG, um Geschäftspartner und Produkte verwalten zu können. Eine Erklärung der Grundlagen des Organisationsmanagements finden Sie in Abschnitt 9.3.2.

Abbildung 11.1 Funktionen »Vertrieb und Service« bzw. »Verwaltung«

Das Szenario des produktbezogenen Kundenservices baut auf bereits getätigten Kundenaufträgen und somit Tätigkeiten der Abteilung Vertrieb und Marketing auf. Oftmals werden der Verkauf und der Kundenservice daher direkt in einer Abteilung durchgeführt, die dann im Organisationsmodell die Funktionen für Serviceorganisation und Kundenservice sowie Vertrieb und Marketing besitzt (siehe Abbildung 11.1).

In Abbildung 11.2 sind die in den Geschäftsszenarien verwendeten Work Center mit den für die Bearbeitung relevanten Sichten, die einer konkreten Aufgabe im Sinne der BWL entsprechen, aufgeführt.

Die Work Center repräsentieren Rollen und kombinieren zusammengehörige Aufgaben. Damit ermöglichen sie die Aufgabenzuordnung zu Mitarbeitern im Rahmen des Organisationsmanagements.

Nicht besuchte Work Center, die in den Aufgabenbereich einer Abteilung fallen und für ähnliche Szenarien oder -varianten relevant sind, sind ohne Sichten angegeben. In diesem Fall wird auf bestehende Kontrakte zurückgegriffen, die in Kapitel 10 angelegt wurden. Es ist daher nicht notwendig, neue Lieferanten oder Kontrakte zu definieren. In der Logistik wäre es z. B. zudem möglich, Qualitätsprüfungen oder Umlagerungen auszuführen. Aus dem Bereich des Verkaufs und Services werden alle typischen Work Center in den

Szenarien verwendet, bis auf den Work Center E-COMMERCE, der im Falle einer Online-Shop Intergation relevant wäre.

Kundenmanagement (1a)			Auslieferung und Fakturierung (1b)		Streckengeschäft (2)		Produktbezogener Kundenservice (3)

Strategischer und operativer Einkauf

Produkt-portfolio	Bestell-anforderungen und Bestellungen	Rechnungs-prüfung	Startseite	Lieferanten-basis	Wareneingang und Service-erbringung
Listenpreise (1a)	Bestell-anforderungen (1a, 2) Bestellungen und Bestellungen (1a, 2)	Rechnungs-erfassung (2) Rechnungen und Gutschriften (2)	Aufgaben (3)	Ausschreibungen und Kontrakte	

Supply Chain Planung und Steuerung

Beschaffungs-planung	Beschaffungs-steuerung	Bedarfs-vorplanung
Produkte (1a)		

Lagerhaltung und Logistik

Auslieferungs-steuerung	Waren-eingang	Waren-ausgang	Strecken-abwicklung	Inventur	Ausführung
Kunden-bedarf (1b, 2, 3)	Lieferscheine (1b) Lageran-forderungen (1b) Aufgaben-steuerung (1b)	Versand-steuerung (1b, 3) Lageran-forderungen (1b) Aufgaben-steuerung (1b) Auslieferungen (1b)	Strecken-bestellung (2)	Interne Logistik	

Marketing, Verkauf und Service

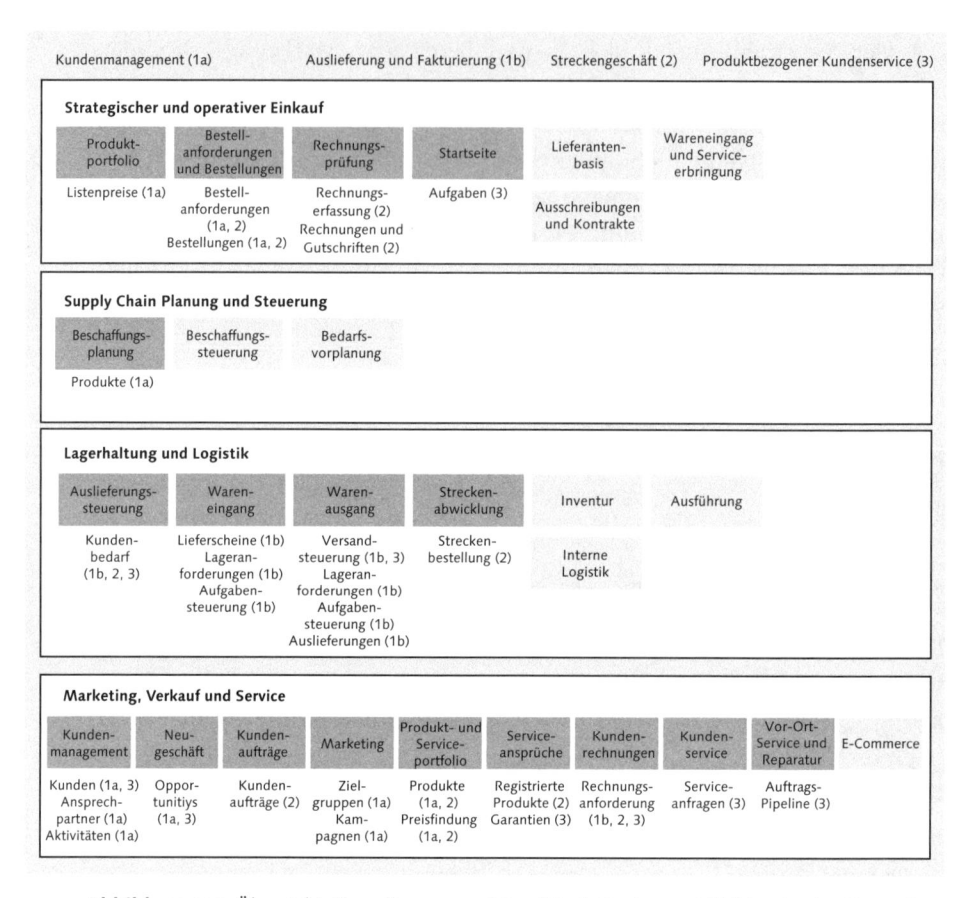

Kunden-management	Neu-geschäft	Kunden-aufträge	Marketing	Produkt- und Service-portfolio	Service-ansprüche	Kunden-rechnungen	Kunden-service	Vor-Ort-Service und Reparatur	E-Commerce
Kunden (1a, 3) Ansprech-partner (1a) Aktivitäten (1a)	Oppor-tunitiys (1a, 3)	Kunden-aufträge (2)	Ziel-gruppen (1a) Kam-pagnen (1a)	Produkte (1a, 2) Preisfindung (1a, 2)	Registrierte Produkte (2) Garantien (3)	Rechnungs-anforderung (1b, 2, 3)	Service-anfragen (3)	Auftrags-Pipeline (3)	

Abbildung 11.2 Übersicht über die verwendeten Work Center und Sichten in den Szenarien

11.3 Szenario »Kundenmanagement«

In diesem Szenario soll der Verkauf eines neuen Produktes angekurbelt werden. Daher wird eine Kampagne gestartet, und die Reaktionen der Kunden werden dokumentiert. Durch gezieltes Nachfassen beim Kunden gelingt es schließlich, einen Kundenauftrag abzuschließen.

11.3.1 Anforderungen

Betriebswirtschaftlich hat das Kundenmanagement eine starke Beziehung zum Marketing und zum Vertrieb, da es sich hierbei um operative Teilbereiche in diesem Lösungsumfeld handelt. Im Kundenmanagement müssen Antworten auf die Fragen gegeben werden, wie eine Beziehung zum Kunden aufgebaut wird und wie der Kundenwunsch erfüllt werden kann. Letzteres ist gerade bei der Betrachtung einer Unternehmenssoftware äußerst anspruchsvoll; daher muss sich dieses Szenario ohne Unterbrechung von der Kontaktanbahnung der Kundenbeziehung bis hin zum Kundenauftrag erstrecken.

Das englische Pendant zum Kundenmanagement, das so genannte Account Management, hat eine leicht abweichende Bedeutung. Es beinhaltet die Pflege der Kundenbeziehung, insbesondere im Key Account Management, also bei Großkunden. Insgesamt wird der ganze Teilbereich dem Unternehmensziel untergeordnet, eine erhöhte Kundenorientierung und eine langfristige Kundenbindung zu erreichen.

An der deutschen Übersetzung von CRM, Kundenbeziehungsmanagement, wird deutlich, dass hierunter auch Bereiche wie Beschwerdemanagement, Loyalitätsmanagement oder das Rückgewinnen von Kunden subsumiert werden. Das Kundenbeziehungsmanagement hat einen strategischen und einen operativen Aspekt.

- *Strategisch* gesehen gilt es, langfristige Wettbewerbsvorteile zu erzielen, indem die Qualität der Geschäftsbeziehung und der Kundenwert erhöht werden.
- *Operativ* geht es um die Verwaltung von Kundenbeziehungen und Kundendaten im Rahmen von Informations- und Kommunikationssystemen und um deren Bereitstellung in möglichst guter Qualität.

In der Praxis existieren spezifische CRM-Systeme, die spezielle Formen des Kundenmanagements unterstützen und in den vergangenen zehn Jahren relativ isoliert waren. Das in SAP Business ByDesign integrierte CRM-System verfolgt einen integrierten Ansatz, der darauf ausgelegt ist, mehrere Verkaufskanäle im Multi-Channel-Management zu koordinieren sowie die Vertriebsmitarbeiter im Front-Office und die Abwickler der Kundenaufträge im Back-Office zu verzahnen. Alle *Customer Touch Points* sollen konsolidiert betrachtet werden, um unterschiedliche und flexible Vertriebsformen zu unterstützen. Hierbei steht im Vordergrund, direkte Vertriebskanäle mit Vertriebsmitarbeitern, Telefonverkauf oder E-Commerce mit indirekten Kanälen wie Handel und Vertriebsbindungssystemen (z. B. Vertragshändler) in Beziehung zu setzen.

Schließlich gliedern sich die klassischen Vertriebsprozesse in Akquisitionsprozesse und die Kundenauftragsabwicklung. Vertriebsprozesse können in der Kampagnenabwicklung oder auch anderweitig durch ein Call Center unterstützt werden. Der Marketingbereich, der der Ausgangspunkt für das folgende Beispielszenario ist, behandelt die gezielte Kundenansprache, die Selektion von Zielgruppen und deren Ansprache durch Kampagnen. Die Kundenauftragsabwicklung stellt den klassischen ERP-Prozess dar, der integrativ zum Finanzwesen weiterläuft, wenn die offenen Posten beglichen werden.

In SAP Business ByDesign werden diese wichtigen Anforderungen erfüllt, und der Geschäftsprozess wird zum Marketing hin und in die Akquisitionsphase ausgeweitet.

11.3.2 Prozessablauf

In diesem Szenario pflegen Sie zuerst als Vertriebsmitarbeiter im Work Center PRODUKT- UND SERVICEPORTFOLIO den Preis für Ihr in Abschnitt 10.3.2 angelegtes Material (siehe Abbildung 11.3).

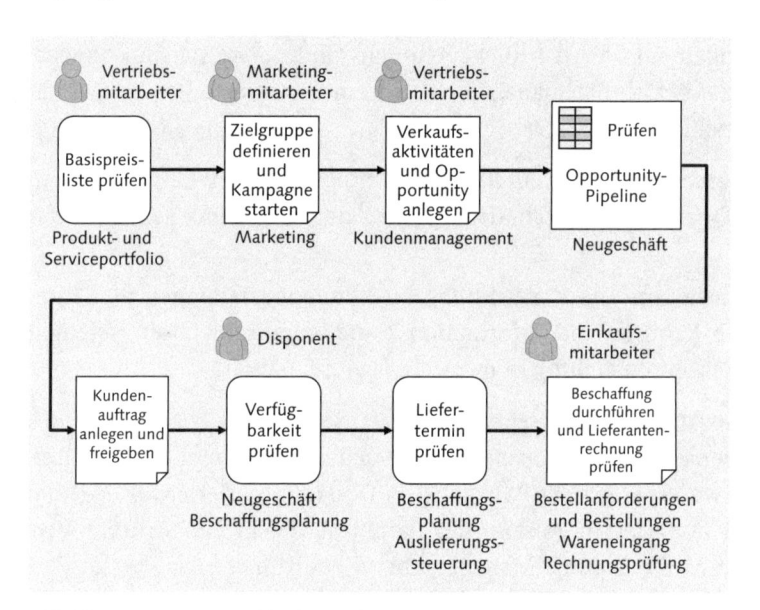

Abbildung 11.3 Prozessablauf »Kundenmanagement«

Anschließend starten Sie in der Rolle eines Marketingmitarbeiters im Work Center MARKETING eine Kampagne für alle A-Kunden. Die Reaktion eines Kunden auf Ihre Kampagne erfassen Sie wieder in der Rolle des Vertriebsmitarbeiters in der Kundenübersicht im Work Center KUNDENMANAGEMENT. Hier legen Sie auch eine Opportunity an und planen die Verkaufsaktivitäten. Im Work Center NEUGESCHÄFT prüfen Sie die Opportunity-Pipeline; den Auftrag des Kunden erfassen Sie als Folgeaktivität der Opportunity. Schließlich prüfen Sie in der Rolle des Disponenten die Verfügbarkeit, passen den Meldebestand im Materialstamm an, führen eine Planung im Work Center BESCHAFFUNGSPLANUNG durch und passen daraufhin den Liefertermin im Kundenauftrag an.

In diesem Kapitel werden Angebot und Bestellung nicht behandelt, bitte lesen Sie hierzu die Abschnitte 12.3.2 und 10.4.2.

Smartphone-App	[+]
Ein Teil dieses Szenarios kann auch über die Smartphone-App von SAP Business ByDesign abgewickelt werden.	

CRM-Starterpaket	[+]
Für den Bereich »CRM« existiert ein Starterpaket (siehe Abschnitt 5.3.1), in dem die Work Center zu Marketing, Kunden- und Aktivitätsmanagement sowie Neugeschäften enthalten sind. Hinzu kommen Work Center zu Mitarbeiter-Self-Services, Business Performance Management und Kommunikation- und Informationsaustausch.	

Basispreisliste pflegen

Der Verkaufspreis für den in Abschnitt 10.3 angelegten Solar Boiler muss in einer der Preislisten gepflegt werden und soll einen Deckungsbeitrag von 40 % aufweisen. Da der Bewertungspreis im Materialstamm 350 EUR beträgt, wird somit für den Solar Boiler ein Nettokundenpreis von 583,33 EUR kalkuliert (350/0,6).

Preisfindung	[+]
Die *Preisfindung* ist die automatische Ermittlung der gültigen Preis- und Rabattkonditionen in Verkaufsdokumenten.	

Gehen Sie im Work Center PRODUKT- UND SERVICEPORTFOLIO in die Sicht PREISFINDUNG und wählen Sie die BASISPREISLISTE aus (siehe Abbildung 11.4).

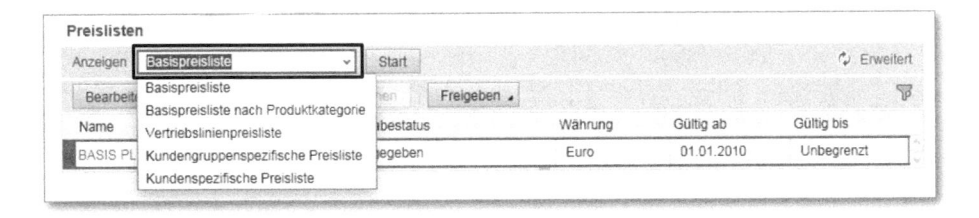

Abbildung 11.4 Preislisten

11 | Customer Relationship Management

[»] **Preislisten**

Die Basispreisliste gilt für alle Kunden und Vertriebslinien. Wenn Sie eine Differenzierung wünschen, können Sie auch Preislisten für direkten oder indirekten Vertrieb bzw. für Kunden oder Kundengruppen anlegen.

[O] **Preislisten**

Im Work Center BETRIEBSWIRTSCHAFTLICHE KONFIGURATION, im FINE-TUNING und unter DATENÜBERNAHME UND ERWEITERUNG in der Aufgabenliste können Sie weitere Vertriebswege definieren oder Preislisten per Migrationsvorlage hochladen.

Um den Preis für ein Produkt zu pflegen, müssen Sie dieses zuerst in die Preisliste einfügen und anschließend den BETRAG ❶ und die PREISEINHEIT festlegen (siehe Abbildung 11.5). In der Preisliste können über eine Selektion ❷ mehrere Positionen in einem Schritt hinzugefügt werden. Massenänderungen ❸ der Preise sind ebenfalls möglich.

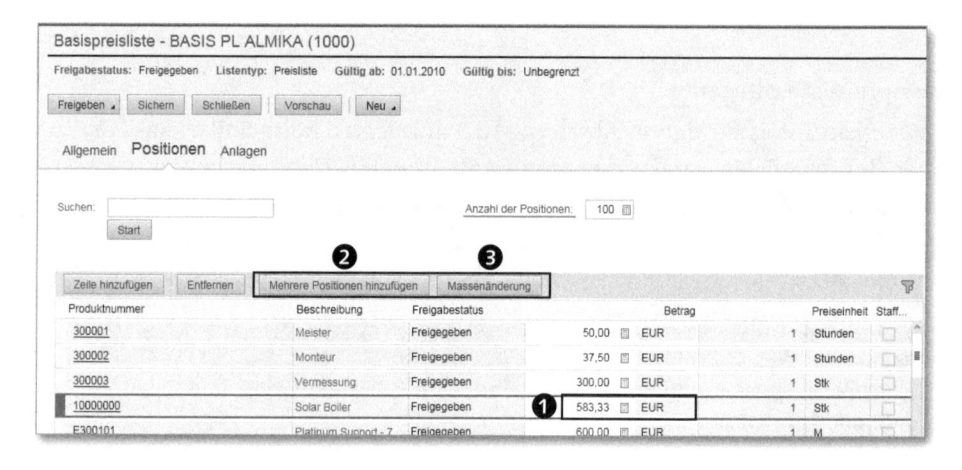

Abbildung 11.5 Basispreisliste

[+] **Handling der Preisliste**

Es kann immer nur eine Basispreisliste gültig sein; über Gültigkeitsbeschränkungen können Sie alte Preislisten ablösen. Die Basispreisliste kann immer nur von einer Person gleichzeitig bearbeitet werden. Nach einer Änderung muss die Preisliste freigegeben werden, dies ist nur bei gegebener Konsistenz möglich.

Die Suche in der Preisliste ist nur über die Produktnummer und nicht über die Bezeichnung möglich.

Zielgruppe definieren und Kampagne starten

Es soll nun eine Kampagne für alle A-Kunden durchgeführt werden, um den neuen Solar Boiler zu bewerben und den Verkauf anzukurbeln. Über den Pfad MARKETING • KAMPAGNENMANAGEMENT • NEU • KAMPAGNE können Sie eine neue Marketingkampagne anlegen ❶. Für Ihre Kampagne legen Sie KAMPAGNENBESCHREIBUNG, KAMPAGNENART, START- und ENDTERMIN sowie die ZIELGRUPPE fest ❷ (siehe Abbildung 11.6).

Wenn die Zielgruppe noch nicht existiert, die Sie verwenden möchten, können Sie aus der Kampagne heraus eine neue Zielgruppe anlegen ❸.

Abbildung 11.6 Kampagne und Zielgruppe definieren

Um eine ZIELGRUPPE (hier: besonders wichtige A-Kunden) zu definieren, führen Sie eine Suche mittels ABC-Klassifikation über Ihre Kundenstammsätze durch. Nachdem Sie die Kampagne angelegt und die Zielgruppe erstellt haben, können Sie die Kampagne ausführen.

Verkaufsaktivitäten und Opportunity anlegen

In diesem Schritt ruft ein Mitarbeiter der Firma Silberstern an und stellt sich als Ihr neuer Ansprechpartner vor. Zudem berichtet er, dass er Interesse an dem in der Kampagne beworbenen Produkt hat.

> [+] **Integration mit Microsoft Outlook für CRM**
> Wenn Sie SAP Business ByDesign mit Microsoft Outlook synchronisieren, können Sie einen Datenaustausch von Ansprechpartnern, Terminen, E-Mails und Aufgaben durchführen. Es existieren zusätzliche Funktionen, um E-Mails, Aufgaben und Termine aus Microsoft Outlook mit Kunden, Kampagnen und Opportunities in SAP Business ByDesign zu verknüpfen.

Unter dem Pfad KUNDENMANAGEMENT • KUNDEN finden Sie eine Auflistung aller Ihrer Kunden. Wenn Sie auf den Kundennamen oder die Kundennummer in der Auswahlliste klicken, wird die Kundenübersicht geöffnet. In der Kundenübersicht werden alle Informationen zu den Kunden dokumentiert. Die Kundenübersicht variiert je nachdem, ob es sich um einen Privat- oder Firmenkunden handelt. In Abbildung 11.7 finden Sie die FIRMENKUNDENÜBERSICHT.

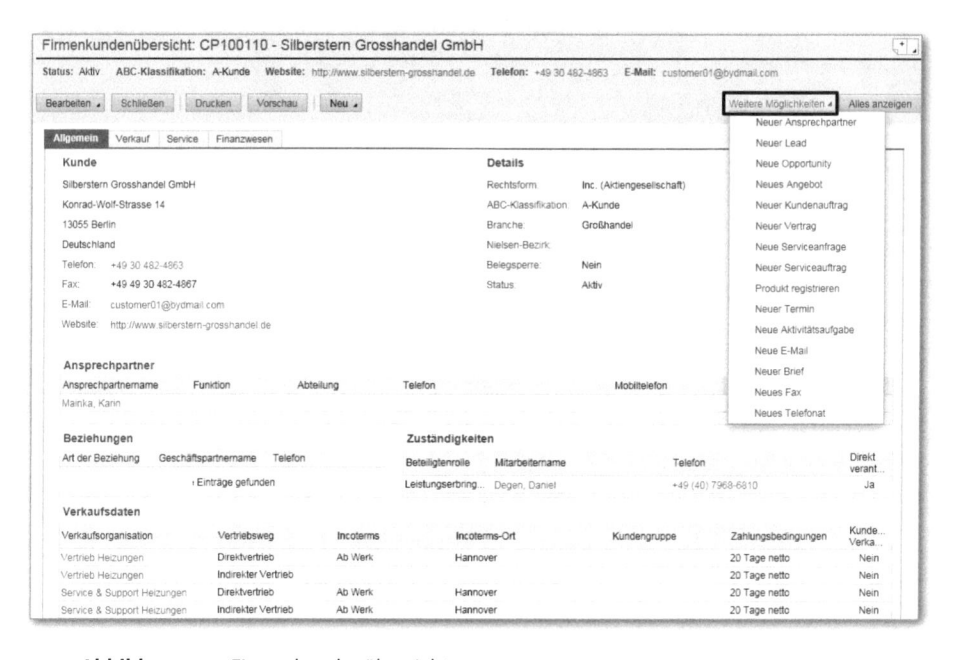

Abbildung 11.7 Firmenkundenübersicht

Aus der Firmenkundenübersicht können Sie einen neuen Ansprechpartner anlegen, indem Sie auf WEITERE MÖGLICHKEITEN klicken und dann NEUER ANSPRECHPARTNER auswählen. In die sich öffnende Maske können Sie ANREDE, TITEL, VOR- und NACHNAME eintragen (siehe Abbildung 11.8).

Neben dem neuen Ansprechpartner möchten Sie das geführte Gespräch mit Bezug zum Kunden und zur Kampagne dokumentieren. Aus der Firmenkundenübersicht können Sie unter WEITERE MÖGLICHKEITEN den Eintrag NEUES TELEFONAT ❶ aufrufen und das DATUM ❸, den GESPRÄCHSPARTNER ❷, die RICHTUNG des Telefonats ❹ (wer hat angerufen?) sowie ❺ den Bezug zur KAMPAGNE erfassen (siehe Abbildung 11.9). Im Notizfeld können Sie zudem detailliertere Informationen zum Inhalt des Gesprächs festhalten.

Abbildung 11.8 Neuer Ansprechpartner

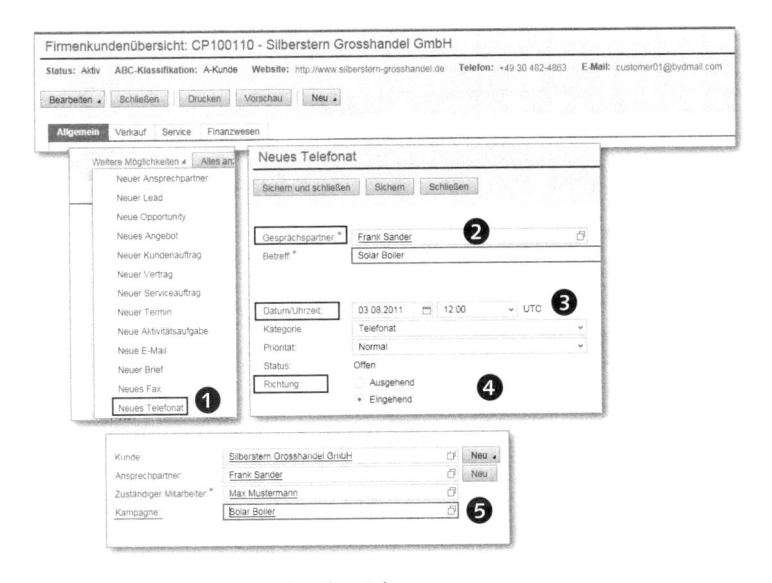

Abbildung 11.9 Firmenkundenübersicht

In den WEITEREN MÖGLICHKEITEN der Firmenkundenübersicht können Sie anschließend noch die Verkaufschance bzw. Opportunity anlegen und Positionen pflegen (siehe ❶ in Abbildung 11.10).

Opportunity anlegen und Lead erfassen [«]

Eine Opportunity kann nicht nur aus der Kundenübersicht, sondern auch über das Work Center NEUGESCHÄFT in der Sicht OPPORTUNITIES erfasst werden. In diesem Fall ist der Kunde nicht vorerfasst.

Sie können als Folge aus der Kampagne auch ein antwortendes Unternehmen als Lead erfassen. Sobald Sie genauere Informationen bezüglich des Produktinteresses des Unternehmens haben, können Sie als Folgeaktion eine Opportunity anlegen.

Zuerst hinterlegen Sie, wenn Sie eine Opportunity anlegen, die Kopfdaten. Hierzu gehören unter anderem eine BESCHREIBUNG, der ZUSTÄNDIGE MITARBEITER, die VERKAUFSPHASE und die Checkbox RELEVANT FÜR PROGNOSE (siehe ❷ in Abbildung 11.10). Über diese Felder kann später in der Opportunity-Pipeline eine Selektion durchgeführt werden.

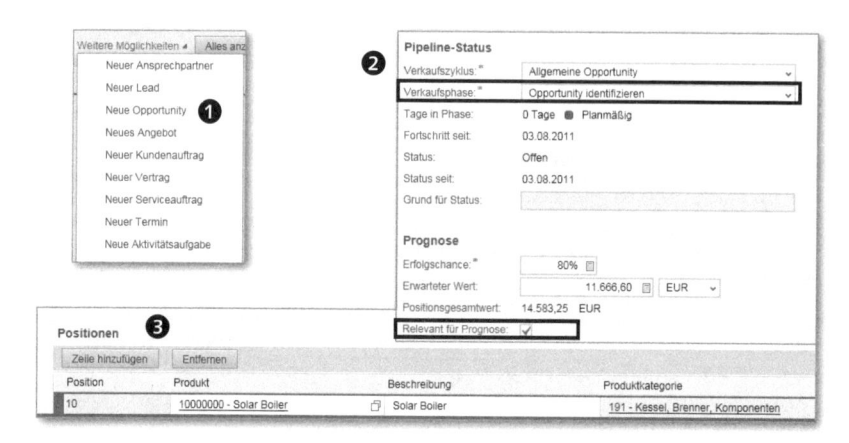

Abbildung 11.10 Opportunity

[+] **Zuständiger Mitarbeiter**

Im Kundenstammsatz kann im Reiter ANSPRECHPARTNER unter Beziehungen und Zuständigkeiten ein zuständiger Mitarbeiter (Beteiligtenrolle) für die Vertriebskommunikation mit dem Kunden hinterlegt werden. Dieser wird dann automatisch in Verkaufsbelegen als ZUSTÄNDIGER MITARBEITER eingetragen. Wenn im Kundenstammsatz keine Zuständigkeit gepflegt wurde, wird der Mitarbeiter eingetragen, der den Beleg erfasst. Eine manuelle Übersteuerung dieser Felder ist auch möglich.

Im Beleg können Sie in den Positionen das Produkt ❸ und die gewünschte Menge hinterlegen.

[+] **Positionen der Opportunity**

Im Materialstamm wird das Produkt für eine Kombination aus Verkaufsorganisation und Vertriebsweg für den Verkauf aktiviert. Nur wenn das Produkt für die Verkaufsorganisation des Verkaufsmitarbeiters aktiviert wurde, steht dem Mitarbeiter das Produkt für Opportunities zur Verfügung. Der Vertriebsweg des Kunden wird im Kundenstamm gepflegt.

Aus der Preisliste wird der Verkaufspreis des Produktes ermittelt. Der Verkaufspreis multipliziert mit der ERFOLGSCHANCE ergibt den gewichteten Wert der Opportunity. Der ERWARTETE WERT wird auf dieser Basis vom Vertriebsmitarbeiter eingetragen.

Sie können Opportunities und Aktivitäten auch über das iPhone pflegen (siehe Abbildung 11.11).

Abbildung 11.11 Aufgabe und Opportunity in der iPhone-App

Opportunity und Kunde

Hinsichtlich der Opportunity können Sie im FINE-TUNING und unter DATENÜBERNAHME UND ERWEITERUNG in der Aufgabenliste Folgendes vornehmen:

- Vorlagen für Besuchsberichte hinterlegen und Aktivitätskategorien verwalten
- Vorschlagswert für die Gültigkeit festsetzen
- Gründe, Kategorien, Quellen, Verkaufszyklen, Verkaufsphasen, Analysephasen sowie verschiedenste Zuordnungen prüfen und anpassen
- Weitere Rollen für Beteiligte definieren
- Kategorien für Ihre Kundenaktivitäten festlegen, z. B. Kundenanfrage oder Workshop, diesen Kategorien können Sie dann Aktivitätsarten zuordnen, wie Termin oder E-Mail
- Opportunities per Migrationsvorlage hochladen

Hinsichtlich des Kunden können Sie im FINE-TUNING Folgendes vornehmen:

- Für Ansprechpartner: Auswahlmöglichkeiten für Abteilungen, Funktionen und VIP-Ansprechpartner, z. B. Vorstandsvorsitzender, verwalten
- ABC-Klassifikation, Liefer-, Rechnungs- und Auftragssperrgründe, Zahlungsbedingungen, Kundengruppen und Nielsen-Bezirke festlegen

Opportunity-Pipeline prüfen

Nachdem Sie Ihre Opportunity erfasst haben, wollen Sie sich einen Überblick über die offenen Opportunities Ihres Teams verschaffen. Sie öffnen hierfür im Work Center NEUGESCHÄFT in der Sicht OPPORTUNITYS die OPPORTUNITY-PIPELINE und starten eine Simulation (siehe Abbildung 11.12). Die Pipeline-Analyse bietet die Möglichkeit, zu simulieren, wie sich Änderungen Ihrer Opportunities auswirken würden.

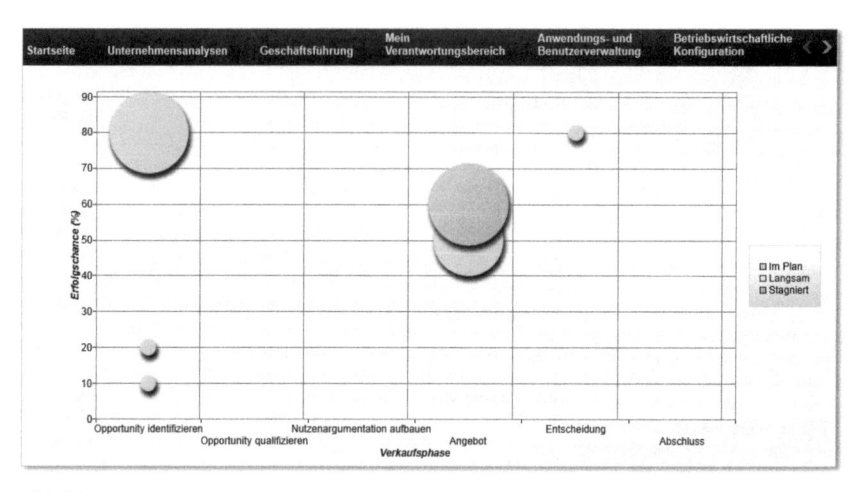

Abbildung 11.12 Opportunity-Pipeline

Wenn Sie unter dem Link ERWEITERT die Selektionsauswahl öffnen, können Sie eine Umstellung der Diagrammart und der Selektion von MEIN auf MEIN TEAM vornehmen. Nachdem Sie die Werte geändert haben, können Sie die Simulation starten und die Ergebnisse beobachten. Die Größe der Blasen hängt von dem erwarteten Wert der Opportunity ab.

[✱] **Aufgabensteuerung Opportunity**

Im FINE-TUNING können Sie einstellen, nach wie vielen Tagen die Benachrichtigung erzeugt werden soll, dass die Opportunity stagniert ist. Diese Benachrichtigung finden Sie dann in Ihrem Aufgabenvorrat und werden so daran erinnert, die Opportunity weiter zu verfolgen.

[»] **Marketing und Vertriebsplanung**

Sie können Wettbewerber und Wettbewerberprodukte erfassen. Sie können im Work Center MEIN VERANTWORTUNGSBEREICH Vertriebspläne anlegen, um Vertriebsziele zu definieren und zu überwachen. Nachdem Sie die Planstruktur in SAP Business ByDesign definiert haben, legen Sie mittels Excel-Add-in die genauen Werte fest.

Kundenauftrag erfassen und freigeben

Der Kunde meldet sich und erteilt den Kundenauftrag. Sie erfassen daher einen Kundenauftrag aus der gewonnenen Opportunity. Markieren Sie dazu Ihre Opportunity in der Sicht OPPORTUNITY LISTE in der Auswahlliste und legen Sie den KUNDENAUFTRAG als FOLGEAKTION ❶ an.

> **Kundenauftrag und Aktivität** [«]
>
> Sie können den *Kundenauftrag* auch im Work Center KUNDENAUFTRÄGE ohne Vorgängerbeleg anlegen. In diesem Fall können der Kunde oder die Positionen nicht automatisch übernommen werden und die gesamte Historie der Akquisitionsphase fehlt. Sie können den Kundenauftrag auch als Reaktion auf eine *Aktivität* erfassen.

Prüfen Sie die Stammdaten ❷ des Kunden und geben Sie die Auftragsdaten ein. Anschließend lassen Sie sich unter VORSCHAU die Auftragsbestätigung anzeigen (siehe ❸ in Abbildung 11.13).

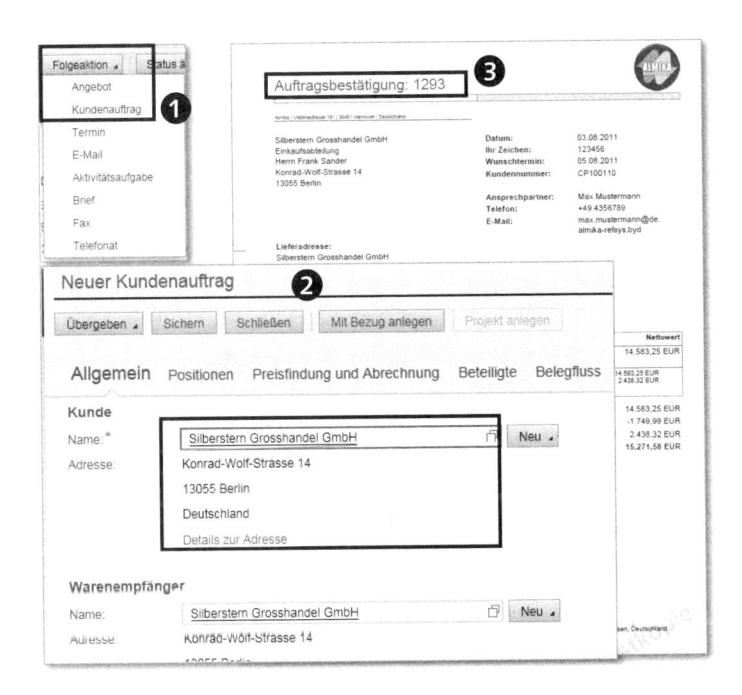

Abbildung 11.13 Neuer Kundenauftrag

Für die im Kundenauftrag erfassten Positionen wird der zuvor gepflegte Preis aus der Basispreisliste gezogen. Sie vergeben für die Positionen zudem noch einen Kundenrabatt in Höhe von 12 % (siehe Abbildung 11.14).

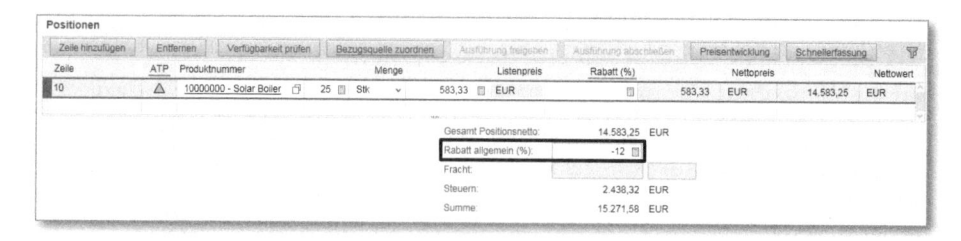

Abbildung 11.14 Rabatt im Kundenauftrag

Auf dem Reiter PREISFINDUNG UND ABRECHNUNG wird eine detaillierte Analyse der Preisbestandteile ermöglicht. Hier kann z. B. der Deckungsbeitrag eingesehen werden, den das System automatisch berechnet. Er liegt nach Rabattvergabe jetzt nur noch bei 31,818 % (siehe Abbildung 11.15).

Abbildung 11.15 Deckungsbeitrag im Kundenauftrag

[✱] Kundenauftrag

Im FINE-TUNING und unter DATENÜBERNAHME UND ERWEITERUNG in der Aufgabenliste können Sie Folgendes vornehmen:

- Nummernkreise für Kundenaufträge und -retouren festlegen
- Beteiligte Rollen hinzufügen sowie für jede Rolle festlegen, ob diese obligatorisch und/oder eindeutig sein muss sowie ob manuelle Änderungen zugelassen werden
- In der Aufgabe TERMINPROFILE einen Vorschlagswert für den Wunschliefertermin festsetzen: Wunschlieferdatum = Anlegedatum + Anzahl Tage
- Preisstrategie konfigurieren, hier legen Sie die Reihenfolge der Preisbestandteile wie Listenpreis oder Produktrabatt fest
- Kriterien für die Zuständigkeiten in Vertriebsbelegen aus Verkaufsabteilung und Mitarbeiterebene bestimmen
- Ausnahmen für die Zuordnung von Lieferbedingungen für die Ausfuhranmeldung generieren, wenn Sie keine standardisierten Incoterms verwenden
- Kundenaufträge per Migrationsvorlage hochladen

Verfügbarkeit prüfen

In der ATP-Prüfung des Kundenauftrags ist ein gelbes Symbol zu sehen ❶ Abbildung 11.16). Dies bedeutet, dass nur eine Teillieferung möglich und nicht genug Material zur vollständigen Belieferung des Auftrages zum gewünschten Liefertermin auf Lager ist.

> **ATP** [+]
>
> ATP ist die Abkürzung für *Available to Promise* und steht für die Verfügbarkeitsprüfung, ob die Wunschliefermenge eines Produkts zu einer bestimmten Zeit lieferbar sein wird.

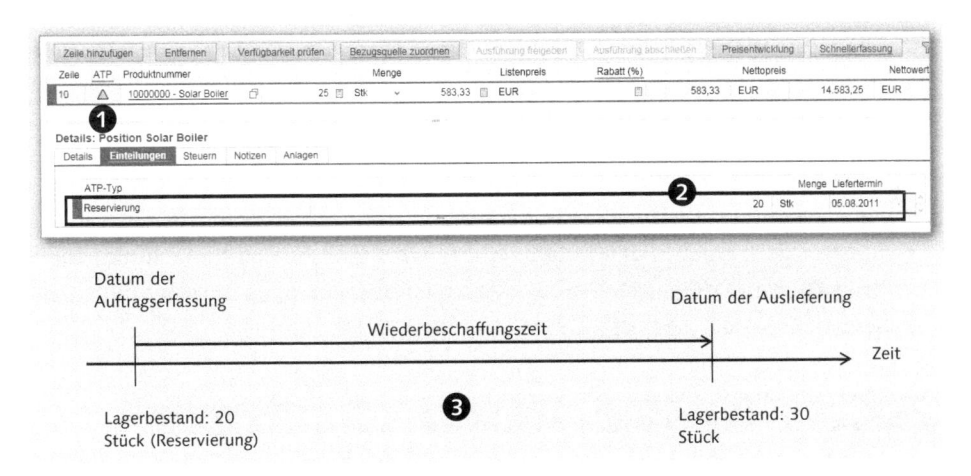

Abbildung 11.16 Reservierung des Bestands

In den Logistikdetails ❷ des Kundenauftrags wird ersichtlich, dass die Menge nur teilweise reserviert und bestätigt ist, es fehlen jedoch fünf Boiler für die Belieferung des kompletten Kundenauftrags. Diese werden beschafft. Aus der Wiederbeschaffungszeit errechnet sich das Datum der Auslieferung des Kundenauftrags ❸.

Da Sie auch zukünftig mit dieser hohen Nachfrage nach dem Solar Boiler rechnen, erhöhen Sie jetzt den Meldebestand ❹ im Materialstammsatz in der Planungssicht (z. B. über das Work Center PRODUKT- UND SERVICEPORTFOLIO aufrufbar). So haben Sie einen höheren Lagerbestand und sind lieferfähig.

Anschließend öffnen Sie die Beschaffungsplanung und führen einmalig eine einstufige Planung aus. Ein Bestellvorschlag für den Solar Boiler wird erzeugt, um die durch Erhöhung des Meldebestands entstandene Bestandslücke zu decken (siehe ❺ in Abbildung 11.17).

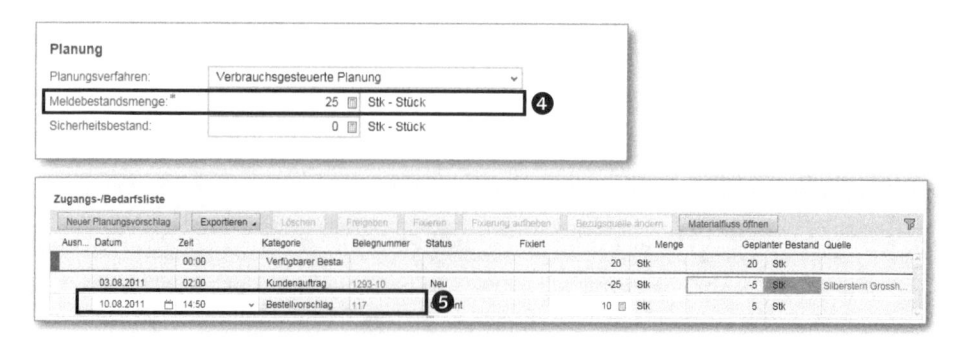

Abbildung 11.17 Bestellvorschlag erzeugen

Die Beschaffungsplanung sollte ansonsten als automatischer Lauf periodisch erfolgen.

Liefertermin prüfen

Der Liefertermin kann im Kundenauftrag oder in der Beschaffungsplanung überwacht werden. Für Kundenbedarfe wird eine Ausnahmemeldung angezeigt ❻, wenn der VERSAND ÜBERFÄLLIG ist oder wenn es ABWEICHENDE UND NICHT BESTÄTIGTE OFFENE AUFTRÄGE gibt (siehe Abbildung 11.18).

Abbildung 11.18 Versand des Kundenbedarfs ist überfällig

Trotz der Erhöhung des Meldebestands und der eingeleiteten Nachbestellung ergibt sich immer noch das Problem, dass Sie zum bisherigen Wunschtermin nicht liefern können (siehe Abbildung 11.18). Dies erkennen Sie an dem gelben Dreieck in der Spalte VER... (Verfügbarkeit) ❼.

Prüfumfang im Materialstamm [+]

Um die geplanten Zugänge in die Verfügbarkeitsprüfung des Kundenauftrags zukünftig einbeziehen zu können, sollten Sie im Materialstamm in der Sicht VERFÜGBARKEITSPRÜFUNG den Prüfumfang auf BESTAND UND ALLE ZUGÄNGE ÄNDERN ❽. Dann werden auch Zugänge in der Zukunft reserviert (siehe Abbildung 11.19).

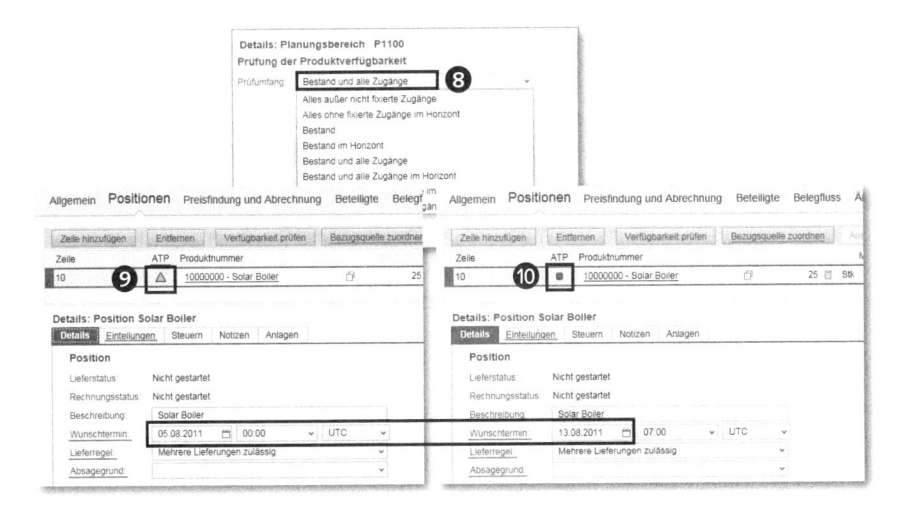

Abbildung 11.19 Verfügbarkeitsprüfung und Bestand

Prüfung der Produktverfügbarkeit [✱]

Sie können im FINE-TUNING alle Belege für alle Methoden zur Prüfung der Produktverfügbarkeit einsehen, die einbezogen werden.

Sie prüfen den frühestmöglichen Zeitpunkt der Lieferung ❾. In Ihrem Kundenauftrag können Sie den Liefertermin versprechen, der den Zeitraum bis zum Eintreffen der bestellten Ware in Ihrem Unternehmen, die Wareneingangs- und Ausgangsbearbeitungszeit und die Versanddauer berücksichtigt. Das Symbol in der Spalte ATP ändert sich daraufhin zu einem grünen Quadrat ❿.

Lieferterminierung [+]

Der Begriff *Lieferterminierung* bezeichnet die Berechnung des möglichen Liefertermins auf Grund der Verfügbarkeit und Versandterminierung (siehe Abbildung 11.20). Die Einstellungen für die Versanddauer finden Sie in der Transportbeziehung (siehe Abschnitt 13.4) und die der Warenausgangsbearbeitungsdauer im Materialstamm der Planung (siehe Abschnitt 10.4.2).

```
Ausführungs-
  starttermin        Versanddatum              Liefertermin
      |_____|_____|
           Warenausgangs-         Versanddauer
           bearbeitungsdauer
```

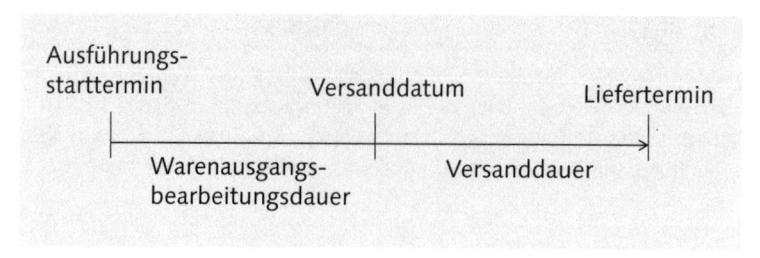

Abbildung 11.20 Lieferterminierung

Der sich anschließende neue Beschaffungsprozess bis zur Lieferantenrechnungsstellung verläuft wie in Abschnitt 10.4.2 geschildert. Ergebnis ist, dass zehn weitere Solar Boiler auf Lager liegen.

11.4 Szenario »Auslieferung und Fakturierung«

Die nachbestellten Waren, die zur vollständigen Belieferung des Kundenauftrages notwendig waren, sind inzwischen angeliefert worden, so dass nun die Auslieferung an den Kunden erfolgen kann. Da der Kunde nicht mit der Qualität der gelieferten Ware zufrieden ist, schickt er einen Teil zurück, wofür er auch eine Gutschrift erhält.

11.4.1 Anforderungen

Das zweite CRM-Beispielszenario beschäftigt sich mit der Frage, wie eine Auslieferung mit anschließender Fakturierung abläuft und was passiert, wenn daraufhin innerhalb des Szenarios eine Kundenreklamation, also eine Rückabwicklung bzw. Retoure, entsteht.

Die Belieferung des Kunden wird auch als »Fulfillment« bezeichnet. Hierzu gehört die Auslieferung einer Ware bis zur nachgelagerten Analyse des Gesamtprozesses hinsichtlich Rechnungs- und Umsatzvolumen. Die betriebswirtschaftlichen Anforderungen orientieren sich deswegen stark an den zentralen Dokumenten dieses Geschäftsprozesses.

Die Auslieferung ist eine auftragsbezogene Warenlieferung zum Kunden. Ziel ist es, den Kundenbedarf zu erfüllen und die Lieferung zum versprochenen Liefertermin einzuhalten. Für das Lager entsteht daher ein geplanter Auslagerungsprozess, der termingerecht abgewickelt werden muss. Eine bedeutende Rolle übernimmt daher auch die Kommissionierung, das heißt, die Entnahme und Zusammenstellung der gewünschten Teilmengen. Die Kommissionierung erfolgt per Rückmeldung und Quittierung der Auslagerung durch den Lagermitarbeiter. Ein wichtiges Element der Kommissionierung ist auch das Verpacken und Verladen der kundenspezifischen Lieferung. Insgesamt lässt sich dieser Zusammenhang im Englischen sehr anschaulich mit »pick, pack and load« ausdrücken.

Eher in der Materialwirtschaft ein Begriff, aber im Rahmen der Auslieferung ebenfalls relevant, ist der Warenausgang. Hier geht es um die Lieferfreigabe und Buchung. Der physische Bestand verlässt das Lager und wird somit auch buchhalterisch nachverfolgt und als Warenausgang verbucht. Schließlich wird ein Lieferschein erstellt, der die Lieferung dokumentiert und für den Empfänger ein sehr wichtiges Dokument darstellt.

Die Erstellung des Lieferscheins ist auch gleichzeitig die Grundlage für den Fakturierungsprozess. Basierend auf dem Warenausgang kann eine Rechnung erstellt werden, auf deren Basis wiederum die Erlöse in der Finanzbuchhaltung kontiert werden und einen offenen Posten entstehen lassen. Der betriebswirtschaftliche Prozess ist hier sehr belegorientiert.

Die Retoure ist insgesamt der Reklamationsabwicklung zuzuordnen. Hier geht es um die Rücklieferung von beschädigten oder falsch gelieferten Produkten. Im Sinne eines Retourenlieferscheins können sämtliche Informationen aus dem vorliegenden Lieferschein entnommen werden. Die Retoure beinhaltet anschließend eine Einlagerung ins Retourenlager und stellt somit eine gegenläufige Abwicklung zum Warenausgangsprozess dar.

Meist ist eine Retoure mit einer Gutschrift verbunden. Diese wird sowohl mit Bezug zum Kundenauftrag als auch zur Kundenretoure angelegt und sorgt dafür, dass die Rechnung des Kunden berichtigt und um die entsprechend zurückgelieferte Ware reduziert wird. Auslöser der Gutschrift können sowohl die Korrektur einer fehlerhaften Auslieferung als auch die Korrektur einer falschen Faktura sein, die nicht mit einer Retoure verbunden ist.

Normale Rücksendungen können ebenfalls aufgrund vertraglicher Vereinbarungen anfallen, wenn der Kunde nicht zur Abnahme der Ware verpflichtet war. Dies ist insbesondere im Versandhandel üblich und nicht unbedingt mit einem fehlerhaften Produkt in Verbindung zu bringen.

Generelle Anforderung für dieses Szenario ist die schnelle und sichere Erfassung der Daten und eine gute Nachvollziehbarkeit der Geschäftsvorfälle.

11.4.2 Prozessablauf

Da inzwischen die nachbestellte Ware geliefert wurde, können Sie in der Rolle des Bedarfsplaners den Kundenbedarf in der AUSLIEFERUNGSSTEUERUNG freigeben und eine Lageranforderung im Work Center WARENAUSGANG anlegen (siehe Abbildung 11.21).

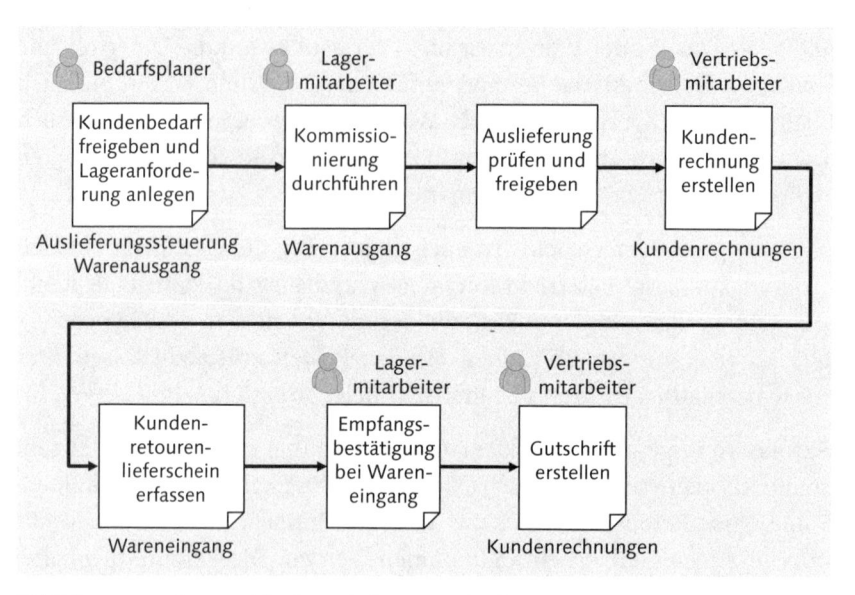

Abbildung 11.21 Prozessablauf »Auslieferung und Fakturierung«

Ebenfalls im WARENAUSGANG führen Sie als Lagermitarbeiter die Kommissionierung durch. Es wird ein Auslieferungsbeleg erzeugt, den Sie prüfen und freigeben. Nach der Auslieferung erstellen Sie in der Rolle des Vertriebsmitarbeiters die Kundenrechnung im Work Center KUNDENRECHNUNGEN. Der Kunde schickt einen Teil der Ware zurück, wofür Sie einen avisierten Kundenretourenlieferschein im Work Center WARENEINGANG erfassen. Wenn die retournierte Ware eintrifft, erfassen Sie als Lagermitarbeiter die Empfangsbestätigung. Die retournierte Ware verrechnen Sie dem Kunden in der Rolle des Vertriebsmitarbeiters mit einer Gutschrift im Work Center KUNDENRECHNUNGEN.

Kundenbedarf freigeben und Lageranforderung anlegen

Wenn alle gewünschten Produkte des Kunden auf Lager liegen, kann der Kundenbedarf im Work Center AUSLIEFERUNGSSTEUERUNG für die Lieferung freigegeben und damit der Auslieferungsprozess gestartet werden. Dort sind der Freigabe- und Lieferstatus und weitere Informationen ersichtlich.

Lieferart [«]

Sie können im Kundenbedarf durch die Wahl der Bezugsquelle die Lieferart bestimmen. Eine weitere Lieferart ist das Streckengeschäft. Die Bezugsquellen werden über das Material gesteuert, siehe Abschnitt 11.5.2 und das Beispiel des Streckengeschäfts.

Bei der Freigabe können Sie ein Materialbereitstellungsdatum wählen, um alle bestätigten Liefereinteilungen zum Kundenbedarf bis zu diesem Datum freizugeben (siehe Abbildung 11.22).

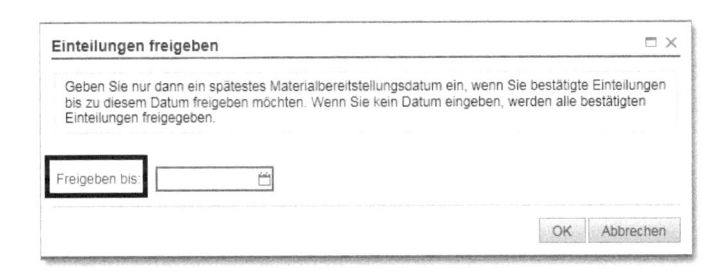

Abbildung 11.22 Einteilungen freigeben

Im Work Center WARENAUSGANG in der Sicht VERSANDSTEUERUNG finden Sie jetzt einen Versandvorschlag, aus dem heraus Sie eine Lageranforderung anlegen (siehe Abbildung 11.23).

Abbildung 11.23 Versandvorschläge

Wenn Sie den Warenausgang mit Lageranforderung angelegt haben, wird neben der Lageranforderung auch eine Lageraufgabe an einen Lagermitarbeiter für die Kommissionierung erzeugt. Einen Einblick in diese Belege gibt der erweiterte Belegfluss der Versandanforderung, siehe Abbildung 11.24.

Auslieferungslauf [«]

Sie können für Ihre Auslieferungen einen Lauf anlegen, durch den die Lageranforderungen automatisch erzeugt werden (siehe Abschnitt 13.4).

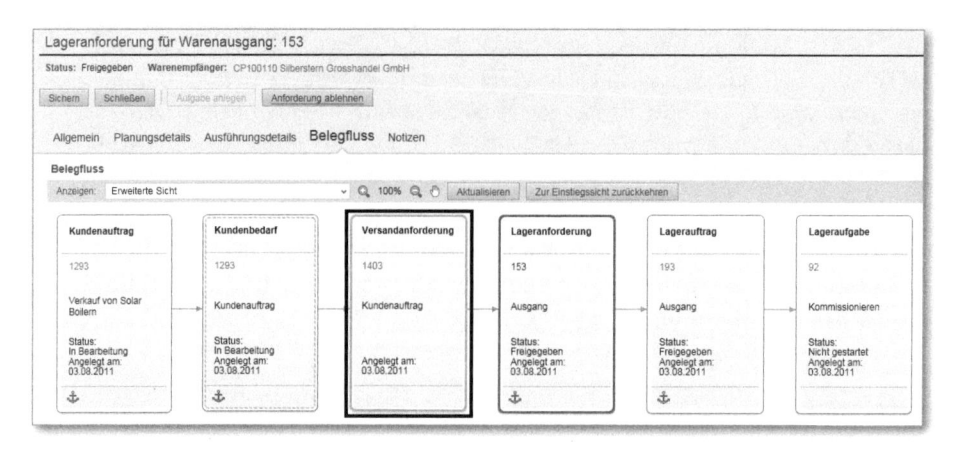

Abbildung 11.24 Versandanforderung

[☼] **Einfachen Warenausgang buchen**

Anstatt eine Lageranforderung anzulegen, können Sie auch den Warenausgang direkt buchen. In diesem Fall wird keine Aufgabe in der Aufgabensteuerung im Work Center WARENAUSGANG erzeugt.

[☼] **Prozessmodell**

Je nach Komplexität der Auslagerung kann im FINE-TUNING ein Prozessmodell definiert werden.

Kommissionierung durchführen

Im Work Center WARENAUSGANG können Sie in der Sicht AUFGABENSTEUERUNG die Kommissionieraufgabe rückmelden. Dadurch wird bestätigt, dass die vom Kunden bestellte Ware in der richtigen Anzahl aus dem Lager geholt und zusammengestellt wurde. Sie können sich hierfür einfach die Mengen und Lagerbereiche vorschlagen lassen und diese zurückmelden, wenn keine Abweichungen bei der Kommissionierung aufgetreten sind (siehe Abbildung 11.25).

[»] **Strichcodeeingabe und zugeordnete Etiketten, Abweichungen**

Sie können an dieser Stelle die *Strichcodes* für den Barcode-Scanner und die *Etiketten* zuordnen (nähere Informationen zur Etikettierung finden Sie in Abschnitt 13.3.2). Im FINE-TUNING können Sie die Strichcodtypen (UCC/EAN 18) festlegen.

Wenn bei der Kommissionierung *Abweichungen* auftreten, kann eine andere Menge als die aus dem Kundenauftrag offene Menge zurückgemeldet und der Grund für die Abweichung erfasst werden.

Szenario »Auslieferung und Fakturierung« | 11.4

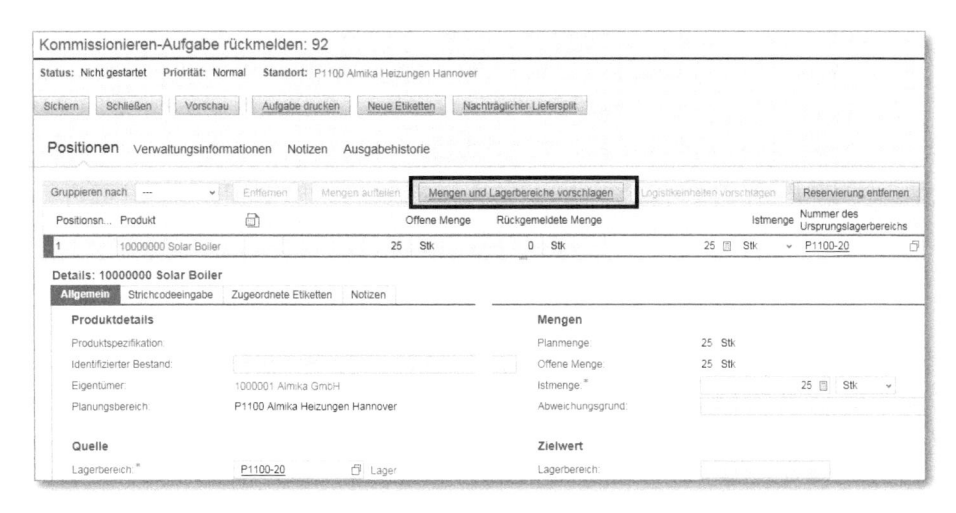

Abbildung 11.25 Kommissionieraufgaben rückmelden

Auslieferung prüfen und freigeben

Im Work Center WARENAUSGANG können Sie in der Sicht AUSLIEFERUNGEN anschließend die Auslieferung prüfen und freigeben (siehe Abbildung 11.26). Nach der Freigabe kann die Ware das Werk verlassen.

Abbildung 11.26 Auslieferungen

> **Auslieferung** [«]
>
> Bevor Sie die Auslieferung freigeben, können Sie die Ware auch noch verpacken (siehe Abschnitt 13.3.2).

Im Rahmen der Auslieferung werden in SAP Business ByDesign zwei Ausgabebelege erzeugt: Kommissionierliste und Lieferschein. Die *Kommissionierliste* hilft dem Lagermitarbeiter, schnell die gewünschte Menge, das Produkt und den Lagerbereich aufzufinden. Der *Lieferschein* wird mit der Ware an den Kunden versandt und enthält Informationen über das Produkt, wie Menge, Gewicht, Volumen und Referenznummern.

Kundenrechnung erstellen

Im Work Center KUNDENRECHNUNGEN finden Sie in der Sicht RECHNUNGSANFORDERUNGEN noch nicht berechnete Auslieferungen. An dieser Stelle können Sie über Option FOLGEAKTION • RECHNUNG – EINFACHES ANLEGEN eine Rechnung erfassen (siehe Abbildung 11.27).

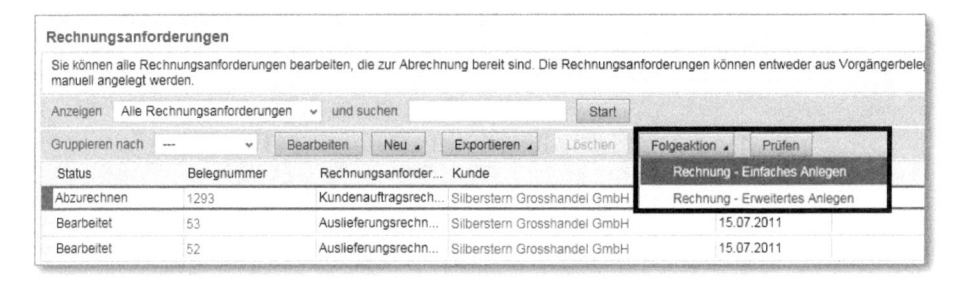

Abbildung 11.27 Fakturavorrat

Über einen Klick auf den Link VORSCHAU in der Rechnungserstellung können Sie sich die Rechnung anzeigen lassen, die an den Kunden verschickt werden soll (siehe Abbildung 11.28).

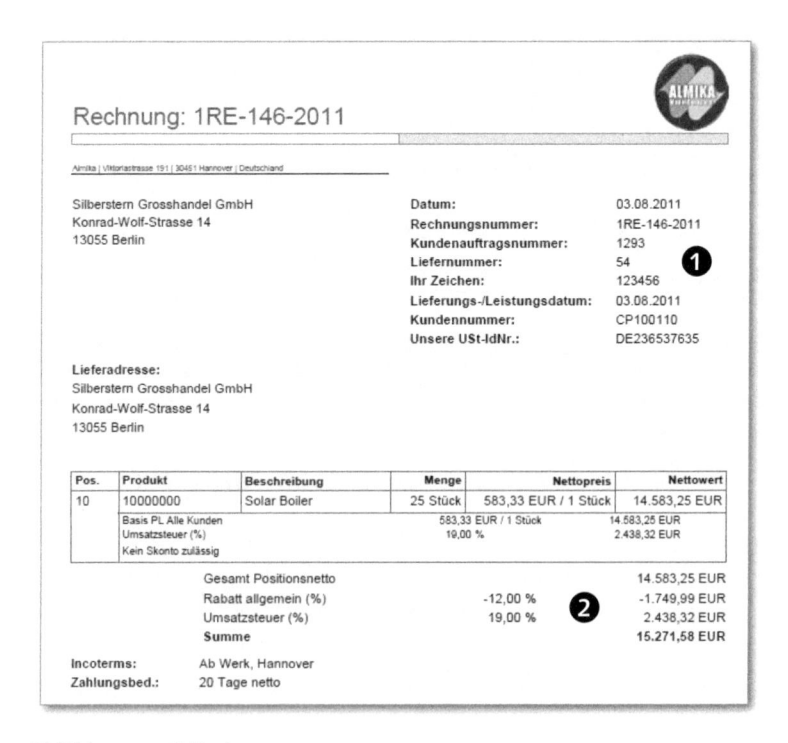

Abbildung 11.28 Rechnung

In der Rechnung ist neben der Referenz auf vorherige Belegnummern ❶, wie Kundenauftrag und Liefernummer, auch der Preis der Waren ❷ detailliert aufgelistet. In Abbildung 11.29 sehen Sie die durch Freigabe der Rechnung bebuchten Konten. Hierbei werden Forderungen und Rabatte im Soll ❸ und Umsatzsteuer und Umsatzerlöse im Haben ❹ gebucht.

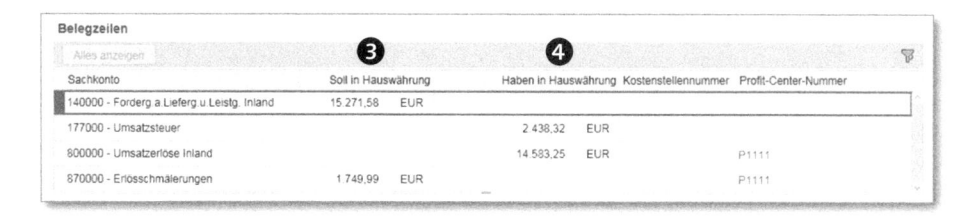

Sachkonto	Soll in Hauswährung	Haben in Hauswährung	Kostenstellennummer	Profit-Center-Nummer
140000 - Forderg a Lieferg u Leistg. Inland	15.271,58 EUR			
177000 - Umsatzsteuer		2.438,32 EUR		
800000 - Umsatzerlöse Inland		14.583,25 EUR		P1111
870000 - Erlösschmälerungen	1.749,99 EUR			P1111

Abbildung 11.29 Belegzeilen

Kundenfakturierung [⚙]

Sie können im FINE-TUNING für Kundenrechnungen Folgendes anpassen:

- Belegnummerierungsformate für Kundenrechnungen und Gutschriften
- Detaillierte Einstellungen für Steuer aus Lieferungen und Leistungen, wie Steuersatztabellen
- Ermittlung der Zentralbankkennzahl für Kundenrechnungen von ausländischen Geschäftspartnern

Die Anpassung der Dokumente kann mit Hilfe des Adobe Designers erfolgen (siehe Abschnitt 7.2).

Anzahlungsanforderung [«]

Sie können auch als Folgeaktion eines Kundenauftrags eine Anzahlungsanforderung erfassen (siehe Abschnitt 14.4.2).

Kundenretourenlieferschein erfassen

Da der Kunde mit 20 % der gelieferten Ware nicht zufrieden ist, schickt er die fehlerhaften Teile zurück. Im Work Center WARENEINGANG in der Sicht LIEFERSCHEINE erfassen Sie den Kundenretourenlieferschein ❶ und wählen im ersten Schritt der geführten Aktivität als Bezug die Auslieferung, die Sie angelegt haben (siehe Abbildung 11.30).

Im Lieferschein dokumentieren Sie die zurückgeschickte Menge, deren GEPLANTEN LIEFERTERMIN ❷ und den RÜCKGABEGRUND ❸. Dies ist in diesem Fall, dass es sich um FEHLERHAFTE TEILE handelt.

Abbildung 11.30 Kundenretoure

[⚙] **Kundenretouren**

Im FINE-TUNING können Sie die Aufgabensteuerung sowie die Gründe und Beteiligten bei Kundenretouren festlegen.

Empfangsbestätigung bei Wareneingang

Der Kundenretourenlieferschein hat vorerst den Status AVISIERT, da die Ware noch nicht zurückgeschickt und daher noch kein Wareneingang gebucht wurde. Sobald der Lieferschein empfangen wurde, legen Sie eine Lageranforderung an. Die Lageranforderung finden Sie im Work Center WARENEINGANG und mit deren Rückmeldung ❹ bestätigen Sie als Lagermitarbeiter die Einlagerung der Retoure (siehe Abbildung 11.31).

Wenn Sie auf den Button MENGEN UND LAGERBEREICHE VORSCHLAGEN klicken ❺, wird die Menge aus dem Kundenretourenlieferschein und das Retourenlager ❻ als Ziellagerbereich vorgeschlagen.

Abbildung 11.31 Wareneingang buchen

Kundenretouren [✱]

Im FINE-TUNING können Sie zum einen festlegen, wie viele Tage nach dem Anlegen einer unvollständigen Kundenretoure eine Aufgabe mit dem Hinweis, fehlende Daten zu ergänzen, erzeugt werden soll. Zum anderen können Sie die Gründe und die Beteiligten von Kundenretouren bearbeiten.

Gutschrift erstellen

Nach der Einlagerung können Sie als Vertriebsmitarbeiter im Work Center KUNDENRECHNUNGEN aus der Sicht RECHNUNGSANFORDERUNGEN eine einfache GUTSCHRIFT erstellen (siehe Abbildung 11.32).

Abbildung 11.32 Neue Gutschrift

Die Werte werden basierend auf der Retoure automatisch ausgefüllt, Sie müssen die Gutschrift lediglich überprüfen und freigeben.

[»] **Kundenretoure ohne Gutschrift**

Sie können auch eine Lieferung *ohne Gutschrift* zurücknehmen und anschließend die zurückgelieferten Produkte z. B. verschrotten.

Im Reiter BELEGFLUSS der Gutschrift können alle Vorgängerbelege eingesehen werden (siehe Abbildung 11.33).

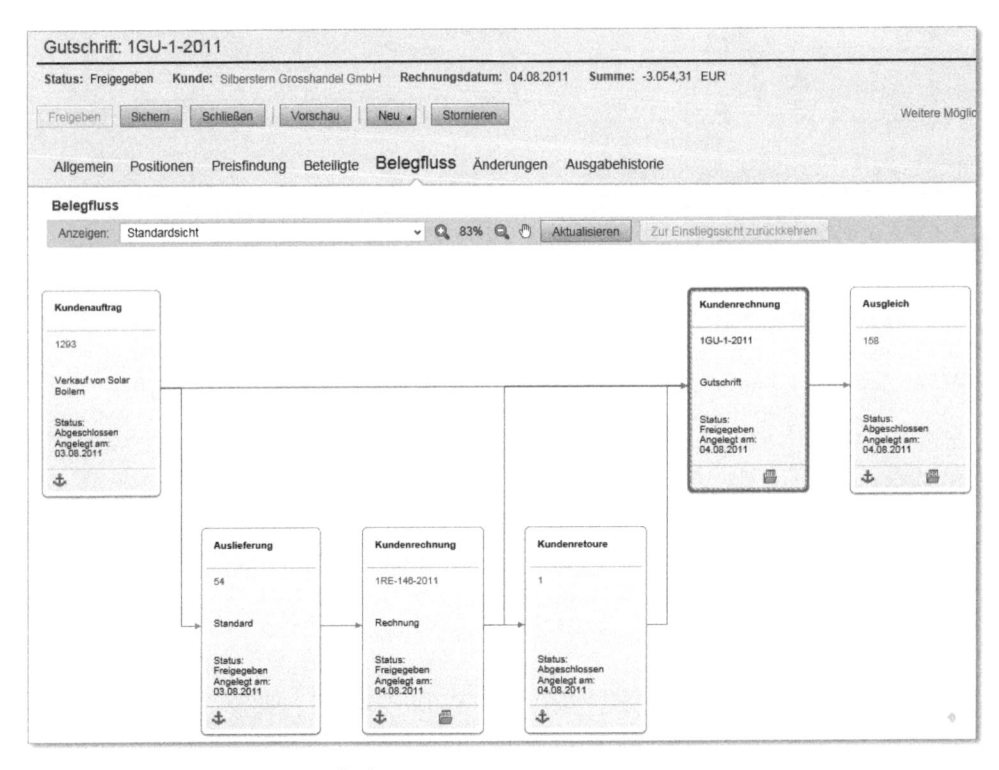

Abbildung 11.33 Gutschrift

Die Gutschrift wird direkt mit der Kundenrechnung verrechnet. Durch den Ausgleichsbeleg werden alle Buchungen korrekt gegengebucht.

[+] **Tochtergesellschaften großer Unternehmen**

Unternehmen, die SAP ERP verwenden, können mit Tochtergesellschaften, die SAP Business ByDesign verwenden, für Beschaffung, Auftragsabwicklung und Streckengeschäft Stamm- und Bewegungsdaten austauschen.

11.5 Szenario »Streckengeschäft«

In diesem Szenario werden die Prozesse eines Streckengeschäfts erläutert, das heißt, es wird Ware an den Kunden verkauft, ohne dass eigene Lagerprozesse anfallen. Wir zeigen im Folgenden auf, wie ausgehend von einem Kundenauftrag eine Streckenbestellung erzeugt wird. Nachdem die Bestätigung des Lieferanten eingegangen ist, wird das Streckengeschäft durchgeführt, das heißt, der Lieferant sendet die Ware direkt an den Kunden. Zudem wird dargestellt, wie man ausgelieferte Produkte registriert, um auch im Nachhinein genau zu wissen, welche Produkte an den Kunden ausgeliefert wurden.

11.5.1 Anforderungen

Eine besondere Form der Warenlieferung ist das Streckengeschäft, auch Streckenhandel, Drop-Shipment oder Direktversand genannt. Hierbei bestellt ein Kunde bei Ihnen seine Ware, Sie beauftragen einen Lieferanten, die Ware direkt an den Kunden zu senden, und stellen die Rechnung an den Kunden. Sie sind somit der Absatzmittler und dem Kunden gegenüber voll verantwortlich.

Dabei ist die Ware physisch nie im Unternehmen. Es ergeben sich aus dieser Art der Distribution einige Vorteile, wie z. B. weniger Kosten auf Grund von niedrigerer Lagerhaltung und erhöhte Flexibilität, insbesondere bei Mischung von Direkt- und Streckengeschäft. Voraussetzung für diese Art der Distribution ist eine gute Einbindung des Lieferanten in die Disposition. Diese Form der Abwicklung kann auch zwischen eigenständigen Vertriebsgesellschaften und ihren ausliefernden Gesellschaften genutzt werden. In SAP Business ByDesign kann sie durch so genannte Streckenbestellung dargestellt werden. Diese werden vom Beschaffungsplaner an den Lieferanten gesendet.

Das Streckengeschäft muss vom System unterstützt werden, ganz gleich, ob das Unternehmen alle Produkte oder nur im Ausnahmefall per Strecke verkauft. Hier liegen auch die zentralen Anforderungen an den Streckenprozess: Es dürfen keine Informationslücken durch die Streckenabwicklung entstehen. Planungsdaten, die Anlieferung beim Kunden, Fakturadaten oder die Produktregistrierung – wie im Beispielszenario – müssen wie im Direktgeschäft dokumentiert werden.

11.5.2 Prozessablauf

Zuerst passen Sie in der Rolle des Beschaffungsplaners das Material im Work Center PRODUKT- UND SERVICEPORTFOLIO an, damit mit diesem Streckenbestellungen durchgeführt werden können (siehe Abbildung 11.34). Anschließend legen Sie als Einkaufsmitarbeiter im gleichen Work Center einen Listenpreis für die Beschaffung des Materials an.

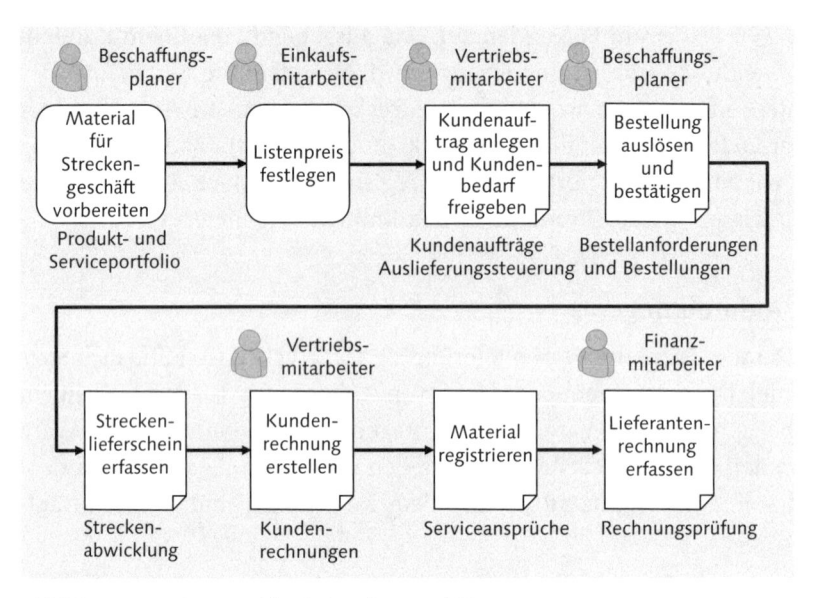

Abbildung 11.34 Prozessablauf »Streckengeschäft«

Den Kundenauftrag erfassen Sie in der Rolle des Vertriebsmitarbeiters im Work Center KUNDENAUFTRÄGE. Hier legen Sie auch fest, dass per Strecke beliefert wird. Anschließend geben Sie im Work Center AUSLIEFERUNGSSTEUERUNG den Kundenbedarf frei und erfassen im Work Center BESTELLANFORDERUNGEN UND BESTELLUNGEN die Bestellung und deren Bestätigung des Lieferanten. Nachdem der Streckenlieferschein im Work Center STRECKENABWICKLUNG erfasst wurde, erstellen Sie in der Rolle des Vertriebsmitarbeiters im Work Center KUNDENRECHNUNGEN die Kundenrechnung. Anschließend registrieren Sie noch im Work Center SERVICEANSPRÜCHE das Material. Zuletzt buchen Sie noch als Finanzmitarbeiter im Work Center RECHNUNGSPRÜFUNG die Lieferantenrechnung.

Material für Streckengeschäft vorbereiten

Sie möchten ein Material per Streckengeschäft verkaufen. Im Work Center PRODUKT- UND SERVICEPORTFOLIO öffnen Sie den Materialstamm des Produktes, das Sie in Abschnitt 10.3.2 angelegt haben und ergänzen die Einstellungen so, dass Sie das Material wahlweise von Ihrem Lager oder als Streckengeschäft verkaufen können. Gehen Sie dazu auf den Reiter VERFÜGBARKEITSPRÜFUNG und setzen den Haken, dass der Standort für Auslieferungen nur manuell wählbar ist (siehe Abbildung 11.35).

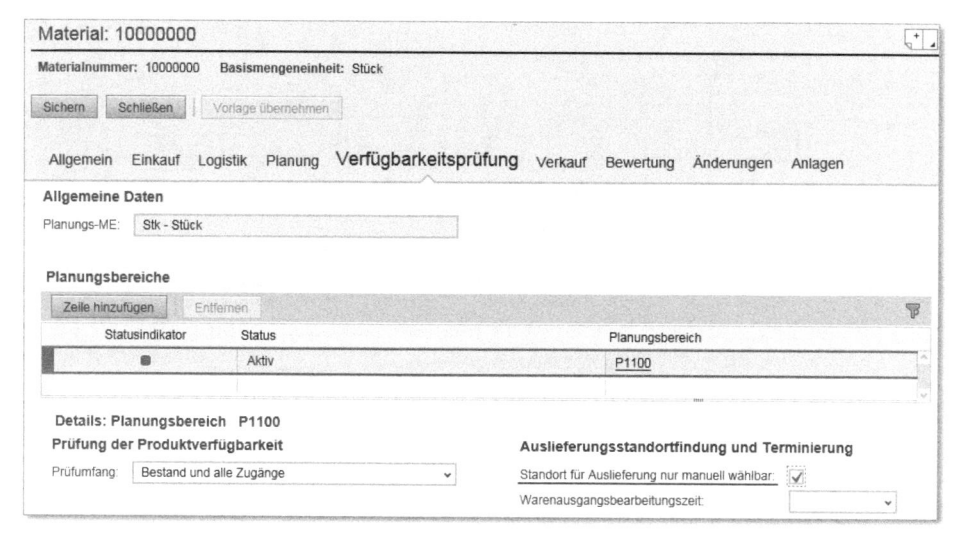

Abbildung 11.35 Relevante Prozesse im Streckengeschäft

> **Relevante Prozesse aktivieren** [+]
>
> Wenn Sie ein Produkt nur als Streckengeschäft verkaufen möchten, reicht es aus, den Einkauf und den Verkauf im Materialstamm zu aktivieren.

Listenpreis festlegen

Erfassen Sie den Preis, für den Ihnen der Lieferant das Produkt verkauft. Im Work Center PRODUKTPORTFOLIO legen Sie dazu einen neuen LISTENPREIS für das Material an.

> **Unterschied: (Einkaufs-)Listenpreis und (Verkaufs-)Preisliste** [+]
>
> Das Work Center PRODUKTPORTFOLIO ist für die Einkaufsmitarbeiter Ihres Unternehmens gedacht. Hier können Sie Listenpreise für den Einkauf des Materials beim Lieferanten erfassen. Das Work Center PRODUKT- UND SERVICEPORTFOLIO enthält die Informationen, die die Verkaufsabteilung benötigt. Hier können Sie Preislisten pflegen, die den Preis enthalten, für den Sie Ihr Material an Ihre Kunden verkaufen (siehe Basispreisliste in Abschnitt 11.3.2).

Wählen Sie den Lieferanten, eine Beschreibung und eine Produktkategorie aus. Im nächsten Schritt wählen Sie aus der Liste der Produkte ❶ das Produkt aus und tragen einen Preis ein (siehe ❷ in Abbildung 11.36).

11 | Customer Relationship Management

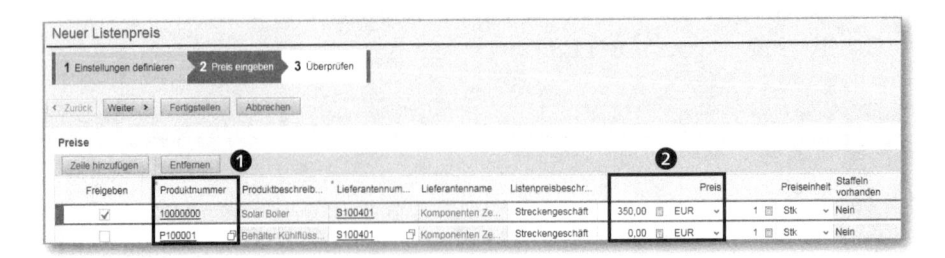

Abbildung 11.36 Neuer Listenpreis

[+] Listenpreise

Wenn Sie Preislisten von Ihren Lieferanten erhalten haben, können Sie diese über eine Microsoft-Excel-Liste hochladen.

[»] Kontrakt und Listenpreise

Anstelle des Listenpreises könnten Sie auch einen *Kontrakt* im Work Center Ausschreibungen und Kontrakte anlegen. Sie können bei den *Listenpreisen* auch Preisstaffeln erfassen, wenn sich die Preise in Abhängigkeit von der gekauften Menge reduzieren.

Kundenauftrag anlegen und Kundenbedarf freigeben

Ein Kunde bestellt den Solar Boiler bei Ihnen. Dieser soll als Streckengeschäft geliefert werden. Sie legen im Work Center Kundenaufträge einen neuen Kundenauftrag an und tragen die relevanten Daten wie Kunde, Beschreibung, Wunschlieferdatum und Position ein (siehe Abschnitt 11.3.2). Unter alles anzeigen können Sie im Reiter Positionen die Bezugsquelle ❸ zuordnen. Hierbei wird zwischen interner und externer Ausführung unterschieden. Sie wählen die externe Auslieferung über ihren Lieferanten ❹, für den Sie auch den Listenpreis festgelegt haben (siehe Abbildung 11.37).

Anschließend gehen Sie in das Work Center Auslieferungssteuerung und suchen den Kundenbedarf, der durch den Kundenauftrag erzeugt wurde. Hier können Sie die gewünschte Bezugsquelle noch einmal überprüfen und anschließend den Kundenauftrag freigeben.

[»] Bezugsquellen

Sie können auch einen der in Abschnitt 10.3.2 angelegten Kontrakte für die Lieferart Streckengeschäft verwenden. Wenn Sie bei Verfügbare Bezugsquelle 1 den Eintrag Almika Heizungen Hannover wählen, wird der Bestand aus Ihrem Lager zur Lieferung verwendet.

Die Lieferart ändert sich in diesem Fall von STRECKENGESCHÄFT auf LIEFERUNG. Genaueres zu Transportbeziehungen finden Sie in Abschnitt 13.4.2.

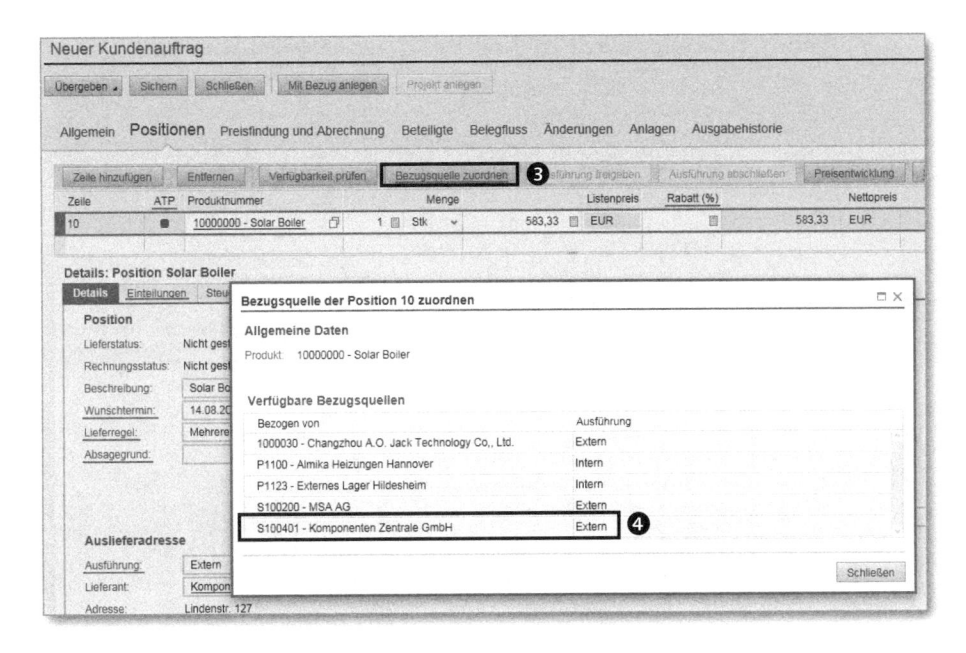

Abbildung 11.37 Alternative Bezugsquellen des Kundenauftrags

Bestellung auslösen und bestätigen

Um eine Streckenbestellung auszuführen, müssen Sie im Work Center BESTELLANFORDERUNGEN UND BESTELLUNGEN eine Bestellung auslösen. In der vorgeschlagenen Bestellung ist als Prozesstyp bereits Streckengeschäft hinterlegt (siehe Abbildung 11.38).

Je nachdem wie Sie in den Zusammenarbeitseinstellungen des Lieferanten (siehe Abschnitt 10.3.2) das Senden von Streckenbestellungen eingestellt haben, wird die Streckenbestellung dem Lieferanten per E-Mail, Fax oder Post zugeschickt.

Der Lieferant bestätigt Ihnen die Streckenbestellung. Somit können Sie in der Sicht BESTELLUNGEN eine Bestellbestätigung anlegen (siehe Abbildung 11.39).

Stornierung

Falls Ihr Lieferant die Streckenbestellung ablehnt, wählen Sie BESTELLUNG STORNIEREN. Wenn der Abruf nur teilweise bestätigt wird, muss der Kunde über die Änderungen informiert und die Streckenbestellung angepasst werden.

11 | Customer Relationship Management

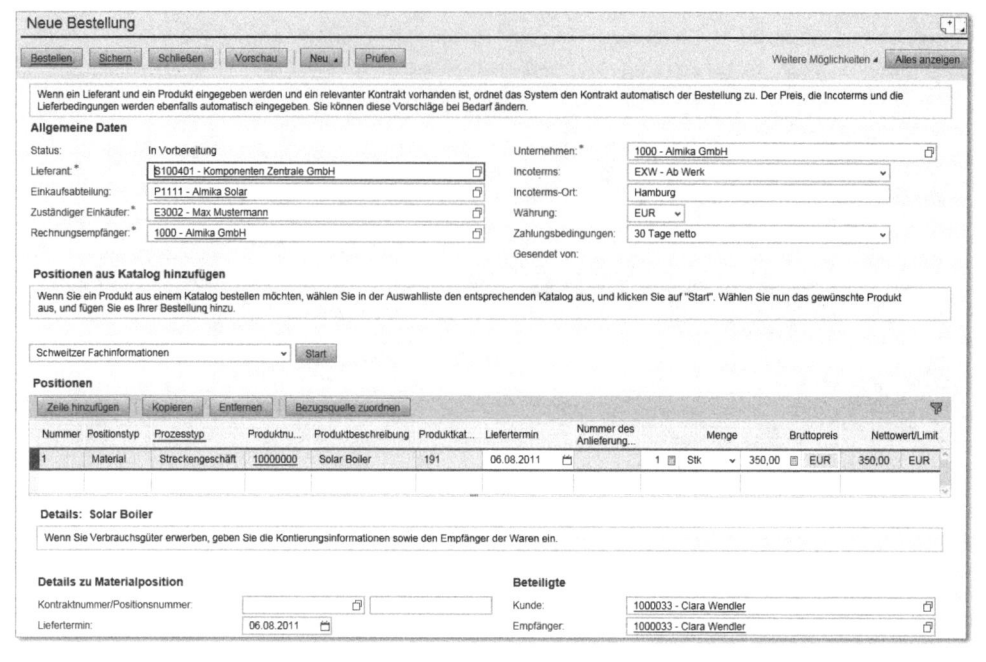

Abbildung 11.38 Neue Bestellung

Abbildung 11.39 Bestellbestätigung

Streckenlieferschein erfassen

Nachdem der Lieferant die Ware direkt an den Kunden gesandt hat, wird Ihnen eine Kopie des Lieferscheins geschickt, mit dem Sie den Abruf registrieren. Dieser Lieferschein kann dann von Ihnen im Work Center STRECKENABWICKLUNG in der Sicht STRECKENBESTELLUNGEN erfasst und freigegeben werden. Wie in Abbildung 11.40 zu sehen ist, benötigen Sie hierfür die Nummer des Lieferscheins sowie das Versand- und Lieferdatum.

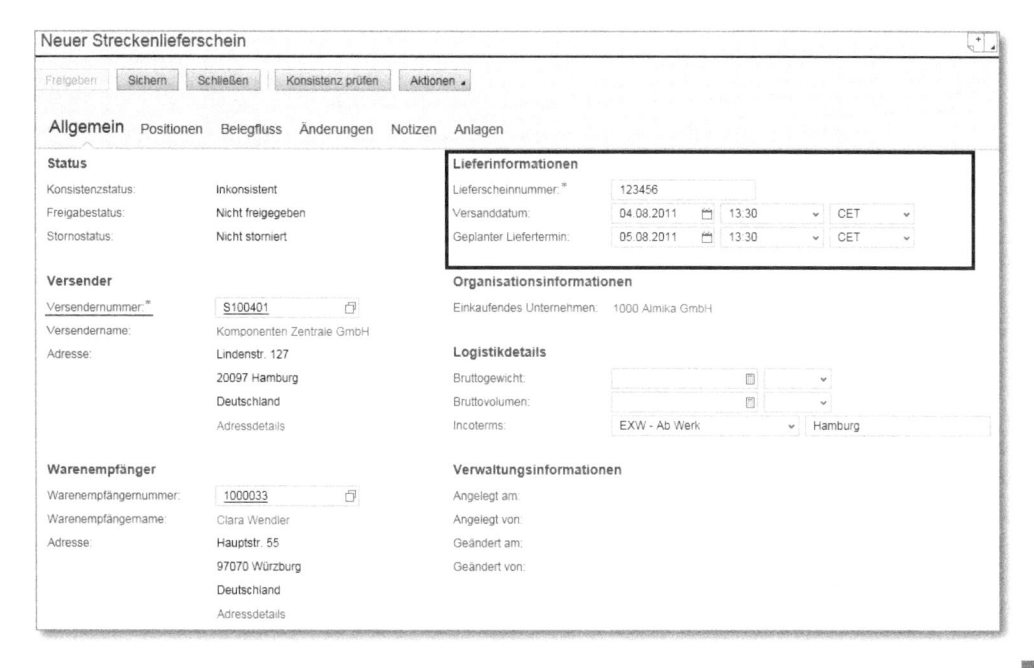

Abbildung 11.40 Neuer Streckenlieferschein

Wenn Sie alle Daten eingetragen haben, prüfen Sie die Konsistenz und geben die Streckenlieferung frei. Der Status des Abrufes ändert sich auf BEENDET.

Work Center »Streckenabwicklung«	[+]
Im Work CENTER STRECKENABWICKLUNG erhalten Sie einen Überblick über die Streckenbestellungen, die Streckenlieferscheine sowie die Streckenan- und -auslieferungen.	

Kundenrechnung erstellen

Nachdem Ihrem Kunden die bestellte Ware geliefert wurde, stellen Sie ihm die Rechnung. Gehen Sie dazu in das Work Center KUNDENRECHNUNGEN und hier in die Sicht RECHNUNGSANFORDERUNGEN, und markieren den Kundenauftrag mit den zu fakturierenden Positionen. Unter FOLGEAKTION erstellen Sie eine einfache Rechnung. In der Rechnung prüfen Sie die Daten und geben die Rechnung frei. Eine detailliertere Beschreibung zur Kundenrechnungserfassung finden Sie in Abschnitt 11.4.2.

Material registrieren

Sie registrieren den verkauften Solar Boiler mit einer Nummer, um später eindeutig nachvollziehen zu können, welcher Solar Boiler an den Kunden geliefert wurde.

Dazu gehen Sie in das Work Center SERVICEANSPRÜCHE und legen ein neues registriertes Produkt an. Sie wählen zuerst den Kunden ❶ aus, an den die Produkte verkauft wurden. Dann wählen Sie das Referenzprodukt ❸, das Sie ausgeliefert haben, und tragen eine eindeutige Nummer ❷ ein, die Sie auch auf dem ausgelieferten Boiler vermerkt haben (siehe Abbildung 11.41).

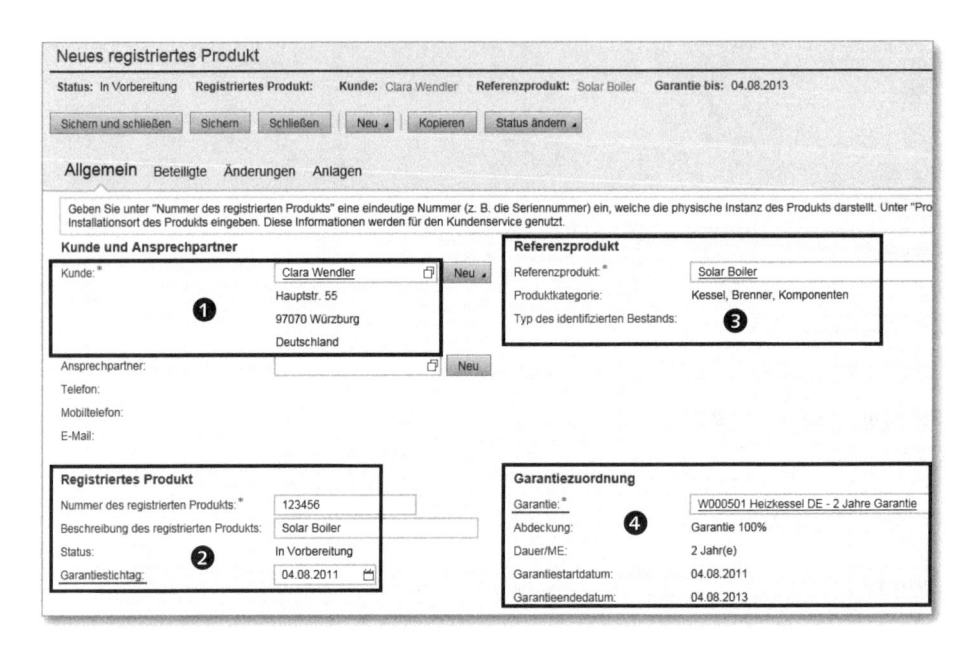

Abbildung 11.41 Registriertes Produkt anlegen

[»] **Automatische Produktregistrierung**

Anstatt das Produkt manuell zu registrieren, können Sie auch die automatische Produktregistrierung wählen. In diesem Fall wird bei der Lieferung für die Materialien ein Etikett gedruckt und die registrierten Produkte angelegt (siehe Abschnitt 14.3.2).

Für dieses Produkt wird automatisch eine zweijährige Garantie zugeordnet ❹. Garantien werden im Work Center SERVICEANSPRÜCHE gepflegt. Diese Garantie läuft ab Auslieferungsdatum zwei Jahre und wird in Abschnitt 11.6.2 unter anderem bei der Fakturierung benötigt. Anschließend aktivieren Sie noch das registrierte Produkt.

> **Registrierte Produkte** [✱]
>
> Im Work Center BETRIEBSWIRTSCHAFTLICHE KONFIGURATION und unter DATENÜBERNAHME UND ERWEITERUNG in der Aufgabenliste können Sie registrierte Produkte per Migrationsvorlage hochladen.

Lieferantenrechnung erfassen

Der Lieferant hat Ihnen seine Rechnung zugeschickt. Sie erfassen die Lieferantenrechnung im Work Center RECHNUNGSPRÜFUNG. Die Streckenbestellung finden Sie in der Liste unter ALLE ZU BERECHNENDEN LIEFERUNGEN wieder (siehe Abbildung 11.42).

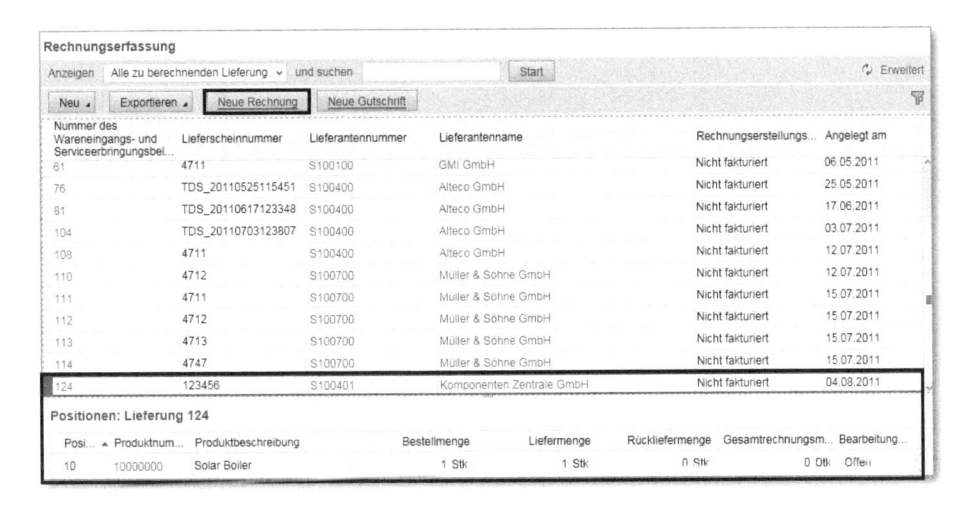

Abbildung 11.42 Rechnungserfassung

Nachdem Sie die Belegnummer und das Rechnungsdatum eingetragen sowie alle Daten geprüft haben – eventuell müssen Sie noch steuerliche Anpassungen wegen der Streckenabwicklung vornehmen –, können Sie die Rechnung buchen. Die gebuchte Rechnung finden Sie in der Sicht RECHNUNGEN UND GUTSCHRIFTEN.

In Ihrer gebuchten Rechnung finden Sie den Belegfluss Ihres Streckengeschäfts (siehe Abbildung 11.43). Wenn Sie den Kundenauftrag als Ankerbeleg festlegen (durch Klick auf den Anker), bekommen Sie die Bestellung, die Streckenlieferung und die Rechnung angezeigt. Durch die Wahl des Ankerbelegs wird der Belegfluss jeweils auf diesen Beleg ausgerichtet, wodurch bei Verzweigungen im Belegfluss zusätzliche Vorgänger- und Nachfolgebelege sichtbar werden können.

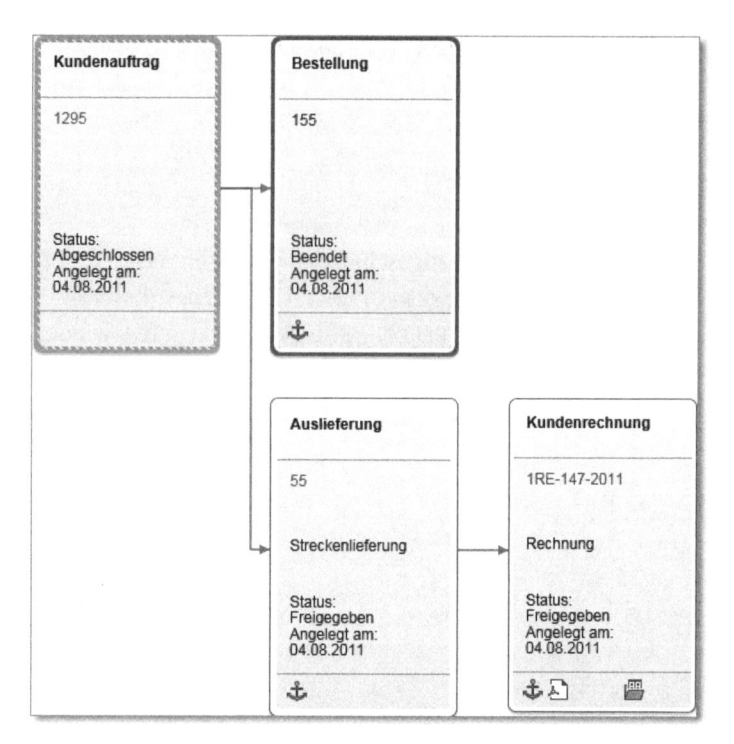

Abbildung 11.43 Belegfluss des Streckengeschäfts

11.6 Szenario »Produktbezogener Kundenservice«

In diesem Szenario wird aufgezeigt, wie Unternehmen mit Kundenproblemen umgehen können. Hierbei wird zuerst der Fall einer E-Mail, dann einer telefonischen Anfrage behandelt. Bei der Lösung der Probleme werden die Verwendung einer Wissensdatenbank sowie die Reparatur vor Ort vorgestellt.

11.6.1 Anforderungen

Im Kundenservice stellt sich die Frage, welche Möglichkeiten bestehen, um den Kundenservice zu verbessern und effizienter zu gestalten. Die Verbesserung bezieht sich auf die schnelle und zielgerichtete Reaktion auf Kundenprobleme; die Effizienzgestaltung orientiert sich an einem möglichst kostengünstigen Einsatz, um das Serviceziel zu erreichen.

Die primäre Aufgabe des Kundenservice ist es, auf Kundenanfragen oder Problemmeldungen zu installierten Produkten zu reagieren. Hierbei muss das Problem möglichst schnell gelöst werden, entweder durch den Service Desk, der eine fachlich richtige Auskunft gibt, oder dadurch, dass ein Techniker vor Ort das Problem löst.

Die Herausforderung ist deswegen, bei Serviceanfragen möglichst schnell und effizient die Kundensituation zu identifizieren und unmittelbar und wie in entsprechenden Garantien oder Service Level Agreements versprochen, auf die Kundenwünsche und Probleme zu reagieren. Die Diagnose des Problems kann entweder durch die Zuweisung eines richtigen Mitarbeiters mit der entsprechenden Fachkompetenz erfolgen oder durch eine Wissensdatenbank, auf die der Mitarbeiter im Service Desk zugreifen kann.

Im zweiten Teil des Szenarios kommt es darauf an, den Techniker mit den notwendigen Informationen auszustatten und ihm die richtigen Ersatzteile mitzugeben, die das Kundenproblem lösen. Dieser Techniker sollte in die Lage versetzt werden, die Informationen mobil zu erhalten und auch mobil die Leistungsrückmeldung durchzuführen.

Am Ende des Szenarios kommt es darauf an, das Kundenproblem gelöst zu haben und die Teile in Rechnung zu stellen, die nicht einer Garantie oder Kulanzregelung unterliegen. Voraussetzung, um dies möglichst effizient durchzuführen, ist, dass alle diese Informationen im System hinterlegt sind. So kann die Faktura schnell generiert werden und die Problemlösung ist für beide Seiten effizient und kostengünstig durchgeführt worden.

11.6.2 Prozessablauf

Durch die E-Mail des Kunden wird automatisch im Work Center KUNDENSERVICE eine neue Serviceanfrage angelegt (siehe Abbildung 11.44). Sie bearbeiten die Serviceanfrage als Servicemitarbeiter und erfassen eine Antwort mit Hilfe der Wissensdatenbank. Als der Kunde sich erneut telefonisch meldet, analysieren Sie im Work Center KUNDENMANAGEMENT alle Aktivitäten des Kunden mit Ihrem Unternehmen. Da das Problem sich verschlimmert hat, legen Sie im Work Center KUNDENMANAGEMENT eine neue Serviceanfrage an. Da der Techniker zur Reparatur vor Ort erscheinen muss, legen Sie als Folgeaktion einen Serviceauftrag an, über den der Techniker bereits auf seiner STARTSEITE informiert wurde. Der Techniker findet den Serviceauftrag in seiner Auftrags-Pipeline im Work Center VOR-ORT-SERVICE UND REPARATUR. Nachdem der Kundenbedarf im Work Center AUSLIEFERUNGSSTEUERUNG freigegeben wurde, bucht er den Warenausgang für das Ersatzteil und meldet anschließend im Work Center VOR-ORT-SERVICE UND REPARATUR die Serviceausführung zurück. Nachdem das Problem gelöst ist, stellen Sie die Serviceanfrage im Work Center KUNDENSERVICE fertig.

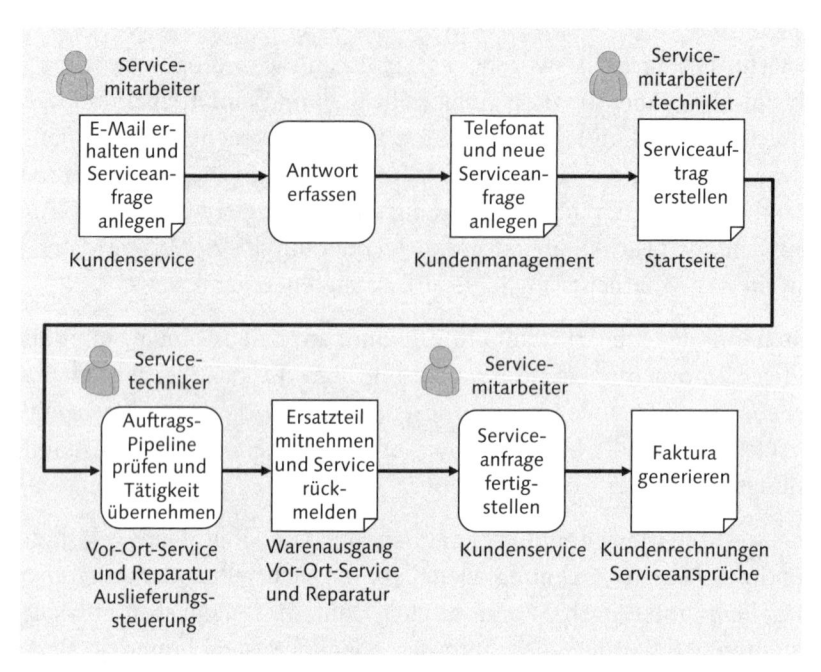

Abbildung 11.44 Prozessablauf »Produktbezogener Kundenservice«

Zuletzt buchen Sie noch in der Rolle des Servicemitarbeiters die Rechnung des Serviceauftrages im Work Center KUNDENRECHNUNGEN.

E-Mail erhalten und Serviceanfrage anlegen

Der Kunde hat Probleme mit dem Produkt, das Sie ihm in Abschnitt 11.5.2 verkauft haben, und schreibt Ihrem Kundenservice eine E-Mail. In der E-Mail schildert er Ihnen, dass es bei dem Solar Boiler immer wieder zu Temperaturschwankungen kommt. Er schickt die E-Mail an folgende E-Mail-Adresse: *service.request@my######.mail.sapbydesign.com.*

steht für eine sechsstellige Nummer, die auch in der URL Ihres SAP Business ByDesign-System enthalten ist und Ihr System eindeutig identifiziert. Wenn Kunden Ihnen E-Mails an diese E-Mail-Adresse schicken, wird in SAP Business ByDesign automatisch eine neue Serviceanfrage generiert.

E-Mail-Adresse [+]

Wenn die E-Mail-Adresse, von der die Problemmeldung geschickt wird, auch im Kundenstammsatz eines Kunden hinterlegt ist, wird automatisch die Verbindung zu diesem Kunden in SAP Business ByDesign hergestellt.

Sie gehen in das Work Center KUNDENSERVICE in die Sicht SERVICEANFRAGEN und finden hier eine neue, offene Serviceanfrage Ihres Kunden (siehe Abbildung 11.45).

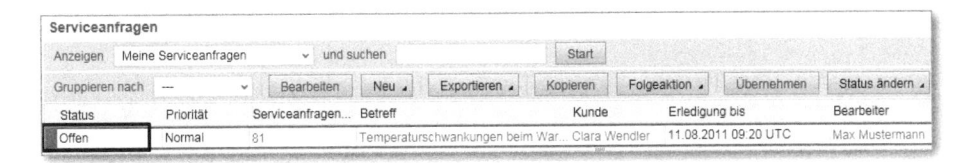

Abbildung 11.45 Neue Serviceanfrage

Serviceanfrage manuell anlegen [«]

Sie können die Serviceanfrage auch manuell anlegen, wenn sich der Kunde z. B. telefonisch meldet.

Serviceanfragen [✱]

Im FINE-TUNING und unter DATENÜBERNAHME UND ERWEITERUNG in der Aufgabenliste können Sie Folgendes vornehmen:

- Nummernkreise für Serviceanfragen festlegen
- Kriterien für die Ermittlung von Zuständigkeiten für Serviceanfragen definieren
- Vorschlagswerte für die Reaktionszeit und Abschlusszeit festlegen
- Serviceanfragen und Wissensdatenbankartikel per Migrationsvorlage hochladen

Antwort erfassen

Sie bearbeiten die Serviceanfrage im Work Center KUNDENSERVICE und schicken dem Kunden einen Lösungsvorschlag. Gehen Sie in die Sicht SERVICEANFRAGEN, öffnen Sie die neue SERVICEANFRAGE, wählen Sie hier den Reiter WISSENSDATENBANK ❶, suchen Sie einen geeigneten Artikel für das Problem und ordnen Sie diesen der Serviceanfrage zu (siehe Abbildung 11.46).

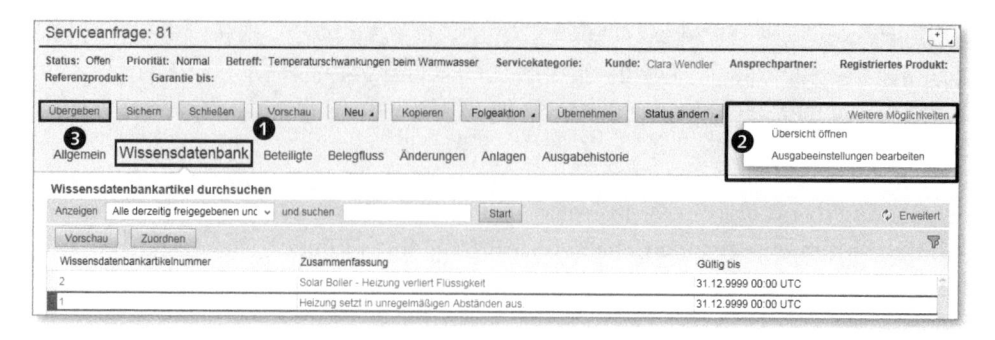

Abbildung 11.46 Wissensdatenbankartikel zuordnen

[⚙] **Wissensdatenbank-Support**
Im FINE-TUNING können Sie Kategorien für Wissensdatenbankartikel festlegen, die steuern, ob Artikel genehmigungspflichtig sind.

Zusätzlich erfassen Sie noch im Reiter NOTIZEN UND HISTORIE einen Antworttext für den Kunden. Unter WEITERE MÖGLICHKEITEN ❷ prüfen Sie, dass E-MAIL als Ausgabeeinstellung hinterlegt ist, damit der Kunde die Antwort auch als E-Mail bekommt.

[»] **Ausgabeeinstellungen**
Alternativ zu E-Mail können Sie die Ausgabeeinstellungen Drucker oder Fax wählen.

Klicken Sie auf den Button ÜBERGEBEN ❸, um die Antwort per E-Mail an den Kunden zurückzuschicken.

Telefonat und neue Serviceanfrage anlegen

Der Kunde meldet sich erneut, diesmal telefonisch, da sich das Problem verschlimmert hat. Im Work Center KUNDENMANAGEMENT suchen Sie den Kunden und prüfen die Aktivitäten mit dem Kunden für den Bereich SERVICE (siehe Abbildung 11.47).

Aus der Privatkundenübersicht können Sie die angelegte Serviceanfrage, die den Status FERTIG GESTELLT hat, öffnen und als Folgeaktion eine neue SERVICEANFRAGE erfassen (siehe Abbildung 11.48). Alternativ können Sie auch im Work Center KUNDENSERVICE eine neue SERVICEANFRAGE anlegen.

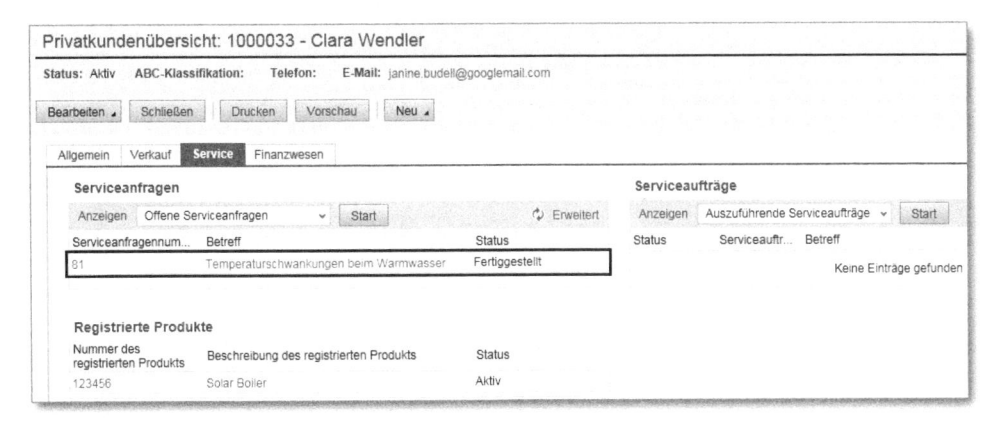

11.6 Szenario »Produktbezogener Kundenservice«

Abbildung 11.47 Privatkundenübersicht Service

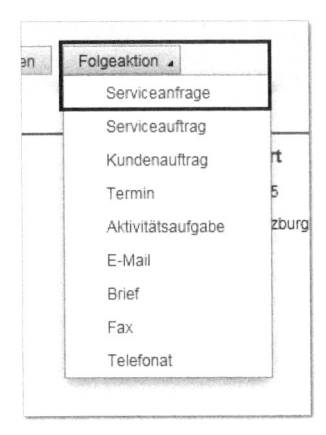

Abbildung 11.48 Folgeaktion Serviceanfrage

Sie erfassen, dass es sich um ein Sicherheitsproblem handelt und dass die Serviceanfrage mit sofortiger Priorität behandelt werden muss. Es entsteht gleich ein Alarm ❶. Zudem wählen Sie aus ❷, dass es sich um das in Abschnitt 11.5.2 angelegte registrierte Produkt handelt. SAP Business ByDesign zeigt Ihnen direkt an, wie lange die Garantie für dieses Produkt noch gültig und was das Referenzprodukt ist (siehe Abbildung 11.49). Wenn Sie kein registriertes Produkt haben, ordnen Sie ein Referenzprodukt zu.

> **Aufgabensteuerung für die Kundenpflege** [✱]
>
> Im FINE-TUNING können Sie die Aufgabensteuerung für Kundenpflege definieren, z. B. Alarm für überfällige Erstreaktion einer Serviceanfrage.

11 | Customer Relationship Management

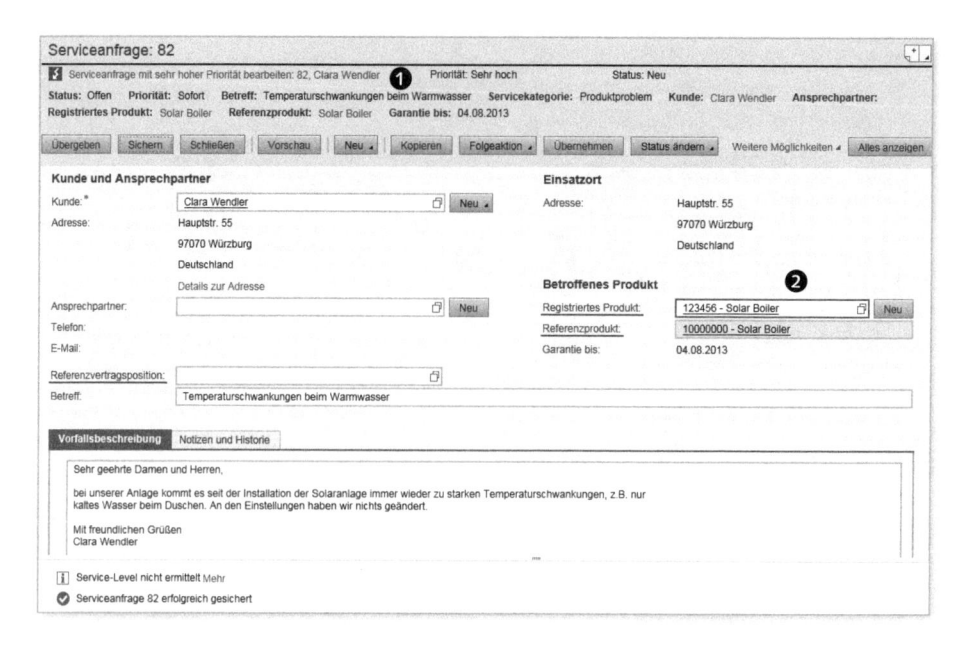

Abbildung 11.49 Serviceanfrage mit Alarm

Sie können Serviceanfragen für Ihren Kundendienst kategorisieren und hierüber deren Dringlichkeit steuern. Ihre Serviceanfrage gehört zur Servicekategorie »Produktproblem«.

[+] **Service- und Vorfallskategorien pflegen**

Die verschiedenen Service- und Vorfallskategorien legen Sie in einem Katalog fest. Hierbei können Sie mit mehreren Strukturebenen arbeiten und z. B. festlegen, dass »Sicherheitsproblem« eine Form des »Produktproblems« ist (siehe Abbildung 11.50). In den Servicekategorien legen Sie auch fest, ob Serviceanfragen, Serviceaufträge, Servicerückmeldungen oder die Wissensdatenbank den Katalog verwenden.

Kurz darauf wird eine Alarmmeldung ausgegeben, die Ihnen den umgehenden Handlungsbedarf anzeigt. Über einen Service-Level wurde ausgehend von der Priorität die Fälligkeit der Erstreaktion bestimmt.

[+] **Service-Level steuern Erstreaktion**

In Abbildung 11.51 ist z. B. für eine SERVICEANFRAGE mit der Priorität SOFORT eine ERSTREAKTION innerhalb von einer Stunde erforderlich ❶. Wenn die SERVICEANFRAGE die Priorität NIEDRIG hat, ist für eine ERSTREAKTION 10 Stunden Zeit ❷. Sobald dieser Zeitraum überschritten und keine Erstreaktion erfolgt ist, wird die Erstreaktion überfällig und ein Alarm ausgelöst.

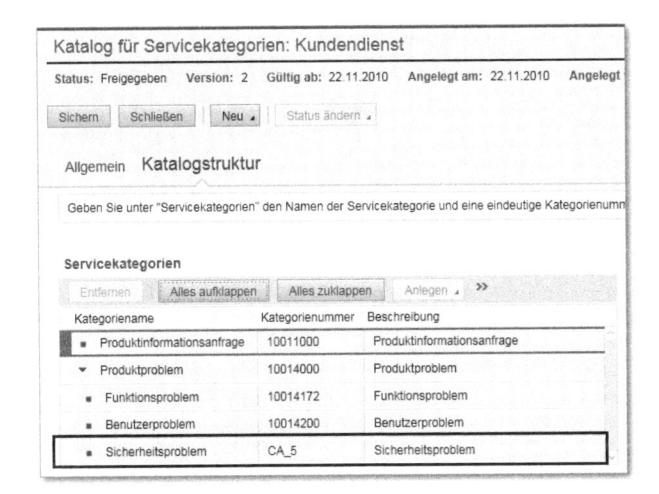

11.6 Szenario »Produktbezogener Kundenservice«

Abbildung 11.50 Katalog der Servicekategorien

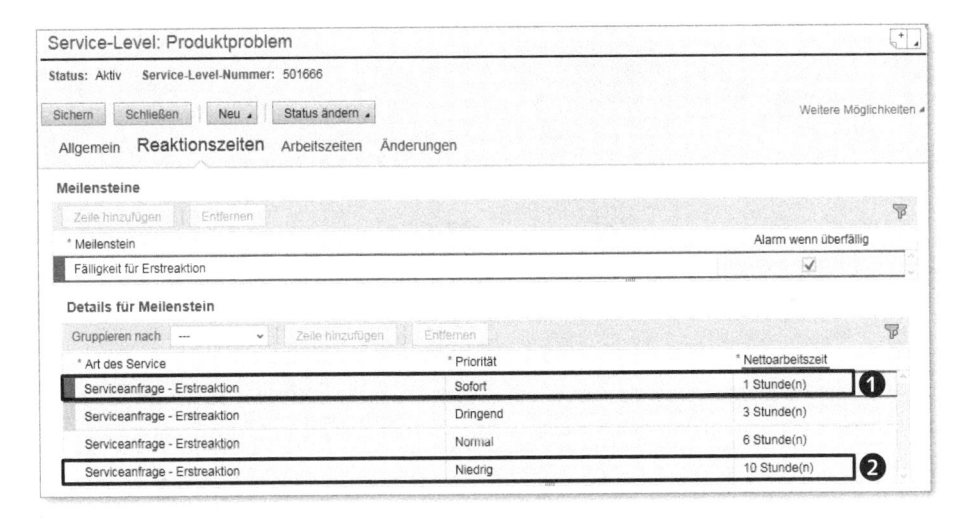

Abbildung 11.51 Service-Level

Service-Level [+]

Neben den Reaktionszeiten werden auch die ARBEITSZEITEN in einem Service-Level festgelegt, das heißt, an welchen Wochentagen und zu welchen Uhrzeiten eine Reaktion auf die Serviceanfrage erfolgt.

Service-Level und Servicekategorien [+]

Die Einstellungen zum Service-Level und zu Servicekategorien werden im Work Center SERVICEANSPRÜCHE hinterlegt.

Sie können in den allgemeinen Aufgaben den SERVICELEVEL BESTIMMEN. Die allgemeinen Aufgaben finden Sie links am Rand mit dem Icon ☑. Hier legen Sie fest, welche Service- und welche Vorfallkategorie welchen Service-Level auslöst. Bei einem Sicherheitsproblem werden z. B. kürzere Reaktionszeiten hinterlegt als bei einem Benutzerproblem. Es können noch differenziertere Einschränkungen bezüglich Land, ABC-Klassifikation und Produktkategorie getroffen werden, z. B. wenn bei A-Kunden schneller reagiert werden muss.

Serviceauftrag erstellen

Da Sie einen Techniker zu dem Kunden schicken müssen, legen Sie einen Serviceauftrag an. Im Work Center KUNDENSERVICE öffnen Sie Ihre SERVICEANFRAGE und legen als Folgeaktion einen Serviceauftrag an. In den Serviceauftrag tragen Sie in die Positionen eine Reparaturdienstleistung und die notwendigen Ersatzteile ein (siehe Abbildung 11.52).

Abbildung 11.52 Serviceauftrag

Als Leistungserbringer tragen Sie den Techniker des Vor-Ort-Services ein, der zum Kunden fahren soll. Der Techniker erhält in seinem Aufgabenvorrat im Work Center STARTSEITE eine Alarmmeldung mit der Priorität »sehr hoch« bezüglich der Ausführung des Services (siehe Abbildung 11.53).

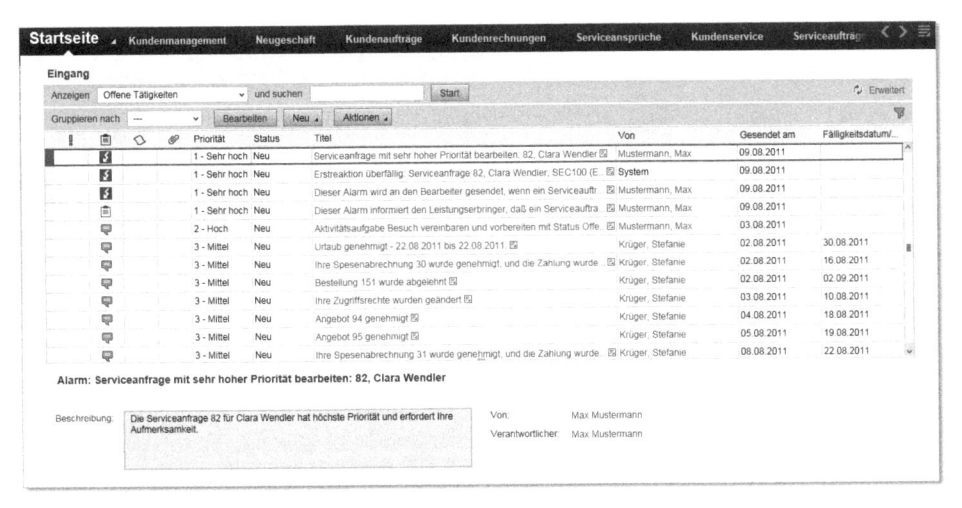

Szenario »Produktbezogener Kundenservice« | 11.6

Abbildung 11.53 Alarmmeldung des Serviceauftrags

Serviceaufträge [✱]

Im FINE-TUNING können Sie Folgendes vornehmen:

- Die Aufgabensteuerung für Vor-Ort-Service und Reparatur festlegen
- Nummernkreise für Serviceaufträge festlegen
- Kriterien zur Ermittlung der Zuständigkeiten und Beteiligte festlegen
- Vorschlagswerte für Starttermin, Reaktionszeit, Ankunftszeit beim Kunden und Abschlusszeit pflegen

Auftrags-Pipeline prüfen und Tätigkeit übernehmen

Der Techniker hat festgestellt, dass es einen sehr hoch priorisierten Serviceauftrag gibt und übernimmt den Auftrag sofort. Im Work Center VOR-ORT-SERVICE UND REPARATUR findet er den Serviceauftrag in seiner Auftrags-Pipeline mit einer Vorfallbeschreibung des Problems (siehe Abbildung 11.54).

Mittels dieser Information bekommt der Techniker einen Hinweis über den zu erbringenden Service. In der Auftrags-Pipeline stehen alle Serviceaufträge, in denen der Servicetechniker als Leistungserbringer zugeordnet wurde.

In der Auftrags-Pipeline kann der Techniker alle Aufträge, die er abarbeiten möchte, markieren und sich seine Fahrtroute mittels eines Routenplaners berechnen lassen (siehe Abbildung 11.55).

11 | Customer Relationship Management

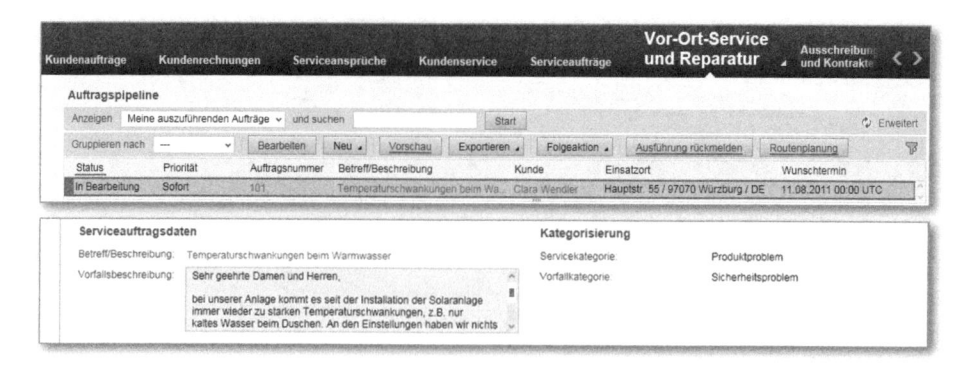

Abbildung 11.54 Vorfallbeschreibung des Serviceauftrags

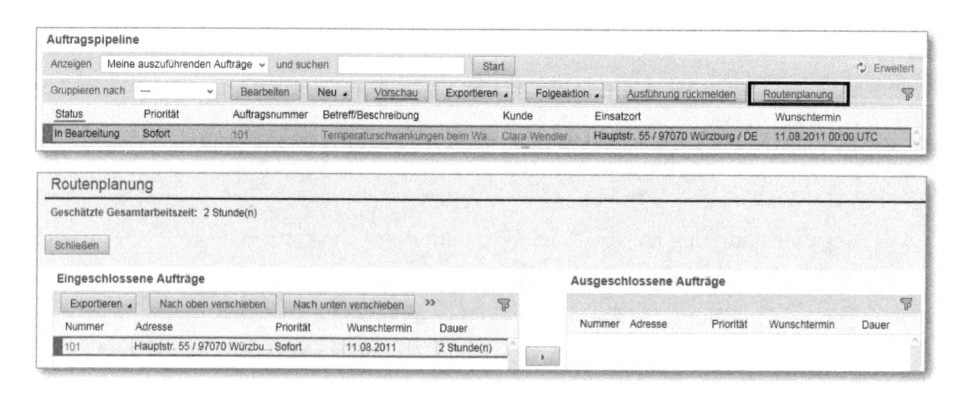

Abbildung 11.55 Auftrags-Pipeline mit Routenplaner

[+] **Routenplaner**

Für den Routenplaner wird die Technologie von Mashups verwendet.

Im Work Center AUSLIEFERUNGSSTEUERUNG wurde das Ersatzteil als Kundenbedarf angelegt. Sobald es FREIGEBEN wird, kann der Techniker das Ersatzteil mitnehmen (siehe Abbildung 11.56).

Abbildung 11.56 Kundenbedarf

Ersatzteil mitnehmen und Service rückmelden

Der Servicetechniker nimmt das Ersatzteil mit zum Kunden und meldet die Ausführung des Services zurück. Im Work Center WARENAUSGANG finden Sie in der Sicht VERSANDSTEUERUNG die Versandvorschläge für die Abholung durch den Techniker (siehe Abbildung 11.57).

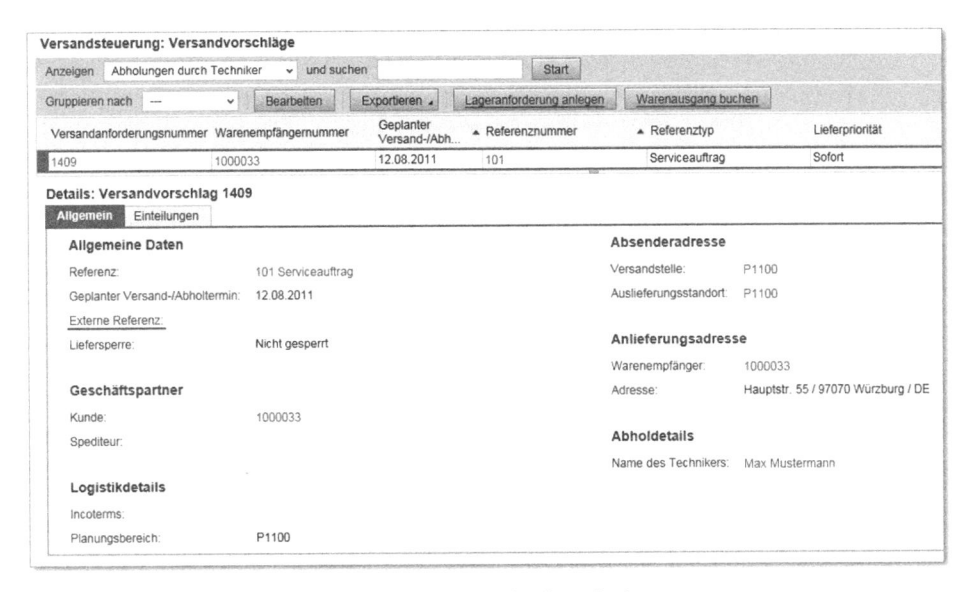

Abbildung 11.57 Versandvorschläge mit Abholung durch Techniker

Sie legen eine Auslieferung für das Ersatzteil an und buchen den Warenausgang, indem Sie es als ISTMENGE eintragen ❶ und FREIGEBEN ❷ (siehe Abbildung 11.58).

Abbildung 11.58 Auslieferung und Wareneingang

11 | Customer Relationship Management

> [»] **Lageranforderung anlegen**
> Sie können auch einen zweistufigen Warenausgang buchen, indem Sie zudem eine Lageranforderung anlegen. Da es sich in diesem Fall um eine Eilbuchung handelt, wird der einstufige Warenausgang zur Mitnahme von dem Ersatzteil durchgeführt.

Nachdem der Techniker beim Kunden erfolgreich das Produkt ausgetauscht und repariert haben, meldet er im Work Center VOR-ORT-SERVICE UND REPARATUR in der AUFTRAGSPIPELINE die Ausführung zurück (siehe Abbildung 11.59).

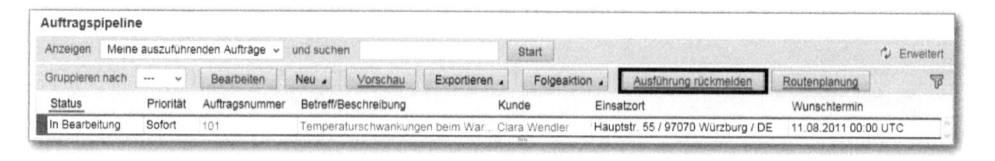

Abbildung 11.59 Auftrags-Pipeline

Er gibt die ISTDAUER ❷ ein, das heißt die Zeit, die er für die Durchführung des Services tatsächlich benötigt hat. Zudem erfasst er noch eine kurze ARBEITSBESCHREIBUNG ❶ seiner Tätigkeiten, den zeitlichen Ablauf und gibt den AUFTRAGSABSCHLUSS ❸ frei (siehe Abbildung 11.60).

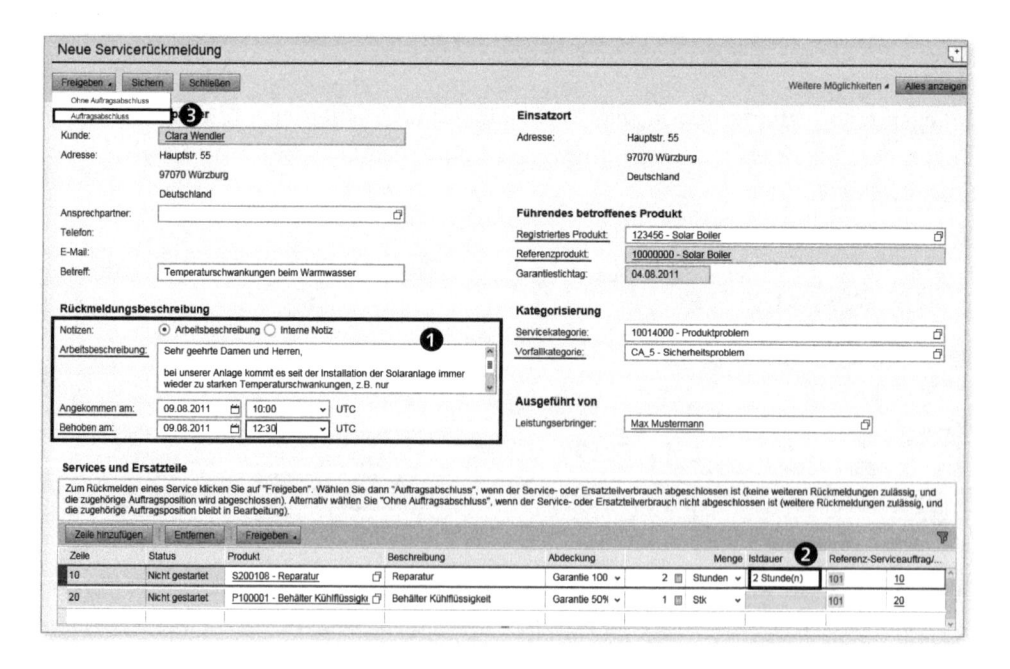

Abbildung 11.60 Servicerückmeldung mit Auftragsabschluss

Servicerückmeldungen

[⚙]

Sie können im FINE-TUNING Folgendes vornehmen:

- Nummernkreise und Beteiligte definieren
- Einsatzbedingungen hinterlegen
  Für diese können Sie im Work Center SERVICE- UND PRODUKTPORTFOLIO Aufschläge festlegen, z. B. wenn Ihre Servicetechniker Aufträge als Überstunden ausführen.

Serviceanfrage fertigstellen

Sie möchten die Serviceanfrage abschließen, da das Problem des Kunden durch den Servicetechniker behoben wurde und keine weiteren Tätigkeiten des Kundenservices notwendig sind. Über den BELEGFLUSS Ihrer Servicerückmeldung sehen Sie, dass der Status der Serviceanfrage noch IN BEARBEITUNG ist (siehe Abbildung 11.61).

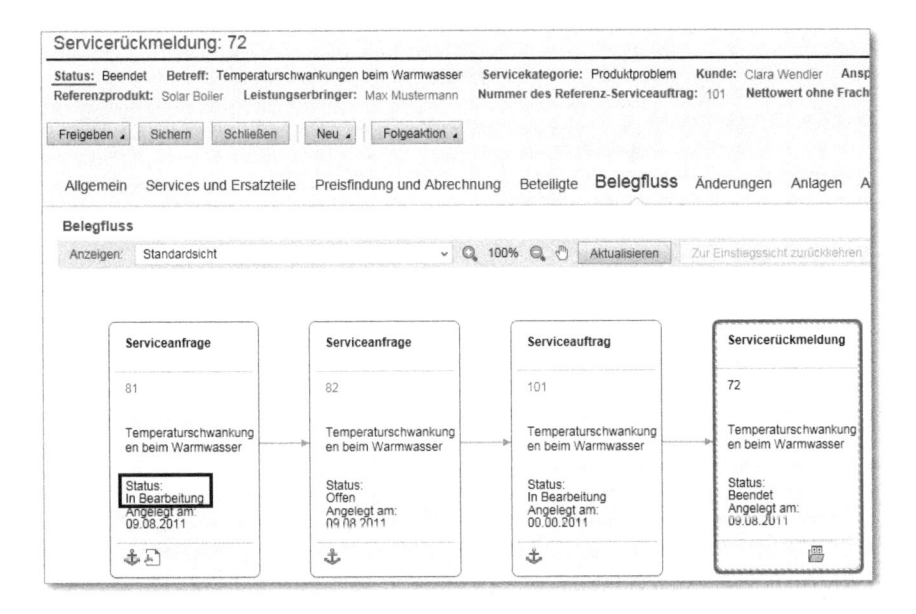

Abbildung 11.61 Belegfluss der Serviceanfrage

Sie öffnen die Serviceanfrage durch einen Klick auf die Nummer der Serviceanfrage und ändern deren Status auf FERTIGGESTELLT (siehe Abbildung 11.62). Wenn doch noch Probleme beim Kunden auftreten sollten, können Sie die Serviceanfrage wieder öffnen.

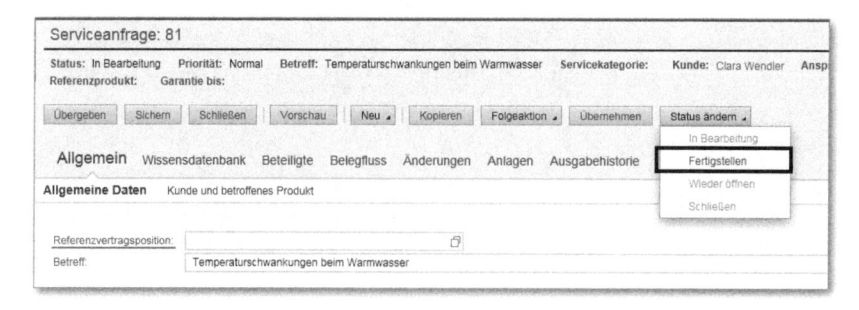

Abbildung 11.62 Serviceanfrage fertigstellen

Faktura generieren

Sie erstellen die Rechnung für die Reparatur bei Ihrem Kunden. Im Work Center KUNDENRECHNUNGEN finden Sie in den RECHNUNGSANFORDERUNGEN die zu fakturierende Servicerückmeldung. Sie erstellen eine einfache Rechnung als Folgeaktion (siehe Abbildung 11.63).

Abbildung 11.63 Rechnungserstellung aus Rechnungsanforderungen

Über weitere Möglichkeiten können Sie in der Rechnung die Ausgabeeinstellungen für den Versand der Rechnung einstellen, z. B. E-Mail.

Der Kunde muss für das Ersatzteil nur 50 % des Preises bezahlen, da für dieses noch Garantieansprüche bestehen (siehe Abschnitt 11.5.2). Garantien werden im Work Center SERVICEANSPRÜCHE gepflegt. In Abbildung 11.64 sehen Sie, dass die Garantie ❶ zwei Jahre beträgt, für eine bestimmte Produktkategorie gilt ❷ und in dieser Zeit Ersatzteile zu 50 % von der Garantie abgedeckt werden ❸.

[+] **Ohne oder mit eingeschränkter Abdeckung**

Die Kosten der erbrachten Services werden komplett von der Garantie abgedeckt. Diese stehen daher auch nicht im Bereich SERVICES UND ERSATZTEILE OHNE ODER MIT EINGESCHRÄNKTER ABDECKUNG.

Abbildung 11.64 Garantieübersicht

Kundenvertrag [«]

Sie können mit Ihren Kunden Verträge für Support aushandeln und diese in SAP Business ByDesign abbilden. Die Serviceerbringung ist mit den Kundenverträgen integriert, z. B. wird bei einer Serviceanfrage der Service-Level des Vertrags verwendet ebenso wie die Rechnungsstellung und Preisvereinbarungen.

Zuletzt geben Sie die Rechnung ❶ frei, wodurch sie an den Kunden verschickt wird (siehe Abbildung 11.65). Über die Ausgabeeinstellungen ❷ können Sie steuern, ob die Rechnung per E-Mail, Fax oder Post geschickt wird.

Abbildung 11.65 Rechnung erstellen

> **Abdeckungskennzeichen**
> Sie können Abdeckungs-Codes definieren, die enthalten, in welcher Höhe Kulanz oder Garantie gewährt wird.

Neue Geschäftsmodelle, die zunehmende Bedeutung von Dienstleistungen und die frühe Bewertung von Verkaufschancen fordern neue Softwarelösungen. Mit Hilfe des Projektmanagements in SAP Business ByDesign können Sie Ihre Projektaufgaben strukturieren, planen, Ressourcen zuordnen, Angebote erstellen sowie zurückgemeldete Zeiten Ihrer Ressourcen und damit die Kosten des Projektes überwachen.

12 Dienstleistungs- und Projektgeschäft

In den Szenarien dieses Kapitels werden neben Materialien auch Dienstleistungsprodukte verkauft. Zudem möchte hier der Kunde, dass das Angebot auf einen anderen Namen ausgestellt wird. Nach der Servicedurchführung schließt das Kapitel mit einer Profitabilitätsanalyse ab.

Die beiden folgenden Szenarien zum Projektmanagement umfassen die Planung und die Ausführung eines Projekts. Im ersten dieser beiden Szenarien wird ein neues Projekt auf Basis einer Vorlage angelegt. SAP Business ByDesign unterstützt die Strukturierung, Terminierung, Planung und Besetzung des Projektes. Durch interaktive grafische Sichten können Gantt-Balkendiagramme oder Projektstrukturpläne aufgerufen werden. Anschließend wird das Projekt mit einem Kundenauftrag verbunden und kundenspezifisch angepasst.

Im zweiten Szenario werden die Projektaufgaben ausgeführt; Projektfortschritt, Abweichungen, Projektkosten und Erlöse werden überwacht.

Abgeschlossen wird dieses Kapitel durch die Rechnungsanforderung und schließlich die Rechnungsstellung an den Kunden.

12.1 Von Dienstleistungsprodukten zu Kundenprojekten

In den Beispielszenarien zu Dienstleistungsprodukten und zum Serviceverkauf zum Festpreis wird der Verkauf erneut durchlaufen, allerdings mit etwas anderen Schwerpunkten als in Kapitel 11.

Projekte sind in SAP Business ByDesign über den gesamten Projektlebenszyklus hinweg mit den Bereichen »Vertrieb«, »Beschaffung«, »Personalwirtschaft« und »Finanzwesen« integriert. *Projektstrukturen* können dabei als Kostensammler dienen. Aus dem Projekt heraus können beispielsweise externe Dienstleistungen beschafft und direkt auf das Projekt kontiert werden; im Vertrieb können Angebote und Kundenaufträge mit dem Projekt verbunden werden.

Über das Ressourcenmanagement können Sie Personal für die Projektbesetzung auf Basis von Qualifikation und Verfügbarkeit suchen. Die Mitarbeiter werden dann zu Projektaufgaben zugeordnet und buchen anschließend ihre erfassten Zeiten auf das Projekt.

Tabelle 12.1 gibt einen Überblick der vier Beispielszenarien des Dienstleistungs- und Projektgeschäfts.

Szenarien	Prozesse	Funktionen	Methoden
Dienstleistungsprodukte	▸ Service ▸ Kostensatz der Personalressource, Bewertungs- und Verkaufspreis ▸ Opportunity und Privatkunde ▸ Angebot und Opportunity ▸ Angebot und Kundenänderung ▸ Angebotsgenehmigung	▸ Opportunity relevant für Prognose ▸ Privatkunde und Beziehung ▸ Angebot übergeben ▸ Ablehnungsgrund	
Serviceverkauf zum Festpreis	▸ Kundenauftrag ▸ Servicerückmeldung ▸ Kundenrechnung ▸ Opportunity ▸ Profitabilitätsanalyse	▸ Angebot Folgeaktion ▸ Servicerückmeldung mit Auftragsabschluss	▸ Profitabilitätsanalyse ▸ Ausgabenhistorie
Kundenprojektplanung	▸ Kundenprojekt ▸ Projektplanung ▸ Angebot ▸ Angebotsgenehmigung ▸ Kundenauftrag	▸ Projektvorlage ▸ Kundenauftragsbezug zu Kundenprojekt	▸ Planen ▸ Kalkulieren ▸ Netzplantechnik ▸ Projektstrukturplan

Tabelle 12.1 Klassifikation der Beispielprozesse im Projektmanagement

Szenarien	Prozesse	Funktionen	Methoden
Kundenprojekt-planung (Forts.)	▸ Anpassung Projektplanung ▸ Benachrichtigung		
Kundenprojekt-durchführung	▸ Aktualisierung Projekttermine ▸ Erfassung Tätigkeiten ▸ Rechnungsanforderung ▸ Abschlussrechnung	▸ Tätigkeit mit Bezug zu Projektaufgabe ▸ Projektrechnung	▸ Netzplantechnik ▸ Abrechnung nach Aufwand ▸ Abschlussrechnung

Tabelle 12.1 Klassifikation der Beispielprozesse im Projektmanagement (Forts.)

Im Szenario zu den Dienstleistungsprodukten legen Sie zunächst einen neuen Service an. Anschließend wird der Kostensatz der Personalressource geprüft, und auf dieser Basis wird der Bewertungs- und Verkaufspreis festgelegt. Eine neue Opportunity und ein neuer Privatkunde werden dann erfasst. Die Opportunity wird als relevant für die Prognose gekennzeichnet, damit diese in die Verkaufsplanung mit aufgenommen wird. Es wird ein Angebot für den Kunden erstellt und die Opportunity aktualisiert. Da der Kunde das Angebot auf seine Ehefrau ausstellen lassen möchte, wird eine neue Privatkundin mit Beziehung angelegt. Für das alte Angebot, das schon übergeben wurde, wird ein Absagegrund erfasst, und ein neues Angebot wird auf Basis der Opportunity angelegt. Nachdem das Angebot vom Vorgesetzten genehmigt wurde, wird es erneut an den Kunden verschickt.

Im nächsten Szenario wird ein Kundenauftrag als Folgeaktion aus dem Angebot angelegt. Der verkaufte Service wird dann zurückgemeldet und der Auftrag abgeschlossen. Da die Leistung vollständig erbracht wurde, wird die Kundenrechnung erstellt und der Buchungsbeleg der Finanzbuchhaltung an den Vorgesetzten geschickt.

Da für den Kunden weitere Produkte der Firma in Frage kommen, wird die Opportunity aktualisiert, und schließlich wird noch analysiert, ob dieser Service, der zu einem Festpreis verkauft wurde, für das Unternehmen profitabel war oder nicht.

Im dritten Beispielszenario wird ein neues Projekt auf Basis einer Projektvorlage angelegt. Da dieses Projekt in ähnlicher Form in anderen Fällen abgewickelt wurde, steht dem Projektmanager bereits eine Vorlage zur Verfügung, in der die Aufgaben, Meilensteine und Phasen abgebildet sind. Anschließend werden noch Anpassungen in der Projektstruktur vorgenommen, und die Aufgaben werden Mitarbeitern zugeordnet.

Die Mitarbeiter haben unterschiedliche interne Kostensätze (siehe Abschnitt 12.3.2); dies muss ein Projektmanager bei der Kalkulation beachten. Aus einer bestehenden Opportunity heraus, wird ein Angebot als Folgeaktion erstellt und genehmigt. Der hieraus generierte Kundenauftrag wird mit dem Projekt verknüpft, und der Kundenauftragsbezug zum Kundenprojekt wird hergestellt. Die Projektplanung wird zudem auf die Bedürfnisse des Kunden hin angepasst und terminiert. Die zeitliche Planung des Projektes wird anschließend in einem Projektstrukturplan und einem Netzplan dargestellt. Zum Abschluss des Szenarios wird noch eine Benachrichtigung an den Abteilungsleiter über den Start und das Ende des Projektes verschickt.

Im vierten Beispielszenario werden, nachdem mit der Durchführung des Projektes begonnen wurde, die Termine aktualisiert und Projekt- und Netzplan neu terminiert. Die Mitarbeiter erfassen ihre Tätigkeiten dann mit Bezug zu den Projektaufgaben. Je nachdem, ob ein Service dem Kunden nach Aufwand oder zum Festpreis in Rechnung gestellt wird, zahlt der Kunde für Mehrarbeit oder nicht.

Nachdem alle Tätigkeiten fertiggestellt wurden, wird eine Rechnungsanforderung erfasst.

12.2 Aufbauorganisation des Dienstleistungs- und Projektmanagements

Für die Durchführung des Dienstleistungs- und Projektgeschäftes gibt es in SAP Business ByDesign keine klare Zuordnung einer Funktion. Da die Szenarien eng mit dem Vertrieb verbunden sind, muss die Funktion VERTRIEB im Organisationsmanagement in jedem Fall aktiviert werden (siehe Abbildung 12.1).

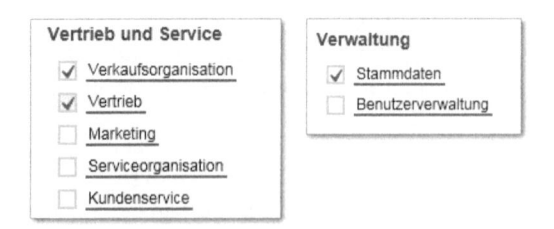

Abbildung 12.1 Funktionen »Vertrieb«, »Verkaufsorganisation« und »Stammdaten«

Ebenso muss ein Vertriebsmitarbeiter einer Verkaufsorganisation zugeordnet sein, da dieser ansonsten nichts verkaufen kann. Hinzu kommt der Bereich der Stammdaten, um Produkte und Geschäftspartner pflegen zu können.

> **Programme** [«]
>
> Sie können für Organisationseinheiten die Berichtsstruktur PROGRAMME aktivieren. Über Programme können Sie zusammengehörige Projekte verwalten.

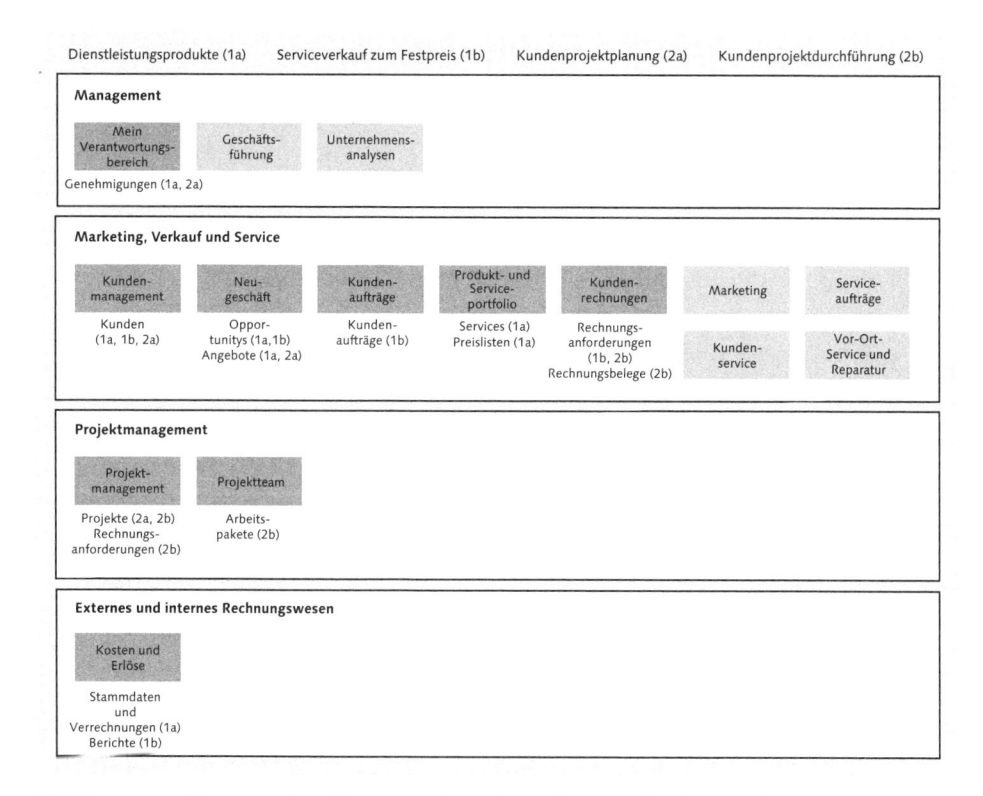

Abbildung 12.2 Übersicht über die verwendeten Work Center und Sichten in den Szenarien

In Abbildung 12.2 sind die in den Geschäftsszenarien verwendeten Work Center mit den für die Bearbeitung relevanten Sichten aufgeführt, die einer konkreten Aufgabe im Sinne der BWL entsprechen.

Die Work Center repräsentieren Rollen und kombinieren zusammengehörige Aufgaben. Damit ermöglichen sie die Aufgabenzuordnung zu Mitarbeitern im Rahmen des Organisationsmanagements.

Nicht besuchte Work Center, die in den Aufgabenbereich einer Abteilung fallen und für ähnliche Szenarien oder -varianten relevant sind, sind ohne Sichten angegeben. In diesem Kapitel werden keine Kampagnen durchgeführt, weshalb das Work Center MARKETING nicht benötigt wird. Ebenso gibt es keine Reklamation des Kunden, daher werden KUNDENSERVICE und SERVICEAUFTRÄGE nicht verwendet. Im Bereich des Projektmanagements (2a und 2b) werden die Kosten und Erlöse direkt im Projekt analysiert und daher das Work Center KOSTEN UND ERLÖSE nicht aufgerufen.

12.3 Szenario »Dienstleistungsprodukte«

In diesem Szenario legen Sie das Dienstleistungsprodukt »Energiecheck« an. Ziel des Energiechecks ist es, dem Kunden eine Empfehlung für eine energetische Sanierung auszusprechen und so den Verkauf der Solarsparte zusätzlich anzukurbeln.

Ein weiteres Ziel ist es, die internen Kosten und somit die Wirtschaftlichkeit dieses neuen Services zu prüfen. Nachdem der erste Kunde Interesse angemeldet hat, wird ein Angebot ausgestellt.

12.3.1 Anforderungen

Dienstleistungsprodukte bekommen auch für produzierende Unternehmen eine immer größere Bedeutung: Sie sind einerseits ein zusätzlicher Service, der das gefertigte Produkt noch anreichert, z. B. um Versicherungen, Schulungen oder Beratungen. Sie können aber auch andererseits eigenständige Produkte sein. Insgesamt erweitert das Dienstleistungsangebot im Rahmen der Leistungserbringung das Produktangebot zum Systemgeschäft.

Systemgeschäft bedeutet unter anderem, dem Kunden nicht nur ein Produkt zu verkaufen, sondern seine Probleme zu lösen. In den folgenden beiden Szenarien wird insbesondere dieser Aspekt vertieft. Der Energiecheck ist einerseits eine Dienstleistung, die ergänzend zum Solar Boiler eine Beratungsleistung liefert, die den Nutzen des Produktes deutlich machen soll. Auf der anderen Seite bereitet der Energiecheck die Installation von Solaranlagen im Rahmen eines größeren Dienstleistungsprojektes vor.

Für Dienstleistungsprodukte gibt es mehrere Phasen, die bei der Definition beachtet werden müssen.

1. **Potenzialphase**
   In der Potenzialphase geht es darum, zu definieren, wie die Dienstleistung abläuft und ob Mitarbeiter dafür ausgebildet sind. Für diese Personalres-

sourcen muss die Frage geklärt werden, zu welchen Kosten sie die Dienstleistung erbringen können.

2. **Prozessphase**
In der Prozessphase geht es um die Durchführung der Dienstleistung. In dieser Phase stehen z. B. die Fragen im Vordergrund, wie es um die Verfügbarkeit der Mitarbeiter bestellt ist und ob die Leistung sachgerecht erbracht worden ist.

3. **Ergebnis- und Wirkungsphase**
Die Ergebnis- und Wirkungsphase beschäftigt sich mit den Folgeaktivitäten. Hier wird danach gefragt, ob die Dienstleistung ihr Ziel, ihre Wirkung erreicht hat. Im vorliegenden Falle geht es im Rahmen der Opportunity um die Frage, ob es sinnvoll ist, die Nachfolgeinstallation einer Solaranlage zu empfehlen.

Ein Dienstleistungsprodukt muss insbesondere bezüglich seines zeitlichen Aufwandes und des Ressourcenverbrauchs definiert werden. Dies sind Voraussetzungen für die Personaldisposition. Dienstleistungsprodukte zu definieren und zu verkaufen, ist nicht so einfach, wie man es auf Grund der Tatsache erwarten könnte, dass sie keiner Lagerung und Abnutzung unterliegen. De facto müssen Dienstleistungsprodukte aber ständig weiterentwickelt werden, da sie auf einer Art Informationsvorsprung beruhen.

12.3.2 Prozessablauf

Zuerst legen Sie in der Rolle des Verkaufsmitarbeiters im Work Center PRODUKT- UND SERVICEPORTFOLIO einen neuen Service an (siehe Abbildung 12.3). Anschließend prüfen Sie im Work Center KOSTEN UND ERLÖSE für die beiden Mitarbeiter, die den Service beim Kunden ausführen werden, den internen Kostensatz. Dann legen Sie im Work Center PRODUKT- UND SERVICEPORTFOLIO den Bewertungs- und den Verkaufspreis fest. Ausgehend von einer Opportunity erzeugen Sie dann ein Angebot für einen neuen Kunden im Work Center NEUGESCHÄFT und aktualisieren die Opportunity. Da das Angebot nicht korrekt war und sich an einen anderen Kunden richten soll, lehnen Sie dieses im Work Center NEUGESCHÄFT ab. Im Work Center KUNDENMANAGEMENT legen Sie den neuen Kunden an, im Work Center NEUGESCHÄFT anschließend wieder ein Angebot. Dieses Angebot genehmigt Ihr Vorgesetzter, der Verkaufsleiter, im Work Center MEIN VERANTWORTUNGSBEREICH.

[+] CRM-Smartphone-App

Ein Teil dieses Szenarios kann auch über die Smartphone-App von SAP Business ByDesign abgewickelt werden.

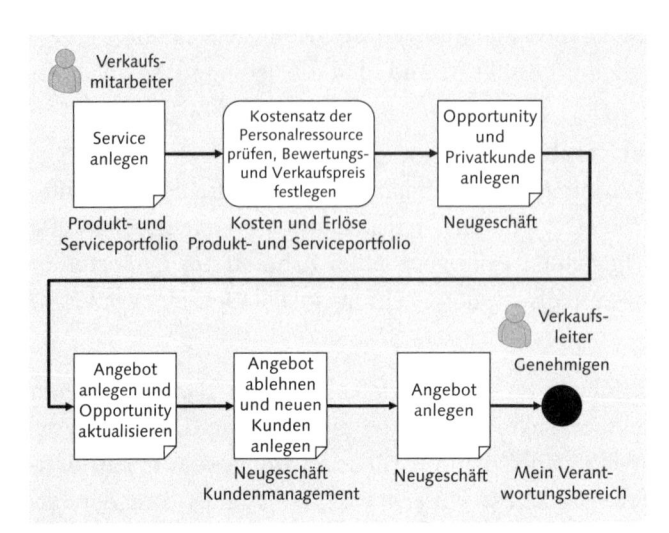

Abbildung 12.3 Prozessablauf »Dienstleistungsprodukte«

Service anlegen

In diesem Szenario wird zuerst ein Energiecheck als neuer Service anlegt, um das Produktportfolio zu erweitern (zur Unterscheidung von Materialien und Services lesen Sie bitte Abschnitt 10.3). Bei dem Energiecheck handelt es sich um eine Beratung beim Kunden, die dessen aktuelle Situation bewertet und Empfehlungen ableitet. Den neuen Service ENERGIECHECK erfassen Sie im Work Center PRODUKT- UND SERVICEPORTFOLIO in der Sicht SERVICES.

Wenn Sie das Feld SERVICENUMMER frei lassen, wird die Nummer automatisch vergeben.

[✱] Nummernkreise für Services

Die Nummernkreise für Services können Sie im FINE-TUNING festlegen.

Nachdem Sie eine Beschreibung eingetragen haben, wählen Sie die Produktkategorie SERVICES und die Mengeneinheit STÜCK (Feld BASIS-ME, siehe Abbildung 12.4). Da dieser Beratungsservice in der Regel zwei Stunden Zeit benötigt, pflegen Sie bei der Mengenumrechnung, dass die Erbringung dieses Services zwei Stunden entspricht.

Szenario »Dienstleistungsprodukte« | 12.3

> **Mengeneinheiten** [✱]
>
> Im FINE-TUNING können Sie Handelseinheiten (z. B. Charge, Stück, Dutzend) sowie andere Mengeneinheiten (z. B. Jahr, Tag, Stunde) anlegen und verwalten.

Abbildung 12.4 Neuen Service anlegen

Den Reiter EINKAUF pflegen Sie nicht, da der Service nicht extern erbracht, sondern von Mitarbeitern Ihres Unternehmens ausgeführt werden soll.

Im Reiter VERKAUF pflegen und aktivieren Sie die VERTRIEBSLINIE ❶, bestehend aus VERKAUFSORGANISATION und VERTRIEBSWEG (siehe Abbildung 12.5).

Wenn Sie den Service selbst auch verkaufen möchten, müssen Sie die VERKAUFSORGANISATION wählen, der Sie selbst auch im Organisationsmanagement zugeordnet sind. Nur Mitarbeiter der an dieser Stelle aktivierten Verkaufsorganisationen können den Service auch in den Verkaufsdokumenten auswählen. Als Vertriebsweg wird DIREKTVERTRIEB gewählt, da der Energiecheck nur bei direkten Kunden ausgeführt werden soll.

415

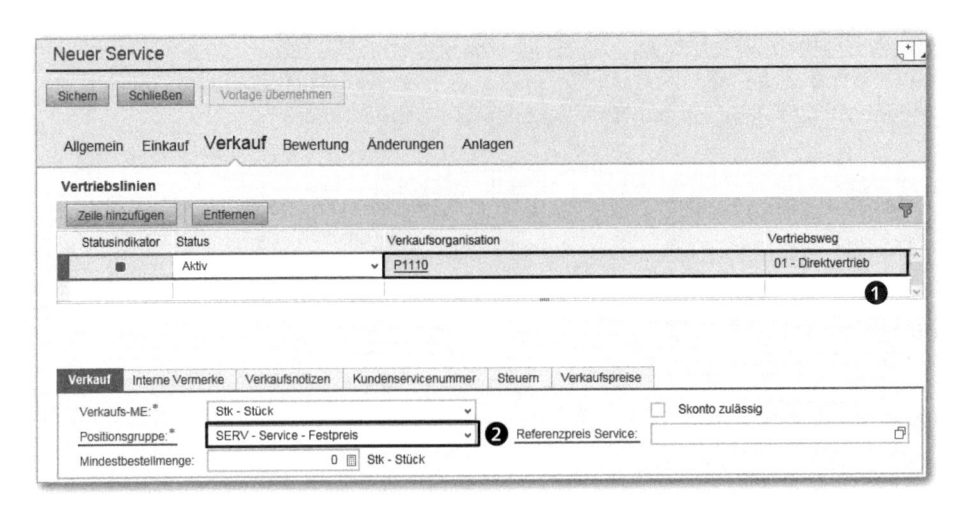

Abbildung 12.5 Neuer Service Verkaufssicht

Bei der POSITIONSGRUPPE ❷ wählen Sie den Festpreis, da unabhängig davon, wie lange der Mitarbeiter für die Durchführung des Energiechecks benötigt, immer dergleiche Preis verlangt werden soll.

[✱] **Service anlegen**
Unter DATENÜBERNAHME UND ERWEITERUNG in der Aufgabenliste im Work Center BETRIEBSWIRTSCHAFTLICHE KONFIGURATION können Sie Services per Migrationsvorlage hochladen.

Kostensatz der Personalressource prüfen, Bewertungs- und Verkaufspreis festlegen

Zuerst prüfen Sie nun den Kostensatz des Mitarbeiters, der den Service erbringt, um den Bewertungs- und Verkaufspreis des Services festlegen zu können. Im Work Center KOSTEN UND ERLÖSE finden Sie in der Sicht STAMMDATEN UND VERRECHNUNGEN die Kostensätze der Personalressourcen (siehe ❶ in Abbildung 12.6).

Der Kostensatz einer Personalressource bezieht sich auf die Kombination von Stelle ❷ und Kostenstelle für einen bestimmten Gültigkeitszeitraum. Für weitere Informationen zu Stellen von Mitarbeitern lesen Sie Abschnitt 9.4.2.

In einer Personalressource wird ein Kostensatz hinterlegt. Dieser gilt dann für alle Mitarbeiter, die eine der Personalressource zugeordnete Stelle innehaben und zu der festgelegten Kostenstelle gehören. Wenn ein Mitarbeiter eine andere Kostenstelle besitzt, ist eine andere Personalressource für ihn relevant.

Szenario »Dienstleistungsprodukte« | **12.3**

Personalressource: RES100

Status: Aktiv Ressourcenbeschreibung: Mitarbeiter Solar Ressourcentyp: Personalressource

[Sichern und schließen] [Sichern] [Schließen] [Status ändern ▾]

Allgemein **Bewertung** Einsatzzeiten Kapazität und Terminplanung Services Änderungen Notizen Anlagen

Aktuelle Kostenstellenzuordnung

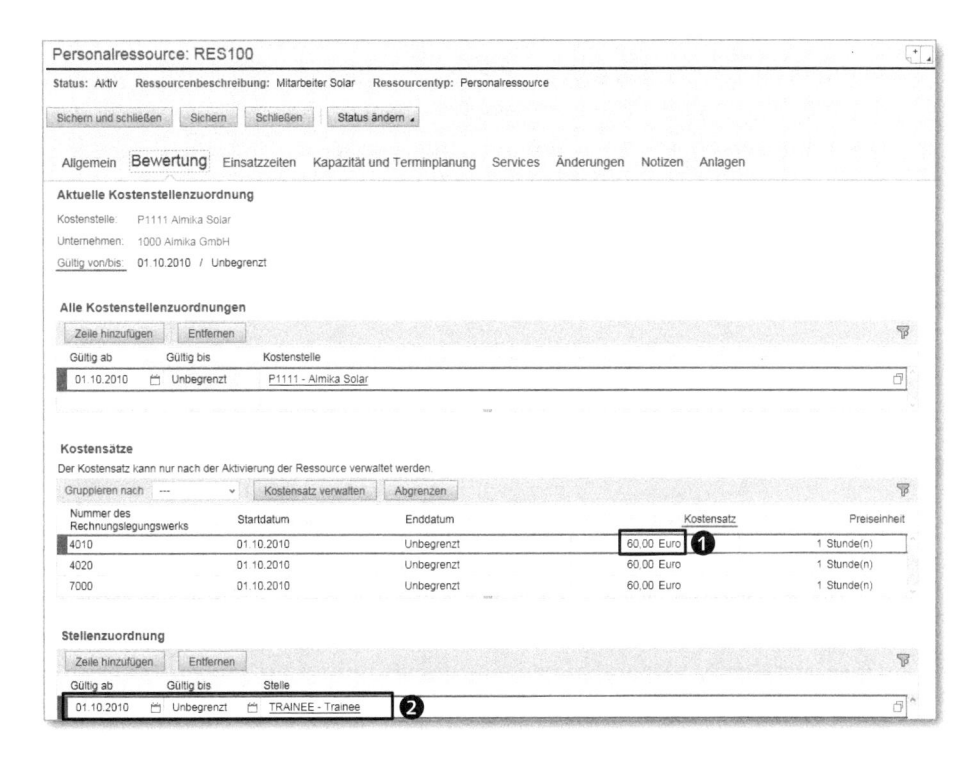

Kostenstelle: P1111 Almika Solar
Unternehmen: 1000 Almika GmbH
Gültig von/bis: 01.10.2010 / Unbegrenzt

Alle Kostenstellenzuordnungen

[Zeile hinzufügen] [Entfernen]

Gültig ab	Gültig bis	Kostenstelle
01.10.2010	Unbegrenzt	P1111 - Almika Solar

Kostensätze
Der Kostensatz kann nur nach der Aktivierung der Ressource verwaltet werden.

Gruppieren nach [---]   [Kostensatz verwalten] [Abgrenzen]

Nummer des Rechnungslegungswerks	Startdatum	Enddatum	Kostensatz	Preiseinheit
4010	01.10.2010	Unbegrenzt	60,00 Euro ❶	1 Stunde(n)
4020	01.10.2010	Unbegrenzt	60,00 Euro	1 Stunde(n)
7000	01.10.2010	Unbegrenzt	60,00 Euro	1 Stunde(n)

Stellenzuordnung

[Zeile hinzufügen] [Entfernen]

Gültig ab	Gültig bis	Stelle
01.10.2010	Unbegrenzt	TRAINEE - Trainee ❷

Abbildung 12.6 Personalressource

Service: 20000000

Servicenummer: 20000000 Basismengeneinheit: Stück

[Sichern] [Schließen] [Vorlage übernehmen]

Allgemein Einkauf Verkauf **Bewertung** Änderungen Anlagen

Allgemeine Daten

Bewertungs-ME: Stunden - Stunde(n)

Unternehmen

[Zeile hinzufügen] [Entfernen]

Statusindikator	Status	Unternehmen
●	Aktiv	1000 Almika GmbH

Details: Unternehmen 1000

Kontenfindungsgruppe: 5000 - Services

[Kostensatz bearbeiten]

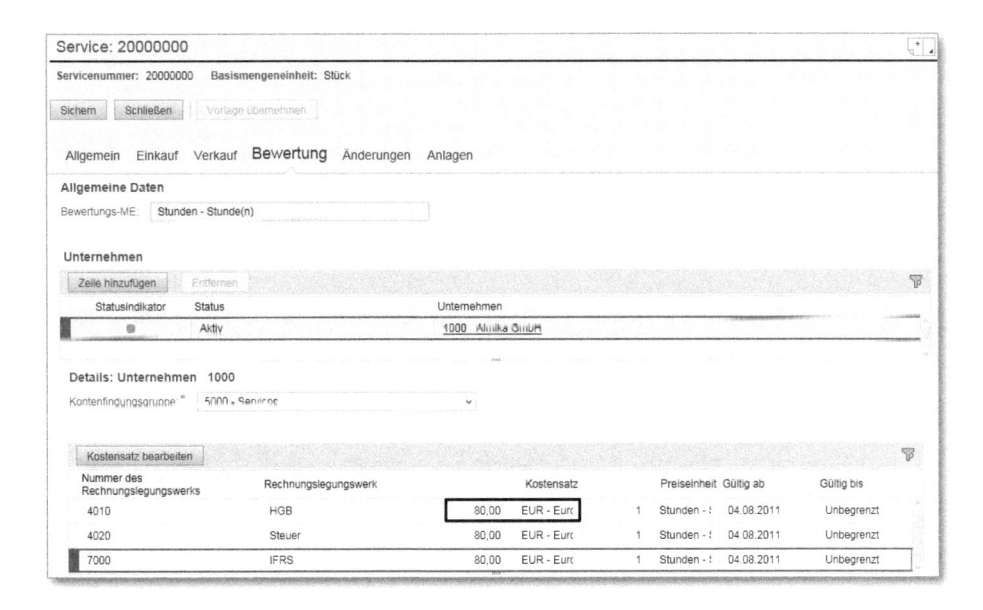

Nummer des Rechnungslegungswerks	Rechnungslegungswerk	Kostensatz		Preiseinheit	Gültig ab	Gültig bis
4010	HGB	80,00	EUR - Euro	1 Stunden - S	04.08.2011	Unbegrenzt
4020	Steuer	80,00	EUR - Euro	1 Stunden - S	04.08.2011	Unbegrenzt
7000	IFRS	80,00	EUR - Euro	1 Stunden - S	04.08.2011	Unbegrenzt

Abbildung 12.7 Neuer Service »Bewertungssicht«

417

Sie stellen fest, dass Sie selbst einen internen Kostensatz von 60 EUR haben und Ihr Kollege, der den Service ebenfalls ausführen wird, einen Kostensatz von 100 EUR. Im Reiter BEWERTUNG Ihres neuen Services legen Sie auf Basis dieser Informationen den mittleren, internen Kostensatz für die Serviceerbringung auf 80 EUR pro Stunde fest (siehe Abbildung 12.7).

Da Sie immer mindestens einen Deckungsbeitrag von 20 % haben möchten und Ihr Kollege einen Kostensatz von 100 EUR pro Stunde hat, legen Sie anschließend einen Verkaufspreis von 250 EUR als Stückpreis fest.

Ebenfalls im Work Center PRODUKT- UND SERVICEPORTFOLIO können Sie den Preis in die Basispreisliste eintragen (zur Verwendung von Preislisten siehe Abschnitt 11.3).

Opportunity und Privatkunde anlegen
Ein Privatkunde meldet sich und hat Interesse an dem Energiecheck. Da die Beratungsleistung nur das Einstiegsprodukt ist, wollen Sie die langfristige Verkaufschance für die Installation einer Solaranlage vermerken. Sie legen daher jetzt den Privatkunden und eine Opportunity an (für mehr Informationen zur Opportunity lesen Sie Abschnitt 11.3).

[»] **Leads**

Einen Kontakt mit Kaufinteresse können Sie auch als Lead in SAP Business ByDesign erfassen. Ein Lead dient zu Qualifizierung des Interessenten. Sie können ihn, je nach Kaufbereitschaft, beispielsweise als kalt, warm oder heiß einstufen.

Öffnen Sie im Work Center NEUGESCHÄFT die Sicht OPPORTUNITYS und legen Sie aus der Opportunity heraus ❶ einen neuen Privatkunden an (siehe Abbildung 12.8). Zu dem neuen Privatkunden erfassen Sie dessen Namen und Adresse ❷.

[+] **Kunde anlegen**

Einen neuen Kunden können Sie auch aus dem Work Center KUNDENMANAGEMENT heraus anlegen. Je nachdem, ob Sie einen Privat- oder einen Firmenkunden anlegen, variieren die Datenfelder im Kundenstammsatz. Ein Privatkunde wird beispielsweise mit Vor- und Nachnamen erfasst und hat keine Rechtsform.

Geben Sie nun in der Opportunity im Feld ERWARTETER WERT »250 EUR« ein, da dies der Preis für den Energiecheck ist (siehe Abbildung 12.9). Geben Sie dann »80 %« in das Feld ERFOLGSCHANCE ein, und setzen Sie anschließend das Häkchen bei RELEVANT FÜR PROGNOSE, damit die Opportunity nach diesem Kennzeichen in der Opportunity-Pipeline gefiltert werden kann.

Szenario »Dienstleistungsprodukte« | **12.3**

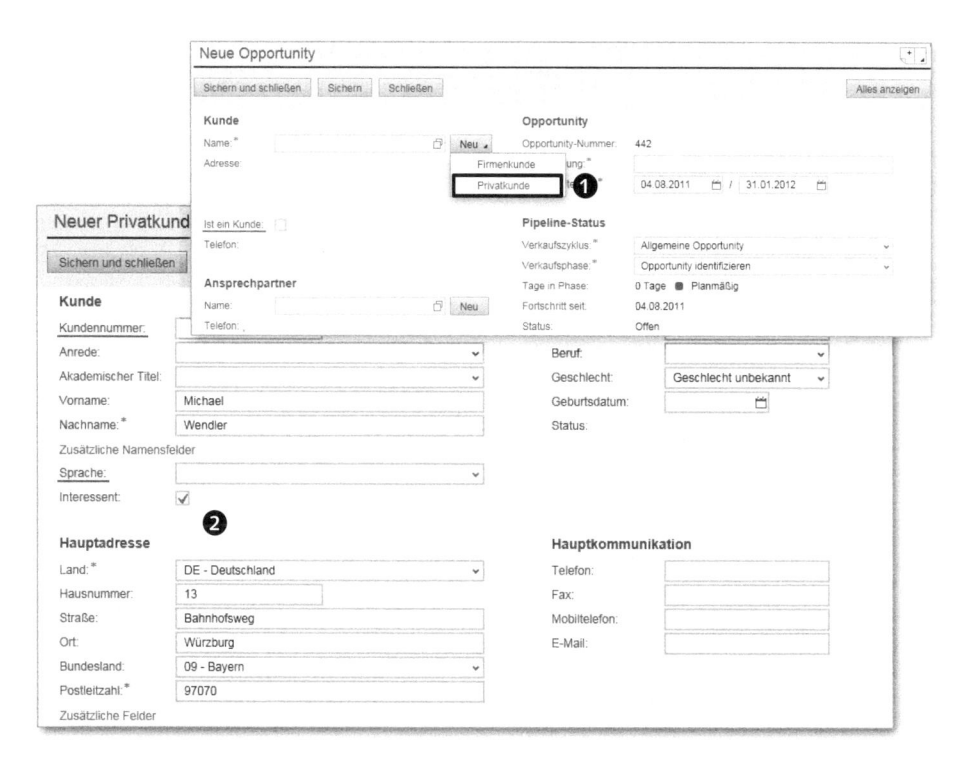

Abbildung 12.8 Neuer Privatkunde

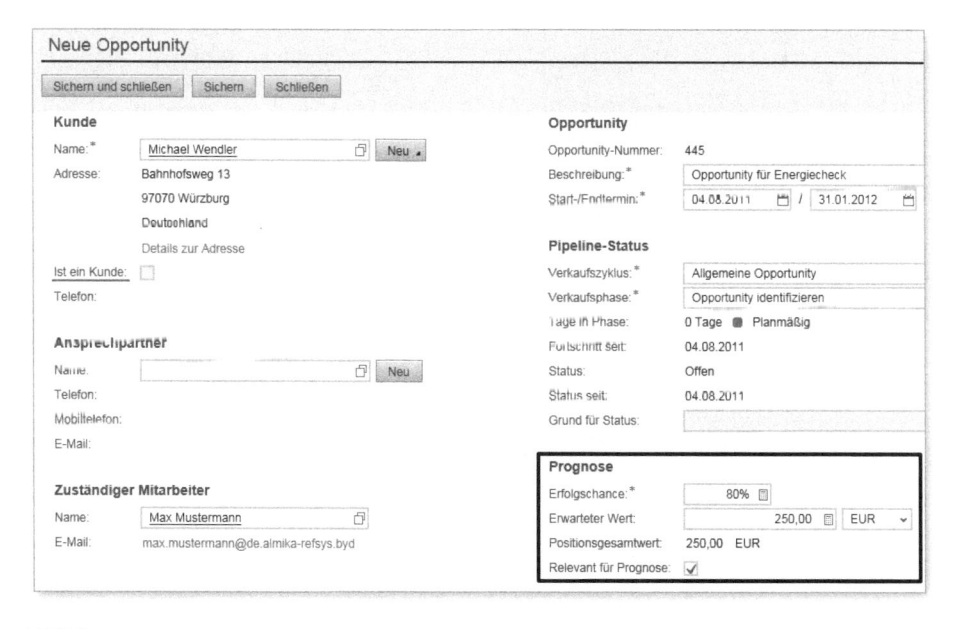

Abbildung 12.9 Neue Opportunity

Angebot anlegen und Opportunity aktualisieren

Der Kunde wünscht ein Angebot für den Energiecheck. Sie legen ein ANGEBOT als FOLGEAKTION ❶ aus Ihrer Opportunity an (siehe Abbildung 12.10).

[+] **Angebot anlegen**

Sie können ein Angebot auch im Work Center NEUGESCHÄFT erstellen. Der Vorteil der Folgeaktion liegt darin, dass die Daten zum Kunden und zu den Positionen bereits aus der Opportunity übernommen werden.

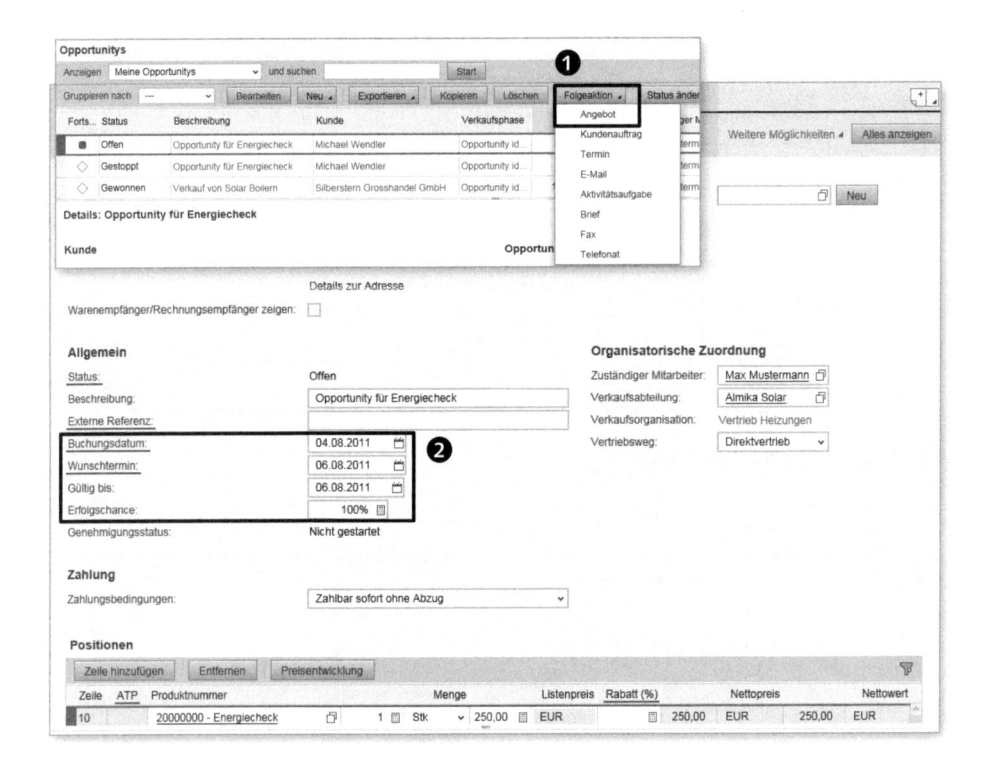

Abbildung 12.10 Folgeaktion Angebot

Wichtige Daten, die Sie im Angebot ❷ ausfüllen, sind das BUCHUNGSDATUM, der WUNSCHTERMIN, die Gültigkeit und die ERFOLGSCHANCE.

[⚙] **Angebot**

Im FINE-TUNING können Sie Folgendes vornehmen:

▸ Rollen der Beteiligten (Beteiligtenrolle im FINE-TUNING) für das Angebot definieren und festlegen, ob diese Rollen obligatorisch und/oder eindeutig sein müssen sowie ob Sie manuelle Änderungen zulassen möchten

- Schwellenwerte festlegen, ab denen Angebote dem Vorgesetzten zur Genehmigung vorgelegt werden sollen
  Sie haben drei Möglichkeiten, einen Schwellenwert festzulegen: maximaler Nettowert, maximaler Gesamtrabatt oder minimaler Deckungsbeitrag (siehe Abschnitt 9.5.2).
- Vorschlagswert für Angebotsgültigkeit festsetzen

Jetzt öffnen Sie erneut Ihre Opportunity, um diese zu aktualisieren (siehe Abbildung 12.11).

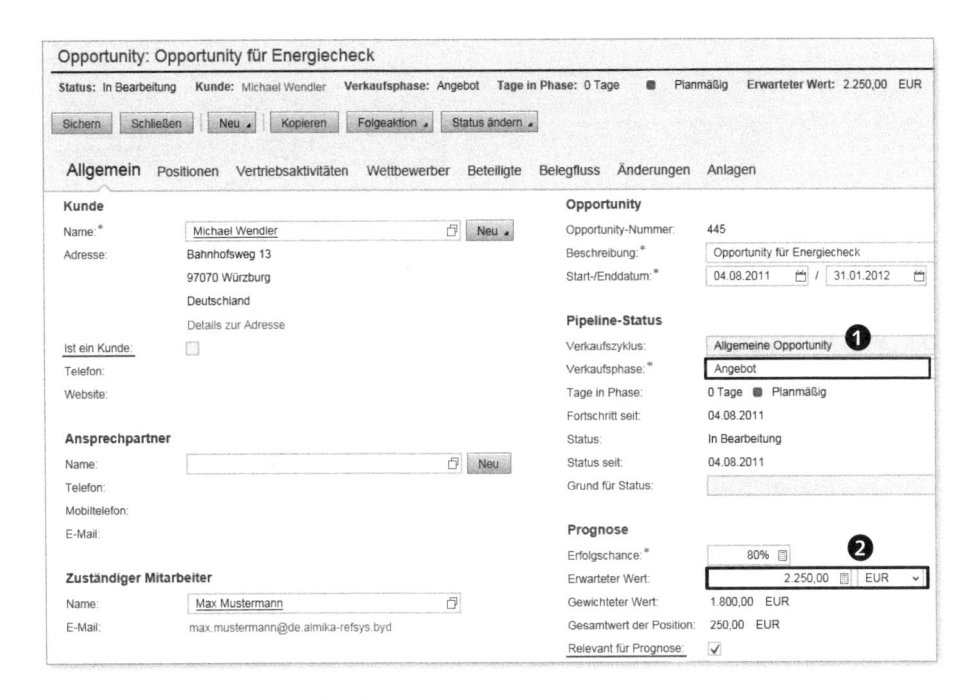

Abbildung 12.11 Opportunity aktualisieren

Sie ändern den Opportunity-STATUS auf IN BEARBEITUNG und die VERKAUFSPHASE auf ANGEBOT (siehe ❶ in Abbildung 12.11). Da Sie davon ausgehen, dass Sie dem Kunden eventuell im Anschluss an den Energiecheck die Installation einer Solaranlage verkaufen könnten, erhöhen Sie den erwarteten Wert ❷.

Angebot ablehnen und neuen Kunden anlegen

Der Kunde hat Ihr Angebot erhalten und meldet sich mit einem Änderungswunsch. Er möchte, dass das Angebot auf seine Frau ausgestellt wird, da nur sie einen staatlichen Zuschuss erhält. Sie müssen daher das Angebot absagen, einen neuen Privatkunden anlegen sowie dessen Beziehung in SAP Business ByDesign pflegen. Sie öffnen hierfür das bestehende Angebot im Work Center NEUGESCHÄFT und tragen als ABSAGEGRUND ein, dass der Kunde gewechselt hat (siehe ❶ in Abbildung 12.12).

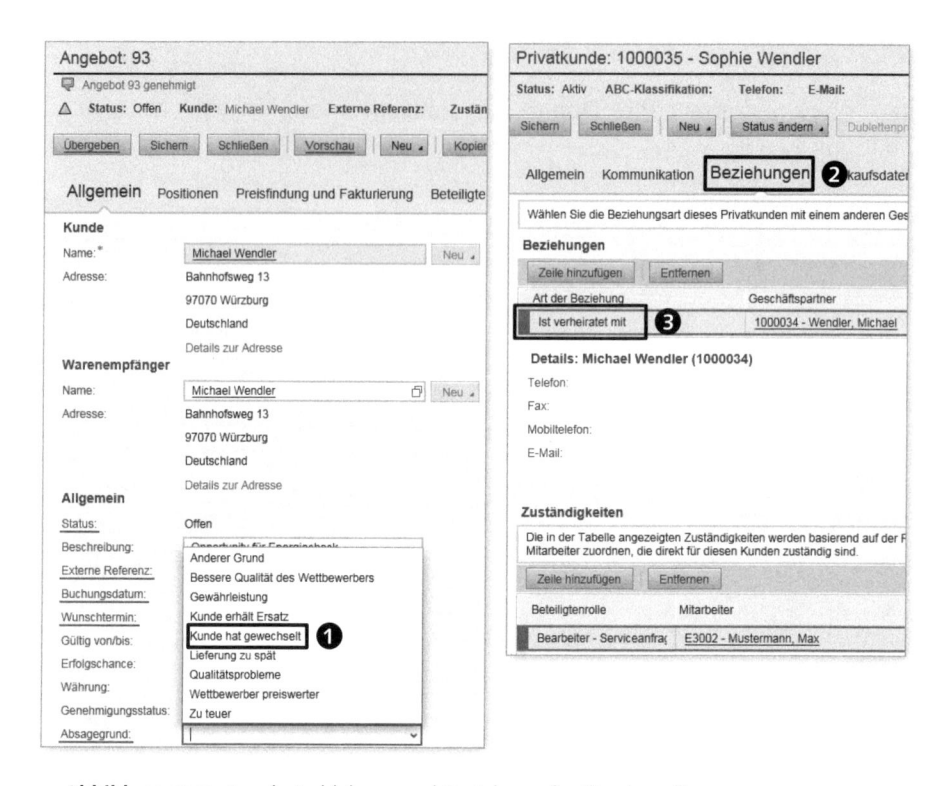

Abbildung 12.12 Angebot ablehnen und Beziehung des Kunden pflegen

[✱] **Absagegründe**
Sie können im FINE-TUNING Absagegründe zum Angebot pflegen.

[+] **Belegstornierungen Angebot**
Haben Sie fehlerhafte Daten in einem Angebot erfasst, müssen Sie einen Ablehnungsgrund eintragen, um den Beleg zu »stornieren«.

Um die neue Privatkundin zu erfassen und die Beziehung zum vorhandenen Kunden zu pflegen, gehen Sie in das Work Center KUNDENMANAGEMENT und die Sicht KUNDEN. Hier gehen Sie genau so vor, wie bei dem vorherigen Kunden und tragen nur zusätzlich auf dem Reiter BEZIEHUNGEN ❷ ein, dass die Kundin mit dem Kunden verheiratet ist ❸.

Angebot anlegen und genehmigen

Anschließend legen Sie ein neues Angebot auf Grundlage der Opportunity an. Im Belegfluss der Opportunity wird die Beziehung zu den beiden Angeboten sichtbar (siehe Abbildung 12.13). Das erste Angebot wurde ABGELEHNT und ABGESCHLOSSEN. Das zweite Angebot ist OFFEN und wurde an den Kunden übergeben. Seine Reaktion steht allerdings bisher noch aus. Der Status der Opportunity bleibt daher IN BEARBEITUNG, wodurch neue Angebote aus der Opportunity erzeugt werden können.

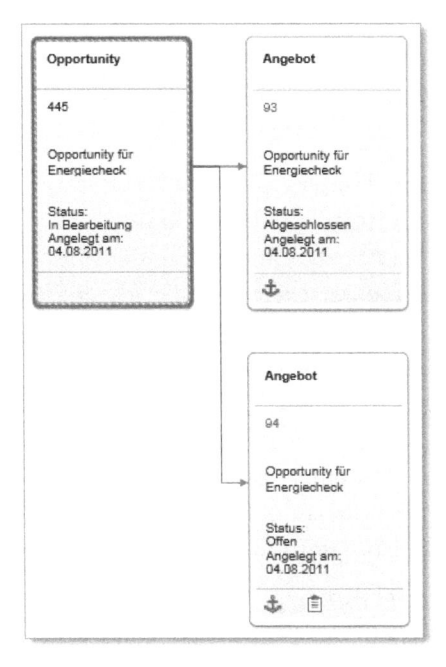

Abbildung 12.13 Belegfluss der Opportunity

In diesem und in den folgenden Szenarien werden in der Opportunity alle Positionen gesammelt, die möglicherweise an den Kunden verkauft werden können. Es wäre an dieser Stelle auch möglich gewesen, eine neue Opportunity zu erstellen. Durch die Verwendung der gleichen Opportunity wird die Verbindung zu den unterschiedlichen Angeboten im Belegfluss nachvollziehbar.

12.4 Szenario »Serviceverkauf zum Festpreis«

Der Kunde hat sich nun entschieden, dass er den Energiecheck durchführen lassen möchte. Sie führen den Service aus und stellen diesen dem Kunden in

Rechnung. Abschließend überprüfen Sie noch, ob dieser Auftrag für Ihr Unternehmen profitabel war.

12.4.1 Anforderungen

Das Stichwort für »Serviceverkauf zum Festpreis« heißt *Produktisierung von Dienstleistungen* und besagt, dass eine bestimmte Leistung zu einem fest vorgegebenen Preis bereitgestellt werden soll. Der Hintergrund für diese Zielsetzung ist recht einfach zu erklären: Dem Kunden soll eine maximale Sicherheit bezüglich des zu zahlenden Preises gegeben werden, um die Verhandlungsphase zu verkürzen. Auf diese Art und Weise ist es möglich, kleine Dienstleistungen kostengünstig und mit einem gewissen Deckungsbeitrag zu erbringen.

Dass dies in der Praxis nicht so einfach ist und unterschiedliche Facetten hat, wird gerade in dem folgenden Szenario im Ablauf deutlich. Sie sehen dort, dass sich der Deckungsbeitrag einerseits im Angebot und im Kundenauftrag durch einen »teureren« Leistungserbringer unterscheidet und andererseits am Ende der Leistungserbringung durch eine längere Leistungszeit. Gerade dieses Problem macht es schwierig für einen Anbieter, Dienstleistung zum Festpreis zu kalkulieren. Bei einem variablen Preis oder einem Preis nach Aufwand hängt die Preisbildung vom eingesetzten Personalaufwand, der Dauer und den Gemeinkosten ab. Der Anbieter einer Festpreisdienstleistung muss dagegen die Erlösschmälerungen durch Rabatte, Skonti sowie Bewertungsunterschiede durch einen anderen Leistungserbringer oder Kostenveränderung durch längere Ist-Zeiten selbst tragen.

Er muss in seinem Preis über verschiedene oder mehrere Produkte und über die Gesamtzahl der Leistungserbringer einen entsprechenden Deckungsbeitrag einkalkulieren, um auch Kostensteigerungen im Einzelfall auszugleichen. Bei allen Vorteilen für den Kunden kann es durchaus zu einer Überbewertung oder Unterbewertung kommen, die nachteilig für Kunden und Verkäufer ist. Deswegen ist es sehr wichtig, die Kosten eines Festpreisproduktes nachzukalkulieren, um ggf. nachzusteuern. Dazu dient die *Profitabilitätsanalyse*, die bis auf den einzelnen Kundenauftrag, aber auch über Produkte und über Bereiche hinweg, die Deckungsbeiträge einer Serviceerbringung zum Festpreis nachvollziehen kann.

Eine weitere Anforderung für den Service zum Festpreis ist eine einfache und effiziente Abwicklung. Dabei geht es darum, dass diese einfache Dienstleistung auch organisatorisch und über das System mit einem Klick, möglichst noch dezentral, rückgemeldet werden kann.

Ein weiterer Aspekt des Dienstleistungsgeschäfts ist die langfristige Kundenpflege mit Zusatzleistungen: Der Energiecheck ist hier eine Art Werbemaßnahme, um ein weiteres Produkt, das Projekt zur Installation einer Solaranlage, zu verkaufen. Die Opportunity dient als Informationssammler.

12.4.2 Prozessablauf

Zuerst legen Sie in der Rolle des Verkaufsmitarbeiters aus dem Work Center KUNDENMANAGEMENT einen Kundenauftrag an (siehe Abbildung 12.14). Nachdem der Service beim Kunden durchgeführt wurde, wird die Ausführung in SAP Business ByDesign im Work Center KUNDENAUFTRÄGE rückgemeldet und dem Kunden im Work Center KUNDENRECHNUNGEN in Rechnung gestellt. Sie geben die Kundenrechnung frei und prüfen den Buchhaltungsbeleg der Finanzbuchhaltung. Diesen versenden Sie als Benachrichtigung an Ihren Vorgesetzten. Da die Chance besteht, dem Kunden weitere Produkte zu verkaufen, aktualisieren Sie die Opportunity im Work Center NEUGESCHÄFT. Zuletzt prüfen Sie, ob die Durchführung des Energiechecks für Ihr Unternehmen profitabel war. Dies machen Sie mit einem Bericht im Work Center KOSTEN UND ERLÖSE.

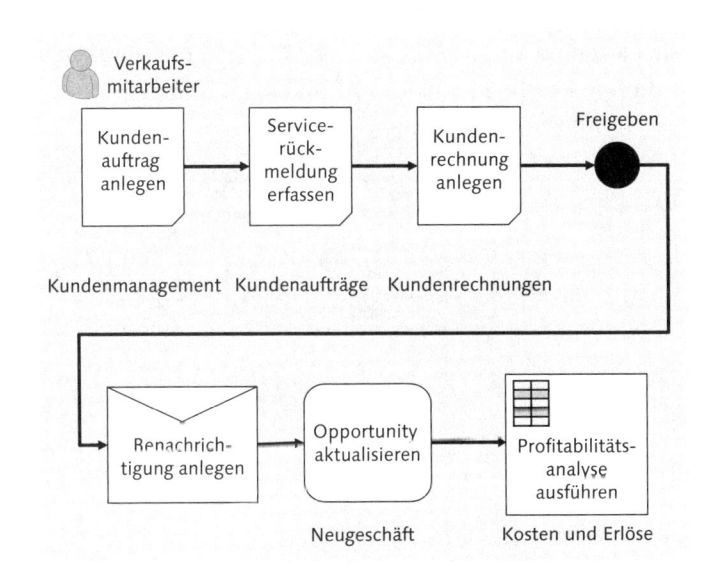

Abbildung 12.14 Prozessablauf »Serviceverkauf zum Festpreis«

Kundenauftrag anlegen

Der Kunde meldet sich und teilt Ihnen mit, dass er den Energiecheck machen möchte. Sie öffnen im Work Center KUNDENMANAGEMENT die Privatkundenübersicht, in der Sie eine Übersicht über alle offenen Aktivitäten mit dem Kunden bekommen. Hier sehen Sie das Angebot (siehe Abbildung 12.15).

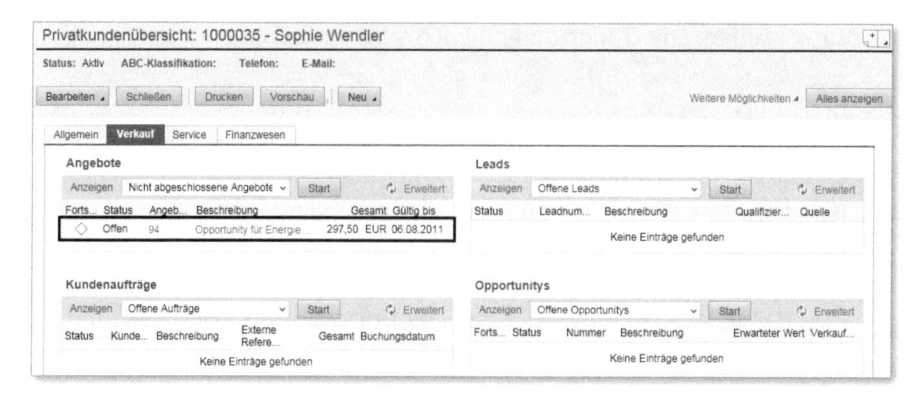

Abbildung 12.15 Privatkundenübersicht

[»] **Angebot prüfen**

Sie können das Angebot auch im Work Center NEUGESCHÄFT aufrufen.

Sie öffnen das Angebot und prüfen in der Preisfindung ❶ den Deckungsbeitrag. Dieser ergibt sich aus dem Service-Bewertungspreis und dem Verkaufspreis. Er beträgt für diesen Service 36 % (siehe Abbildung 12.16).

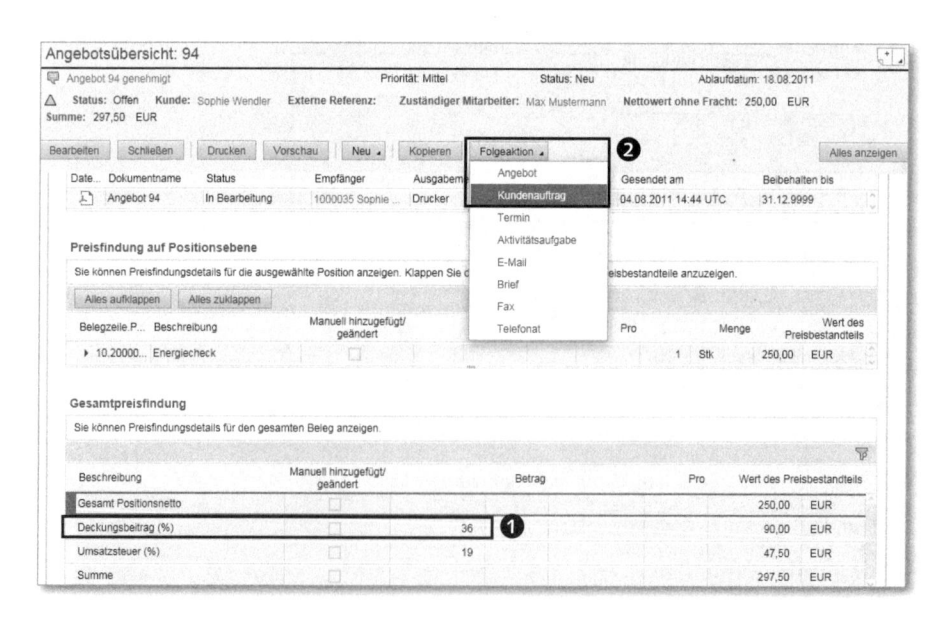

Abbildung 12.16 Angebotsübersicht

Szenario »Serviceverkauf zum Festpreis« | **12.4**

Anschließend legen Sie einen Kundenauftrag als Folgeaktion an ❷.

Kundenauftrag anlegen [«]

Sie können den Kundenauftrag auch im Work Center KUNDENAUFTRÄGE anlegen.

Im Kundenauftrag prüfen Sie den POSITIONSTYP ❶ und tragen Ihren Kollegen Robert Mann als LEISTUNGSERBRINGER ein ❷. SAP Business ByDesign zeigt Ihnen die PERSONALRESSOURCE dieses Mitarbeiters an, die ausschlaggebend für die internen Kosten ist (siehe Abschnitt 12.3.2). Zudem können Sie sehen, dass es sich um einen Service handelt, der zum FESTPREIS und nicht nach Aufwand abgerechnet wird (siehe Abbildung 12.17).

Abbildung 12.17 Service

Wenn Sie im Kundenauftrag die Preisfindung öffnen, können Sie sehen, dass der Deckungsbeitrag auf 20 % gefallen ist, da die Personalressource von Robert Mann als Leistungserbringer einen Kostensatz von 100 EUR pro Stunde hat (siehe Abbildung 12.18).

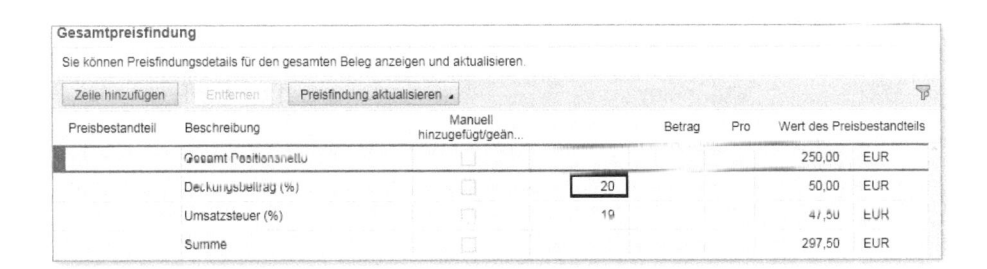

Abbildung 12.18 Gesamtpreisfindung

Kriterien zur Ermittlung der Zuständigkeiten [✱]

Im FINE-TUNING können Sie Kriterien festlegen, anhand derer SAP Business ByDesign automatisch das ausführende Serviceteam und den Leistungserbringer für die Serviceabwicklung im Kundenauftrag bestimmen kann.

Anschließend geben Sie den Service für die Ausführung frei, so dass Ihr Kollege jetzt den Energiecheck ausführen kann (siehe Abbildung 12.19).

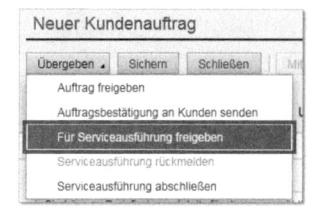

Abbildung 12.19 Kundenauftrag für Serviceausführung freigeben

Servicerückmeldung erfassen

Der Service wurde beim Kunden erbracht. Öffnen Sie den Kundenauftrag und klicken Sie auf AUSFÜHRUNG RÜCKMELDEN, um zu dokumentieren, dass der Energiecheck durchgeführt wurde (siehe Abbildung 12.20).

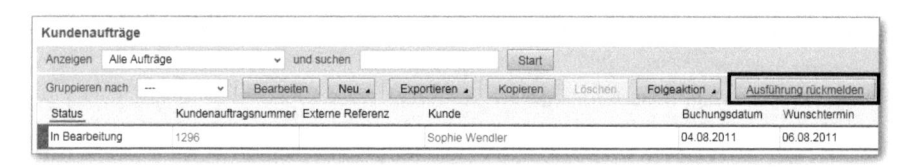

Abbildung 12.20 Ausführung im Kundenauftrag rückmelden

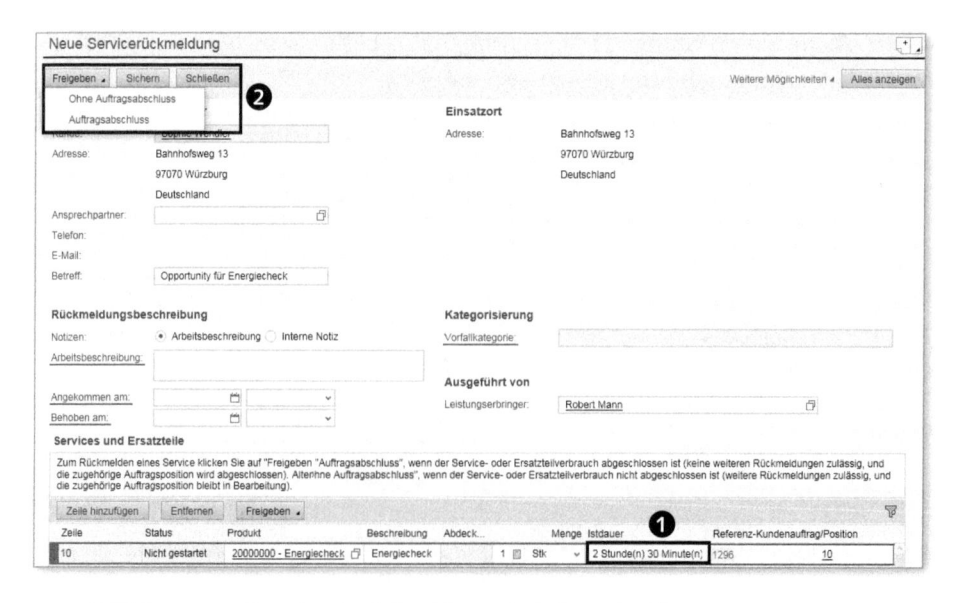

Abbildung 12.21 Neue Servicerückmeldung mit Auftragsabschluss

Es öffnet sich eine neue Servicerückmeldung, in der Sie für Robert Mann eine erhöhte IsTDAUER ❶ von 2 h 30 min zurückmelden. Anschließend geben Sie die Servicerückmeldung ❷ mit AUFTRAGSABSCHLUSS frei, da alle im Kundenauftrag enthaltenen Services vollständig erbracht wurden (siehe Abbildung 12.21). Der Status des Kundenauftrags ändert sich auf ABGESCHLOSSEN.

Kundenrechnung anlegen und freigeben

Im Work Center KUNDENRECHNUNGEN können Sie aus den Rechnungsanforderungen heraus eine einfache Rechnungserstellung durchführen (siehe Abbildung 12.22).

Abbildung 12.22 Rechnung erstellen

Abbildung 12.23 Ausgabehistorie Rechnung

Prüfen Sie die Werte, und geben Sie anschließend die Rechnung frei. In der AUSGABEHISTORIE ❶ der Kundenrechnung können Sie das Rechnungsformular ❷, das der Kunde erhält, ansehen (siehe Abbildung 12.23).

Benachrichtigung anlegen

Über den Belegfluss können Sie den Finanzbuchhaltungsbeleg zur Kundenrechnung öffnen (siehe Abbildung 12.24).

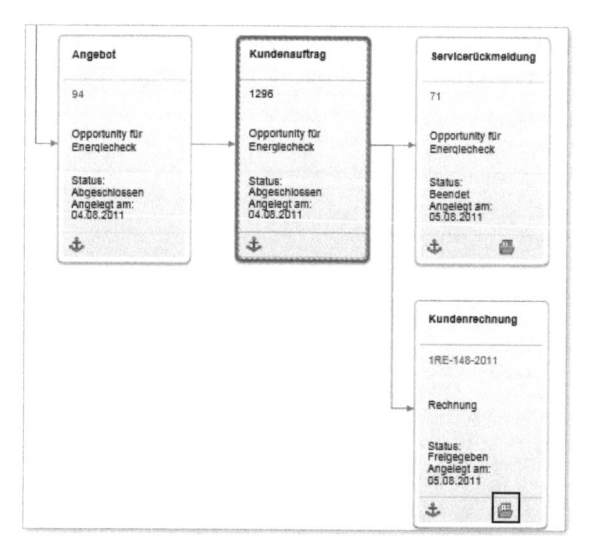

Abbildung 12.24 Belegfluss von der Opportunity zur Kundenrechnung

Abbildung 12.25 Buchungsbeleg

Jetzt möchten Sie zur Klärung des Beleges die Buchungsinformationen versenden. Über den Button NEU können Sie im Beleg eine BENACHRICHTIGUNG für einen Ihrer Kollegen anlegen, über die dieser direkt auf den Buchungsbeleg zugreifen kann (siehe Abbildung 12.25).

Opportunity aktualisieren

Im Work Center NEUGESCHÄFT öffnen Sie die Opportunity erneut, um den Namen des Kunden zu ändern, wie Sie es auch schon im Angebot gemacht haben (siehe Abbildung 12.26).

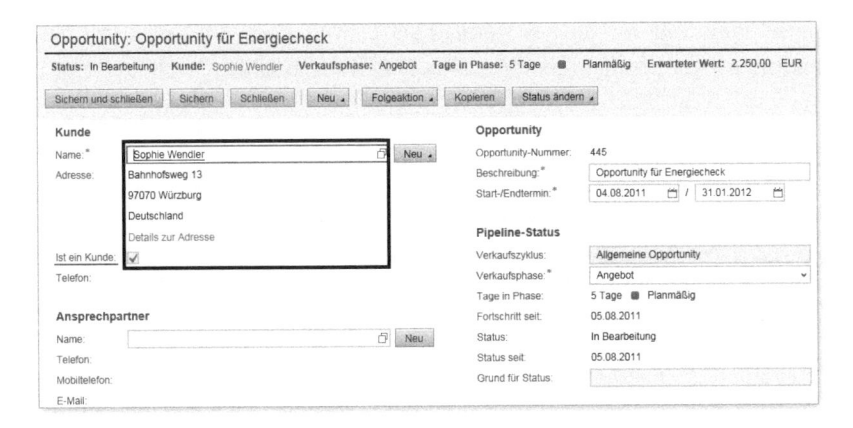

Abbildung 12.26 Kunde in der Opportunity anpassen

Die Empfehlung auf Basis des Energiechecks war, dass der Kunde eine Solaranlage bei sich installieren sollte. Da der Kunde hieran sehr interessiert war, erfassen Sie jetzt neue Service-Positionen, die für die Installation einer Solaranlage benötigt werden (siehe Abbildung 12.27). Die Projektplanung ist Gegenstand des nachfolgenden Szenarios (siehe Abschnitt 12.5).

Abbildung 12.27 Opportunity-Positionen anpassen

Profitabilitätsanalyse ausführen

Im Work Center KOSTEN UND ERLÖSE können Sie den Deckungsbeitrag Ihres Produktes, in diesem Fall des Services Energiechecks, überprüfen. Wählen Sie den Bericht ERGEBNIS NACH DECKUNGSBEITRAGSSCHEMA und schränken Sie anschließend das Ergebnis nach der PRODUKTNUMMER Ihres Services ein. Nehmen Sie dann die Merkmale SACHKONTO, VERKAUFSBELEGART und BUCHUNGSBELEGNUMMER in die Spalten des Berichts mit auf.

Jetzt können Sie die Erlöse und Kosten für Ihren gerade abgeschlossenen Kundenauftrag sehen (siehe Abbildung 12.28). Es wurden zwei Buchungsbelege erzeugt, eine SERVICERÜCKMELDUNG und ein KUNDENAUFTRAG. Mit der Servicerückmeldung wurde das Konto KOSTEN DES UMSATZES und mit dem Kundenauftrag das Konto UMSATZERLÖSE INLAND bebucht.

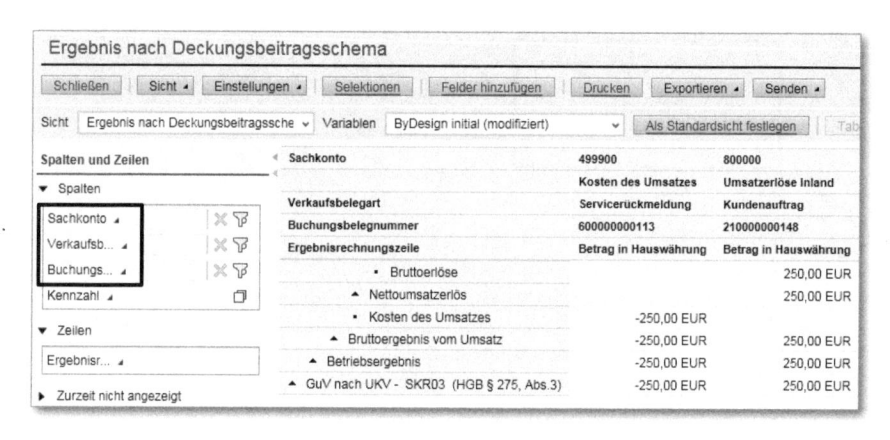

Spalten und Zeilen	Sachkonto	499900	800000
		Kosten des Umsatzes	Umsatzerlöse Inland
▼ Spalten	Verkaufsbelegart	Servicerückmeldung	Kundenauftrag
Sachkonto	Buchungsbelegnummer	600000000113	210000000148
Verkaufsb...	Ergebnisrechnungszeile	Betrag in Hauswährung	Betrag in Hauswährung
Buchungs...	• Bruttoerlöse		250,00 EUR
Kennzahl	▲ Nettoumsatzerlös		250,00 EUR
▼ Zeilen	• Kosten des Umsatzes	-250,00 EUR	
Ergebnisr...	▲ Bruttoergebnis vom Umsatz	-250,00 EUR	250,00 EUR
▶ Zurzeit nicht angezeigt	▲ Betriebsergebnis	-250,00 EUR	250,00 EUR
	▲ GuV nach UKV - SKR03 (HGB § 275, Abs.3)	-250,00 EUR	250,00 EUR

Abbildung 12.28 Bericht »Ergebnis nach Deckungsbeitragsschema«

Das Bruttoergebnis ist null, da Robert Mann 30 Minuten länger gearbeitet hat. Dies deutet noch einmal auf die Problematik einer Dienstleistung hin: Ihr Erfolgsbeitrag ist sehr stark von der Leistungserbringung und dem Einzelfall geprägt.

12.5 Szenario »Kundenprojektplanung«

In diesem Abschnitt zeigen wir auf, wie man Kundenprojekte anlegen und bearbeiten kann. Es wird dargestellt, wie Sie Struktur und Aufgaben planen und die Mitarbeiter den Projektaufgaben zuordnen. Hinzu kommt die Verbindung mit dem Vertrieb, indem das Projekt mit einem Kundenauftrag verknüpft wird.

12.5.1 Anforderungen

Der Gegensatz zu einem Festpreisprodukt ist ein Kundenprojekt. Dort entsteht der Aufwand in der Akquisitionsphase, weil individuelle Leistungen zu einer Lösung nach Kundenanforderungen kombiniert werden müssen.

Die Projektplanung hat dabei das Ziel, die Projektaufgaben zu strukturieren, die Reihenfolge abzustimmen sowie Mitarbeiter und weitere Ressourcen zuzuordnen, um eine Vorkalkulation für die Kosten zu erstellen und Termine abzusichern.

Das Kundenprojekt ist dabei die komplexeste Projektart. Einfachere Formen sind interne Projekte, die als Kostensammler oder auch zur koordinierten Beschaffung von externen Dienstleistungen dienen können. Beim Kundenprojekt ist die zentrale Frage folgende: Wie plane ich das Kundenprojekt integriert mit der Verkaufsabwicklung? Hierbei kommt es darauf an, dass die Projektplanung, die in der Akquisitionsphase beginnt, mit möglichst wenig Aufwand und vielen Standardelementen der Angebotserstellung entgegenkommt und den Kundenwünschen gerecht wird.

Bei der Projektplanung werden schon die Voraussetzungen für die Projektdurchführung geschaffen, indem eine Zuordnung der Angebotspositionen und Projektaufgaben stattfindet. Einen großen Produktivitätsgewinn liefern dabei Vorlagenprojekte, die mit Strukturen, Planzahlen und Mitarbeiterressourcen übernommen werden können. Vorlagen liefern ebenfalls die Phasen, Aufgaben und Meilensteine, die für dieses Projekt geeignet sind. Eine Individualisierung muss dann schnell und zielgerichtet stattfinden können, um die Produktivität hochzuhalten.

Das *Staffing*, das heißt, die Zuordnung von Mitarbeitern zu einem Projekt, sollte ebenfalls durch die Möglichkeit einer indirekten Zuteilung von Mitarbeitern über ihre Organisationseinheit möglich sein und nicht nur durch eine direkte Zuteilung, die meist aufwendiger ist.

Für die Terminierung eines Projektes müssen Abhängigkeiten zwischen den Arbeitspaketen gepflegt sein, um die Leistungserbringer anforderungs- und termingerecht bereitstellen zu können. Die zentrale Frage ist dabei, wie lange das Projekt dauert, welche Aktivitäten parallel durchgeführt werden können, was demnach der kritische Pfad des Projektes ist und wo es Pufferzeiten gibt, die entsprechend flexibel genutzt werden können.

Schließlich ist es die Aufgabe einer Unternehmenssoftware, auch den Erfolgsbeitrag eines Projektes einschätzen zu können. Dies muss einerseits mit Hilfe von Plankosten und Planerlösen möglich sein. Andererseits müssen Projektaufgaben die Beziehung zu ihrem Angebot oder Kundenauftragspositionstyp haben, um hierfür über die Rückmeldung von Tätigkeiten eine schnelle Rechnungserstellung zu initiieren und zu ermöglichen.

12.5.2 Prozessablauf

Sie legen zuerst als Projektleiter im Work Center PROJEKTMANAGEMENT ein neues Kundenprojekt an und planen die Struktur und Aufgaben, um der Kundin im Work Center NEUGESCHÄFT ein Angebot machen zu können (siehe Abbildung 12.29). Ihr Vorgesetzter genehmigt das Angebot im Work Center MEIN VERANTWORTUNGSBEREICH. Anschließend erfassen Sie als Projektleiter im Work Center NEUGESCHÄFT den Kundenauftrag und passen im Work Center PROJEKTMANAGEMENT das Projekt noch an zeitliche Restriktionen der Kundin an. Zuletzt benachrichtigen Sie noch Ihren Abteilungsleiter hierüber.

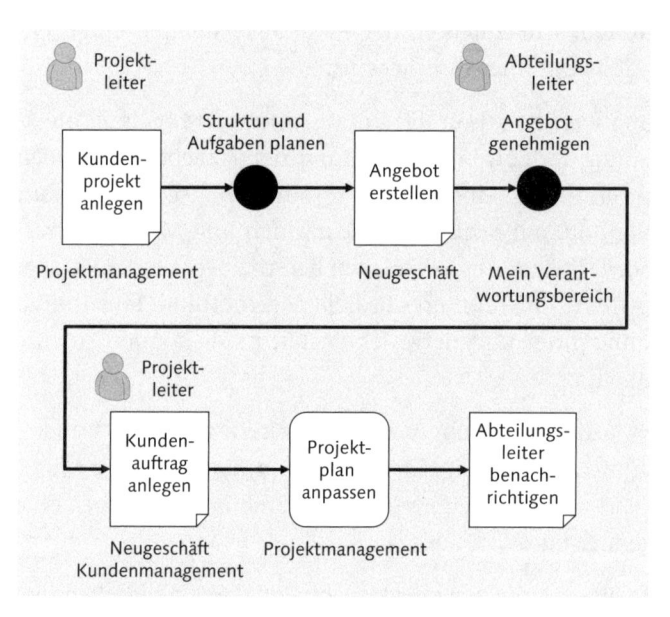

Abbildung 12.29 Prozessablauf »Projektplanung«

Kundenprojekt anlegen

Sie legen ein neues Kundenprojekt auf Basis einer Projektvorlage an. Im Work Center PROJEKTMANAGEMENT können Sie in der Sicht PROJEKTE alle Ihre Projekte überwachen und neue Projekte anlegen. Da die Installation einer Solaranlage mehrmals im Jahr durchgeführt wird, existiert bereits eine Vorlage für dieses Projekt.

Sie wählen die Projektart KUNDENPROJEKT MIT VERKAUFSINTEGRATION und legen das neue Projekt auf Basis der Vorlage an (siehe Abbildung 12.30). Das Besondere an dieser Projektart ist, dass sie in die Prozesse des Vertriebs und des Rechnungswesens integriert ist.

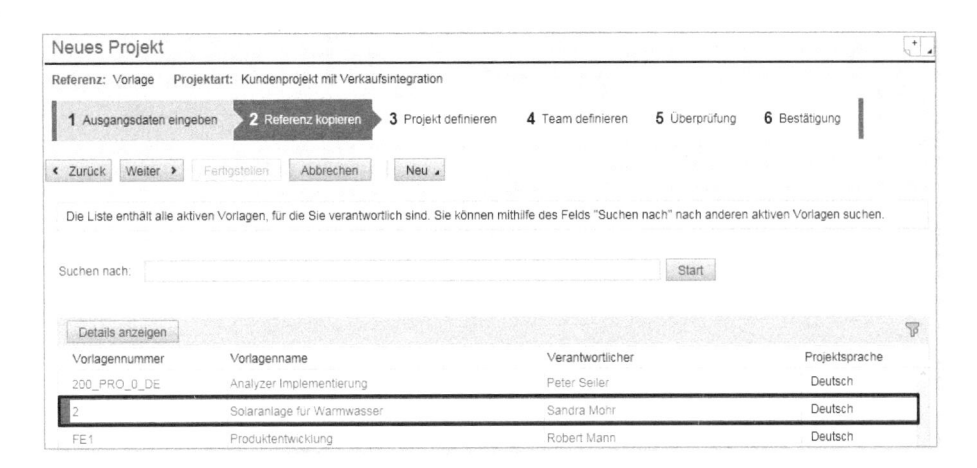

Abbildung 12.30 Neues Projekt mit Vorlage anlegen

> **Projektarten** [⚙]
> Sie können im FINE-TUNING die Projektarten sowie damit verbundenen Einstellungen festlegen, zum Beispiel, ob Zeitrückmeldungen auf das Projekt genehmigungspflichtig sind.

> **Projektarten** [+]
> Weitere Projektarten sind Einzelkostenprojekt, Forschungs- und Entwicklungsprojekt, Kostensammlerprojekt, Kundenprojekt ohne Verkaufsintegration, Marketingprojekt und strategisches Beschaffungsprojekt.

Vergeben Sie nun eine eindeutige Nummer ❶ und einen PROJEKTNAMEN für Ihr Projekt. Sie legen zudem einen START- UND ENDTERMIN fest, was für die Planung des Projektes in einem späteren Schritt wichtig ist. Darüber hinaus legen Sie Ihre Organisationseinheit als VERANTWORTLICHE KOSTENSTELLE ❷ und sich selbst als VERANTWORTLICHER an (siehe ❸ in Abbildung 12.31).

Da dieses Projekt für einen bestimmten Kunden durchgeführt werden soll, wird dieser als KUNDE ❹ eingetragen, und wird der Haken bei FAKTURIERBAR gesetzt. In diesem Fall dient das Projekt als Kostensammler und die angefallenen Leistungen können dem Kunden später in Rechnung gestellt werden.

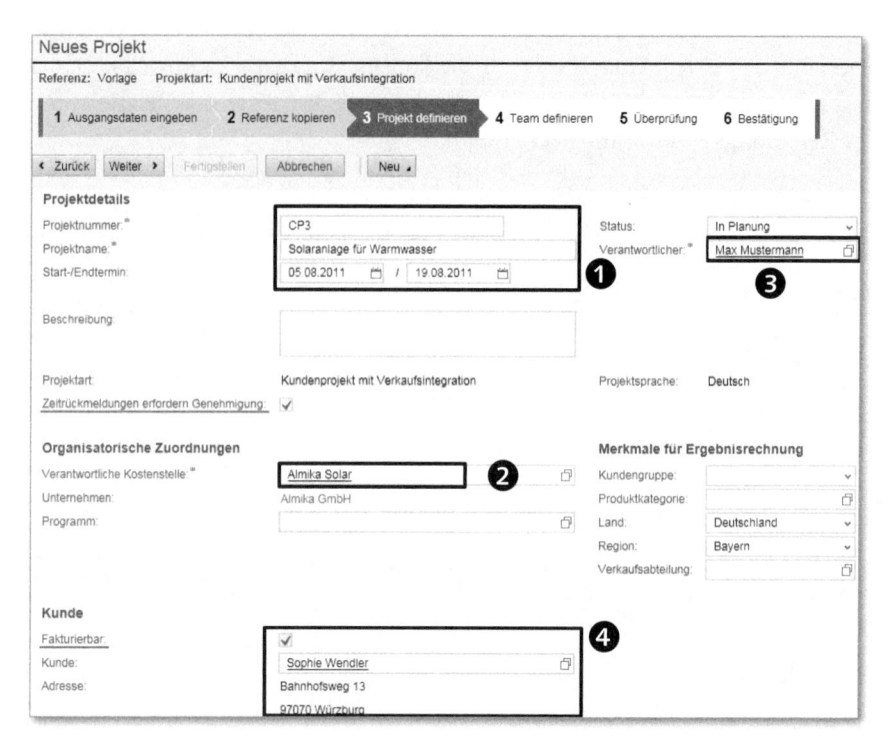

Abbildung 12.31 Projekt definieren

[»] **Forschungsprojekte**

Ein Projekt kann auch als »nicht fakturierbar« gekennzeichnet werden. Diese Option würde man z. B. bei internen Entwicklungsprojekten auswählen.

Sie legen die am Projekt beteiligten Mitarbeiter fest. Der zuständige Mitarbeiter ist automatisch Teil des Teams. Es muss nur noch die ZUGESAGTE ARBEIT eingetragen werden. Zudem wählen Sie den Service aus, den der Mitarbeiter erbringen soll (siehe Abbildung 12.32).

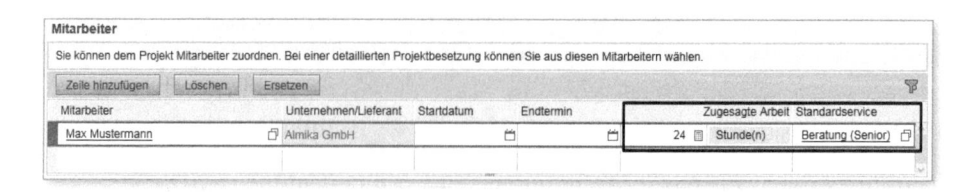

Abbildung 12.32 Projektteam definieren

Szenario »Kundenprojektplanung« | 12.5

Projekte [✪]

Im FINE-TUNING und unter DATENÜBERNAHME UND ERWEITERUNG in der Aufgabenliste können Sie Folgendes vornehmen:

- die Aufgabensteuerung für Projekte festlegen
- Projekte per Migrationsvorlage hochladen

Struktur und Aufgaben planen

Sie passen jetzt Struktur, Aufgaben und Planzeiten des Projektes an die individuellen Gegebenheiten der Kundin an. Öffnen Sie dazu im Work Center PROJEKTMANAGEMENT die Übersicht aller Projekte und wählen Sie aus, dass Sie den Projektplan Ihres gerade angelegten Projektes bearbeiten möchten.

Der Projektplan besteht bisher aus allen Elementen aus dem Vorlageprojekt. In Ihrem Projektplan führen Sie ein paar Anpassungen durch.

Zuerst löschen Sie die BESTANDSAUFNAHME ❶, da diese zum Großteil bereits bei dem Energiecheck in den Abschnitten 12.3.2 und 12.4.2 durchgeführt wurde. Es muss lediglich noch eine VERMESSUNG durchgeführt werden, daher ergänzen Sie diese, indem Sie auf HINZUFÜGEN und dann auf AUFGABE ❷ klicken. Anschließend pflegen Sie eine Planarbeitszeit von zwei Stunden ❸ (siehe Abbildung 12.33).

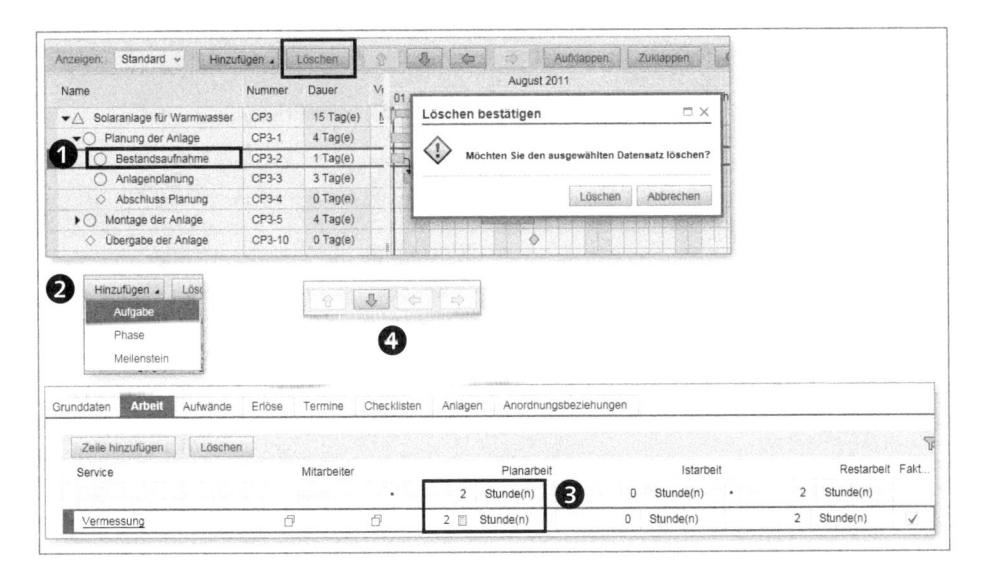

Abbildung 12.33 Projektaufgaben anpassen

> **[+] Bearbeitung des Projektplans**
>
> Mit den Pfeilen ❹ können Sie die Phasen eine Ebene hinauf- oder herunterstufen. Zudem können Sie innerhalb von einer Ebene die Reihenfolge verändern.

Da die Vermessung vor der Anlagenplanung durchgeführt werden muss, fügen Sie noch eine ANORDNUNGSBEZIEHUNG hinzu. Sie wählen dazu aus, dass die Projektaufgabe ANLAGENPLANUNG der NACHFOLGER der Vermessungsaufgabe ist und dass diese null Tage nach Abschluss der Vorgängeraufgabe beginnen kann (siehe Abbildung 12.34).

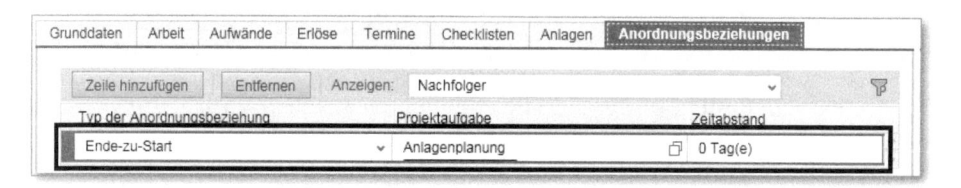

Abbildung 12.34 Anordnungsbeziehungen pflegen

> **[»] Anordnungsbeziehungen**
>
> Anstelle eines NACHFOLGERS können Sie auch den VORGÄNGER verwenden. Weitere Typen der Anordnungsbeziehung sind ENDE ZU ENDE, START ZU ENDE und START ZU START.

Die Vermessung befindet sich in der Phase »Planung der Anlage« und ist die erste Aufgabe dieser Phase. Im Reiter GRUNDDATEN tragen sie noch eine Dauer der Aufgabe ein.

> **[+] Unterschied von Dauer und Planarbeit**
>
> Die Dauer legt fest, wie lange eine Projektaufgabe insgesamt in der Planung berücksichtigt wird. Zu einer Projektaufgabe können mehrere Services mit Planarbeitszeiten erfasst werden. Diese Planarbeitszeiten können von den Mitarbeitern zurückgemeldet werden. Die Planwerte werden in der Planung nicht berücksichtigt, da diese auch parallel von verschiedenen Mitarbeitern durchgeführt werden können.

Zuletzt sehen Sie sich noch das Ergebnis der Planung im Balkendiagramm an (siehe Abbildung 12.35).

Die Anordnungsbeziehung wird im Projektplan durch einen Pfeil dargestellt. Die Vermessung ist mit der Anlagenplanung durch einen Pfeil verbunden, da die Anlagenplanung erst starten kann, wenn die Vermessung abgeschlossen wurde. Die übergeordnete Phase dauert so lange wie die enthaltenen Aufgaben unter Berücksichtigung ihrer Abhängigkeiten. In diesem Fall ist die übergeordnete Phase »Planung der Anlage« genau so lang wie die Summe aus den beiden Aufgaben »Vermessung« und »Anlagenplanung«. Die Phase endet mit dem Meilenstein »Abschluss Planung«.

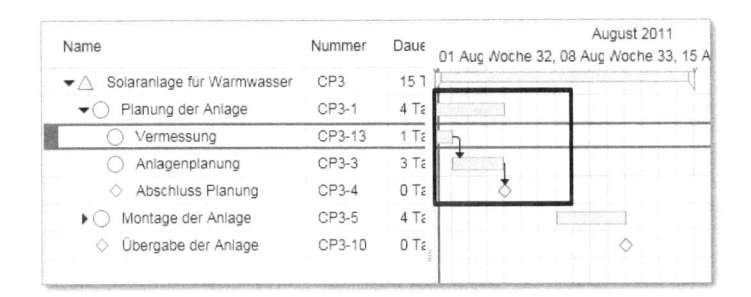

Abbildung 12.35 Balkendiagramm des Projektes

Netzplan [«]

Sie können sich Projekte auch als Netzplan oder Projektstrukturplan anzeigen lassen.

Arbeitstagekalender [✱]

Sie können im FINE-TUNING Arbeitstags- und Feiertagskalender hinterlegen. Diese werden dann für die Planung und Terminierung von internen Projekten als Grundlage herangezogen.

Angebot erstellen

Sie machen der Kundin ein Angebot für die Installation der Solaranlage auf Basis Ihrer Opportunity. Dazu gehen Sie ins Work Center NEUGESCHÄFT und öffnen die Opportunity Ihrer Kundin. Über den Button FOLGEAKTION erstellen Sie ein Angebot und prüfen die übernommenen Positionen aus der Opportunity (siehe ❶ in Abbildung 12.36).

Wenn nicht alle Positionen im Angebot enthalten sein sollen, haben Sie hier die Möglichkeit, einzelne Positionen zu entfernen oder auch zu ergänzen. Prüfen Sie die MENGE und den POSITIONSTYP der Services ❷. In diesem Fall sind die benötigten Materialien bereits vom Kunden gekauft worden und befinden sich schon vor Ort, so dass in diesem Projekt nur noch die Installation abgewickelt werden muss.

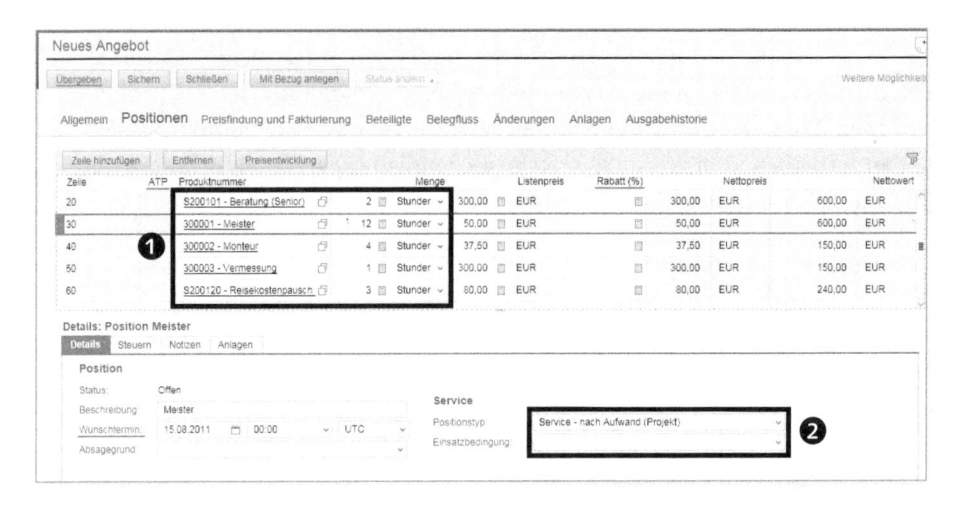

Abbildung 12.36 Servicepositionstyp im neuen Angebot

In der Kundeninformation erfassen Sie für den Kunden eine Erklärung, ob die Abrechnung auf Grund der tatsächlich erbrachten Leistungen (Projekt nach Aufwand) oder unabhängig davon (Festpreis) erfolgt (siehe Abbildung 12.37).

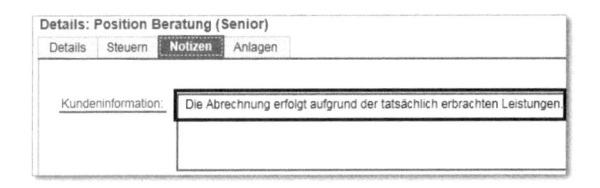

Abbildung 12.37 Notizen zu Details pflegen

Wenn Sie alle Positionen angepasst haben, können Sie das Angebot ÜBERGEBEN. Über VORSCHAU können Sie sich das Angebot anzeigen lassen (siehe Abbildung 12.38).

Angebot genehmigen

Der Vorgesetzte prüft im Work Center MEIN VERANTWORTUNGSBEREICH das Angebot und genehmigt es. Erst jetzt wird es an den Kunden geschickt. Sie werden über die Genehmigung in Ihren Benachrichtigungen im Work Center STARTSEITE informiert (siehe Abbildung 12.39).

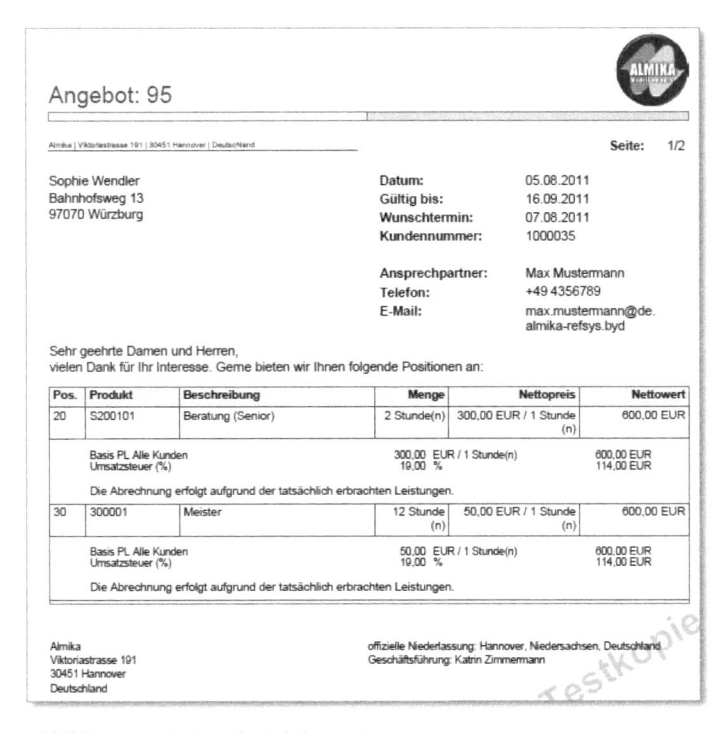

Abbildung 12.38 Angebotsdokument

Abbildung 12.39 Angebotsbenachrichtigung

Kundenauftrag anlegen

Der Kunde meldet sich und erteilt den Auftrag. Im Work Center NEUGESCHÄFT öffnen Sie das Angebot, das Sie an den Kunden geschickt haben und legen als Folgeaktion einen Kundenauftrag an. In diesem ordnen Sie die Positionen den entsprechenden Projektaufgaben zu (siehe Abbildung 12.40).

Abbildung 12.40 Zuordnung der Projektaufgaben zum Kundenauftrag

[+] **Verknüpfungen**

Eine Verknüpfung von Projektaufgaben und Positionen im Kundenauftrag ist nur möglich, wenn in beiden derselbe Kunde eingetragen wurde. Sie bekommen im Kundenauftrag nur Projektaufgaben zur Auswahl, die aus Kundenprojekten mit demselben Kunden stammen.

Die Verknüpfung des Projektes kann auch schon mit dem Angebot erfolgen. Dies wird normalerweise dann ausgeführt, wenn bereits vor Abschluss des Kundenauftrages Leistungen anfallen, die auf das Projekt gebucht werden sollen.

Sie können auch aus dem Kundenauftrag heraus ein Projekt anlegen. In diesem Fall werden die Projektaufgaben automatisch angelegt und mit den Positionen des Kundenauftrags verknüpft.

Sie können im Kundenauftrag noch weitere Anpassungen vornehmen, beispielsweise den Wunschtermin anpassen. Wenn Sie alle Datenfelder geprüft haben, geben Sie den Kundenauftrag frei (siehe Abbildung 12.41).

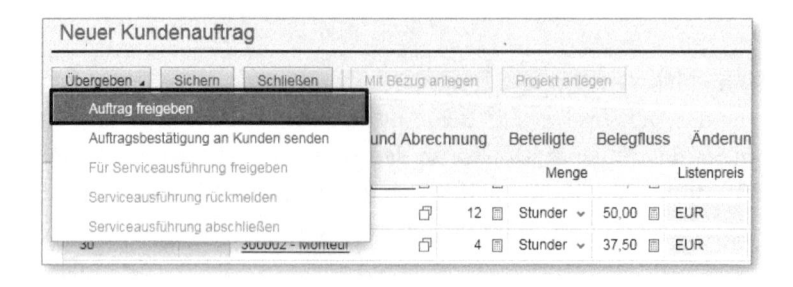

Abbildung 12.41 Kundenauftrag freigeben

Szenario »Kundenprojektplanung« | 12.5

Im Work Center KUNDENMANAGEMENT prüfen Sie die Verkaufsaktivitäten mit der Kundin. Sie stellen fest, dass beide Angebote jetzt den Status ABGESCHLOSSEN besitzen (siehe Abbildung 12.42).

Abbildung 12.42 Privatkundenübersicht

Projektplan anpassen

Die Kundin ist zwischenzeitlich im Urlaub. Sie müssen daher die Terminierung Ihres Projektes anpassen. Zudem planen Sie das Projektteam und die Besetzung. Im Work Center PROJEKTMANAGEMENT öffnen Sie dazu den Projektplan Ihres Projektes und verändern die Einschränkung des Starttermins (siehe Abbildung 12.43).

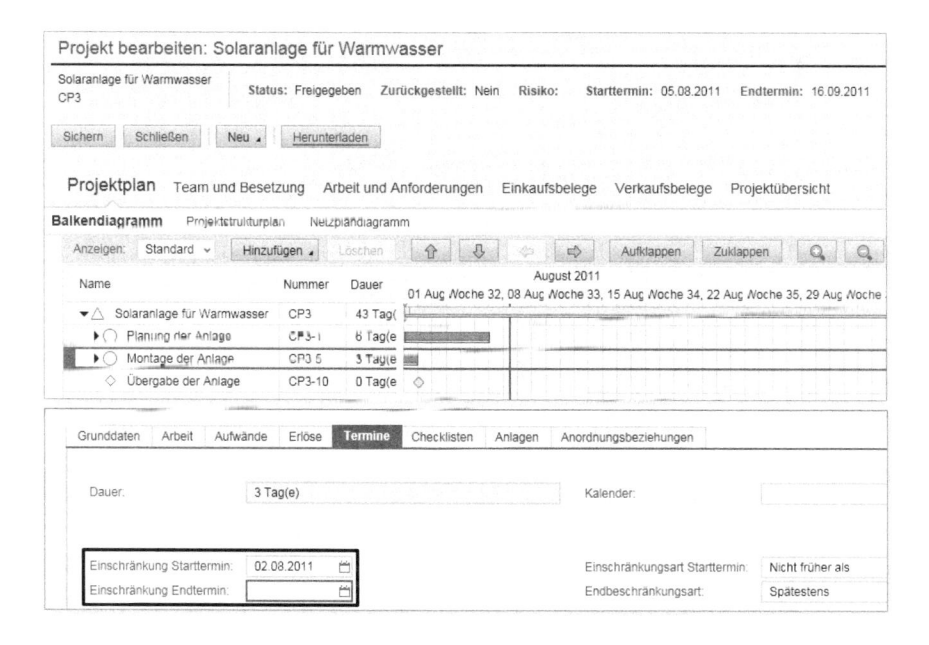

Abbildung 12.43 Einschränkung des Projekttermins bearbeiten

443

Im Reiter Arbeit und Anforderungen tragen Sie zu jeder Projektaufgabe die Mitarbeiter ein, die die Projektaufgaben ausführen werden. Im Reiter Team und Besetzung – Besetzung nach Struktur ❶ bekommen Sie einen Überblick über die zugeordneten Mitarbeiter und Services (siehe ❷ in Abbildung 12.44).

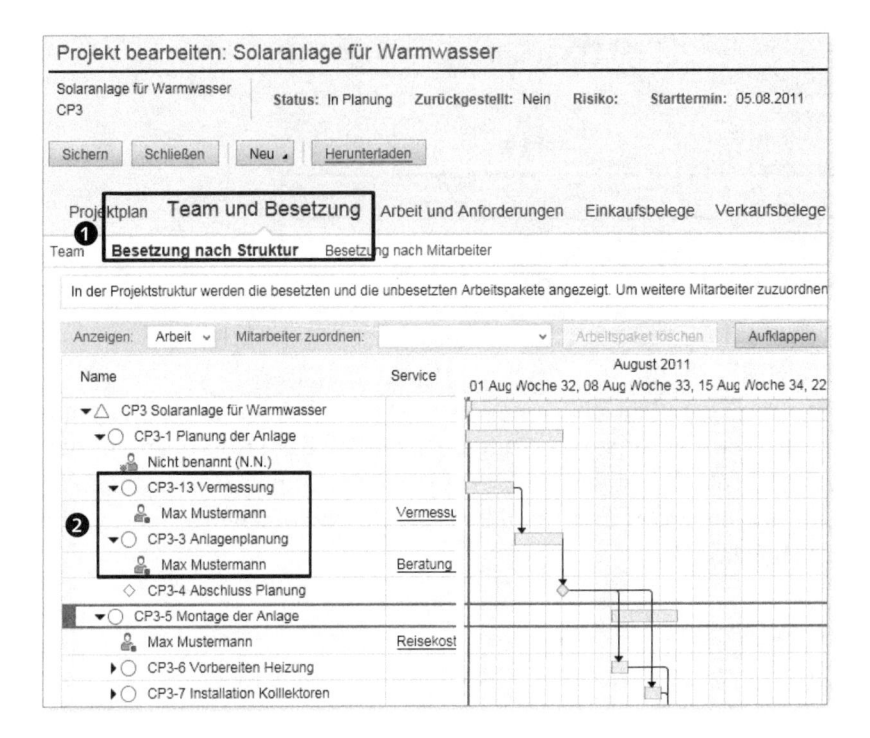

Abbildung 12.44 Team und Besetzung des Projektes pflegen

Die Mitarbeiter, die Sie hier zugeordnet haben, können anschließend Ihre Tätigkeiten genau zu diesen Projektaufgaben erfassen. In der Sicht Besetzung nach Mitarbeiter ❶ können Sie die Arbeitsbelastung der einzelnen Mitarbeiter mit den jeweils veranschlagten Zeiten für das Projekt in den kommenden Wochen überblicken (siehe ❷ in Abbildung 12.45).

Anschließend geben Sie das Projekt frei, um die Ausführung zu starten.

[»] **Externe Dienstleistung, Ressourcenmanagement und Einkaufswagen**

Sie können Bestellanforderungen für Projekte über externe Dienstleistungen anlegen, wenn Sie zusätzliche Qualifikationen oder Kapazitäten benötigen. Hierfür können Sie einen Dienstleister erfassen und Qualifikationen pflegen. Die Qualifikationen können Sie in der Ressourcensuche aus dem Projekt heraus finden.

Sie können auch über den Einkaufswagen in den Self-Services (siehe Abschnitt 9.3.2) für Ihr Projekt beschaffen und den Einkauf darauf kontieren. So beschaffte Materialien werden nicht auf Lager gelegt, sondern nach der Anlieferung direkt verbraucht.

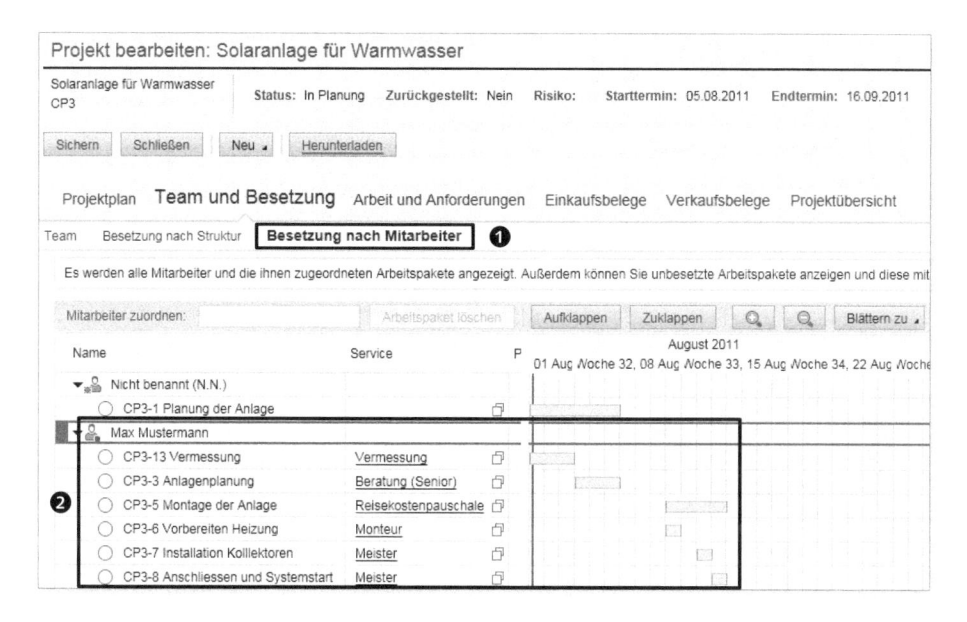

Abbildung 12.45 Besetzung nach Mitarbeitern

Abteilungsleiter benachrichtigen

Sie möchten Ihrem Abteilungsleiter eine BENACHRICHTIGUNG zum Projekt schicken und ihn darüber informieren, dass sich die Termine geändert haben. Sie nutzten hierfür die eingebauten Möglichkeiten von SAP Business ByDesign, indem Sie eine neue BENACHRICHTIGUNG ❶ anlegen und einen internen Vermerk erfassen (siehe ❷ in Abbildung 12.46).

Der Abteilungsleiter findet in seinen Benachrichtigungen Ihre Notiz mit einer Verlinkung auf das Projekt. In dem Reiter PROJEKTÜBERSICHT hat er umfangreiche Möglichkeiten zur Analyse des Projekts zur Verfügung. Hierzu gehören Finanzberichte, wie die Projektkosten und -erlöse nach Projektstruktur und eine Projektkalkulation. Die Spalten ANGEFALLENE KOSTEN füllen sich, sobald Services auf das Projekt zurückgebucht werden. Der in Abbildung 12.47 abgebildete Bericht wurde vom Abteilungsleiter zu einem späteren Zeitpunkt im Projekt geöffnet, um einen Vergleich zwischen Plankosten und angefallenen Kosten zu machen.

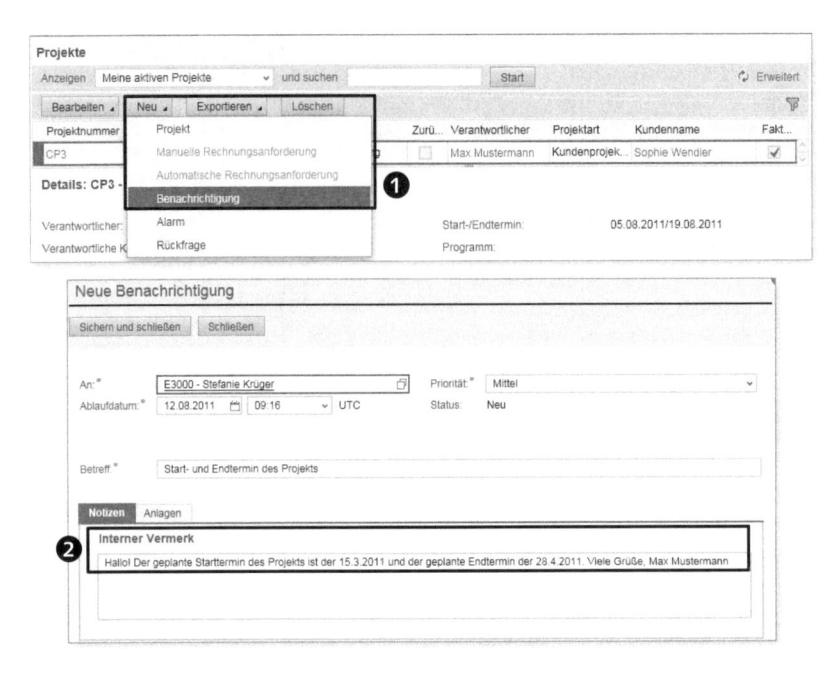

Abbildung 12.46 Benachrichtigung aus Projekt anlegen

Abbildung 12.47 Projektkosten und -erlöse nach Projektstruktur

[»] **Berichte**
Es stehen Ihnen weitere Berichte aus den Kategorien Projektmanagementberichte, Trendanalysen und Beschaffung zur Verfügung.

12.6 Szenario »Kundenprojektdurchführung«

In diesem Kapitel erfahren Sie, wie Projekttermine aktualisiert und neu terminiert werden. Zudem werden Tätigkeiten auf das Projekt zurückgemeldet und der Fertigstellungsgrad überwacht. Zum Ende des Kapitels werden alle Tätigkeiten des Kundenauftrages in einer Abschlussrechnung gebucht.

12.6.1 Anforderungen

Während der Durchführung des Projekts gilt es, unterschiedliche Tätigkeiten und Abhängigkeiten zu koordinieren. Warenauslieferungen für eine Kundeninstallation müssen gemeinsam mit Dienstleistungen fakturiert und dokumentiert werden. Unter Umständen kann es auch noch einen internen Produktionsprozess geben, der zum Projekt beiträgt.

Zentrale Aufgabe des Projektleiters ist die *Projektkontrolle*, das heißt, Termine, Aufwand, Fortschritt und Qualität müssen überwacht werden, um die Kundenzufriedenheit und auch den Deckungsbeitrag des Projektes nicht zu gefährden.

Die zweite schwierige Aufgabe ist die *Fakturierung* der Tätigkeiten. Die Projektrechnung dient als Nachweis für die erbrachten Leistungen und stellt diese sachgerecht in Positionen zusammen. Die Rechnung basiert auf Rückmeldungen der einzelnen Projektmitarbeiter oder aus Auslieferungen von Waren, die zum Projekt beitragen. Die Rechnungsstellung selbst kann aber auch mit Problemen verbunden sein, z. B. dadurch, dass sich Leistungen verschieben oder Leistungen gemindert werden müssen, da sie so dem Kunden nicht in Rechnung gestellt werden können. Im Unterschied zu Festpreispositionen, deren Leistungsumfang und der damit verbundene Preis klar definiert sind, kommt es bei Aufwandspositionen darauf an, den geleisteten Aufwand auch hinreichend zu begründen. Und je nach Vertragsvereinbarung ist ein Kunde auch nicht bereit, einen Mehrpreis zu zahlen, wenn ein bestimmter Aufwand in der Projektplanung vertraglich abgestimmt war.

Von der Fakturierungsseite her ist es die generelle Anforderung, in der Lage zu sein, Teil- und Abschlussrechnungen zu stellen, damit Leistungen und Materialauslieferungen miteinander verbunden werden können. Im Projektgeschäft ist es eine weitere Herausforderung, mit Terminänderungen und den sich daraus ergeben Konsequenzen umzugehen: Projektaufgaben können sich verschieben und dies hat Auswirkungen auf Folgeaktivitäten, die möglichst schnell geklärt und abgestimmt werden müssen. Die *Netzplantechnik* ist hierbei eine Hilfe, da sie über die Anordnungsbeziehungen der Aufgaben Transparenz schafft.

Schließlich ist eine *Projektanalyse* hilfreich für alle Beteiligten und den Projektleiter, um über den Stand, insbesondere bei Wiederaufnahme von Aktivitäten, informiert zu sein. Das heißt, eine Zuordnung der Aufgaben zu Projektmitarbeitern muss auch transparent machen, was zu tun ist und was noch offen ist. Umgekehrt muss der Projektleiter erkennen, wenn es einen Verzug in der Abwicklung gibt.

12.6.2 Prozessablauf

Zuerst aktualisieren Sie als Projektleiter im Work Center PROJEKTMANAGEMENT die Projekttermine und erfassen als Monteur die durchgeführten Tätigkeiten im Work Center PROJEKTTEAM (siehe Abbildung 12.48). Sobald alle

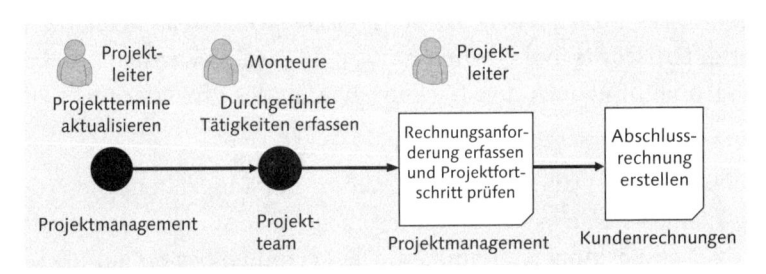

Abbildung 12.48 Prozessablauf »Projektdurchführung«

Aufgaben fertiggestellt wurden, legen Sie als Projektleiter im Work Center PROJEKTMANAGEMENT eine Rechnungsanforderung an. Zuletzt erstellen Sie im Work Center KUNDENRECHNUNGEN eine Abschlussrechnung für den Kunden, in der alle Services in Rechnung gestellt werden.

Projekttermine aktualisieren

Ein Teil der im Projekt erfassten Aufgaben wurde in der Zwischenzeit gestartet. Darum aktualisieren Sie die Projekttermine im Work Center PROJEKTMANAGEMENT im Projektplan Ihres Projektes. Setzen Sie zunächst den ISTSTARTTERMIN der gestarteten Aufgaben auf VORGESTERN, GESTERN und HEUTE ❶. Wenn Sie dann auf TERMINIEREN klicken, werden alle Termine neu berechnet (siehe ❷ in Abbildung 12.49). Die Balken verschieben sich und färben sich ein. Die rote Farbe zeigt auf, dass diese Tätigkeiten auf dem kritischen Pfad liegen.

[»] **Basisplan oder Momentaufnahme erstellen**

Sie können aus dem Projekt heraus über NEU einen Basisplan oder eine Momentaufnahme auf Grundlage Ihres Projektes anlegen. Ein Basisplan dient dazu, den ursprünglichen Zustand des Projektplans festzuhalten.

Mit einer Momentaufnahme können Sie den Zustand eines Projektes zu einem bestimmten Zeitpunkt einfrieren. Beides wird zu Analysezwecken verwendet. Sie können auch einstellen, dass automatisch zu bestimmten Zeitpunkten Momentaufnahmen erstellt werden.

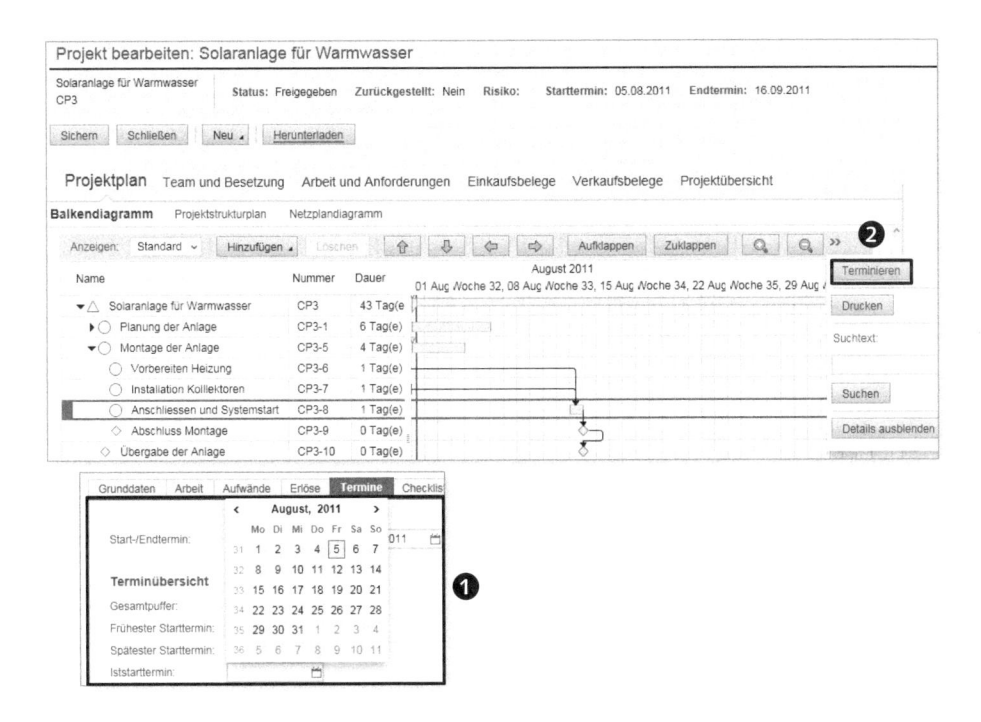

Abbildung 12.49 Projekttermine anpassen

Durchgeführte Tätigkeiten erfassen

Die im Projekt zugeordneten Mitarbeiter haben die ersten Aufgaben erledigt und melden die Zeiten zurück. Sie gehen ins Work Center PROJEKTTEAM und sehen in der Sicht PROJEKTARBEIT alle Ihnen zugeordneten Aufgaben mit Planarbeit und offener Restarbeit (siehe ❶ in Abbildung 12.50). Um Tätigkeiten zurückzumelden, wählen Sie ALLGEMEINE AUFGABEN – TÄTIGKEITEN ERFASSEN.

| Tätigkeiten erfassen | [«] |

Sie können Ihre Tätigkeiten auch über die SELF-SERVICES im Work Center STARTSEITE erfassen.

Wenn Sie auf das Auswahlfeld der Aufgaben klicken, bekommen Sie alle Ihnen aus dem Projekt zugeordneten Aufgaben angezeigt. Sie können anschließend eintragen, an welchem Wochentag Sie wie viel Zeit auf die Erledigung der Aufgabe verwendet haben ❷. Zusätzlich vermerken Sie, dass Sie die Aufgabe abgeschlossen haben ❸.

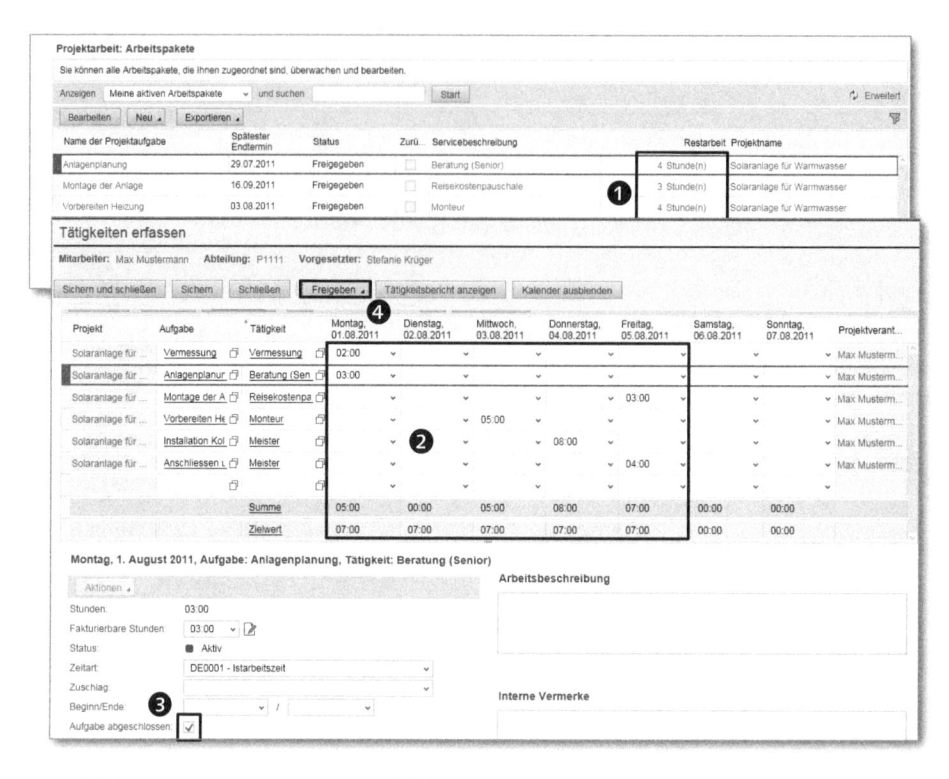

Abbildung 12.50 Tätigkeiten abschließen

[+] **Aufgabe abgeschlossen**
Wenn Sie den Haken für AUFGABE ABGESCHLOSSEN setzen, reduziert sich die Restarbeit auf Null, auch wenn Sie weniger Zeit für die Bearbeitung der Aufgabe benötigt haben.

Anschließend geben Sie die erfassten Tätigkeiten frei, damit Sie auf das Projekt gebucht werden können ❹.

In dem Feld ARBEITSBESCHREIBUNG können Sie zudem eine Beschreibung Ihrer Arbeit erfassen, die dann bis zur Kundenrechnung durchgereicht werden kann. Wenn Ihre erfasste Arbeitszeit von der dem Kunden in Rechnung gestellten Zeit abweichen soll, verwenden Sie das Feld FAKTURIERBARE STUNDEN.

Szenario »Kundenprojektdurchführung« | 12.6

Ungeplante Tätigkeiten erfassen [«]

Sie können, wenn Sie die Projektaufgabennummer kennen, auch Zeiten auf ein Projekt zurückmelden, dem Sie nicht zugeordnet sind.

In der PROJEKTÜBERSICHT kann der Projektleiter den Fortschritt des Projektes überwachen. Hier sieht er z. B., ob die Plankosten eingehalten werden ❶ und wie das Verhältnis von der Ist- zur Planarbeit ist (siehe ❷ in Abbildung 12.51).

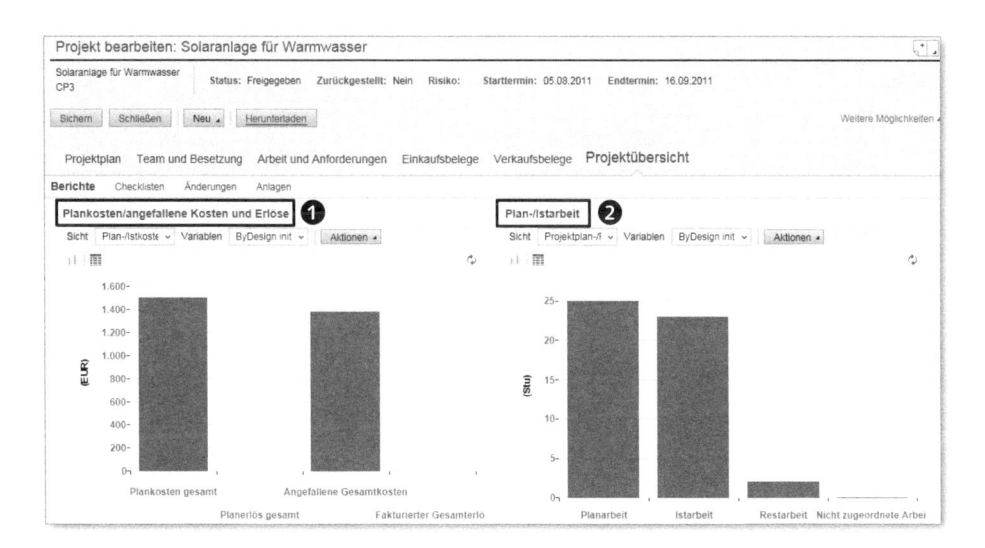

Abbildung 12.51 Projektübersicht

Rechnungsanforderung erfassen und Projektfortschritt prüfen

Alle Leistungen des Kundenauftrags wurden erfüllt und sollen jetzt in Rechnung gestellt werden. Dazu markieren Sie im Work Center PROJEKTMANAGEMENT in der Object Work List Ihr Projekt und klicken auf NEU – RECHNUNGSANFORDERUNG, um eine Rechnungsanforderung für Ihren Kundenauftrag zu erstellen. In der Rechnungsanforderung wählen Sie bei den Zeit- und Aufwandspositionen den Eintrag KEINE EINSCHRÄNKUNG aus, da Sie alle Positionen zu diesem Projekt fakturieren möchten (siehe Abbildung 12.52).

Zeit- und Aufwandspositionen [«]

Sie können die zu berechnenden Zeit- und Aufwandspositionen auch über TAGESBEZUG, FÜR LETZTE WOCHE, BIS ENDE LETZTER WOCHE, FÜR LETZTEN MONAT oder BIS ENDE DES LETZTEN MONATS selektieren.

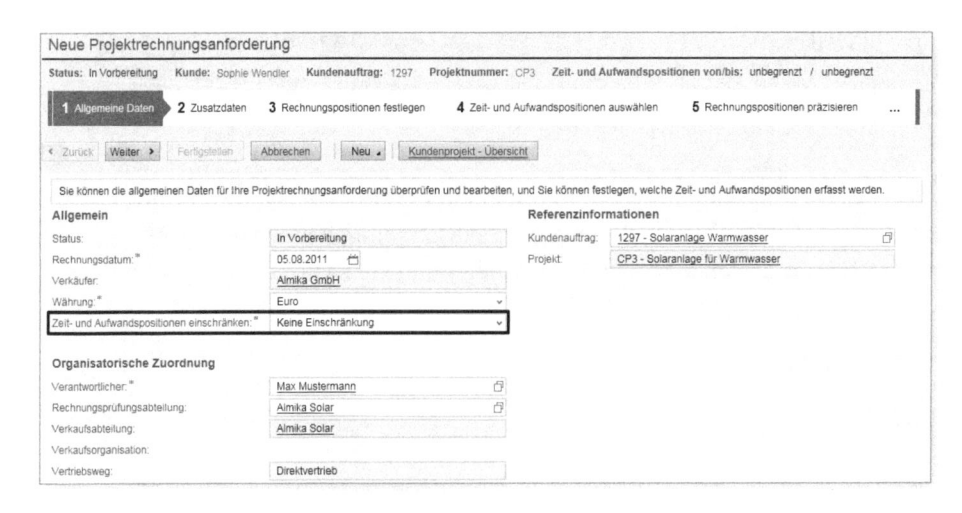

Abbildung 12.52 Neue Rechnungsanforderung

Wenn Sie auf KUNDENPROJEKT – ÜBERSICHT klicken, bekommen Sie einen Bericht angezeigt, in dem Sie sich nach Anpassung des Berichts den Fertigstellungsgrad der Arbeit auflisten lassen (siehe Abbildung 12.53).

Abbildung 12.53 Bericht »Kundenübersicht«

Um diese Sicht des Berichts Kundenübersicht zu bekommen, müssen Sie das Merkmal KUNDENAUFTRAGSPOSITIONEN in die Zeilen verschieben, den NETTOWERT FAKTURIERT und BESTELLT aus den Kennzahlen entfernen und dafür den FERTIGSTELLUNGSGRAD DER ARBEIT in die Kennzahlen aufnehmen. Zum Handling von Berichten lesen Sie Abschnitt 10.5.2. Zudem nehmen Sie noch die ABRECHNUNGSMETHODE in die Zeilen mit auf.

Der Fertigstellungsgrad bezieht sich auf den Status ERLEDIGT bzw. den Anteil der Istarbeit. Da die Istarbeit überall abgeschlossen ist, sollten Sie zeitnah Ihre Rechnung erstellen, um möglichst bald das Geld von der Kundin überwiesen zu bekommen (siehe Abschnitt 14.3.2).

Sie lassen sich die Zuordnungen für Rechnungspositionen vorschlagen und prüfen noch einmal in der Rechnungsstruktur, ob alle Positionen korrekt sind (siehe ❶ in Abbildung 12.54)

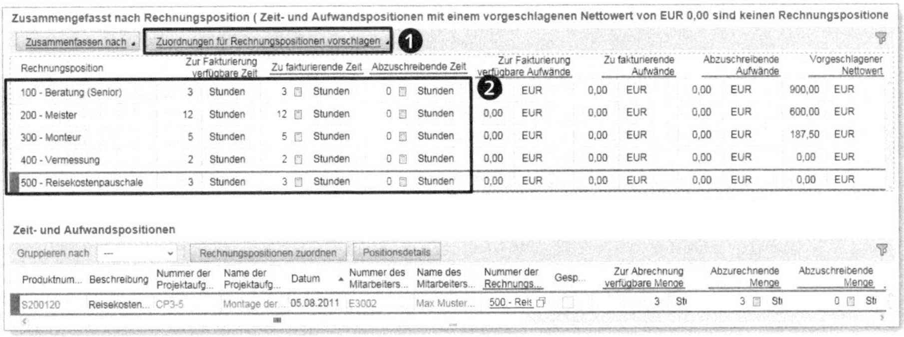

Abbildung 12.54 Rechnungspositionen vorschlagen

Sie sehen die zur Fakturierung verfügbare Zeit und können die zu fakturierende Zeit noch anpassen oder Abschreibungen vornehmen ❷. Wenn Sie alle Rechnungspositionen geprüft haben, können Sie die Rechnungsanforderung fertigstellen. Geben Sie die Rechnungsanforderung anschließend frei.

Abschlussrechnung erstellen

Im letzten Schritt soll die Abschlussrechnung für den Kunden erstellt werden. Im Work Center Kundenrechnungen finden Sie bei den Rechnungsanforderungen den zu fakturierenden Beleg zu Ihrem Kundenprojekt. Um eine Abschlussrechnung zu erstellen, markieren Sie den Beleg und klicken unter Folgeaktion auf Rechnung – Einfaches Anlegen. Sie bekommen jetzt die Positionen aus dem Beleg in der Rechnung angezeigt (siehe Abbildung 12.55).

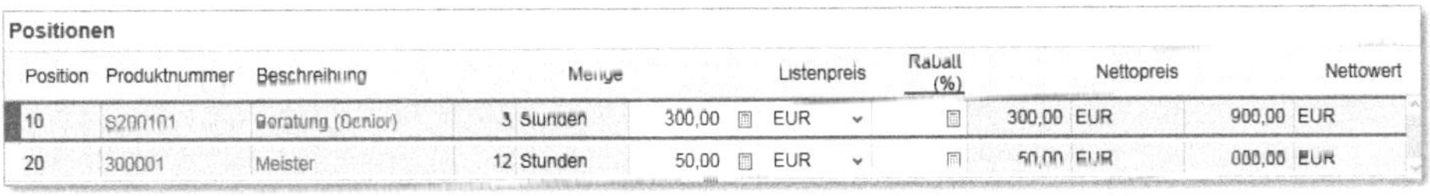

Abbildung 12.55 Rechnungspositionen prüfen

Unter Vorschau können Sie sich die Rechnung anzeigen lassen. Wenn alles korrekt ist, geben Sie die Rechnung frei.

Wenn Sie die Rechnung erneut öffnen, finden Sie im Reiter Belegfluss die Kundenrechnung und alle Vorgängerbelege (siehe Abbildung 12.56). Sie können hier den Buchungsbeleg des Finanzwesens zur Kundenrechnung öffnen.

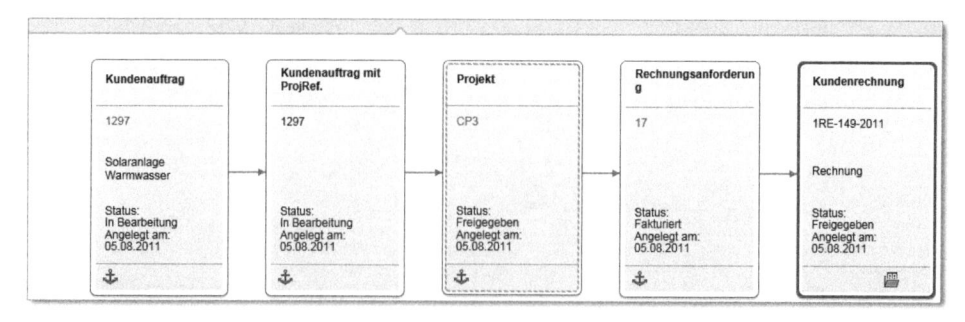

Abbildung 12.56 Belegfluss der Kundenrechnung

Im Buchungsbeleg können Sie alle SACHKONTEN und die Höhe, in der diese bebucht wurden, sehen. In der PROJEKTÜBERSICHT Ihres Projektes finden Sie eine Gegenüberstellung der Erlöse, um die Profitabilität Ihres Projektes beurteilen zu können (siehe Abbildung 12.57).

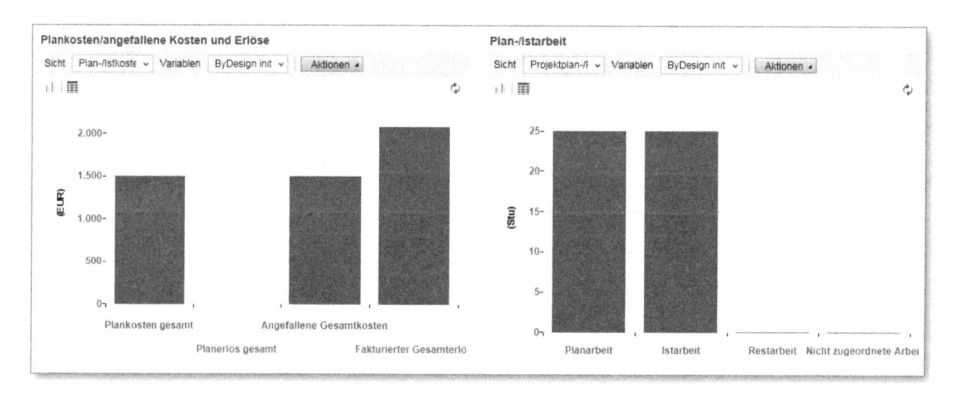

Abbildung 12.57 Vergleich von Plan und Ist

Durch eine effiziente Steuerung des Lagers und den Einsatz von Automatisierungsmöglichkeiten können die Transportzeiten verkürzt und das gebundene Kapitel reduziert werden. Eine integrierte Planung und Produktion schafft effiziente Produktionsabläufe und Planungssicherheit.

13 Logistik und Produktion

In diesem Kapitel zeigen wir zuerst integrierte Lagerprozesse auf. Im ersten Fall wird durch eine Umlagerung in ein externes Auslieferungslager die Versandzeit zum Kunden halbiert. Es wird aufgezeigt, wie automatisch das richtige Lager für einen Kunden gefunden wird und Lageranforderungen für anstehende Lieferungen von SAP Business ByDesign angelegt werden. Durch eine automatisierte Steuerung des Lagers kann jederzeit Nachschub, z. B. für die Produktion, bereitgestellt oder zurück ins Lager gebracht werden.

Im weiteren Verlauf des Kapitels zeigen wir auf, wie mittels einer Prognose die Produktion eines Materials angestoßen wird. Durch die Anpassung der Prognose an die Istwerte wird eine bedarfsgerechte Produktion sichergestellt, und zu hohe Lagerbestände werden ebenso vermieden wie Engpässe.

Im letzten Teil des Kapitels werden Produkte nach Kundenwunsch gefertigt. Die spezifischen Anforderungen des Kunden werden vom Kundenauftrag bis in die Beschaffung durchgereicht und helfen einem Unternehmen, sich auf dem Markt von der Konkurrenz zu differenzieren.

13.1 Vom internen Lager zur Produktion

Anhand von fünf Beispielszenarien zeigen wir in diesem Abschnitt integrierte Lagerlogistik- und Produktionsprozesse auf (siehe Tabelle 13.1).

Szenarien	Prozessinhalte	Funktionen	Methoden
Interne Lagerprozesse	▸ Materialanpassung ▸ Bestandsprüfung	▸ Verpacken ▸ Etikettieren	▸ Bestandsprüfung

Tabelle 13.1 Klassifikation des Beispielprozesses in SCM

Szenarien	Prozessinhalte	Funktionen	Methoden
Interne Lagerprozesse (Forts.)	▸ Umlagerungsauftrag ▸ Lageranforderung ▸ Lageraufgabe ▸ Auslieferung ▸ Verpacken ▸ Verladen ▸ Etikettierung ▸ Rückmeldungsliste	▸ Rückmeldungen	▸ Etiketten ▸ Ladeliste ▸ Frachtbrief
Automatisierte Logistikprozesse	▸ Transportzone ▸ Transportbeziehung ▸ Kundenauftrag ▸ Auslieferung ▸ Prozessmodell ▸ Logistiklayout ▸ Lagerungsgruppen ▸ Nachschub ▸ Rücklagerung	▸ Nachschublauf ▸ Rücklagerungslauf ▸ Auslieferungslauf	▸ Nachschub ▸ Rücklagerung ▸ Transport
Planung Make-to-Stock	▸ Materialerfassung ▸ Produktionsstückliste ▸ Produktionsmodell ▸ Materialvorkalkulation ▸ Qualitätsprüfplan ▸ Prognosebedarfe ▸ Materialbedarfsplanung ▸ Planung	▸ Prognose ▸ Mehrstufige Planung ▸ Materialvorkalkulation ▸ Plankostenrechnung	▸ Bedarfsplanung ▸ Meldebestand ▸ Losgröße ▸ Nettobedarfsermittlung ▸ Qualitätsmanagement ▸ Bestandsbewertung
Ausführung Make-to-Stock	▸ Produktionsvorschläge ▸ Bestellungen ▸ Produktionsauftrag ▸ Produktionsrückmeldung	▸ Mit Bezug anlegen ▸ Produktionsrückmeldung ▸ Integrierte Buchungen (z.B. WIP)	▸ Kapazitätsplanung ▸ Stücklisten ▸ Qualitätsmanagement ▸ Bestandsbewertung

Tabelle 13.1 Klassifikation des Beispielprozesses in SCM (Forts.)

Szenarien	Prozessinhalte	Funktionen	Methoden
Ausführung Make-to-Stock (Forts.)	▸ Qualitätsprüfung ▸ Buchungsanalyse	▸ Plankosten-rechnung	
Make-to-Order	▸ Materialanpassung ▸ Produktmerkmale ▸ Produktmodelle ▸ Produktspezifikation ▸ Produktionsstückliste ▸ Produktionsmodell ▸ Kundenauftrag ▸ Planung ▸ Auslieferung ▸ Kundenrechnung	▸ Mit Bezug anlegen ▸ Produktmerkmale ▸ Produktionsmodell ▸ Stücklistenvariante ▸ Produktspezifikationen ▸ Integrierte Buchungen (z.B. WIP) ▸ Spezifizierter Bestand	▸ Variantenstückliste ▸ Arbeitsplan ▸ Plankostenrechnung ▸ Kundeneinzelbestandsbewertung

Tabelle 13.1 Klassifikation des Beispielprozesses in SCM (Forts.)

Im ersten Szenario werden die Prozesse eines integrierten Lagers vorgestellt. Zuerst wird der Materialstamm so angepasst, dass das Material an mehreren Standorten gelagert werden kann. Über die Bestandsübersicht wird der Bestand in den verschiedenen Standorten des Unternehmens geprüft und ein Umlagerungsauftrag angelegt. Eine Lageranforderung und eine Lageraufgabe werden dann für das Quelllager erzeugt. Die Ware wird verpackt, und es werden eine Ladeliste sowie ein Frachtbrief für den Spediteur erzeugt. Bei der Einlagerung im Ziellager werden die Materialien mit Etiketten versehen, damit diese eindeutig identifizierbar sind. In der Rückmeldungsliste werden alle Rückmeldungen des Tages überprüft.

Im zweiten Szenario werden die Automatisierungsmöglichkeiten in der Logistik aufgezeigt. Damit für Kunden automatisch das nächstgelegenste Lager mit der kürzesten Versanddauer ausgewählt wird, werden eine Transportzone und eine Transportbeziehung angelegt. Im Kundenauftrag wird anschließend das externe Auslieferungslager vorgeschlagen. Über einen Auslieferungslauf werden dann Lageranforderungen für die demnächst fälligen Auslieferungen erzeugt. Anschließend werden im Prozessmodell und im Logistiklayout die Voraussetzungen für Nachschub und Rücklagerung geschaffen; eine Lagerungsgruppe wird angelegt. Das Szenario schließt mit der Ausführung von lagerungsgruppenbasierten Nachschub- und Rücklagerungsläufen ab.

Das dritte Szenario behandelt die kundenanonyme Fertigung und macht Sie dabei auf Prozesse und Methoden aufmerksam, wie auf Lager produziert werden kann, um damit den Kundenbedarf zu bedienen und die Lagerkosten gering zu halten.

Zunächst werden für ein Produkt eine Stückliste und ein Produktionsmodell mit Prüfplan angelegt. Der Bewertungspreis des Materials wird über eine Vorkalkulation ermittelt, und der Verkaufspreis wird daraufhin festgesetzt. Um den anonymen Kundenbedarf annähernd genau ermitteln zu können, werden Bedarfspläne eingesetzt und Prognosen erstellt, die sich auf Vergangenheitswerte berufen können. Zuletzt wird die Planung ausgeführt, und der Nettobedarf wird ermittelt. Durch die Prognose werden hier Produktionsvorschläge erzeugt.

Im vierten Szenario wird die Produktion durchgeführt. Hierfür werden zuerst die Produktionsvorschläge freigegeben und die Bestellungen der eingehenden Materialien bearbeitet. Nachdem diese eingelagert und in das Produktionsversorgungslager gebracht wurden, wird der Produktionsauftrag freigegeben, die Kapazitäten werden geprüft, und die Produktion wird zurückgemeldet. Die erzeugten Produkte werden einer Qualitätsprüfung unterzogen, und das Ergebnis wird ebenfalls erfasst. Zum Abschluss werden noch die erzeugten Buchungen analysiert.

Das letzte Szenario behandelt ein Produkt, das nach Kundenwunsch gefertigt wird. Hierfür wird zuerst das Material angepasst, da die gefertigten Produkte im Lager identifizierbar sein sollen. Für das Material werden die Produktmerkmale, die nach Kundenwunsch gewählt werden können, festgelegt, und ein Produktmodell wird erstellt. Anschließend legen Sie eine Produktspezifikation an, die eine bestimmte Merkmalsausprägung enthält und erfassen für diese die Stücklistenvariante und das Produktionsmodell. Nachdem Sie einen Kundenauftrag mit Produktspezifikation erhalten haben, führen Sie die mehrstufige Planung aus und produzieren das spezifizierte Material. Die Produktion wird zurückgemeldet und ein identifizierter Bestand für das Material wird angelegt. Zuletzt folgt noch die Auslieferung und die Erstellung der Kundenrechnung.

Dieses Kapitel demonstriert nicht nur den prozessualen Zusammenhang innerhalb des Supply Chain Managements (SCM). Es findet auch eine systematische Anreicherung des Produktes mit Informationen statt (siehe Tabelle 13.2).

Zweck	Element in SAP Business ByDesign	Abschnitt
Um was handelt es sich?	Materialstammsatz	13.5
Wie ist es aufgebaut?	Produktdesign	13.7
	Produktmerkmal/Produktmodell/Spezifikation	13.7
Wie wird Bedarf erzeugt?	Prognose	13.5
	Kundenauftrag	13.7
Wie wird es geplant?	Dispositionsdaten im Materialstammsatz	13.5
Wie wird es gefertigt?	Fertigungsstückliste	13.5/13.7
	Arbeitsplan	13.5
	Produktionsmodell	13.5
	Prüfplan	13.5
Wodurch wird Versorgung sichergestellt?	Nachschub/Rücklagerung	13.4
Worin wird es transportiert?	Logistikeinheit	13.3
Wie wird es identifiziert?	Etikettierung	13.3
	Spezifizierter bzw. identifizierter Bestand im Lager	13.7
Was kostet es?	Bewertungspreis aus Materialvorkalkulation	13.5
	Verkaufspreis in Preisliste	13.5

Tabelle 13.2 Anreicherung des Materials mit Informationen

13.2 Aufbauorganisation der internen Logistik und Produktion

Der Produktionsbereich und die interne Logistik sind eng verknüpft mit dem Einkauf und dem Vertrieb. Auch das Finanzwesen wird berührt, da zum Beispiel Produktionsvorgänge auf WIP-Konten (Ware in Arbeit) gebucht werden.

Für die Mitarbeiter, die Lagerungs- und Produktionsprozesse ausführen, wird in der Organisationseinheit daher die Funktion SUPPLY CHAIN MANAGEMENT gewählt (siehe Abbildung 13.1).

Supply Chain Management
- ✓ Produktion
- ✓ Supply-Chain-Planung und -Steuerung
- ✓ Lagerhaltung
- ✓ Logistikstammdatenverwaltung
- ✓ Qualitätssicherung

Abbildung 13.1 Funktion »Supply Chain Management«

In Abbildung 13.2 sind die in den Geschäftsszenarien verwendeten Work Center aufgeführt, mit den für die Bearbeitung relevanten Sichten, die einer konkreten Aufgabe im Sinne der BWL entsprechen.

Interne Lagerprozesse (1) Automatisierte Lagerprozesse (2) Planung Make to Stock (3a) Ausführung Make to Stock (3b) Make to Order (4)

Marketing, Verkauf und Service

Kundenaufträge	Kunden-rechnungen	Produkt- und Service-portfolio	Service-ansprüche	Kunden-service	Vor-Ort-Service und Reparatur	Service-aufträge
Kundenaufträge (2, 4)	Rechnungs-anforderungen (4) Rechnungen und Gutschriften (4)	Preisfindung (3a) Produkte (1, 3b, 4)		Marketing	Kunden-management	Neugeschäft

Einrichtung der Supply Chain, Produktentwicklung

Stammdaten Planung und Produktion	Bestands-bewertung	Produktdaten	Produkt-entwicklung	Lager- und Logistik-stammdaten	Stammdaten Supply Chain Design	
Produktions-stücklisten (3a, 4) Produktions-modelle (3a, 4)	Materialvor-kalkulation(3a) Stammdaten (3a)	Materialien (3a)	Produktmerkmale (4) Produktmodelle (4) Produkt-spezifikationen (4)	Prozess-modelle (2) Produkt-gruppen (2)	Lokationen (2) Transportzonen (2) Transport-beziehungen (2)	

Supply Chain Planung und Steuerung

Beschaffungs-planung	Beschaffungs-steuerung	Bedarfs-vorplanung	Auslieferungs-steuerung	Qualitäts-planung	Qualitäts-lenkung	
Produkte (3a, 4)	Produktionsvorschläge bearbeiten (3b, 4) Bestellvorschläge bearbeiten (3b)	Allgemeine Aufgaben (3a) Bedarfspläne (3a)	Neuer Umlage-rungsauftrag (1) Kundenbedarf (2, 4)	Prüfpläne (3a)		

Produktion, Lagerhaltung und Logistik

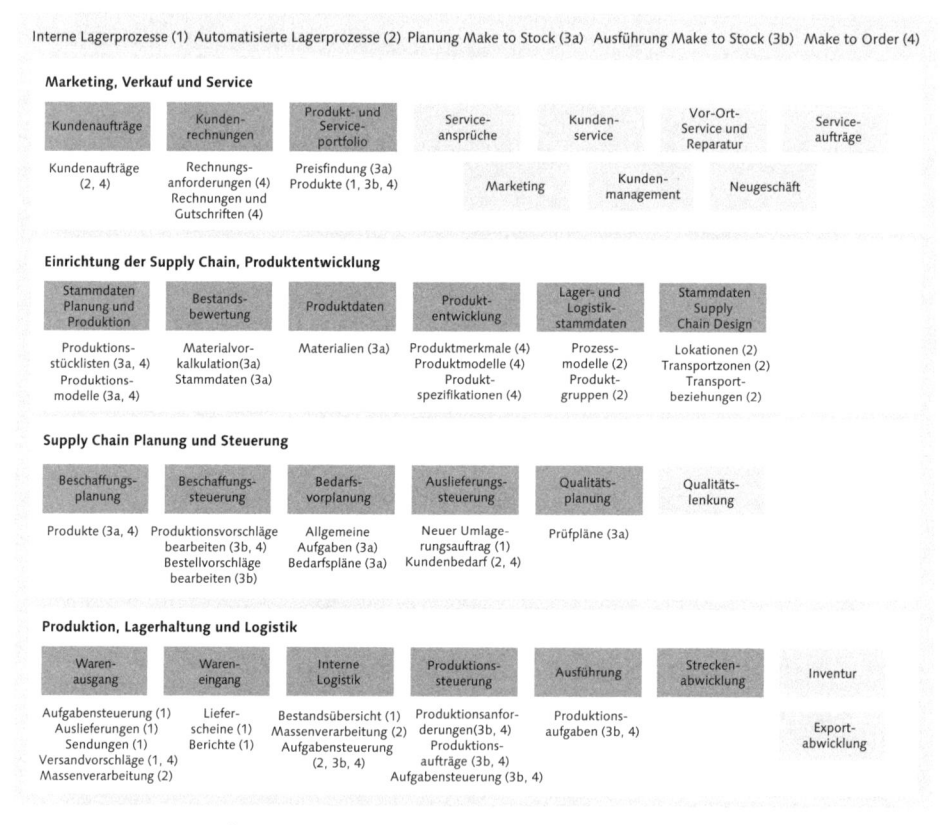

Waren-ausgang	Waren-eingang	Interne Logistik	Produktions-steuerung	Ausführung	Strecken-abwicklung	Inventur
Aufgabensteuerung (1) Auslieferungen (1) Sendungen (1) Versandvorschläge (1, 4) Massenverarbeitung (2)	Liefer-scheine (1) Berichte (1)	Bestandsübersicht (1) Massenverarbeitung (2) Aufgabensteuerung (2, 3b, 4)	Produktionsanfor-derungen(3b, 4) Produktions-aufträge (3b, 4) Aufgabensteuerung (3b, 4)	Produktions-aufgaben (3b, 4)		Export-abwicklung

Abbildung 13.2 Übersicht über die verwendeten Work Center und Sichten in den Szenarien

Die Work Center repräsentieren Rollen und kombinieren zusammengehörige Aufgaben. Damit ermöglichen sie die Aufgabenzuordnung zu Mitarbeitern im Rahmen des Organisationsmanagements.

Nicht besuchte Work Center, die in den Aufgabenbereich einer Abteilung fallen und für ähnliche Szenarien oder -varianten relevant sind, sind ohne Sichten angegeben. In diesem Fall wird im Bereich von Marketing, Verkauf und Service direkt der Kundenauftrag erfasst. Wie Kunden durch Marketingmaßnahmen auf Produkte des Unternehmens aufmerksam werden können und wie dieses Interesse dokumentiert werden kann, wird in Kapitel 11 dargestellt. Ebenso wird auf den Bereich des After Sales, das heißt, den Bereich der Betreuung des Kunden bei Problemen mit dem Produkt nach Verkauf, in diesem Kapitel verzichtet, da dieser Bereich ebenfalls bereits in Kapitel 11 aufgezeigt wurde.

Weitere Bereiche, die von SAP Business ByDesign unterstützt, in diesem Kapitel aber nicht vertieft werden, sind die Inventur und Exportabwicklung. Für die Inventur können Aufgaben definiert sowie Ergebnisse dokumentiert und mit den im System hinterlegten Werten verglichen werden. Im Work Center EXPORTABWICKLUNG können Ausfuhranmeldungen, Warenverzeichnisse, Materialklassifizierungen und Zollgrundlagen erfasst werden.

In diesem Kapitel wird neben der Ausführung von Logistik- und Produktionsprozessen ausführlich auf den Bereich der Einrichtung der Supply Chain und Produktentwicklung, auch als Arbeitsvorbereitung bezeichnet, eingegangen, zu dem die Pflege aller Stammdaten gehört, die für die Logistik und Produktion relevant sind.

13.3 Szenario »Interne Lagerprozesse«

Im ersten Szenario werden, ausgehend von einem Umlagerungsauftrag vom Zentralstandort in das externe Auslieferungslager, die Auslagerungsprozesse und Verpackungsmöglichkeiten aufgezeigt. Nach Ankunft der Ware am anderen Standort werden sowohl der Etikettierungsprozess als auch die Einlagerung erläutert.

13.3.1 Anforderungen

Das Lager und die Bestandsführung werden meistens nur als Kostenfaktor gesehen. Diese Einschätzung ist zu einfach und wird durch moderne produktive Lagerprozesse überholt.

Neben der Transparenz über den aktuellen Bestand ist es die Aufgabe eines Lagermanagements, durch Umlagerungsaktivitäten zwischen Zentrallagern,

Verteilzentren oder regionalen Lagern für eine vernünftige Verteilung der Produkte in Kundennähe zu sorgen.

Das Verpacken von kommissionierten Warenauslieferungen ist fast als Produktionsvorgang zu bezeichnen, da man verschiedenen Kundenanforderungen bezüglich Stückelungen und logistischem Handling gerecht werden muss. Darüber hinaus müssen rechtliche Anforderungen erfüllt werden, die im globalen Handel Voraussetzung sind; z. B. müssen Ladelisten und Frachtbriefe gesetzlichen Anforderungen entsprechen. Dies dient der Zusammenarbeit mit Spediteuren und der reibungslosen Export- und Importabwicklung.

Das Lager trägt auch zur Identifikation von Produkten bei. Dies ist einerseits durch die Erstellung von Etiketten auf Verpackungen und andererseits durch die Vergabe von Serialnummern möglich, die die einzelnen Produkte beim Kunden identifizieren können.

Für die Aufgabensteuerung im Lager gelten ähnliche Bedingungen wie für den Produktionsprozess: Es müssen Ressourcen, z. B. Gabelstapler, bereitgestellt werden, um entsprechende Waren zu bewegen.

Des Weiteren kann es Abweichungen von geplanten Abläufen durch Schäden oder Engpasssituationen geben, die über schnelle Rückmeldungsprozesse erkannt und nachverfolgt werden müssen, möglichst mit mobilen Endgeräten.

Zusammenfassend kann man feststellen, dass eine moderne Unternehmenssoftware nicht nur der Bestandsführung und Inventur dienen sollte. Stattdessen sollte sie auch den logistischen Abwicklungsprozess und die Veredelung der Waren unterstützen. Hierzu gehören Eingriffe, durch die die meist eingekauften Produkte in ihrer Wertigkeit gesteigert werden. Daneben sollte die Unternehmenssoftware die Identifikation der logistischen Einheiten der Waren steuern und im Kommunikationsprozess mit Spediteur, Lieferant und Kunden nachvollziehbar machen.

13.3.2 Prozessablauf

Sie passen in der Rolle der Lagerleitung im Work Center PRODUKT- UND SERVICEPORTFOLIO den Materialstamm an und prüfen in der INTERNEN LOGISTIK die Bestandsübersicht (siehe Abbildung 13.3). Im Work Center AUSLIEFERUNGSTEUERUNG legen Sie als Lagerleitung einen Umlagerungsauftrag an. Anschließend gehen Sie ins Work Center WARENAUSGANG, um eine Lageranforderung anzulegen und in der Rolle des Lagermitarbeiters die Lageraufgabe rückzumelden. Im Work Center WARENAUSGANG können Sie Ihre Auslieferung verpacken und freigeben. Im gleichen Work Center können Sie dann auch als Lademeister eine neue Ladeliste und den Frachtbrief erstellen.

Sie lagern, wieder in der Rolle des Lagermitarbeiters im Work Center WARENEINGANG, nach dem Transport, der Prüfung und dem Auspacken der Ware die Lieferung ein und legen Etiketten an. Anschließend rufen Sie aus den Berichten in der Rolle der Lagerleitung die Rückmeldungsliste auf.

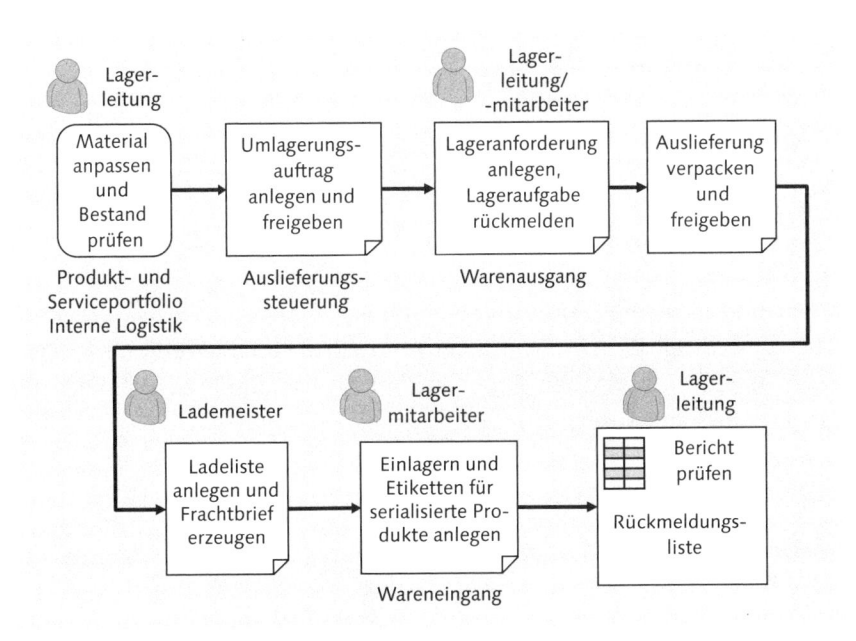

Abbildung 13.3 Prozessablauf »Interne Lagerprozesse«

Material anpassen und Bestand prüfen

Sie aktivieren die Planung und Bewertung des Materials für den zweiten Standort, damit Sie das Material dorthin umlagern können. Um den Materialstamm zu ergänzen, gehen Sie ins Work Center PRODUKT- UND SERVICEPORTFOLIO in die Sicht PRODUKTE und öffnen das in Abschnitt 10.3.2 angelegte Material.

Im Materialstamm aktivieren Sie auf den Reitern PLANUNG ❶ und BEWERTUNG ❷ den Standort, an den das Material umgelagert werden soll, und füllen jeweils die hierfür notwendigen Felder mit aus (wie in Abschnitt 10.3.2 beschrieben, siehe Abbildung 13.4).

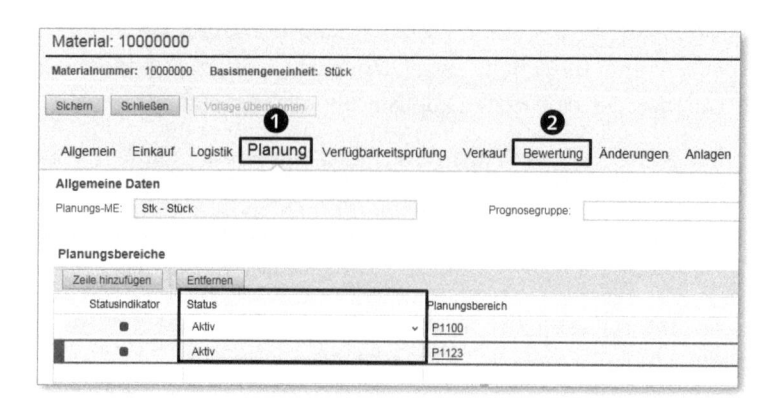

Abbildung 13.4 Weiteren Standort als Planungsbereich aktivieren

Anschließend prüfen Sie den Bestand des Solar Boilers in den Lagerorten Ihres Unternehmens. Dazu gehen Sie in das Work Center INTERNE LOGISTIK und öffnen unter den ALLGEMEINEN AUFGABEN ❶, die Sie links finden, die BESTANDSÜBERSICHT ❷. Wie Sie in Abbildung 13.5 sehen, liegt im Lagerort P1100 in zwei Lagerbereichen Bestand vor. In dem einen Lagerbereich liegen die von Ihnen eingelagerten Boiler und in dem anderen Lagerbereich die Kundenretoure aus Abschnitt 11.4.2.

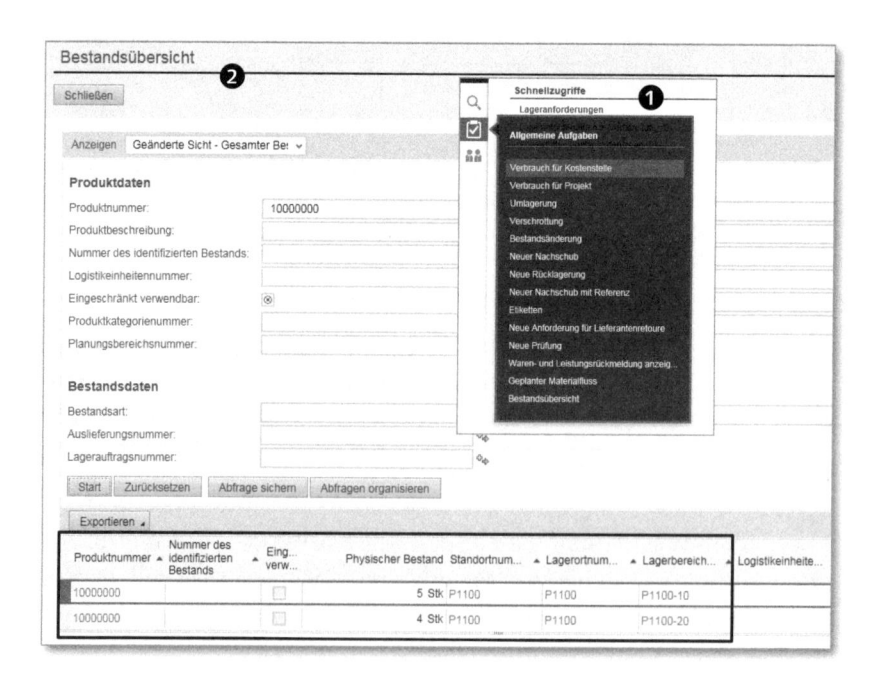

Abbildung 13.5 Bestandsübersicht

Szenario »Interne Lagerprozesse« | 13.3

Bestandsübersicht [«]

Sie können die Bestandsübersicht auch aus folgenden Work Centern öffnen: Auslieferungssteuerung, Beschaffungssteuerung, Warenausgang, Wareneingang, Inventur, Beschaffungsplanung, Ausführung und Produktionssteuerung.

Sie stellen fest, dass sich im externen Auslieferungslager P1123 derzeit kein Lagerbestand befindet.

Inventur [+]

SAP Business ByDesign unterstützt Sie auch bei der Durchführung von Lagerbereichs- und Produktinventur, und hier insbesondere beim Anlegen der Aufgabe zur Inventur, der Rückmeldung der Ergebnisse und einer eventuell notwendigen Bestandskorrektur.

Umlagerungsauftrag anlegen und freigeben

Ein Teil des Materials soll, um manche Kunden schneller beliefern zu können, ins externe Auslieferungslager umgelagert werden. Sie gehen ins Work Center Auslieferungsteuerung und legen unter den allgemeinen Aufgaben einen Neuen Umlagerungsauftrag an. Zuerst tragen Sie den Auslieferungsstandort ❶, den Anlieferungsstandort ❷ und die Lieferpriorität ein. Anschließend erfassen Sie die Belegpositionen ❸, die Produkt, Menge und Termin umfassen (siehe Abbildung 13.6).

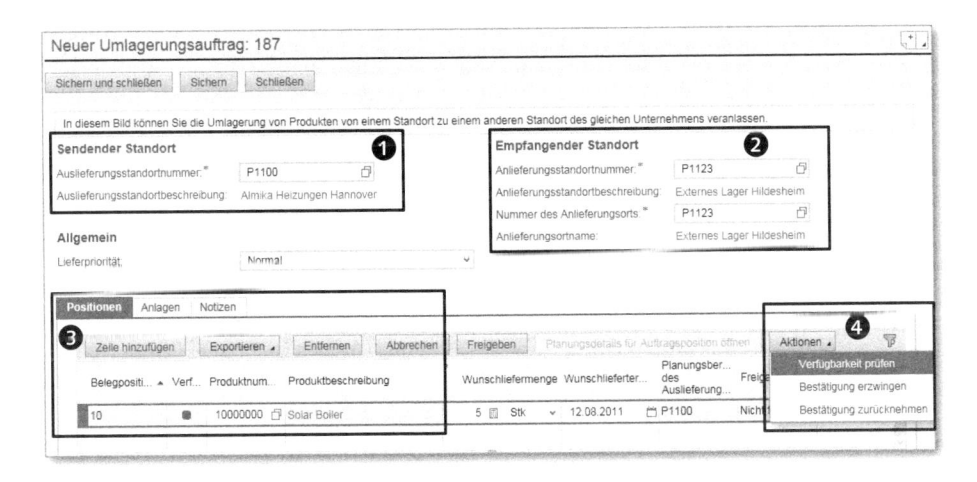

Abbildung 13.6 Neuer Umlagerungsauftrag

465

Unter AKTIONEN ❹ können Sie die Verfügbarkeit prüfen. Da der Solar Boiler noch in ausreichender Menge am Auslieferungsstandort verfügbar ist, erscheint ein grünes Symbol in der Spalte VERFÜGBARKEITSPRÜFUNG und Sie können den Bedarf FREIGEBEN.

[+] | **Einfache Umlagerung innerhalb eines Standortes**
Wenn Sie nur innerhalb eines Standortes umlagern möchten, können Sie im Work Center INTERNE LOGISTIK eine Umlagerung anlegen. In diesem Fall wird die Ware direkt in den Ziellagerbereich umgebucht, ohne dass eine Lageranforderung angelegt wird.

Lageranforderung anlegen, Lageraufgabe rückmelden

Durch die Freigabe des Kundenbedarfs wurde automatisch ein Versandvorschlag anlegt. Sie gehen ins Work Center WARENAUSGANG in die Sicht VERSANDVORSCHLÄGE, um zu dem erstellten Versandvorschlag eine Lageranforderung anzulegen.

[»] | **Warenausgang buchen**
Sie können den Warenausgang auch ohne Lageraufgabe buchen, indem Sie auf den Button WARENAUSGANG BUCHEN klicken.

Sie finden anschließend im Work Center WARENAUSGANG in der Sicht AUFGABENSTEUERUNG eine Aufgabe zur Kommissionierung der Ware. Sobald Sie die angeforderten Positionen kommissioniert haben, melden Sie die Aufgabe zurück. Hierbei können Sie sich Mengen- und Lagerbereiche vom System vorschlagen lassen.

[+] | **Prozessmodell**
Im Prozessmodell (siehe Abschnitt 13.4.2) können Sie einstellen, dass die Vorschlagswerte bereits eingetragen sind.

Unter dem Button VORSCHAU finden Sie die Umlagerliste (siehe Abbildung 13.7). Eine detaillierte Beschreibung der Lageraufgaben finden Sie in Abschnitt 11.4.2.

Auslieferung verpacken und freigeben

Im Work Center WARENAUSGANG finden Sie in der Sicht AUSLIEFERUNGEN Ihre noch nicht freigegebene Auslieferung. Diese möchten Sie nun in Kartons verpacken. Sie können in SAP Business ByDesign Logistikeinheiten für Lager

Szenario »Interne Lagerprozesse« | 13.3

und Transport hinterlegen. Beim Verpacken fügen Sie aus den im System hinterlegten Logistikeinheiten einen Karton hinzu.

Umlagerliste

Seite: 1/1

Standort:	P1100 Almika Heizungen Hannover	Druckdatum/-uhrzeit:	09.08.2011 14:41:02
Aufgabennummer:	98	Starttermin: Verantwortlicher:	09.08.2011 14:31:57
Vorgangstyp:	Kommissionieren		
Status:	Nicht gestartet		
Priorität:	Normal		

Pos.	Ursprungs-lagerbereich	Produkt-nummer/ Produkt-beschreib.	Produktspe-zifikation/ Ident. Bestand	Einge-schr. ver-wend.	Offene Menge/ offene Logistikein-heiten-menge	Istmenge/ Ist-Logistik-einheiten-menge	Ziellager-bereich	QS	Abw.*
1	P1100-20	10000000 Solar Boiler			1 EA				
2	P1100-20	10000000 Solar Boiler			4 EA				

* Codes für Abweichung:
011 = Fehlteil

Abbildung 13.7 Umlagerliste

Neue Logistikeinheit [«]

Wenn die Logistikeinheit, in die die Produkte eingepackt werden sollen, noch nicht im System vorhanden ist, müssen Sie diese vor dem Verpacken noch anlegen. Im Work Center LAGER- UND LOGISTIKSTAMMDATEN können Sie dies in der Sicht LOGISTIKEINHEITEN tun und die Einheit aktivieren. Oder Sie können die Einheit per Migrationsvorlage im Work Center BETRIEBSWIRTSCHAFTLICHE KONFIGURATION unter DATENÜBERNAHME UND ERWEITERUNG in der Aufgabenliste hochladen.

Sie wählen zuerst ❶ Karton als Packstück aus und anschließend ❷, dass Sie das Produkt in den Karton verpacken möchten. Die Liste mit den zu verpackenden Positionen wird leer (siehe Abbildung 13.8).

Etikettierung [«]

An dieser Stelle können Sie Etiketten für die Packstücke anlegen.

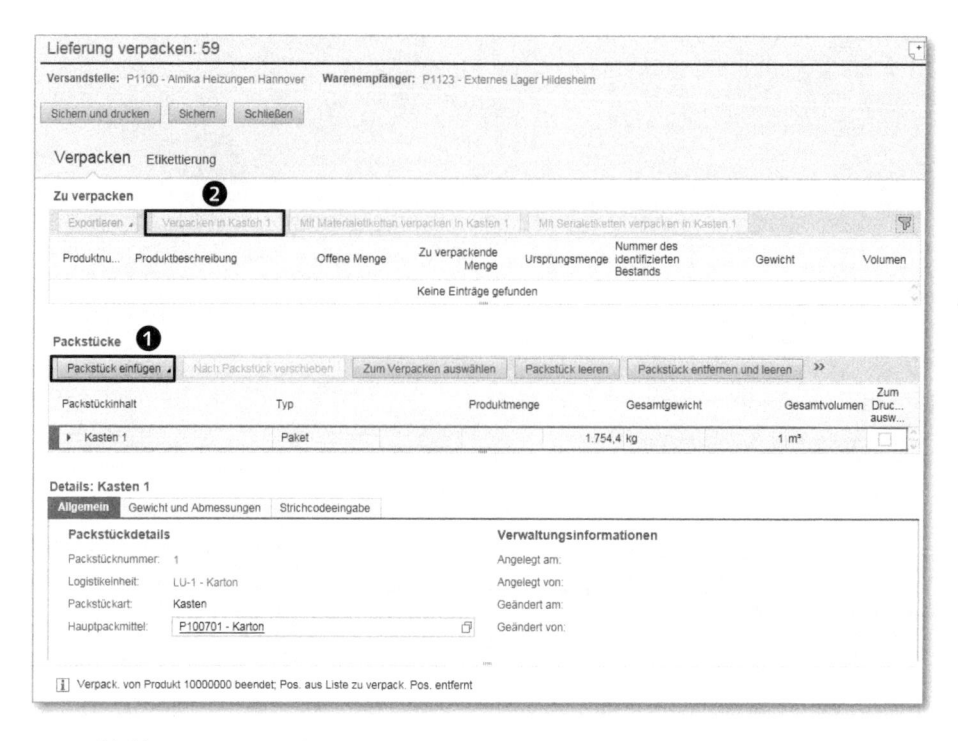

Abbildung 13.8 Verpacken

Nach dem Verpacken geben Sie die Auslieferung frei.

Ladeliste anlegen und Frachtbrief erzeugen

Sie legen eine Ladeliste für den Spediteur an. In der Sicht SENDUNGEN im Work Center WARENAUSGANG können Sie eine NEUE LADELISTE erstellen, für die Ihnen alle freigegebenen Auslieferungen zur Verfügung stehen (siehe Abbildung 13.9). Hier können Sie noch weitere Auslieferungen auswählen, wenn diese z. B. an das gleiche Lager gesandt werden sollen.

Im nächsten Schritt wählen Sie den Spediteur und legen die Bedingungen und Vereinbarungen für den Transport fest (siehe ❶ in Abbildung 13.10).

Unter den KOMMERZIELLEN DETAILS ❷ können Sie den Punkt der Gefahrenübergabe im Feld INCOTERMS festlegen, z. B. ab Werk. Sie können den Wert der Waren erfassen und festlegen, welcher Betrag per Nachnahme bezahlt werden soll. Wenn die Nachnahmegebühr oder die Frachtkosten vorab bezahlt wurden, setzen Sie einen Haken. Ebenso, wenn Kundenschecks akzeptiert werden.

13.3 Szenario »Interne Lagerprozesse«

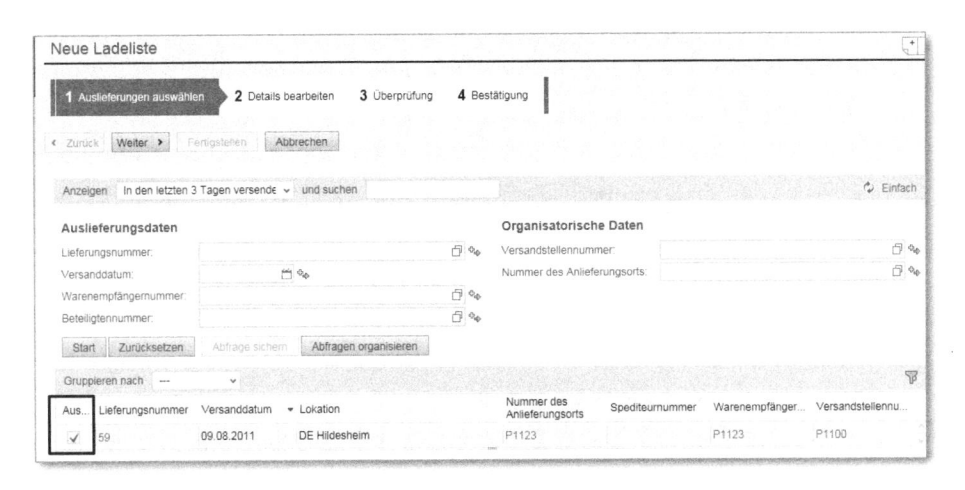

Abbildung 13.9 Auslieferungen der Ladeliste wählen

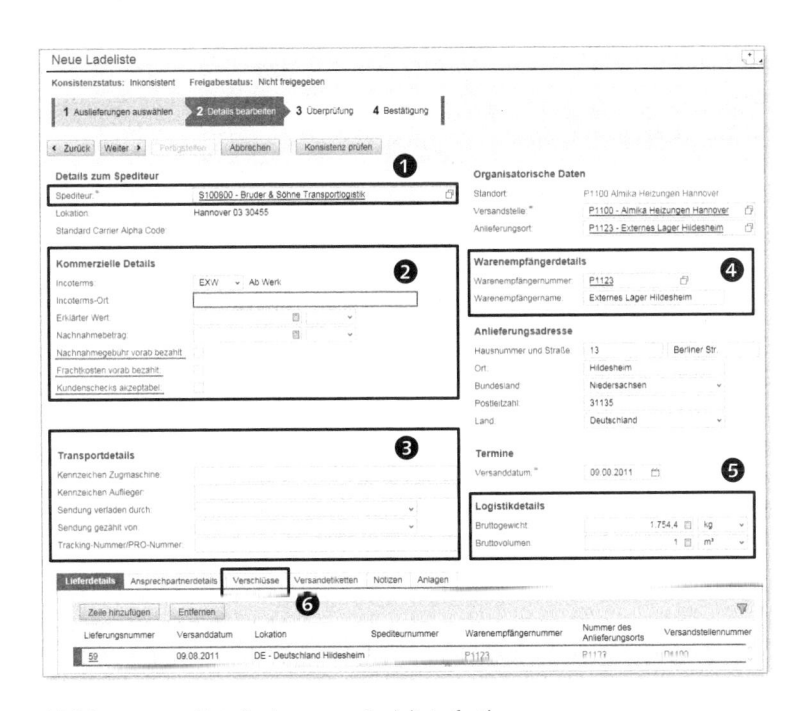

Abbildung 13.10 Details der neuen Ladeliste festlegen

In den TRANSPORTDETAILS ❸ können Sie die Kennzeichen der Zugmaschine oder des Aufliegers erfassen. Hinzu kommt die Kennzeichnung, ob die Sendung durch den Spediteur oder den Absender verladen und gezählt wurde. In den WARENEMPFÄNGERDETAILS ❹ können Sie noch einmal die genaue Adresse des Empfängers prüfen.

Die LOGISTIKDETAILS ❺ enthalten Informationen zu Gewicht und Volumen, die für den Spediteur bezüglich der Wahl des Transportmittels von großem Interesse sind.

Wenn Sie den Anhänger versiegeln möchten, um sicherzustellen, dass die Lieferung unterwegs nicht geöffnet wurde, können Sie im Reiter VERSCHLÜSSE ❻ die Verschlussnummer eingeben.

Nach der Freigabe der Ladeliste können Sie unter dem Button VORSCHAU einen Frachtbrief erzeugen, der der Lieferung beigelegt wird und auf dem alle wichtigen Daten vermerkt sind. Dieser Frachtbrief wird automatisch nach der Fertigstellung der Ladeliste gedruckt.

Der Frachtbrief, der erzeugt wird, entspricht dem CMR-Standard (Convention Relative au Contract de transport international de Marchendises par Route – Übereinkommen über den Beförderungsvertrag im internationalen Straßengüterverkehr), der die Bedingungen für die entgeltliche Beförderung im internationalen Straßenverkehr regelt. Den Gesetzestext finden Sie z. B. bei der deutschen Gesellschaft für Transportrecht (*http://www.transportrecht.org/dokumente/CMRdt.pdf*).

Im Frachtbrief stehen noch einmal die Informationen aus der Ladeliste, wie Absender, Empfänger, Anzahl und Art der Packstücke, Gewicht und Volumen, kommerzielle Daten sowie Transport- und Logistikdetails (siehe Abbildung 13.11). Hinzu kommen Felder wie z. B. für Stempel und Unterschriften der beteiligten Parteien.

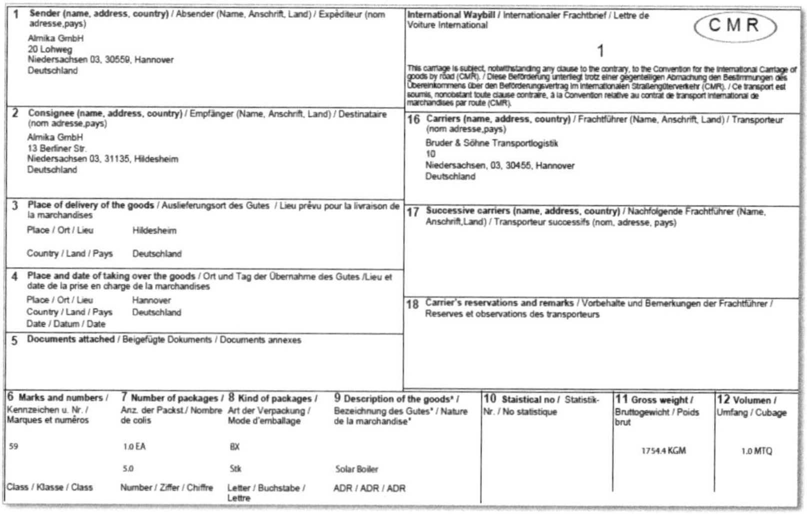

1 **Sender (name, address, country)** / Absender (Name, Anschrift, Land) / Expèditeur (nom adresse,pays)
Almika GmbH
20 Lohweg
Niedersachsen 03, 30559, Hannover
Deutschland

International Waybill / Internationaler Frachtbrief / Lettre de Voiture International
CMR
1
This carriage is subject, notwithstanding any clause to the contrary, to the Convention for the International Carriage of goods by road (CMR). / Diese Beförderung unterliegt trotz einer gegenteiligen Abmachung den Bestimmungen des Übereinkommens über den Beförderungsvertrag im internationalen Straßengüterverkehr (CMR). / Ce transport est soumis, nonobstant toute clause contraire, à la Convention relative au contrat de transport international de marchandises par route (CMR).

2 **Consignee (name, address, country)** / Empfänger (Name, Anschrift, Land) / Destinataire (nom adresse,pays)
Almika GmbH
13 Berliner Str.
Niedersachsen 03, 31135, Hildesheim
Deutschland

16 **Carriers (name, address, country)** / Frachtführer (Name, Anschrift, Land) / Transporteur (nom adresse,pays)
Bruder & Söhne Transportlogistik
10
Niedersachsen, 03, 30455, Hannover
Deutschland

3 **Place of delivery of the goods** / Auslieferungsort des Gutes / Lieu prêvu pour la livraison de la marchandises
Place / Ort / Lieu Hildesheim
Country / Land / Pays Deutschland

17 **Successive carriers (name, address, country)** / Nachfolgende Frachtführer (Name, Anschrift,Land) / Transporteur successifs (nom, adresse, pays)

4 **Place and date of taking over the goods** / Ort und Tag der Übernahme des Gutes /Lieu et date de la prise en charge de la marchandises
Place / Ort / Lieu Hannover
Country / Land / Pays Deutschland
Date / Datum / Date

18 **Carrier's reservations and remarks** / Vorbehalte und Bemerkungen der Frachtführer / Reserves et observations des transporteurs

5 **Documents attached** / Beigefügte Dokuments / Documents annexes

6 **Marks and numbers** / Kennzeichen u. Nr. / Marques et numêros	7 **Number of packages** / Anz. der Packst./ Nombre de colis	8 **Kind of packages** / Art der Verpackung / Mode d'emballage	9 **Description of the goods*** / Bezeichnung des Gutes* / Nature de la marchandise*	10 **Staistical no** / Statistik-Nr. / No statistique	11 **Gross weight** / Bruttogewicht / Poids brut	12 **Volumen** / Umfang / Cubage
59	1.0 EA	BX			1754.4 KGM	1.0 MTQ
	5.0	Stk	Solar Boiler			
Class / Klasse / Class	Number / Ziffer / Chiffre	Letter / Buchstabe / Lettre	ADR / ADR / ADR			

Abbildung 13.11 Frachtbrief

Szenario »Interne Lagerprozesse« | 13.3

> **Ware in Transit** [+]
>
> Sie können sich in der Bestandsübersicht die Ware der Umlagerung, die sich unterwegs befindet, anzeigen lassen, indem Sie nach IN TRANSIT selektieren. Bei Diskrepanzen können Sie den Transitbestand korrigieren.

Einlagern und Etiketten für serialisierte Produkte anlegen

Die Ware ist inzwischen vom Zentrallager im Auslieferungslager eingetroffen. Es wurde bereits automatisch ein avisierter Lieferschein für ihre Umlagerung angelegt. Sie prüfen im Work Center WARENEINGANG in der Sicht LIEFERSCHEINE den Lieferschein und legen für die Umlagerung eine Lageranforderung an. Auch hier wird automatisch eine Lageraufgabe erstellt.

> **Wareneingang buchen** [«]
>
> Sie können den Wareneingang auch direkt buchen. Eine genaue Erläuterung dieser Schritte finden Sie in Abschnitt 10.4.2.

Sie legen Etiketten für serialisierte Produkte an, da sich die Ware in einem Auslieferungslager befindet und nach dem Verkauf an den Kunden besser identifiziert werden kann. In der Sicht LIEFERSCHEINE im Work Center WARENEINGANG legen Sie neue Etiketten zu der zuvor erstellten Lageraufgabe an. Sie wählen als Etikettentyp die Option SERIALISIERTES PRODUKT ❶ aus und vergeben anschließend die SERIENNUMMERN ❷ (siehe Abbildung 13.12).

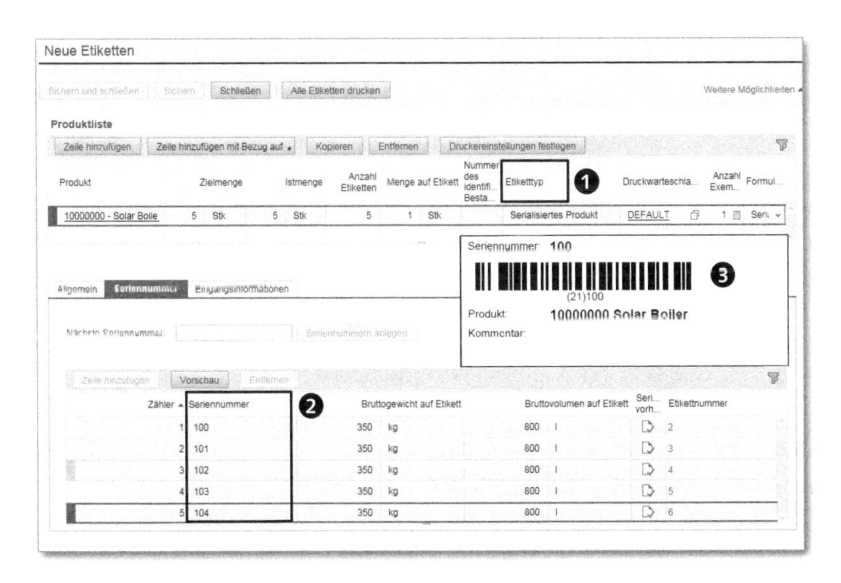

Abbildung 13.12 Seriennummernvergabe bei der Etikettierung

SAP Business ByDesign prüft bei der Eingabe, ob die Seriennummer bereits vorhanden ist und gibt bei doppelten Nummern einen Hinweis aus.

[+] **Vergabe der Seriennummern**
Eine Vergabe durch SAP Business ByDesign in einem definierten Nummernkreis ist derzeit nicht möglich.

Im Work Center BETRIEBSWIRTSCHAFTLICHE KONFIGURATION kann aktiviert werden, dass durch die Vergabe von Seriennummern automatisch registrierte Produkte mit dem Status IN VORBEREITUNG angelegt werden, welche nach dem Verkauf Kunden zugeordnet und um weitere Daten, wie z.B. Garantie, ergänzt werden können. Nähere Informationen zur Verwendung von registrierten Produkten finden Sie in den Abschnitten 11.5.2 und 11.6.2.

[»] **Etikettentyp**
Sie können neben serialisierten Etiketten (Präfix 21) auch Etiketten für einheitlichen oder nicht definierten Inhalt (Präfix 97) anlegen. Wenn Sie die erste Option wählen, bekommen z. B. alle Solar Boiler das gleiche Etikett.

Nach dem Speichern können Sie die Etiketten ausdrucken. Sie sehen das gedruckte Etikett mit Strichcode ❸. Nach dem Anbringen der Etiketten scannen Sie das Etikett mit einem entsprechenden Lesegerät.

[✱] **Mobiler Systemzugriff und Gerätetypen**
Sie können im FINE-TUNING Mobilgerätetypen angeben, die Sie in der Logistik einsetzen möchten. Kompatible Geräte werden z. B. von Intermec oder Motorola angeboten (Beispiele: CK3, CN3, MC9090 oder MC70).

Wenn Sie kein Lesegerät haben, können Sie die Nummer unter dem Strichcode (inklusive Präfix) auch manuell in der Lageraufgabe eintragen, um das Etikett zuzuordnen. Anschließend melden Sie die Lageraufgabe zurück.

Das System legt mit dem Sichern der Rückmeldung automatisch eine freigegebene Anlieferung an und erstellt einen Warenumlagerungsbeleg, in dem das Konto »Fertige Erzeugnisse und Waren« belastet wird.

[✱] **Aufgabensteuerung für die Logistik und Abweichungsgründe im Lager**
Sie können im FINE-TUNING die Aufgabensteuerung für Logistik festlegen, z. B. wie bei Abweichungen im Wareneingang reagiert wird. Ebenso können Sie im FINE-TUNING Abweichungsgründe für Lagerrückmeldungen definieren und aktivieren.

Rückmeldungsliste prüfen

Zum Abschluss dieses Szenarios prüfen Sie noch die Rückmeldungsliste. Dazu gehen Sie in das Work Center WARENEINGANG und rufen aus den Berichten die Rückmeldungsliste auf. Diese beinhaltet alle Veränderungen und Bewegungen des Bestands in einem Unternehmen. Sofern Sie die Einstellungen der Variablen nicht verändern, werden Ihnen alle heute angelegten Rückmeldungen angezeigt.

Wenn Sie das Anlegedatum jetzt in den nicht angezeigten Bereich verschieben (zum Umgang mit Berichten siehe Abschnitt 10.5.2), können Sie die durchgeführte Umlagerung in der Rückmeldungsliste prüfen (siehe Abbildung 13.13).

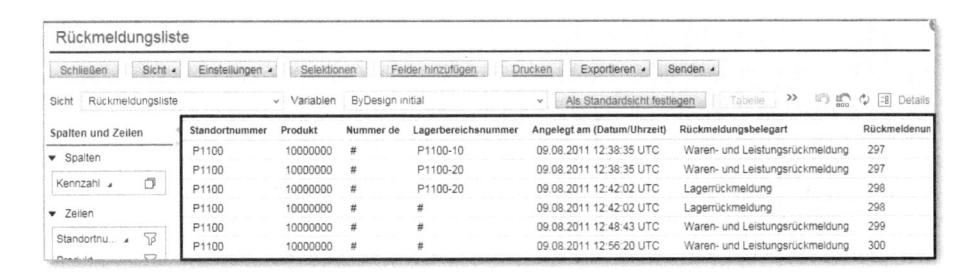

Abbildung 13.13 Rückmeldungsliste

13.4 Szenario »Automatisierte Logistikprozesse«

Im zweiten Szenario wird die Automatisierung von logistischen Prozessen dargestellt. Zuerst wird die automatisierte Zuordnung eines externen Auslieferungslagers zu einem Kundenauftrag mittels Transportbeziehungen aufgezeigt, und anschließend erläutern wir die Durchführung eines Auslieferungslaufs.

Für den Nachschub- und Rücklagerungslauf werden zuerst die Grundlagen der Standort- und Lagerstrukturen in SAP Business ByDesign erklärt, deren Verbindungen zu Nachschub- und Rücklagerungslauf aufgezeigt und anschließend gehen wir detailliert auf den Nachschub- und Rücklagerungslauf ein.

13.4.1 Anforderungen

Um die Prozess- und Handlingkosten in der logistischen Abwicklung zu senken, sollte es möglich sein, die Abwicklung von Standardabläufen zu automatisieren, das heißt, Regeln zu hinterlegen, die eine schnelle und termingerechte Auslieferung zum Kunden sowie die Bereitstellung von Waren und Material innerhalb des Unternehmens anstoßen.

Ein automatisierter Versandanstoß kann dann erfolgen, wenn die logistischen Prozesse rückwärtsterminiert vom versprochenen Liefertermin starten. Dies setzt voraus, dass eine Versandterminierung auf Basis von Transportzeiten und von internen Warenbereitstellungszeiten erfolgen kann. Grundlage für diese Dispositionsinformationen sind Transportzonen und Transportbeziehungen. Kunden werden dabei in Regionen eingeteilt, die je nach Entfernung eine entsprechende Versanddauer induzieren.

Automatische Materialbewegungen müssen auch innerbetrieblich erfolgen. Das Unternehmen wird mit seinen Lager- und Produktionsbereichen in ein so genanntes *Logistiklayout* gebracht, um auf Basis dieser Struktur automatisierte Nachschub- und Rücklagerungsprozesse durchführen zu können. So sind nicht nur die Kunden in Transportzonen eingeteilt, sondern es gibt auch innerbetrieblich verschiedene Einteilungen, wie Bereitstellungszonen, Produktionsversorgungsbereiche oder Verpackungs- und Wareneingangszonen. Auf Grundlage dieser Layoutklassifizierung können nun Materialflussregeln definiert werden, z. B. für eine Rücklagerungsaktivität, die bei einem bestimmten Schwellenwert automatisch angestoßen wird.

Auf diese Art und Weise können manuelle Aktivitäten wegfallen, und auch die zentrale Planung kann entlastet werden. Durch die Automatisierungsregeln können dezentrale Steuerungsphilosophien implementiert werden, die an Kanban aus dem Toyota-Produktionssystem erinnern.

Die Nutzung solcher Regeln in der praktischen Umsetzung setzt voraus, dass zunächst einmal manuelle Prozesse durchgeführt werden und diese für die Mitarbeiter transparent sind. Anschließend können Regeln für sich wiederholende Lagerabläufe hinterlegt und Prozesse automatisiert werden. Denn eine automatisierte Regel muss auch verstanden sein, um sie gegebenenfalls an neue Bedingungen anzupassen.

13.4.2 Prozessablauf

Im ersten Abschnitt wird der Bereich der ausgehenden Logistik betrachtet. Hier legen Sie zuerst als Lagerleitung im Work Center STAMMDATEN SUPPLY CHAIN DESIGN eine neue Transportzone und -beziehung an (siehe Abbildung 13.14). In der Rolle des Vertriebsmitarbeiters erfassen Sie im Work Center KUNDENAUFTRÄGE einen Kundenauftrag und prüfen im Work Center

AUSLIEFERUNGSSTEUERUNG die Bezugsquelle. Im Work Center WARENAUSGANG legen Sie anschließend einen Auslieferungslauf in der Rolle des Lagermitarbeiters an.

Dann steht die Gestaltung der internen Logistik im Mittelpunkt. Sie prüfen im Work Center LAGER- UND LOGISTIKSTAMMDATEN als Lagerleitung die Prozessmodelle und passen im Work Center STAMMDATEN SUPPLY CHAIN DESIGN das Logistiklayout an. Im Work Center LAGER- UND LOGISTIKSTAMMDATEN legen Sie als Lagermitarbeiter eine neue Lagerungsgruppe an.

Im dritten Abschnitt stehen die Lagerbewegungen im Mittelpunkt. Hier führen Sie im Work Center INTERNE LOGISTIK einen Nachschub- und einen Rücklagerungslauf aus. In der Rolle des Disponenten prüfen Sie zuletzt noch die Rückmeldungsliste.

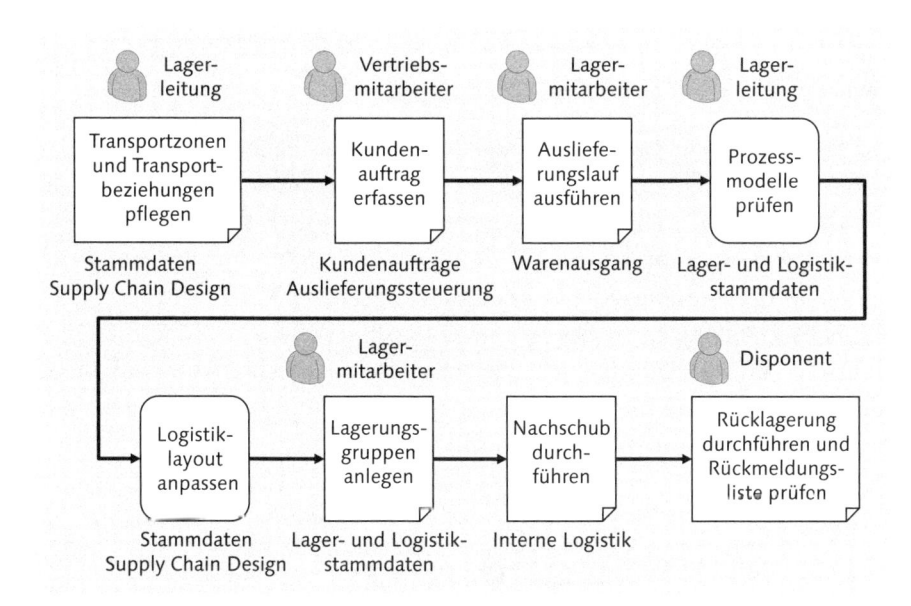

Abbildung 13.14 Prozessablauf »Automatisierte Logistikprozesse«

Transportzonen und Transportbeziehungen pflegen

Sie legen eine neue Transportzone an, damit Ihre Kunden aus dem Norden vom externen Lager in Hildesheim beliefert werden. Durch die geringere Strecke zu den Kunden, können Sie die Lieferzeit um einen Tag verkürzen.

Dazu gehen Sie ins Work Center STAMMDATEN SUPPLY CHAIN DESIGN in die Sicht TRANSPORTZONEN. Hier legen Sie eine neue TRANSPORTZONE an, indem Sie Nummer und Beschreibung vergeben ❶ und die Regionen ergänzen ❷, die zu dieser Transportzone gehören. In diesem Fall wählen Sie die Bundesländer Norddeutschlands aus (siehe ❸ in Abbildung 13.15). Aktivieren ❹ und speichern ❺ Sie die Transportzone.

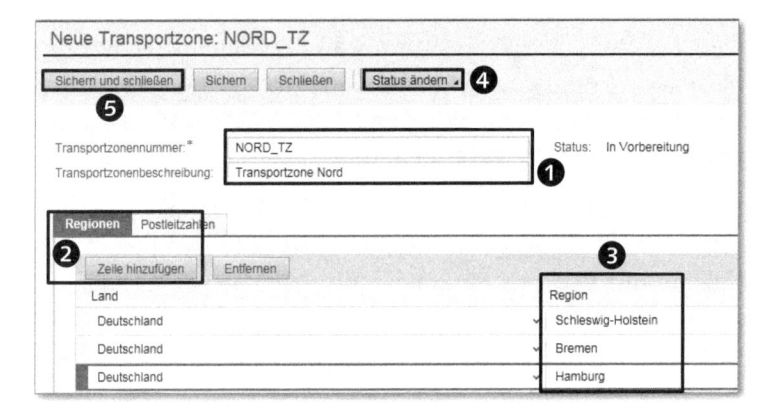

Abbildung 13.15 Neue Transportzone

Anschließend legen Sie fest, dass alle Kunden Norddeutschlands, die Solar Boiler kaufen, von dem Auslieferungslager Hildesheim beliefert werden sollen. Hierfür pflegen Sie eine Transportbeziehung für Ihre Transportzone in der Sicht TRANSPORTBEZIEHUNGEN. Sie tragen neben einer Beschreibung ein, wie lange der Versand vom Auslieferungslager zum Kunden in Anspruch nimmt ❻. Dann tragen Sie das externe Lager Hildesheim ein und wählen Ihre Transportzone ❼. Zuletzt ergänzen Sie noch die Beschränkung auf Ihren Solar Boiler (siehe ❽ in Abbildung 13.16). Nun AKTIVIEREN Sie ❾ zuerst das Produkt und dann die ganze Transportbeziehung ❿.

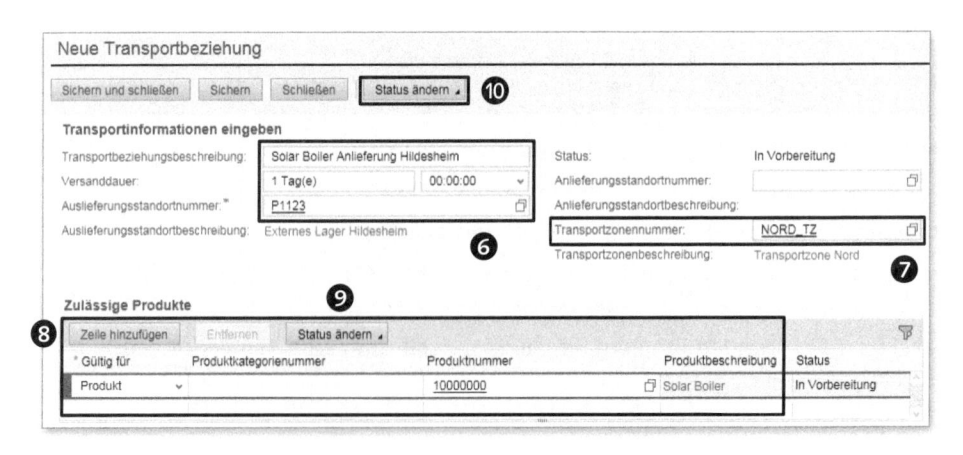

Abbildung 13.16 Neue Transportbeziehung

In der Liste Ihrer Transportbeziehungen können Sie Priorisierungen vergeben, um aus einer Vielzahl von Beziehungen die Reihenfolge festzulegen, in der diese beachtet werden sollen. Sie bearbeiten für Ihre gerade erstellte Transportbeziehung in der Liste die Priorität ❶ und legen Priorität 1 fest (siehe ❷ in Abbildung 13.17).

Abbildung 13.17 Priorität der Transportbeziehungen

Die Priorisierung bewirkt, dass immer zuerst diese Regel geprüft wird und erst anschließend die übrigen Regeln geprüft werden. Für Ihr Produkt bedeutet das, dass immer die Regel mit dem Lager Hildesheim zutrifft (für Kunden aus Norddeutschland) und die entsprechenden Kunden somit aus Hildesheim beliefert werden. Für Kunden aus Süddeutschland würde die nächste Transportbeziehung mit der Priorität 2 geprüft werden.

> **Transportbeziehungen und Transportzonen** [✿]
>
> Sie können Transportbeziehungen und -zonen im Work Center BETRIEBSWIRTSCHAFTLICHE KONFIGURATION und unter DATENÜBERNAHME UND ERWEITERUNG in der Aufgabenliste per Migrationsvorlage hochladen.

Kundenauftrag erfassen

Ein Kunde aus Hamburg bestellt einen Solar Boiler bei Ihrem Unternehmen. Sie erfassen einen Kundenauftrag im Work Center KUNDENAUFTRÄGE und geben diesen frei. Eine detaillierte Beschreibung zur Erfassung von Kundenaufträgen finden Sie in Abschnitt 11.3.2. Beim Freigeben des Kundenbedarfs im Work Center AUSLIEFERUNGSSTEUERUNG prüfen Sie im Kundenbedarf auf dem Reiter ALTERNATIVE BEZUGSQUELLE der Positionen, ob der richtige Auslieferungsstandort gewählt wurde (siehe ❶ in Abbildung 13.18).

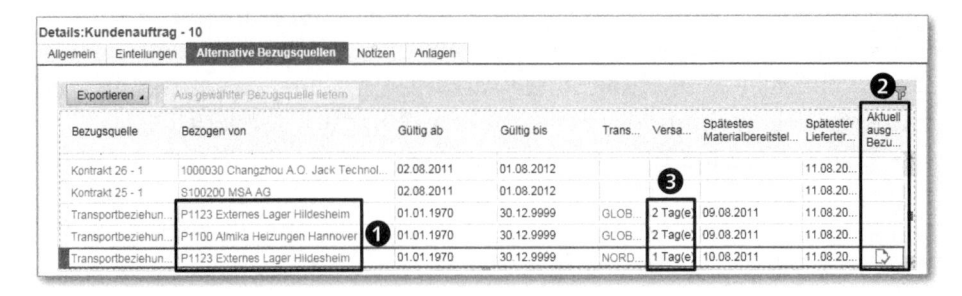

Bezugsquelle	Bezogen von	Gültig ab	Gültig bis	Trans...	Versa...	Spätestes Materialbereitstel...	Spätester Lieferter...	Aktuell ausg. Bezu...
Kontrakt 26 - 1	1000030 Changzhou A.O. Jack Technol...	02.08.2011	01.08.2012				11.08.20...	
Kontrakt 25 - 1	S100200 MSA AG	02.08.2011	01.08.2012				11.08.20...	
Transportbeziehun...	P1123 Externes Lager Hildesheim	01.01.1970	30.12.9999	GLOB...	2 Tag(e)	09.08.2011	11.08.20...	
Transportbeziehun...	P1100 Almika Heizungen Hannover	01.01.1970	30.12.9999	GLOB...	2 Tag(e)	09.08.2011	11.08.20...	
Transportbeziehun...	P1123 Externes Lager Hildesheim	01.01.1970	30.12.9999	NORD...	1 Tag(e)	10.08.2011	11.08.20...	

Abbildung 13.18 Alternative Bezugsquellen des Kundenbedarfs

Die Spalte ganz rechts zeigt Ihnen die aktuell ausgewählte Bezugsquelle ❷. Hier können Sie sehen, dass das externe Lager Hildesheim ausgewählt wurde, wie Sie es auch in den Transportbeziehungen eingetragen haben. Sie können ebenfalls ablesen ❸, dass die Versanddauer aus Hildesheim mit der Transportzone Nord um einen Tag kürzer ist, als der Versand vom Lager Almika Heizungen Hannover. Die Versanddauer wurde ausgehend von der Transportbeziehung ermittelt. Anschließend geben Sie den Kundenbedarf frei, und ein Versandvorschlag wird erzeugt.

[✱] **Versanddauer**
Sie können im FINE-TUNING eine Standardversanddauer definieren.

[+] **Materialstamm**
In diesem Szenario ist es notwendig, dass im Materialstamm die Planung und die Bewertung für alle Standorte aktiv sind.

Auslieferungslauf ausführen

Jetzt können Sie im Work Center WARENAUSGANG in der Sicht MASSENVERARBEITUNG einen Auslieferungslauf anlegen und aktivieren. Sie haben die Möglichkeit, den Lauf nach verschiedenen Kriterien, wie Kunden, Auslieferungsstandorten, Transportzonen, Produkten oder Lieferpriorität einzuschränken (siehe ❶ in Abbildung 13.19). In diesem Szenario wählen Sie das Produkt, den Solar Boiler, als Kriterium.

[+] **Versanddatum**
In der Praxis wird der Lauf häufig über das Versanddatum eingeschränkt, damit alle Waren, die demnächst versandt werden, in den Lauf mit einbezogen werden.

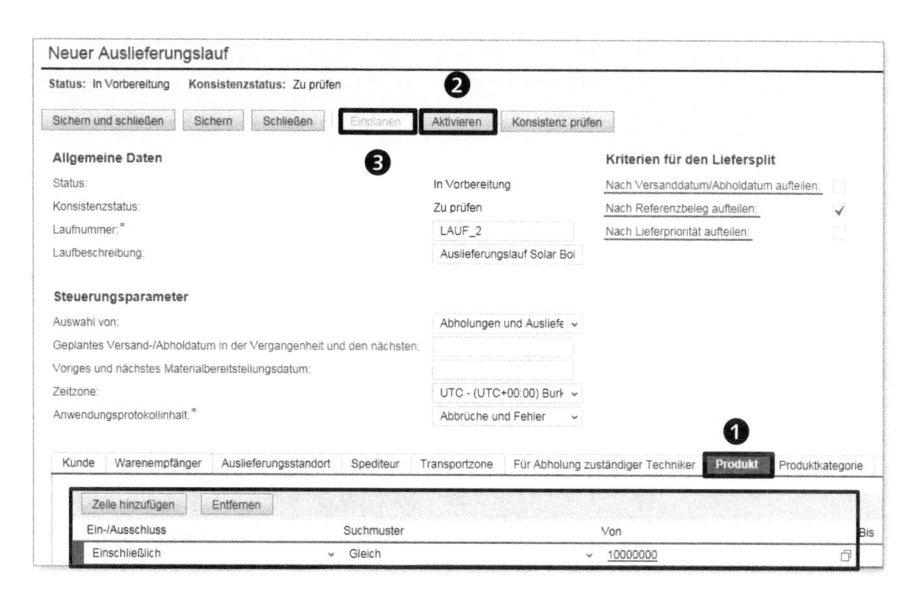

13.4 Szenario »Automatisierte Logistikprozesse«

Abbildung 13.19 Auslieferungslauf

Nach der Aktivierung des Laufs ❷ können Sie diesen sofort einplanen ❸.

Jobs [+]

In der Praxis werden Läufe regelmäßig eingeplant, so dass diese automatisch zu bestimmten Zeiten im Hintergrund ausgeführt werden.

Durch einen solchen Job wurde automatisch eine Lageranforderung zu dem Kundenauftrag angelegt (siehe ❶ in Abbildung 13.20).

Abbildung 13.20 Lageranforderungen

Die Lageranforderung müssen Sie noch rückmelden ❷ und anschließend die Auslieferung freigeben (siehe Abschnitt 11.4.2).

Prozessmodelle prüfen

Sie prüfen die Prozessmodelle für Nachschub und Rücklagerung an Ihrem Standort. Im Work Center LAGER- UND LOGISTIKSTAMMDATEN finden Sie in der Sicht PROZESSMODELLE eine Liste aller konsistenten und freigegebenen Prozessmodelle für die unterschiedlichen Standorte Ihres Unternehmens.

[+] **Prozessmodelle**

Mit einem Prozessmodell legen Sie die Vorgänge und Bedingungen für die automatisierten Abläufe fest, wie Nachschub oder Rücklagerung.

Sie bearbeiten das Prozessmodell für Nachschub, das in den Referenzsystemen von SAP schon vorhanden ist. Eingetragen sind hier der ELEMENTTYP ❶, die Beschreibung, der STANDORT, die Dauer des Vorgangs und die Frage, ob Aufgaben automatisch generiert werden sollen (siehe ❷ in Abbildung 13.21).

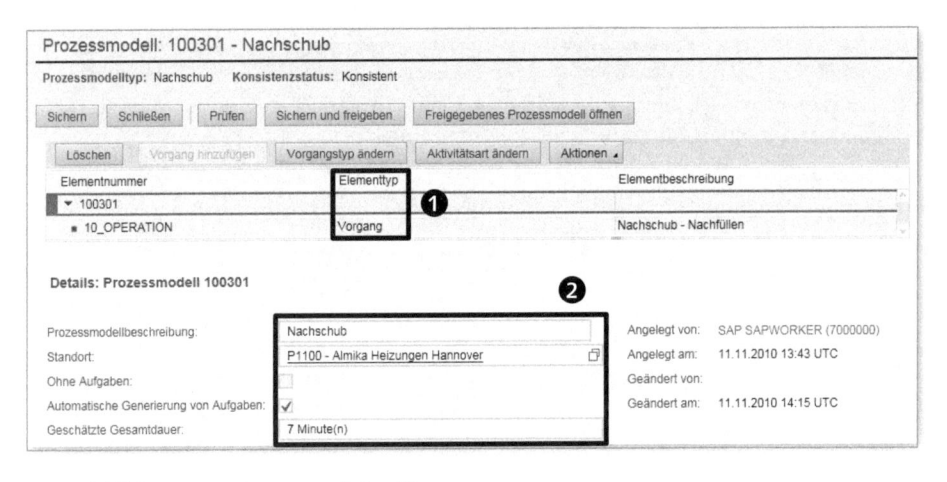

Abbildung 13.21 Prozessmodell prüfen

Wenn noch kein Prozessmodell NACHSCHUB für Ihren Standort vorhanden ist, klicken Sie auf NEU, um ein solches für Ihren Standort zu erstellen. Dann vergeben Sie eine Nummer für Ihr Prozessmodell und wählen die Vorlage für Nachschub und den passenden Standort aus (siehe Abbildung 13.22). Sie finden das angelegte Prozessmodell in der Ansicht ZU PRÜFENDE PROZESSMODELLE.

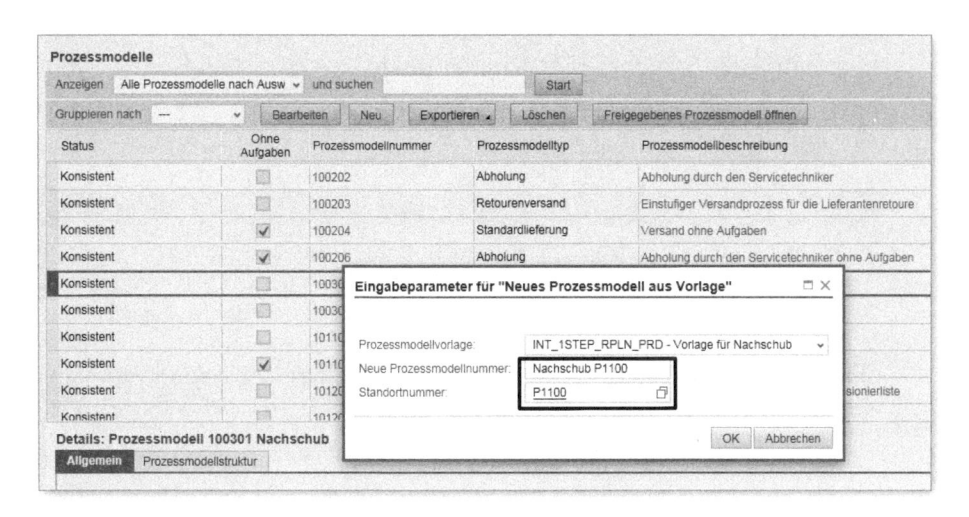

13.4 Szenario »Automatisierte Logistikprozesse«

Abbildung 13.22 Neues Prozessmodell anlegen

Nach der gleichen Vorgehensweise prüfen oder legen Sie gegebenenfalls das Prozessmodell zur Rücklagerung für Ihren Standort an.

Prozessmodellvorlagen [✿]

Sie können im FINE-TUNING die Prozessmodellvorlagen und Vorgangstypen anpassen.

Logistiklayout anpassen

Um einen Nachschub- bzw. Rücklagerungslauf ausführen zu können, müssen die Prozessmodelle auch in dem entsprechenden Standort hinterlegt sein. Sie bearbeiten das Standortlayout im Work Center STAMMDATEN SUPPLY CHAIN DESIGN in der Sicht LOKATIONEN.

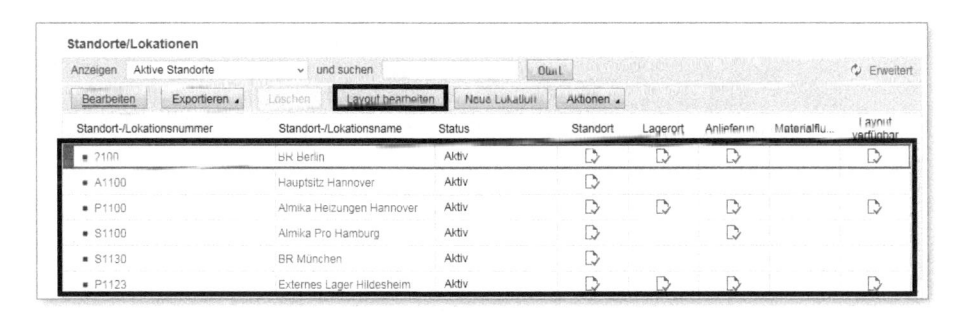

Abbildung 13.23 Standorte/Lokationen

In Abbildung 13.23 sehen Sie alle Standorte und Lokationen Ihres Unternehmens. Für jeden Standort ist ersichtlich, ob dieser aktiv ist und ob es sich um einen Lager- oder Anlieferungsort handelt. Für alle Standorte, die auch Lagerorte sind, ist zudem ein Layout gepflegt.

[+] **Standortlayout und Lokationslayout**

Ein Standort ist eine Betriebsstätte Ihres Unternehmens und kann über mehrere Lokationen verfügen. Lokationen befinden sich am gleichen Ort wie der Standort. Sowohl für Standorte als auch für Lokationen können so genannte (Logistik-)Layouts angelegt werden. Logistiklayouts bestehen aus Lagerbereichen (siehe Abbildung 13.24), die entweder zu Lagerungs- oder zu Produktionszwecken verwendet werden können. Mit Hilfe dieser Lagerbereichsstruktur legen Sie die Wege von Produkten in Ihrem Unternehmen fest.

Sie markieren in der Liste den relevanten Standort und wählen LAYOUT BEARBEITEN (siehe Abbildung 13.23).

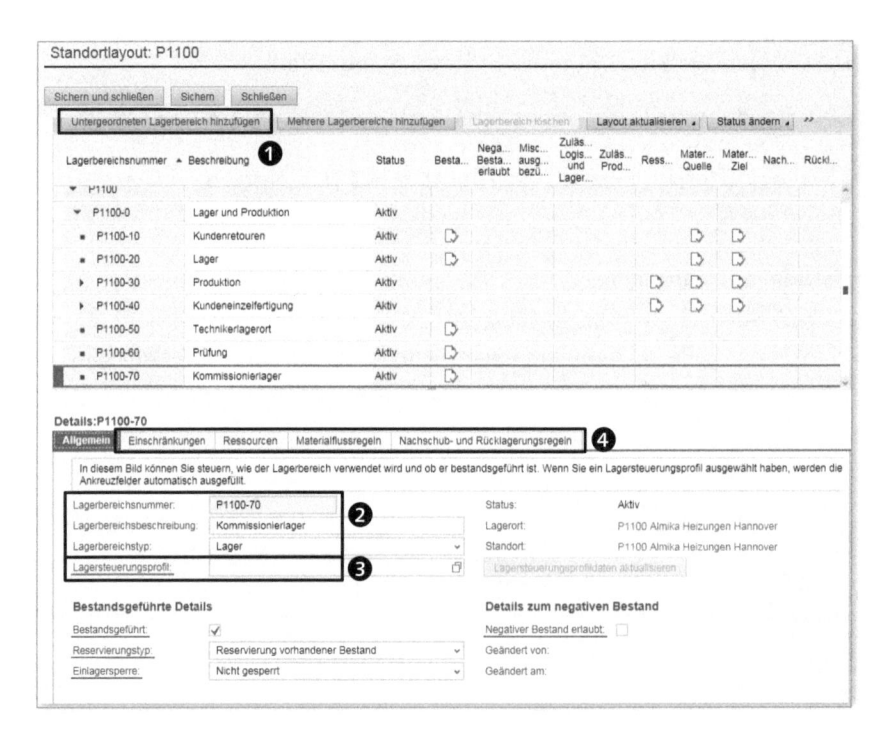

Abbildung 13.24 Standortlayout

Sie ergänzen einen weiteren Lagerbereich, indem Sie auf UNTERGEORDNETEN LAGERBEREICH HINZUFÜGEN klicken ❶. Dann wählen Sie eine Lagerbereichsnummer und den Lagerbereichstyp LAGER (siehe ❷ in Abbildung 13.34).

Lagerbereichstypen [«]

Sie können weitere Lagerbereichstypen, wie LAGERBEREICH FÜR BEWEGLICHEN BESTAND und PRODUKTIONSBEREICH, wählen.

Anschließend können Sie noch in ❸ ein Lagersteuerungsprofil wählen.

Lagersteuerungsprofile [+]

Lagersteuerungsprofile können Sie im Work Center STAMMDATEN SUPPLY CHAIN DESIGN anlegen. Die Profile helfen Ihnen dabei, die Lagerung von Materialien in Lagerbereichen über Regeln zu steuern.

Wenn Sie im Logistiklayout ein bereits erfasstes Lagersteuerungsprofil auswählen, werden viele weitere Felder (ob es bestandsgeführt ist, welchen Reservierungstyp es hat etc.) bereits vorausgefüllt, die Sie ohne das Lagersteuerungsprofil manuell auswählen würden. Lagersteuerungsprofile sollten Sie also besonders dann verwenden, wenn Sie mehrere Standorte besitzen und in diesen ähnlich zu steuernde Lagerbereiche, z. B. Regallager, vorkommen.

In den Details können Sie neben den allgemeinen Daten auch Einschränkungen, Ressourcen, Materialflüsse sowie Nachschub- und Rücklagerungsregeln erfassen (siehe ❹ in Abbildung 13.24).

Einschränkungen und Ressourcen [+]

Auf dem Reiter EINSCHRÄNKUNGEN können Sie z. B. zulässige Logistikeinheiten und Lagerungsgruppen sowie Einschränkungen auf zulässige Produkte für diesen Lagerbereich definieren. Sie können Lagerbereichen Ressourcen zuweisen, z. B. Personen oder Maschinen. Dies wird vor allem für die Produktion verwendet. Dies machen Sie auf dem Reiter RESSOURCEN.

Sie wählen im Reiter ALLGEMEIN aus, dass es sich um ein bestandsgeführtes Lager handelt. Nur wenn dieser Haken gesetzt ist, können Nachschub- und Rücklagerungsläufe erfasst werden, da sie auf dem Bestand basieren. Beim Reservierungstyp wählen Sie RESERVIERUNG VORHANDENER BESTAND, da Sie nur auf den Bestand, der auf Lager ist, Reservierungen vornehmen wollen.

Reservierungstyp [«]

Sie können alternativ auch Reservierungen auf den ERWARTETEN BESTAND vornehmen. Hier werden die geplanten Zu- und Abgänge miteinbezogen.

In LOGISTISCHER VERWENDUNGSZWECK wählen Sie Lagerraum, um den Lagerbereich als Lagerraum zu klassifizieren.

> **Logistischer Verwendungszweck**
>
> Der LOGISTISCHE VERWENDUNGSZWECK bildet das Bindeglied zwischen Standort- bzw. Lokationslayout und Prozessmodell, da dieser im Layout definiert und im Prozessmodell verwendet wird.
>
> Weitere LOGISTISCHE VERWENDUNGSZWECKE sind Bereitstellungszone, beweglicher Lagerraum, eingeschränkt verwendbarer Bestand, Produktionsausbringung, Produktionsversorgung, Prüfung, temporärer Lagerraum, Verpacken und Wareneingangszone.

Auf dem Reiter MATERIALFLUSSREGELN wählen Sie über den Button ANLEGEN eine EINFACHE REGEL mit URSPRUNGSLAGERBEREICH, das Standardlager, und als ZIELLAGERBEREICH das neu angelegte Lager. Somit legen Sie fest, dass, wenn im Kommissionierlager Ware benötigt wird, diese aus dem Standardlager genommen wird.

Materialflussregeln

Materialflussregeln benötigen Sie nur dann, wenn ein komplexes Standort- oder Lokationslayout vorliegt und Produkte nicht aus jedem beliebigen Lagerbereich, der über den gleichen logistischen Verwendungszweck – zum Beispiel Lagerraum – verfügt, eingelagert werden dürfen.

Bei den Nachschub- bzw. Rücklagerungsregeln ist eine Entscheidung zwischen Standardregeln, lagerungsgruppenbasierten und produktbasierten Regeln möglich. In diesem Szenario wurde eine lagerungsgruppenbasierte Regel gewählt.

Lagerungsgruppenhierarchie

Falls bei Ihnen bisher noch keine Lagerungsgruppe angelegt ist, müssen Sie – wie im nächsten Schritt beschrieben – zunächst eine neue Lagerungsgruppenhierarchie im Work Center LAGER- UND LOGISTIKSTAMMDATEN anlegen.

Wie Sie in Abbildung 13.25 sehen, müssen Sie bei dieser Regel eine Nachschubmethode angeben. Auswählbar sind dabei die bedarfs- und die verbrauchsbasierte Methode. Bei der auf Bedarf basierenden Methode wird der geplante Bestand in einem Lager betrachtet, bei der verbrauchsbasierten Methode der physische Bestand. Sie wählen die Option BEDARFSBASIERT. Den Schwellenwert setzen Sie auf 10 STÜCK und definieren eine KONSTANTE MENGE von 10 STÜCK als Nachschubmenge. Analog können Sie für die Rücklagerung eine Regel hinterlegen. Für diesen Prozess gibt es die gleichen Möglichkeiten wie beim Nachschub.

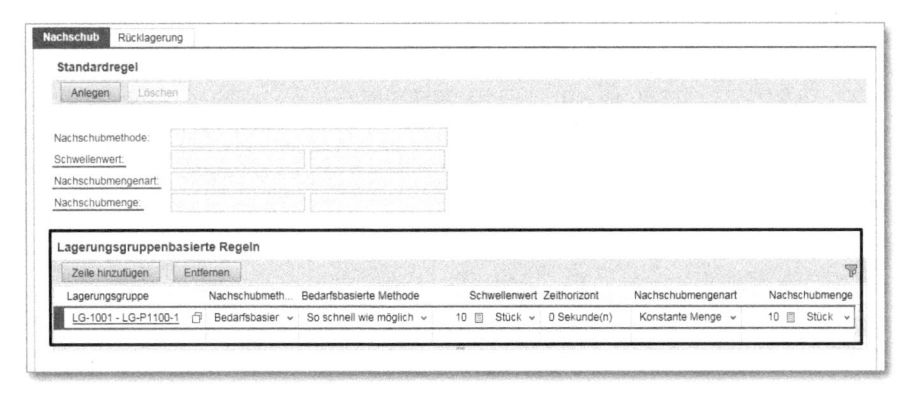

Abbildung 13.25 Lagerungsgruppenbasierte Regeln

Lagerungsgruppen anlegen

Um einen differenzierten Nachschub- oder Rücklagerungslauf einrichten zu können, der sich nicht nur auf Lagerbereiche beschränkt, erfassen Sie Lagerungsgruppen in SAP Business ByDesign. Sie gehen dazu in das Work Center LAGER- UND LOGISTIKSTAMMDATEN in die Sicht PRODUKTGRUPPEN und fügen eine Untergruppe hinzu ❶.

Zum Anlegen einer neuen Lagerungsgruppe geben Sie jeweils eine Lagerungsgruppennummer ❷ und eine Lagerungsgruppenbeschreibung ein und legen fest, dass Produktzuordnungen erlaubt sind, um Produkte dieser Lagerungsgruppe zuordnen zu können (siehe ❸ in Abbildung 13.26).

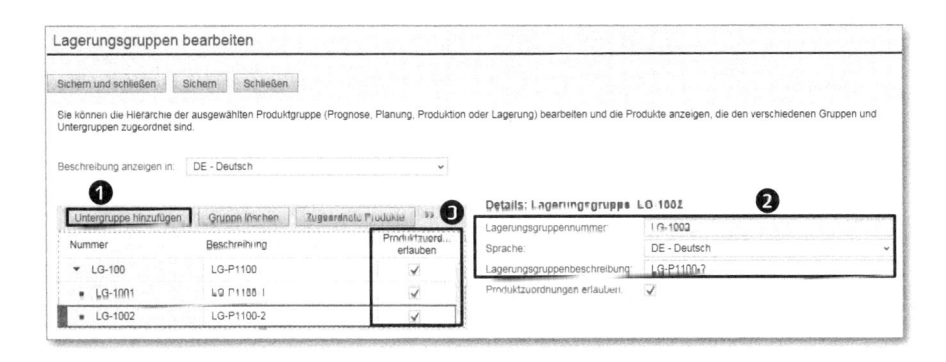

Abbildung 13.26 Lagerungsgruppen bearbeiten

Nachschub durchführen

Sie bemerken in der Bestandsübersicht, dass in einem Lagerbereich zu wenige Produkte vorhanden sind. Deshalb legen Sie im Work Center INTERNE

13 | Logistik und Produktion

Logistik einen Nachschublauf in der Sicht Massenverarbeitung an. Als Lauftyp ❶ geben Sie Nachschubregel ein. Sie können den Lauf sowohl nach Lagerorten, Lagerbereichen, Lagerungsgruppen als auch Produkten einschränken, wie z. B. nach dem in Abschnitt 10.3.2 angelegten Solar Boiler. Sie wählen eine Einschränkung nach Lagerbereich und Lagerungsgruppe (siehe ❷ in Abbildung 13.27).

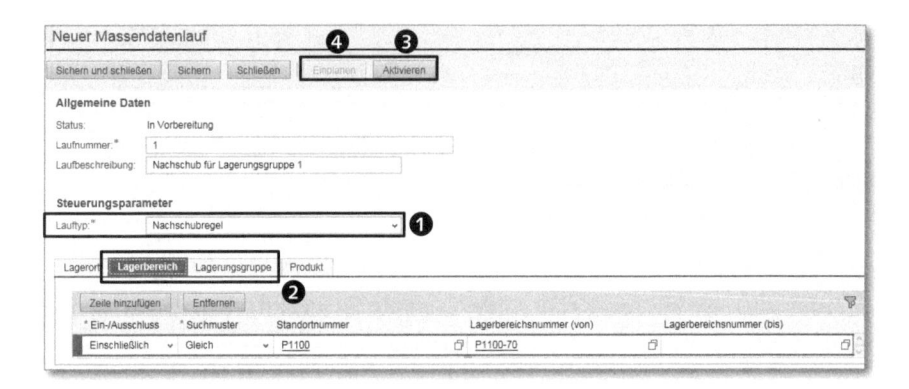

Abbildung 13.27 Nachschublauf

Nach dem Aktivieren des Laufs ❸ planen Sie diesen ein ❹. Wird der Lauf sofort ausgeführt, wird nach dessen Beendigung ein Anwendungsprotokoll von SAP Business ByDesign erstellt, das Sie in der Sicht Massenverarbeitung des Work Centers Interne Logistik sehen können, wenn Sie den jeweiligen Lauf markieren. SAP Business ByDesign legt automatisch nach Beendigung des Laufs eine interne Lageranforderung an, wenn Nachschub nötig ist. Diese Lageranforderung müssen Sie nach der Ausführung des Nachschubs und der Ankunft der Produkte im Lager im Work Center Interne Logistik in der Sicht Aufgabensteuerung oder im Work Center Ausführung bei den internen Lageraufgaben zurückmelden.

Damit der Nachschublauf in Zukunft automatisch abläuft, stellen Sie eine regelmäßige Wiederholung ein. Wenn dann der Lagerbestand für die Lagerungsgruppe unterschritten wird und der Lauf gerade durchlief, legt das System automatisch eine interne Lageranforderung an.

[+] **Monitoring**

Zur Überwachung der Logistikverwaltung gibt es für den Wareneingang, Warenausgang und die interne Logistik eine spezielle Sicht namens Monitoring. Im Work Center Interne Logistik können Sie hier Lageraufträge und Lageranforderungen nach deren Status überwachen und so z. B. überfällige Nachschubanforderungen schnell identifizieren.

Rücklagerung durchführen und Rückmeldungsliste prüfen

Wenn sich in einem Lager zu viele Materialien befinden, können Sie diese über einen Rücklagerungslauf in einen anderen Lagerbereich bringen lassen (siehe Abbildung 13.28).

Abbildung 13.28 Rücklagerungslauf

Dies ist fast der gleiche Vorgang wie bei einem Nachschublauf, nur müssen Sie beim Lauftyp RÜCKLAGERUNGSREGEL auswählen. Auch hier wählen Sie den Lagerbereich und die Lagerungsgruppe aus, so dass nach dem ausgeführten Lauf eine interne Lageranforderung erzeugt wird. Die daraus automatisch vom System erzeugte Lageraufgabe müssen Sie nach Ausführung der Rücklagerung noch rückmelden.

In dem Bericht RÜCKMELDUNGSLISTE können Sie sich für den heutigen Tag alle Rückmeldungen anzeigen lassen. In der Liste der rückgemeldeten Positionen können Sie unter anderem die Auslieferung, den Nachschub und die Rücklagerung sehen. Genauere Informationen zur Rückmeldungsliste finden Sie in Abschnitt 13.3.2.

13.5 Szenario »Planung Make-to-Stock«

Im Szenario »Make-to-Stock«, auch Lagerfertigung genannt, wird eine kundenanonyme Fertigung auf Basis einer Bedarfsplanung durchgeführt. In diesem Abschnitt gehen wir zuerst auf die Stammdatenvorbereitung ein, hierzu gehört z. B. die Frage, welche Prozesse bei Materialien für die Produktion gepflegt sein müssen, wie die Stückliste und das Produktionsmodell erstellt werden.

Für das neue Endprodukt werden über eine Prognose ein Bedarf erzeugt, eine Nettobedarfsermittlung ausgeführt und Produktionsvorschläge generiert. Die Durchführung der Produktion wird in Abschnitt 13.6 vorgestellt.

13.5.1 Anforderungen

Im Unterschied zu Produkten mit einer kundenauftragsbezogenen Bedarfsermittlung, ist bei Lagerfertigungserzeugnissen in der Regel die Fertigungszeit deutlich länger als die zur Verfügung stehende Lieferzeit, die der Kunde akzeptiert. Dies ist einer der wesentlichen Gründe, um auf Lager zu produzieren. Weitere Gründe könnten die Notwendigkeit von bestimmten kostenoptimierten Losgrößen und eine gleichmäßige Kapazitätsauslastung sein, die eine Vorproduktion in einer höheren Stückzahl notwendig machen.

Eine vorangegangene ABC-/XYZ-Analyse ist bei der Einordnung der Materialien hilfreich. Je nachdem, welchen Wert (ABC) ein Material hat und wie der zu erwartende Bedarfsverlauf (XYZ) ist, ist die Lagerfertigung sinnvoll. Auch die Produktions- und Beschaffungszeiten sind als Einflussgrößen entscheidend.

Die Produktionsplanung der Lagerfertigung (Make-to-Stock) ist ein Teil der Materialdisposition. Durch die auftragsanonyme Bedarfsvorplanung werden Primärbedarfe auf Endproduktebene erzeugt und Sekundärbedarfe über die Stücklisten aufgelöst. Diese müssen entweder eingekauft, produziert oder durch Bestände abgedeckt werden. Es können aber auch Baugruppen auf Lager gelegt und später auftragsspezifisch montiert werden. Eine Vorplanung basiert dabei auf einer Prognose über den zukünftigen Kundenbedarf. Mit zunehmender Verrechnung von Prognose gegen echte Kundenbedarfe kann sie sukzessive verbessert bzw. rollierend fortgeführt werden.

Zur Vorbereitung der Lagerfertigung sind mehrere Aspekte der Bedarfsplanung relevant, die den späteren Produktionsprozess effizient gestalten sollen:

1. Zum einen wird im Materialstamm des Endproduktes auf Planungsebene die *Bedarfssteuerungsmethode* festgelegt.
2. Das zweite logistische Planungselement ist die *Produktionsstückliste*, die alle für die Produktion des Endproduktes notwendigen Teile und deren Anzahl enthält. Zusätzlich können auch Arbeitsplaninformationen von Interesse sein, die z.B. Informationen über Ausschussquoten und die Produktionsdauer liefern.
3. Das kaufmännische Planungselement ist eine *Materialvorkalkulation*, die Auskunft über die Herstellungskosten des Produktes liefert.

4. Darüber hinaus muss eine *Planung der Qualitätsprüfung* vorhanden sein, die die Zielkriterien für die Qualitätskennzahlen liefert.

Insgesamt steht und fällt die Bedarfsvorplanung mit der Qualität der Prognosedaten. Auf Grund von Absatzschätzungen oder Erfahrungen der Vergangenheit wird versucht, möglichst qualitativ hochwertige Daten zu bestimmen. Das Ergebnis des Planungsprozesses der Lagerfertigung sind Produktionsvorschläge oder Beschaffungsvorschläge für eingehende Teile. Diese Vorschläge können mit Kundenbedarfen aus Kundenaufträgen verrechnet und in der Verfügbarkeitsprüfung berücksichtigt werden.

13.5.2 Prozessablauf

Zuerst erfassen Sie in der Rolle eines Produktentwicklers im Work Center PRODUKTDATEN alle Materialien, die Sie für die Produktion benötigen (siehe Abbildung 13.29). Anschließend erstellen Sie auf Basis dieser Materialien eine Stückliste und ein Produktionsmodell im Work Center STAMMDATEN PLANUNG UND PRODUKTION. Im Work Center BESTANDSBEWERTUNG führen Sie als Verkaufsmitarbeiter eine Materialvorkalkulation aus, auf deren Basis Sie im Work Center PRODUKT- UND SERVICEPORTFOLIO den Verkaufspreis festlegen. Im Work Center QUALITÄTSPLANUNG erstellen Sie als Produktentwickler einen Prüfplan für die Qualitätsprüfung. Im Work Center BEDARFSVORPLANUNG legen Sie als Beschaffungsplaner einen Bedarfsplan an und erfassen die prognostizierten Bedarfe. Zuletzt ermitteln Sie den Nettobedarf des Endproduktes im Work Center BESCHAFFUNGSPLANUNG.

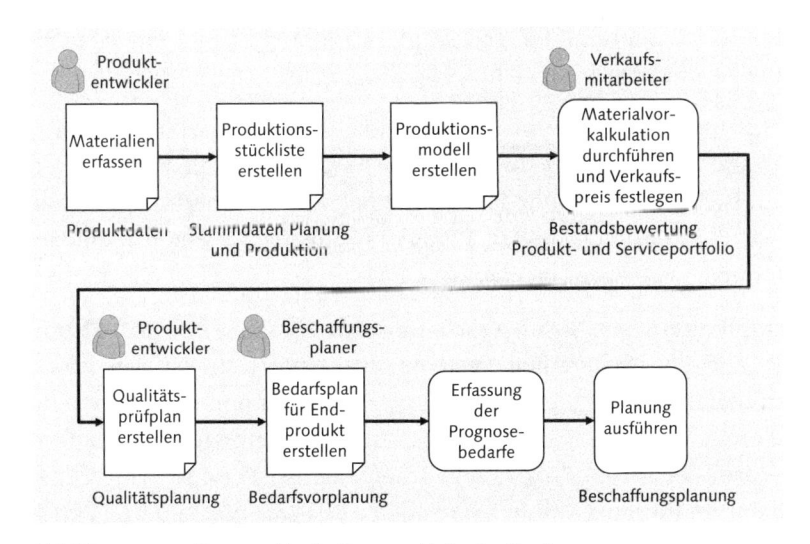

Abbildung 13.29 Prozessablauf »Planung Make-to-Stock«

Materialien erfassen

Damit eine Bedarfsvorplanung durchgeführt werden kann, müssen Sie zunächst das Endprodukt, einen Brenner, und die eingehenden Materialien – eine Steuer- und Regeleinheit und einen Gusskessel – anlegen.

Über den Pfad Produktdaten • Materialien • Neu • Material öffnet sich eine Maske, in die Sie die Daten für das Material eintragen können. Eine detaillierte Erklärung und Hintergrundinformationen zum Anlegen von Materialien finden Sie in Abschnitt 10.3.2. Im vorliegenden Abschnitt gehen wir vor allem auf die Besonderheiten und Unterschiede im Vergleich zu Abschnitt 10.3.2 ein. Bei eigengefertigten Materialien müssen Sie die relevanten Prozesse für den Einkauf nicht aktivieren. Im Szenario aktivieren Sie daher den Einkauf für die eingehenden Materialien, aber nicht für das Endprodukt »Brenner«, siehe Abbildung 13.30.

Eingehende Produkte:	Endprodukt:
Relevante Prozesse	**Relevante Prozesse**
■ Einkauf	◇ Einkauf
■ Logistik	■ Logistik
■ Planung	■ Planung
■ Verfügbarkeitsprüfung	■ Verfügbarkeitsprüfung
◇ Verkauf	■ Verkauf
■ Bewertung	■ Bewertung

Abbildung 13.30 Aktivierte Prozesse der Produkte

Die relevanten Prozesse der Logistik aktivieren Sie für alle neu anzulegenden Materialien. Beim Endprodukt tragen Sie jedoch zusätzlich auch einen Standort und eine Produktionsgruppe ein.

Im Reiter Planung legen Sie für das Endprodukt (Primärbedarf) im Feld Planungsverfahren die Option bedarfsgesteuert ❶ und für die eingehenden Materialien, auch als Sekundärbedarf bezeichnet, die Option verbrauchsgesteuert fest. Bei den eingehenden Produkten müssen Sie einen Meldebestand definieren.

Für das Endprodukt legen Sie als Beschaffungsart Eigenproduktion ❷ und für die eingehenden Materialien Fremdbeschaffung fest. Bei den fremd beschafften Materialien tragen Sie eine Beschaffungszeit und eine Wareneingangsbearbeitungszeit ein. Bei der Bedarfssteuerungsmethode legen Sie fest, dass der Gesamtbedarf mit Prognosen vorhergehender Perioden verrechnet wird ❸. Beim Endprodukt wählen Sie zudem die Planungsgruppe Fertigprodukte ❹ aus, und als Losgrößenverfahren bestimmen Sie die exakte Los-

GRÖSSE (siehe ❺ in Abbildung 13.31). Genauere Informationen zum Losgrößenverfahren finden Sie in Abschnitt 10.4.2.

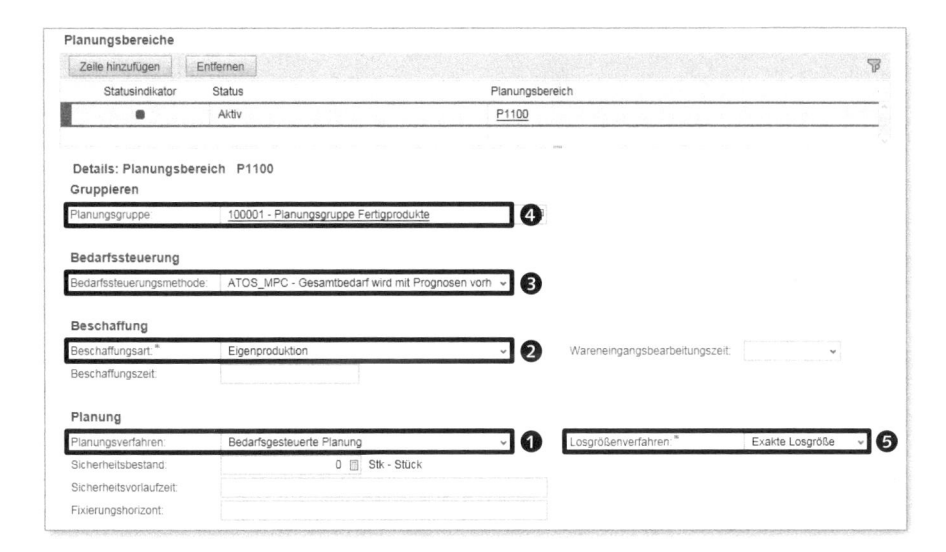

Abbildung 13.31 Planungssicht des Endproduktes

> **Bedarfssteuerungsmethode** [«]
>
> Weitere Bedarfssteuerungsmethoden sind:
> - Gesamtbedarf baut Prognose ab
> - Gesamtbedarf wird mit aktuellen Prognosen verrechnet
> - Gesamtbedarf wird mit Prognosen benachbarter Perioden verrechnet
>
> Alle diese Methoden beziehen sich darauf, wie der Bedarf (z. B. aus einem Kundenauftrag) mit der Prognose verrechnet wird.

> **Bedarfssteuerungsmethoden** [✱]
>
> Im FINE-TUNING können Sie neue Bedarfssteuerungsmethoden anlegen oder für bestehende die MAXIMALE VERRECHNUNG IM AUSGEWÄHLTEN ZEITRAUM (%) anpassen.

Sie aktivieren für alle neu anzulegenden Materialien die VERFÜGBARKEITSPRÜFUNG mit Prüfumfang BESTAND UND ALLE ZUGÄNGE. Für das Endprodukt wählen Sie zusätzlich eine Warenausgangsbearbeitungszeit. Eine Aktivierung des VERKAUFS ist nur für das Endprodukt notwendig, die eingehenden Materialien sollen nicht verkauft werden.

Beim Endprodukt wählen Sie in der BEWERTUNG die Kontenfindungsgruppe und stellen das Bewertungsverfahren auf GLEITENDEN DURCHSCHNITT. Den

Preis erzeugen Sie später durch eine Materialvorkalkulation. Bei den eingehenden Produkten wählen Sie die entsprechende KONTENFINDUNGSGRUPPE und das Bewertungsverfahren STANDARD mit dem jeweiligen Preis.

Produktionsstückliste erstellen

Sobald Sie alle Materialien angelegt haben, können Sie für das Endprodukt eine Produktionsstückliste erstellen.

[+] **Produktionsstückliste**

In Produktionsstücklisten werden sämtliche Einsatzprodukte für die Produktion eines Endprodukts aufgelistet. Die einzelnen Materialien können in verschiedenen Stücklisten verwendet werden. In SAP Business ByDesign wird eine Baukastenstückliste verwendet. Bei dieser Art der Stückliste werden immer nur die direkt eingehenden Materialien in die Stückliste aufgenommen. Wenn die Produktion des Endproduktes über mehrere Stufen stattfindet, müssen Sie für jede Stufe eine neue Stückliste anlegen. Sie können sich letztlich eine Strukturstückliste anzeigen lassen, die die Produkte sämtlicher Fertigungsstufen umfasst.

Der Pfad STAMMDATEN PLANUNG UND PRODUKTION • PRODUKTIONSSTÜCKLISTEN • NEU • STÜCKLISTE führt Sie zu der Maske, in der Sie eine neue Stückliste erstellen können. Zuerst wählen Sie das gewünschte Produkt aus und geben die Mengeneinheit ein ❶.

Anschließend tragen Sie die EINSATZPRODUKTE und ihre Menge so ein, wie sie in das Endprodukt einfließen werden (siehe ❷ in Abbildung 13.32). Die Reihenfolge der Eingabe ist für die Fertigungsreihenfolge nicht entscheidend, da die Reihenfolge erst im Produktionsmodell festgelegt wird.

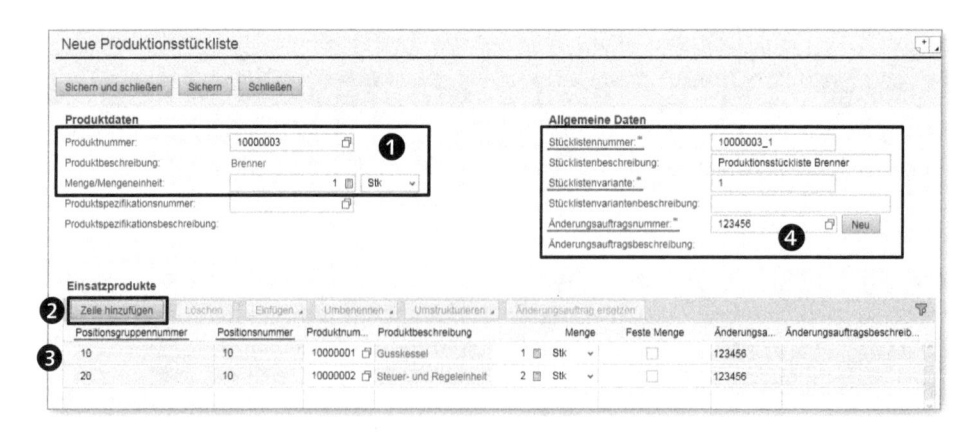

Abbildung 13.32 Produktionsstückliste

Sie müssen für jede Zeile eine POSITIONSGRUPPENNUMMER und eine POSITIONSNUMMER vergeben ❸.

| Positionsgruppen und Positionsnummer | [+] |

Über Positionsgruppen können Sie die Positionen Ihrer Stückliste strukturieren, um bei komplexen Stücklisten die Übersichtlichkeit zu erhöhen. Im Produktionsmodell ordnen sie immer Positionsgruppen Produktionsaktivitäten zu.

Sie geben im Feld ÄNDERUNGSAUFTRAGSNUMMER ❹ eine Nummer ein, um einen neuen Änderungsauftrag mit dem heutigen Datum zu erzeugen. Anschließend speichern Sie die Stückliste.

| Änderungsauftrag | [+] |

Sie können die Daten nachträglich noch ändern, allerdings müssen Sie dafür dann wieder einen Änderungsauftrag verwenden.

Sie öffnen die Stückliste erneut und schließen den Änderungsauftrag ab. Erst jetzt können Sie die Stückliste verwenden. Alternativ können Sie den Änderungsauftrag auch in der Sicht ÄNDERUNGSAUFTRÄGE abschließen.

| Stücklisten | [✱] |

Unter DATENÜBERNAHME UND ERWEITERUNG in der Aufgabenliste im Work Center BETRIEBSWIRTSCHAFTLICHE KONFIGURATION können Sie Stücklisten und Änderungsaufträge per Migrationsvorlage hochladen.

Produktionsmodell erstellen

Sie erstellen ein Produktionsmodell für das Endprodukt. Über den Pfad STAMMDATEN PLANUNG UND PRODUKTION • PRODUKTIONSMODELLE • NEU legen Sie ein neues Produktionsmodell an. Zuerst wählen Sie das Produkt, für welches das Produktionsmodell erstellt werden soll.

| Produktionsmodell | [+] |

In einem Produktionsmodell werden die grundsätzlichen Informationen der Produktion gepflegt, das heißt, der Ablauf der einzelnen Produktionsschritte, verbunden mit den Ressourcen und Materialien. Des Weiteren wird die Plandauer der einzelnen Vorgänge angegeben.

Im nächsten Schritt wählen Sie die zuvor angelegte Stückliste aus ❶ und kopieren die Vorgänge ❷ aus einem ähnlichen Arbeitsplan (siehe ❸ in Abbildung 13.33).

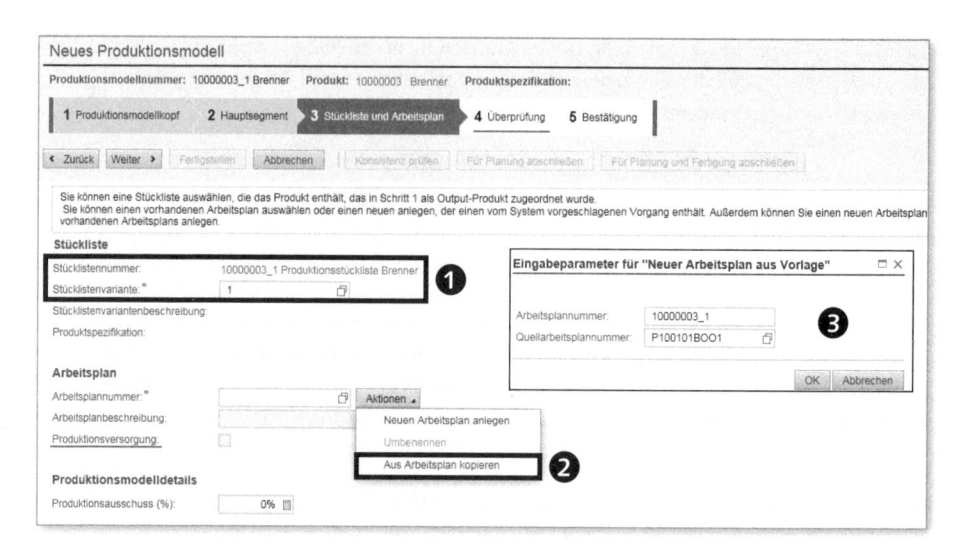

Abbildung 13.33 Stückliste und Arbeitsplan im Produktionsmodell

In dem sich öffnenden Fenster prüfen Sie die vorgeschlagene Nummer und wählen den Arbeitsplan, den Sie kopieren möchten. Anschließend prüfen Sie die eingegebenen Daten des Produktionsmodells und stellen es fertig.

[»] **Ausschuss**

Sie können in den PRODUKTIONSMODELLDETAILS auch noch eine Ausschussquote erfassen (siehe Abbildung 13.33).

Sie öffnen das Produktionsmodell erneut und prüfen im Reiter ARBEITSPLANSTRUKTUR die Abläufe der Produktion, die Sie aus dem anderen Arbeitsplan kopiert haben. Hier haben Sie die Möglichkeit, verschiedene Elemente noch zusätzlich einzufügen oder bestehende zu löschen (siehe Abbildung 13.34).

VORGÄNGE sind Produktionsvorgänge, denen Hauptressourcen zugeteilt werden. AKTIVITÄTEN sind die ausführenden Schritte, die den Produktionsvorgängen zugeordnet werden. Beim Anlegen von Aktivitäten sind Aktivitätsarten zu bestimmen, wie z. B. Montage oder Rüsten. Sie sollten zur besseren Planung der Produktion ebenfalls eine feste Dauer eintragen.

Sie können in die Arbeitsplanstruktur Folgendes einfügen: Elemente, Bereitstellung, Vorgänge, Aktivitäten, Sequenzen, Verzweigungen und Verbindungen.

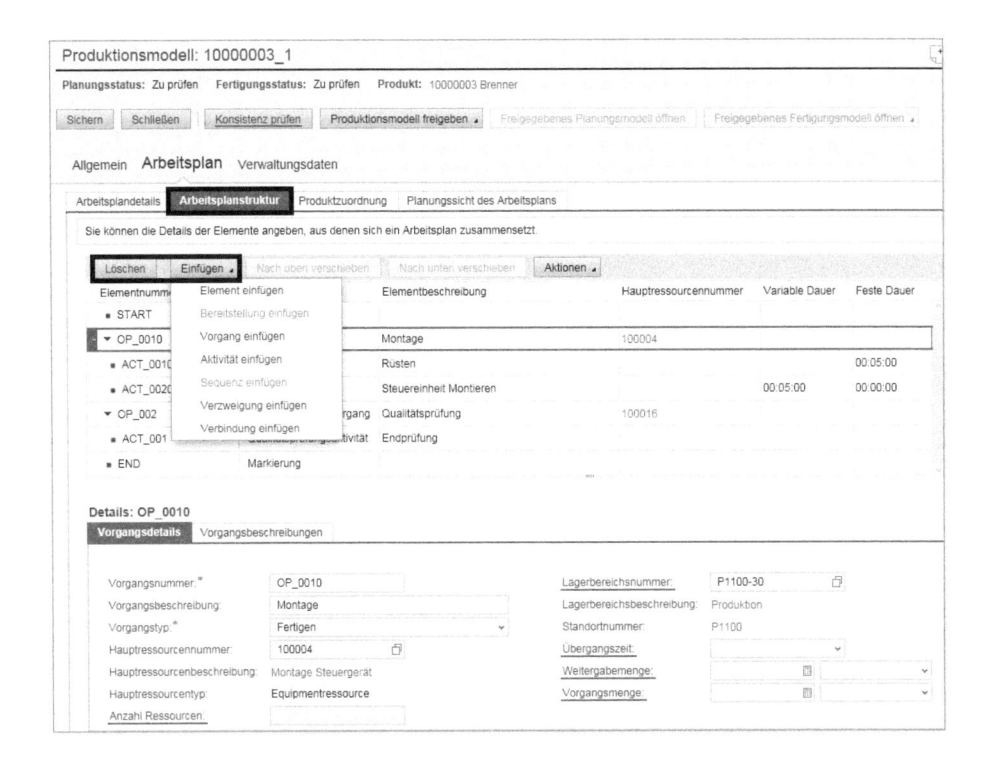

Abbildung 13.34 Arbeitsplanstruktur

Verbindungen dienen der Abbildung paralleler Vorgänge. Die *Vorgänge* innerhalb einer Verbindung nennen sich *Sequenz*. *Elemente* symbolisieren Markierungspunkte, das heißt, die Abarbeitung der Produktionsschritte bis zu diesem Punkt muss gemeldet werden. Durch diese Markierungspunkte können Vorgänger-Nachfolger-Beziehungen dokumentiert werden. *Verzweigungen* werden für alternative Produktionsschritte verwendet, wenn eine Auswahl besteht.

Auf dem Reiter PRODUKTZUORDNUNG ordnen Sie den einzelnen Aktivitäten Positionsgruppen aus Ihrer Stückliste zu ❶ (auf dem Reiter STÜCKLISTE) und legen die Entnahmeart fest (siehe ❷ in Abbildung 13.35).

Eine retrograde Entnahme sorgt dafür, dass der Bestand nach Abschluss der Aktivität reduziert wird.

> **Explizite Entnahme** [«]
>
> Bei einer expliziten Entnahme wäre eine manuelle Eintragung im System zum Zeitpunkt der Verwendung notwendig.

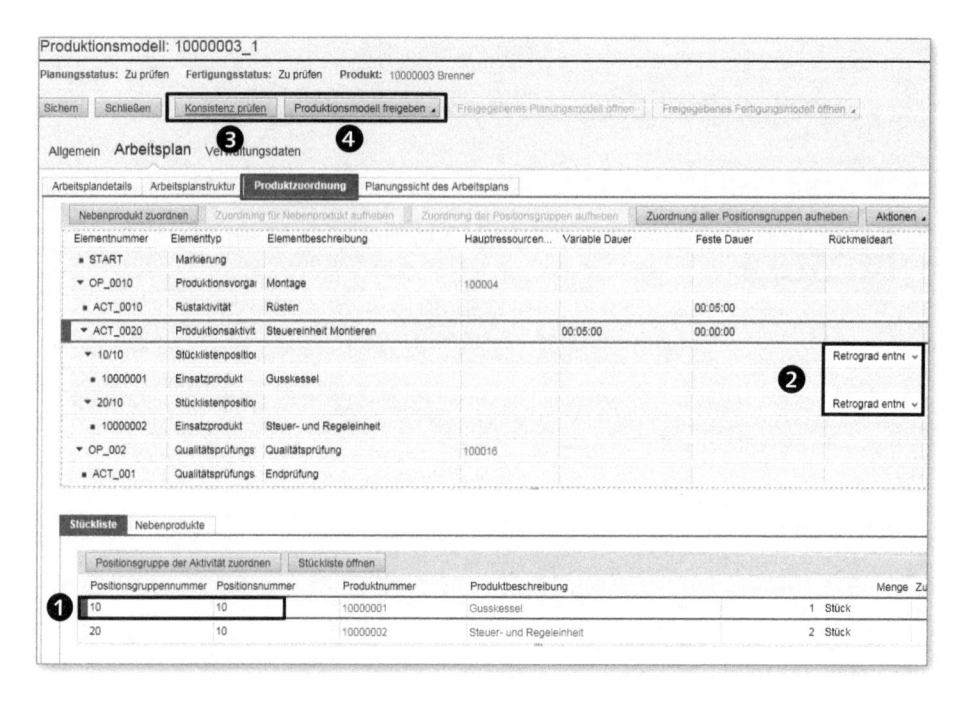

Abbildung 13.35 Produktzuordnung im Produktionsmodell

Sie ordnen alle Materialien der Stückliste im Produktionsmodell einer Produktionsaktivität zu. Abschließend prüfen Sie die Konsistenz ❸ und geben das Produktionsmodell frei ❹, im Normalfall für PLANUNG UND FERTIGUNG.

> **Produktionsmodelle**
>
> Im FINE-TUNING und unter DATENÜBERNAHME UND ERWEITERUNG in der Aufgabenliste können Sie Folgendes vornehmen:
> - Produktionsmodelle per Migrationsvorlage hochladen
> - Vorgangstypen und Aktivitätsarten des Arbeitsplans bearbeiten
> - Arbeitspläne per Migrationsvorlage hochladen

Materialvorkalkulation durchführen und Verkaufspreis festlegen

Sobald Sie das Produktionsmodell erstellt haben, können Sie eine Materialvorkalkulation durchführen. Sie gehen in das Work Center BESTANDSBEWERTUNG und in die Sicht MATERIALVORKALKULATION. Hier wählen Sie GEFERTIGTE MATERIALIEN OHNE VORKALKULATION und markieren Ihren Brenner. Sie klicken auf NEU • VORKALKULATION und können hier die Preise für den Brenner KALKULIEREN (siehe Abbildung 13.36).

Abbildung 13.36 Neue Vorkalkulation ausführen

In der Liste der AKTUELLEN VORKALKULATIONEN finden Sie jetzt für alle Rechnungslegungswerke den berechneten Preis; diesen müssen Sie noch freigeben. Der Status wechselt dann von ERFOLGREICH BERECHNET in FREIGEGEBEN.

Sie öffnen die Kalkulation erneut, um sich die berechneten Werte anzuschauen (siehe Abbildung 13.37). Hier sehen Sie eine detaillierte Übersicht, wie der kalkulierte Preis zu Stande gekommen ist. Zum einen tauchen die Bewertungspreise der Materialien auf, jeweils in der per Stückliste hinterlegten Menge. Hinzu kommen Aufwandspositionen für internen Service, der auf Basis von Stunden kalkuliert wird.

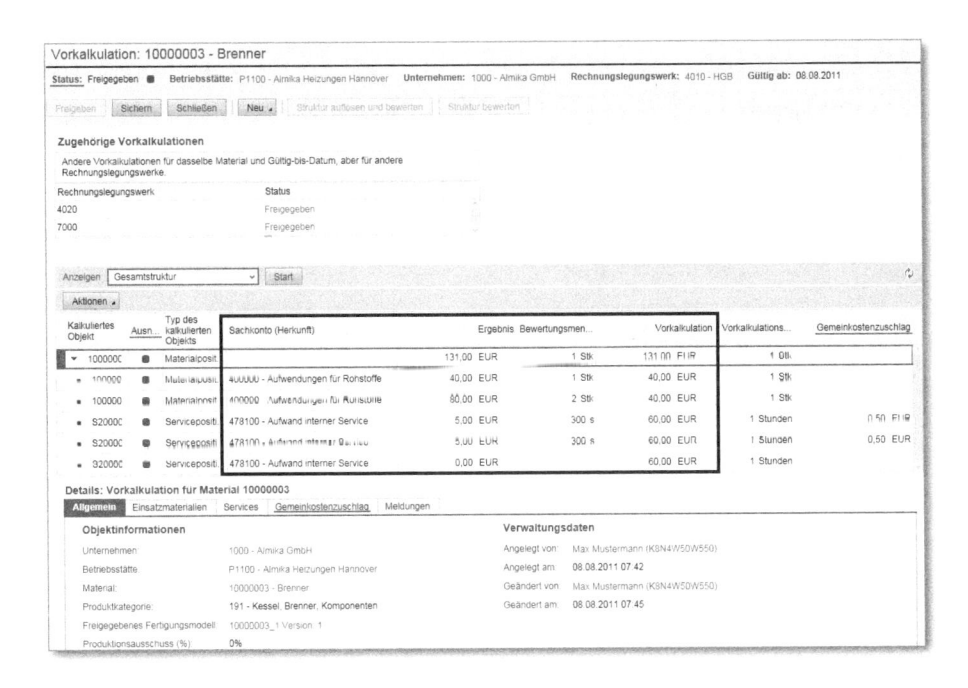

Abbildung 13.37 Vorkalkulation des Materials

Anschließend legen Sie noch in der Sicht STAMMDATEN in der Liste der Materialpreisübersicht den kalkulierten Preis als Bestandspreis fest (siehe Abbildung 13.38). Die Materialvorkalkulation müssen Sie nur einmal durchführen, und zwar nach dem erstmaligen Anlegen des Materials.

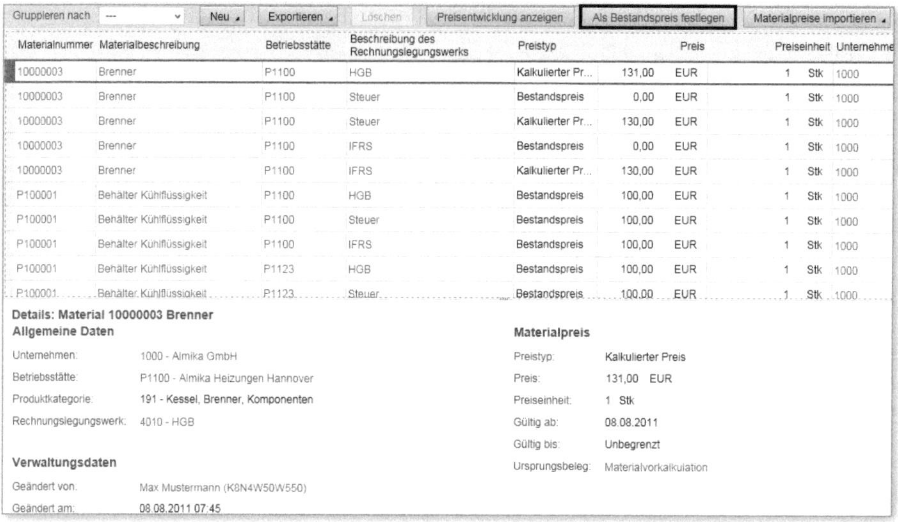

Abbildung 13.38 Bestandspreis festlegen

Um das Material verkaufen zu können, pflegen Sie einen Verkaufspreis in die Basispreisliste im Work Center PRODUKT- UND SERVICEPORTFOLIO ein. Eine genauere Beschreibung hierzu finden Sie in Abschnitt 11.3.2.

Es ist sinnvoll, die Basispreisliste erst nach der Materialvorkalkulation zu ergänzen, da dann der Deckungsbeitrag berechnet und somit der Verkaufspreis festgelegt werden kann.

Qualitätsprüfplan erstellen

Sie erstellen einen Prüfplan, da das Produktionsmodell einen Produktionsvorgang Qualitätssicherung enthält. Hierfür gehen Sie ins Work Center QUALITÄTSPLANUNG in die Sicht PRÜFPLÄNE und legen einen neuen Prüfplan an (siehe Abbildung 13.39).

[+] **Qualitätsprüfplan**

Ein Qualitätsprüfplan ist ein Plan, der für die Qualitätskontrolle zuständig ist. In diesem Plan sind Prüfanweisungen und wichtige Grunddaten für Prüfungen enthalten.

Als PRÜFART ❶ wählen Sie die ENDPRÜFUNG PRODUKTION aus. Darüber hinaus legen Sie das zu prüfende PRODUKT, den STANDORT ❷ sowie den PRÜFUMFANG ❸ fest. Beim Prüfumfang bestimmten Sie, welcher Anteil der gefertigten Ware geprüft wird. Sie wählen Stichprobenumfang 100 %. Sie können auch eine PRÜFDAUER hinterlegen und eine PRODUKTKATEGORIE auswählen.

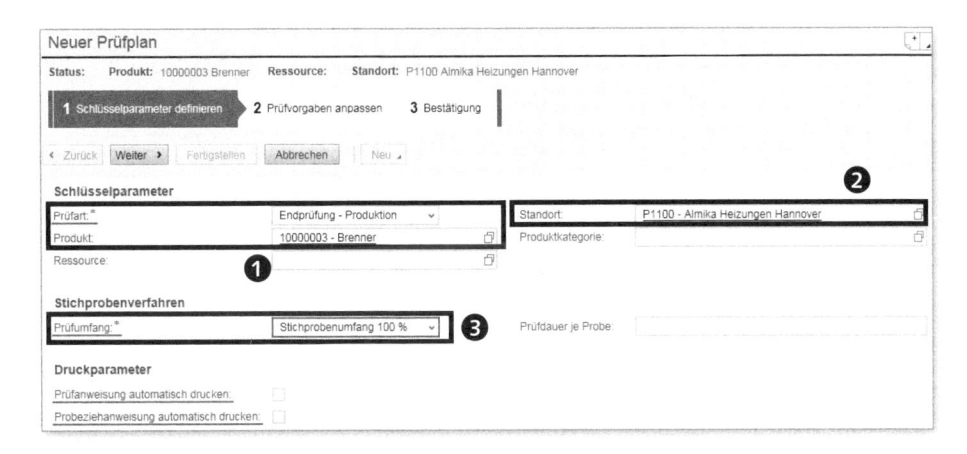

Abbildung 13.39 Neuer Prüfplan

Prüfumfang [«]

Sie können als Prüfumfang auch folgende Optionen auswählen:

- Prüfung nicht erforderlich
- Stichprobenumfang fest
- Stichprobenumfang in %
- Stichprobenumfang nach Stichprobenplan

Im zweiten Schritt der geführten Aktivität können Sie genauere Informationen zu Ihrem Prüfverfahren hinterlegen, z. B. Codes für die Fehlererfassung. Anschließend stellen Sie den Prüfplan fertig und aktivieren ihn.

Prüfplan [✱]

Sie können im FINE-TUNING Folgendes vornehmen:

- Stichprobenpläne definieren
- Regeln für adaptive Stichproben inklusive Verwendung von Prüfstufen festlegen, z. B. reduziert oder verschärft
  Hiermit können Sie die Wareneingänge von Lieferanten prüfen und in Abhängigkeit von der Qualitätslage der Lieferanten die Häufigkeit der Prüfungen anpassen. Die Verwendung von adaptiven Stichproben ist derzeit nur beim Wareneingang möglich.

▶ Für Prüfarten, z. B. für die Endprüfung »Produktion, Einstellungen« können Sie hinterlegen, ab welcher Qualitätskennzahl die Prüfung angenommen oder zurückgewiesen wird (Entscheidungs-Codes).

Bedarfsplan für Endprodukt erstellen

Sie legen einen Bedarfsplan für den Brenner an, damit die Produktion des Materials angestoßen wird. Zuerst ordnen Sie hierfür das Endprodukt einer neuen Prognosegruppe zu. Eine Prognosegruppe beinhaltet mehrere Produkte mit gleichen Prognoseeigenschaften.

Gehen Sie in das Work Center BEDARFSVORPLANUNG und fügen Sie unter ALLGEMEINE AUFGABEN eine neue Prognosegruppe hinzu, indem Sie auf PROGNOSEGRUPPE BEARBEITEN klicken. Eine weitere Prognosegruppe wird durch das Hinzufügen einer UNTERGRUPPE ❶ erstellt. Dabei müssen Sie lediglich eine Nummer und Beschreibung eintragen (siehe ❷ Abbildung 13.40).

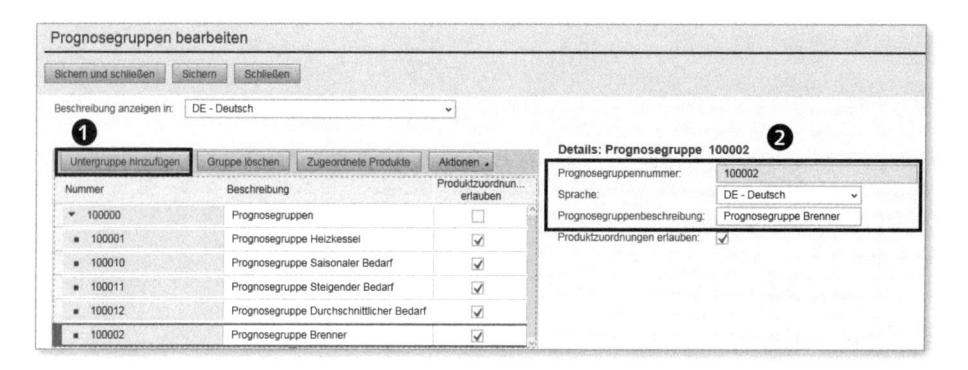

Abbildung 13.40 Prognosegruppen bearbeiten

Anschließend wird eine Bedarfsplanung durchgeführt, um den zukünftigen Bedarf zu prognostizieren. Dies ist bei dem Make-to-Stock-Prozess Voraussetzung, da hier kein Kundenbedarf existiert. Die Bedarfsprognosen können rollierend überarbeitet und deren Ergebnisse für die Beschaffungsplanungsprozesse verwendet werden. Bedarfsprognosen werden für mittel- sowie langfristige Planungshorizonte eingesetzt.

Sie gehen ins Work Center BEDARFSVORPLANUNG in die Sicht BEDARFSPLÄNE und legen einen NEUEN BEDARFSPLAN an. Zunächst vergeben Sie eine BEDARFSPLANNUMMER und -BESCHREIBUNG (siehe ❶ in Abbildung 13.41).

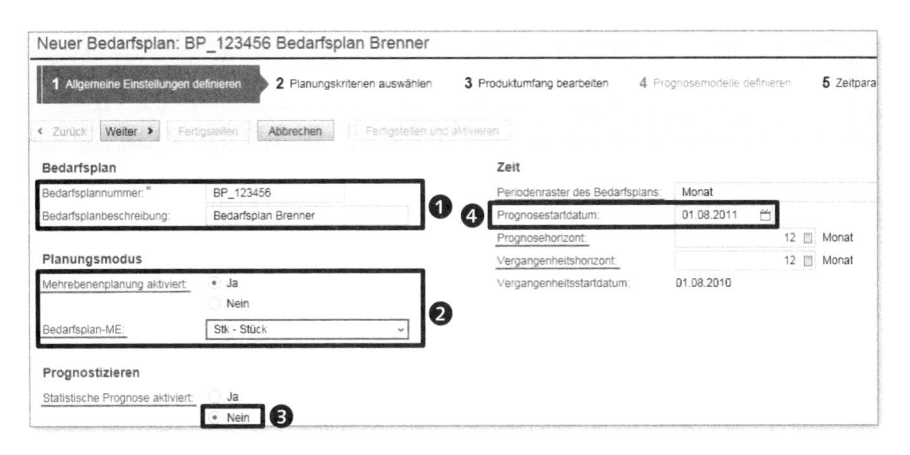

Abbildung 13.41 Bedarfsplan anlegen

Anschließend aktivieren Sie die MEHREBENENPLANUNG ❷, um eine Planung mit mehreren Planungsebenen (auf denen Sie Kennzahlen aggregieren und disaggregieren können) auszuführen. Da Sie die Planung für alle Produkte in Stück ausführen möchten, wählen Sie als Bedarfsplan-Mengeneinheit STÜCK. Sie aktivieren STATISTISCHE PROGNOSEN ❸ nicht, da Sie keine Vergangenheitswerte haben, die Sie mit einbeziehen könnten. Des Weiteren legen Sie das PROGNOSESTARTDATUM ❹ fest. Die Voreinstellungen bezüglich Periodenraster, Prognosehorizont und Vergangenheitszeitraum können Sie bei Bedarf verändern.

Im nächsten Schritt können Sie Merkmale auswählen, die für Mehrebenenplanungen oder Selektionen verwendet werden sollen (siehe Abbildung 13.42).

Abbildung 13.42 Planungskriterien auswählen

Einen Schritt weiter in der geführten Aktivität definieren Sie den Produktumfang, der um SELEKTIONEN erweitert werden kann. Mit Hilfe von Selektionen können Sie gleichzeitig mehrere Produkte, z. B. anhand einer Prognosegruppe, in den Produktumfang miteinbeziehen. Sie definieren »Brenner« als Produktumfang.

[»] **Statistische Prognose**
Wenn Sie in den allgemeinen Einstellungen die statistische Prognose aktiviert haben, erscheint ein weiterer Schritt, in dem Sie Prognosemodelle auswählen, z. B. gleitender Durchschnitt, lineare Regression oder exponentielle Glättung.

Schließlich müssen Sie im nächsten Schritt den Freigabezeitraum und eventuell auch eine Freigabesperre eintragen. Zum Abschluss können Sie den Bedarfsplan FERTIGSTELLEN und AKTIVIEREN.

Anschließend bereiten Sie den Bedarfsplan vor, indem Sie in den Checkboxen auswählen, welche Istdaten aktualisiert werden sollen und klicken auf AUSFÜHREN (siehe Abbildung 13.43).

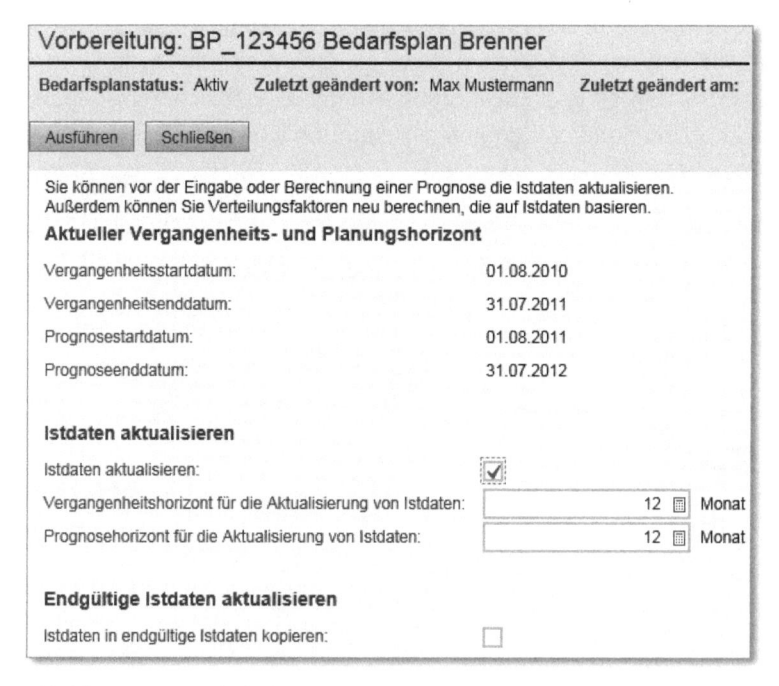

Abbildung 13.43 Bedarfsplan vorbereiten

Diese Vorgehensweise wird normalerweise bei einem neuen Bedarfsplan oder bei Änderungen gewählt, um die Istdaten zu aktualisieren.

Szenario »Planung Make-to-Stock« | 13.5

Rollierung [«]

Um bestehende Bedarfspläne periodisch mit aktuellen Werten zu überarbeiten, wird die Rollierung eingesetzt. Mit der Rollierung des Bedarfsplans in die Zukunft wird sichergestellt, dass neue Zeiträume für die Prognose geöffnet, veraltete, irrelevante Zeiträume geschlossen und die Istdaten aktualisiert werden. Diese Rollierung kann mit einem Massenverarbeitungslauf automatisiert werden.

Erfassung der Prognosebedarfe

Sie erfassen die Prognosebedarfe in der interaktiven Plantafel. Gehen Sie hierzu ins Work Center BEDARFSVORPLANUNG in die Sicht BEDARFSPLÄNE, wählen Sie Ihren gerade erstellten Bedarfsplan aus, und klicken Sie auf PLANEN.

Layout [+]

Sie haben die Möglichkeit, zwischen minimalem, Standard- und maximalem Layout für die Plantafel auszuwählen ❶. Beim maximalen Layout bekommen Sie zusätzliche Felder und Informationen angezeigt (siehe Abbildung 13.44).

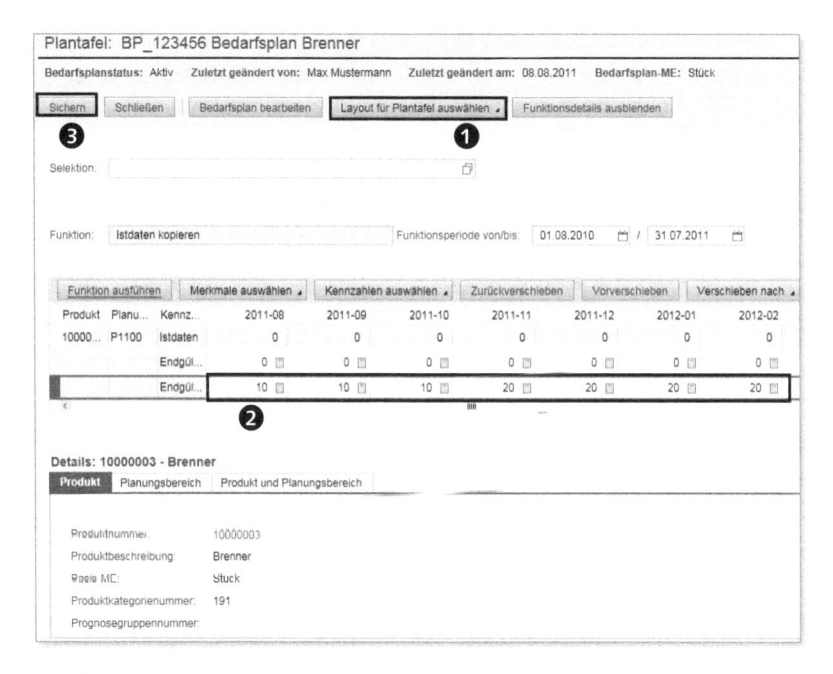

Abbildung 13.44 Interaktive Plantafel

Falls Istdaten existieren, können Sie diese in der Zeile ISTDATEN ablesen; in der Zeile ENDGÜLTIGE ISTDATEN können Sie Istdaten anpassen. Neue Prognosewerte tragen Sie in der Zeile ENDGÜLTIGE PROGNOSE ❷ ein.

Da Sie die Erfahrung gemacht haben, dass die Nachfrage nach Heizungen im Winter zunimmt, tragen Sie für die Herbst- und Wintermonate einen höheren Prognosewert ein. Wenn Sie die Prognosebedarfe in die Plantafel eingepflegt haben, können Sie die Plantafel SICHERN ❸ und den Bedarfsplan FREIGEBEN.

[»] **Merkmale und Kennzahlen**

Sie können MERKMALE AUSWÄHLEN, falls auf andere Planungsebenen, wie Produkt oder Planungsbereich, gewechselt werden soll.

Sie können die angezeigten Kennzahlen (Istdaten, endgültige Istdaten und endgültige Prognose) in der Reihenfolge verändern oder einzelne ausblenden. Kennzahlen vor oder zurück zu verschieben hat den Effekt, dass die Werte auf der Zeitachse verschoben werden.

Planung ausführen

Sie ermitteln die Bedarfe des Endproduktes. Um den Nettobedarf zu ermitteln, gehen Sie ins Work Center BESCHAFFUNGSPLANUNG in die Sicht PRODUKTE. Wählen Sie in der Liste das Endprodukt aus, klicken Sie auf ÖFFNEN und führen Sie eine MEHRSTUFIGE PLANUNG aus ❶. In der ZUGANGS-/BEDARFSLISTE sehen Sie Ihre Prognose und dass zu deren Erfüllung Produktionsvorschläge eingeplant werden (siehe ❷ in Abbildung 13.45). Speichern Sie anschließend die mehrstufige Planung.

[»] **Planungslauf**

Alternativ können Sie einen Planungslauf anlegen, der die mehrstufige Planung der Produkte automatisch zu festgelegten Zeiten ausführt. Dies ist auch der in der Praxis häufiger vorkommende Fall.

[⚙] **Eröffnungshorizont und Gültigkeitsprüfungen sowie Arbeitstagekalender**

Sie können im FINE-TUNING Beschaffungssteuerungsprofile definieren, durch die Bestellvorschläge und Produktionsvorschläge freigegeben werden, um eine rechtzeitige Lieferung zu gewährleisten. *Gültigkeitsprüfungen* können ungültige Bezugsquellen und Produktionsvorschläge aufzeigen. Für beides können Sie auch ein Standardprofil festlegen.

Sie können im FINE-TUNING *Arbeitstags- und Feiertagskalender* hinterlegen. Diese werden dann für die Produktionsplanung und Prognosen als Grundlage herangezogen.

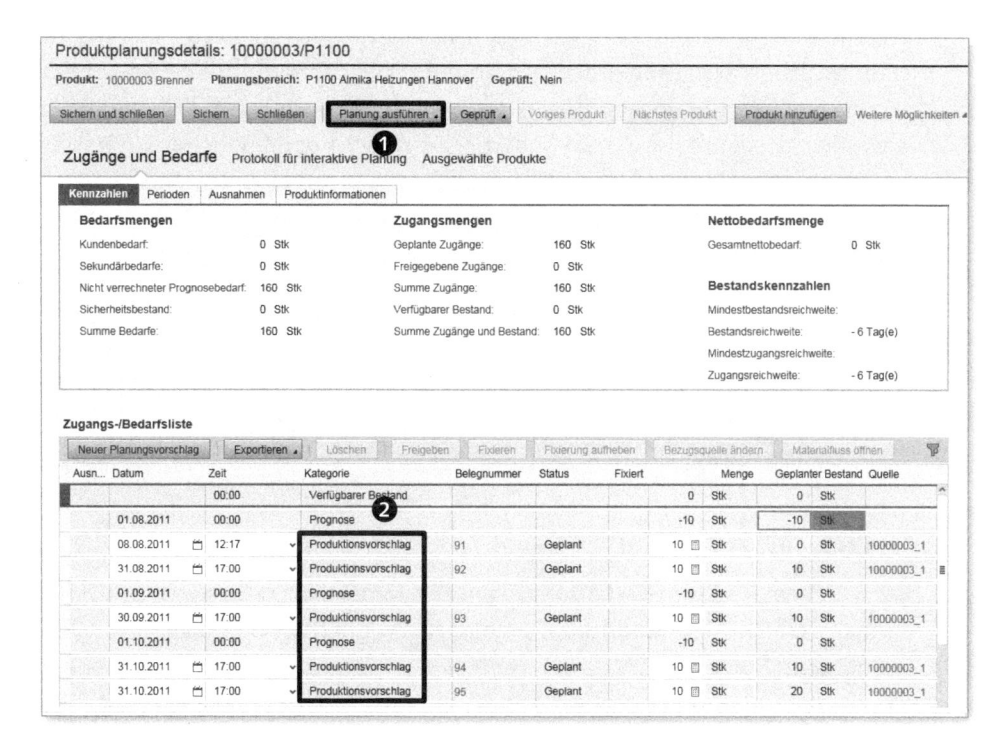

Abbildung 13.45 Produktplanungsdetails

13.6 Szenario »Ausführung Make-to-Stock«

Dieses Szenario schließt an Abschnitt 13.5 an, in dem bereits ein Produktionsvorschlag erzeugt wurde. In diesem Szenario werden die benötigten Materialien bestellt und eingelagert. Schließlich wird der Produktionsprozess samt Qualitätsprüfung am System durchgeführt.

13.6.1 Anforderungen

Bei gut disponierten Produktions- und Beschaffungsvorschlägen ist die Ausführung der Lagerfertigung in hohem Maße automatisierbar.

Die Ausführung startet mit der Freigabe von Produktionsvorschlägen. Hier kommt es darauf an, dass noch letzte Änderungen möglich sind und eine Feinsteuerung, die im Einzelfall sinnvoll ist, vorgenommen werden kann. Allerdings führen zu viele und drastische manuelle Eingriffe einen Planungsprozess ad absurdum. Starke manuelle Planungseingriffe der Ressourcenverwendung im Fixierungshorizont bringen jede Planung zum Einsturz.

Die in der Planung erzeugten Bestellvorschläge sollten möglichst einfach und automatisiert freigegeben werden können. Die daraus resultierende Einplanung von Produktionsaufträgen muss nach dem Engpassfaktor verifiziert werden, das heißt, ist der Sekundärbedarf entscheidend, muss er auf Verfügbarkeit überprüft werden. Sind bestimmte Engpassressourcen entscheidend, müssen diese auf aktuelle Verfügbarkeit und Auslastung hin überprüft werden können.

Produktionsrückmeldungen und Qualitätsprüfungen sollten mit möglichst geringem manuellen Aufwand durchgeführt werden können. Das Gleiche gilt für Bewertungen der Fertigungserzeugnisse bzw. der Ware in Arbeit nach Ist-Kosten oder beim Periodenabschluss, wenn nach Herstellungskosten bewertet werden muss.

13.6.2 Prozessablauf

Zuerst geben Sie als Beschaffungsplaner im Work Center BESCHAFFUNGSSTEUERUNG die in Abschnitt 13.5.2 erzeugten Produktionsvorschläge frei (siehe Abbildung 13.46).

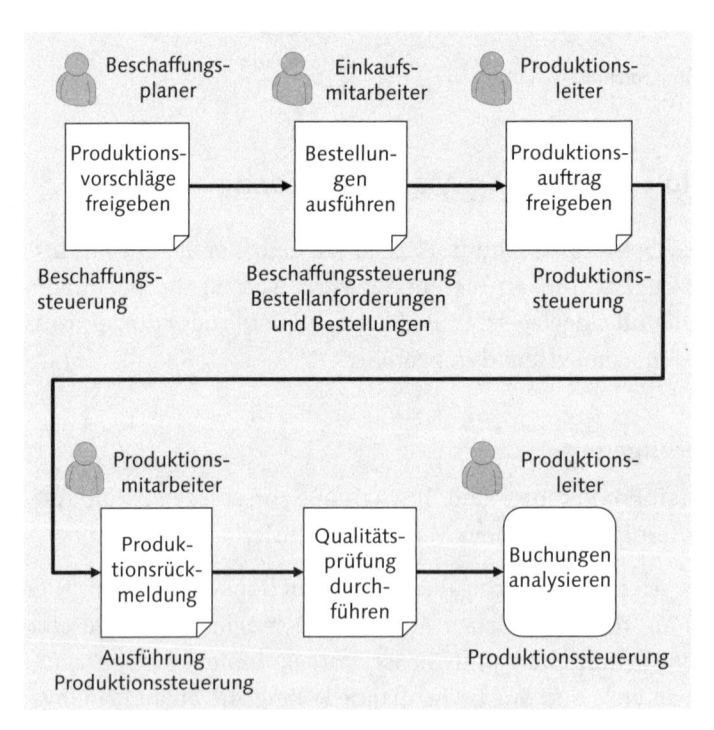

Abbildung 13.46 Prozessablauf »Ausführung Make-to-Stock«

Anschließend beschaffen Sie in der Rolle des Einkäufers die Ware aus den erzeugten Bestellanforderungen. Sobald die Ware eingelagert ist, geben Sie als Produktionsleiter den Produktionsauftrag im Work Center PRODUKTIONS-STEUERUNG frei. Im Work Center AUSFÜHRUNG melden Sie als Produktionsmitarbeiter die Produktions- und Qualitätsprüfungsaufgabe zurück. Zuletzt analysieren Sie noch in der Rolle des Produktionsleiters die Buchungen in der PRODUKTIONSSTEUERUNG.

Produktionsvorschläge freigeben

Sie müssen die Produktionsvorschläge im ersten Schritt freigeben, um mit der Produktion beginnen zu können. Sie gehen dazu in das Work Center BESCHAFFUNGSSTEUERUNG und bearbeiten den erzeugten Produktionsvorschlag. Sie können die Planmenge, Start- und Endtermine und das Verfügbarkeitsdatum noch bearbeiten ❶. Alternativ können Sie auch den MATERIALFLUSS ❷ öffnen. Anschließend können Sie den Produktionsvorschlag direkt freigeben (siehe ❸ in Abbildung 13.47).

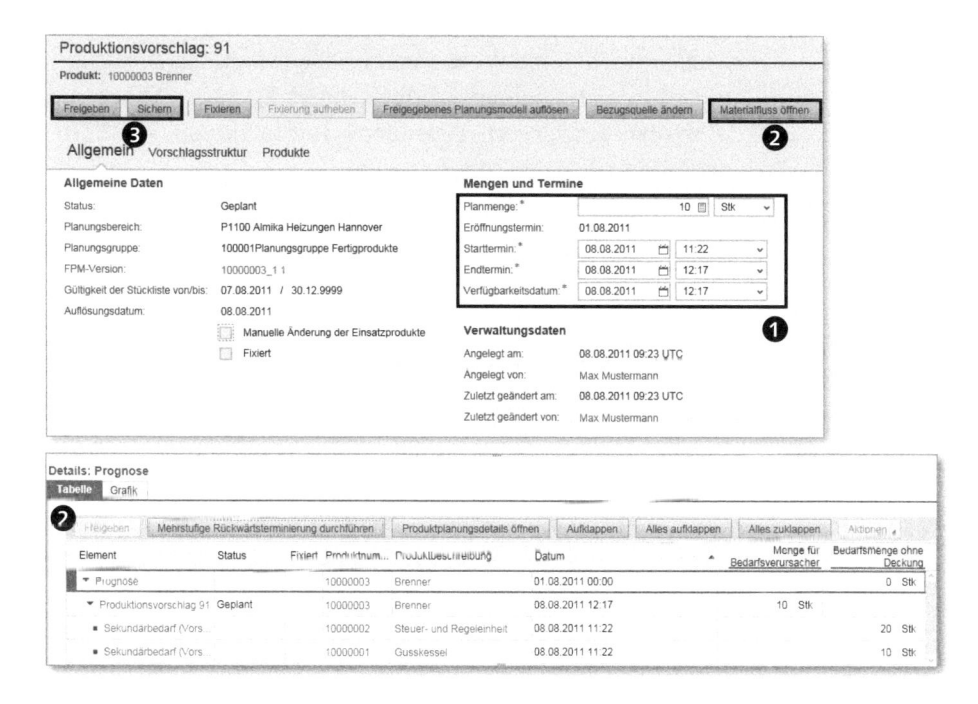

Abbildung 13.47 Produktionsvorschlag

Bestellungen ausführen

Da nicht alle Materialien, die zum Produktionsprozess notwendig sind, auf Lager liegen, müssen Sie diese bestellen. Durch den Planungslauf wurden Bestellvorschläge erzeugt (siehe Abbildung 13.48).

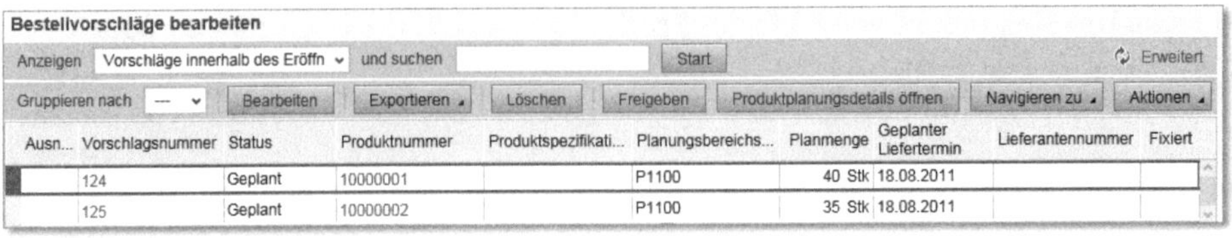

Ausn...	Vorschlagsnummer	Status	Produktnummer	Produktspezifikati...	Planungsbereichs...	Planmenge	Geplanter Liefertermin	Lieferantennummer	Fixiert
	124	Geplant	10000001		P1100	40 Stk	18.08.2011		
	125	Geplant	10000002		P1100	35 Stk	18.08.2011		

Abbildung 13.48 Bestellvorschläge

Bestellvorschläge werden bei verbrauchsgesteuerten Materialien über den Meldebestand gesteuert. Da Sie Ihre eingehenden Materialien neu anlegt haben, beträgt der Lagerbestand derzeit 0. Es wird daher ein Bestellvorschlag erzeugt, der den Lagerbestand auf Höhe des Meldebestands auffüllt. Sie können Bestellvorschläge über die Work Center BESCHAFFUNGSPLANUNG oder BESCHAFFUNGSSTEUERUNG bearbeiten.

Die Bestellvorschläge werden im Work Center BESCHAFFUNGSSTEUERUNG in Bestellanforderungen und Bestellungen umgewandelt. Nach der Anlieferung werden die Materialien eingelagert. Detaillierte Informationen zur Bestellungsabwicklung finden Sie in Abschnitt 10.4.2.

Produktionsauftrag freigeben

Die Produktion kann beginnen, da der Sekundärbedarf, das heißt, die eingehenden Materialien, verfügbar sind. Gegebenenfalls muss noch eine interne Umlagerung (siehe Abschnitt 13.3.2) des Bedarfs vom Lager in das Produktionsversorgungslager erfolgen, soweit dies nicht durch einen Nachschublauf abgedeckt wird.

Bevor Sie mit dem eigentlichen Produktionsprozess beginnen können, müssen Sie zunächst einen Produktionsauftrag anlegen und anschließend freigeben. Dazu gehen Sie in das Work Center PRODUKTIONSSTEUERUNG in die Sicht PRODUKTIONSANFORDERUNGEN und legen einen Auftrag für die gesamte Menge an. Anschließend wählen Sie in der Sicht PRODUKTIONSAUFTRÄGE die Möglichkeit NACH AUFTRAGSKOPF. An dieser Stelle markieren Sie den Produktionsauftrag und bearbeiten ihn.

Szenario »Ausführung Make-to-Stock« | **13.6**

In der Sicht AUFTRAGSSTRUKTUR sehen Sie den Arbeitsplan. Falls Sie im Produktionsmodell Verzweigungen angelegt haben, können Sie an dieser Stelle den gewünschten Weg auswählen und den Pfad aktivieren.

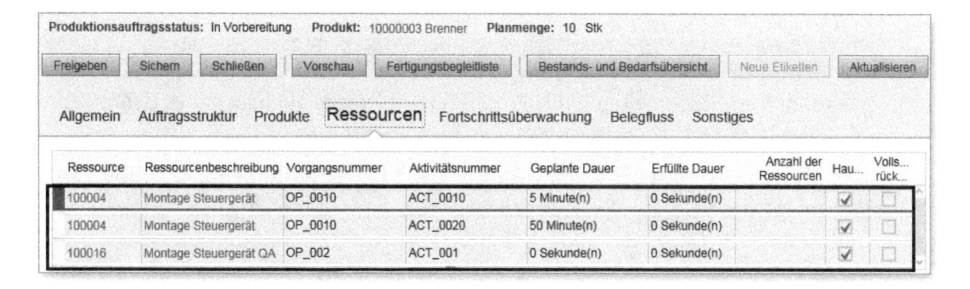

Ressource	Ressourcenbeschreibung	Vorgangsnummer	Aktivitätsnummer	Geplante Dauer	Erfüllte Dauer	Anzahl der Ressourcen	Hau...	Volls... rück...
100004	Montage Steuergerät	OP_0010	ACT_0010	5 Minute(n)	0 Sekunde(n)		✓	☐
100004	Montage Steuergerät	OP_0010	ACT_0020	50 Minute(n)	0 Sekunde(n)		✓	☐
100016	Montage Steuergerät QA	OP_002	ACT_001	0 Sekunde(n)	0 Sekunde(n)		✓	☐

Abbildung 13.49 Ressourcen im Produktionsauftrag

Im Reiter RESSOURCEN prüfen Sie auch die verwendeten Ressourcen. In Abbildung 13.49 sehen Sie die benötigten Ressourcen (die Sie im Produktionsmodell zugeordnet haben), mit der geplanten Dauer und den Aktivitäten aus dem Arbeitsplan.

Ressourcenauslastung [+]

Im Work Center BESCHAFFUNGSPLANUNG können Sie die Ressourcenauslastung prüfen.

Der Reiter FORTSCHRITTSÜBERWACHUNG ist erst relevant, sobald die Produktion gestartet ist. Nachdem Sie den Produktionsauftrag und die BEDARFS- UND BESTANDSÜBERSICHT geprüft haben, können Sie ihn freigeben.

Terminierung Produktionsauftrag [+]

Sobald der Produktionsauftrag freigeben wurde, ist er terminiert, und an den Zeiten kann nichts mehr planmäßig verändert werden.

Strategie zur Erstellung und Freigabe von Produktionsaufträgen [✱]

Sie können im FINE-TUNING Strategien, einen Standard und Ausnahmen festlegen, wann Produktionsaufträge automatisch oder manuell aus der Produktionsanforderung erstellt werden sollen. Das Gleiche gilt für die Freigabe.

Sie können die Produktion in jedem Produktionsauftrag im Reiter FORTSCHRITTSÜBERWACHUNG überwachen, oder gesammelt im Work Center PRODUKTIONSSTEUERUNG in der Sicht PRODUKTIONSAUFTRÄGE NACH AUFTRAGSVORGÄNGEN.

13 | Logistik und Produktion

Produktionsrückmeldung

Nach Durchführung der Produktion melden Sie den Produktionsauftrag zurück. Sie gehen dazu in das Work Center PRODUKTIONSSTEUERUNG in die Sicht AUFGABENSTEUERUNG.

> [+] **Rückmeldung des Produktionsauftrag**
>
> Sie können die Rückmeldung des Produktionsauftrages auch im Work Center AUSFÜHRUNG in der Sicht PRODUKTIONSAUFGABEN vornehmen.
>
> Dies wird in der Praxis der häufigere Fall sein, da das Work Center PRODUKTIONSSTEUERUNG das teuerste Work Center bezogen auf den monatlichen Mietpreis von SAP Business ByDesign ist und dieses nur wenigen ausgewählten Mitarbeitern zur Verfügung steht.

Im Feld BESTÄTIGTE MENGE tragen Sie die produzierte Menge ein (siehe ❶ in Abbildung 13.50).

Abbildung 13.50 Aufgabendetails Montage

> [✱] **Ausschuss- und Ressourcenabweichungsgründe**
>
> Falls es Ausschuss gibt, tragen Sie diesen in den entsprechenden Feldern ein. Sie können im FINE-TUNING Abweichungsgründe definieren und aktivieren.

Wenn Sie wie geplant produziert haben, wählen Sie RÜCKMELDEN WIE GEPLANT, um die bestätigte Menge in Höhe der Planmenge vom System automatisch vorgeschlagen zu bekommen. Anschließend können Sie die Rückmeldung sichern ❷. Über VORSCHAU ❸ können Sie sich ansehen, wie die ausgedruckte Produktionsaufgabe für Ihren Fertigungsmitarbeiter aussehen würde (siehe Abbildung 13.51).

13.6 Szenario »Ausführung Make-to-Stock«

Produktionsaufgabe

Seite: 1/2

Aufgabennummer: 94	Aufgabenbeschreib.: Ende Montage	Druckdatum/-uhrzeit: 08.08.2011 14:21:45
	Aufgabenpriorität: Normal	Verantwortlicher: Max Mustermann
	Bearbeitungsstatus: In Bearbeitung	
Produktionsauftragsnr.: 91	Frühester Beginn: 08.08.2011 11:22:19	Unterschrift (Bearbeiter):
Produkt: 10000003 - Brenner	Spätester Beginn: 08.08.2011 11:22:19	Ausführungsdatum/-uhrzeit:
	Spätestes Ende: 08.08.2011 12:17:19	

Produktspezifikation:

Elementnummer	Elementart	Elementbeschreibung	Ressource Identifizierter Bestand	Geplante Dauer Geplante Menge	Rückgemeldete Dauer Rückgemeldete Menge	Ausschussmenge
OP_0010	Produktionsvorgang	Montage	100004 Montage Steuergerät	00:55:00		
ACT_0010	Rüstaktivität	Rüsten	100004 Montage Steuergerät	00:05:00		
ACT_0020	Produktionsaktivität	Steuereinheit Montieren	100004 Montage Steuergerät	00:50:00		
10000001	Einsatzprodukt	Gusskessel		10 Stk		
10000002	Einsatzprodukt	Steuer- und Regeleinheit		20 Stk		

Abbildung 13.51 Produktionsaufgabe

Ändern Sie schließlich, sobald die Produktion abgeschlossen ist, den Status der Produktionsaufgabe in der Liste auf BEENDET ❹.

Qualitätsprüfung durchführen

Sie melden die Qualitätsprüfung, die Sie im Produktionsmodell hinterlegt haben, zurück. Ebenfalls im Work Center AUSFÜHRUNG finden Sie die Aufgabe zur Endprüfung. Sie ändern zuerst den Status in GESTARTET, damit Ihre Kollegen wissen, dass Sie diese Aufgabe bereits begonnen haben. Tragen Sie als Prüfergebnisse ❶ ein, dass Sie zehn Stück geprüft haben, keine Fehler aufgetreten sind und die Prüfung angenommen wurde (siehe Abbildung 13.52).

Im Reiter REIHENFOLGE können Sie sehen, dass die Vorgangeraufgabe die Montage war, die Sie gerade schon zurückgemeldet haben. Sie können sich anschließend unter VORSCHAU ❷ das Dokument mit den Prüfergebnissen generieren lassen (siehe Abbildung 13.53).

Dann schließen Sie die Ergebniserfassung ❸ für die Prüfaufgabe ab und beenden die Aufgabe. Am Ende sorgt ein Rücklagerungslauf dafür, dass die fertigen Brenner in das Endlager umgelagert werden. Sie können diesen Vorgang alternativ auch manuell ausführen.

13 | Logistik und Produktion

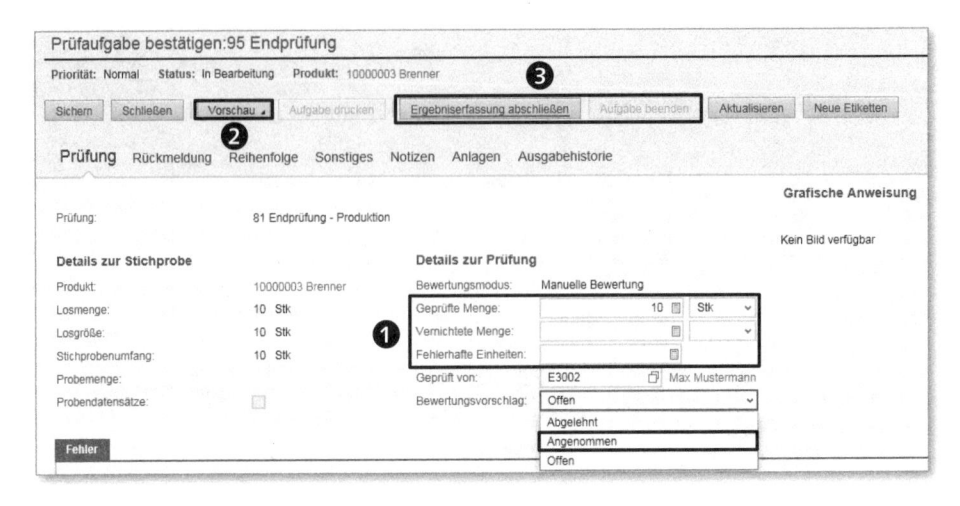

Abbildung 13.52 Prüfaufgabe bestätigen

Abbildung 13.53 Prüfergebnisse

[»] **Ungeplante Prüfungen**

Sie können auch ungeplante Prüfung für Waren aus einem Produktionsauftrag, einem Wareneingang, einem Warenausgang oder einer Kundenretoure durchführen. Hierfür muss nicht unbedingt ein Prüfplan verwendet werden.

[☼] **Abschluss von Produktionslosen**

Sie können im FINE-TUNING festlegen, ob Sie Produktionslose manuell oder automatisch mit dem Abschluss der letzten Produktionsaufgabe abschließen.

Szenario »Ausführung Make-to-Stock« | 13.6

Buchungen analysieren

Nachdem Sie alle Aufgaben abgeschlossen haben, gehen Sie in das Work Center PRODUKTIONSSTEUERUNG und bearbeiten Ihren Produktionsauftrag. Sie lassen sich dazu den Belegfluss anzeigen und prüfen die erzeugten Belege in der Finanzbuchhaltung (siehe Abbildung 13.54).

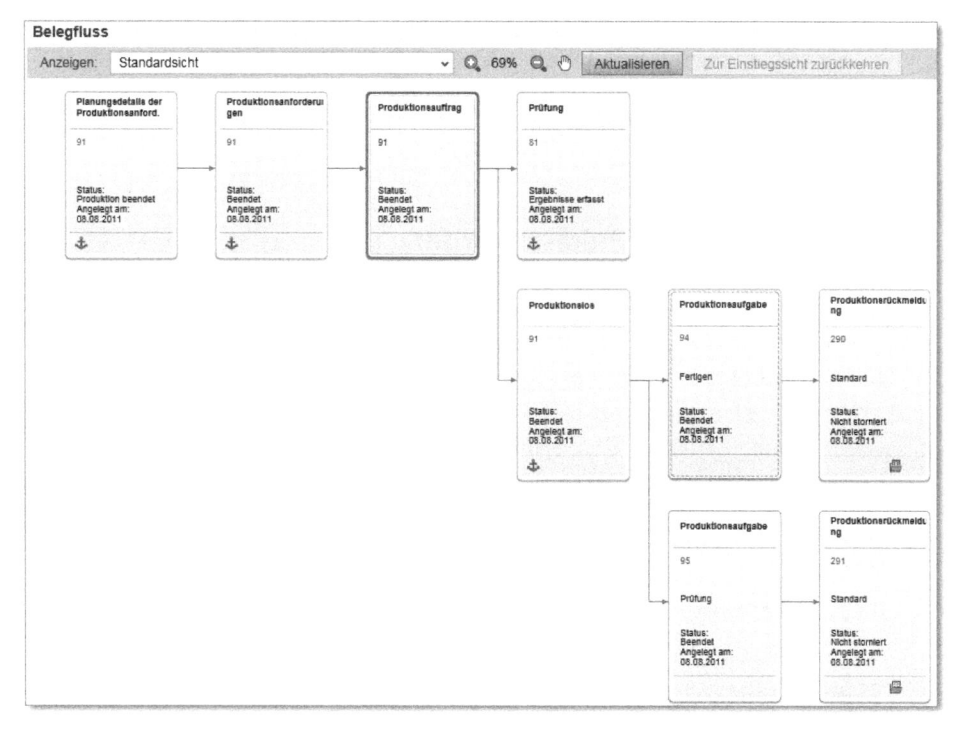

Abbildung 13.54 Belegfluss »Make-to-Stock«

Bei der Rückmeldung der Produktion wurde von WARE IN ARBEIT (Work-in-Process-Konto, WIP-Konto) auf das Konto FERTIGE ERZEUGNISSE UND WAREN gebucht. Bei der Rückmeldung der Qualitätssicherung gibt es Buchungen vom Konto WARE IN ARBEIT auf das Konto AUFWAND INTERNER SERVICE (siehe Abbildung 13.55).

Sachkonto	Soll in Hauswährung	Haben in Hauswährung	Kostenstellennum...	Profit-Center-Num...
397500 - Ware in Arbeit	5,00 EUR			P1100
478100 - Aufwand interner Service		5,00 EUR	P1121	P1120
397500 - Ware in Arbeit	50,00 EUR			P1100
478100 - Aufwand interner Service		50,00 EUR	P1121	P1120

Abbildung 13.55 Buchungsbeleg der Qualitätsrückmeldung

> [❂] **Aufgabensteuerung für Bestandsbewertung**
> Sie können im FINE-TUNING die Aufgabensteuerung der Bestandsbewertung z. B. für WIP-Abrechnungsläufe festlegen.

> [+] **WIP-Abrechnungslauf**
> Am Ende einer Periode – dies ist meistens am Monatsende – wird ein WIP-Abrechnungslauf durchgeführt. Mit dem WIP-Abrechnungslauf wird erreicht, dass entstandene Differenzen bei angefallenen Kosten und der Bewertung bei Wareneingang aus der Produktion ausgeglichen werden.

13.7 Szenario »Make-to-Order«

In diesem Szenario wird ein Produkt nach Kundenwunsch gefertigt. Hierfür werden zuerst die notwendigen Einstellungen am Material vorgenommen, damit für dieses Produktspezifikationen erfasst werden können. Das Produkt wird erst gefertigt, wenn der Kundenauftrag erfasst wurde, das heißt, der Bedarf entsteht durch den Kundenauftrag und die Produktion startet. Im Gegensatz dazu wurde beim Make-to-Stock-Szenario in Abschnitt 13.5 der Bedarf durch eine Prognose getriggert.

13.7.1 Anforderungen

Im Gegensatz zur Lagerfertigung von Standardprodukten ist die Kundenauftragsfertigung Make-to-Order die individuelle Problemlösung für einen Kundenfall. In den meisten Fällen ist die Anforderung, ausgehend von einem Grundprodukt eine kundenindividuelle Spezifikation vorzunehmen, etwa betreffend Farbe oder Zusatzoptionen. Im Regelfall wird nach Auftragserteilung erst die Bedarfsermittlung und Beschaffungsplanung angestoßen.

Oft hat ein Unternehmen mehrere Spezifikationen eines Produktes oder Baugruppen zur Endmontage vordefiniert. Es kann aber auch speziell für einen Kunden eine individualisierte Version designt und erstellt werden.

Die besondere Anforderung ist nun, die Spezifikation aus dem Kundenauftrag, in dem die Vereinbarung mit dem Kunden vertraglich hinterlegt wird, bis in die Beschaffung und den Produktionsprozess durchzuschleusen. In der Lagerabwicklung muss es dann möglich sein, diesen speziellen kundenindividuellen Bestand zu verfolgen und zu identifizieren.

SAP Business ByDesign unterstützt hier Grundanforderungen der Spezifizierung und Bestandsverfolgung in der Logistik. So ist es z. B. möglich, organisatorisch mit einem Kundenprojekt den Fall abzubilden, dass neben dem Produktverkauf noch komplexe Dienstleistungen hinzukommen, wie zum Beispiel eine Installation vor Ort. Derzeit ist es im Standard jedoch nicht möglich, Produktspezifikationen bezüglich Bewertungs- und Verkaufspreis zu differenzieren. Produktkonfiguration und Variantenfertigung sind noch offene Themen für branchenspezifische Erweiterungen und Partner-Apps.

13.7.2 Prozessablauf

Zuerst passen Sie im Work Center PRODUKT- UND SERVICEPORTFOLIO in der Rolle des Produktentwicklers den Materialstamm an (siehe Abbildung 13.56).

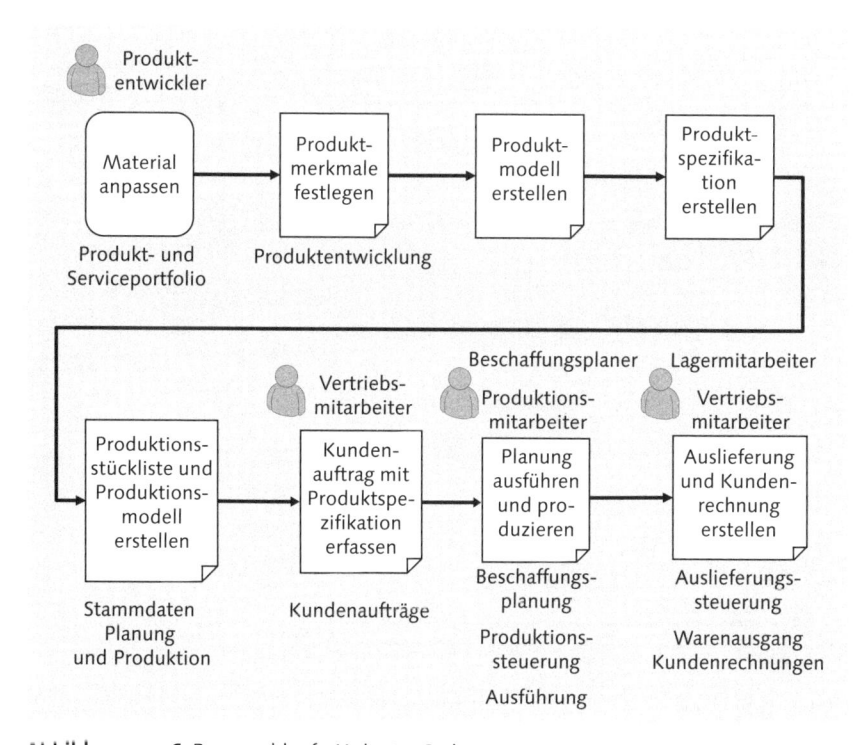

Abbildung 13.56 Prozessablauf »Make-to-Order«

Sie legen dann im Work Center PRODUKTENTWICKLUNG ein Produktmerkmal, ein Produktmodell und eine Produktspezifikation an. Anschließend gehen Sie in das Work Center STAMMDATEN PLANUNG UND PRODUKTION, um eine neue Stücklistenvariante und ein Produktionsmodell anzulegen. Sie erfassen in der Rolle des Vertriebsmitarbeiters den Kundenauftrag für Ihr Produkt im Work Center KUNDENAUFTRÄGE und führen dann als Beschaffungsplaner eine mehrstufige Planung im Work Center BESCHAFFUNGSPLANUNG aus. Nachdem Sie als Produktionsmitarbeiter die Ware produziert und als Lagermitarbeiter ausgeliefert haben, erstellen Sie in der Rolle eines Vertriebsmitarbeiters eine Faktura im Work Center KUNDENRECHNUNGEN.

Material anpassen

Sie möchten den Brenner, den Sie in Abschnitt 13.5.2 angelegt haben, jetzt auch mit verschiedenen Leistungsstärken verkaufen. Sie legen dazu im Materialstamm im Work Center PRODUKT- UND SERVICEPORTFOLIO in der Sicht PRODUKTE für den Brenner fest, dass optional ein spezifizierter Bestand verwendet wird, da Sie das Produkt mit und ohne Produktspezifikation fertigen möchten (siehe Abbildung 13.57).

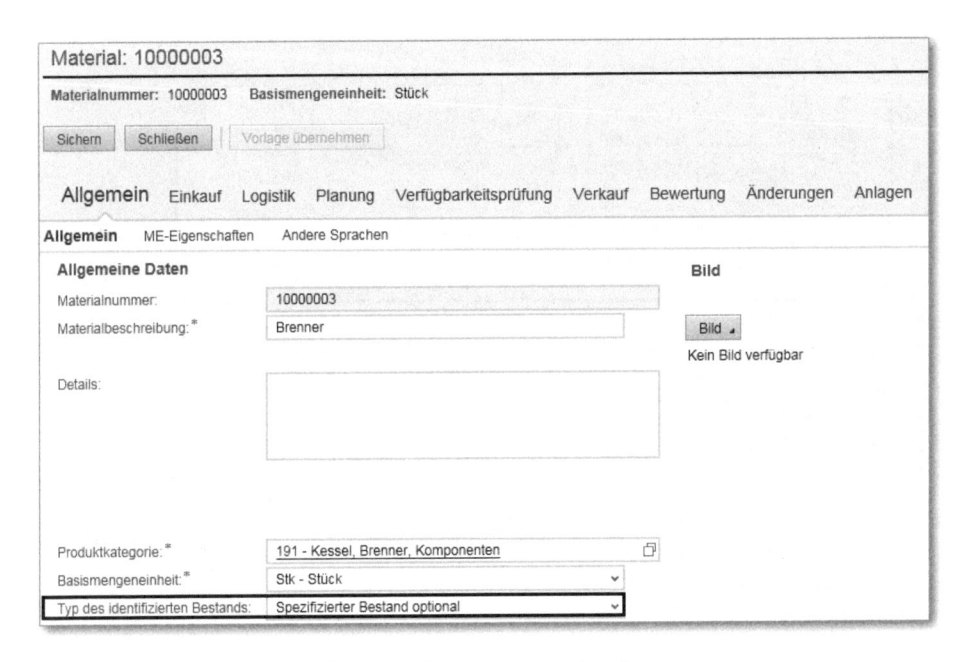

Abbildung 13.57 Material mit spezifiziertem Bestand optional

[+] **Spezifizierter Bestand**

Spezifizierter Bestand wird bei Produkten mit Varianten verwendet, das können z. B. alle Produkte mit der gleichen Farbe sein, die im Lager getrennt von den anderen Produkten behandelt werden sollen.

Der spezifizierte Bestand fällt in die Kategorie des identifizierten Bestands, mit dem Sie bestimmte Mengen des gleichen Produktes in Produktions- und Logistikprozessen unterscheiden können.

Szenario »Make-to-Order« | 13.7

> **Kategorien identifizierter Bestand** [«]
>
> Sie können bei dem identifizierten Bestand auch das Feld CHARGE auswählen, wenn Sie alle Materialien kennzeichnen möchten, die in einem zusammenhängenden Produktionsprozess hergestellt wurden. Wenn das Produkt grundsätzlich mit Spezifikationen hergestellt werden soll, wählen Sie VERPFLICHTENDE SPEZIFIKATION.

Produktmerkmal festlegen

Sie legen zu dem Material verschiedene Produktmerkmale an, um die Auswahlmöglichkeiten zum Brenner für Kunden festzulegen. Sie gehen hierfür ins Work Center PRODUKTENTWICKLUNG in die Sicht PRODUKTMERKMALE und legen ein neues Produktmerkmal an. Geben Sie eine aussagekräftige Beschreibung an ❶, und wählen Sie das Format GANZE ZAHL (siehe ❷ in Abbildung 13.58). Anschließend können Sie die Merkmalswerte eingeben ❸.

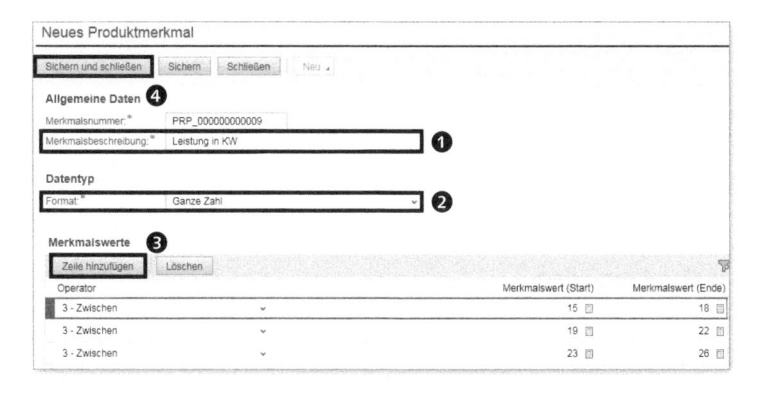

Abbildung 13.58 Merkmalswerte eines Produktmerkmals definieren

> **Format** [«]
>
> Sie können zwischen folgenden Formaten wählen: CODE, MENGE, BOOLESCH, FREITEXT, GANZE ZAHL und DEZIMALZAHL. In Abhängigkeit vom gewählten Format ändert sich die Tabelle, in der Sie die Merkmalswerte eintragen.

Schließlich speichern und schließen Sie das Produktmerkmal ❹. Sie können bei Bedarf nach dem gleichen Schema weitere Produktmerkmale erfassen, z. B. für die Größe, das Gewicht, die Länge und die Farbe.

Produktmodell erstellen

Sie möchten dem Brenner nun das Produktmerkmal zuordnen. Dazu erstellen Sie ein Produktmodell im Work Center PRODUKTENTWICKLUNG. Sie vergeben Nummer und Beschreibung ❶; anschließend ordnen Sie das Produkt BRENNER ❷ und das im Schritt zuvor erstellte Merkmal zu (siehe ❸ in Abbildung 13.59).

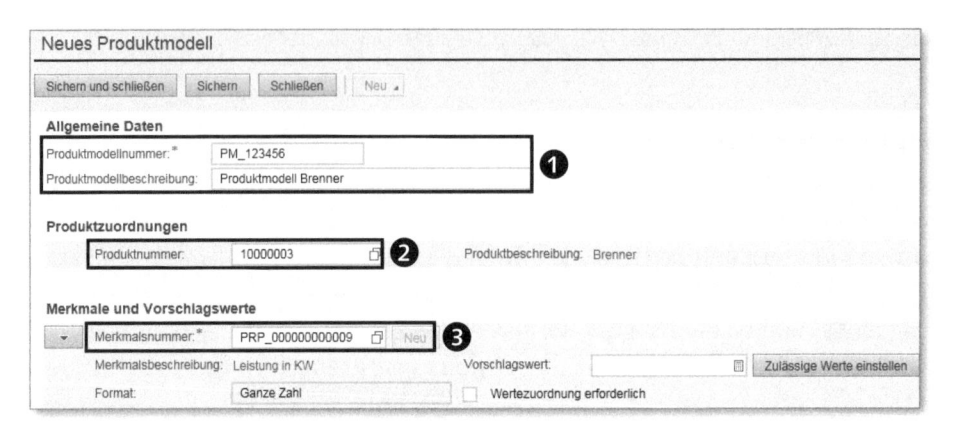

Abbildung 13.59 Produktmodell erstellen

Sie können Vorschlagswerte definieren, die bei der Spezifikation standardmäßig ausgewählt werden können. Bei Bedarf können Sie weitere Merkmale anlegen und hinzufügen.

Produktspezifikation erstellen

Anschließend legen Sie ebenfalls im Work Center PRODUKTENTWICKLUNG eine PRODUKTSPEZIFIKATION an. Eine Produktspezifikation vereint die konkreten Ausprägungen aller im Modell definierten Merkmale. Wenn mehrere Kombinationen möglich sind (z. B. graue Verkleidung – 15 kW, schwarze Verkleidung – 15 kW), werden weitere Spezifikationen angelegt. Sie tragen neben einer Nummer und Beschreibung ❶ das Produkt ❷ ein und wählen eine Merkmalsausprägung (siehe ❸ in Abbildung 13.60).

> **Produktspezifikation aus Kundenauftrag anlegen**
>
> Sie können eine Produktspezifikation auch erst aus dem Kundenauftrag heraus anlegen. Problematisch ist allerdings, dass in der Übersicht der Produktionsspezifikationen nicht erkennbar ist, welche Merkmale jeweils enthalten sind. Es besteht also die Möglichkeit, dass Sie eine Produktspezifikation mehrfach anlegen. SAP Business ByDesign gibt in diesem Fall keine Fehlermeldung aus.

Schließlich speichern Sie die Produktspezifikation ❹ und geben sie frei ❺.

Produktspezifikation [⚙]

Im FINE-TUNING und unter DATENÜBERNAHME UND ERWEITERUNG in der Aufgabenliste können Sie Folgendes vornehmen:

- Nummernkreise für externe und interne Produktspezifikationen vergeben
- Produktspezifikationen per Migrationsvorlage hochladen

Produktspezifikation aus externem Konfigurationssystem [«]

Sie können Produktspezifikationen auch aus einem externen Tool laden.

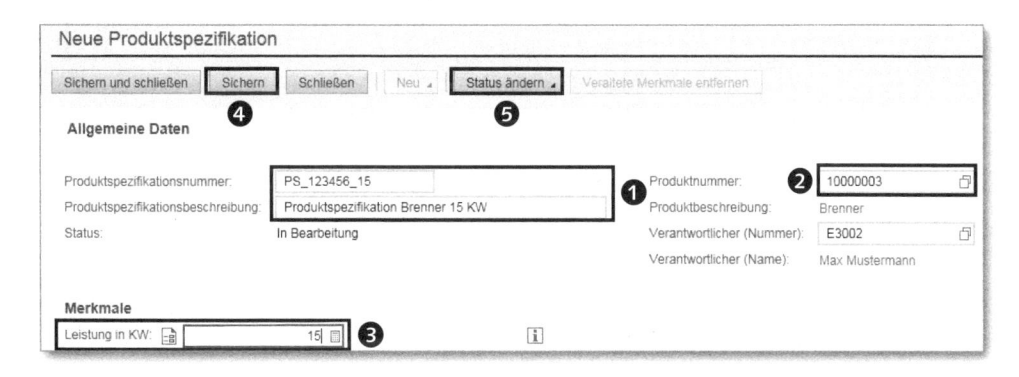

Abbildung 13.60 Neue Produktspezifikation

Produktionsstückliste und Produktionsmodell erstellen

Für jede Produktspezifikation müssen Sie eine eigene Produktionsstücklistenvariante und ein Produktionsmodell anlegen. Sie gehen ins Work Center STAMMDATEN PLANUNG UND PRODUKTION, um eine neue Stücklistenvariante anzulegen. Hier markieren Sie die Ausgangsstückliste in der Liste und klicken auf NEU, um eine neue Variante zu erstellen.

Sie tragen das Produkt und die gerade angelegte Produktspezifikation ❶ sowie eine Stücklistenvariantennummer und eine Änderungsauftragsnummer ein (siehe ❷ Abbildung 13.61).

Bei den Positionen wählen Sie durch den Haken in der Spalte ganz rechts aus, ob Sie die Positionen in der neuen Variante auch verwenden möchten ❸. Sie fügen andere Steuer- und Regeleinheiten hinzu und entfernen den Haken bei den alten Steuer- und Regeleinheiten. Wenn Sie auf ALLES ANZEIGEN klicken, bekommen Sie eine Übersicht, welche Materialien in welcher Stücklistenvariante verwendet werden. Speichern Sie ❹, und schließen Sie den Änderungsauftrag ab.

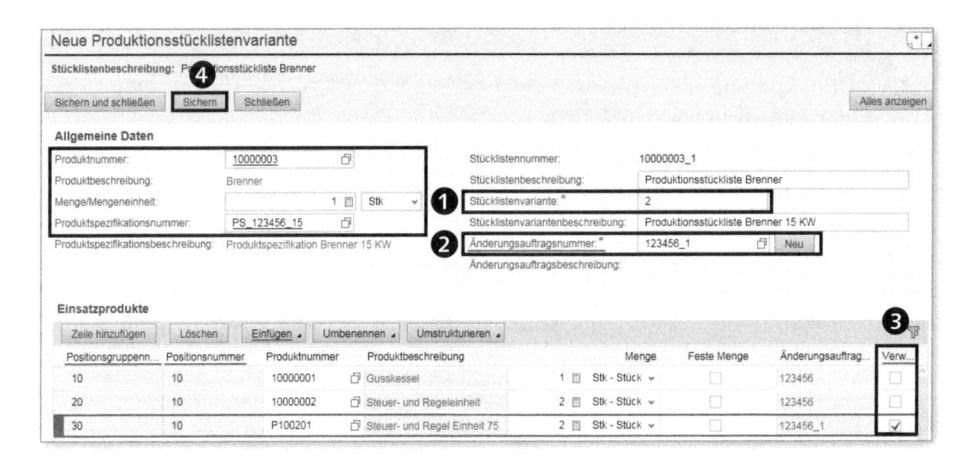

Abbildung 13.61 Stücklistenvariante

Jetzt legen Sie ebenfalls im Work Center STAMMDATEN PLANUNG UND PRODUKTION ein neues Produktionsmodell für Ihre Produktspezifikation an. Wählen Sie das Produkt, die Spezifikation und die neue Stücklistenvariante aus. Da die Aktivitäten im Arbeitsplan ähnlich sind, kopieren Sie den Arbeitsplan vom Brenner. Sie können auch den gleichen Arbeitsplan verwenden. Dies hätte die Konsequenz, dass bei Änderungen des Arbeitsplans beide Produktionsmodelle betroffen wären. Genauere Informationen zur Anlage von Produktionsmodellen finden Sie in Abschnitt 13.5.2.

Sie stellen das Produktionsmodell fertig ❶, prüfen seine Konsistenz ❷ und geben es für Planung und Fertigung frei (siehe Abbildung 13.62).

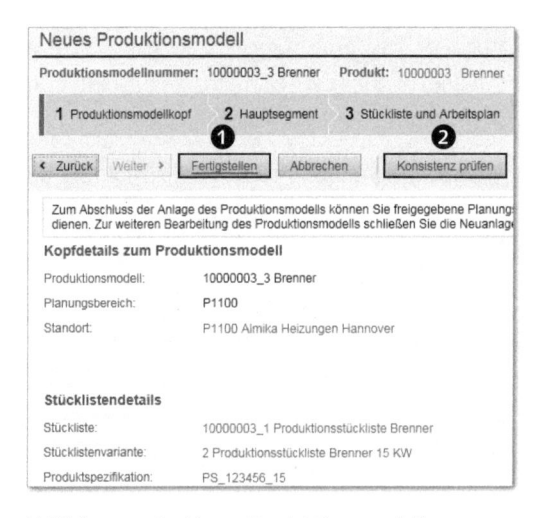

Abbildung 13.62 Neues Produktionsmodell

Szenario »Make-to-Order« | **13.7**

Nummerierung in Produktionsmodellen [+]

Das neue Produktionsmodell hat die gleiche Nummer wie das bereits existierende Produktionsmodell des Brenners aus Abschnitt 13.5.2 mit einem aufsteigenden Index nach der Nummer.

Wenn Sie alle Produktionsmodelle in der Liste betrachten, ist für Sie daher erkennbar, dass es sich um das gleiche Hauptprodukt handelt, jedoch nicht, welche Spezifikation zu welchem Modell gehört.

Produktdesign [«]

Sie können aus externen Systemen, z. B. aus einem CAD-System, über eine Schnittstelle Produktdesigns (Work Center PRODUKTENTWICKLUNG) anlegen und diese in Stücklisten überführen. Dies ist besonders dann interessant, wenn Sie Produkte ganz neu nach Kundenwunsch entwickeln und Weiterentwicklungen des Produkts nachvollziehen wollen.

Kundenauftrag mit Produktspezifikation erfassen

Da Sie jetzt alle notwendigen Stammdaten erfasst haben, kann Ihre Vertriebsabteilung das Produkt mit Spezifikationen verkaufen. Sie erfassen den Kundenauftrag für Ihr Produkt im Work Center KUNDENAUFTRÄGE. Genauere Informationen zur Erfassung von Kundenaufträgen finden Sie in Abschnitt 11.3.2. Bei diesem Kundenauftrag erfassen Sie bei der Position zusätzlich die Spezifikation (siehe ❶ in Abbildung 13.63).

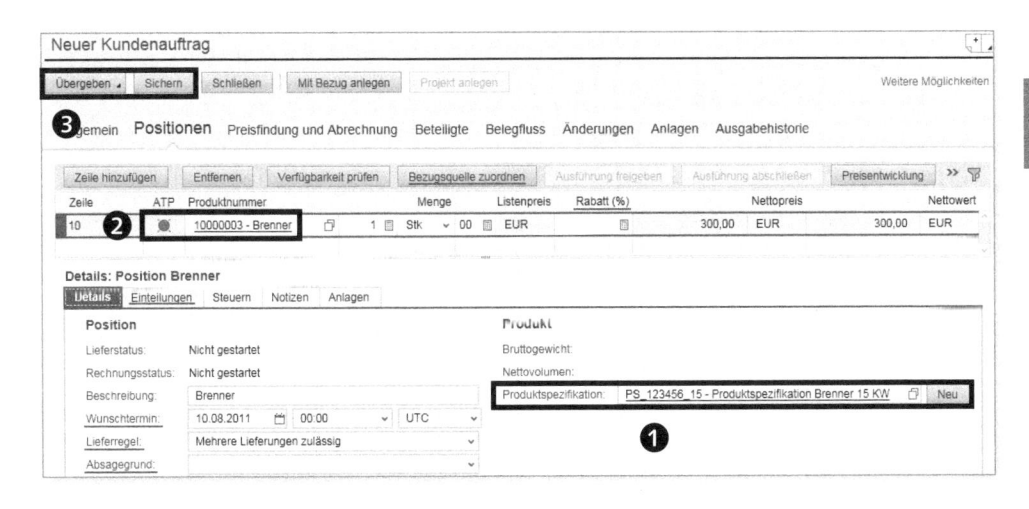

Abbildung 13.63 Neuer Kundenauftrag mit Produktspezifikation

13 | Logistik und Produktion

[»] **Produktspezifikation im Angebot**

Sie können die Produktspezifikation auch bereits im Angebot verwenden.

Die Verfügbarkeitsprüfung zeigt einen roten Kreis ❷, da Sie den Brenner mit dieser Spezifikation so noch nie gefertigt und somit auch nicht auf Lager liegen haben. Sie werden daher im nächsten Schritt die Planung ausführen und die Produktion anstoßen. Sobald Sie alle relevanten Daten erfasst haben, ÜBERGEBEN Sie den Kundenauftrag ❸.

Planung ausführen und produzieren

Analog wie im Make-to-Stock-Szenario in den Abschnitten 13.5.2 und 13.6.2 führen Sie eine mehrstufige Planung aus: Sie selektieren im Work Center BESCHAFFUNGSPLANUNG die Liste nach SPEZIFIZIERTEN PRODUKTEN NACH AUSWAHL, und geben den durch die Planung erzeugten Produktionsvorschlag frei. Wenn das zusätzliche Material, das durch die Auswahl einer Produktspezifikation erforderlich wurde, nicht auf Lager liegt, beschaffen Sie es.

Sie legen dann einen Produktionsauftrag an und bringen per Nachschub oder Umlagerung die Waren ins Produktionsversorgungslager. Der Produktionsablauf entspricht dem des Make-to-Stock-Szenarios, allerdings müssen Sie bei der Produktionsrückmeldung beachten, dass ein identifizierter Bestand angelegt werden muss.

Sie prüfen den Ziellagerbereich bei der Rückmeldung der Produktionsaufgabe ❶ und legen einen neuen identifizierten Bestand in den Details der Position an (siehe ❷ in Abbildung 13.64). Anschließend sichern Sie und setzen den Status auf FERTIGSTELLEN.

[+] **Identifizierten Bestand anlegen**

Sie können einen identifizierten Bestand alternativ auch nach dem Anlegen des Produktionsmodells im Work Center STAMMDATEN PLANUNG UND PRODUKTION in der Sicht IDENTIFIZIERTER BESTAND erfassen. Wichtig ist lediglich, dass bei der Produktions- bzw. Qualitätsrückmeldung das Produkt eindeutig identifiziert sein muss.

[✱] **Identifizierter Bestand**

Im FINE-TUNING und unter DATENÜBERNAHME UND ERWEITERUNG in der Aufgabenliste können Sie Folgendes vornehmen:
- Nummernkreise für den identifizierten Bestand definieren
- Identifizierten Bestand per Migrationsvorlage hochladen

Abbildung 13.64 Aufgabendetails und identifizierten Bestand anlegen

Auslieferung und Kundenrechnung erstellen

Sobald Sie die Produktion abgeschlossen haben, kommissionieren Sie das Produkt im Work Center WARENAUSGANG und liefern es aus. Anschließend erstellen Sie eine Faktura im Work Center KUNDENRECHNUNGEN. Eine detaillierte Erklärung der Auslieferung und Fakturierung finden Sie in Abschnitt 11.4.

Die Integrationsbeziehungen ins Finanzwesen entsprechen im Wesentlichen denen des Make-to-Stock-Szenarios, allerdings wird bei der Kommissionierung und Auslieferung das WE/RE-Verrechnungskonto und schließlich bei der Kundenrechnungserstellung das Konto FORDERUNG AUS LIEFERUNGEN UND LEISTUNGEN belastet.

Durch die Abbildung des Rechnungswesens in SAP Business ByDesign wird zum einen sichergestellt, dass immer die aktuellsten gesetzlichen Auflagen erfüllt werden. Zum anderen wird eine umfassende Kontrolle Ihrer Finanzbuchhaltung durch ein Berichtswesen auf Basis von Echtzeitberichten gewährleistet. Dies hilft Ihnen, Ihre Bücher korrekt zu führen und Prüfungen zu bewältigen.

14 Finanzwesen

In SAP Business ByDesign werden verschiedene Rechnungslegungs- und Steuerstrukturen sowie arbeitsrechtliche Bestimmungen unterstützt, die je nach Land konfiguriert werden. Dies hilft besonders international tätigen Unternehmen, ihre Compliance bezüglich gesetzlicher Anforderungen und Regeln zu wahren. Durch automatische Updates und Release-Einspielungen wird SAP Business ByDesign bei Veränderungen immer rechtzeitig angepasst.

Im ersten Beispielszenario in diesem Kapitel werden offene Posten ausgeglichen. Gerade in diesem Bereich sind die Prozesse auf Grund gesetzlicher Auflagen stark standardisiert. SAP Business ByDesign unterstützt den Anwender zusätzlich, indem es z. B. durch Massenverarbeitungsläufe im Mahnwesen alle überfälligen Posten auflistet, diese vom Mitarbeiter nur noch bestätigt werden müssen und dann automatisch zur Mahnung versandt werden.

Die beiden folgenden Beispielszenarien zeigen die umfangreichen Möglichkeiten der Echtzeitanalytik auf, die Unternehmen dabei helfen, ihre Finanzen zu managen. Hier kann zur Prüfung der Zahlungsfähigkeit jederzeit der Tagesfinanzstatus oder die Liquidität abgefragt werden. Andere Berichte liefern einen aktuellen Status der Kosten- und Erlössituation in der Struktur der Bilanz oder Gewinn- und Verlustrechnung (GuV).

14.1 Vom Zahlungsmanagement zur Bilanz und GuV

Im Finanzwesen laufen die Fäden aller anderen Fachbereiche zusammen. Hier werden die Rechnungen aus den Logistikprozessen ausgeglichen oder die Gehälter des Personals bezahlt. Das Finanzwesen bildet daher die Senke der Integration.

In den drei folgenden Beispielszenarien werden die operativen Prozesse des Finanzwesens ebenso aufgezeigt wie die analytischen Möglichkeiten.

Szenarien	Prozesse	Funktionen	Methoden
Zahlungsmanagement	▸ Offene Forderungen ▸ Kundenfinanzdaten ▸ Mahnung ▸ Scheckeinreicher und Forderungsausgleich ▸ Zahlungsavis ▸ Lieferantenfinanzdaten ▸ Manuelle Zahlung und Zahlungslauf	▸ Mahnlauf ▸ Aviserstellung ▸ Zahlungslauf	▸ Mahnwesen ▸ Avis
Finanzanalyse	▸ Kontoauszug ▸ Tagesfinanzstatus ▸ Liquiditätsvorschau ▸ Skontoauswertung ▸ Zahlungsstatistik ▸ Kundenkreditlinie ▸ Anzahlungsanforderung	▸ Elektronischer Kontoauszug ▸ Liquiditätsvorschaulauf ▸ Kundenkreditlinie ▸ Anzahlungsanforderung	▸ Liquiditätsmanagement ▸ Skontoverlust
Bilanz und GuV	▸ Abschreibung ▸ Abstimmungslauf ▸ Buchung Fremdleistung ▸ Dashboards ▸ Bilanz und GuV ▸ Bilanzvergleich	▸ Abschreibungslauf ▸ Abstimmungslauf ▸ Bilanzvergleich	▸ Nettoerlös ▸ Bruttogewinn ▸ Jahresüberschuss ▸ Periodenvergleich

Tabelle 14.1 Klassifikation Beispielprozesse im Finanzwesen

Im ersten Beispielszenario werden zu Beginn die offenen Forderungen, die in den vorherigen Kapiteln erzeugt wurden, analysiert. Dann werden die Finanzdaten einer Kundin aktualisiert. Da sie mit den Zahlungen im Rückstand ist, erhält die Kundin anschließend eine Mahnung. Hierfür wird im Mahnwesen ein Mahnlauf ausgeführt, der die offenen Posten der Kunden auf Fälligkeiten analysiert und die überfälligen Posten als Mahnvorschläge ausgibt.

Für die eintreffenden Schecks wird ein Scheckeinreicher erstellt; die Schecks werden diesem zugeordnet, zur Bank gebracht und die Forderungen gesammelt ausgeglichen. Eine weitere Zahlung wird per Zahlungsavis angekündigt und dokumentiert.

Im zweiten Teil des ersten Szenarios werden die Verbindlichkeiten betrachtet. Zuerst werden die Lieferantenfinanzdaten vervollständigt; dann wird eine Verbindlichkeit manuell mit Hilfe einer Überweisung ausgeglichen. Weitere offene Posten werden über einen Zahlungslauf ausgeglichen.

Das zweite Beispielszenario beginnt im Liquiditätsmanagement. Hier werden der Kontoauszug, der Tagesfinanzstatus und die Liquiditätsvorschau analysiert. Der Unterschied und der Nutzen dieser drei Instrumente wird thematisiert.

Nachdem die Liquiditätssituation feststeht, wird mit Hilfe einer Skontoauswertung der Skontoverlust des Unternehmens geprüft. Anschließend werden die Zahlungsstatistiken der Kunden und Lieferanten analysiert. Es folgen dann die hieraus abgeleiteten Tätigkeiten, wie die Anpassung der Kundenkreditlinie und die Anforderung einer Anzahlung.

Im dritten Szenario werden zuerst Abschreibungen durchgeführt, die mit Hilfe eines Abschreibungslaufs in SAP Business ByDesign unterstützt werden. Um das Hauptbuch mit dem Nebenbuch und den Verzeichnissen abzustimmen, wird ein Abstimmungslauf durchgeführt. Eine Fremdleistung wird noch manuell in das Hauptbuch gebucht.

Um einen Überblick über die Kosten- und Erlössituation des Unternehmens zu erhalten, werden Dashboards analysiert. Anschließend werden Bilanz und GuV in Berichten geöffnet, um den Nettoerlös, Bruttogewinn und Jahresüberschuss zu identifizieren. Zuletzt wird noch die Entwicklung der Werte des aktuellen Geschäftsjahres im Vergleich zum vergangen Geschäftsjahr in einem Periodenvergleich geprüft. Dies geschieht mit Hilfe des Bilanzvergleichs in SAP Business ByDesign.

14.2 Aufbauorganisation des Finanzwesens

Die Finanzabteilung ist im Organisationsmanagement mit den Funktionen CASHFLOW-MANAGEMENT, EXTERNES UND INTERNES RECHNUNGSWESEN, KUNDENRECHNUNGEN UND RECHNUNGSPRÜFUNG versehen. Eine Erklärung der Grundlagen des Organisationsmanagements finden Sie in Abschnitt 9.3.2. Der Finanzabteilung ist zumeist die Verwaltung angegliedert, die sich um allgemeine Aufgaben und Belange einer Firma kümmert, wie z. B. um die Kommunikation mit Finanzbehörden (siehe Abbildung 14.1).

Finanzwesen
- ☑ Cashflow-Management
- ☑ Externes und internes Rechnungswesen
- ☑ Kundenrechnungen
- ☑ Rechnungsprüfung

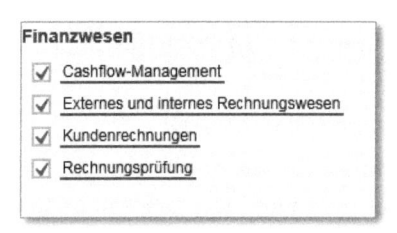

Abbildung 14.1 Funktion »Finanzwesen«

Über das Organisationsmanagement werden die Kostenstellen, Profit-Center und Segmente definiert (siehe auch Abschnitt 6.2.2).

In Abbildung 14.2 sind die in den Geschäftsszenarien verwendeten Work Center mit den für die Bearbeitung relevanten Sichten aufgeführt.

- Die *Sichten* entsprechen einer konkreten Aufgabe im Sinne der Betriebswirtschaftslehre.
- Die *Work Center* repräsentieren Rollen und kombinieren zusammengehörige Aufgaben. Damit ermöglichen sie die Aufgabenzuordnung zu Mitarbeitern im Rahmen des Organisationsmanagements.

Nicht behandelte Work Center, die für ähnliche Szenarien oder Varianten relevant sind, sind ohne Sichten angegeben.

- Da die Spesenanträge aus Kapitel 9 bereits angelegt und genehmigt sind, wird das Work Center SPESEN nicht verwendet.
- Das Work Center KOSTEN UND ERLÖSE aus dem Bereich »Controlling« wurde bereits in Kapitel 12 bezüglich der Personalressourcen verwendet.
- Das Work Center PRÜFUNG UND REVISION dient zur Wirtschaftsprüfung und Revision.
- Im Work Center VERWALTUNG DER STEUERN können Steuermeldungen und -zahlungen an die Finanzbehörden überwacht werden.

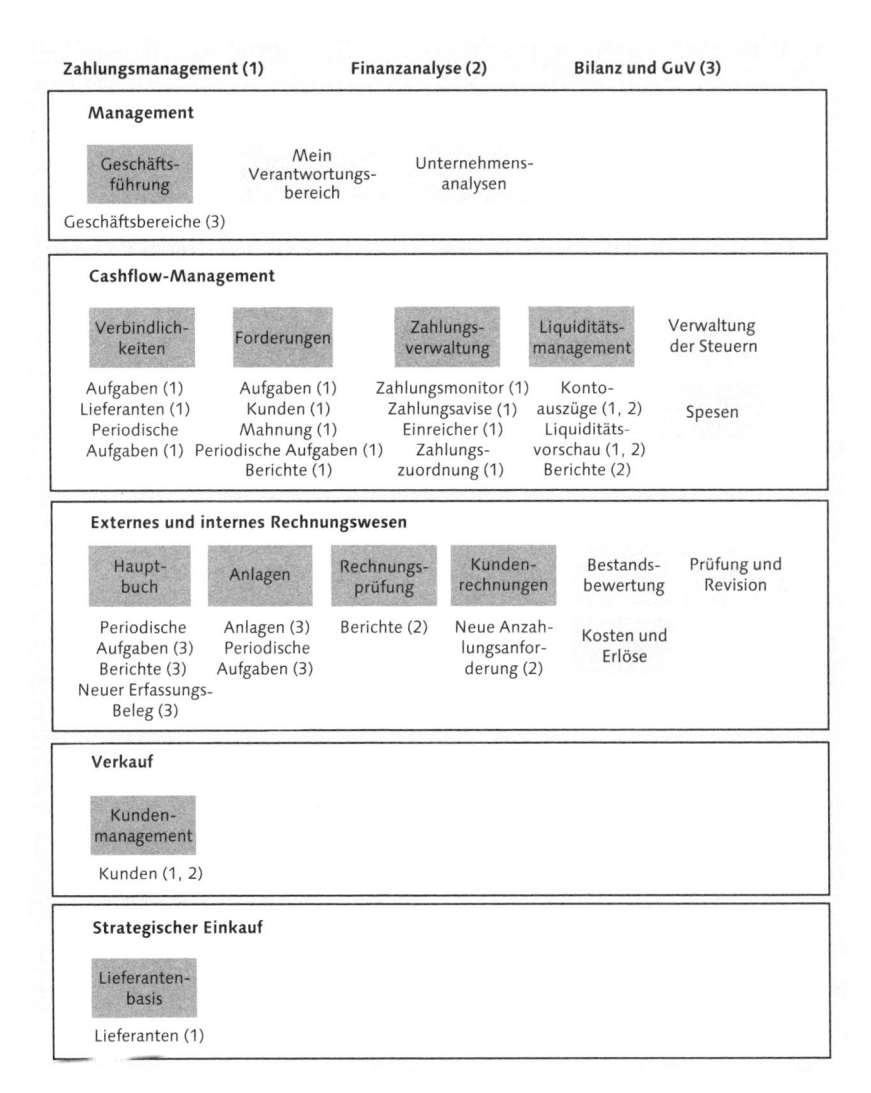

Abbildung 14.2 Übersicht über die verwendeten Work Center und Sichten in den Szenarien

14.3 Szenario »Zahlungsmanagement«

In diesem Szenario wird aufgezeigt, wie die in den vorherigen Kapiteln erzeugten Forderungen und Verbindlichkeiten ausgeglichen werden können. Hierfür werden in den Stammdaten der Debitoren und Kreditoren die Finanzdaten nachgepflegt.

Bei der Zahlungsabwicklung betrachten wir zuerst die Debitorenseite und gehen anschließend auf die Kreditorenseite ein.

14.3.1 Anforderungen

Die operativen Anforderungen an das Zahlungsmanagement bestehen darin, fällige Forderungen und offene Verbindlichkeiten möglichst effizient zu handhaben. Hierzu gehört es einerseits, alle Fristen oder Skontomöglichkeiten auszunutzen, um die Liquiditätslage im Griff zu behalten, und andererseits alle finanztechnischen Möglichkeiten auszureizen, um Ausfälle zu minimieren und den Erlös zu steigern.

Im Zahlungsmanagement geht es um die Begleichung von Kunden- und Lieferantenrechnungen. Die offenen Posten, das heißt, die Forderungen auf Kundenseite und die Verbindlichkeiten gegenüber Lieferanten, müssen möglichst termingerecht und effizient ausgeglichen werden. Dies sollte möglichst durch Zahlungsläufe, also automatisierte Prozesse, erreicht werden. Zudem muss es manuelle Eingriffsmöglichkeiten für Sonderfälle geben.

Voraussetzungen hierfür sind, dass alle Stammdaten auf Kunden- und Lieferantenseite ordnungsgemäß gepflegt sind und aktuelle Bankverbindungen sowie sonstige finanzrelevante Daten enthalten. Auch die Integration zur Hausbank über den elektronischen Kontoauszug vereinfacht die Abwicklung für eingehende und ausgehende Zahlungen.

Auswertungen des Zahlungsmonitors, der Liquiditätsvorschau oder der Finanzkennzahlen, die den Cashflow aufzeigen, sind ein entscheidendes Steuerungsinstrument. Der strategische Aspekt der Auswertungen besteht darin, die Zahlungsfähigkeit des Unternehmens immer aufrecht zu erhalten. Dabei geht es auf der Seite der Verbindlichkeiten um die Nutzung von Skonto und auf der Seite der Forderungen gegenüber Kunden um ein Inkassomanagement, also um das Vermeiden von Zahlungsausfällen. So kann kurzfristig die Liquidität beeinflusst oder durch Skontonutzung die Rentabilität erhöht werden.

Die operative Frage auf der Forderungsseite gegenüber Kunden ist die Ausarbeitung einer Mahnstrategie, die besagt, zu welchem Zeitpunkt oder wie eine Zahlungsaufforderung an einen Kunden erfolgt.

Durch eine integrierte Unternehmenssoftware wie SAP Business ByDesign ist es möglich, viele Abläufe im Zahlungswesen zu automatisieren. Rechnungslauf, Mahnlauf und Zahlungslauf können automatisiert ausgeführt werden, um sich letztlich auf die Liquiditätsverfolgung und Verbesserung der Zahlungsströme zu konzentrieren. Ein weiterer Aspekt, den eine moderne Unternehmenssoftware wie SAP Business ByDesign abdecken muss, ist die Abwicklung von internationalen Transaktionen.

14.3.2 Prozessablauf

Zuerst prüfen Sie als Finanzleiter im Work Center FORDERUNGEN die offenen Forderungen Ihrer Debitoren in Berichten (siehe Abbildung 14.3). Anschließend aktualisieren Sie in der Rolle des Finanzmitarbeiters im Work Center KUNDENMANAGEMENT die Finanzdaten Ihrer Kundin. Da für diese überfällige Forderungen bestehen, legen Sie im Work Center FORDERUNGEN einen Mahnlauf an und mahnen die Kundin. Sobald diese Ihnen die Schecks zur Zahlung sendet, ordnen Sie die Schecks im Work Center FORDERUNGEN einem Scheckeinreicher zu, den Sie zuvor im Work Center ZAHLUNGSVERWALTUNG erstellt haben. Für einen anderen Kunden erfassen Sie ein Zahlungsavis im Work Center ZAHLUNGSVERWALTUNG.

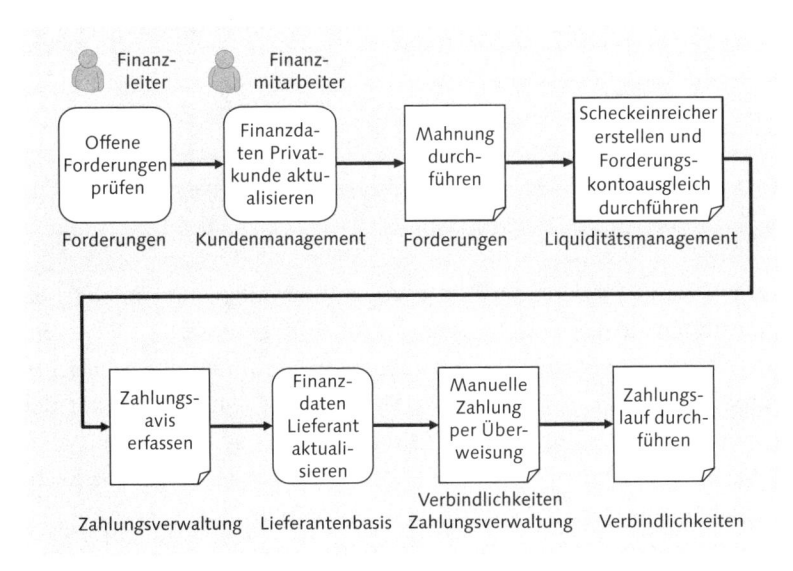

Abbildung 14.3 Prozessablauf »Zahlungsmanagement«

Im Work Center LIEFERANTENBASIS aktualisieren Sie die Finanzdaten Ihres Lieferanten. Sie begleichen Ihre offenen Verbindlichkeiten durch eine Überweisung und prüfen diese in der Zahlungsverwaltung. Ebenfalls im Work Center VERBINDLICHKEITEN legen Sie einen Zahlungslauf an, um weitere offene Verbindlichkeiten auszugleichen.

Offene Forderungen prüfen

Zuerst prüfen Sie den Umfang und die Belege, aus denen die offenen Forderungen Ihrer Firma resultieren. Dazu gehen Sie in das Work Center FORDERUNGEN und öffnen den Bericht DEBITOREN – OFFENE POSTEN. In diesem

Bericht verschieben Sie die Merkmale »Sachkonto« und »Buchungsbeleg« in den derzeit nicht angezeigten Bereich (zum Umgang mit Berichten lesen Sie Abschnitt 10.5.2).

Fügen Sie die Belegnummer und das BUCHUNGSDATUM den ZEILEN ❶ hinzu. Jetzt sehen Sie alle offenen Posten Ihrer Kunden mit Belegnummern ❷, Buchungsdatum sowie die Belegart (siehe Abbildung 14.4).

Abbildung 14.4 Bericht »Debitoren – offene Posten«

Es interessiert Sie nun, welche der Forderungen überfällig sind. Im gleichen Work Center finden Sie den Bericht ÜBERFÄLLIGE FORDERUNGEN – RASTERUNG NACH FÄLLIGKEITEN. Sie verschieben das Fälligkeitsdatum und die Belegart in den anzeigten Bereich ❶. Zudem klicken Sie noch auf den Schnellfilter der Belegart (▼) und setzen dann im sich öffnenden Fenster bei RECHNUNGEN einen Haken. So bekommen Sie nur die überfälligen Forderungen aus Rechnungen angezeigt. Jetzt sehen Sie die Übersicht der überfälligen Rechnungen nach Fälligkeitsdatum und Kunde (siehe ❷ in Abbildung 14.5).

Abbildung 14.5 Bericht »Überfällige Forderungen – Rasterung nach Fälligkeiten«

Nun möchten Sie die offenen Forderungen der Kundin prüfen, der Sie bereits in Kapitel 12 Produkte und Dienstleistungen verkauft haben. Im Work Center FORDERUNGEN können Sie in der Sicht KUNDEN die Kundenkontomonitore einsehen. Sie markieren die Kundin in der OWL (Object Work List) und wechseln über ANZEIGEN in deren KUNDENKONTOMONITOR.

In dem Reiter FORDERUNGEN AUS LIEFERUNGEN UND LEISTUNGEN sind die offenen Posten der Kundin mit Belegdatum, Nettofälligkeit und offenem Betrag ausgewiesen (siehe Abbildung 14.6).

Abbildung 14.6 Forderungen aus Lieferungen und Leistungen im Kundenkontomonitor

Anschließend analysieren Sie den KUNDENKONTOMONITOR des Kunden, dem Sie in Abschnitt 11.4.2. Waren verkauft haben. Bei diesem befindet sich eine Rechnung in der Sicht FORDERUNGEN AUS LIEFERUNGEN UND LEISTUNGEN, die den Status TEILWEISE AUSGEGLICHEN besitzt. Der Rechnungsbetrag wird in EUR ausgewiesen.

| Grundeinstellungen Cash- und Liquiditätsmanagement | [✱] |

Im FINE-TUNING führen Sie die globalen Einstellungen für die operative Währung, Wechselkurstypen, Umrechnungsarten und den Fabrikkalender durch.

Wenn Sie auf diese Rechnung klicken, öffnen sich die Details zum Beleg und Sie können den Reiter WEITERE DATEN auswählen.

Im Belegfluss des Kunden sehen Sie, dass ein Ausgleich ❶ eines Teils der Rechnung ❷ bereits stattgefunden hat. Der Grund hierfür liegt in der Retoure ❸, die in Abschnitt 11.4.2 gebucht und bereits verrechnet wurde (siehe Abbildung 14.7).

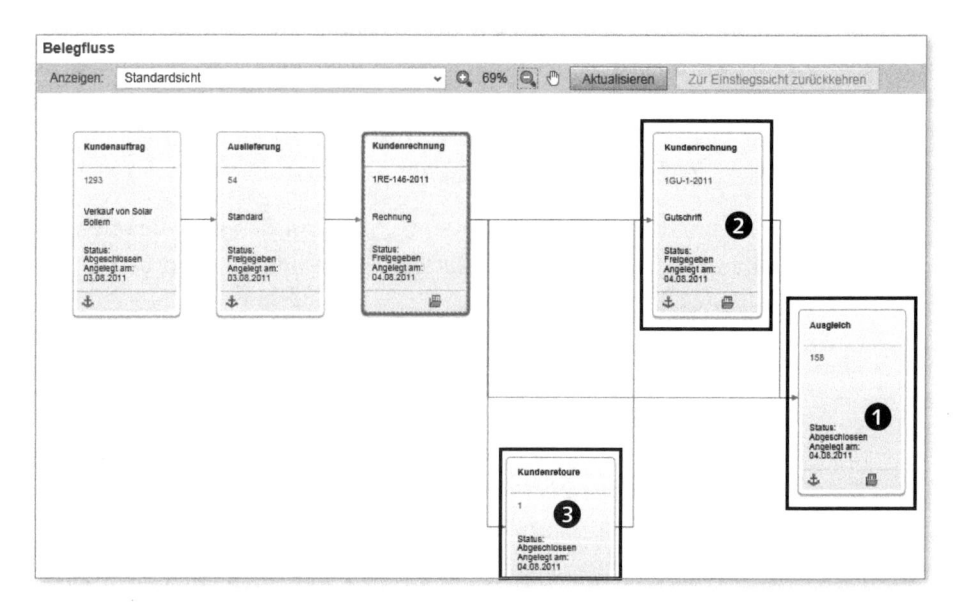

Abbildung 14.7 Belegfluss für Teilausgleich einer Kundenrechnung

Finanzdaten Privatkunde aktualisieren

Die Kundin nennt Ihnen ihre Bankdaten und den Zahlweg; diese Daten erfassen Sie daraufhin in SAP Business ByDesign. Im Work Center KUNDENMANAGEMENT markieren Sie Ihre Kundin in der OWL (Object Work List) und bearbeiten ihre Finanzdaten. Bei den Zahlungsdaten erfassen Sie den Zahlweg SCHECK ❶ sowie bei den Bankdaten die KONTONUMMER und die BANK der Kundin (siehe ❷ in Abbildung 14.8).

Mahnung durchführen

Da Ihre Kundin überfällige Forderungen besitzt, fordern Sie diese mittels Mahnung zur Zahlung auf. Im Work Center FORDERUNGEN können Sie unter den PERIODISCHEN AUFGABEN einen neuen MAHNLAUF anlegen. Erfassen Sie eine Beschreibung für den neuen Mahnlauf und selektieren Sie für diesen die Kundennummer der Kundin, da Sie in diesem Schritt nur die eine Kundin mahnen möchten.

[»] **Kunden mahnen**

Sie können auch weitere Kunden in die Selektion mit einbeziehen. In diesem Fall werden dann auch für die anderen Kunden Mahnvorschläge erzeugt.

14.3 Szenario »Zahlungsmanagement«

Abbildung 14.8 Zahlungsdaten der Kundin erfassen

Als MAHNSTRATEGIE wählen Sie die MAHNSTRATEGIE DEUTSCHLAND (siehe Abbildung 14.9). In der Mahnstrategie legen Sie Folgendes fest: nach wie vielen Tagen nach Ende der Zahlungsfrist die Mahnungen und welche Mahngebühren fällig werden, die Zahlungsfrist für die Mahngebühren und die Währung. Anschließend aktivieren Sie den Mahnlauf und planen ihn ein.

Abbildung 14.9 Neuen Mahnlauf anlegen

14 | Finanzwesen

[⚙] Mahnstrategien

Im FINE-TUNING können Sie Mahnstrategien bearbeiten, Standardmahnstrategien festlegen oder Mahnstrategien zu Unternehmen/Kunde/Lieferant zuordnen.

Im Work Center FORDERUNGEN finden Sie in der Sicht MAHNUNG die Ergebnisse des Mahnlaufs. Öffnen Sie Ihren Mahnvorschlag und prüfen Sie die zur Mahnung vorgeschlagenen Posten (siehe Abbildung 14.10).

Abbildung 14.10 Mahnposten

Unter VORSCHAU können Sie sich den Mahnbrief, den der Kunde erhält, ansehen. Durch Klick auf den Button MAHNUNG AUSFÜHREN wird die Mahnung in der gewählten Versandart an den Kunden geschickt. Der Status Ihres Vorschlages wechselt dann auf AUSGESTELLT.

[»] Mahnung

Sie können die vorgeschlagenen Mahnposten, wenn diese nicht in der Mahnung enthalten sein sollen, zurückstellen oder sperren. Bei einer Sperrung müssen Sie zusätzlich einen Grund erfassen.

Scheckeinreicher erstellen und Forderungskontoausgleich durchführen

Die Kundin, die Sie gemahnt haben, schickt Ihnen einen Scheck, in dem sie die fälligen Beträge ausgleicht. Sie erstellen daraufhin einen Scheckeinreicher in SAP Business ByDesign, um Ihre Schecks zu bündeln. Einem Scheckeinreicher werden alle Ihnen in einem bestimmten Zeitraum zugegangenen Schecks Ihrer Kunden zugeordnet. Der Scheckeinreicher wird freigegeben und ausgedruckt und zusammen mit den gebündelten Papierschecks der Kunden, anstatt jeder Scheck einzeln, bei der Hausbank zur Gutschrift eingereicht. Nachdem Sie den Scheckeinreicher erstellt haben, ordnen Sie diesem alle Schecks des heutigen Tages zu; darunter auch der Scheck Ihrer Kundin.

Im Work Center ZAHLUNGSVERWALTUNG können Sie in der Sicht EINREICHER einen neuen Scheckeinreicher anlegen. In diesen tragen Sie Ihr Unternehmen mit Bankverbindung ein (siehe Abbildung 14.11).

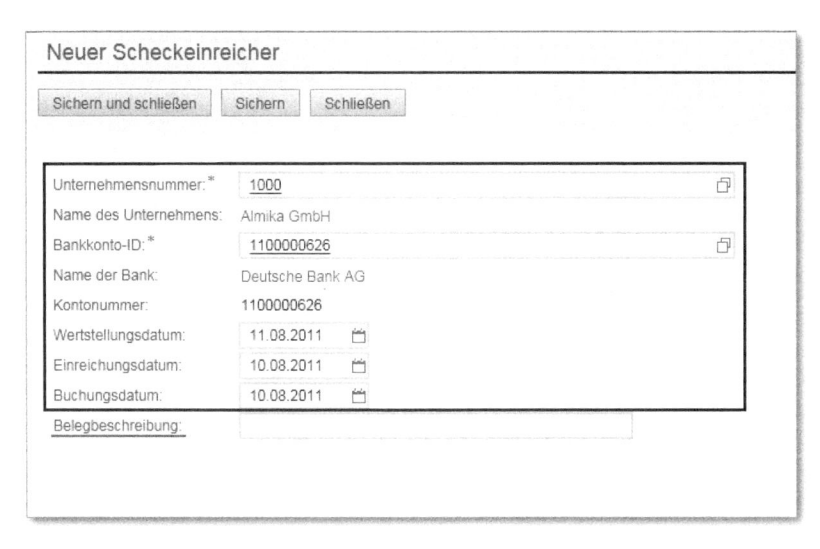

Abbildung 14.11 Scheckeinreicher erstellen

Zudem erfassen Sie das in Wertstellungs-, Einreichungs- und Buchungsdatum.

| Hinweise: Daten im Scheckeinreicher | [+] |

Der Scheckeinreicher arbeitet mit folgenden Daten:

- Das *Wertstellungsdatum* ist der Tag, an dem die Bank erwartungsgemäß die Wertstellung auf Ihrem Konto durchführt.
- Das *Einreichungsdatum* bezeichnet den Termin, an dem Sie den Scheckeinreicher bei Ihrer Bank einreichen.
- Das *Buchungsdatum* enthält das Datum, an dem Sie die eingereichten Schecks in der Finanzbuchhaltung buchen möchten.
- Der Scheckeinreicher ist immer an ein *Bankkonto* gebunden. Wenn Sie einen Teil der Schecks auf einem anderen Bankkonto gutgeschrieben haben möchten, müssen Sie einen weiteren Scheckeinreicher anlegen.

Wenn Sie den Scheckeinreicher sichern, erhält dieser den Status IN VORBEREITUNG.

Nachdem Sie einen Scheckeinreicher erstellt haben, öffnen Sie im Work Center FORDERUNGEN den Kundenkontomonitor des Kunden und erfassen zu den offenen Posten einen EINGANGSSCHECK ❶. Unter SCHECKDATEN ❷ tragen Sie die EXTERNE SCHECKNUMMER, den ZAHLUNGSBETRAG und das AUSSTELLUNGSDATUM ein, das auf dem Scheck vermerkt ist. In dem Beleg bekommen Sie eine Liste aller offenen Posten der Kundin angezeigt (siehe ❸ in Abbildung 14.12).

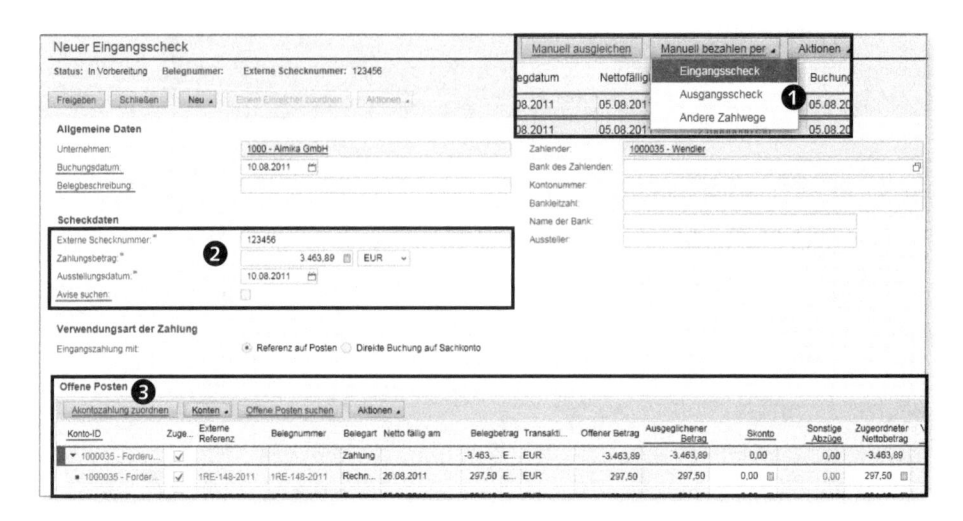

Abbildung 14.12 Eingangsscheck erfassen

[»] **Teilausgleich der offenen Posten**

Sie können auch nur einen Teil der offenen Posten mit einem Scheck ausgleichen. Wenn einer der Posten nicht mit dem Scheck ausgeglichen wird, müssen Sie diesen deselektieren.

Nachdem Sie alle relevanten Daten in die Formularfelder eingetragen haben, geben Sie den Eingangsscheck frei und ordnen diesen dem gerade erstellten Scheckeinreicher zu.

[+] **Zuordnung zu Scheckeinreicher**

Wenn Sie bei der Zuordnung des Schecks keinen Scheckeinreicher auswählen und das Feld leer lassen, wird automatisch ein neuer Scheckeinreicher generiert.

Sie können die zugeordneten Schecks im Scheckeinreicher nachträglich wieder entfernen oder einem anderen Scheckeinreicher zuordnen. Es können nur solche Scheckeinreicher gelöscht werden, die sich im Status IN VORBEREITUNG befinden und denen keine Schecks zugeordnet sind.

Nachdem Sie alle Schecks zugeordnet haben, drucken Sie Ihren Scheckeinreicher aus und übermitteln die Zahlungsdetails an Ihre Hausbank.

Hierzu wählen Sie im Work Center ZAHLUNGSVERWALTUNG in der Sicht EINREICHER Ihren Scheckeinreicher aus. Um den Scheckeinreicher gemeinsam mit den dazugehörigen Schecks an Ihre Hausbank zu übermitteln, klicken Sie auf FREIGEBEN UND DRUCKEN und kennzeichnen den Scheckeinreicher als UNTERWEGS BEFINDLICH, damit Ihre Kollegen auch darüber informiert sind, dass Sie auf die Wertstellung durch die Bank warten. Wenn sich der Scheckeinreicher nicht in diesem Status befindet, können Sie die Zahlung auch nicht durch den Kontoauszug bestätigen.

Scheckeinreicher abschließen	[+]

Sie können den Scheckeinreicher auch, anstatt ihn zu drucken, unter AKTIONEN auf den Status FREIGEBEN UND AUF UNTERWEGS BEFINDLICH setzen.

Forderungen	[O]

Im FINE-TUNING und unter DATENÜBERNAHME UND ERWEITERUNG in der Aufgabenliste können Sie Folgendes vornehmen:

- Ausgleichsstrategien zum automatischen Ausgleichen von Zahlungseingängen festlegen
  In einer Ausgleichsstrategie legen Sie z. B. Zahlungstoleranzen fest. Sie können eine Standardausgleichsstrategie festlegen oder Kunden/Unternehmen/Lieferanten eine Ausgleichsstrategie zuordnen.
- Aufgabensteuerung und Zahlungsgenehmigungen für Ausgangs- und Eingangszahlungen festlegen
- Offene Forderungen per Migrationsvorlage hochladen
- Aufgabensteuerung für Verbindlichkeiten und Forderungen festlegen, z. B. Überprüfung von Mahnungen

Eingangszahlungen	[«]

Sie können Eingangszahlungen auch per Wechsel, Bareinzahlungen, eingehenden Überweisungen, Lastschrifteinzügen oder Kreditkarten erfassen. Wenn Sie mit Bargeldtransfers arbeiten, können Sie eine Kasse einrichten.

Der andere Kunde aus Abschnitt 11.5.2 bezahlt per Überweisung. Dies ist auch der in der Praxis häufiger auftretende Fall.

Sie bemerken die eingehende Überweisung in Ihrem Bankkontoauszug (siehe Abschnitt 14.4.2). In diesem Auszug wurde der Betrag, den Sie Ihrem Kunden in Rechnung gestellt haben, Ihrem Konto gutgeschrieben. Wenn Sie im Work Center LIQUIDITÄTSMANAGEMENT den Kontoauszug erfassen und die Positionen Ihres Kontoauszugs eingetragen haben, finden Sie bei den ausgewählten Positionen den Hinweis, dass für diese Position eine weitere Bearbeitung erforderlich ist (siehe ❶ in Abbildung 14.13). Wenn Sie auf ERFORDERLICH klicken, werden Sie zur Zahlungszuordnung ❷ weitergeleitet. Hier wählen Sie den Kunden und den entsprechenden offenen Posten aus ❸. Wenn alle Daten konsistent sind, geben Sie den Kontoauszug frei.

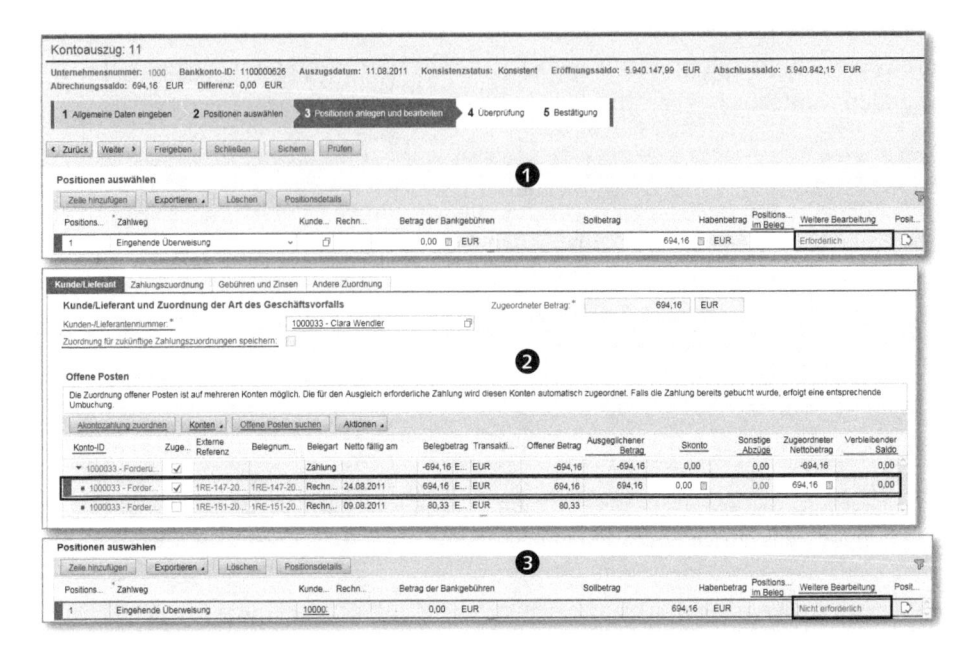

Abbildung 14.13 Zahlungszuordnung

> [⚙] **Partnerunternehmen**
> Wenn Sie mehrere Unternehmen im System abgebildet haben, können Sie eine Direktüberweisung für Banken dieser Partnerunternehmen einrichten.

Zahlungsavis erfassen

Der Kunde, dem Sie in Abschnitt 11.4 die Rechnung gestellt haben, hat seine Zahlung initiiert. Zudem kündigt er Ihnen die Zahlung dieser und weiterer offener Posten an.

Im Work Center ZAHLUNGSVERWALTUNG in der Sicht ZAHLUNGSAVISE können Sie ein neues Zahlungsavis anlegen. Sie erfassen das genannte AVISDATUM ❶ sowie den ZAHLUNGSBETRAG des Kunden und dessen Kundennummer (siehe ❷ in Abbildung 14.14). Anschließend geben Sie das Zahlungsavis frei.

> [+] **Zahlungsavis löschen**
> Ein Zahlungsavis kann nur gelöscht werden, solange es sich noch im Status IN VORBEREITUNG befindet. Einmal freigegebene Zahlungsavise können nur noch storniert werden.

14.3 Szenario »Zahlungsmanagement«

> **Tage bis zum Löschen des Avis** [✱]
>
> Sie können im FINE-TUNING Tage hinterlegen, nach deren Ablauf das Avis gelöscht wird.

Abbildung 14.14 Zahlungsavis anlegen

Finanzdaten Lieferant aktualisieren

Jetzt aktualisieren Sie die Finanzdaten Ihres Lieferanten. Dazu öffnen Sie im Work Center LIEFERANTENBASIS in der Sicht LIEFERANTEN die Finanzdaten. Hier tragen Sie als Zahlweg ÜBERWEISUNG ❶ und im Reiter BANKVERBINDUNGEN ❷ die Bankdaten Ihres Lieferanten ein (siehe Abbildung 14.15).

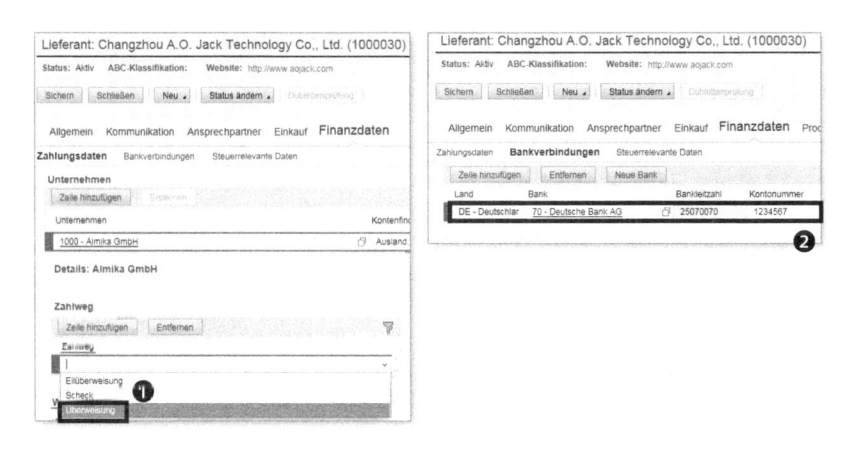

Abbildung 14.15 Finanzdaten des Lieferanten erfassen

Manuelle Zahlung per Überweisung

Sie prüfen Ihre Verbindlichkeiten bei einem Lieferanten und gleichen die Verbindlichkeit per Überweisung aus.

14 | Finanzwesen

[»] **Ausgehende Zahlungen und Meldung im Außenwirtschaftsverkehr**

Sie finden in den Work Center FORDERUNGEN und VERBINDLICHKEITEN die Möglichkeit, Außenwirtschaftsmeldungen durchzuführen. Diese wäre z. B. für die Verbindlichkeiten Ihrer ausländischen Lieferanten notwendig, die von Behörden für die Erstellung der Zahlungsbilanz eines Landes verwendet werden.

Zuerst öffnen Sie im Work Center VERBINDLICHKEITEN den LIEFERANTENKONTOMONITOR Ihres Lieferanten. Hier finden Sie den offenen Posten, den Sie in Abschnitt 10.4.2 erzeugt haben. Sie lassen sich die Details zum offenen Posten anzeigen und sehen hier die Belegnummer und das Rechnungsdatum. Über die Rechnungsnummer springen Sie in die Rechnung und identifizieren das Datum, bis zu dem Sie Skonto bekommen hätten. Um die Lieferantenrechnung zu überweisen, markieren Sie den offenen Posten und wählen MANUELL BEZAHLEN PER AUSGEHENDER ÜBERWEISUNG (siehe Abbildung 14.16).

Abbildung 14.16 Manuelle Bezahlung eines offenen Postens per Überweisung

In der ausgehenden Überweisung sind das UNTERNEHMEN ❶ und der ZAHLUNGSBETRAG ❷ (in Höhe des offenen Postens) bereits eingetragen. Sie prüfen alle Datenfelder und geben die Überweisung frei (siehe ❸ in Abbildung 14.17).

[»] **Teilausgleich von offenen Posten**

Sie können bei der ausgehenden Überweisung auch nur einen Teil Ihrer offenen Posten mit Lieferanten begleichen. In diesem Fall müssen Sie diese deselektieren.

Unter VORSCHAU können Sie sich den Zahlungsavis anzeigen lassen, mit dem Sie Ihrem Lieferanten die Zahlung der Rechnung ankündigen (siehe Abbildung 14.18).

Szenario »Zahlungsmanagement« | 14.3

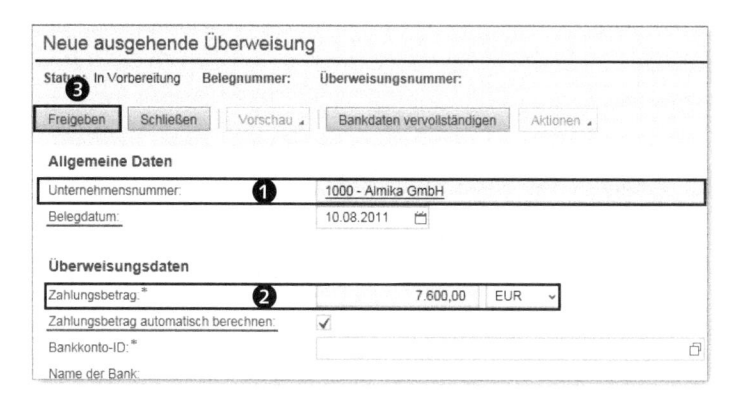

Abbildung 14.17 Neue ausgehende Überweisung

Abbildung 14.18 Zahlungsavis

Zahlungsavis [+]

Ausgehende Zahlungsavise werden aus SAP Business ByDesign heraus generiert, aber dort nicht gespeichert.

Die Zahlungsavise, die Sie für von Ihnen ausgehende Zahlungen erstellen, können elektronisch an die Empfänger (Kunde oder Lieferant) gesendet werden, wenn in Ihrem und im System des Empfängers die notwendigen Einstellungen für »elektronische Übermittlung ausgehender Avise« vorgenommen wurden.

14 | Finanzwesen

Anschließend setzen Sie die Überweisung in den Status UNTERWEGS. Sie prüfen ❶ die ausgehende Überweisung im Work Center ZAHLUNGSVERWALTUNG in der Sicht ZAHLUNGSMONITOR (siehe Abbildung 14.19).

Abbildung 14.19 Zahlungskontomonitor

Im Zahlungskontomonitor finden Sie alle Eingangs- und Ausgangszahlungen Ihres Unternehmens, die Sie nach verschiedenen Kriterien wie Datum, Zahlungsempfänger oder Status filtern können. Hier können Sie auch Ihre ausgehende Überweisung mit dem Status UNTERWEGS verfolgen. Wenn Sie die Überweisung in der Liste markieren und auf BEARBEITEN ❷ klicken, können Sie sich den BELEGFLUSS anzeigen lassen (siehe Abbildung 14.20).

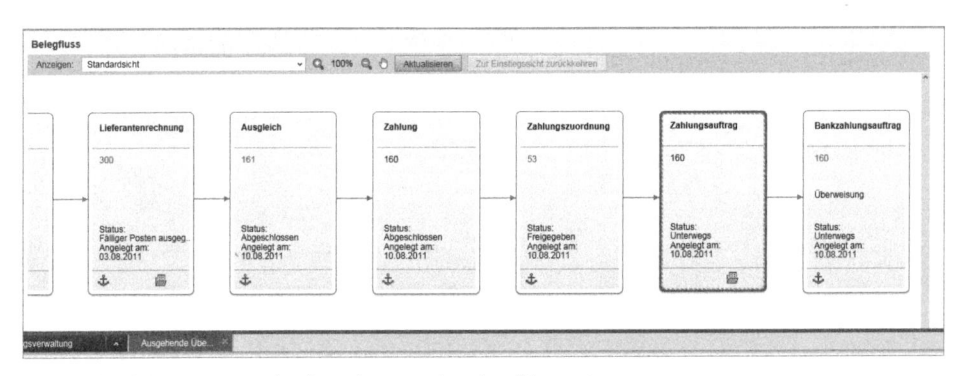

Abbildung 14.20 Belegfluss der ausgehenden Überweisung

Im Belegfluss sehen Sie alle Belege, wie Sie der Reihenfolge nach zwischen dem Ausgleich und dem Bankzahlungsauftrag angelegt wurden.

[✱] **Verbindlichkeiten**

Im FINE-TUNING und unter DATENÜBERNAHME UND ERWEITERUNG in der Aufgabenliste können Sie Folgendes vornehmen:

▸ Unter AUFGABENSTEUERUNG FÜR ZAHLUNGSVERKEHR UND LIQUIDITÄT eine Genehmigungsfunktion für Zahlungen nach den Kriterien Zahlweg oder Schwellenwert einrichten.

- Ländergruppen, Weisungen an die Bank und Zahlungskorrespondenzprofile für ausgehende Überweisungen und Eilüberweisungen bearbeiten.
- Offene Posten per Migrationsvorlage hochladen.

Zahlungsträger anlegen [«]

Sie können für Ihre Überweisungen, Lastschrifteinzüge, Schecks und Wechsel durch einen automatischen Lauf Zahlungsträger anlegen lassen.

Zahlungslauf durchführen

Sie möchten jetzt die offenen Posten mehrerer Kreditoren auf einmal begleichen und führen deshalb einen Zahlungslauf aus.

Hierfür gehen Sie ins Work Center VERBINDLICHKEITEN in die Sicht PERIODISCHE AUFGABEN und erstellen einen neuen ZAHLUNGSLAUF. Sie erfassen eine LAUFBESCHREIBUNG ❶ für Ihren Zahlungslauf und wählen Ihr UNTERNEHMEN aus. In den AUSWAHLKRITERIEN ❷ wählen Sie die Nummern der Lieferanten so, dass u. a. Ihr Lieferant (mit Ihrer Lieferantenrechnung) aus Abschnitt 10.4.2 enthalten ist. Wenn Sie hier keinen Wert eintragen, werden alle in SAP Business ByDesign erfassten Lieferanten berücksichtigt. Zudem legen Sie noch die WÄHRUNG und das DATUM DES NÄCHSTEN ZAHLUNGSLAUFS an (siehe Abbildung 14.21).

Abbildung 14.21 Neuen Zahlungslauf erstellen

Das Feld DATUM DES NÄCHSTEN ZAHLUNGSLAUFS bestimmt, bis zu welchem Datum Sie offene Posten für den Zahlungsvorschlag berücksichtigen möchten. Sie tragen dieses Datum nur ein, wenn Sie einen einmaligen Zahlungslauf durchführen, der sofort ausgeführt werden soll.

Sie können noch ein BANKAUSFÜHRUNGSDATUM ❸ eingeben, wenn Sie möchten, dass die Bank die Zahlungen erst später vornimmt. Des Weiteren können Sie ein Buchungsdatum erfassen, zu dem der Lauf ausgeführt werden soll.

Anschließend aktivieren Sie noch den Zahlungslauf und planen ihn sofort ein, damit die Zahlungen unverzüglich durchgeführt werden.

[+]	**Kreditoren im Zahlungslauf**

Wenn Sie die Rechnungen verschiedener Kreditoren ausgleichen möchten, die nicht die nächsten aufsteigenden Nummern haben, müssen Sie mehrere Zahlungsläufe anlegen. Wenn Sie z. B. Ihre Spesenabrechnung aus Abschnitt 9.3 begleichen möchten, müssen Sie einen weiteren Zahlungslauf für die Mitarbeiter anlegen.

[✱]	**Finden und Priorisierung der Bankkonten und Zahlwege**

Sie können Regeln für das Finden und die Priorisierung der Bankkonten und Zahlwege für automatische Zahlungen im FINE-TUNING hinterlegen. Zudem können Sie länderspezifische Zahlwege priorisieren.

14.4 Szenario »Finanzanalyse«

In diesem Abschnitt wird die Finanzsituation des Unternehmens analysiert. Hierzu gehören die Berichte zum Finanzstatus und dessen Entwicklung, um die eigene Zahlungsstrategie festlegen zu können. Hinzu kommen die Zahlungsstatistiken der Kunden und Lieferanten, um die Schuldner mit schlechtem Zahlungsverhalten zu identifizieren und darauf reagieren zu können.

14.4.1 Anforderungen

Um das strategische Ziel zu erreichen, die Zahlungsfähigkeit des Unternehmens aufrecht zu erhalten, hat die Finanzanalyse verschiedene Instrumente zur Verfügung:

▸ **Elektronischer Kontoauszug**
Das automatische, schnelle Aktualisieren der Kontoinformationen ist durch einen elektronischen Kontoauszug möglich. Hier ist es zunächst die

operative Aufgabe der Finanzabteilung, diesen Prozess abzusichern und mögliche Probleme bei der Zuordnung von Zahlungen zu offenen Posten zu lösen.

- **Tagesfinanzstatus**
  Ein weiteres Instrument der Finanzanalyse ist der Tagesfinanzstatus, der Auskunft über die aktuellen Bargeldbestände, offenen Forderungen und Verbindlichkeiten gibt.

- **Liquiditätsvorschau**
  Das Liquiditätsmanagement wird durch die Liquiditätsvorschau unterstützt, die es auch erlaubt, eine Hochrechnung auf Grund von bekannten Informationen über Zahlungsein- und -ausgänge für die nächsten Wochen zu erstellen.

- **Zahlungsstatistiken**
  Wichtigstes Instrument zur Steuerung der kurzfristigen Möglichkeiten sind die Zahlungsstatistiken, die aufzeigen, wie sich die Zahlungsmoral (bei Forderungen) und die Möglichkeiten der Skontoziehung (bei Verbindlichkeiten) in nächster Zeit verhalten.

- **Finanz-Dashboard**
  Schließlich ist für die Geschäftsleitung ein Finanz-Dashboard mit der Aggregation aller dieser Daten bis hin zum Betriebsergebnis und zum Deckungsbeitrag ein wichtiges Steuerungsinstrumentarium.

Ergebnisse einer Finanzanalyse können Anreize sein, die es für Kunden attraktiv machen, etwas anzuzahlen oder durch Rabattierung einen früheren Zahlungszeitpunkt zu wählen. Auch die Veränderung des Kundenkreditlimits kann ein Ergebnis sein.

Die finale Tätigkeit einer Finanzanalyse ist es, die Bankkreditlinie im Auge zu behalten, das heißt, inwieweit die kurzfristige oder mittelfristige Kreditlinie ausreicht.

14.4.2 Prozessablauf

Im Work Center LIQUIDITÄTSMANAGEMENT analysieren Sie in der Rolle des Finanzmitarbeiters die finanzielle Situation Ihres Unternehmens, indem Sie den Kontoauszug, den Tagesfinanzstatus und die Liquiditätsvorschau prüfen (siehe Abbildung 14.22). Die Information, inwieweit Ihr Unternehmen Skonti ausnutzt, finden Sie im Work Center RECHNUNGSPRÜFUNG im Bericht ZAHLUNGSSTATISTIK – SKONTI. Anschließend werten Sie im Work Center

LIQUIDITÄTSMANAGEMENT das Zahlungsverhalten Ihrer Kunden und das Ihrer Lieferanten aus.

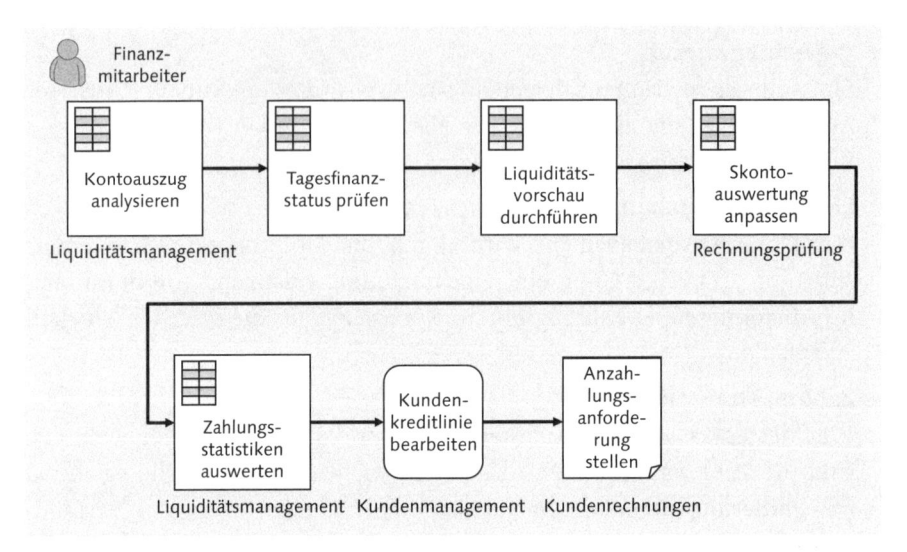

Abbildung 14.22 Prozessablauf »Finanzanalyse«

Im Work Center KUNDENMANAGEMENT können Sie die Kreditlinie Ihrer Kunden an deren Zahlungsverhalten anpassen. Anzahlungsanforderungen für Kunden, deren Kreditlimit nicht ausreicht, erfassen Sie im Work Center RECHNUNGSPRÜFUNG.

Kontoauszug analysieren

Die Bank hat Ihnen den Kontoauszug Ihres Unternehmens zugeschickt. Sie gehen in das Work Center LIQUIDITÄTSMANAGEMENT in die Sicht KONTOAUSZÜGE und erfassen mit einem Klick auf NEU einen neuen Kontoauszug:

1. In diesen tragen Sie die BANKKONTO-ID des Kontoauszuges, die KONTONUMMER, AUSZUGSDATUM ❶ sowie ERÖFFNUNGS- UND ABSCHLUSSSALDO ein ❷.

2. Im zweiten Schritt der geführten Aktivität bekommen Sie alle offenen Posten angezeigt. Diese vergleichen Sie mit den Posten auf Ihrem Kontoauszug und markieren die Posten, die in beiden vorkommen.

[+] **Überweisungen im Kontoauszug**

Ausgehende Überweisungen tauchen nur im Kontoauszug auf, wenn diese vorher den Status »als unterwegs befindlich« hatten.

14.4 Szenario »Finanzanalyse«

3. Im dritten Schritt können Sie für die Positionen ZAHLWEG, RECHNUNGSNUMMER, BETRAG DER BANKGEBÜHREN, SOLL UND HABENBETRAG eintragen ❸.

4. Im vierten Schritt werden Ihnen alle Daten noch einmal zur Überprüfung angezeigt (siehe Abbildung 14.23).

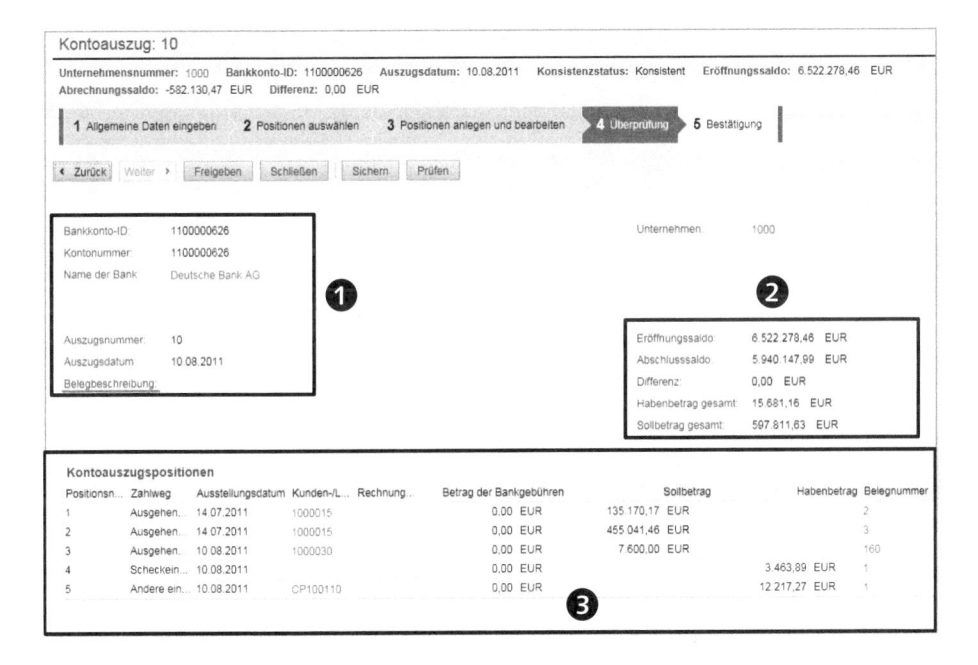

Abbildung 14.23 Kontoauszug anlegen

Zuletzt bestätigen Sie noch den Kontoauszug und geben ihn frei.

> **Automatisch generierte Kontoauszüge** [«]
>
> Neben der manuellen Erfassung von Kontoauszügen können Sie diese auch elektronisch hochladen. Im FINE-TUNING können Sie hierfür Importformate erstellen, zuordnen und die Einstellungen zum Freigeben dieser Kontoauszüge pflegen.

Sie lassen sich den freigegebenen Kontoauszug anzeigen, um ihn zu analysieren (siehe Abbildung 14.24).

Im Kontoauszug finden Sie Ihre ausgehende Überweisung und den Scheckeinreicher aus Abschnitt 14.3.2 wieder. Zu Ihrer Überweisung werden Lieferantennummer und Sollbetrag angezeigt. Da es sich bei dem Scheckeinreicher um eine eingehende Zahlung gehandelt hat, wird ein Habenbetrag ausgewiesen. Zum Scheckeinreicher wird keine Kundennummer angezeigt, da im Scheckeinreicher die Schecks mehrerer Kunden gesammelt wurden.

14 | Finanzwesen

Abbildung 14.24 Vorgänge im Kontoauszug anzeigen

Tagesfinanzstatus prüfen

Sie möchten die kurzfristige Liquiditätslage Ihres Bankkontos prüfen. Im Work Center LIQUIDITÄTSMANAGEMENT können Sie die Sicht TAGESFINANZSTATUS – NACH GESCHÄFTSVORFALL aufrufen. In dem Variablenbild bestätigen Sie die vorgeschlagene Auswahl. Sie könnten hier auch Einschränkungen bezüglich Unternehmen, Wertstellungsdatum, Bank, Kasse, Anzeigewährung und Umrechnungsdatum der Anzeigewährung vornehmen.

Im Bericht bekommen Sie eine detaillierte Auflistung der ZAHLUNGSAUSGÄNGE ❶ und den NETTO-CASHFLOW angezeigt (siehe ❷ in Abbildung 14.25).

Abbildung 14.25 Bericht »Tagesfinanzstatus nach Geschäftsvorfall«

Wenn Sie die Zahlungsausgänge analysieren, stellen Sie fest, dass die Summe der ZAHLUNGSEINGÄNGE am höchsten ist. Es liegen keine NICHT ZUGEORDNETEN, ZAHLUNGEN AN MITARBEITER, INNER-/ZWISCHENBETRIEBLICHEN oder SONSTIGE ZAHLUNGEN vor.

Unter NETTO-CASHFLOW wird der Transaktionsbetrag ausgewiesen, der sich aus ZAHLUNGSEINGÄNGEN und ZAHLUNGSAUSGÄNGEN ergibt. Da der NETTO-CASHFLOW positiv ist, ist die Summe der eingehenden Zahlbeträge größer als die der ausgehenden Beträge.

Sie sehen noch den ANFANGSSALDO und den ENDSALDO Ihres Girokontos. Dass der Netto-Cashflow positiv ist, hat auch die Wirkung, dass der ANFANGSSALDO Ihres Girokontos unter dem ENDSALDO liegt.

Der Anfangs- und Endsaldo mit Zahlungsein- und -ausgängen des Girokontos in sieben Tagen lässt sich über die Änderung des entsprechenden Wertstellungsdatums in den Variablen des Berichts einsehen.

Liquiditätsvorschaulauf durchführen

Sie möchten die zukünftig erwarteten Geldab- und -zuflüsse in der Liquiditätsvorschau analysieren. Im Work Center LIQUIDITÄTSMANAGEMENT können Sie in der Sicht LIQUIDITÄTSVORSCHAULÄUFE einen neuen Liquiditätsvorschaulauf AKTIVIEREN ❶ und EINPLANEN (siehe ❷ in Abbildung 14.26).

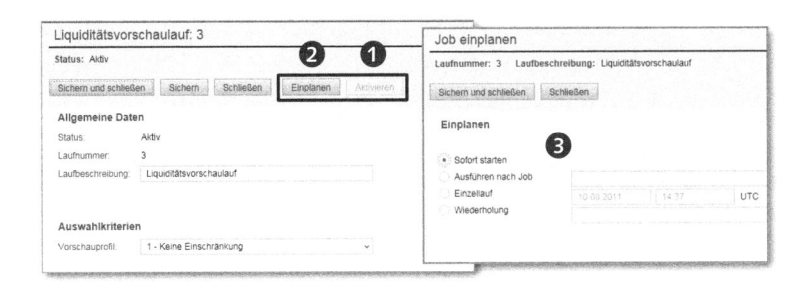

Abbildung 14.26 Neuen Liquiditätsvorschaulauf anlegen

Da Sie jetzt gleich die Liquiditätsvorschau sehen möchten, starten Sie den Lauf ❸ sofort

> **Job einplanen** [«]
>
> Sie können den Job zur Erstellung eines Liquiditätsvorschaulaufs auch für die Zukunft einplanen. Sie können ihn z. B. immer nach einem anderen automatischen Job ablaufen lassen, zu einem bestimmten Termin oder regelmäßig, etwa täglich, zu einer bestimmten Uhrzeit.

In der Sicht LIQUIDITÄTSVORSCHAU markieren Sie den von Ihnen erstellten Liquiditätsvorschaulauf und lassen sich über DETAILS ANZEIGEN die Werte des Berichts anzeigen (siehe Abbildung 14.27).

14 | Finanzwesen

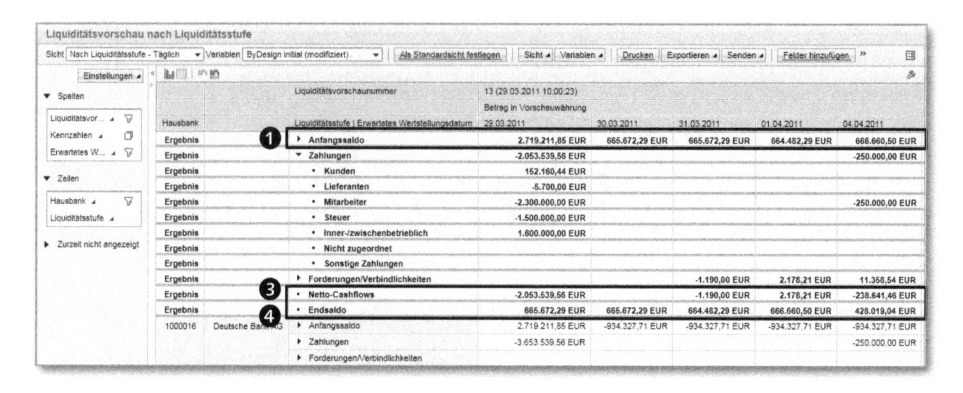

Abbildung 14.27 Liquiditätsvorschau

In der LIQUIDITÄTSVORSCHAU sehen Sie, im Gegensatz zum Tagesfinanzstatus, ANFANGS- ❶ und ENDSALDO ❷ mit NETTO-CASHFLOW ❸, hochgerechnet für die nächsten Tage und Wochen und nicht nur für einen Tag. So lassen sich Veränderungen und kurzfristige Liquiditätsengpässe gut identifizieren. Bei einem Liquiditätsengpass würde der Endsaldo einen besonders niedrigen Wert aufweisen. Mit Hilfe der Liquiditätsvorschau können Sie für Ihr Unternehmen beurteilen, ob es sinnvoll ist, Skonto zu ziehen oder nicht. Da die Liquidität Ihres Unternehmens im Beispiel in Abbildung 14.27 immer einen hohen Wert ausweist, sollten Sie Skonto hier grundsätzlich nutzen.

[✱] **Liquiditätsvorschau**

Sie können die Profile für die Liquiditätsvorschau anpassen, z. B. Anzahl der Tage für die Vorschau und die Unternehmen bestimmen, die in der Vorschau berücksichtigt werden.

[»] **Geplante Positionen anlegen**

Sie können geplante Positionen anlegen, um bereits vorhersehbare Zahlungen in Ihrer Liquiditätsvorschau einzubeziehen.

Skontoauswertung anpassen

Sie möchten prüfen, ob in Ihrem Unternehmen Skonto genutzt wurde oder nicht. Sie gehen hierfür ins Work Center RECHNUNGSPRÜFUNG und öffnen den Bericht ZAHLUNGSSTATISTIK – SKONTI.

Im Bericht wechseln Sie von einem Balkendiagramm auf die Tabellensicht ❶, um die Werte direkt angezeigt zu bekommen (siehe Abbildung 14.28).

Szenario »Finanzanalyse« | **14.4**

Abbildung 14.28 Bericht »Zahlungsstatistik – Skonti«

Jetzt können Sie den eingeräumten, gezogenen und nicht gezogenen Skonto für jeden Lieferanten einfach ablesen ❷. Gezogener Skonto ist der Betrag, der als Skonto tatsächlich gewährt wurde. Eingeräumter Skonto ist der Betrag, der möglich gewesen wäre. In dem Bericht können Sie sehen, dass bei den Lieferanten, bis auf die MSA AG, immer Skonto genutzt wurde.

Der zusätzlich gezogene Skonto ist immer 0, hier würde ein Wert stehen, wenn Ihr Unternehmen mehr als den vom Lieferanten eingeräumten Skontobetrag gezogen hätte.

Zahlungsstatistiken auswerten

Jetzt möchten Sie das Zahlungsverhalten der Kunden und Lieferanten analysieren. Sie öffnen im Work Center Liquiditätsmanagement den Bericht Zahlungsstatistik – Kunden. Als Zeitraum wählen Sie in den Variablen das letzte Jahr aus. Hierfür ändern Sie das vorgeschlagene Buchungsdatum von letzte 14 Tage auf letzte vier Quartale ab.

In der dritten Spalte können Sie sehen, ob für den Kunden noch ausstehende Zahlungen vorliegen. Sie sehen außerdem die Höhe der ausstehenden Tage und, in der vierten Spalte, wie hoch der Zahlungsbetrag ist (siehe Abbildung 14.29). Die nächsten beiden Spalten geben Aufschluss darüber, wie lange der Kunde durchschnittlich benötigt, um die Forderungen zu begleichen und ob ein überfälliger Betrag vorliegt.

Aus der Spalte Höchste Mahnstufe ❶ können Sie ableiten, wie oft der Kunde gemahnt wurde. Eine hohe Mahnstufe deutet auf ein schlechtes Zahlungsverhalten hin. In der Spalte Mahnbetrag können Sie ablesen, in welcher Höhe der Kunde schon einmal gemahnt wurde.

553

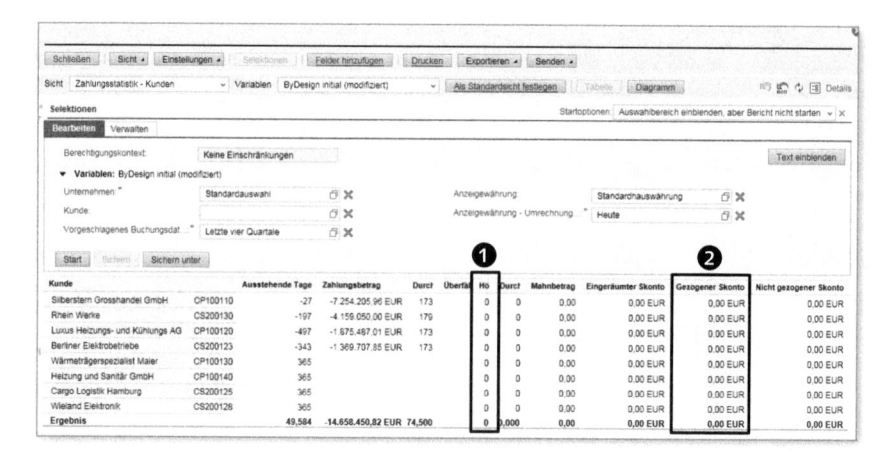

Abbildung 14.29 Bericht »Zahlungsstatistik – Kunden«

Neben dem späten Zahlungsverhalten können Sie auch analysieren ❷, welche Kunden besonders schnell gezahlt und Skonto gezogen haben. Um Informationen über das Zahlungsverhalten der Lieferanten zu bekommen, wählen Sie den Bericht ZAHLUNGSSTATISTIK – LIEFERANTEN. Als Zeitraum legen Sie die letzten vier Quartale fest. Da der Bericht sehr viele Spalten aufweist, bearbeiten Sie das Merkmal Kennzahlen, um die nicht benötigten Spalten ausblenden zu lassen.

Abbildung 14.30 Zahlungsstatistik Lieferanten

Ihnen stehen hier folgende Kennzahlen zur Verfügung: »Durchschnittliche Mahnstufe«, »Durchschnittliche Zahlungen pro Rechnung«, »Mahnbetrag«, »Höchste Mahnstufe«, »Ausstehende Tage« und »Überfällig (Prozent)«. Zudem stehen folgende Kennzahlen bereit: »Zahlungsbetrag«, »Durchschnittliche Anzahl der Tage bis Nettofälligkeit«, »Eingeräumter Skonto«, »Gezogener Skonto« und »Nicht gezogener Skonto«.

Mit Hilfe dieser Kennzahlen können Sie das Zahlungsverhalten analysieren (siehe Abbildung 14.30). Sie stellen fest, dass selten Skonto eingeräumt und der eingeräumte Skonto auch nur zum Teil gezogen wurde.

Zahlungsstrategien

Sie können im FINE-TUNING Zahlungsstrategien, z. B. »mit verfügbarem Skontosatz so spät wie möglich bezahlen« oder »Nettobetrag so spät wie möglich bezahlen« hinterlegen. Aus den Zahlungsstrategien können Sie eine Standardzahlungsstrategie festlegen oder auch einzelne Zahlungsstrategien Unternehmen/Kunden/Lieferanten zuordnen.

Kundenkreditlinie bearbeiten

Da die Kundin erst nach der erneuten Zahlungsaufforderung bezahlt hat und Sie gehört haben, dass diese sich in Zahlungsschwierigkeiten befindet, reduzieren Sie deren Kreditlimit. Sie gehen hierfür in das Work Center KUNDENMANAGEMENT und öffnen im Kundenstammsatz die Sicht FINANZDATEN.

In den Zahlungsdaten setzen Sie ihr KREDITLIMIT ❶ herunter und markieren sie als ZWEIFELHAFTER SCHULDNER (siehe ❷ in Abbildung 14.31).

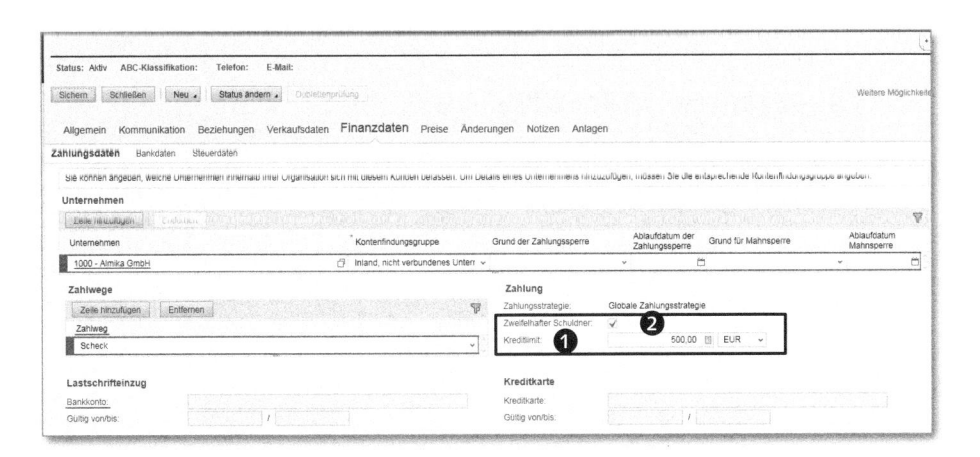

Abbildung 14.31 Zahlungsdaten der Kundin anpassen

Anzahlungsanforderung stellen

Die Kundin möchte eine weitere Dienstleistung von Ihnen beziehen, die ihr Kreditlimit übersteigt. Sie legen eine Anzahlungsanforderung an, um sich zumindest teilweise gegen einen möglichen Zahlungsausfall abzusichern.

Sie gehen in das Work Center KUNDENRECHNUNGEN und legen in den ALLGEMEINEN AUFGABEN eine NEUE ANZAHLUNGSANFORDERUNG an. Für die Anzahlungsanforderung füllen Sie alle notwendigen Formularfelder aus. Hierzu gehört der BETRAG, der sich aus der Höhe der Dienstleistung minus dem Kreditlimit der Kundin ergibt. Über den Button SICHERN und FREIGEBEN erstellen Sie die neue Anzahlungsanforderung (siehe Abbildung 14.32).

Abbildung 14.32 Neue Anzahlungsanforderung anlegen

14.5 Szenario »Bilanz und GuV«

In diesem Abschnitt wird die Kosten- und Erlössituation eines Unternehmens betrachtet. Dazu werden zuerst Buchungen durchgeführt, die sich auf die Bilanz und GuV durchschlagen. Der Effekt dieser Buchungen sowie der Aufbau der Berichtsstrukturen werden anschließend dargestellt.

14.5.1 Anforderungen

Das letzte Beispielszenario beschäftigt sich mit der Bestimmung und Steuerung des Unternehmenserfolgs. Ein integriertes Finanzmanagement hat hier die Aufgabe, möglichst zeitnah alle Informationen transparent zu machen.

Neben dieser zeitnahen Darstellung kommt es auch auf eine entsprechende Aggregation der Daten und auf die Darstellung der zeitlichen Entwicklung an. Finanzkennzahlen können helfen, die Daten schnell zu überschauen und auch ein standardisiertes Reporting an Banken, Kapitalgeber oder Anteilseigner zu ermöglichen.

Zur Transparenz des Unternehmenserfolges tragen Bilanz und GuV bei. Hier geht es einerseits darum, wie die Abwicklungen und Transaktionen der Logistik auf die bilanziellen Konten und auf die GuV-Perspektive durchschlagen. Auf der anderen Seite gibt es hier eine Reihe von Jahresabschluss- oder Periodenabschlusstätigkeiten wie z. B. Abschreibungen, die es monatlich oder jahresbezogen durchzuführen gilt.

Mit SAP Business ByDesign können unterschiedliche Rechnungslegungsanforderungen erfüllt werden. Es stehen auch sehr viele Analysen bezüglich des Deckungsbeitrags für bilanzielle Fragen zur Verfügung. Das bedeutet, ein Anwender muss für sich beurteilen, was er täglich, wöchentlich oder vielleicht auch nur quartalsweise oder jährlich betrachten möchte.

Für den Bereich der periodischen Tätigkeiten gilt, sich möglichst effizient und sicher durch den Kriterienkatalog durchzuarbeiten, um alle Anforderungen der externen Rechnungslegung, der Finanzbehörden und des Wirtschaftsprüfers einzuhalten. Gerade an dieser Stelle hilft eine moderne und international ausgerichtete Finanzsoftware, diesen Anforderungen gerecht zu werden.

14.5.2 Prozessablauf

Zuerst führen Sie in der Rolle des Abteilungsleiters im Work Center ANLAGEN einen Abschreibungslauf und eine außerplanmäßige Abschreibung durch (siehe Abbildung 14.33). Im Work Center HAUPTBUCH legen Sie anschließend einen Abstimmungslauf an und buchen als Finanzmitarbeiter eine Fremdleistung. Im Work Center GESCHÄFTSFÜHRUNG analysieren Sie als Mitglied der Geschäftsführung die Erlöse und Kosten anhand von Dashboards. Sie kehren dann zurück in das Work Center HAUPTBUCH, um anhand von zwei Berichten detailliert die Posten Ihrer Bilanz und GuV zu prüfen.

Abschreibungen durchführen

Sie führen die planmäßigen Abschreibungen und eine außerplanmäßige Abschreibung für eine Anlage durch. Im Work Center ANLAGEN legen Sie dafür zunächst in der Sicht PERIODISCHE AUFGABEN einen neuen Anlagenabschreibungslauf an.

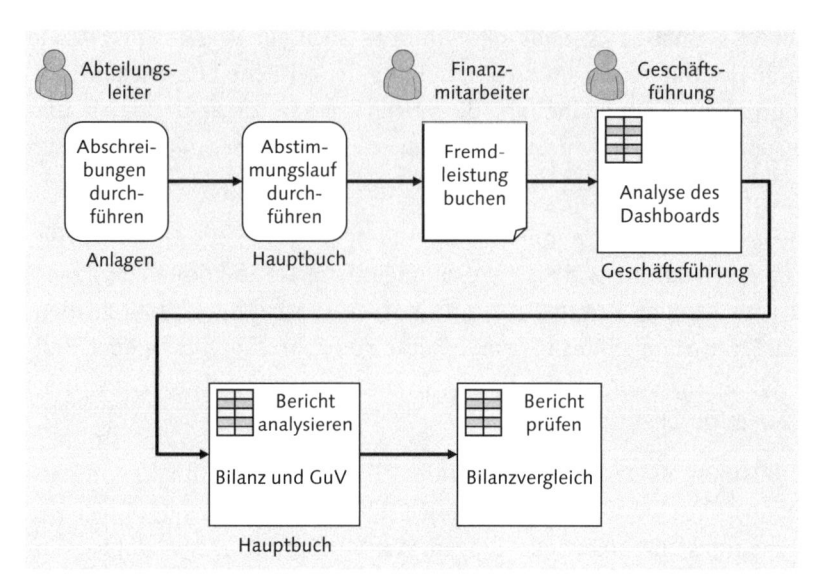

Abbildung 14.33 Prozessablauf »Bilanz und GuV«

In den neuen Abschreibungslauf tragen Sie in den LAUFPARAMETERN ❶ eine Laufbeschreibung ein und wählen in der DATENAUSWAHL ❷ das UNTERNEHMEN, das RECHNUNGSLEGUNGSWERK, den ZUORDNUNGSTYP, die NUMMER DER BEWERTUNGSSICHT, den ABSCHLUSSSCHRITT, die ANLAGENKLASSE, die ANLAGENNUMMER, PERIODE und JAHR aus (siehe Abbildung 14.34). Wenn Sie kein Rechnungslegungswerk eintragen, wird der Lauf für alle Ihre Rechnungslegungswerke ausgeführt.

Die Nummer der Bewertungssicht legt fest, ob es sich beispielsweise um eine handelsrechtliche Abschreibung oder eine Abschreibung nach IAS handelt.

Mit dem Abschlussschritt werden die Buchungen zum Stichtag in die zugehörige Buchungsperiode überführt. Die Buchungsperiode muss für diesen Abschlussschritt geöffnet sein.

Über die Anlagenklasse, z. B. PKWs, und die Anlagennummer können Sie den Abschreibungslauf auf bestimmte Anlagen beschränken. Wenn Sie diese Felder leer lassen, wird die Abschreibung für alle Anlagen ausgeführt.

[+] **Testlauf**

Sie sollten zuerst einen Testlauf für Ihre Abschreibungen durchführen, indem Sie den Haken bei TESTLAUF setzen. Wenn der Testlauf keine Fehler oder Warnungen verursacht hat, führen Sie den Lauf ohne Testkennzeichen erneut aus.

Anlagenabschreibungslauf mit Referenz [+]

Wenn Sie schon einmal einen ähnlichen Anlagenabschreibungslauf durchgeführt haben, können Sie den nächsten mit Referenz anlegen. So sparen Sie Zeit beim Eingeben der Werte.

Abbildung 14.34 Neuer Abschreibungslauf

Sie lassen die Felder zu Anlagenklasse und -nummer frei, da Sie den Lauf über alle Anlagen durchführen möchten. Durch Klick auf den Button JETZT STARTEN wird der Abschreibungslauf erstellt.

Sie möchten wegen hoher Beanspruchung noch für eine weitere Anlage eine manuelle Abschreibung durchführen. Ebenfalls im Work Center ANLAGEN können Sie in der Sicht ANLAGEN eine MANUELLE ABSCHREIBUNG anlegen.

Hier legen Sie im Erfassungsbelegkopf ❶ das BELEG- und BUCHUNGSDATUM sowie die BESCHREIBUNG fest. In den Details ❷ ergänzen Sie die ABSCHREIBUNGSART AUSSERPLANMASSIGE ABSCHREIBUNG, die BEWERTUNGSSICHT NATIONALE RECHNUNGSLEGUNGSVORSCHRIFTEN HGB, den zeitlichen Bezug zum VORJAHR, dass auf die HABEN-Seite gebucht wird, und einen BETRAG in Höhe von 500 EUR (siehe Abbildung 14.35).

Wenn Sie die Anlage auswählen, für die Sie gerade die außerplanmäßige Abschreibung durchgeführt haben, können Sie in den Planwerten für den 31.12.2011 die ANSCHAFFUNGSKOSTEN, die WERTBERICHTIGUNG und den RESTBUCHWERT sehen (siehe Abbildung 14.36).

Die Anlagen werden Sie später in den Berichten noch analysieren.

14 | Finanzwesen

```
Manuelle Buchung - Manuelle Abschreibung
5-0   Status: Aktiviert   Anlagenbeschreibung: Gabelstapler   Anlagenklasse: 22000 - Gabelstapler, Elektrokarren, Hubwagen   Unternehmen: 1000 Almika GmbH
      Kontenfindungsgruppe: 2060 - Sonstige Maschinen, Möbel und Betriebs- und Geschäftsausstattung

[Buchen] [Schließen] [Simulieren]

Erfassungsbelegkopf  ❶
Belegdatum:*        31.07.2011              Belegart:*         00059 - Manuelle Buchung für Anlagen
Buchungsdatum:*     31.07.2011              Abschlussschritt:* 010 - Operative Buchungen
Beschreibung:       Abschreibung wegen hoher Beanspruchung

Rechnungslegungswerk
Rechnungslegungswerk:*  4010 - HGB

Details  ❷
Abschreibungsart:*   3 - Außerplanmäßige Abschreibung
Bewertungssicht:*    1 - Nationale Rechnungsleg.vorschriften HGB
Zeitlicher Bezug:*   2 - Vorjahre
Soll/Haben:*         Haben
Betrag:*                           500,00   EUR - Euro
```

Abbildung 14.35 Manuelle Buchung – Manuelle Abschreibung

```
Anlagenübersicht (Migration): Gabelstapler
5-0   Status: Aktiviert   Unternehmen: 1000 Almika GmbH   Anlagenklasse: 22000 - Gabelstapler, Elektrokarren, Hubwagen

[Bearbeiten] [Schließen] [Drucken] [Neu ▾]

Inventarteil                                               Produktbild
Inventar:             FA0005 - Gabelstapler
                                                           Kein Bild verfügbar
Zuordnung
Segment:              P1100 - Almika Heizungen Hannover
Profit-Center:        P1120 - Fertigung
Kostenstelle:         P1122 - Zentrallager

Bewertungsparameter für HGB - Nationale Rechnungsleg.vorschriften HGB
Aktivierungsdatum:         01.01.2010
Abschreibungsbeginndatum:  01.01.2010
Abschreibungsmethode:      L011 - Lin. aus RestnutzDauer Restbuchw. auf 0
Nutzungsdauer:             4 Jahre
Geringwertiges Wirtschaftsgut: Nein

Verwaltungsdaten                                           ┌──────────────────────────────────────────┐
Angelegt von:    Sandra Mohr (0990F0LMOHRS)                │ Planwerte für 31.12.2011                 │
Angelegt am:     21.11.2010 21:40                          │ Anschaffungskosten:    20.000,00    EUR  │
Geändert von:    Technischer Benutzer (SAP_SYSTEM)         │ Wertberichtigungen:   -10.500,00    EUR  │
Geändert am:     22.03.2011 12:29                          │ Restbuchwert:           9.500,00    EUR  │
                                                           └──────────────────────────────────────────┘
```

Abbildung 14.36 Anlage Gabelstapler

[»] **Anlagen**

SAP Business ByDesign unterstützt Sie auch beim Einkauf, Umbuchen, Verschrotten oder Verkaufen von Anlagen.

Abstimmungslauf durchführen

Sie möchten Ihre Bücher (Hauptbuch, Nebenbuchkonten sowie Verzeichnisse) technisch abstimmen und führen daher einen Abstimmungslauf durch. Um einen neuen Abstimmungslauf anzulegen, öffnen Sie im Work Center HAUPTBUCH die Sicht PERIODISCHE AUFGABEN – ABSTIMMUNG.

Periodische Aufgaben [«]

Weitere periodische Aufgaben im Hauptbuch sind Saldovortrag, Meldewesen, Dauerbuchungen und Extraktionsläufe für Finanzdaten.

- Mit einem *Saldovortrag* können Sie die Abschlusssalden Ihrer Sachkonten auf das nächste Geschäftsjahr vortragen.
- Das *Meldewesen* enthält die vom Gesetzgeber geforderten Berichte, wie Belegjournal, Bilanz und GuV und Kapitalflussrechnung.
- Bei den *Dauerbuchungen* können Sie zu von Ihnen definierten Terminen Buchungen definieren.
- *Beim Extraktionslauf* können Sie Finanzdaten für Prüfung und Revision exportieren.

Sie erstellen einen neuen Abstimmungslauf: für Ihr UNTERNEHMEN ❶ und das RECHNUNGSLEGUNGSWERK HGB sowie für das aktuelle JAHR, die aktuelle PERIODE und für ❷ ALLE NEBENBÜCHER (siehe Abbildung 14.37).

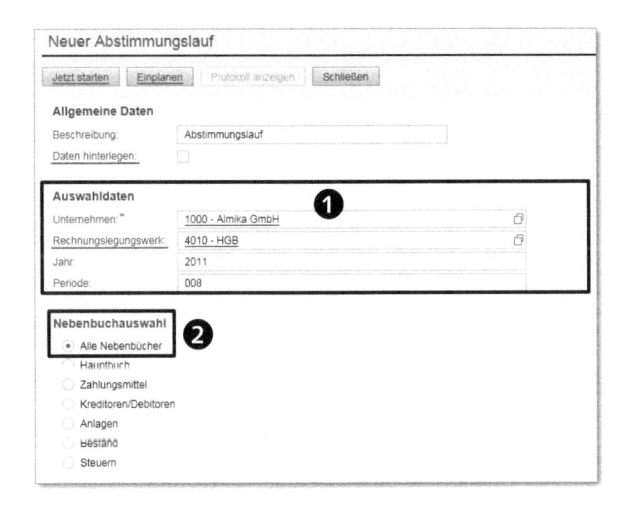

Abbildung 14.37 Neuer Abstimmungslauf

Über den Button JETZT STARTEN erstellen Sie den Abstimmungslauf. Nachdem Sie den Lauf ausgeführt haben, öffnen Sie den ABSTIMMUNGSBERICHT. In diesem können Sie prüfen, ob Fehler, Warnungen oder Informationen ausgegeben wurden (siehe Abbildung 14.38).

Abbildung 14.38 Abstimmungsbericht

[+] **Jahres- und Periodenabschluss**

SAP Business ByDesign unterstützt Sie bei den vorbereitenden Aktivitäten sowie beim Jahres-, Quartals- und Monatsabschluss. Sie bekommen in SAP Business ByDesign in Abhängigkeit von der Abschlussart eine Liste mit Abschlussaktivitäten zur Verfügung gestellt, die nach manuellen Aktivitäten, z. B. Periodensperre, und Massendatenläufen, z. B. Abschreibungen, unterscheidet. Die Liste wird um Informationen ergänzt, wie der Bearbeitungs- und Abnahmestatus der Aktivität ist und ob eine Ausführung möglich ist. Sie können die Aufgabenliste anpassen und manuelle Aktivitäten einfügen, Aktivitäten ausblenden, die Sie nicht benötigen, die Reihenfolge ändern oder Bearbeiter für Aktivitäten festlegen.

[✱] **Aufgabensteuerung für Hauptbuch**

Sie können im FINE-TUNING die Aufgabensteuerung für das Hauptbuch festlegen, z. B. für die Aufgabe »Abstimmungslauf prüfen«.

Fremdleistung buchen

Sie möchten eine Fremdleistung direkt im Hauptbuch verbuchen. Im Work Center HAUPTBUCH können Sie in den ALLGEMEINEN AUFGABEN einen NEUEN ERFASSUNGSBELEG anlegen. In den Kopfdaten des Erfassungsbelegs legen Sie die BELEGART, BILDVARIANTE, TRANSAKTIONSWÄHRUNG ❶ und das BUCHUNGSDATUM ❷ fest. Im Erfassungsbeleg wählen Sie dann die SACHKONTEN ❸, die Sie bebuchen möchten (siehe Abbildung 14.39).

Zudem tragen Sie in die SOLL- und die HABEN-Spalte die entsprechenden Beträge ein. Bei der Soll-Seite ergänzen Sie noch die KOSTENSTELLE Ihres Unternehmens. Anschließend BUCHEN ❹ Sie den Beleg, indem Sie auf den gleichnamigen Button klicken.

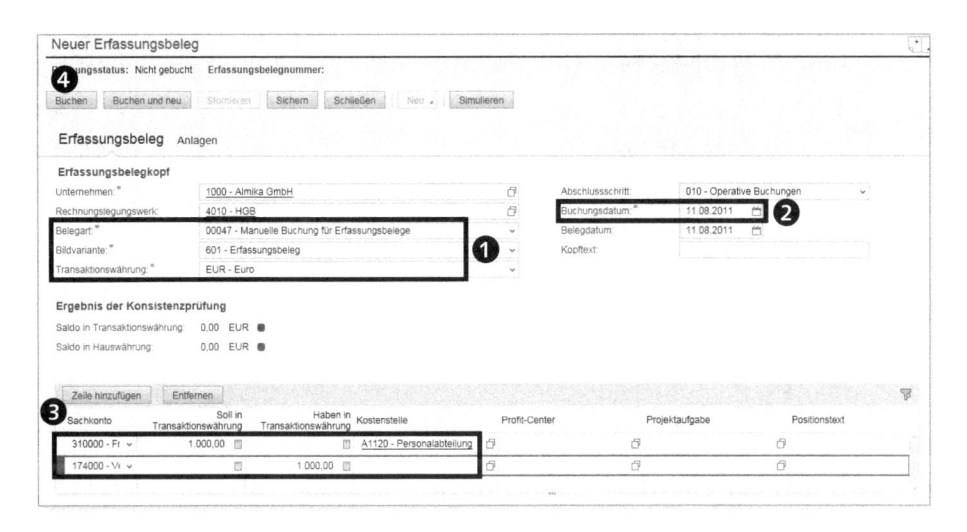

Abbildung 14.39 Neuer Erfassungsbeleg

Simulation eines Beleges [+]

Bevor Sie Ihren Beleg buchen, können Sie ihn simulieren. Hierdurch werden Inkonsistenzen vor der Buchung aufgedeckt.

Belegarten und Nummernkreise [⚙]

Sie können im FINE-TUNING Belegarten, Nummernkreise für Buchungsbelege und Präfixe für Erfassungsbelege bearbeiten.

Analyse des Dashboards

Der Geschäftsführung werden gewinnbezogene Kennzahlen in Form von Dashboards zur Verfügung gestellt. Im Work Center GESCHÄFTSFÜHRUNG wählen Sie den Geschäftsbereich FINANZ- UND RECHNUNGSWESEN, um die entscheidenden Finanzkennzahlen in Diagrammen angezeigt zu bekommen.

Exakter Wert [+]

Wenn Sie den Mauszeiger auf die Säulen bewegen, wird Ihnen der exakte Wert einer Säule angezeigt.

1. In Diagramm ❶ in Abbildung 14.40 werden für das aktuelle Jahr 2011 (oberer Balken) und das Vorjahr 2010 (unterer Balken) der NETTOERLÖS, KOSTEN DES UMSATZES, BRUTTOGEWINN und BETRIEBSERGEBNIS nach dem DECKUNGSBEITRAGSSCHEMA ausgewiesen. Deckungsbeitragsschema bedeu-

tet, dass eine Gliederung und Zuordnung auf Basis von Konten dargestellt wird. Mit Hilfe dieser Übersicht können Sie die Situation Ihres Unternehmens im Vergleich zum Vorjahr schnell beurteilen.

2. Diagramm ❷ widmet sich den DECKUNGSBEITRÄGEN in %. Hier werden der BRUTTODECKUNGSBEITRAG und der OPERATIVE DECKUNGSBEITRAG für das aktuelle und das letzte Jahr angezeigt.
3. Diagramm ❸ zeigt den NETTOERLÖS NACH PRODUKTKATEGORIE. In diesem Diagramm wird Ihnen in einer separaten Säule die ABWEICHUNG (Balken nach unten) angezeigt. So können Sie die aktuellen und zukünftigen »Cash Cows«, das heißt, Produkte mit hoher Gewinnmarge, identifizieren.
4. In Diagramm ❹ wird die Entwicklung des NETTOERLÖSES für SERVICES dargestellt. Hier wird seit Jahresbeginn für jeden Monat der Erlös nach Buchungsperioden aufgezeigt. Dieses Dashboard hilft Ihnen besonders, Trends zu bestimmen.

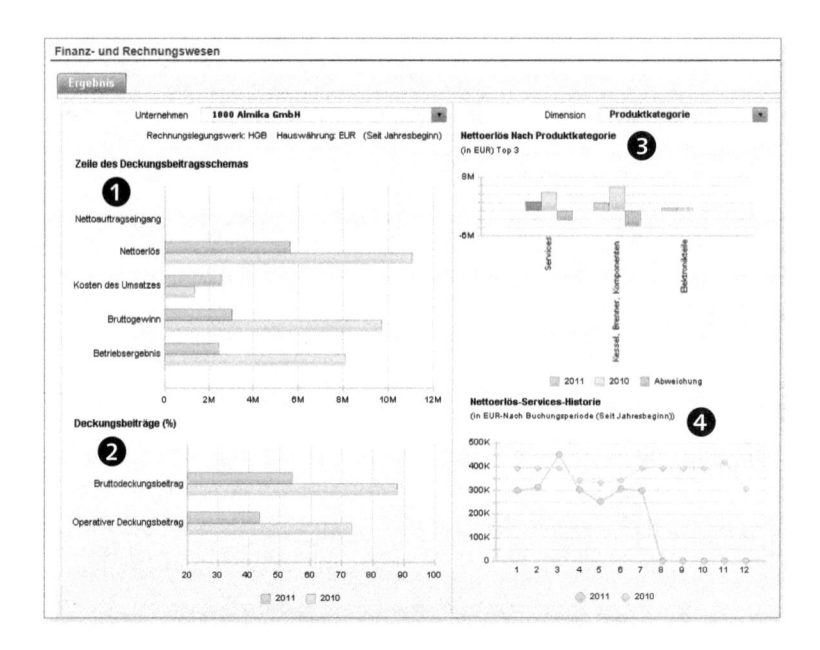

Abbildung 14.40 Dashboards des Finanz- und Rechnungswesens

Bericht »Bilanz und GuV analysieren«

Sie analysieren die Situation Ihres Unternehmens auf Basis der Bilanz und GuV. In diesem Bericht können Sie die Art, Höhe und Quellen Ihres unternehmerischen Erfolges identifizieren. Im Work Center HAUPTBUCH können Sie die GuV nach dem Umsatzkostenverfahren (ZD12) ❶ anzeigen lassen.

Umsatzkostenverfahren [+]

Beim Umsatzkostenverfahren können Sie erkennen, wofür Kosten angefallen sind, da die Erlöse nur den Kosten, die auch für die verkauften Leistungen entstanden sind, gegenübergestellt werden. Das Bruttoergebnis vom Umsatz wird in der GuV mit einem negativen Vorzeichen ausgewiesen, obwohl das Ergebnis für Ihr Unternehmen positiv ist.

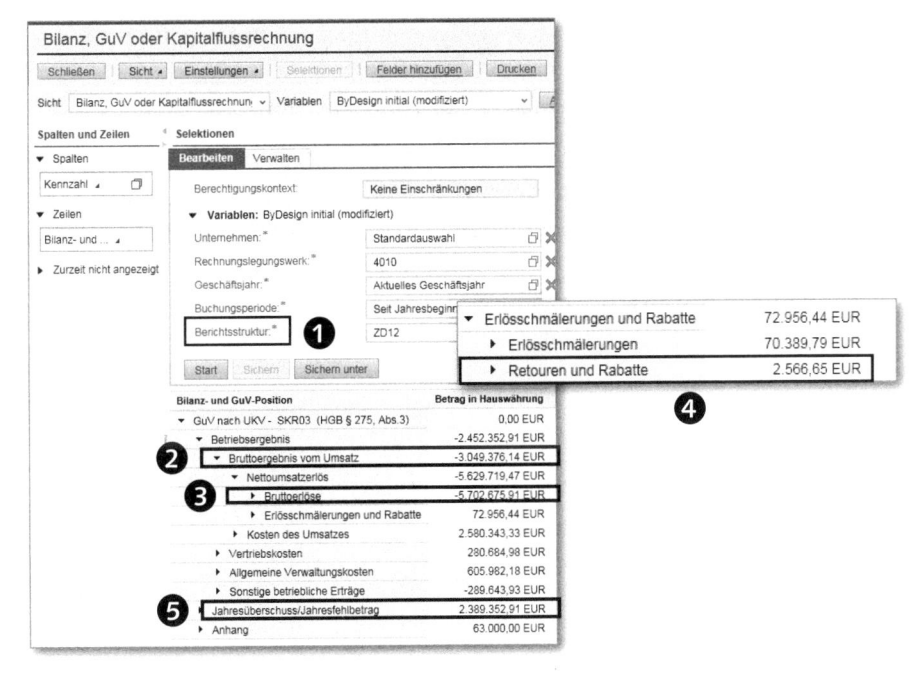

Abbildung 14.41 Bilanz, GuV oder Kapitalflussrechnung nach Umsatzkostenverfahren

In dem Bericht können Sie das BRUTTOERGEBNIS ❷ Ihrer Firma ablesen. Wenn Sie die Struktur weiter öffnen, können Sie das Zustandekommen aus Erlösen und Kosten genauer analysieren (siehe Abbildung 14.41). Die NETTOUMSATZERLÖSE teilen sich beispielsweise in die BRUTTOERLÖSE ❸ sowie in ERLÖSSCHMÄLERUNGEN und RABATTE auf. Eine Ebene weiter unten können Sie auch die einzelnen Werte der ERLÖSSCHMÄLERUNGEN sowie RETOUREN und RABATTE ❹ ansehen.

Die Kosten teilen sich in VERTRIEBSKOSTEN und ALLGEMEINE VERWALTUNGSKOSTEN auf. Auch SONSTIGE BETRIEBLICHE ERTRÄGE oder AUFWENDUNGEN können auf das Betriebsergebnis Einfluss nehmen.

In der nächsten Zeile können Sie den JAHRESÜBERSCHUSS/JAHRESFEHLBETRAG ablesen ❺.

14 | Finanzwesen

[»] **Bilanz und Jahrespläne**

Sie können für diesen Bericht auch die Berichtsstruktur BILANZ auswählen. Diese Struktur sehen Sie im nächsten Bericht »Bilanzvergleich«.

Im Work Center KOSTEN UND ERLÖSE können Sie Jahrespläne anlegen, in welchen Sie Ihre Kosten, GuV und Bilanz planen sowie Plan-Ist-Differenzen analysieren. Sie erfassen die Plandaten über das Excel-Add-in von SAP Business ByDesign.

[✱] **Berichtswesen**

Sie können im FINE-TUNING Folgendes vornehmen:

- Funktionsbereiche, Funktionsbereichsermittlung, Deckungsbeitragsschema und Berichtsstrukturen für die GuV nach Umsatzkostenverfahren und Ergebnisrechnung auf Basis der GuV definieren
- Berichtsstrukturen bearbeiten und ergänzen, hier legen Sie einen Kontenplan, die Kontenfindung und Art der Abstimmkonten fest
- Fremdwährungsbewertungsmethode für Forderungen und Verbindlichkeiten zu Rechnungslegungsvorschriften zuordnen

Bericht »Bilanzvergleich prüfen«

Sie möchten die Kosten- und Erlössituation Ihres Unternehmens mit den Werten des Vorjahres vergleichen. Hierfür öffnen Sie im Work Center HAUPTBUCH den Bericht BILANZ, GUV ODER KAPITALFLUSSRECHNUNG FÜR ZWEI JAHRE. Sie wählen in den Variablen das aktuelle Geschäftsjahr im Vergleich zum vorherigen Geschäftsjahr. Da Sie die Berichtsstruktur BILANZ wählen, bekommen Sie die Berichtsstruktur nach AKTIVA und PASSIVA aufgelistet (siehe Abbildung 14.42).

[+] **Bericht**

Dieser Bericht hat die gleichen Inhalte wie der Bericht BILANZ, GUV ODER KAPITALFLUSSRECHNUNG mit Bilanz-Berichtsstruktur. Er enthält nur eine Spalte mehr, in der die Daten aus dem Vorjahr aufgelistet sind.

Auf der Aktiva-Seite können Sie Ihr ANLAGEVERMÖGEN betrachten. Dieses wurde im Vergleich zum Vorjahr durch die von Ihnen durchgeführten Abschreibungen reduziert. Einen weiteren Posten bildet das UMLAUFVERMÖGEN, WOZU VORRÄTE gehören. Vorräte gliedern sich in ROH-, HILFS- UND BETRIEBSSTOFFE, UNFERTIGE ERZEUGNISSE UND LEISTUNGEN und FERTIGE ERZEUGNISSE UND WAREN ❶. Wenn Sie also viele Vorräte auf Lager haben, erhöhen sich diese Werte. Dies kann ein Zeichen für schlechte Planungsprozesse oder bei Fertigerzeugnissen für Absatzprobleme sein.

Szenario »Bilanz und GuV« | 14.5

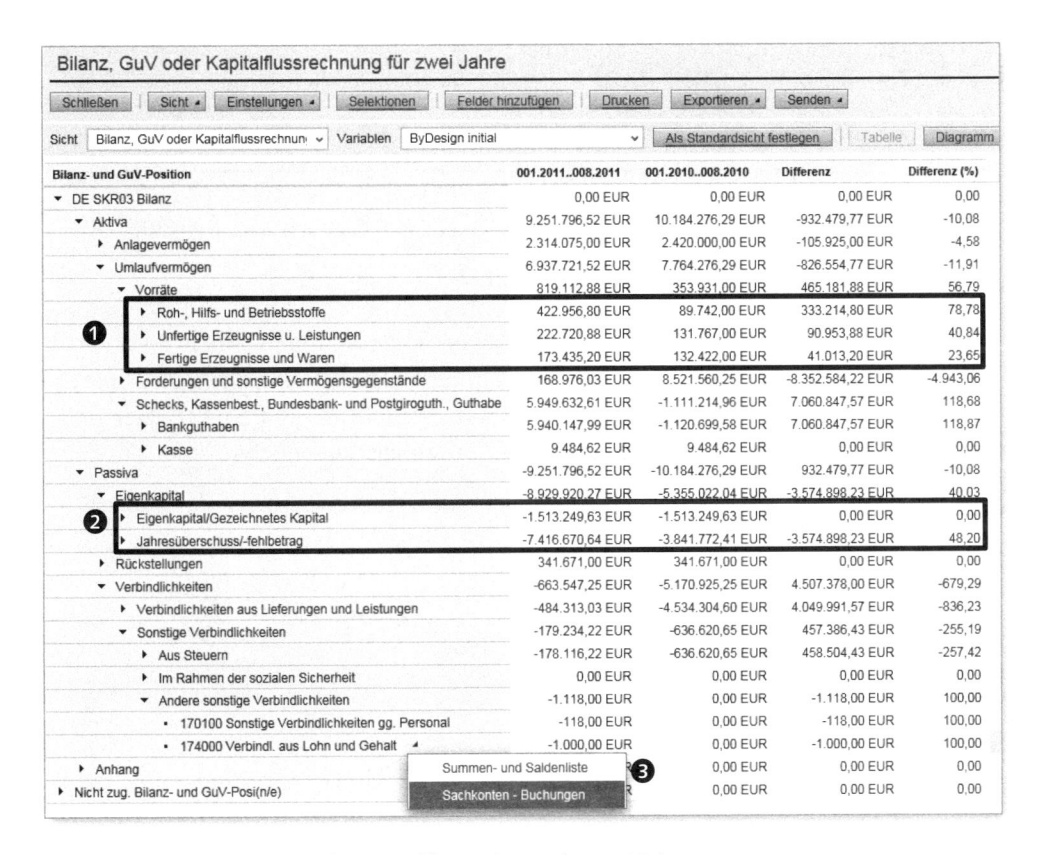

Bilanz- und GuV-Position	001.2011..008.2011	001.2010..008.2010	Differenz	Differenz (%)
▼ DE SKR03 Bilanz	0,00 EUR	0,00 EUR	0,00 EUR	0,00
▼ Aktiva	9.251.796,52 EUR	10.184.276,29 EUR	-932.479,77 EUR	-10,08
▶ Anlagevermögen	2.314.075,00 EUR	2.420.000,00 EUR	-105.925,00 EUR	-4,58
▼ Umlaufvermögen	6.937.721,52 EUR	7.764.276,29 EUR	-826.554,77 EUR	-11,91
▼ Vorräte	819.112,88 EUR	353.931,00 EUR	465.181,88 EUR	56,79
▶ Roh-, Hilfs- und Betriebsstoffe	422.956,80 EUR	89.742,00 EUR	333.214,80 EUR	78,78
▶ Unfertige Erzeugnisse u. Leistungen	222.720,88 EUR	131.767,00 EUR	90.953,88 EUR	40,84
▶ Fertige Erzeugnisse und Waren	173.435,20 EUR	132.422,00 EUR	41.013,20 EUR	23,65
▶ Forderungen und sonstige Vermögensgegenstände	168.976,03 EUR	8.521.560,25 EUR	-8.352.584,22 EUR	-4.943,06
▼ Schecks, Kassenbest., Bundesbank- und Postgiroguth., Guthabe	5.949.632,61 EUR	-1.111.214,96 EUR	7.060.847,57 EUR	118,68
▶ Bankguthaben	5.940.147,99 EUR	-1.120.699,58 EUR	7.060.847,57 EUR	118,87
▶ Kasse	9.484,62 EUR	9.484,62 EUR	0,00 EUR	0,00
▼ Passiva	-9.251.796,52 EUR	-10.184.276,29 EUR	932.479,77 EUR	-10,08
▼ Eigenkapital	-8.929.920,27 EUR	-5.355.022,04 EUR	-3.574.898,23 EUR	40,03
▶ Eigenkapital/Gezeichnetes Kapital	-1.513.249,63 EUR	-1.513.249,63 EUR	0,00 EUR	0,00
▶ Jahresüberschuss/-fehlbetrag	-7.416.670,64 EUR	-3.841.772,41 EUR	-3.574.898,23 EUR	48,20
▶ Rückstellungen	341.671,00 EUR	341.671,00 EUR	0,00 EUR	0,00
▼ Verbindlichkeiten	-663.547,25 EUR	-5.170.925,25 EUR	4.507.378,00 EUR	-679,29
▶ Verbindlichkeiten aus Lieferungen und Leistungen	-484.313,03 EUR	-4.534.304,60 EUR	4.049.991,57 EUR	-836,23
▼ Sonstige Verbindlichkeiten	-179.234,22 EUR	-636.620,65 EUR	457.386,43 EUR	-255,19
▶ Aus Steuern	-178.116,22 EUR	-636.620,65 EUR	458.504,43 EUR	-257,42
▶ Im Rahmen der sozialen Sicherheit	0,00 EUR	0,00 EUR	0,00 EUR	0,00
▼ Andere sonstige Verbindlichkeiten	-1.118,00 EUR	0,00 EUR	-1.118,00 EUR	100,00
· 170100 Sonstige Verbindlichkeiten gg. Personal	-118,00 EUR	0,00 EUR	-118,00 EUR	100,00
· 174000 Verbindl. aus Lohn und Gehalt	-1.000,00 EUR	0,00 EUR	-1.000,00 EUR	100,00
▶ Anhang	0,00 EUR	0,00 EUR	0,00 EUR	0,00
▶ Nicht zug. Bilanz- und GuV-Posi(n/e)	0,00 EUR	0,00 EUR	0,00 EUR	0,00

Abbildung 14.42 Bilanz, GuV oder Kapitalflussrechnung für zwei Jahre

Zu dem UMLAUFVERMÖGEN kommen FORDERUNGEN UND SONSTIGE VERMÖGENSGEGENSTÄNDE sowie Schecks, Kassenbestand und Bankguthaben hinzu. Diese Posten erhöhen sich z. B. durch Verkäufe in Kapitel 11, 12 und 13. Sobald die Rechnung für diese Verkäufe gestellt wurde, erhöhen sich die Forderungen. Durch den Ausgleich der Rechnung reduzieren sich die Forderungen, und der Posten der Bankeinnahmen steigt an. Ein hoher Wert an Forderungen, bei einer ähnlichen Auftragslast wie im Vorjahr, kann auf eine schlechte Zahlungsmoral der Kunden hinweisen.

Auf der Passivseite finden Sie das EIGENKAPITAL ❷. Der JAHRESÜBERSCHUSS/JAHRESFEHLBETRAG ergibt sich aus der Differenz von Ertrag und Aufwand. Weitere Passivposten sind RÜCKSTELLUNGEN und VERBINDLICHKEITEN. Die VERBINDLICHKEITEN AUS LIEFERUNGEN UND LEISTUNGEN haben Sie durch die Rechnungsstellungen in Kapitel 10 und 11 erhöht, als Sie Produkte eingekauft haben.

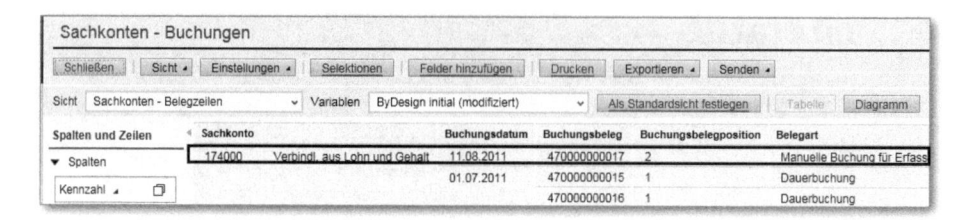

Abbildung 14.43 Buchungen auf Sachkonten

Wenn Sie die Details der Buchungen interessieren, können Sie sich die BUCHUNGEN AUF SACHKONTEN ❸, z. B. für VERBINDLICHKEITEN AUF LOHN UND GEHALT, anzeigen lassen (siehe Abbildungen 14.42 und 14.43). Hier finden Sie auch Ihre manuelle Buchung der Fremdleistung wieder.

A   Literatur- und Quellenverzeichnis

- Abts, D. et al.: Grundkurs Wirtschaftsinformatik. Vieweg+Teubner, Wiesbaden 2009.
- Bichler, K.; Schröter, N.: Praxisorientierte Logistik. 3. Aufl. Kohlhammer, Stuttgart 2004.
- Cooper, M.C., Lambert, D.M., & Pagh, J.: Supply Chain Management: More Than a New Name for Logistics. In: The International Journal of Logistics Management 8 (1997) 1, S. 1–14.
- Corsten, H. (Hrsg.): Lexikon der Betriebswirtschaftslehre. Oldenbourg, München 1992.
- Deutsche Gesellschaft für Transportrecht e.V. (Hrsg): Übereinkommen über den Beförderungsvertrag im internationalen Straßengüterverkehr (CMR). In: *http://www.transportrecht.org/dokumente/CMRdt.pdf*, Erstellungsdatum vom 05.07.1978.
- Domschke, W.; Drexl, A.: Einführung in Operations Research. Springer, Berlin-Heidelberg 1990.
- Drucker, Peter F.: Management. Band 2. Kapitel 33, Campus Verlag GmbH, Frankfurt am Main 2009.
- Dürrbeck, V.; Krüger, S.: Betriebswirtschaftliche Softwarelösungen für kleine und mittlere Unternehmen – 2. Teil. 10 Lösungen für Handel, Dienstleistung, Produktion und Handwerksbetriebe. 1. Aufl. Netzwerk Elektronischer Geschäftsverkehr, Dezember 2010.
- Eller, P.: Elektronische Rechnungsstellung und digitale Betriebsprüfung. E. Schmidt, Berlin 2003.
- Engelhardt, W. et al.: Dienstleistungen als Absatzobjekt. Bochum 1993.
- Faisst, Wolfgang: SaaS, PaaS und Cloud-Computing. Die nächste Generation von Unternehmenssoftware. Vorlesung an der Universität Bamberg, SS 2011.
- Flory, M.: Computergestützter Vertrieb von Investitionsgütern. Dt. Universitätsverlag, Wiesbaden 1995.
- Gabath, C.: Gewinngarant Einkauf. Gabler, Wiesbaden 2008.
- Gadatsch, A.; Frick, D.: SAP-gestütztes Rechnungswesen. 2. Aufl. Vieweg, Wiesbaden 2005.

- Gutenberg, E.: Grundlagen der Betriebswirtschaftslehre – Band 1: Die Produktion. Berlin 1983.
- Haller, B.: Einzelhandel von A – Z. Die wichtigsten Begriffe aus der Betriebsführung kurz und praxisnah erläutert. Behr's Verlag, Hamburg 2003.
- Hefner, S.; Dittmar, M.: SAP R/3 – Finanzwesen. Addison-Wesley, München 2001.
- Hildebrand, K.: Betriebswirtschaftliche Einführung in SAP R/3, Oldenbourg, München 2000.
- Hoppe, M.; Käber, A.: Warehouse Management mit SAP ERP. 2. Aufl. SAP PRESS, Bonn 2009.
- Hufgard, A.: Marktplatz – Von EDI zu Handels- und Serviceplattformen im Internet. In: Business Integration mit SAP-Lösungen. Potenziale, Geschäftsprozesse, Organisation und Einführung. Springer, Berlin 2005, S. 207-228.
- Hufgard, A.; Krüger, S.: CRM-Funktionen von Business SAP Business ByDesign im Praxistest. In: *http://www.computerwoche.de/software/crm/2349447/*, Erstellungsdatum vom 16.07.2010.
- Hufgard, A.: Betriebswirtschaftliche Softwarebibliotheken und Adaption. Vahlen, München 1994.
- Hufgard, A. et. al.: Business Integration mit SAP-Lösungen. Potenziale, Geschäftsprozesse, Organisation und Einführung. Springer, Berlin 2005.
- Hufgard, A.: SaaS-Lösungen für Mittelständler – flexible Alternative zu On-Premise-Lösungen. In: *http://www.ibis-thome.de/803/article/803/saas-loesunge.html.* Erstellungsdatum vom 16.08.2010
- Hufgard, A.: ROI von SAP-Lösungen verbessern. Nutzung erkennen, strukturieren, intensiveren und transformieren. SAP PRESS, Bonn 2010.
- Hufgard, A.: Standardkonfiguration besonders empfehlenswert. Test von SAP Business ByDesign. In: S@PPORT 3 2010, S.13–15.
- Kiener, S.: Produktions-Management. 9. Aufl., Oldenbourg, München 2009.
- Klaus, P.; Krieger, W. (Hrsg.): Gabler Lexikon Logistik. 3. Aufl. Gabler, Wiesbaden 2004.
- Kluck, D.: Materialwirtschaft und Logistik. Lehrbuch mit Beispielen und Kontrollfragen. 3. Aufl. Schäffer-Poeschel, Stuttgart 2008.
- Küting, K. et al.: Geschäftsprozessbasiertes Rechnungswesen. Schäffer-Poeschel, Stuttgart 2010.

- Kurbel, Karl et al. (Hrsg.): Enzyklopädie der Wirtschaftsinformatik. 4. Aufl. Oldenbourg, München 2010. *http://www.enzyklopaedie-der-wirtschaftsinformatik.de,* Abruf: 07.11.2010.
- Labuhn, D.; Romberg, O.: Keine Panik vor Thermodynamik. 5. Aufl. 2011. Wiesbaden 2011.
- Large, R.: Strategisches Beschaffungsmanagement. 4. Aufl. Gabler, Wiesbaden 2009.
- Mentzer, J. et al.: Defining Supply Chain Management. In: Journal of Business Logistics 22 (2001) 2, S. 1–25.
- Mertens, P.: Integrierte Informationsverarbeitung. 1. Aufl. Wiesbaden 2009.
- Mertens, P.; Hufgard, A. et al.: Dispositionsparameter in der Produktionsplanung mit SAP. Einstellhinweise, Wirkungen, Nebenwirkungen. 5. Aufl. Vieweg+Teubner, Wiesbaden 2009.
- Moshage, J.: Energie bewegt die Welt. Eningen 1960.
- Müllner, C.: Die Möglichkeiten und der Nutzen von Cash Management Systemen: Am Beispiel der ERP Software von SAP. Grin Verlag, München 2009.
- Ohne Verfasser: Supply Chain Management: Wertschöpfungskette analysieren und Logistik optimieren. In: *http://www.business-wissen.de/handbuch/supply-chain-management/,* Erstellungsdatum vom 3.12.2007.
- Picot, A.; Dietl, H.; Franck, E.: Organisation: Eine ökonomische Perspektive. 4. Auf. Schäffer-Poeschel, Stuttgart 2008.
- Plattner, H.; Zeier, A.: In-Memory Data Management. An Inflection Point for Enterprise Applications. Springer, 2011.
- Rainfurth, C.: Der Einfluss der Organisationsgestaltung produktbegleitender Dienstleistungen auf die Arbeitswelt der Dienstleistungsakteure. Am Beispiel von KMU des Maschinenbaus. Dissertation vom Fachbereich »Gesellschafts- und Geschichtswissenschaften« der Technischen Universität Darmstadt, Darmstadt 2003.
- Rifkin, J.: Das Ende der Arbeit und ihre Zukunft. 2. Aufl. Frankfurt 2007.
- SAP Business ByDesign Business Center: *http://www.sme.sap.com*
- SAP Business ByDesign, Hilfe und Bibliothek, Versionen 2.6 und 3.0.
- Scheibler, J.; Maurer, T.: Praxishandbuch Vertrieb mit SAP. 3. Aufl. SAP PRESS, Bonn 2010.

- Schneider, Thomas: SAP Business ByDesign Studio – Application Development. SAP PRESS, Boston 2012.
- Schreyögg, G.: Grundlagen moderner Organisationsgestaltung. 5. Aufl. Gabler, Wiesbaden 2008.
- Schubert, P. et al.: E-Business mit betriebswirtschaftlicher Standardsoftware. Hanser, München 2004.
- Schuh, C. et al.: Das Einkaufsschachbrett: Mit 64 Ansätzen Materialkosten senken und Wert schaffen. In: *http://www.einkaufsschachbrett.de/content/de_de/publikationen/index.php*, Erstellungsdatum vom 01.02.2010.
- Schuhmacher, J.; Meyer, M.: Customer Relationship Management strukturiert dargestellt. Berlin, Springer 2004.
- Stadtler, H. et al.: Supply chain management und advanced planning. Konzepte, Modelle und Software. Springer, Berlin 2010.
- Stagge, C.: Road Map Business By Design. In: *http://de.sap.info/store-featurepack-ondemand-mittelstand-software/53613*, Erstellungsdatum vom 04.07.2011.
- Ten Hompel, M.; Schmidt, T.: Warehouse Management. Organisation und Steuerung von Lager- und Kommissioniersystemen. Springer, Heidelberg 2010.
- Teufel, T. et al.: SAP-Prozesse: Finanzwesen und Controlling. Addison-Wesley, München 2000.
- Thaler, K.: Supply Chain Management: Prozessoptimierung in der logistischen Kette. 5. Aufl. Bildungsverlag EINS, Troisdorf 2007.
- Thome, R.: Produktionskybernetik, Informationsfluß zur Steuerung und Regelung von Produktionsprozessen. Berlin 1976.
- Thome, R., Hufgard, A.: Continuous System Engineering. München 2006.
- Thome, R.; Hufgard, A.: Eine neue Kategorie adaptierbarer Unternehmenssoftware. In: Wisu – das Wirtschaftsstudium. 37 (2008) 10, S. 1395–1401.
- Wannenwetsch, H.: Vernetztes Supply Chain Management. SCM-Integration über die gesamte Wertschöpfungskette. Springer, Berlin 2005.
- Werner, H.: Supply Chain Management. Grundlagen, Strategien, Instrumente und Controlling. 4. Aufl. Gabler, Wiesbaden 2010.
- Witt, F.: Deckungsbeitragsmanagement. Vahlen, München 1991.
- YouTube-Kanal: *http://www.youtube.com/user/SAPBusinessByDesign1*
- Zencke, P.; Eichin, R. (2008): SAP Business ByDesign – Die neue Mittelstandslösung der SAP. In: Wirtschaftsinformatik 50 1, S 47–51.

B   Die Autoren

Dr. Andreas Hufgard ist Vorstand für Forschung und Produktentwicklung der IBIS Prof. Thome AG und habilitiert in Wirtschaftsinformatik an der Universität Würzburg. Er war seit 1994 Geschäftsführer und – nach Rechtsformwechsel – Vorstand der IBIS Prof. Thome AG. Von 2005 bis 2008 war er für den Aufbau und die Gründung der IBIS America LLC verantwortlich.

Seit Oktober 2009 ist er verantwortlich für die Etablierung der *IBIS Labs*. Die IBIS Labs bündeln die Forschungsaktivitäten des Lehrstuhls von Prof. Thome an der Uni Würzburg und der IBIS Prof. Thome AG zu einer Plattform für Forschungsinitiativen. Zusammen mit SAP, weiteren Partnern und Anwendern sollen die Herausforderungen der Gestaltung und des Einsatzes betriebswirtschaftlicher Unternehmenssoftware mit innovativen Methoden, Tools und Inhalten gemeistert werden.

Die IBIS Prof. Thome verfolgt Beratungs-, Forschungs- und Entwicklungsprojekte im Umfeld betriebswirtschaftlicher Unternehmenssoftware in Europa und den USA. Die wichtigsten Projekte unter der Leitung von Andreas Hufgard waren:

- »LIVE Tools« mit Siemens: Werkzeuge zur effizienten Einführung und kontinuierlichen Verbesserung von SAP R/3 bzw. der SAP Business Suite (1994–2009)
- »Analyse produktiver SAP-Systeme« mit der Methodik des Reverse Business Engineerings (RBE) in Kooperation mit SAP (1998–2001)
- Entwicklungskooperation mit SAP zur Business Konfiguration für SAP Business ByDesign (seit 2004)
- Strategische Kooperation zum SAP Solution Manager mit der SAP (seit 2010)
- Koordinator des Clusters Business Process Analytics im Rahmen der Future SOC Labs Initiative des Hasso-Plattner-Institutes Potsdam.

Dazu kommen viele Praxisprojekte, von der fertigenden Industrie bis in die öffentliche Verwaltung in Europa und den USA.

Diplom-Kauffrau Univ. **Stefanie Krüger** hat Betriebswirtschaftslehre mit den Schwerpunkten Wirtschaftsinformatik, Logistik und Marketing studiert.

Seit 2005 ist sie bei der IBIS Prof. Thome AG (Reseller und Solution Partner für SAP Business ByDesign sowie selbst Anwender) in den IBIS Labs im Umfeld von Unternehmenssoftware und Einführungsprojekten tätig. Parallel promoviert sie an der Universität Würzburg am Lehrstuhl für BWL und Wirtschaftsinformatik von Prof. Thome mit dem Forschungsschwerpunkt »Regelbasierte Echtzeitüberwachung betriebswirtschaftlicher Unternehmenssoftware«.

Praktisches Know-how über SAP Business ByDesign konnte sie in folgenden Projekten gewinnen:

- SAP Business ByDesign Einführungsprojekte bei der IBIS Prof. Thome AG und verschiedenen Kunden (seit 2009)
- Entwicklung der IBIS Werkzeug zur Entscheidungsfindung für die Einführung von SAP Business ByDesign, wie Kosten- und Situationsanalyse (seit 2009)
- Beratung der SAP AG in einem Kooperationsprojekt zum SAP Business ByDesign Studio (2010)
- Zertifizierung zur SAP Business ByDesign Solution und Service Advisor (seit 2010)
- Forschungsprojekt mit Hasso Plattner Institut über Real-Time Business Matrix Processing (seit 2010)

Neben Kundenprojekten ist sie in der Wissensvermittlung von SAP Business ByDesign tätig:

- Dozentin für mySAP ERP und SAP Business ByDesign sowie deren Einführungs- und Implementierungswerkzeugen an der Universität Würzburg (seit 2009)
- Projektleitung zur Entwicklung und Pilotierung eines Curriculums (Business Integration Trainee on SAP Business ByDesign) für den weltweiten Einsatz in der Lehre, das die SAP AG über ihr University Alliances Programm zur Verfügung stellt (seit 2011)

Daneben hat sie bereits Artikel und Studien zu SAP Business ByDesign veröffentlicht.

Co-Autoren

Dr. Rüdiger Eichin arbeitet seit 2006 im Bereich »SAP OnDemand Solutions« mit dem Schwerpunkt auf Innovationsthemen in SAP Business ByDesign. Nach seiner Promotion an der Universität Mannheim hat er sich bei mehreren Unternehmen aus unterschiedlichen Perspektiven heraus mit dem Thema »Innovation« im Kontext betriebswirtschaftlicher IT-Systeme beschäftigt, zuletzt als Senior Consultant bei Arthur D. Little.

Als Executive Vice President und Corporate Officer SAP OnDemand Solutions verantwortet **Peter Lorenz** das OnDemand-Lösungsportfolio. Sein Verantwortungsbereich beinhaltet neben Entwicklung und Lösungsmanagement auch Einführung sowie Service und Support für die genannten Lösungen, bestehend aus SAP Business ByDesign und den SAP Line of Business OnDemand-Angeboten.

Prof. Dr. Rainer Thome ist Inhaber des Lehrstuhls für Betriebswirtschaftslehre und Wirtschaftsinformatik an der Julius-Maximilians-Universität Würzburg, Autor mehrerer Fachbücher und zahlreicher Aufsätze sowie langjähriger Mitherausgeber der Zeitschrift »wisu – das wirtschaftsstudium«. Aus seiner praxisorientierten Lehre und Forschung im Umfeld der Prozessorganisation haben sich in den letzten Jahren diverse Unternehmen am Markt etabliert, denen Prof. Dr. Thome als Aufsichtsrat und Mentor beratend zur Seite steht. Er ist außerdem Initiator und Leiter des MBA-Studiengangs Business Integration sowie der Bachelor- und Masterstudiengänge Wirtschaftsinformatik an der Universität Würzburg.

Prof. Dr. Peter Zencke ist seit 2011 Honorarprofessor an der Julius-Maximilians-Universität Würzburg. Darüber hinaus ist er Lehrbeauftragter an der HSG St. Gallen und an der ETH Zürich. In den Jahren 1993 bis 2008 war er Entwicklungsvorstand der SAP AG. Unter seiner Leitung sind wesentliche Anwendungen der SAP entstanden, wie Vertrieb, Materialwirtschaft und Produktion im SAP ERP-Vorgängersystem R/3, die Industrielösungen SAP Consumer Products, SAP for Automotive, SAP for Retail und SAP for Oil & Gas sowie die Lösung SAP CRM mit ihren Industrieausprägungen. Zuletzt hat Peter Zencke die Entwicklung der Mittelstandslösung SAP Business ByDesign vom ersten Design bis zur Marktreife geleitet. Unter seiner Führung des Bereichs »SAP Research« ist ein breites universitäres Netzwerk entstanden, das heute vielfältig zur Forschung und Lehre auf der Geschäftsplattform SAP Business ByDesign beiträgt.

C Danksagung

Zur Entstehung dieses Buches haben zahlreiche Mitarbeiter der IBIS Prof. Thome AG Anregungen und Feedback geliefert. Die IBIS Prof. Thome AG ist selbst Anwender von SAP Business ByDesign, Solution Reseller und Solution Partner. In der Rolle als Solution Reseller hat sie SAP Business ByDesign bereits in mehreren Projekten bei Kunden eingeführt und als Solution Partner bereits Apps für den SAP Store entwickelt. In dieses Buch sind daher auch umfangreiche Erfahrungen unserer Kollegen aus den drei genannten Bereichen eingeflossen.

Wir danken insbesondere folgenden Personen:

Für die Bereitstellung von Beispielen und die Unterstützung bei der Aktualisierung auf Feature Pack 3.0: Dr. Christian Bätz, Janine Budell, Marion Hösselbarth, Patricia Kraft und Fabian Krüger.

Für inhaltliches Feedback: Julia Auernhammer, Markus Durian, Dr. Sabine Mehlich, Jörg Hofmann, Christoph Klima, Kristina Krüger, Tobias Schicklberger, Dr. Oliver Schipp, Meike Schönberger, Stephan Streller, Manuela Schwarz, Roman Tissen und Alexander Weinhard.

Für Feedback aus Kundensicht: Christian Kübrich (Geschäftsführer, Kübrich Ingenieure), Dr. Heiko Schinzer (Vorstand, AI AG) und Dr. Wolfgang Walz (Vorstand, IBIS Prof. Thome AG).

Für die Bereitstellung von Informationen von Seiten der SAP bedanken wir uns bei Mario Becker, Dr. Wolfgang Faisst, Erik Lüngen, Razvi Nadim, Marco Sachs und Alexander Waeldin.

Patricia Kremer und Eva Tripp für die kompetente Begleitung dieses Buchprojektes und die stets zeitnahe Beantwortung aller Fragen.

Index

A

ABC-Klassifikation 309, 311, 359, 363, 398
Abdeckungskennzeichen 406
Abhängigkeit 164
Abnahmekontrolle 138
Abnahmetest 189
Abrechnung
 Daten 245, 268–269, 274, 278–279, 281
 Kreis 280
 Lauf 514
Absagegrund 409, 422
Abschlussrechnung 447–448, 453
Abschreibung 453, 527, 557, 566
Abschreibungslauf 527, 557
Abstimmung
 Konto 566
 Lauf 527, 561
Abteilung 172–173, 287
Abwesenheit 262, 275
Abwesenheitsantrag 245, 250, 262
Adaption
 Fähigkeit 27
 Katalog 157
 Richtung 141
 Tools 30
 Werkzeug 199, 203
adaptive Geschäftsplattform 27
Ad-hoc-Änderung 220
Adobe Designer 207
Aktionsbereich 139
Aktiva 566
Aktivierung 306
Aktivität 351, 356, 359, 363
Aktivitätskategorie 363
A-Kunde 356

Alarm 298, 331, 341, 396, 398
Almika 233
Altlösung 112
Altsystem 180–181
Analyse 61–62, 69, 74, 81, 298, 331
Analysten 106
Analytics-Experte 333
Analytik 295, 298, 331
Änderung 162, 217
 Auftrag 493, 519
 Managment 194
 Projekt 194, 217, 222
 Wunsch 187
Android 59
Anforderung 93
 Abgleich 99
 Analyse 166
 Änderung 187
 Wunsch 188
Angebot 293, 297, 300, 302, 312–313, 351, 407–410, 413, 420–421, 423–424, 433–434, 439, 522
 Genehmigung 294
 Spiegel 314–315
 Vergleich 297
 Zuschlag 302, 313, 315
Anlage 558–559, 566
Anlagenabschreibungslauf 557
Anlieferung 352, 472, 482
Anmeldung 251
Anordnungsbeziehung 438
Anpassung 78, 80
 Fähigkeit 64
 Möglichkeit 65, 193
Anschaffungskosten 106, 559
Ansprechpartner 359–360, 363
Anwendungsentwicklung 210

Anwendungsexperte 116, 142–143, 170, 175, 177, 183–184, 187, 192, 205, 220, 223, 239, 245, 250, 256, 264, 269, 319–320, 339
Anzahlung 527
Anzahlungsanforderung 377, 548, 556
Apple iOS 59
Apple iPad 60
Applikationsbereich 50
Arbeitsplan 494, 509, 520
Arbeitstagekalender 439
Arbeitsverteilung 246, 248, 256, 287, 292
Arbeitsvertrag 274
Arbeitsvorrat 58, 83
Arbeitszeit 276
Arbeitszeitblatt 72
ATP-Prüfung 367, 369
Aufbauorganisation 142
Aufgabe 58, 82–83, 278–279, 282, 360
Aufgabe, allgemeine 398, 464
Aufgabenliste 58, 154, 168–170, 190, 225
Aufgabensteuerung 83, 143, 177, 189, 241, 245, 260, 262, 265, 275, 278, 280, 313, 317, 327, 330, 352, 364, 374, 378–379, 395, 399, 437, 462, 466, 472, 510, 514, 539, 544, 562
Auftrags-Pipeline 391, 399, 402
Aufwand 565
Ausgabeeinstellung 311, 394, 404–405
Ausgleichsstrategie 539
Auslagerung 461

579

Auslieferung 349, 370–372, 375–377, 401, 447, 468, 523
Auslieferungslauf 373, 457, 473, 475, 478
Ausnahme 76–77, 81, 83
Ausschreibung 295, 297, 300, 302, 312–313
Ausschreibungsanforderung 313
Ausschuss 494, 510
Außenwirtschaftsmeldungen 542
Austrittsgrund 284
Auswertung 69, 332, 341
Auswertungskatalog 339
automatische Adaption 220
automatische Konfiguration 39
automatisierte Systemprüfung 55
Automatisierung 474, 505

B

BAC 157, 161
Balkendiagramm 72, 407, 438
Bankdaten 534
Bankverbindung 245, 254, 257
Bareinzahlung 539
Basisplan 448
Basispreisliste 351–352, 357, 365, 418, 498
Basisstammdaten 177–178
Baubarkeitsprüfung 167
Bedarf 301, 318, 488, 504
 Ermittlung 514
 Plan 458, 489, 500, 503
 Steuerungsmethode 490–491
Beförderung 286
Beleg 341
 Fluss 51, 177, 329–330
 Simulation 563
Benachrichtigung 317, 430, 434, 445

Benutzer 246, 267, 269, 282
Benutzerbetreuer 192
Benutzerverwaltung 75, 243
Berechtigung 83, 243, 246, 249–250
Bericht 64, 69, 78, 81, 85, 207, 266, 301, 331–333, 342–343, 347
 Diagrammeinstellung 338
 Diagrammtyp 335, 338
 Layout 345
 Sicht 303, 338–339
 Struktur 79, 172
 Variable 345
 Variablenbild 333, 335
Beschaffung 295
 Abwicklung 297, 318–319
 Art 322, 490
 Planung 295, 297, 318–320, 323
 Verfahren 318
 Volumen außerhalb des Einkaufs 337
 Vorschlag 505
Bestand 483
 Controlling 298
 Führung 461–462
 Optimierung 318
 Preis 498
 Übersicht 457, 462, 464–465, 471
Bestellanforderung 297, 320, 324, 507–508
Bestellbestätigung 297, 310, 326
Bestellprozesskosten 295
Bestellung 75, 297, 324, 327, 351, 508
Bestellverlauf 298, 332, 335
Bestellvolumen 337
Bestellvorschlag 297, 319–320, 323, 367, 489, 508
Beteiligtenrolle 420

Betreuung 195
Betriebsablauf 69
Betriebsergebnis 563
Betriebsführung 29
Betriebskosten 22, 106
Betriebsstätte 172–173, 249, 256
betriebswirtschaftliche Konfiguration 28, 40, 44, 78, 97, 154, 166, 168, 170, 198, 286, 294, 332
betriebswirtschaftliche Option 160, 163
betriebswirtschaftlicher Katalog 157
betriebswirtschaftliches Regelwerk 201
Bewegungsdaten 180
Bewertungsverfahren 491–492
Bezugsquelle 75, 295, 297, 300, 317, 323, 351, 373, 384, 475, 477
Bezugsquellenfindung 296, 300–301, 306, 319
Bieter 309, 313
Bilanz 525, 527, 556–557, 564, 566
Bilanzvergleich 527, 566
Blackberry 59
Branchenspezifika 78
Branchentyp 161
browserbasiertes Frontend 57
Bruttoergebnis 565
Bruttogewinn 527, 563
Buchhaltungsbeleg 71, 425
Buchungsbeleg 409, 431, 453
Buchungsinformation 431
Buchungsperiode 564
Bündelung 327
Business Adaptation Catalog 157
Business Center 91, 194, 196
Business Integration Trainee 233

Business Process Modelling
 Notation 240
Business-Intelligence-Sys-
 tem 331
Business-Objekt 50, 65
Business-Platform-as-a-Ser-
 vice 52
Buy-Sell-Administrate 122

C

Cache 61
CAD-Schnittstelle 147
Cashflow 530, 550–552
Change 167, 200
Charge 517
Client-Server-Technologie
 21
Cloud 20, 29, 52, 106, 112
CMR-Standard 470
Compliance 51, 525
Computer Integrated
 Manufacturing 230
Computerisierung 128
Continuous System Engi-
 neering 27, 201
CRM 22, 147

D

Dashboard 76, 82, 332,
 336, 527, 547, 557, 563
Data Warehouse 61, 331
Datamart 61
Datenabfrage 62
Datenablage 108
Datenabzug 245, 268–269,
 281
Datenbanksystem 61
Datenbereinigung
 180–181, 184
Datenbereitstellung 140
Datendatei 281
Datenextraktion 180
Datenmanagement 152
Datenmigration 101, 129,
 137, 144, 166, 170, 178,
 181, 184, 307

Datenmigrationsmethode
 182
Datenmigrations-Tool 182
Datenqualität 141, 195
Datenquelle 208, 343
Datenstruktur 65
Datenübernahme 135,
 177, 179–180
Datenverfügbarkeit 141
Dauerbuchung 561
Debitor 529, 531
Deckungsbeitrag 366, 424,
 432, 447, 498, 547, 557
Deckungsbeitragsschema
 432, 563, 566
Deployment 169
Detailfrage 159, 161
Dezentralisation 249
Dienstleistung 407, 413,
 424
 Dienstanbieter 264
 Dienstleister 72, 148,
 281, 307
 externe Dienstleistung
 243, 408, 444
 externer Dienstanbieter
 245
 Geschäft 68
 Produkt 412
Disposition 318–320, 381
dispositive Verfahren 318
Dokumentation 164, 170,
 240
Drill-Down 298
Dublettenprüfung 297,
 311

E

Echtzeitanalytik 525
e-Commerce 111
Eigenentwicklung 93
Eigenkapital 567
Einführung 116
 Kosten 116
 Modell 134
 Paket 161
 Pfade 120
 Phase 117–118, 123

Einführung (Forts.)
 Planung 115
 Projekt 134, 197
 Prozess 197
Einkauf
 Ausgaben 336–337
 Kondition 317
 Kontrakt 296–297, 300,
 312–313, 315, 317,
 337
 Kontraktabruf 298
 Volumen 295
Ein-Kreis-System 69
Einlagerung 321, 328, 461
Einsatzbedingung 403
Einsparungspotenzial 112
Einstellung 267, 278
Einzelbelegprinzip 71
Einzellösung 93
elektronischer Datenaus-
 tausch 85
elektronischer Marktplatz
 21, 65
E-Mail 257, 265, 297, 360,
 385, 392, 394, 404–405
Enablement 136
End-to-End-Prozesse 80
Enterprise Services Reposi-
 tory 24, 27
Entlassung 245, 268–269,
 284
Entscheidungsfindung 89,
 164
Entscheidungsunterstüt-
 zung 75
Entwicklungsplattform 49
Entwicklungsumgebung
 54
Entwurf 259
Ergebnisrechnung 566
Ergebniszeile 338, 343
Erklärungsfunktion 159
Erlös 407, 432, 434, 445,
 525, 527, 564–565
 Abgrenzung 73
 Kontierung 163
 Schmälerung 424, 565
 Verrechnung 171
 Zuordnung 173

581

Erlöse 377
Eröffnungsbilanz 181
Eröffnungshorizont 504
ERP 20–21
Ersatzteil 350, 352, 391, 401, 404
Ersteinführung 27
Erstimplementierung 219
Erstreaktion 396
Ertrag 565
Erweiterbarkeit 201–202
Erweiterung 51, 64, 135, 169–170, 179
Erweiterungswerkzeug 52, 202
Eskalation 83
Etikett 374, 388, 457, 461–463, 467, 471
Excel-Add-in 209, 346
Extraktionslauf 561

F

Fachbereich 159, 161
Fachthema 159, 161
Fast Close 71
Faxdienstleister 311
Fehleranalyse 184
Felderweiterung 64
Fertigstellungsgrad 447, 452
Festpreisprodukt 424
Finanzanalyse 546
Finanzbuchhaltung 69
Finanzdaten 180, 526
Finanzdatenübernahme 180
Finanzkennzahlen 530, 557, 563
Finanzkontenplan 78
Finanzwesen 70
Fine-Tuning 135, 137, 151, 162, 170, 174, 177–178, 223, 253, 257, 262, 265, 275, 277, 280–281, 284, 305–306, 317, 326–327, 330, 358, 363–364, 366, 369, 374, 377–379, 393, 395, 399, 403, 414, 416,

420, 422, 427, 437, 472, 477–478, 481, 491, 496, 499, 504, 509–510, 512, 514, 519, 522, 533, 536, 539, 541, 544, 546, 549, 555, 562–563, 566
Flexibilität 106
Floorplan 58
Forderung 377, 526–527, 529–531, 539, 547, 553, 567
Formular 65, 78
Formularvorlage 325
Frachtbrief 457, 462–463, 470
Frachtkosten 468
Fremdleistung 527, 562, 568
Fremdsystem 130
Funktion 159, 161, 163

G

Garantie 306, 352, 388, 391, 395, 404, 472
Gehalt 288
Erhöhung 286, 290
Liste 279
Gemeinkosten 424
Genehmigung 84, 163, 172–173, 178, 189, 245–246, 250, 260, 262, 277, 286, 324, 330, 349, 409–410, 413, 421, 434, 440
Anfrage 256
Aufgabe 261, 299, 316, 320–321
Grenze 327
Schwellenwert 286–287, 293
Geschäftsbereich 332
Geschäftseinheit 79
Geschäftsführung 299, 332
Geschäftsmodell 25, 219
Geschäftspartner 69, 84
Geschäftsplattform 23
Geschäftsprozess 141, 177, 229

Geschäftsszenario 80, 152, 229
Geschäftsvorfall 218
Gestaltungswirkung 176
Gewinn- und Verlustrechnung 525, 527, 556–557, 564, 566
Groupware 74, 84
Grunddaten 177, 179
Guideline 58
Gültigkeit 285
Gültigkeitsprüfung 504
Gutschrift 76, 349, 352, 370–372, 379–380

H

Handelsware 297
Handlungsanweisung 242
Hardware 107
Hauptbuch 527, 561–562
Hochsicherheitsrechenzentrum 55
Hosting-Partner 53
HTML5 58

I

identifizierter Bestand 458, 517, 522
Implementierung 99, 134, 150, 246
Aktivität 150
Aufgabe 154
Partner 135, 144, 166, 197
Werkzeug 197
Implikation 51
Incoterm 310–311, 366, 468
Individualisierung 124
Indizierungsstruktur 61
Industrieorientierung 167
Initialkennwort 282
In-Memory 61–62, 331
In-Memory-Analyse 298
Innovation 67
Installation 107

Integration 112, 129
  Grad 110
  integrierte Lernumgebung 79, 193
  integrierte Lösung 112
  integrierter Support 55, 78, 245, 250, 263
  Prozess 123
  Regel 158
  Test 151, 185, 188
Intensivierung 117, 196
interaktives Formular 76, 85, 256, 297, 311, 313–314, 326
internes Projekt 433
Internet 21
Internetmarktplatz 296
Inventur 462, 465
IT-Situation 93

J

Jahresabschluss 119, 557, 562
Jahresfehlbetrag 565, 567
Jahresüberschuss 527, 565, 567

K

Kalkulation 410
Kampagne 349, 351, 354–356, 359, 361
Kapitalflussrechnung 566
Kasse 539, 567
Kaufentscheidung 90
Kennwort 251, 283
Kennwortrichtlinie 251
Kennzahl 295, 331–332, 336, 339, 342, 344–345
Kennzahlendefinition 340
Kernprozess 103
Key User Analytics 65
Key User Tools 65, 202, 267
Kollaboration 85
kommerzielle Plattform 55
Kommissionierung 370, 372–374, 466, 523

Kommunikation 74, 76
  Einstellungen 310
  Verbindung 110
Komplexität 22, 27, 124
Konfiguration 51, 64, 167, 169, 174
  konfigurative Stammdaten 180
  Profil 150, 165
  Regel 157
  Schritt 51
  Sicht 168
  Werkzeug 201
Konflikt 51
Konfliktlösung 158
Konsolidierung 70
Kontenfindung 566
Kontenfindungsgruppe 492
Kontenplan 566
Kontierung 408
kontinuierliche Adaption 27
Kontoauszug 527, 530, 546–549
Kontrakt 310, 384
  Abruf 324
  Lebenszyklus 298
  Preis 314
  Quote 332
  Verlauf 341
  Volumen 298, 336–338
Kosten 288, 407–408, 412, 427, 432, 434, 445, 525, 527, 565
  Satz 274, 409–410, 413, 416
  Stelle 163, 172–173, 249
  Vergleich 112
  Zuordnung 173
Kreditkarte 539
Kreditlimit 547–548, 555
Kreditlinie 548
Kreditor 529
kritischer Pfad 433
Kunde 69, 349, 351, 355, 360, 362, 381, 388, 394, 407, 409, 413, 418, 425, 442, 549

Kundenaufgabe 144
Kundenauftrag 73, 349, 351–356, 365–366, 368, 370–371, 381–382, 384, 407–410, 424–425, 427, 429, 432, 434, 441, 451, 455, 457–458, 474, 477, 479, 489, 514–515, 521–522
Kundenauftragsbestätigung 365
Kundenauftragsfertigung 514
Kundenbedarf 352, 355, 368, 370, 372, 400, 458, 466, 477–478, 489
Kundendaten 180
Kunden-Engagement-Manager 196
Kundenfokus 121
kundenindividuelle Felder 64
Kundeninformationsblatt 74
Kundenkontomonitor 533, 537
Kundenkreditlinie 527
Kundenlebenszyklus 73
Kundenprojekt 432–434, 452–453
Kundenprozessvariante 189
Kundenrechnung 342, 349–350, 352, 370–372, 376–377, 380, 382, 387, 391–392, 404, 407, 409, 425, 429, 434, 447, 451, 453, 458, 516, 523, 532
Kundenretourenlieferschein 372, 377–378
Kundenservice 74, 349–350, 390
Kundenübersicht 351, 356, 360, 426
Kundenvertrag 405
Kündigung 243, 267
Kündigungsfrist 284

583

L

Ladeliste 457, 462–463, 468, 470
Lager 303, 318, 350, 367, 371, 455, 457, 461, 473, 482, 508, 514
Lageranforderung 321, 352, 372–373, 378, 402, 455, 457, 462, 466, 471, 479, 486–487
Lageraufgabe 373, 457, 463, 466, 471
Lagerbereich 374, 464, 482–484, 487
Lagerbereichsstruktur 482
Lagerbereichstyp 483
Lagerbestand 298, 301, 333, 455
Lagerbestandsentwicklung 332
Lagerfertigung 488
Lagersteuerungsprofil 483
Lagerungsgruppe 457, 475, 483, 485, 487
Länderorientierung 167
Länderverfügbarkeit 70
Lastenheft 166
Lastschrift 539, 545
Lead 80, 349, 418
Lean Management 230
legale Einheit 173
Leistungserbringer 427
Lernumgebung 245, 248, 250, 253
Lieferant 69, 295–297, 300, 302, 307–309, 311, 313, 541
Lieferantenfinanzdaten 527
Lieferantenkatalog 76, 305
Lieferantenkontomonitor 542
Lieferantenrechnung 297, 318, 321, 328, 330, 352, 370, 382, 389, 547, 567
Lieferart 373, 384
Lieferfähigkeit 318
Lieferkette 231

Lieferschein 321, 327, 371, 377, 386, 471
Lieferterminierung 369
Liquidität 525, 530
Management 70, 527, 547–548
Vorschau 70, 527, 530, 547, 551–552
Vorschaulauf 551
Listenpreis 382–383
LIVE KIT Structure 167
Lizenzgeschäft 102
Lizenzkosten 107
Lizenzmodell 53, 55
Logikerweiterung 65
Logistikeinheit 467, 483
Logistiklayout 457, 474–475, 481–482
logistischer Verwendungszweck 484
Lohnart 281
Lokation 482, 484
Losgröße 297
Losgrößenverfahren 322, 490
Lösungsdatenbank 264
Lösungsdurchlauf 177–178, 187, 240
Lösungsumfang 97, 116, 154, 156, 159, 163

M

Mahnung 525, 527, 534, 553, 555
Mahnbrief 536
Mahnlauf 527, 530–531, 534
Mahnstrategie 535
Mahnvorschlag 527, 534
Management 120, 173
manuelle Migration 182
Marketing 72–73, 353–354, 356
Mashup 65, 202, 267, 304, 400
Mass Customization 26, 167

Massenverarbeitungslauf 297, 306, 323, 330, 525
Material 295, 300–301, 303, 305–306, 321, 357, 369, 381–382, 388, 458, 462–463, 478, 487, 489–490, 505, 515–516
Materialfluss 483–484, 507
Materialstamm 306
Materialvorkalkulation 458, 488–489, 492, 496, 498
mehrstufige Planung 297
Meilenstein 183, 409, 433
Meldebestand 297, 319, 323, 352, 357, 367–368, 490, 508
Meldewesen 561
Mengeneinheit 306, 415
Mengengerüst 93
Mengenkontrakt 297, 313
Mengenumrechnung 414
Merkmal 345
Merkmalsausprägung 518
Merkmalseinstellung 338, 343
Microsoft Excel 63–64, 82
Microsoft Outlook 84
Mietsoftware 107, 109
Migration 78, 163, 539
Migrationsobjekt 181
Migrationstestsystem 151
Migrations-Tool 184
Migrationsvorlage 179, 184–185, 245, 275, 278, 280, 307, 327, 358, 363, 366, 384, 389, 393, 416, 437, 477, 496, 519, 522, 545
Mitarbeiter 275
Mitarbeiterakzeptanz 140–141
Mitarbeiteraufgabe 244, 248–250
Mittelstand 20, 33
Mittelstand, Integration 37
Mittelstandslösung 42

Mittelstandssoftware
  Eigenschaft 35
  Funktionsumfang 36
mobiles Endgerät 57–58, 66, 77, 81, 462
mobiles UI 59
Mobilgerät 349, 472
modellgetriebene Entwicklung 50
Modellierungs-Tool 28
Modifikation 29
Modularisierung 24
Momentaufnahme 448
Monitoring 486
MRP-Lauf 319
Multi-Core-Prozessor 61
Multi-Device-fähig 66
Multi-Touch-Geste 59

N

Nachschub 455, 457, 473–475, 480–481, 483–485, 487, 522
Nachschublauf 486, 508
Namensformate 312
Nebenbuch 527, 561
Nettobedarf 458
Nettoerlös 527, 563
Nettofälligkeit 533
Netzplan 72, 410, 439, 447
Netzwerk 31
Netzwerkeffekt 57
Neuerung 216
Nutzen 91, 123
Nutzenkalkulation 105
Nutzung 117

O

Oberflächenmodell 58
Object Work List 260
obligatorische Aktivität 174
offener Posten 71, 371, 525, 527, 530, 537, 542, 547–548
Office-Lösung 93
OLAP 62

OLTP 62
OnDemand 52
One Office 73
Onsite- und Offsite-Sicherung 55
Opportunity 72, 349, 351, 356, 359, 361, 363–365, 409–410, 413, 418, 420, 423, 425, 431, 439
Opportunity-Pipeline 356, 362, 364
Option 160–161
optionale Tätigkeit 174
Organisation 79, 141–142
Organisationsänderung 171
Organisationseinheit 246, 250, 255, 273, 286, 289, 298
Organisationsmanagement 137, 151–152, 171, 243, 245, 256, 286, 288, 353, 410, 528
Organisationsmodell 79, 83, 173, 298, 353, 459
Organisationsmodellierung 100
Organisationsstruktur 94, 100, 153, 170, 244, 246, 248, 272, 288
organisatorische Eigenschaft 172
organisatorische Funktion 172
Outsourcing 107
OWL 307

P

parallele Rechnungslegung 69
Partner 31
Partner-App 199, 202
Partnerinnovation 31
Passiva 566–567
Pattern 57–58
Periodenabschluss 71, 557, 562
Periodenvergleich 527

Personalabrechnung 75, 243, 245, 268, 280–281
Personaldatei 271, 274, 282
Personalisierung 81, 202–203, 245, 266, 303
Personalmanagement 243, 247
Personalressource 274, 288, 409–410, 413, 416, 427
Personalverwaltung 243, 245, 267
Pflichtenheft 99, 166
Pflichtfeld 254
Phase 118
Phasenzuordnung 175
Planarbeit 438, 451
Plankosten 451
Planung 62, 77, 319, 323, 351, 367–368, 381, 455, 458, 488, 504, 515, 522
  Gruppe 490
  Kriterium 123
  Lauf 504
  System 22
  Verfahren 318–319, 322, 490
Plattform 30
Point-in-Time-Recovery 55
Positionsgruppe 416, 493
Positionstyp 439
Potenzial 91
Pragmatismus 194
Preis
  Kondition 357
  Modell 111
  Staffel 384
  Strategie 366
Priorisierung 83
Produkt 295, 302–303
Produkteinführung 295
Produktion 455, 458, 489, 505, 514
Produktionsaufgabe 510, 522
Produktionsauftrag 458, 506–509, 513, 522
Produktionslos 512

585

Produktionsmodell 458, 487, 489, 492–493, 496, 509, 511, 515, 519–522
Produktionsvorschlag 458, 488–489, 504–507
Produktivbetrieb 163
Produktivstart 136–137, 146, 188, 190–191
Produktivsystem 150–151, 170–171, 184–185
Produktkatalog 301
Produktkategorie 306, 333, 383, 398, 404, 414
Produktmerkmal 458, 515, 517
Produktmodell 458, 515, 517
Produktspezifikation 458, 514–516, 518, 522
Profitabilitätsanalyse 407, 409, 424–425, 432
Profit-Center 173, 249
Prognose 409, 455, 458, 488, 491, 502–503, 514
Prognosegruppe 500, 502
Programm 72, 411
Programmiersprache 66
Projekt 410, 434
　Art 435
　Aufgabe 407–408, 410, 432, 434, 441, 444, 449
　Ausführung 407
　Kalkulation 73, 445
　Kick-off 137, 152
　Kontrolle 447
　Management 71, 152, 243, 407
　Phase 134
　Plan 437–438, 443, 448
　Planung 124, 407, 410, 433
　Rolle 143
　Struktur 410, 445
　Strukturplan 72, 407, 410
　Team 72
　Übersicht 154
　Umfang 161

Projekt (Forts.)
　Vorlage 407, 409, 433–434
　Zeit 148
　Zeitplanung 146
　Ziel 116
prozessbasierte Navigation 63
Prozesscontrolling 298
Prozessevaluierung 99, 166, 240
Prozessmodell 374, 457, 475, 480–481
Prozessmodellvorlagen 481
Prozessnavigation 50
Prüfart 500
Prüfkriterium 176
Public Service Model 30
Public-Solution-Modell 65

Q

Qualitätsprüfung 458, 489, 506, 511
Prüfplan 458, 489, 498
Prüfumfang 499
Qualitätsstandards 312
Quick Guide 245, 253
Quicklink 271
Quotierung 296–297, 300, 302, 317–318, 323, 351

R

Rabatt 314, 357, 365, 424, 565
Reaktivierung 285
Rechenzentrum 107
Rechnung 298, 533, 542
　Anforderung 410, 448, 451
　Lauf 530
　Prüfung 76
　Stellung 319
　Verlauf 298, 332, 342
　Wert 336
Rechnungslegungsanforderung 557

Rechnungslegungsstrukturen 525
Rechnungslegungsvorschrift 70, 566
Rechnungslegungswerk 497, 558, 561
Rechnungswesen 70
Rechtsform 275
Referenzprodukt 395
Referenzsystem 102
Regelüberwachung 81
registriertes Produkt 349, 352, 382, 388, 395, 472
Reisekostenerfassung 72
Release 62, 202, 525
Releasewechsel 58
Reorganisation 141, 218
Reorganisationsprozess 220
Reparatur 390
Repartition 34
Reservierungstyp 483
Ressource 350, 407–408, 444, 462, 483, 494, 509–510
Restbuchwert 559
Retoure 349–350, 352, 366, 370–371, 464, 533
Rich Internet Applications 58–59
Risiko 123
Rolle 196, 231
Rollenverteilung 183
rollierender Bestandsvergleich 298, 333
Routenplaner 399
RSS 65
Rücklagerung 457, 473–475, 480–481, 483–484, 487
Rücklagerungslauf 487, 511
Rückmeldung 434, 462, 506
Rückmeldungsliste 457, 463, 473, 487
Rückstellung 567

Index

S

SaaS 52, 106
Sachkonto 432, 568
Saldovortrag 561
SAP Business All-in-One 64
SAP Business ByDesign Scripting 66
SAP Business ByDesign Studio 66
SAP Business Suite 22, 64, 110
SAP Cloud 52
SAP Store 54, 56, 66, 202, 210, 307
SAP-Hosting 150
Scheck 468, 527, 536–537, 545, 567
Scheckeinreicher 527, 531, 536, 538, 549
Schnellfilter 335
Schnellzugriff 341
Schnittstelle 49, 66, 85, 93, 123
Schulung 188
Schulungsplan 194
Schwellenwert 298, 331
Scoping 150, 156, 161, 164, 166–168, 223
SDK 66
Selbstlernumgebung 153
Self-Service 72, 76, 243, 249–250, 253, 255, 269
Serialnummer 462
Service 301, 303, 409–410, 413–414, 423, 436
Service Advisor 143, 150, 170, 183, 240
Service Center 144
Service Desk 391
Serviceanfrage 349, 352, 391–396, 403
Serviceauftrag 349, 352, 391, 396, 398–399
Serviceausführung 392
Servicegrad 107
Servicekategorie 396–397
Service-Level 397

Service-Level-Agreement 391
serviceorientierte Architektur 23–24, 49, 231
Servicerückmeldung 401, 403–404, 409, 428, 432
Sicherheitsbestand 322
Sicherheitsstandard 55
Side Car 203
Silverlight 58
Simulation 62, 364
Situationsanalyse 90, 108, 115
Skonto 424, 530, 547, 552–555
Skontoverlust 527
Slice-and-Dice 298
Smartphone 357, 414
SOA 24, 49, 231
SOAP 65
Software as a Service 52, 106
Software Development Kit 66
Softwareaktualisierung 55
Softwarebibliothek 115
Softwarelizenz 106
Solution Advisor 95, 99, 161, 166
Solution Documentation 164
Solution Proposal 100
Sonderfaktor 149
Sonderfall 218
Sozialversicherungsdaten 280
Spaltenbasierung 62
Spediteur 309, 457, 462, 468
Sperrung 268, 285
Spesen 72
  Abrechnung 248, 250, 259, 349
  Antrag 245, 250, 257
Spezifikation 514
spezifizierter Bestand 516
Sprache 310–311
Stammdaten 94, 151, 180, 302, 342

Stammdatenübernahme 191
Standardauswertung 339
Standardisierung 129
Standard-Options-Prinzip 158
Standardsoftware 20, 30
ständige Adaption 220
Standort 173, 482, 484
Standortlayout 481
Starterpaket 357
Statusmanagement 307
Steuer 377
  Betrag 342–343
  Daten 175, 280
  Struktur 525
Stichprobe 499
Stornierung 385
Strategiegespräch 93
Streckengeschäft 349–350, 352, 381–382, 384, 389
  Streckenbestellung 381
  Streckenlieferung 387
Strichcode 374
Strukturerweiterung 65
Stückliste 297, 458, 487–489, 492, 494, 496
Stücklistenvariante 458, 515, 519
Studien 106
Suchanfrage 62
Suchkosten 108
Supply Chain Management 77
Support-Mitarbeiter 196
Support-Phase 189
Systemadministration 107
Systemanforderung 216
Systemarchitektur 23
Systembereitstellung 141, 150
Systemparameter 51
Systemsprache 252

T

Tablet 59
Tagesfinanzstatus 525, 527, 547, 550

587

Terminierung 407, 410, 433, 448
Test 137, 144, 150, 163, 181, 195
    Leitfaden 186, 240
    Phase 136, 186
    Problem 186
    System 150, 154, 185, 189
    Szenario 187
Tochtergesellschaft 85
Transportbeziehung 369, 457, 473–474, 476, 478
Transportdetail 469
Transportzone 457, 474–476, 478

U

überfälliger Posten 525, 527, 532
Überweisung 527, 531, 539, 541–542, 545, 549
UI 64–65
UI Designer 66
Umbuchen 560
Umlagerliste 466
Umlagerung 455, 457, 461, 471, 522
Umlagerungsauftrag 461–462, 465
Umlaufvermögen 70, 566
Umsatz 563
Umsatzkostenverfahren 564, 566
Umsatzsteuervoranmeldung 120
Unternehmen 172–173
Unternehmensanalyse 208, 343
Unternehmenslösung 21
Unternehmenswachstum 94
Upgrade 29, 107, 167, 201, 214, 225
Upload-Funktion 184
Urlaub 245

Ursache-Wirkungs-Zusammenhang 63
User Interface 23, 57

V

Variante 27
Verantwortungsbereich 293
Verbindlichkeit 527, 529–531, 544, 547, 567
Verfügbarkeit der Systeme 107
Verfügbarkeitsprüfung 351, 357, 367, 369, 522
Vergangenheitsdaten 184
Vergütung 280
    Bestandteil 271, 279
    Daten 245–246, 268–269, 274, 278, 286–287
    Gruppe 271, 279, 290
    Management 245
    Struktur 245, 268–270, 278
Verkaufsbereich 286
Verkaufsorganisation 273, 362, 415
Verkaufspreis 458, 489, 496, 498
Verpacken 375, 461–463, 466
Verpflegungspauschale 258
Versandanforderung 373
Versanddatum 478
Versanddauer 369, 474
Versandvorschlag 373, 401, 466, 478
Verschrotten 560
Versetzung 243, 246, 286–287, 290
Vertrag 130
Vertretung 293
Vertriebslinie 415
Vertriebsweg 358, 362, 415
Vienna 22
Vorbereitung 135, 169

Vorbereitungsphase 152, 161
Vorfallsmanagement 265
    Vorfall 55, 194, 245, 250, 263
    Vorfallskategorie 396
Vorgangsmanagement 142
Vorgehensmodell 152–153
Vorgesetzter 246, 256, 273, 287, 289, 299, 302
vorlagenbasierte Migration 182–183
Vorräte 566

W

Wachstum 25
Währung 313
Wandel 200
Ware in Arbeit 513
Warenausgang 352, 371, 374, 392, 401–402
Warenausgangsbearbeitungszeit 491
Wareneingang 298, 319, 327, 352, 471
Wareneingangsaufgabe 328
Wareneingangsbearbeitungszeit 490
Wartungskosten 106
Web 2.0 57
Web-Dienst 203, 267
Webservice 64
Wechsel 539, 545
Werkzeug 183
Wertberichtigung 559
Wertschöpfungskette 231
Wettbewerber 364
Wiederbeschaffungszeit 321
Windows Mobile 59
Wissensdatenbank 352, 390–391, 393, 396
Wissensvermittlung 188
Work Center 83, 104, 253, 268, 333, 346
Workshop 136
Wunschtermin 442

Index

X

XML 85

Z

Zahlungsavis 527, 531, 540, 542
Zahlungsbedingung 310, 312, 328, 363
Zahlungsdaten 310
Zahlungskontomonitor 544
Zahlungskorrespondenzprofil 545
Zahlungslauf 527, 530–531, 545–546
Zahlungsmanagement 530
Zahlungsfähigkeit 525, 546
Zahlungsstatistik 527, 546–547, 552–553
Zahlungsstrategie 555
Zahlungsmonitor 530
Zahlungsträger 545
Zahlweg 534
Zeitkonto 245, 276, 278, 281
Zeitmanagement 277
Zeitdaten 245, 268–269, 274–275
Zeiterfassungsmethode 275
Zeitmodell 276
Zeitrückmeldung 277
Zeitmanagement (Forts.)
Zeitverwaltung 275, 277
Zertifikat 252
Zertifizierung 94
Zielgruppe 351, 356, 359
Zugangskategorie 307
Zugriffskontrolle 55
Zugriffsmanagement 243, 245–246
Zugriffsrecht 268, 283, 286–287, 291
Zusammenarbeitseinstellung 310
Zusatzentwicklung 203
zuständiger Mitarbeiter 362, 436
Zuständigkeit 286
Zwischenspeicher 61

www.sap-press.de

SAP Business ByDesign anpassen, erweitern und integrieren

Prozessänderungen und organisatorische Änderungen meistern

Inkl. Erweiterungen, Mash-Up-Integration und SDK

Christos Konstantinidis, Harald Kienegger,
Lukas Flormann, Holger Wittges, Helmut Krcmar

SAP Business ByDesign

Anpassung und Integration

Auch nach einer Softwareeinführung ist es immer wieder notwendig, Funktionen anzupassen. Dieses Buch zeigt Ihnen, wie Sie in SAP Business ByDesign solche Änderungen umsetzen: Es gibt nicht nur eine Antwort auf die Frage, wie man organisatorische oder prozessbedingte Änderungen vornimmt, sondern erklärt auch, wie Sie SAP Business ByDesign an eine bestehende IT-Landschaft anbinden sowie erweitern können.

ca. 470 S., 69,90 Euro
ISBN 978-3-8362-1817-7, Januar 2012

>> www.sap-press.de/2959

SAP PRESS

booksonline
Galileo Press

Die Bibliothek für Ihr IT-Know-how.

1. Suchen 🔍
2. Kaufen 🛒
3. Online lesen

Kostenlos testen

www.sap-press.de/booksonline

- ✓ Jederzeit online verfügbar
- ✓ Schnell nachschlagen, schnell fündig werden
- ✓ Einfach lesen im Browser
- ✓ Eigene Bibliothek zusammenstellen
- ✓ Buch plus Online-Ausgabe zum Vorzugspreis

SAP PRESS

MITMACHEN & GEWINNEN!

Sagen Sie uns Ihre Meinung und gewinnen Sie einen von 5 SAP PRESS-Buchgutscheinen, die wir jeden Monat unter allen Einsendern verlosen. Zusätzlich haben Sie mit dieser Karte die Möglichkeit, unseren aktuellen Katalog und/oder Newsletter zu bestellen. Einfach ausfüllen und abschicken. Die Gewinner der Buchgutscheine werden persönlich von uns benachrichtigt. Viel Glück!

▶ **Wie lautet der Titel des Buches, das Sie bewerten möchten?**

▶ **Wegen welcher Inhalte haben Sie das Buch gekauft?**

▶ **Haben Sie in diesem Buch die Informationen gefunden, die Sie gesucht haben? Wenn nein, was haben Sie vermisst?**
☐ Ja, ich habe die gewünschten Informationen gefunden.
☐ Teilweise, ich habe nicht alle Informationen gefunden.
☐ Nein, ich habe die gewünschten Informationen nicht gefunden. Vermisst habe ich:

▶ **Welche Aussagen treffen am ehesten zu?** (Mehrfachantworten möglich)
☐ Ich habe das Buch von vorne nach hinten gelesen.
☐ Ich habe nur einzelne Abschnitte gelesen.
☐ Ich verwende das Buch als Nachschlagewerk.
☐ Ich lese immer mal wieder in dem Buch.

▶ **Wie suchen Sie Informationen in diesem Buch?** (Mehrfachantworten möglich)
☐ Inhaltsverzeichnis
☐ Marginalien (Stichwörter am Seitenrand)
☐ Index/Stichwortverzeichnis
☐ Buchscanner (Volltextsuche auf der Galileo-Website)
☐ Durchblättern

▶ **Wie beurteilen Sie die Qualität der Fachinformationen nach Schulnoten von 1 (sehr gut) bis 6 (ungenügend)?**
☐ 1 ☐ 2 ☐ 3 ☐ 4 ☐ 5 ☐ 6

▶ **Was hat Ihnen an diesem Buch gefallen?**

▶ **Was hat Ihnen nicht gefallen?**

▶ **Würden Sie das Buch weiterempfehlen?**
☐ Ja ☐ Nein
Falls nein, warum nicht?

▶ **Was ist Ihre Haupttätigkeit im Unternehmen?**
(z.B. Management, Berater, Entwickler, Key-User etc.)

▶ **Welche Berufsbezeichnung steht auf Ihrer Visitenkarte?**

▶ **Haben Sie dieses Buch selbst gekauft?**
☐ Ich habe das Buch selbst gekauft.
☐ Das Unternehmen hat das Buch gekauft.

KATALOG & NEWSLETTER

Ja, bitte senden Sie mir kostenlos den neuen **Katalog**. Für folgende SAP-Themen interessiere ich mich besonders: (Bitte Entsprechendes ankreuzen)

- ■ Programmierung
- ■ Administration
- ■ IT-Management
- ■ Business Intelligence
- ■ Logistik
- ■ Marketing und Vertrieb
- ■ Finanzen und Controlling
- ■ Personalwesen
- ■ Branchen und Mittelstand
- ■ Management und Strategie

▶ Ja, ich möchte den **SAP PRESS-Newsletter** abonnieren. Meine E-Mail-Adresse lautet:

www.sap-press.de

Absender

Firma

Abteilung

Position

Anrede Frau ☐ Herr ☐

Vorname

Name

Straße, Nr.

PLZ, Ort

Telefon

E-Mail

Datum, Unterschrift

Teilnahmebedingungen und Datenschutz:
Die Gewinner werden jeweils am Ende jeden Monats ermittelt und schriftlich benachrichtigt. Mitarbeiter der Galileo Press GmbH und deren Angehörige sind von der Teilnahme ausgeschlossen. Eine Barablösung der Gewinne ist nicht möglich. Der Rechtsweg ist ausgeschlossen. Ihre freiwilligen Angaben dienen dazu, Sie über weitere Titel aus unserem Programm zu informieren. Falls sie diesen Service nicht nutzen wollen, genügt eine E-Mail an **service@galileo-press.de**. Eine Weitergabe Ihrer persönlichen Daten an Dritte erfolgt nicht.

Antwort

SAP PRESS
c/o Galileo Press
Rheinwerkallee 4
53227 Bonn

Bitte freimachen!

SAP PRESS

Wir informieren Sie gern über alle
Neuerscheinungen von SAP PRESS.
Abonnieren Sie doch einfach unseren
monatlichen Newsletter:

>> www.sap-press.de